CHANGCHUN ALMANAC

长春市人民政府 主办
长春市地方志编纂委员会 编

吉林人民出版社

图书在版编目(CIP)数据

长春年鉴. 2014 / 长春市地方志编纂委员会编.
—长春:吉林人民出版社,2014.11
ISBN 978-7-206-11347-5

Ⅰ. ①长…
Ⅱ. ①长…
Ⅲ. ①长春市—2014—年鉴
Ⅳ. ①Z523.41

中国版本图书馆CIP数据核字(2014)第274635号

长春年鉴(2014)

编　　者:长春市地方志编纂委员会
责任编辑:陆　雨　　　　封面设计:祁贵鹏
吉林人民出版社出版 发行(长春市人民大街7548号　邮政编码:130022)
印　刷:长春方圆印业有限公司
开　本:889mm×1194mm　　1/16
印　张:21.5　　字　数:900千字　　插页:36
标准书号:ISBN 978-7-206-11347-5
版　次:2014年11月第1版　　印　次:2014年11月第1次印刷
印　数:1-1 000册　　定　价:298.00元

长春年鉴编纂委员会

主　任　张晶莹

副主任　郝肖峰　卢福建　赵　显　韩忠宝　王　磊　杨松望

长春年鉴编纂人员

主　　编　张晶莹

副 主 编　韩忠宝　王　磊　杨松望　王玉宁

责任编辑　齐丽颖　孙大文　高　鹤

彩页设计　孙大文　高　鹤

版式设计　王玉宁

英文翻译　李　青

特约编审　马艾民　赵　旭　李　立　滑　勇　段玉才　姜峥睿

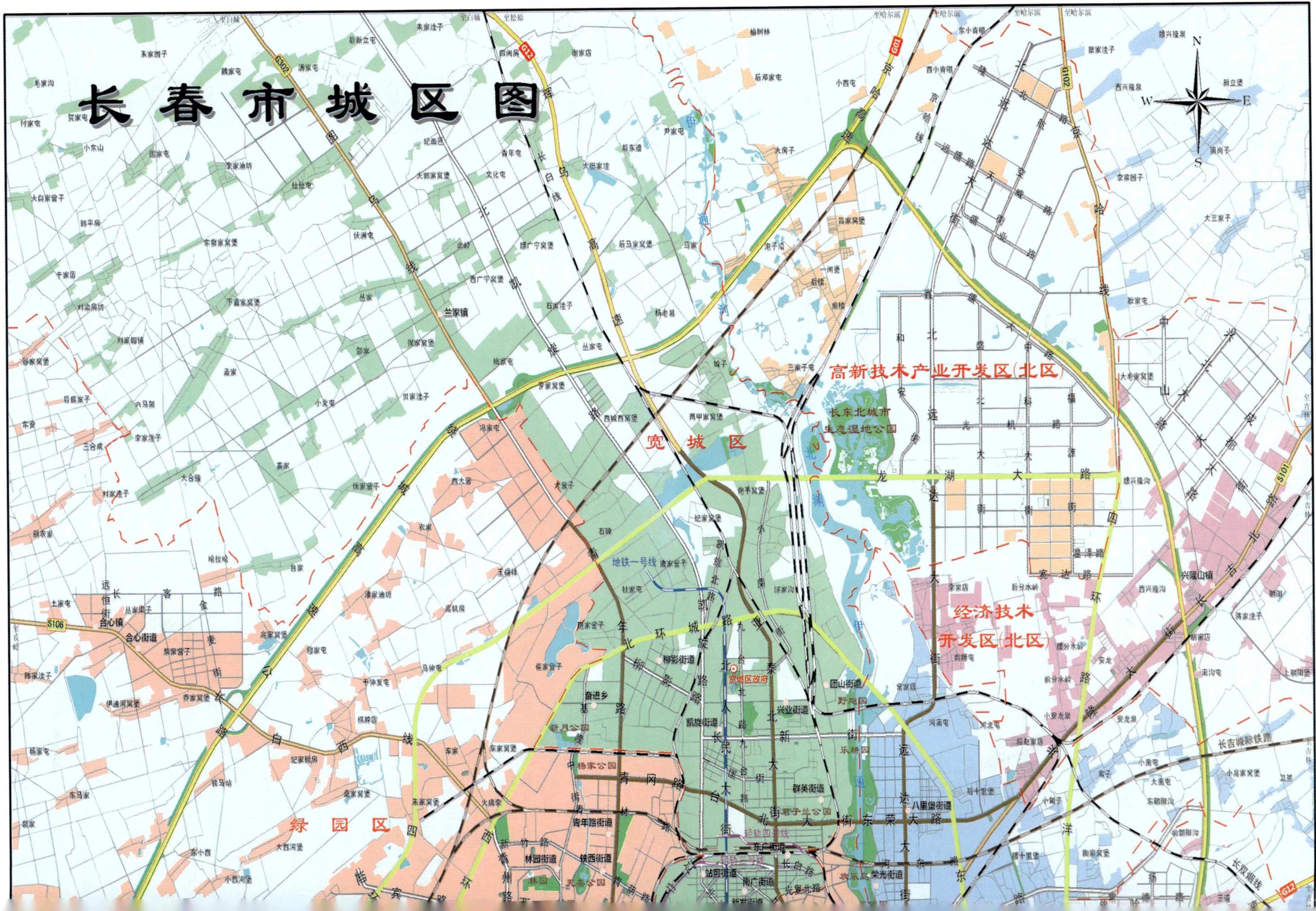
长春市城区图
宽城区
绿园区
高新技术产业开发区(北区)
经济技术开发区(北区)
长东北城市生态湿地公园
宽城区政府
兰家镇
合心镇
兴隆山镇
地铁一号线
长吉城际铁路
长双烟线
G102
G12
G01
G302
S101
S106

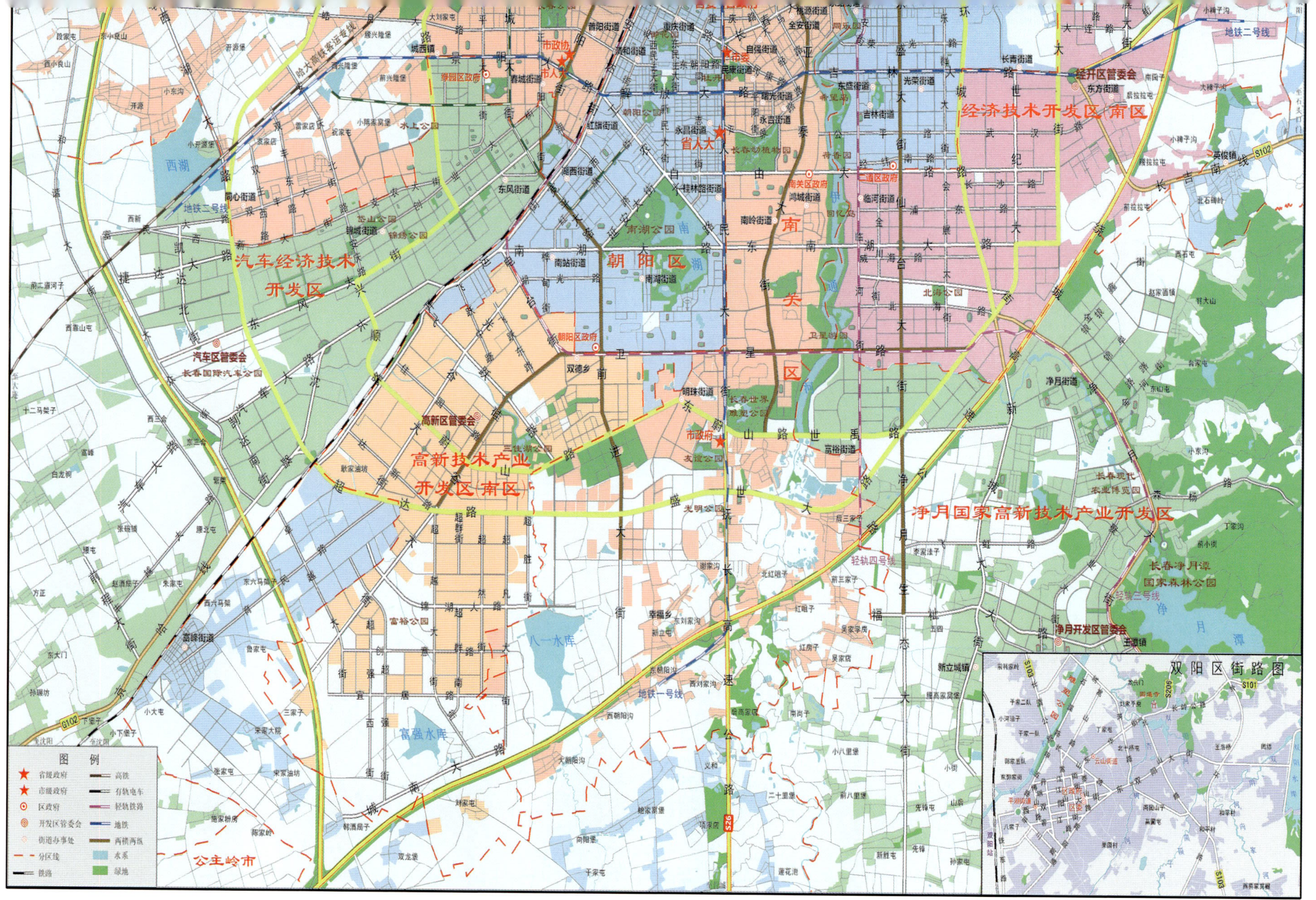

经济技术开发区(南区)
净月国家高新技术产业开发区
南关区
朝阳区
高新技术产业开发区(南区)
汽车经济技术开发区
公主岭市
长春净月潭国家森林公园
净月开发区管委会
经开区管委会
高新区管委会
汽车区管委会
八一水库
富强水库
西湖
南湖
双阳区街路图
图例
省级政府
市级政府
区政府
开发区管委会
街道办事处
分区线
铁路
高铁
有轨电车
轻轨铁路
地铁
两横两纵
水系
绿地

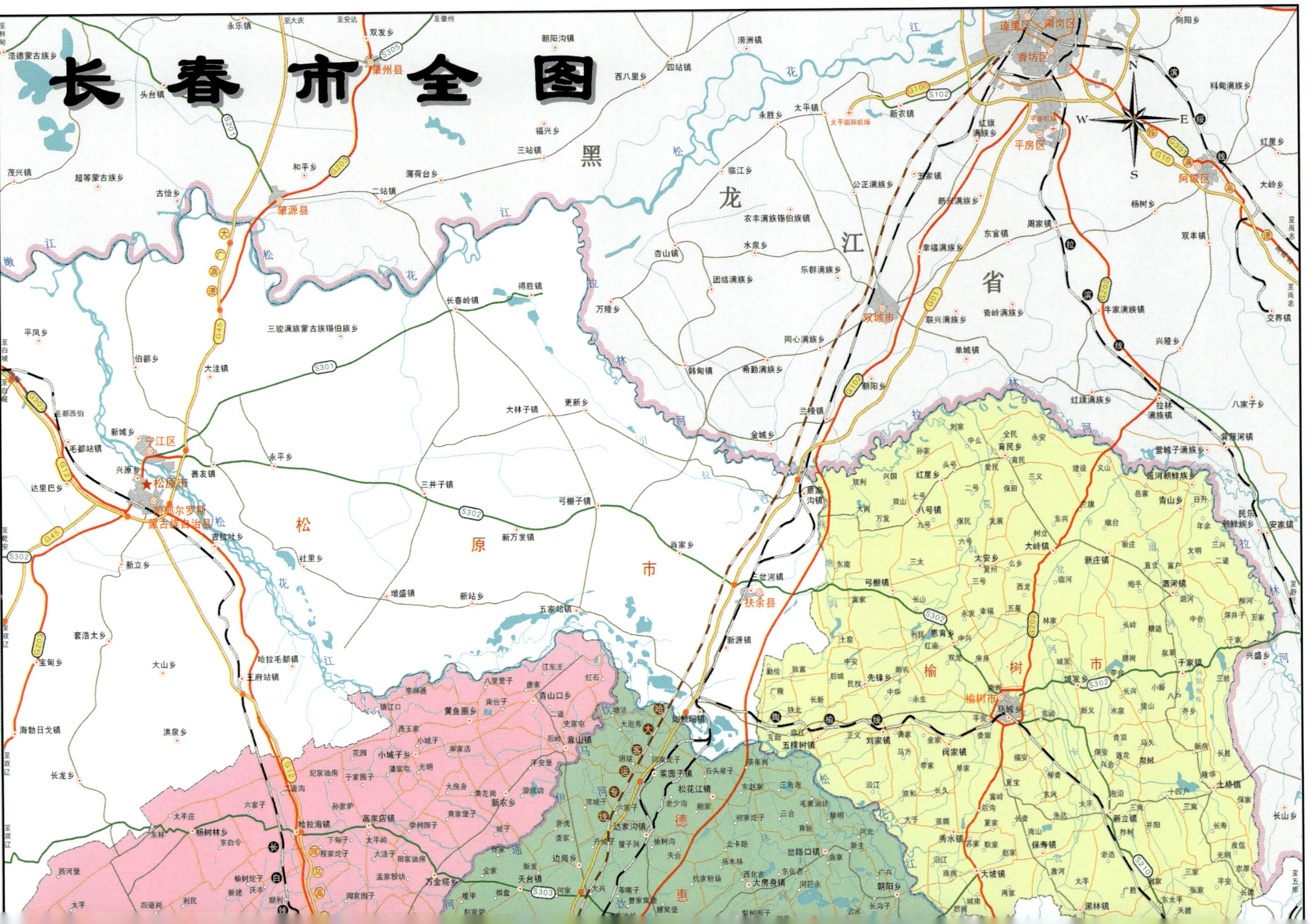

长春市全图
黑龙江省
松原市
榆树市
德惠市
道里区
南岗区
香坊区
平房区
阿城区
双城市
肇州县
肇源县
宁江区
松原市
前郭尔罗斯蒙古族自治县
扶余县
浩德蒙古族乡
永乐镇
双发乡
朝阳沟镇
头台镇
西八里乡
四站镇
涝洲镇
向阳乡
料甸满族乡
红星乡
大岭乡
文界镇
太平镇
永胜乡
太平国际机场
新农镇
三站镇
福兴乡
茂兴镇
超等蒙古族乡
和平乡
古恰乡
薄荷台乡
二站镇
临江乡
公正满族乡
王家镇
杨树乡
双丰镇
农丰满族锡伯族镇
杏山镇
水泉乡
团结满族乡
乐群满族乡
幸福满族乡
东官镇
周家镇
万隆乡
得胜镇
长春岭镇
三骏满族蒙古族锡伯族乡
联兴满族乡
青岭满族乡
牛家满族镇
兴隆乡
平凤乡
伯都乡
大洼镇
同心满族乡
韩甸镇
希勤满族乡
单城镇
朝阳乡
兰棱镇
金城乡
红旗满族乡
拉林满族镇
八家子乡
营城子满族乡
背荫河镇
毛都站镇
新城乡
大林子镇
更新乡
永平乡
兴原乡
善友镇
三井子镇
弓棚子镇
达里巴乡
新万发镇
吉拉吐乡
新立乡
社里乡
肖家乡
三岔河镇
增盛镇
新站乡
五家站镇
新源镇
套浩太乡
宝甸乡
大山乡
哈拉毛都镇
王府站镇
海勃日戈镇
洪泉乡
长龙乡
太平庄
杨树林乡
哈拉海镇
高家店镇
六家子
西河堡
太平
四道岗
利民
新建
沃丰
榆树坨子
东白令
下甸子
程家坨子
大平岭
大洼子
田家油房
孟家粉坊
万金塔乡
闵家窝子
大房身
小城子乡
黄鱼圈乡
青山口乡
八里营子
红石
江东王
镇江口
西王家
菜园子镇
松花江镇
天台镇
边岗乡
达家沟镇
朝阳乡
大房身镇
岔路口镇
弓棚镇
五棵树镇
刘家镇
闵家镇
秀水镇
大坡镇
黑林镇
保寿镇
新立镇
土桥镇
于家镇
兴盛乡
长山乡
先锋乡
八号镇
红星乡
育民乡
大岭镇
新庄镇
青山乡
延河朝鲜族乡
民乐朝鲜族乡
安家镇
环城乡
蔡家沟镇

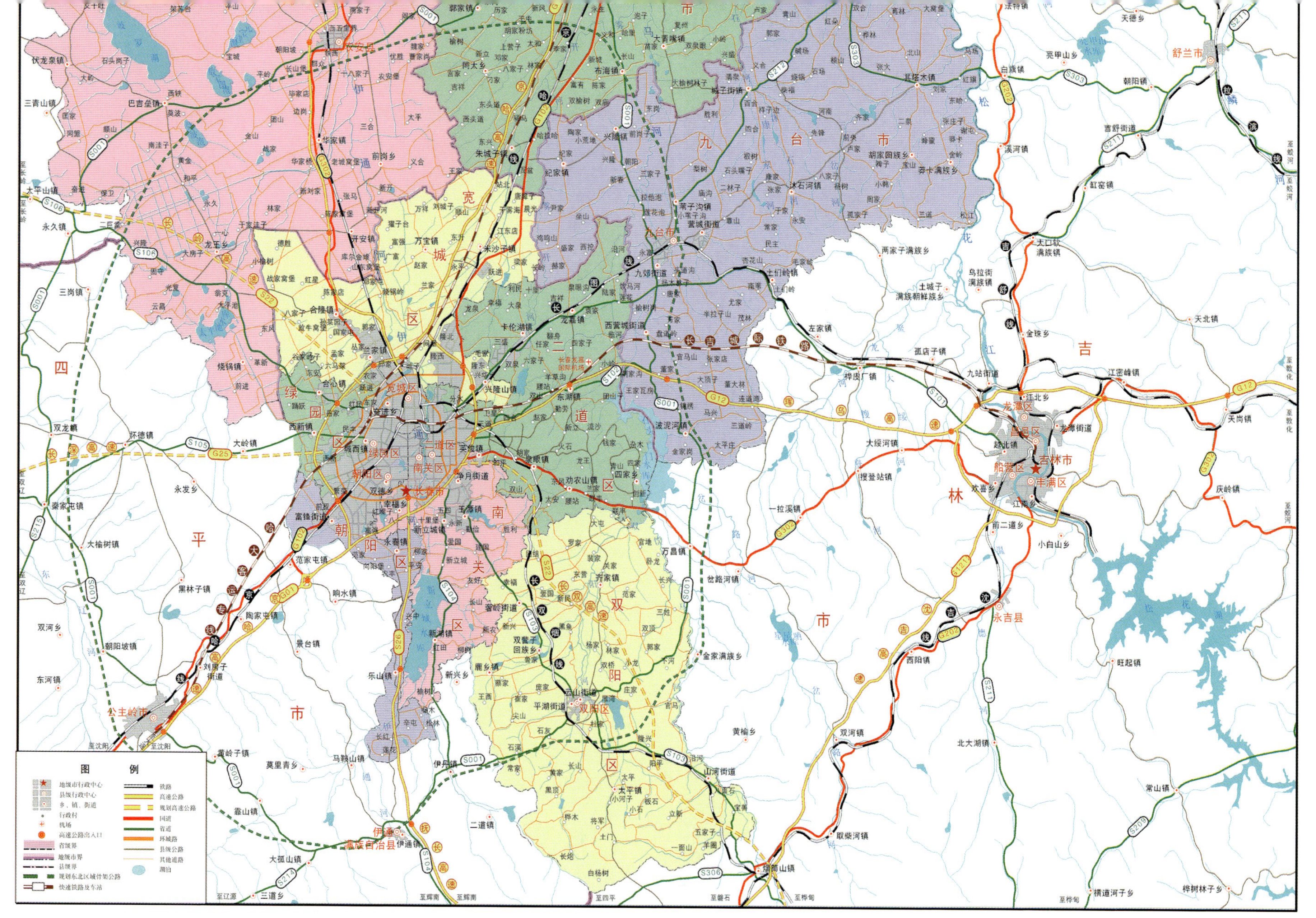

长春市
吉林市
九台市
舒兰市
永吉县
农安县
公主岭市
伊通满族自治县
宽城区
绿园区
朝阳区
南关区
二道区
双阳区
龙潭区
昌邑区
船营区
丰满区
四平市
吉林市
九台市
图例
地级市行政中心
县级行政中心
乡、镇、街道
行政村
机场
高速公路出入口
省级界
地级市界
县级界
规划东北区域骨架公路
快速铁路及车站
铁路
高速公路
规划高速公路
国道
省道
环城路
县级公路
其他道路
湖泊

长春市土地利用总体规划(2006-2020)

长春市土地利用总体规划图

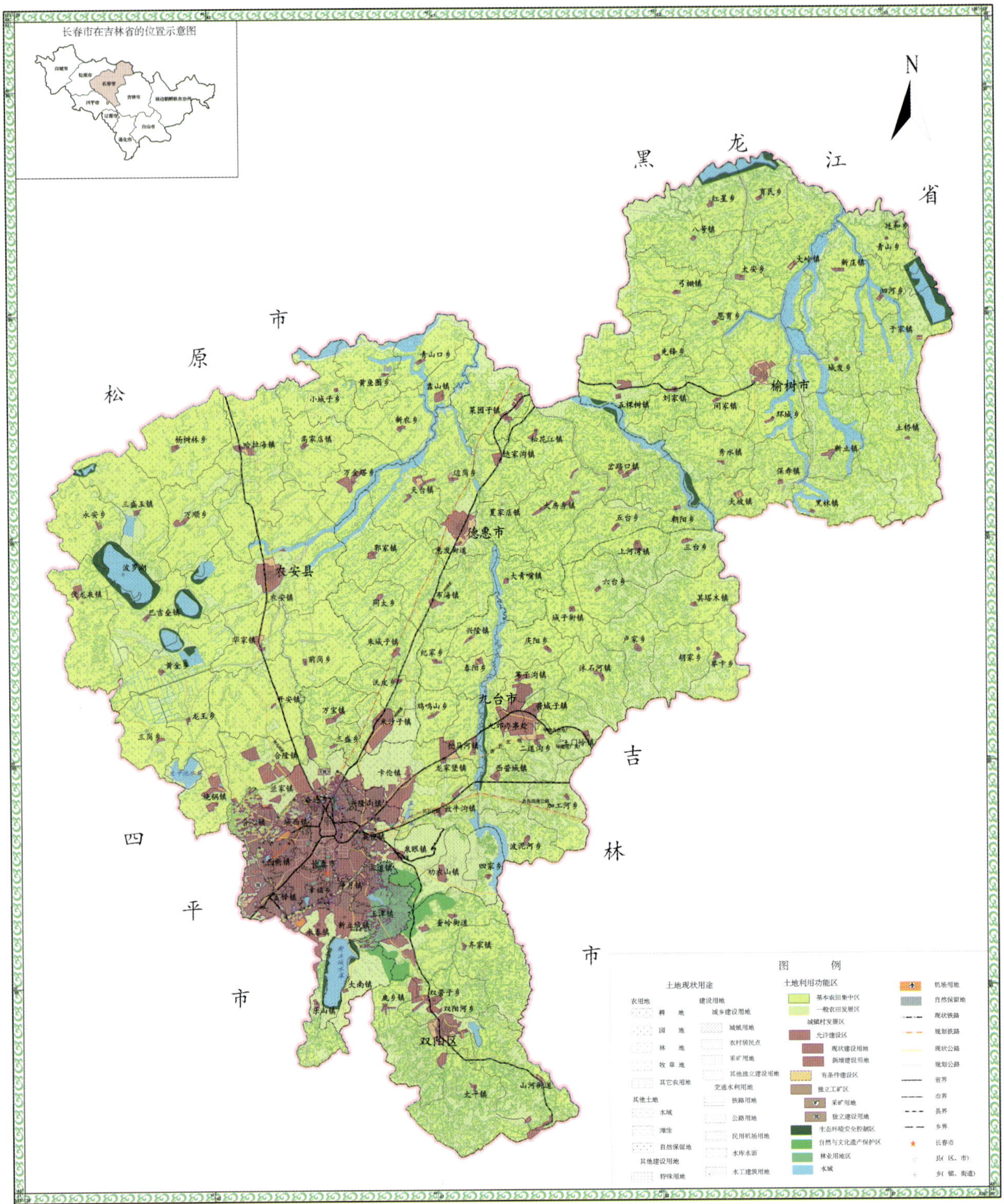

长春市在吉林省的位置示意图

N

黑龙江省

松原市

四平市

吉林市

农安县

德惠市

榆树市

九台市

双阳区

图例

土地现状用途

农用地
耕地
园地
林地
牧草地
其它农用地

其他土地
水域
滩涂
自然保留地

其他建设用地
特殊用地

建设用地
城乡建设用地
城镇用地
农村居民点
采矿用地
其他独立建设用地

交通水利用地
铁路用地
公路用地
民用机场用地
水库水面
水工建筑用地

土地利用功能区
基本农田集中区
一般农田发展区

城镇村发展区
允许建设区
现状建设用地
新增建设用地
有条件建设区
独立工矿区
采矿用地
独立建设用地
生态环境安全控制区
自然与文化遗产保护区
林业用地区
水域

机场用地
自然保留地
现状铁路
规划铁路
现状公路
规划公路
省界
市界
县界
乡界
长春市
县(区、市)
乡(镇、街道)

长春市人民政府
二〇一二年七月 编制

1: 250 000

长春市国土资源局
中国人民大学土地规划研究中心 制图

长春市土地整治规划（2011-2015年）

高标准基本农田保护示范区规划图

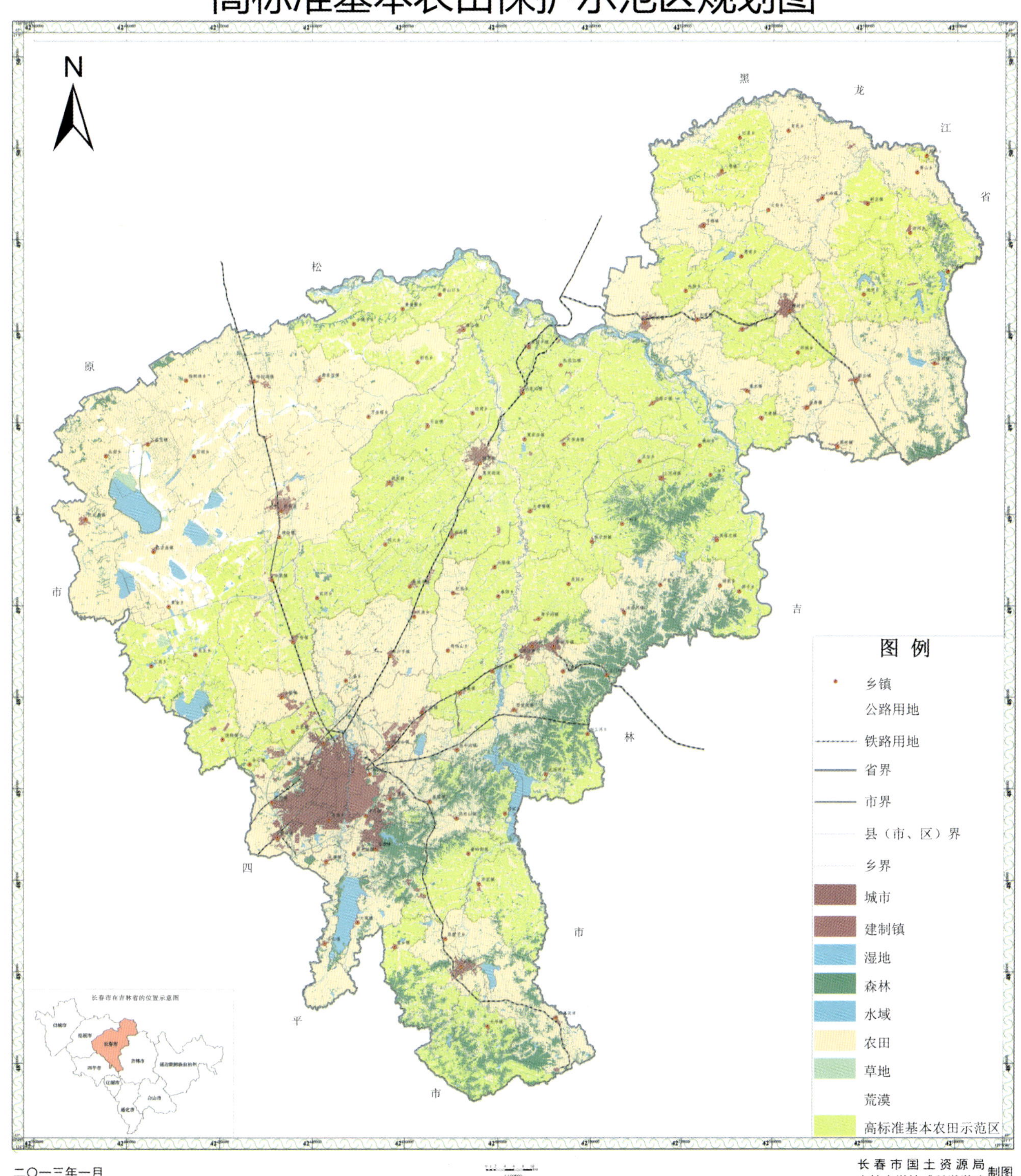

二〇一三年一月

长春市国土资源局
吉林大学地球科学学院 制图

长春的一天

清晨，长春火车站的钟声打破拂晓的沉寂。在全市20604平方公里的大地上，752.7万名辛勤的长春人从睡梦中醒来， 439.9万名工人、农民、知识分子、干部和社会各界人士，133.5万名大中小学生，11.6万幼儿园儿童，分别从266万户居民家庭中走出，开始了新的一天生活。

2013年，每天有4745辆公共汽（电）车通过遍布长春纵横交错的240条线路，其中公交专用道29条；15401辆出租车、83.8万辆私家轿车运行在长春市区，每天将出行的长春人民和来长客人送到各自所要到达的目的地。

每天，勤劳的长春人民为国家创造生产总值137074万元，创造农林牧渔业总产值16512.33万元，创造工业增加值72841.09万元，使财政获得29523.29万元收入，其中地税收入10460.27万元。地方财政支出17342.47万元，其中教育支出2635.62万元，社会保障和就业支出1972.60万元，医疗卫生支出1265.75万元，交通运输支出473.97万元。一天生产汽车6156辆，其中轿车4463辆，公路客车126辆，载货汽车490辆；生产铁路客车7辆，拖拉机8台，轮胎9573条，变压器约1万千伏安，电子元件406.81万只，工业自动调节仪表与控制系统112台；一天的水泥产量达5.85万吨,原煤产量11736.99吨，焦炭产量1161.64吨，钢材产量1378.02吨，农用塑料薄膜56.44吨；每日发电量6695.89万千瓦时；一天生产精炼食用植物油301.37吨，卷烟4875.07万支，啤酒939.73吨，软饮料2358.9吨，服装2.02万件，中成药8.68吨，饲料10046.58吨。每日上市蔬菜7315.07吨，牛奶180.82吨，肉类3189.04吨，禽蛋863.01吨，出栏生猪1.68万头，出栏家禽68.49万只，粮食26969.86吨，其中玉米21687.67吨，水稻4189.04吨。

智慧的长春人民每天专利申请量约20件，每天民营科技企业技术合同成交额达713.15万元，科技管理部门投入经费22.15万元。

善良的长春人民每天社会福利彩票收益406.03万元，为社会募集善款13.38万元，支出善款8.87万元，救助困难群众82人次。

来自216个国家和地区的雕塑家，为长春市创作积累的1000多件（组）精美雕塑作品，分别落置在长春世界雕塑公园、双阳雕塑公园、汽车公园雕塑园、高新长东北湿地雕塑公园内，在装扮这座美丽城市的同时，日均迎接1680人次入园参观游览。

长春地处中国东北地区辽、吉、黑、蒙四省区通衢的十字要冲，每日公路完成货运量47.86万吨，铁路发送货物2.64万吨，民航货邮吞吐量186.30吨，有43.27万人次通过公路、铁路、航空运输渠道进出长春。每天来长春旅游观光的人数达到11.59万人次，其中有1036名游客是外国人、华侨和港澳台同胞，创旅游（外汇）收入66.59万美元。邮电职工每天将2000件特快专递送到千家万户，邮电业务收入达2043.84万元，每日有617.2万户互联网用户在上网，其中宽带用户101.2万户。

随着长春投资环境的不断改善，对外开放水平的进一步提高，许多世界著名的大财团、大公司和有实力的港澳台商人在长春投资。平均每天实际利用外资1216.44万美元，直接利用外资257.53万美元，每天有901.37万美元的商品出口到世界120多个国家和地区，同时也有4687.67万美元的商品从世界各地进口到长春。

城市投资建设成绩斐然，平均每天有9.34亿元用于固定资产投资，其中房地产开发投资1.68亿元，新增固定资产7.05亿元。每天销售商品房2.32万平方米，二手房1.27万平方米。每天金融机构本外币各项存款21.55亿元，贷款17.93亿元，其中城乡居民储蓄存款8.58亿元。每天保险费收入2920.55万元，保险赔付1227.40万元。每日有价证券成交总额14.01亿元，其中股票交易成交额9.66亿元。

城乡人民生活质量明显提高，平均每天社会消费品零售总额达5.40亿元，城市居民平均每天消费性支出21856.9万元，比2012年增长4091.78万元；乡村农民平均每天生活费支出6951.19万元，比2012年增长632.28万元。

惠民政策温暖城乡千家万户，日均改造城区老旧楼宇2.74万平方米，安装街路、背街小巷和弃管小区巷道路灯6套。每天各项惠农补贴支出706.85万元，建成乡村公路4.14公里,改造农村危房43户。

每天有190名新生儿在长春降生，有84人因各种原因而离开人世。有221对新人喜结良缘，有79对夫妇准予离异。有141人迁出长春，有128人来长春落户发展。

市民安全感和满意度明显提升，全市每天新增治安高清监控探头8个、视频监控探头11个、“平安E家”报警电话45台，破获“两抢一盗”案件9起。日均发生道路交通事故约3起。发生工矿商贸和生产经营性道路交通事故1起，直接经济损失7.66万元。平均每天扑救火灾8起，挽回财产损失12.27万元。园林绿化支出731.51万元，新增绿化面积1.64公顷。新增供热能力42466平方米。

城区每天排放生活污水56.78万吨，工业废水15.02万吨，减排化学需氧量31.97吨，氨氮量3.79吨。产生工业危险废物89.53吨，综合利用12吨，处置77.53吨。减排二氧化硫156.84吨，减排氮氧化物260.79吨。每天征收排污费40.82万元。

午夜零点，当人们开始进入梦乡时，来自全市各水厂、电站和煤气站的计量表显示，全市日供水量117万立方米，日售电量4307.95万千瓦小时，液化石油气日供气量82.19吨、人工煤气日供气量35.82万立方米、天然气日供气量99.44万立方米。

（邱志华）

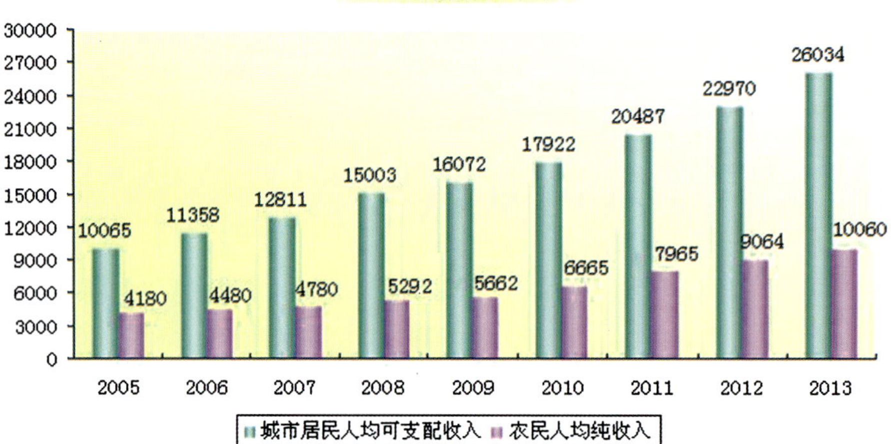
城乡居民收入（元）
30000
27000
24000
21000
18000
15000
12000
9000
6000
3000
0
10065
4180
11358
4480
12811
4780
15003
5292
16072
5662
17922
6665
20487
7965
22970
9064
26034
10060
2005
2006
2007
2008
2009
2010
2011
2012
2013
城市居民人均可支配收入
农民人均纯收入

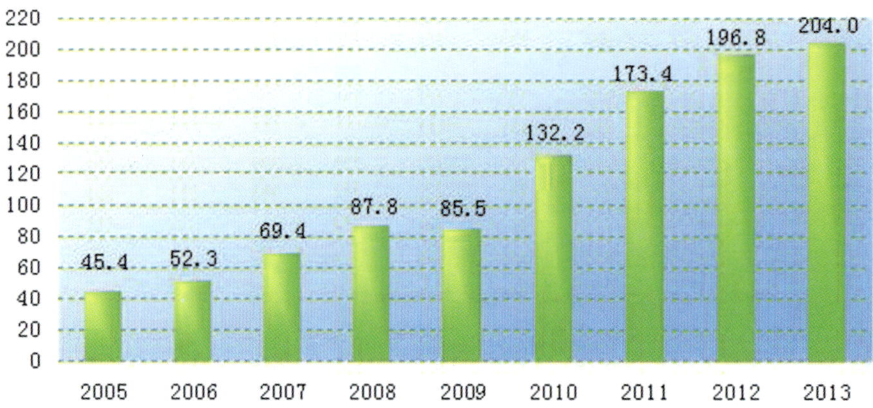
对外贸易进出口总额（亿美元）
220
200
180
160
140
120
100
80
60
40
20
0
45.4
52.3
69.4
87.8
85.5
132.2
173.4
196.8
204.0
2005
2006
2007
2008
2009
2010
2011
2012
2013

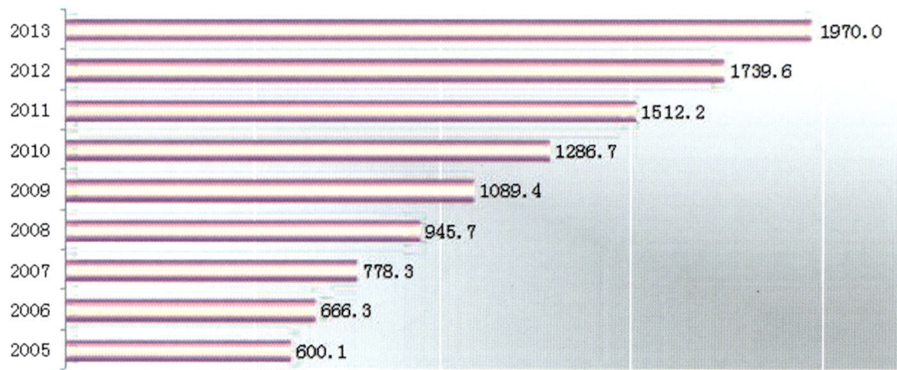
社会消费品零售总额（亿元）
2013
1970.0
2012
1739.6
2011
1512.2
2010
1286.7
2009
1089.4
2008
945.7
2007
778.3
2006
666.3
2005
600.1

固定资产投资总额及增速

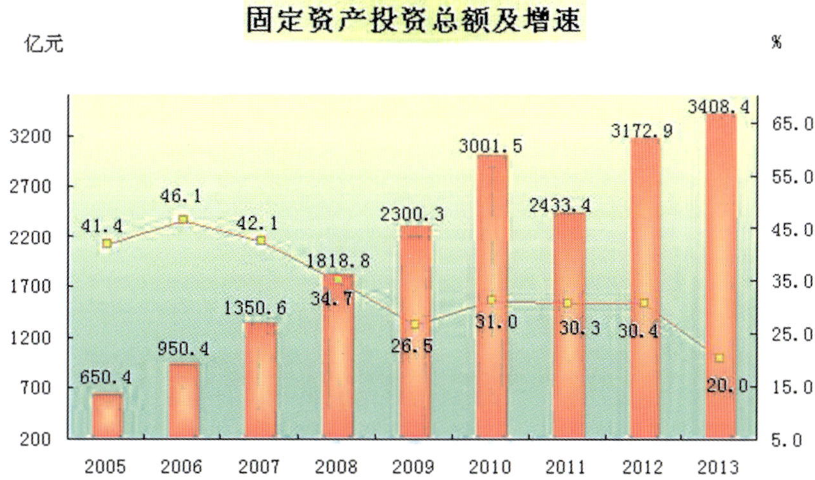

地区生产总值（亿元、当年价）

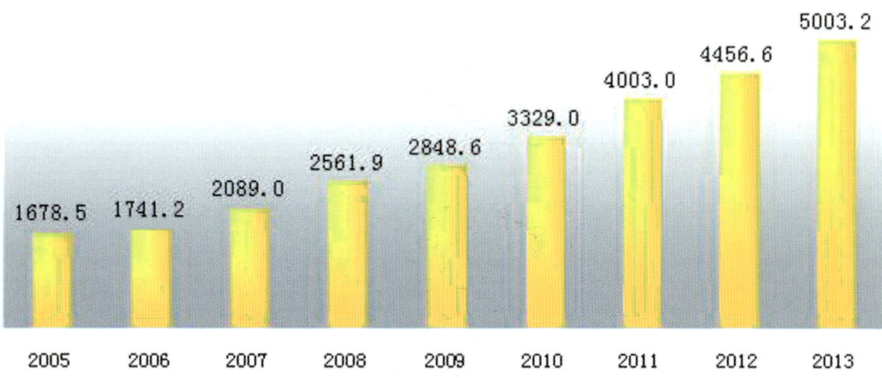

规模以上工业总产值（亿元）

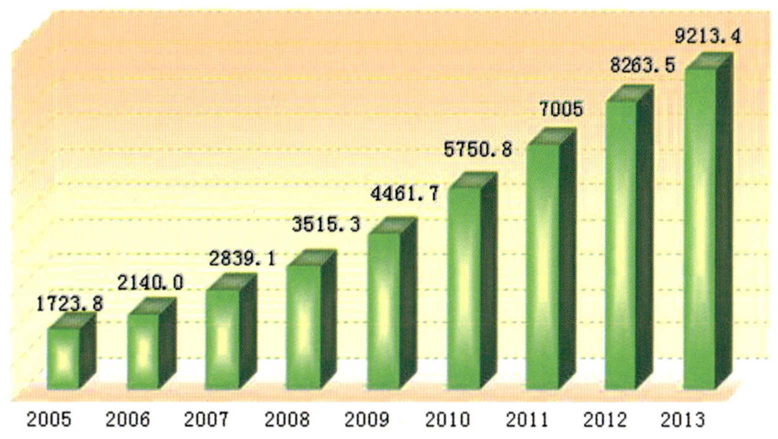

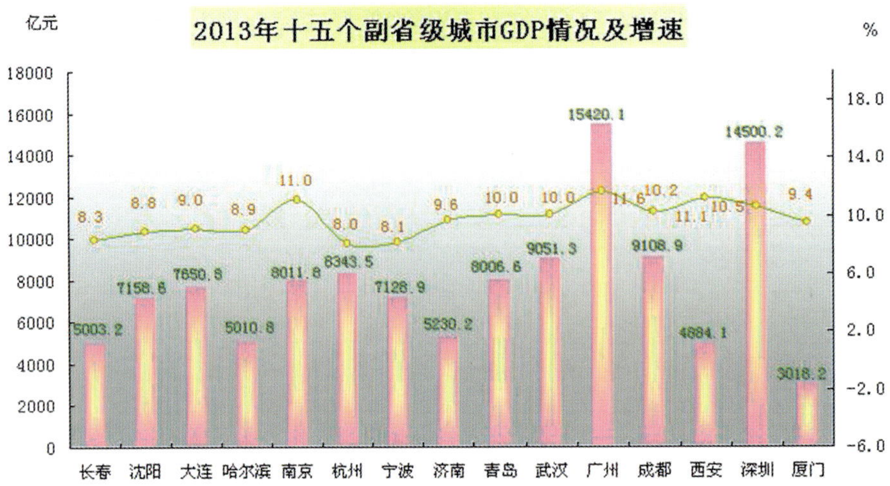
2013年十五个副省级城市GDP情况及增速
亿元
%
18000
16000
14000
12000
10000
8000
6000
4000
2000
0
18.0
14.0
10.0
6.0
2.0
-2.0
-6.0
5003.2
7158.6
7650.8
5010.8
8011.8
8343.5
7128.9
5230.2
8006.6
9051.3
15420.1
9108.9
4884.1
14500.2
3018.2
8.3
8.8
9.0
8.9
11.0
8.0
8.1
9.6
10.0
10.0
11.6
10.2
11.1
10.5
9.4
长春
沈阳
大连
哈尔滨
南京
杭州
宁波
济南
青岛
武汉
广州
成都
西安
深圳
厦门

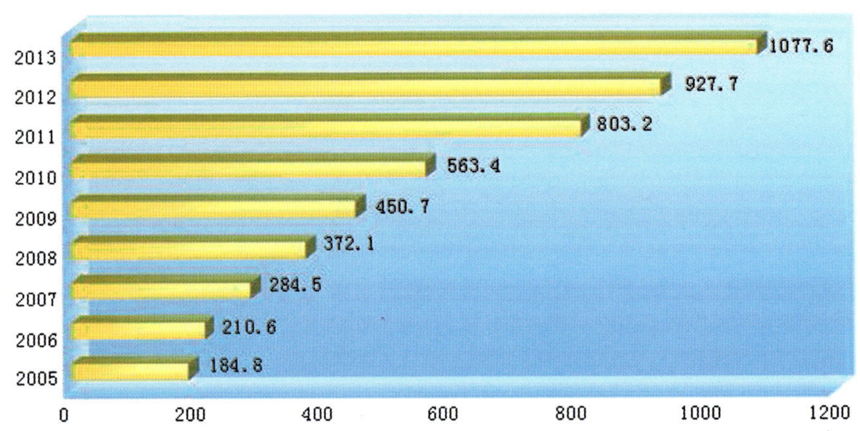
一般预算全口径财政收入（亿元）
2013
2012
2011
2010
2009
2008
2007
2006
2005
1077.6
927.7
803.2
563.4
450.7
372.1
284.5
210.6
184.8
0
200
400
600
800
1000
1200

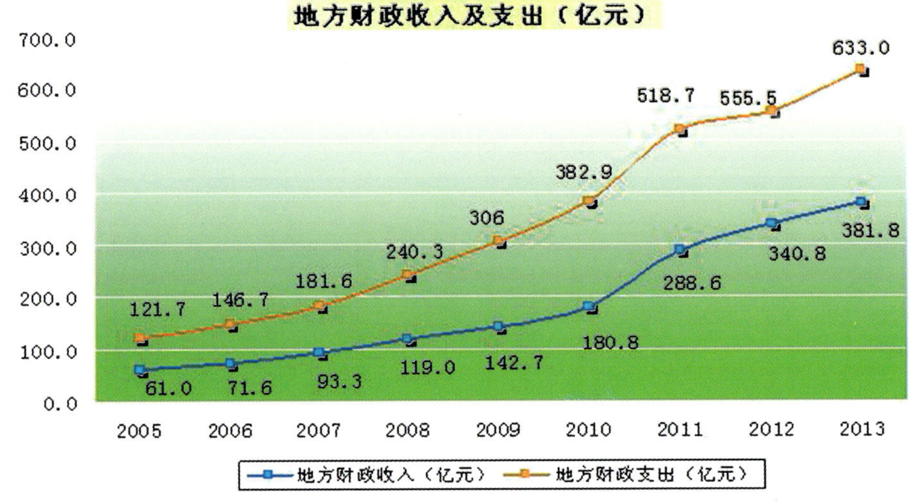
地方财政收入及支出（亿元）
700.0
600.0
500.0
400.0
300.0
200.0
100.0
0.0
121.7
146.7
181.6
240.3
306
382.9
518.7
555.5
633.0
61.0
71.6
93.3
119.0
142.7
180.8
288.6
340.8
381.8
2005
2006
2007
2008
2009
2010
2011
2012
2013
地方财政收入（亿元）
地方财政支出（亿元）

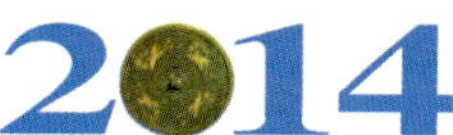

金融机构存贷款

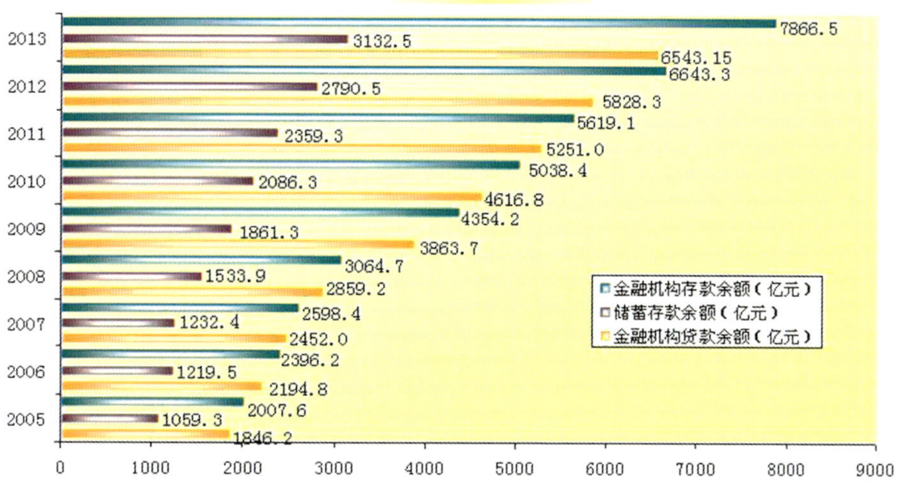
2013
7866.5
3132.5
6543.15
2012
6643.3
2790.5
5828.3
2011
5619.1
2359.3
5251.0
2010
5038.4
2086.3
4616.8
2009
4354.2
1861.3
3863.7
2008
3064.7
1533.9
2859.2
2007
2598.4
1232.4
2452.0
2006
2396.2
1219.5
2194.8
2005
2007.6
1059.3
1846.2
0
1000
2000
3000
4000
5000
6000
7000
8000
9000
金融机构存款余额（亿元）
储蓄存款余额（亿元）
金融机构贷款余额（亿元）

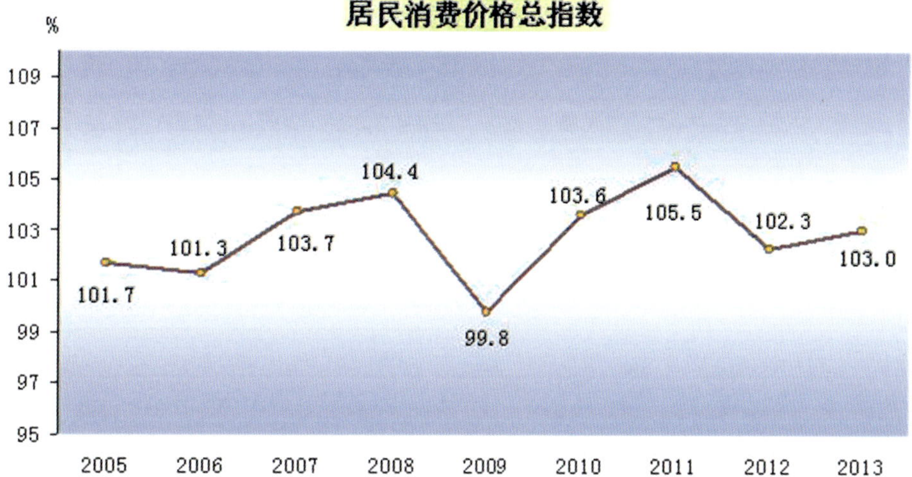
居民消费价格总指数
%
109
107
105
103
101
99
97
95
101.7
101.3
103.7
104.4
99.8
103.6
105.5
102.3
103.0
2005
2006
2007
2008
2009
2010
2011
2012
2013

全市总人口
万人
770
760
750
740
730
720
710
731.5
739.3
745.9
752.5
756.5
758.9
761.8
756.9
752.7
2005
2006
2007
2008
2009
2010
2011
2012
2013

1．长春站北出口
2．人民广场夜景

1. 莲花山生态旅游度假区醉人秋色
2. 吉林大路街景
3. 长春北湖湿地公园一景
4. 城市远眺

1. 二道区鸟瞰
2. 伊通河民族广场
3. 美丽的伊通河畔（于天明 摄）
4. 亚泰大街快速路景观带
5. 雕塑公园鸟瞰

1

2

3

4

5

1. 牡丹园
2. 劳动公园一角
3. 街道绿化彩化工程
4. 净月潭国家森林公园雪雕
5. 双阳区宜居易游雕塑公园

1. 吉林省委常委、长春市委书记高广滨和市长姜治莹会见三星大中华区总裁张元基
2. 吉林省委常委、长春市委书记高广滨会见爱尔兰CRH公司总裁阿尔伯特
3. 长春市人大常委会主任李树国接见俄罗斯乌兰乌德市议会代表团一行
4. 长春市市长姜治莹会见泰国巴真府府尹宏楚提玛
5. 长春市政协主席崔杰陪同香港贸易发展局总裁林天福参观考察

1

2

3

4

5

1．全市城市建设暨森林城建设工作推进大会
2．全市突出发展民营经济暨软环境建设工作大会
3．长春市人民政府与微软（中国）有限公司战略合作签约仪式

2

3

1. 长春市地税局举办宣传月启动仪式助推民营经济发展
2. 长春高新区精优食品加工企业生产内景
3. 长春高新区光电子企业研发车间
4. 卫星路快速路
5. 长春高新区先进装备企业生产内景

1

2

3

4

5

1. 一汽–大众长春EA211发动机项目奠基仪式
2. 长春兴隆综合保税区主卡口
3. 快速路赛德广场施工现场
4. 地铁施工现场北环城路站
5. 长德新区桥梁建设现场

1

2

3

4

5

1. 8月28日，奔腾第55万辆车下线
2. 1月18日，一汽解放公司成立十周年暨解放J6P升级版下线仪式
3. 一汽集团轿车生产车间
4. 一汽集团轿车生产线

1

2

3

4

1. 9月5日，澳大利亚驻华大使孙芳安专程到长春轨道客车股份有限公司参观（张秋玲 摄）
2. 5月16日，长春轨道客车股份有限公司生产的首批16辆出口阿根廷宽轨铁路客车运抵布宜诺斯艾利斯港
3. 长春轨道客车股份有限公司生产的北京地铁14号线车（杨旸 摄）
4. 长春轨道客车股份有限公司生产的新加坡地铁车（杨旸 摄）
5. 长春轨道客车股份有限公司生产的沈阳地铁车（杨旸 摄）
6. 长春轨道客车股份有限公司生产的沈阳浑南100%低地板现代有轨电车（杨旸 摄）

1

2

3

4

5

6

1. 第四届中国・长春创业就业博览会开幕式
2. 长春警备区驻长部队官兵义务献血
3. 长春市司法干警看望和慰问市儿童福利院孤残儿童
4. 法援之光文艺晚会

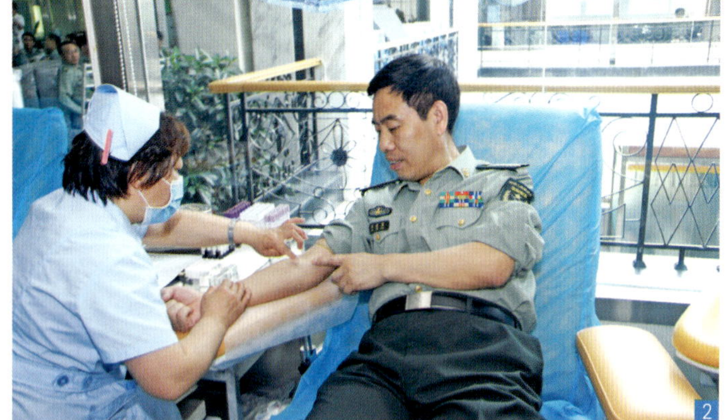

1. 建设幸福长春大会
2. 交通银行吉林省分行营业部员工为清雪的环卫工人送热水
3. “党的生日，百姓的节日”百日系列活动
4. “幸福绽放”2013首届少儿春晚现场
5. 5·19全国助残日“温暖礼包”发放活动

1

2

3

4

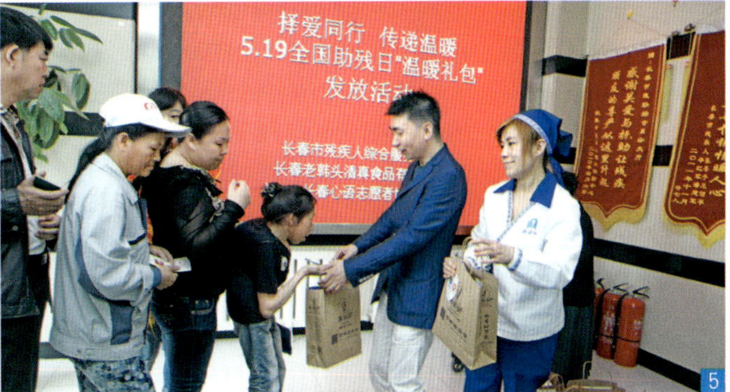

5

1．长春市红十字会在汽博会上宣传应急救护知识
2．长春供电公司百余支“电力服务队”定期深入学校、社区，检查用电设施，宣传安全、节能用电知识
3．长春市残联“金手杖”志愿者为群众修理家电
4．消防支队救援现场
5．环卫工人清扫积雪
6．市卫生局组织卫生应急演练

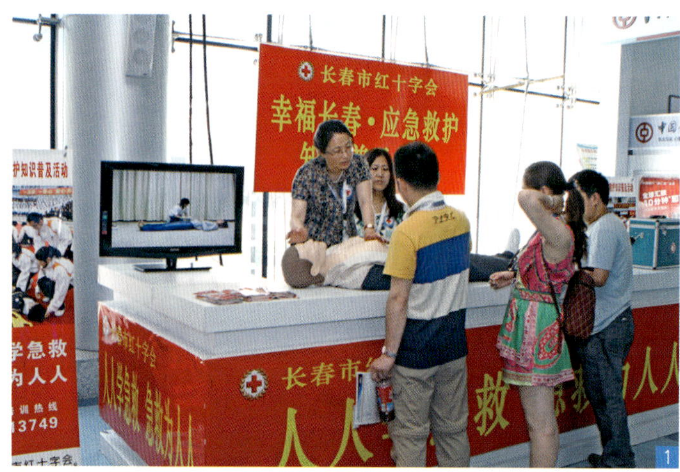

1

2

3

4

5

6

1. 幸福绽放非常六一——长春市少儿文化艺术节
2. 中国孔庙保护协会第十六届年会祭孔表演
3. 长春市“双十佳”红色之旅活动

1

2

3

1. 第九届中国吉林东北亚投资贸易博览会现场
2. 第八届中国（长春）民间艺术博览会现场
3. 第十二届中国长春国际农业·食品博览（交易）会现场
4. 第九届中国吉林东北亚投资贸易博览会现场

1. 第十届中国（长春）国际汽车博览会
2. 首届中国（长春）东北亚国际皮草展览会开幕式
3. 第八届中国（长春）民间艺术博览会开幕式
4. 第二届中国（长春）国际茶产业博览会

1

2

3

4

1. 第九届中国.长春国际动漫艺术博览会开幕式
2. 动漫表演
3. 长春市第七届大学生运动会
4. 长春市第四届君子兰迎春花展
5. 第九届中国长春君子兰节

1

2

3

4

5

1. 无限极2013世界行走日
2. 全国重点文物保护单位揭牌仪式
3. 吉林省暨长春市2013年“全民健身日”活动
4. 第三届净月潭龙舟赛
5. 长春市第八届蒙古族那达慕大会马头琴表演

1

2

3

4

5

1. 南关区检察院开展道德讲堂活动
2. 第四届长春市外国友人运动会
3. 长春市“好市民”命名表彰会议（宽城专场）
4. 长春市在伊通河管委会举办全市“关爱山川河流·建设幸福长春”志愿服务启动仪式
5. 长春市在南湖公园举办“文明行为引导”活动启动仪式
6. “外国友人拍长春”采风活动

1

2

3

4

5

6

1. 长春市穆斯林群众欢度开斋节
2. 第十届全国武术之乡武术套路比赛
3. 长春市代表队参加省乡村健身大擂台
4. 2013年中国体育彩票全国青少年冰雪冬令营活动
5. 朝阳区农民艺术节
6. 中国老年节暨老年体育健身展示大会现场

1

2

3

4

5

6

编辑说明

《长春年鉴》是由长春市人民政府主办、长春市地方志编纂委员会编纂、吉林人民出版社出版的大型综合性资料年刊，每年编辑出版一卷，旨在连续记述长春市改革开放、经济建设和社会发展的历史进程，为各级领导了解市情、实施科学决策，为各行各业查询资料信息、推动事业发展，为国内外广大读者全面、系统、翔实地了解、研究、认识长春市提供服务。

《长春年鉴》采用分类编辑法，主体内容分类目、分目和条目3个层次。《长春年鉴》2014卷在内容和体例上基本与2013卷年鉴保持了相对的连续性和稳定性，根据《吉林省地方综合年鉴编纂规范》要求，全书类目做了局部调整，设文献、专辑、大事记、长春概貌、党政群团、军事、政法、城建环保、开发区、对外经济贸易、农业、工业、民营经济、交通、信息产业、综合经济管理、商业旅游业、会展经济、金融、教育、科学、文化、卫生体育、社会、县（市）区概览、人物、领导干部名单、附录等28个类目。书前设全书英文目录，书后附主题索引。

《长春年鉴》2014卷所载稿件内容由长春市各县（市）区，市直各部门，中央、省驻长有关单位及驻长部队撰（供）稿，并经各有关单位领导审核，主要统计数据由长春市统计局审核认定。

《长春年鉴》2014卷在编纂过程中得到全市各有关单位和吉林人民出版社的热情支持，在此深表感谢。全书文字虽经多次审校，仍难免有差错和疏漏之处，敬请读者批评指正。

目　　录

党政群团

民营经济

交 通

金　融

·综　　述·

·中国人民银行长春中心支行·

·中国工商银行吉林省分行营业部·

·中国农业银行吉林省分行营业部·

·中国建设银行股份有限公司吉林省分行·

·中国交通银行股份有限公司吉林省分行·

·吉林银行·

教　育

·高等教育·

·基础教育·

·技工教育·

·长春报业·

·文化广电新闻出版·

·长春出版社·

·电　影·

·文物保护·

·图书馆·

卫生　体育

·卫　生·

·体　育·

社　会

·城乡人民生活·

·婚姻家庭·

·计划生育·

·民族工作·

·宗教工作·

·民政工作·

·社会保险·

·老龄工作·

·殡　葬·

县(市)、区概览

·农安县·

·榆树市·

·德惠市·

·九台市·

·朝阳区·

CHANGCHUN ALMANAC
TABLE OF CONTENTS

DOCUMENTS

FEATURES
CHRONICLE FOR IMPORTANT EVENTS

A GENERAL SURVEY OF CHANGCHUN

POLITICAL PARTIES

MILITARY AFFAIRS

POLITICS AND LAW

URBAN CONSTRUCTION AND ENVIRONMENTAL PROTECTION

DEVELOPING AREAS CONSTRUCTION

FOREIGN ECONOMIC RELATIONS AND TRADE

AGRICULTURE

INDUSTRY

PRIVATE ECONOMY

TRAFFIC

INFORMATION INDUSTRY

COMPREHENSIVE ECONOMIC ADMINISTRATION

COMMERCE AND TOURISM

THE ECONOMY OF EXHIBITION BANKING

EDUCATION

SCIENCE

CULTURE

HYGIENE & SPORTS

SOCIAL LIFE

A GENERAL SITUATION OF DISTRICS AND COUNTIES

FIGURES
APPENDIX
LEADERS' NAME LIST

SUBJECT INDEX

深入贯彻落实党的十八届三中全会精神 在全面深化改革中加快推进幸福长春建设

——在中共长春市委十二届四次全会上的报告

（2013 年 12 月 7 日）

高广滨

同志们：

这次全会的主要任务是，全面贯彻落实党的十八大、十八届三中全会和省委十届三次全会精神，深入学习习近平总书记一系列重要讲话精神，组织动员全市各级党组织和广大党员干部群众，振奋精神、团结奋斗，在全面深化改革中加快推进幸福长春建设。

首先，我代表市委常委会向全委会报告 2013 年工作。

1.扎实开展党的群众路线教育实践活动。在全党深入开展党的群众路线教育实践活动，是党的十八大做出的重大部署。我们牢牢把握“照镜子、正衣冠、洗洗澡、治治病”的总要求，突出为民务实清廉主题，始终聚焦解决“四风”问题，全力抓好学习教育、听取意见，查摆问题、开展批评，整改落实、建章立制三个环节，扎实推进各项工作。全市上下深入学习十八大和习近平总书记一系列重要讲话精神。市委常委班子带头征求意见、带头查摆问题、带头开展批评和自我批评、带头进行整改抓落实，深查深挖“四风”方面存在的突出问题，成功召开了民主生活会，为全市党员干部做出表率。我们自始至终把解决问题作为重中之重，明确提出“四个到位”要求，即把班子和领导干部存在的“四风”问题整改到位，把群众在活动中反映强烈的民生问题解决到位，把涉及到作风的长效机制建设到位，把各项工作抓落实到位。最近几个月，我们对照八项规定，重点围绕省委督导组梳理的 34 个突出问题，在全市深入开展了针对干部作风、安全生产、经济软环境等方面的集中整治活动，突出抓好清房、清车、清人、清卡、清文山会海、清超标准接待、清公款出国（境）、清信访积案等工作，截至目前，市级班子成员清理超标办公用房 1205 平方米；清理市本级“O 牌”专段车 942 辆，全部换发新牌照；清理吃空饷人员 2543 名；全面清理了会员卡、商业预付卡和有价证券；精简会议 523 个，精简文件简报 2978 个；集中清理超标准接待，接待支出同比下降 25%；集中清理公款出国（境）问题，共取消了 67 个团组、370 人次；采取领导包案等方式清理办结信访积案 41 件。教育实践活动取得阶段性成果。

2.努力保持经济平稳健康发展。面对宏观形势复杂多变、经济下行压力比较大的不利局面，我们牢牢扭住事关全局的重大问题不放松，经济继续保持平稳健康发展的良好态势。始终把主攻方向放在“稳增长”上，全力推动左右全市经济发展的 150 个重大项目建设，积极支持 100 户重点骨干企业发展，积极帮助中小企业破解融资难等瓶颈问题，进一步加大招商引资力度，有力地拉动了经济增长。今年，全市地区生产总值增长 8.3%，规模以上工业总产值增长 10.2%，固定资产投资增长 21%，全口径财政收入增长 16.2%，地方财政收入增长 12%，实际利用内资和外资均增长 20%，社会消费品零售总额增长 13.2%。始终把主攻方向放在“调结构”上，坚持走工业和服务业双拉动增长路径，汽车、农产品加工和轨道客车三大支柱优势产业加快发展，预计战略性新兴产业产值达到1500亿元，现代物流、现代金融、旅游会展、信息服务、文化创意等现代服务业快速发展，预计服务业增加值超过2000亿元，我市被确定为国家城市物流共同配送试点城市；民营经济潜能充分释放，预计增加值实现2250亿元，同比增长12.5%，新注册市场主体74060户，增幅创历史新高达20.4%；对外开放取得重大突破，长春兴隆综合保税区10月31日正式通过国家验收；县域经济保持高速增长，农业克服春季低温多雨、夏季病虫害多发不利影响，粮食产量达到历史最好水平，县域全口径财政收入突破百亿元大关，是5年前的3.8倍。始终把主攻方向放在"增效益"上，更加注重化解产能过剩，防范债务风险，千方百计保证建设资金不断链，努力追求实实在在、没有水分的增长。全口径财政收入达到1077.6亿元，迈上千亿元台阶，占GDP比重由5年前的14.9%提高到现在的21.5%；规模以上工业企业利润实现728.4亿元，增长16.5%；全市工业用电量增长8%；万元工业增加值能耗下降4%；创新型城市建设加快推进，在长高校和科研院所一批科技成果在地方得到转化和应用，新产品产值率达到46.8%，经济实现了质量与效益双提升。

3.扎实推进幸福长春建设。把让人民群众过上幸福美好生活作为一切工作的出发点和落脚点，全力推进幸福长春行动计划，把新增财力的75%投入到民生事业上，切实为群众解决了一批实际困难，办了一批实实在在的好事。全力推进增收富民工程，大力实施"收入倍增计划"，积极完善创业培训、政策扶持、创业服务"三位一体"的全民创业体系，突出抓好高校毕业生等群体就业服务工作，城镇新增就业11.8万人，城镇登记失业率始终保持在4%以下。城市居民人均可支配收入实现26034元，农民人均纯收入实现10060元，分别增长13.3%和11%，超过GDP增速。全力推进保障惠民工程，养老保险扩面取得重大突破，五大险种覆盖896.4万人次。深入开展"万户特困户结对救助"活动，困难群体基本生活得到有效保障。扎实推进安居工程，新建、续建保障性住房27351套，年底前2000套廉租房、2600套公租房可分配入住，581栋D级危房居民全部迁出。连续四年实施"暖房子"工程，坚持与老旧散小区改造、幸福社区创建、市容环境整治、城市形象提升结合起来抓，今年高标准完成改造1000万平方米，全市累计完成3558万平方米，惠及群众达55万户，广大群众的居住和生活条件得到进一步改善。全力推进实事利民工程，义务教育均衡发展取得突破，全市52个大学区实现资源共享，职业教育三年行动计划圆满完成，中高职国家级示范校达到7所；第二轮"健康长春行动计划"扎实开展，顺利通过国家基本公共卫生服务项目专项考核，市级公立医院改革试点深入推进，5家市级公立医院实现了药品零差率，长春在第八届全球健康促进大会上做主题发言；"公交便民"工程全面启动，新增更新公交车辆500台，市民出行条件得到改善，群众的幸福感和满意度进一步提升。

4. 统筹做好宣传思想文化工作。经济建设是党的中心工作，意识形态工作是党的一项极端重要的工作。围绕学习贯彻党的十八大和习近平总书记一系列重要讲话精神，注重发挥市委理论中心组带头作用，注重发挥各级新闻宣传部门组织引导作用，注重发挥各级党校阵地作用，扎实开展系列主题宣传教育活动，深入学习习近平总书记一系列重要讲话精神，深刻理解中华民族伟大复兴"中国梦"的重大意义、精神实质和实践要求，进一步增强了全市干部群众的道路自信、理论自信、制度自信，为推进幸福长春建设夯实了思想基础。围绕推进社会主义核心价值体系建设，突出抓好公民道德建设，大力弘扬"宽容大气、自强不息"的城市精神和"忠、孝、仁、义、礼、智、信、廉"等中华传统美德，广泛宣传道德模范和感人事迹，选拔树立了王月川、翟树全等一批先进典型，在全社会形成了良好的示范和导向作用。深入推进全国文明城创建工作，切实把创城作为加强精神文明建设、提高城乡群众生活质量、提升城市文明程度的重要载体，文明城创建成果进一步巩固。围绕加快建设完善覆盖城乡的公共文化服务体系，突出抓好重大公共文化工程和文化项目建设，总投资3亿元的长春市博物馆等重点文化基础设施建设进展顺利，在黑土地上"种"文化的"欢乐庄稼院"活动深入开展，群众性精神文化活动进一步丰富。全市文化遗产申报工作取得历史性突破，伪满皇宫等8处18项文物获评全国重点文物保护单位。11月6日，长春被正式评为首批"国家公共文化服务体系示范区"。

5.全力推进以"两横三纵"快速路、地铁1、2号线为重点的城市大建设、大改造。为了进一步提升城市形象和综合承载能力，解决群众反映强烈的道路交通问题，近年来我们全面启动实施了城市大建设、大改造，举全市之力谋划建设了"一环两横三纵"城市快速路体系。"一环"就是总投资70亿元、总长67.2公里、位于三环路和绕城高速之间的四环路；"两横三纵"就是总投资240亿元、总长84.5公里、联通中心城区与外部交通、以二环路为基础框架的城市高架快速路，"两横"即南部快速路（硅谷大街－卫星路，14.7公里）和北部快速路（花莲路－青冈路－台北大街－铁北四路－东荣大路，14.4公里），"三纵"即东部快速路（远达大街－东盛大街－仙台大街－彩宇大街，17.1公里）、亚泰大街快速路（北三环至南三环，19.7公里）和西部快速路（青年路－普阳街－宽平大路－前进大街，18.6公里），整个工程覆盖了全市90%以上的城区和开发区，仅各类桥梁就达到51座（包括四环路），其中互通式立交桥20座，可以说这是长春建城以来最大规模的城市交通建设工程。工程启动以来，城建系统、公安交警、各城区、开发区，包括沿线各单位、全市各方面通力协作，全体市民积极配合，咬紧牙关、共渡难关，全力做好征地拆迁、管网排迁、资金筹措、交通组织、宣传引导等各项工作，经过440天的连续奋战，11月9日"两横三纵"快速路主线实现试通车，明年8月底将实现全线通车。同时总投资315亿元的地铁1、2号线工程进展顺利，轻轨三期4号线投入试运营，总投资16亿元的长春站综合换乘中心投入使用，324条城区主要道路、1000多条支路巷道大中修改造任务全面完成。坚持把绿色宜居作为城市发展方向，加快打造绿色宜居的"森林城"。注重发挥规划的引领作用，组织编制了《长春市远景空间发展战略规划》，重新完善了《生产力布局优化调整指导意见》，编制完成并通过立法实施了《绿色宜居森林城之生态绿地系统规划》，启动建设了城市规划展览馆，为城市可持续发展提供了重要依据；全面提升城市要素保障能力，新建、改造供热管网230公里，完成燃气高危管网改造240公里，实施天然气置换11万户；积极改善城市生态环境，突出抓好城市森林、城市水域、城市湿地和城市绿地建设，百木园、百花园、湿地园等一批生态园林相继竣工并向市民开放，伊通河综合整治取得阶段性成果，全市新增绿地面积600公顷，集中撤并改造分散采暖锅炉房140座，降低了冬季供暖对空气质量的影响；全面抓好市容环境综合整治，继续加大城市绿化、美化、亮化、净化力度，着力解决非法营运、窗口部位脏乱差等市容环境管理中存在的突出问题，特别是针对"两横三纵"快速路施工所带来的一系列环境问题，边建设、边治理，适时启动了全市"冬季150天市容环境综合整治行动"，市容环境得到一定程度改善。

6.着力夯实安全发展基础。德惠宝源丰"6·3"特别重大火灾爆炸事故给人民群众生命财产造成了重大损失，教训极其惨痛深刻。事故发生后，我们坚决贯彻落实党中央、国务院和省委、省政府一系列要求部署，集中全市各方面力量，积极采取一切有效措施，全力开展抢险救援、伤员救治、危险化学品处置、赔偿抚恤、死者安葬、维护稳定等各项工作，尽最大努力把事故损失和影响降到最低。在市委十二届三次全会上，我们明确提出科学发展、加快发展、率先发展、安全发展，并把"发展决不能以牺牲人的生命为代价"作为一条不可逾越的红线，把安全发展作为一切工作的底线。为确保从制度机制层面，把安全生产各项任务落到实处，我们制定出台了《关于实施安全发展战略的指导意见》，进一步落实企业主体责任、部门监管责任、地方属地责任和领导责任，并迅速在全市启动实施了安全生产隐患"大检查大整改大演练"行动，对排查出的隐患问题坚决做到"零容忍"，全力整改落实到位。

7.进一步加强"法治长春"建设。着眼打造民主、公平、正义、和谐、安全的社会法治环境，我们制定出台了《关于深入推进法治长春建设的意见》，全力推进依法治市进程。大力加强民主法制建设，支持人大依法履行立法和监督职责，审议制定多部地方性法规，为推动科学发展提供了有效法律保障；支持政协围绕全市经济社会发展重大问题和涉及群众切身利益的问题协商议政、建言献策，协商民主重要渠道作用得到充分发挥；积极引导工会、共青团、妇联等群团组织依法开展工作，在依法维权、促进和谐、增强社会活力等方面做出了重要贡献。着力提升依法行政能力，扎实推进"法治政府"建设，各级政府运用法治思维和法治方式的能力进一步提高；着力推进依法治访，制定出台了《长春市依法解决信访问题实施办法（试行）》，一批涉法涉诉疑难信访积案得到有效解决，人民群众合法权益得到切实维护。同时不断深化司法体制机制改革，政法系统的执法司法能力进一步提升。积极维护社会和谐稳定，深入推进"平安长春"建设，继续在全市铺开"人性化、网格化、信息化"服务管理模式，全面推行重大决策社会稳定风险评估机制，大力实施城市夜治安巡逻、农村"治安联防综合保险"等防控措施，突出抓好视频监控系统建设，全年新增公安高清监控探头2884个，全市刑事警情和治安警情同比分别下降19%和41.5%，群众的安全感明显提升。全省基层平安建设工作会议在长春召开，在全国深化平安中国建设工作会议上，我市被授予全国社会管理综合治理最高荣誉"长安杯"。

8.全面加强和改进党的领导。坚持党要管党、从严治党，全面增强自我净化、自我完善、自我革新、自我提高能力。着力抓好领导班子和干部队伍建设，结合换届配齐配强了各级班子，以推进干部考核评价制度改革为突破口，探索建立了领导班子和领导干部综合分析研判机制，实施了"三位一体"的实绩考核体系，并着眼提高各级班子科学决策、民主决策、依法决策水平，出台了一系列制度性的措施办法，决策的科学化水平明显提高。认真做好年轻干部培养选拔工作，持续实施"年轻干部千人优选计划"，"党政综合选调生"已累计招录522人，进一步优化了干部队伍结构。积极打造"人才长春"，编制完成了《人才长春建设规划》，一批高层次科技人才和紧缺专业技术人才充实到城市发展建设各条战线。切实加强党的基层组织建设，扎实推进第二轮农村基层组织建设"三项工程"，圆满完成村"三委"换届工作，一大批致富带富能人进入村班子。不断加强党风廉政建设和反腐败斗争，深入推进"四个体系"和"三个建设"，严格贯彻落实中央八项规定，制定出台了32条改进工作作风、密切联系群众的具体意见，市级领导带头落实规定要求，厉行勤俭节约，反对铺张浪费，各级党政机关作风明显转变；切实加强对重大决策部署落实情况的监督检查，不断加大惩治腐败力度，前10个月立案886件、结案820件，给予党政纪处分867人，并集中查处了一批违反八项规定的典型案例，在全市进一步浓厚了为民、务实、清廉的风气。

总结一年工作，总体上看，我们全市上下攻坚克难、勇往直前，在复杂矛盾中实现了平稳健康发展，在重重压力中完成了大建设大改造的年度任务，在各种挑战和困难中维护了大局稳定。成绩来之不易，大家非常辛苦。但同时我们也要看到工作中还存在一些问题和不足，主要表现在：发展转型的任务还相当重，结构性矛盾比较突出，培育新的经济增长点任务比较艰巨，化解产能过剩问题比较紧迫；城市建设管理水平有待进一步提高，尤其是市容环境整治还需要下更大的力气；社会建设相对滞后，信访、维稳形势不容乐观，民生改善的力度和覆盖面还不够；安全生产工作还存在一些不容忽视的薄弱环节，推动安全发展的长效机制还不够完善；党的建设需要进一步加强，一些干部在工作作风、廉洁自律方面还有差距，等等。对这些问题我们必须高度重视，在今后工作中认真加以解决。

下面，就贯彻落实党的十八届三中全会和省委全会精神，全面深化改革，加快推进幸福长春建设，我讲几点意见。

一、坚决贯彻党的十八届三中全会和省委十届三次全会精神，切实把思想和行动统一到全面深化改革的重大决策部署上来

党的十八届三中全会是在全面建成小康社会的攻坚阶段和深化改革开放的关键时期召开的一次十分重要的会议。会上，习近平总书记就推进全面深化改革发表了重要讲话，令人鼓舞、催人奋进。全会审议通过的《中共中央关于全面深化改革若干重大问题的决定》，对改革做出了战略部署，在理论上有一系列重大创新，在实践上有一系列重大突破，是我们党坚定不移高举改革旗帜的重要宣示，是指导我们全面深化改革的纲领性文件。刚刚闭幕的省委十届三次全会，从六个方面对贯彻十八届三中全会精神、做好当前和今后一个时期工作做出安排部署，为我们进一步落实好改革各项任务、加快建设幸福长春指明了方向。当前全市上下首要的政治任务，就是要学习好、宣传好、贯彻好十八届三中全会和省委十届三次全会精神，特别是要在领会精神实质上下功夫，在宣传引导上下功夫，在学用结合上下功夫，努力把中央和省委全面深化改革的要求部署落到实处。

1.要充分认识在新的起点上全面深化改革的重大意义。全面深化改革，关系党和人民事业前途，关系党的执政基础和执政地位。习近平总书记强调，“改革是一个国家、一个民族的生存发展之道。面向未来，要破解发展中面临的难题、化解来自各方面的风险挑战，推动经济社会持续健康发展，除了深化改革，别无他途”。纵观35年的改革历程，每一次重大改革都给发展注入了新的活力，给事业前进增添了强大动力，党和人民事业就是在不断深化改革中向前发展的，没有改革开放，我们不可能有今天这样的大好局面。可以说，改革是决定当代中国命运的关键抉择，是党和人民大踏步赶上时代的重要法宝。35年的改革，取得了举世瞩目的成就，但我们也应该看到，当前发展中还有很多深层次的矛盾和问题，纵向延伸十几年甚至几十年，横向牵扯到经济社会方方面面，成因复杂、相互交织，在很大程度上影响阻碍了发展的进程，解决这些问题，仅靠一项两项政策远远不够，仅靠一个两个措施也触及不到根本，必须依靠全面深化改革，从根上寻求突破。全市上下一定要充分认识推进新一轮改革的极端重要性，切实把思想和行动统一到中央和省委的决策部署上来，始终牢记改革是大势所趋、人心所向，始终牢记改革只有进行时、没有完成时，以强烈的进取意识、机遇意识和责任意识，扎扎实实完成好深化改革各项任务，加快推动长春各项事业迈上一个新台阶。

2.要准确把握全面深化改革的方向、目标、原则和重点任务。三中全会《决定》从16个方面对深化改革做出系统部署，明确了全面深化改革的方向、指导思想、总体思路、重大原则和重点任务，用“六个紧紧围绕”指明了全面深化改革的路线图，并制定了时间表。我们一定要深刻领会，牢牢把握。要明确改革的总目标就是完善和发展中国特色社会主义制度，推进国家治理体系和治理能力现代化。要明确这次改革必须坚持社会主义市场经济改革方向，重点是推进经济体制改革，核心问题是处理好政府和市场的关系，使市场在资源配置中起决定性作用和更好发挥政府作用。要明确这次改革必须要以促进社会公平正义、增进人民福祉为出发点和落脚点。要明确进一步解放思想、进一步解放和发展社会生产力、进一步解放和增强社会活力，既是改革的目的，又是改革的条件。在推进改革的进程中，我们必须始终坚持党的领导，坚持解放思想、实事求是、与时俱进、求真务实，坚持以人为本，坚持正确处理改革发展稳定关系，做到统筹协调、整体推进。省委十届三次全会对我省全面深化改革各项任务作了进一步细化，儒林书记对全省改革需要把握的方向性、原则性问题作了系统阐述，并梳理出85个需要研究破解的重点问题，明确了16个需要抓紧出台改革政策的具体事项，确立了12个方面的改革试点，指导性非常强，我们一定要站在全省改革大局的高度，认真学习、准确把握，主动承担改革任务，争取为推动全省深化改革做出更大贡献。

3.要切实从长春实际出发，全力落实好各项改革任务。推进长春改革，必须严格按照中央和省委统一部署，坚持正确、准确、有序、协调推进改革，该部署的要坚决部署到位，该试点的要稳步启动试点，该争取支持的要积极争取支持。要从群众最期盼的领域改起，从制约经济社会发展最突出的问题改起，让全社会感受到改革带来的实实在在的成果，最大限度凝聚改革正能量。重点要谋划和推进好以下几方面改革(包括试点)。一是要抓好突出发展民营经济综合配套改革示范区试点，这是省委交给长春市的一项重点任务，我们要探索民营经济在市场准入、市场监管、市场公平竞争、金融创新等方面的配套改革措施，不断激发民营经济的市场主体活力和创造力。二是要完善城镇化健康发展体制机制，进一步完善推进长吉一体化的相关政策，着力发展以县城为重点的城镇化，尽快把4个县城打造成中等城市，深入推进莲花山、合隆、奢岭、兴隆山、卡伦、米沙子、五棵树等“产城融合的城乡双向一体化”试点建设。三是要深化行政审批制度改革和机构改革，抓好“接、放、管”，进一步清理行政审批事项，加快制定负面清单管理意见，优化政府机构设置、职能配置、工作流程，切实做到简政放权、转变职能。四是要争取国家和省在我市设立城乡统一的建设用地市场试点，选择有条件的县(市)开展农民住房财产权抵押、担保、转让试点，做好土地确权工作，赋予农民更多财产权利。五是要完善金融市场体系，研究探索成立长春市地方银行，引导鼓励民间资本在我市发起设立中小型银行等金融机构，大力发展普惠金融，推动企业进入多层次资本市场发展，积极支持企业上市融资，抓好非上市公司股份代办转让系统工作，提高直接融资比重，做好城建投融资体制改革，组建长春城市发展投资控股(集团)有限公司，做好“粮食银行”试点工作，加快长春金融总部基地建设，更好地发挥金融对经济发展的推动作用。六是要完善国有资产管理体制，以管资本为主加强国有资产监管，摸清全市国有资产底数，整合盘活国有资源，对国有资产行使有效监管；深化国有企业改革，稳步推进厂办大集体改革，适时启动产权交易市场改革，推动国有企业完善现代企业制度；提高经营效率，合理承担社会责任，更好地发挥作用。七是要推进文化管理体制改革，制定和完善文化市场准入和退出机制的实施意见，加快构建现代文化市场体系和现代公共文化服务体系，形成各类市场主体公平竞争的发展局面。八是要加快构建新型农业经营体系，大力培育新型农业经营主体，鼓励土地承包经营权在公开市场上向专业大户、家庭农场、农民合作社、农业企业流转，发展多种形式规模经营。九是要创新社会治理体制，改进社会治理方式，积极推进人民调解、司法调解、行政调解等方式对接联动，制定促进新形势下社会组织健康发展的意见，确保群众安居乐业、社会安定有序。十是要完善统一权威的食品药品安全监督机制，建立最严格的覆盖全过程的监管制度，积极推进食品药品监管信息化建设，逐步构建起食品药品安全社会共治格局，保障食品药品安全，打造"食品药品安全城"。十一是要健全自然资源资产产权制度和用途管制制度，抓紧完成对水流、森林、山岭、草原、荒地、滩涂等进行统一确权登记，形成归属清晰、权责明确、监管有效的自然资源资产产权制度，推动自然资源节约集约使用和合理保护开发。十二是要做好被征地农民养老保险工作，制定完善被征地农民社会保障制度和进城落户农民养老保险政策意见，逐步建立被征地农民养老保障专项资金，集中用于解决被征地农民的养老保障问题。十三是要开展产学研协同创新机制试点，完善企业和战略投资者、高校及科研院所、金融机构、政府"四位一体"的创新驱动机制，以企业为主体，加快推进科技创新、产业创新、企业创新，促进科技成果就地转化。十四是要推动开放开发体制创新，深入落实长吉图开发开放和长吉一体化战略，依托兴隆综合保税区、陆路干港，进一步创新加工贸易模式，抢抓国家支持内陆城市增开国际客货运航线的机遇，争取开通更多国际客货运航线。十五是要深化行政执法体制改革，整合执法主体，推进综合执法，完善执法程序，加快建立权责统一、权威高效的行政执法体制，做到严格规范公正文明执法。十六是要加快社会事业改革，重点是深化教育领域综合改革和医药卫生体制改革，健全促进就业创业体制机制，推进事业单位招聘改革，落实农民工工资清欠责任制，更好地满足群众需求、回应群众期盼。十七是要推进干部考核评价制度改革，制定导向明确、指标科学的考核评价体系，坚决纠正单纯以经济增长速度评定政绩的偏向。

4.要在全面深化改革中，加快推进城市转型升级。经过多年的发展，我们已经进入城市转型升级的关键阶段。要坚持以改革促发展，以发展促转型，加快推进城市转型升级。要进一步实施好"投资拉动、项目带动、创新驱动"战略，使经济增长更多地依靠内需特别是合理投资和消费拉动，加快打造创新型城市；进一步构建以现代农业为基础、以工业服务业双拉动为主导的多元化现代产业体系，"拉长补短"，大力发展战略性新兴产业；进一步提高经济市场化程度，使市场在资源配置中发挥决定性作用，突出发展民营经济，使民营经济成为我市经济发展的生力军；进一步提高经济外向度，加大招商引资力度，加快打造"开放长春"；进一步优化区域结构，大力推进开发区、城区、县域"三大板块"协调发展；进一步强化绿色宜居"森林城"的城市发展方向，优化城市空间布局，提升城市综合承载能力，加快建设天蓝、地绿、水净、城美的"美丽长春"；进一步提升城市治理能力，不断提高依法治市、依法行政水平，最大限度地维护社会公平正义、增强社会活力；进一步突出以民为本、以人为本，使更多的城市发展成果惠及全体市民。

以上这些工作，都是当前和今后一个时期我市深化改革的重中之重，都是事关转型升级、牵一发而动全身的重大问题，都是群众最关心、社会高度关注的重点工作，市委将成立全面深化改革领导小组，各地、各有关方面也要结合本地本部门实际，进一步强化领导责任、抓好组织实施，力争尽快打开全面深化改革的新局面。

二、立足长春实际，以改革创新精神，全面做好明年和今后一个时期经济社会发展各项工作

当前，我们正处在经济增长的换档期、结构调整的阵痛期、城市转型的关键期、社会矛盾的凸显期。我们既面临难得的发展机遇，也面临一些困难和挑战。新一轮改革陆续铺开，一系列重大举措密集出台，将给长春发展振兴注入强大的动力和活力。同时经济发展也出现近年来少有的复杂严峻形势，群众的利益诉求也越来越多，维护社会稳定的任务也越来越重。我们一定要全面把握机遇，沉着应对挑战，赢得主动，赢得先机，赢得优势。省委十届三次全会提出"要着力推进创新发展、统筹发展、绿色发展、开放发展、安全发展"，这"五个发展"，体现了注重以人为本的要求，体现了注重以质量和效益为中心的要求，体现了注重全面协调可持续发展的要求，是我们在推进长春科学发展、加快发展、率先发展实践中必须要把握好的重要遵循。全市上下要深入贯彻落实好党的十八大、十八届三中全会和省十次党代会、十届三次全会精神以及市十二次党代会精神，紧紧围绕主题主线，围绕建设幸福长春、率先全面建成小康社会目标，围绕科学发展、改善民生、建好城市、促进和谐工作大局，围绕城市转型升级新任务，坚持稳中求进工作总基调，把改革贯穿于经济社会发展各个领域各个环节，以改革促发展，以发展促转型，统筹推进经济建设、政治建设、文化建设、社会建设、生态文明建设和党的建设各项工作。

1.坚持稳中求进总基调，全力推动经济平稳健康发展。发展始终是我们最根本、最首要的任务。明年经济工作要进一步集中光圈、握紧拳头，切实把"抓好大项目、推进产业发展、培育'小巨人'企业、促进开发区转型升级"这四个重点任务突出出来。抓好大项目，就是要继续滚动实施好"十二五"确定的五大类150个重大项目，突出抓好招商引资工作，瞄准世界500强、国内500强、大的央企和大的民企，再引进一批科技含量高、经济效益好、带动能力强的大项目、好项目，真正通过项目增量，扩大总量、优化存量、调整结构、提升效益。推进产业发

展，就是要突出抓好汽车、农产品加工和轨道客车三大支柱产业，全力打造三大世界级产业基地；加快发展医药健康产业、装备制造业、建筑业和旅游业等优势产业；积极培育生物产业、光电信息产业、新能源、新能源汽车、新材料、节能环保等战略性新兴产业，尽快把生物产业、光电信息产业培育成我市新的优势产业；大力发展现代物流、现代金融、商贸流通、服务外包、楼宇经济、会展等服务业和文化产业，扎实推进国家城市物流共同配送试点城市和国家电子商务示范城市建设。同时，要注意采取有效措施，进一步规范房地产市场，推动房地产业健康发展。培育“小巨人”企业，就是坚持“抓大不放小”，在全力保障一汽、大成、长客等大型骨干企业发展同时，大力支持民营经济、中小微企业特别是科技型创新企业发展，努力让创业“火”起来。重点是要打好扶持民营企业发展的“组合拳”，成立一个专门服务机构，落实一系列相关扶持政策，建立一些融资担保基金，树立一批民营企业家典型，加快培育一群有潜力、创新能力强、市场空间大的民营高科技创新型“小巨人”企业，明年力争新增100户。促进开发区转型升级，就是要加大开发区开发开放和体制机制创新力度，进一步提高投资强度、提高科技含量、提高投入产出比，全面提升开发区集约集聚发展水平。经开、高新、汽开和净月四大开发区要充分发挥国家级开发区龙头带动作用；长东北开放开发先导区要加快建设步伐，特别是兴隆综合保税区要进一步加大建设和项目引进力度，空港经济区要大力推进开放通道建设和机场二期扩建工程；莲花山以及其他各类开发区要立足各自特色优势，加强特色产业园区建设，加快培育产业集群，全面提高开发开放水平。

2.坚持以工促农、以城带乡、工农互惠、城乡一体，统筹抓好“三农”工作和新型城镇化建设。长春作为农业大市，一定要按照统筹“四化”发展的要求，打好“农业牌”。要全力夯实农业基础地位，实施“黑土地保护”工程，大力发展现代农业，“十二五”期间粮食综合生产能力要努力实现200亿斤阶段性水平；要坚持走新型城镇化道路，推进以人为中心的城镇化，推动中心城市、县城和小城镇协调发展、产业和城镇融合发展，促进城镇化和新农村建设协调推进；大力实施县域突破战略，突出抓好县域工业集中区建设，培育壮大特色产业，推动县域综合经济实力再上新台阶；统筹城乡要素配置，积极构建规范运行的农村产权流转交易市场、功能完善的农村金融市场、城乡统一的人力资源市场；着力提高农村基本公共服务水平，积极建设城乡一体基础设施体系、城乡均衡发展教育体系、城乡公共卫生服务体系、城乡公共文化服务体系、覆盖城乡的公共财政体系，努力形成城乡协调、互为支撑、联动发展的新态势。

3.坚持增收富民、保障惠民、实事利民，进一步保障和改善民生。按照“守住底线、突出重点、完善制度、引导舆论”要求，立足满足人民群众的新期待，围绕生存性、发展性、安全性民生需求，深度实施好增收富民、保障惠民、实事利民“三大工程”，兜底线、补短板、抓热点，下大力气解决好群众最关心的热点难点问题，高标准制定好《2014年幸福长春行动计划》，重点是要抓好16件大事：一是就业创业工程，明年城镇新增就业岗位要达到12万个，引导扶持1万人实现创业。二是“暖房子”改造工程，积极争取政策和资金支持，稳步推进“暖房子”改造。三是二次供水治理工程，改善设施，加强水质检测，努力让市民吃上放心水。四是城市畅通工程，明年要做好“两横三纵”与其它街路衔接，打通断头路、卡脖路，建设静态停车场等工作，让市民出行更便捷。五是大气环境治理，开展工业废气、燃煤烟尘、机动车尾气、扬尘污染等专项整治，加强大气污染源控制，积极应对雾霾天气，改善空气质量。六是保障性住房建设，明年要力争基本建成7000套保障性住房。七是老旧散小区整治和“夹馅”棚户区改造，明年要全面加大整治改造力度。八是推进被征地农民养老保险工作，明年要完成6.3万人。九是义务教育普惠行动，明年要实施100所达标校建设，创建30所百姓身边的新优质校，加快教育均衡发展进程。十是地下管网改造，明年要改造供热管网100公里、供水管网100公里、燃气高危管网150公里。十一是加强居民小区物业管理工作，建立市、区、街、社区四级物业管理机制，着力解决弃管小区问题。十二是加快特困“大救助”体系建设，建立救助标准与物价增长、子女就学、看病就医等挂钩联动机制，帮助特殊困难群体解决实际问题。十三是全面推进健康长春行动计划，进一步提高群众的健康水平。十四是农村人居环境改善行动，明年167个村环境卫生设施达到省级新农村示范村标准。十五是城乡公共文化惠民工程，加快推进公共文化服务体系建设提质提效，进一步丰富城乡居民文化生活。十六是便民服务工程，加快建设便民设施，努力为老百姓提供有人情味的便民服务。总之，就是要一件事情接着一件事情办、一年接着一年干，通过我们锲而不舍地努力，让群众得到更优质的教育、更高水平的医疗卫生服务、更充分的就业、更满意的收入、更完善的社会保障、更便捷的出行条件、更舒适的居住环境，不断提升群众的幸福感和满意度。

4.坚持绿色宜居、规划引领、建管并重，加快推进城市大建设、大改造、大整治、大提升。按照规、建、管并重原则，全力抓好城市规划、建设和管理各项工作。在城市规划上，要突出强调规划先行、规划引领，抓好产业规划、城市规划、土地规划、环境规划“四规合一”，加快建立健全保障规划执行的管理、监督和问责机制，切实维护规划的严肃性和权威性，坚决制止和拆除违法建筑，真正使规划成为引领城乡健康发展的重要依据。在城市建设上，要全力实施好城市大建设、大改造，突出抓好“两横三纵”快速路续建工程，突出抓好地铁1、2号线等城市重大基础设施建设，突出抓好大铁北改造、南部新城核心区、西客站周边建设，突出抓好重点街路拓宽改造和人行步道工程，突出抓好以城市森林、城市湿地、城市水域、城市绿地、环境质量为重点的生态体系建设，不断提升城市承载能力和现代化水平。在城市要素保障上，重点抓好地下老旧管网改造提升工程、长春天然气高压外环管网工程、串湖、北郊两座续建污水处理厂和几大净水厂建设、改造、扩建工程，不断提高水、电、气、热等城市要素保障能力。在城市管理上，要大力推进以提高城市管理信息化水平为目标，以物联网、云计算等新一代信息技术应用为支撑的“智慧城市”建设，把先进技术广泛运用到社会治安、应急处置、交通管理、环境监测等各个领域，加快建立起全方位、广覆盖的城市管理综合信息系统。同时要按照精、细、严、实标准，突出抓好150天市容环境综合整治行动，抓好窗口部位和主要街路治理，全面提升城市精细化、长效化管理水平。

5.坚持公平正义、执法为民、依法治市，深入推进“法治长春”建设。法治是治国理政的基本方式，是社会文明进步的重要标志。要按照中央和省委要求，紧紧结合长春实际，全面提升各项工作法治化水平。要围绕“法治长春”建设，深入实施“六五”普法规划，大力弘扬社会主义法治精神，注重培育法治文化，增强全民法治意识，牢固树立法治理念，推动形成办事依法、遇事找法、解决问题用法、化解矛盾靠法的良好法治环境，使懂法、守法、不违法成为每个市民的自觉行动；要加强地方立法，深入推进依法行政，严格规范行政执法行为，完善规范性文件、重大决策合法性审查机制，普遍健全法律顾问制度，全面推进服务型、责任型、法治型、廉洁型政府建设；要公正司法，坚持做到程序公正、实体公正、形象公正，进一步推进司法公开，进一步加强对司法活动全方位监督，不断提高司法公信力，切实保障人民合法权益，维护社会公平正义。要积极支持各级人大及其常委会依法履行职责，推动人民代表大会制度与时俱进。充分发挥人民政协政治协商、民主监督、参政议政职能作用，广泛多层次推进协商民主制度化发展。充分发挥统一战线在协商民主中的重要作用，大力加强同各民主党派、工商联、无党派人士合作共事。充分发挥工会、共青团、妇联等人民团体广泛联系群众作用。

6.坚持以人为本、安全至上，积极维护社会和谐稳定。着眼为经济发展和人民幸福提供良好的社会环境，统筹抓好安全、信访、维稳各项工作，最大限度激发社会活力，最大限度解决矛盾问题，最大限度增加和谐因素，努力做到“五个坚决防止”，即坚决防止发生危害国家安全与政治稳定的重大政治事件和暴力恐怖事件，坚决防止发生重特大安全生产事故，坚决防止发生影响社会稳定的重大群体性事件，坚决防止发生社会反映强烈的重大恶性刑事案件和治安案件，坚决防止发生恶意炒作的网络舆论事件，全力维护社会和谐稳定。在安全生产上，要切实增强“红线”意识、危机意识、责任意识，牢固树立科学发展必须首先安全发展理念，全面夯实安全发展基础，加大安全监管力度，加快建立长效机制，特别是要突出抓好安全生产的责任落实，切实把企业的主体责任、部门的监管责任、地方的属地责任和各级党政“一把手”的领导责任落实到位，坚持管行业必须管安全、管业务必须管安全，强化责任倒查和责任追究，实行安全生产和重大安全生产事故风险“一票否决”。重点是要持续开展好安全生产隐患“大检查大整改大演练”行动，对任何安全隐患都要坚决做到“零容忍”，不留死角、不留盲点、不留遗憾。同时要积极开展创建安全发展城市试点，全力抓好食品药品安全、消防安全、治安安全、燃气安全、交通安全，确保不出重大安全生产事故。在信访工作上，首先要立足解决问题，深入开展好“大走访大接访”、市级领导包保信访案件、县（市）区党政一把手、市直部门局长接待日等活动，进一步解决好事关群众切身利益的信访问题，做到诉求合理的解决到位、诉求无理的教育到位、生活困难的帮扶救助到位、行为违法的依法处理到位。同时要强化信访制度建设，按照中央关于改革信访工作制度的部署，加快建立健全网上投诉和受理信访、涉法涉诉信访依法终结、重大决策社会稳定风险评估等制度机制，推动信访工作早日走上制度化和法治化轨道。在维护稳定上，要围绕“平安长春”建设，按照改进社会治理方式要求，进一步完善“人性化、网格化、信息化”服务管理模式，进一步健全社会矛盾排查、预警、化解、处置机制，进一步推广好联调联动工作经验，进一步加大社会治安综合治理力度，进一步开展好基层平安创建活动，进一步抓好重要敏感部位和特殊时间节点的稳控工作，全力防范和及时处置极端事件，确保社会面稳定，不出大的问题。

三、加强和改进党的建设，切实为全面深化改革提供坚强的政治和组织保证

全面深化改革、加快建设幸福长春，任务繁重，越是在这样的时候，我们越要加强和改善党的领导，充分发挥总揽全局、协调各方作用，突出党要管党、从严治党，始终保持党的先进性和纯洁性，扎实推进党的建设各项工作，努力提高党的领导水平和执政能力。

1.要深入学习贯彻落实习近平总书记系列重要讲话精神，牢牢把握正确的政治方向。党的十八大以来，习近平总书记围绕改革发展稳定、内政外交国防、治党治国治军发表了一系列重要讲话，提出了许多新思想、新观点、新论断、新要求，体现了中国特色社会主义理论和实践的最新成果，是新形势下推进各项工作的行动指南。全市各级党组织和党员干部要把学习贯彻习近平总书记系列讲话精神作为重要政治任务，深刻领会习近平总书记关于坚持和发展中国特色社会主义的重要论述，坚定道路自信、理论自信、制度自信；深刻领会关于实现中华民族伟大复兴“中国梦”的重要论述，为国家富强、民族振兴、人民幸福而不懈奋斗；深刻领会关于全面深化改革开放的重要论述，不断激发全社会的发展动力和创造活力；深刻领会关于推动科学发展的重要论述，进一步促进经济社会持续平稳健康发展；深刻领会关于社会主义民主政治和依法治国的重要论述，坚持走中国特色社会主义政治发展道路；深刻领会关于宣传思想工作的重要论述，牢牢把握意识形态工作的领导权管理权话语权；深刻领会关于国际关系和我国外交战略的重要论述，坚持开放的发展、合作的发展、共赢的发展；深刻领会关于党的建设的重要论述，切实提高从严管党治党的能力和水平；深刻领会讲话贯穿的立场观点方法，切实提高做好工作的能力和水平，不断夯实推进幸福长春建设的思想基础。各级党委（党组）和领导干部要带头学习，组织部门和两级党校要抓好干部教育培训和基层党员学习，真正用讲话精神武

装头脑、指导实践、推动工作。

2.要扎实开展党的群众路线教育实践活动，持续推动干部作风转变。改进作风不能一蹴而就，更不能一阵风，要经常抓、长期抓、反复抓，动真格、求实效、防反弹。第一批教育实践活动单位要继续抓好整改落实、建章立制各项工作，进一步突出解决问题这个关键，下大力气解决好《长春市委贯彻落实中央和省委加强作风建设有关规定、整改问题抓落实的实施意见》中梳理出的6个方面问题，下大力气抓好“15个集中专项整治”，下大力气落实好省委督导组确定的34个突出问题和《中共长春市委常委班子整改方案》中明确的49个重点问题。坚决把查摆出的问题一项一项、一件一件地整改落实到位。同时要认真搞好“回头看”，督导组要充分发挥作用，对工作不足的要“补课”，力度不够的要“加把火”，走过场的要坚决返工重来，确保善始善终、善作善成。第二批教育实践活动单位要紧密结合贯彻落实十八届三中全会精神，充分借鉴首批教育实践活动成功经验，不等、不靠、超前谋划，认真做好各项准备工作，特别是要继续强化“问题意识”，聚焦形式主义、官僚主义、享乐主义和奢靡之风“四风”问题，把学习教育、听取意见，查摆问题、开展批评，整改落实、建章立制抓实抓好，确保教育实践活动不虚、不空、不偏、不走过场，努力在全市形成清廉、敬业、和谐、务实、创新、学习六种风气，切实以作风建设的实际成效取信于民。

3.要全面加强宣传思想文化工作，切实为深化改革统一思想凝聚力量。党管宣传、党管意识形态是我们党的优良传统和政治优势。要全面贯彻落实好全国宣传思想工作会议精神，按照“高举旗帜、围绕大局、服务人民、改革创新”的总要求，突出抓好意识形态工作，进一步增强阵地意识，充分发挥意识形态工作为中心工作凝聚社会共识、提供价值支撑、赢得话语权的重要作用。要进一步加强宣传思想舆论引导，抓好理想信念教育，大力弘扬社会主义核心价值观，弘扬主旋律，传播正能量，特别是要集中开展党的十八届三中全会精神学习宣传活动，努力为全面深化改革营造浓厚的舆论和社会氛围。要加强网络建设管理，改进政务微博等信息平台建设，抓好社会热点问题的正面引导，努力提高运用新媒体的能力；要全力推进文化大发展、大繁荣，进一步巩固国家公共文化服务体系示范区建设成果，持续开展群众性精神文明创建活动，努力让文化成为我们这座城市的标志和品牌。

4.要着眼提高执政能力，切实加强领导班子、干部队伍、人才队伍和基层党组织建设。要把各级领导班子建设摆在突出位置，进一步优化班子结构，完善干部教育培训和实践锻炼制度，不断提高各级领导班子推动改革发展的能力，特别是要加强理想信念教育，保证精神上“不缺钙”。要坚持党管干部原则，深化干部人事制度改革，构建有效管用、简便易行的选人用人机制，使各方面优秀干部充分涌现，真正把“信念坚定、为民服务、勤政务实、敢于担当、清正廉洁”的好干部选拔出来。要把从严管理作为对干部最大的政治爱护，以严带队伍、以严树正气。要围绕“服务发展、服务民生、服务群众、服务党员”主题，进一步抓好基层党组织服务民生体系建设，以“创先争优”为统揽，全力推进城市社区基层组织“五有一创”工程、第二轮农村基层组织建设“三项工程”和非公经济组织、社会组织党建“双覆盖、双增强”工程，不断提高基层党组织的创造力、凝聚力和战斗力。要积极推进“人才长春”建设，加快建立和完善集聚各类人才的体制机制，注重引进培育一批经济社会发展急需的专业技术人才和创新型人才，全力打造长春“人才高地”。

5.要按照从严治党要求，下大力气抓好党风廉政建设和反腐败斗争。加强党风廉政建设，坚决同各种消极腐败现象作斗争，是我们党必须始终抓好的生命工程。要严明党的纪律，严肃查处改革中发生的违纪、违法和“上有政策、下有对策”等严重不落实问题。要进一步落实党风廉政建设责任制，强化党委主体责任和纪委监督责任，制定切实可行的责任追究制度。要进一步深化以“四个体系”、“三个建设”为重点的惩防体系建设，切实加大对党员领导干部违反党纪政纪、涉嫌违法行为审查和处置力度，坚决惩治腐败。要深入推进以“改革限权、依法确权、科学配权、阳光示权、全程控权”为重点的“五权工作”，把权力涂上防腐剂、戴上“紧箍咒”、关进制度的笼子里。要紧紧围绕解决“四风”问题加强作风建设，认真落实八项规定，认真执行《党政机关厉行节约反对浪费条例》，深入开展以软环境整治为重点的纠风专项治理，加大对“吃拿卡要”和“门难进、脸难看、事难办”等问题的整治力度，推动形成便捷高效的服务环境。要加强教育和预防，坚持抓早抓小，及时发现领导干部苗头性倾向性问题，通过约谈、诫勉谈话等方式提醒纠正，着力提高广大党员干部自觉抵御和防止腐败的能力，努力实现干部清正、政府清廉、政治清明。

6.要全力抓好工作落实，努力把各项任务落到实处。没有落实，一切都是空谈，没有落实，再好的目标和蓝图都无法实现。千忙万忙，不抓落实就是瞎忙；千招万招，不能落实就是虚招；千条万条，不去落实就是“白条”。全市各级党员干部特别是领导干部，要进一步强化“落实落实再落实”的责任意识，以责任促落实，以责任保成效；进一步提高抓落实的能力，强化工作执行力，在工作实践中增强本领；进一步完善抓落实的制度机制，包括以重落实为导向的选人用人机制、以抓落实为重点的考核评价机制和“不落实”的问责机制。全市各级领导干部都要带头抓落实，做到讲实话、干实事，尤其在急难险重任务面前，要敢于负责、敢于担当、敢于较真、敢于碰硬，真正以“钉钉子”的精神推动工作，把中央、省委、市委的决策部署，转化为全面推进改革、推动事业发展、服务人民群众的生动实践。

同志们，新一轮改革开放的号角已经吹响，实现中华民族伟大复兴的“中国梦”催人奋进。让我们更加紧密地团结在以习近平同志为总书记的党中央周围，在省委、省政府的领导下，解放思想、开拓创新、凝心聚力、攻坚克难，为加快建设幸福长春、率先全面建成小康社会而努力奋斗！

政府工作报告

——在长春市第十四届人民代表大会第二次会议上

（2013 年 12 月 18 日）

市长 姜治莹

各位代表：

现在，我代表市人民政府，向大会报告工作，请各位代表审议，并请市政协委员提出意见。

一、2013 年工作回顾

今年是长春发展史上极不寻常的一年。面对错综复杂的外部环境和接踵而至的困难挑战，面对加快发展和改善民生的繁重任务，在市委的坚强领导下，在市人大、市政协的监督支持下，我们紧紧团结和依靠全市人民，顽强拼搏、砥砺奋进，全面推进改革开放和现代化建设，经济社会发展取得新的可喜成绩。

——经济运行稳中有进、质量提升。地区生产总值超过5000 亿元，增长 8.3%，全口径财政收入增长 16.2%，首次突破千亿元大关。

——民生福祉显著增进、惠及城乡。幸福长春行动计划全面实施，又为群众办了一批好事、实事。城镇居民人均可支配收入增长 12.1%，农民人均纯收入增长 13%，城乡居民储蓄存款余额增长 13.6%，这些体现群众收入水平的指标均高于经济增速、上年增速，发展成果更多地为人民群众所共享。

——各项事业纵深推进、成效显著。改革开放不断深化，城市建设实现突破，社会事业全面进步，生态文明建设稳步实施，社会大局继续保持和谐稳定。

各位代表，在今年这样极其特殊的形势下，我们为巩固和发展全市稳增长、惠民生、促和谐的生动局面，突出狠抓了以下七个方面的工作：

（一）统筹三次产业，全力稳增长、调结构、增效益迈出了新步伐

坚持调整优化经济结构、提升发展质量效益，狠抓三次产业融合发展、互促共进，不仅稳定了当期增长，也为长远发展奠定了基础。

工业支撑有力。全面加大对重点企业扶持力度，全年产值超亿元企业达到 639 户，产值超 10 亿元企业达到 66 户。实施投资 3000 万元以上工业项目 1250 个，大众发动机、轿股变速箱、丰越 RAV4、百克疫苗、富士康新材料、新力 LED 光源等一批项目建成投产，产业结构不断调整优化。大力推进科技创新，新增高新技术企业 31 户，省级以上企业技术中心达到 96 户，转化重大科技成果 130 余项，突破共性关键技术 300 余项。500 余种新产品实现规模化生产，新产品产值率达到 47%；工业企业实现利润 728.4 亿元，增长 16.5%；工业增加值率提高 1 个百分点，万元增加值能耗降低 4%。工业增长质量和效益稳步提升，对全市经济稳增长起到了决定性的支撑作用。

服务业繁荣活跃。出台并落实了促进服务业转型升级的若干政策，服务业增加值突破 2000 亿元。商贸流通体系日益完善，社会消费品零售总额增长 13.2%。旅游业总收入 685 亿元，增长 25%。房地产业健康发展，施工面积增长 39.6%。引进一批区域性总部、研发中心，软件、服务外包、电子商务等高端服务业迅速成长，医疗、教育、会展、购物等区域性服务能力进一步强化。长春金融总部基地启动建设，汇丰银行落户长春，吉林股权交易所挂牌营业，富奥股份上市，小额贷款公司超过 100 家。服务业与工业契合度进一步加深，为促进全市经济稳增长发挥了不可替代的拉动作用。

农业转型步伐加快。实施农作物高光效栽培示范 49.3 万亩，推广玉米保护性耕作 158 万亩，建设万亩高产示范片区 120 个。大型农业机械数量增长 41.5%，玉米、水稻机收率分别提高 5.5 和 6 个百分点。农业大户、专业合作社、家庭农场快速增加，土地流转面积比例达到 21%，规模经营水平稳步提高。战胜春季低温内涝、夏季寡照多雨等不利因素，粮食产量再创历史新高。新增科学储粮仓 5 万套。加快实施现代畜牧业提升计划，新建标准化养殖小区 204 个，畜牧业产值增长 8.4%。皓月清真产业园区建设顺利推进。农业基础地位得到进一步巩固加强。

（二）强化项目拉动增量带动，城区、开发区、县域“三大板块”取得了新发展

坚持扩大增量、优化总量，依托“三大板块”，狠抓招商引资和项目建设，为长春加快发展打牢基础、积蓄后劲。全市实际利用内资、外资均增长 20%以上，投资超亿元、超 10 亿元的项目均增加 50%以上，全社会固定资产投资增长 20%。

城区、开发区、县域齐头并进、竞相发展的态势日趋明显。城区成为服务业的主战场，投资超亿元服务业项目达到 730 余个，服务业税收占城区财政收入比例达 65%以上。开发区成为产业集聚的主力军，市直五个开发区为全市贡献了 70%的工业产值、60%的财政收入，是全市发展当之无愧的中坚力量。县域成为产城融合的主阵地，县城和重点乡镇建设不断加快，完成工业投资 680 亿元，财政收入突破 100 亿元。

"三大板块"相互促进、协调发展的局面初步形成。汽开区与农安合作启动建设烧锅零部件合作区，高新区与德惠合作的长德新区、经开区与九台合作的经九合作区稳步发展，正在形成国家级开发区带动县域发展的新格局。农安合隆、德惠米沙子、九台卡伦等县域开发区项目建设不断提速，正在与主城区融为一体。莲花山度假区迅速崛起，二道物流、九台空港建设全面铺开，长吉一体化进程不断加快。

（三）坚持深化改革开拓创新，发展活力、动力和潜力实现了新提升

坚持以改革添活力、增动力，狠抓重点领域和关键环节的改革攻坚，为全市发展提供了坚强保障和有力支撑。

做好"减法"，增强活力。继续深化行政审批制度改革，取消下放行政许可及审批项目123项，审批规定时限进一步压缩。积极开展交通运输、文化创意、鉴证咨询、研发服务等重点行业营业税改增值税试点，为企业税负降低、经济结构调整、发展方式转变提供制度支持，最大限度地激发市场活力。

做好"加法"，注入动力。大力发展民营经济，出台鼓励发展民营经济50条政策，为小微企业和个体工商户减免税收13.6亿元，全市注册登记私营企业、个体工商户数量分别增长12.3%、24.7%，民营经济主营业务收入增长16%。兴隆综合保税区通过国家考核验收、正式封关运营，长春拥有了直通世界的对外开放平台。

做好"乘法"，激发潜力。企业注册登记实行"非禁即入"、"先照后证"，九台国家级农村金融体制机制改革实验区启动实施，农村集体土地确权登记发证基本完成，集体林权制度配套改革全面启动，城建投融资体制改革扎实推进，这些关键性环节的破冰改革，必将极大地释放发展潜力，形成具有乘数作用的放大效应。

（四）奋力克难攻坚重点推进，城市建设、改造和管理取得了新突破

坚持以新型城镇化为引领，狠抓城市建设改造和市容市貌管理，实现了突破性的重大进展，城市承载能力和整体形象明显提升。

道路建设强力推进。"两横三纵"快速路克服了工期紧、任务重、投资高、难点多、压力大等诸多不利因素，在全市人民的支持下，实现了主线贯通、简易通车，改写了城市道路交通史，也标志着长春正式进入立体交通时代。昼夜兼程地完成了236条主次干道的大中修。地铁1、2号线建设顺利推进。54路有轨既有线路改造竣工通车，西延长线实现贯通。

公用设施不断完善。3座净水厂改续建工程进展顺利，城区西部供水紧张状况明显缓解。新增供热能力1550万平方米。改造供热、供水地下管网490公里。加快建设6座污水处理厂，伊通河城区段基本完成污水截留。新建续建百花园等公园14个，新建绿地39块，新植街路40条，新增城市绿地600公顷。

城市环境持续改善。强化空气污染综合整治，启动天然气替代燃煤供热试点，撤并改造分散采暖锅炉164座，淘汰治理黄标车5500台，开展道路降尘除尘作业，推行大田秸秆禁烧政策。持续深入地开展市容环境整治攻坚，尽最大努力消除城市建设改造对市容环境的影响和冲击。

规划管理明显加强。认真落实城市总体规划、土地利用总体规划，规划和土地管理水平进一步提高。科学调度城建重点工程施工时序，从严整治机动车非法营运等管理顽疾，全面加大交通组织疏导力度，确保城市交通在极端困难情况下能够维持正常运转。

特别需要指出的是，在今年城市管理和交通拥堵面临前所未有的压力下，全市人民给予了最大限度的包容和理解，更加坚定了我们建设好、管理好这座城市的信心和决心。

（五）致力建设幸福长春，全心全意为群众办实事、做好事、解难题收获了新成果

坚持把民生作为第一目标，今年全市75%的新增财力投入到民生领域，比上年提高了5个百分点。

就业水平稳步提高。积极扶持高校毕业生、农村转移劳动力、城镇困难就业人员就业，城镇登记失业率始终保持在4%以下。职工月最低工资标准增长14.8%，达到1320元。城镇居民人均可支配收入、农民人均纯收入分别达到26034元、10060元。

养老保障日益完善。养老保险扩面取得重大突破，职工参保率达到93.5%，城乡居民参保率达到90%，基本实现城乡养老保险全覆盖。企业退休人员养老金人均提高181元，实现"九连增"。进一步提高了养老机构建设与运营补贴标准，新增养老床位1200张。

大病保险初步建立。新农合、居民医保各有40种大病列入保障范围，最高报销比例分别达到80%和85%。城镇居民医保50种常规病种实行定额治疗，11种大病实现低自付治疗。居民、职工医保门诊报销限额分别提高50%、66.7%，新农合年度报销封顶线提高25%。

居住条件不断改善。扎实推进保障性住房建设，建成公租房6000套、廉租房4000套，综合整治老旧散小区36个，完成老旧楼宇"暖房子"改造1000万平方米。拆除棚户区91.8万平方米，建设回迁房1.3万套。房地产交易市场落成开业。

居民出行更加便捷。改造居民巷道1000余条。新建公交候车亭114座，更新增加公交车500台。新建农村公路1512.1公里，通屯率达到65%。扎实推进167个省级新农村示范村建设。绿化美化村屯384个。解决43.1万农村人口饮水安全问题。

食品安全得到强化。取缔无证无照食品生产经营者260户，查处食品药品违法违规案件8300余件。290个食品安全快检站（室）投入使用，对市场流通食品高密度抽检。药品质量监管可追溯体系初步建立，对药品批发企业实施电子监管。

各类教育均衡发展。新建改建公办幼儿园15所，新增幼教学位4000个。新建3所城乡结合部九年一贯制学校，标准化改造60所中小学校园设施。城区中小学生均公用经费上调200元。52个大学区建立教育资源共享机制，首批623名教师

交流轮岗。建立了农民工子女入学"绿色通道",1万余名学生受益。启动城区适龄未入学残障儿童送教上门试点。国家职业教育综合改革试点稳步推进。免除2.5万名农村及涉农专业中职学生学费。

健康服务深入实施。启动了第二轮"健康长春行动计划",顺利通过国家基本公共卫生服务专项考核。受世界卫生组织邀请,长春在第八届全球健康促进大会上做经验介绍。5家市级公立医院实施基本药物制度,取消药品销售加成。免费实施孕前优生健康检查及乙肝病毒母婴传播阻断工程,出生人口素质进一步提高。

文化惠民扎实推进。国家公共文化服务体系示范区通过验收,县(区)、乡、村群众文化基础设施达到国家规定标准。历史文化遗产保护实现重大突破,伪满皇宫等8处18项不可移动文物被核定为全国重点文物保护单位。群众艺术馆、朝鲜族艺术馆开工建设,博物馆、规划展览馆完成主体工程。新建城市社区健身路径94套,为10个乡镇及100个行政村安装健身器材。"全国文明城市"创建工作不断取得新成果。

社会救助惠及城乡。开展了万户特困户结对救助活动。城乡最低生活保障标准、农村五保供养标准均提高7%以上。实行城乡低保及低保边缘家庭中小学生营养午餐补贴制度,惠及贫困学生2.3万人。城市、农村"三无一靠"成年重度残疾人生活补贴标准分别提高33%和50%。城区"三无"、农村五保等困难群体在定点医疗机构就医基本实现"先住院、后付费"。办理困难群众法律援助案件2900余件,基本做到"应援尽援"。

(六)深刻汲取惨痛教训,深入持续地查隐患、抓整治、保安全积累了新经验

坚持"生命至上、安全第一",深刻汲取"6·3"特大火灾事故教训,痛定思痛、举一反三,全力狠抓了安全隐患大检查、大整改、大演练活动。

强化了责任落实。全面落实安全生产主体的第一责任,3.5万人员密集型单位开展应急安全演练,14.6万有固定经营场所企业建立安全隐患自查自报机制,企业负责人及安全管理人员普遍接受安全知识培训。

强化了能力建设。深入开展企业安全生产标准化建设,煤矿、非煤矿山、危险化学品三个高危行业安全设施、管理水平均达到三级以上标准。581栋城区D级危房居民全部迁出并予以过渡安置。改造高危燃气管网240公里,完成燃气入户安检81万户。

强化了安全监管。先后成立293个专家组、1.2万个督查组对全市安全生产责任单位进行地毯式排查,累计排查整改隐患6.3万项,治理消除重大隐患385项,关闭取缔企业358户,118户重大危险源单位全部落实监管措施。

强化了长效机制。制定出台并严格落实安全发展战略指导意见、强化企业安全生产主体责任、安全生产分类分级管理等一系列制度措施,努力从源头消除安全隐患,建立安全发展的长效机制。

强化了治安整治。深入开展社会治安综合整治,110刑事警情、治安警情、"两抢"案件数量分别下降17.45%、43.39%、42.2%,有重大影响案件全部告破,命案破案率保持在95%以上。新增治安高清监控探头2800余个。

强化了社会治理。加快幸福社区建设,全面推行"人性化、网格化、信息化"服务管理模式,城区社区用房均超过500平方米。村委会换届工作圆满完成。南关区、双阳区基层平安创建经验在全省推广。长春被授予全国社会管理综合治理最高荣誉"长安杯"。

(七)严格依法行政转变职能,政府转作风、强服务、提效能取得了新成效

坚持转变职能、转变作风。自觉接受人大及其常委会的法律监督、工作监督和政协的民主监督,坚持重大事项向人大报告、与政协协商制度。认真听取各民主党派、工商联以及无党派人士的意见建议。办理人大议案4件、人大代表建议226件、政协提案322件。

狠抓了"四风"整治。全面开展以"为民、务实、清廉"为主题的群众路线教育实践活动,深入查摆和整改形式主义、官僚主义、享乐主义和奢靡之风问题。从严落实中央"八项规定",清理2543名吃空饷人员,取消67个公款出国团组,精简500余个会议,取消"吉OA"公安专段车号牌。政府作风建设取得了阶段性成效。

强化了效能建设。充分利用信访机构接待、市长公开电话、局长接待日、读报读网制度等各种渠道,掌握群众诉求、解决群众困难。认真组织"三满意"机关创建、"万人评议机关"活动,加大涉软案件查处力度,经济发展软环境进一步优化。强化依法治市,严格依法行政,坚持从严治政,法治政府建设取得新进展。深入开展"情系驻长官兵、共爱革命功臣"活动,双拥工作取得新成效。

国家安全、审计、质监、统计、民族、宗教、外事、侨务、供销、气象、地震、档案、保密、人防、地方志、红十字等工作都取得了新成绩。

各位代表,回顾一年来的工作,我们取得这样的成绩殊为不易。这是省委、省政府高度重视、亲切关怀的结果,是市委科学决策、正确领导的结果,是市人大、市政协有效监督、大力支持的结果,是全市上下同心同德、团结奋斗的结果。实践再一次雄辩地证明,只要我们始终在省委、省政府和市委的坚强领导下,紧紧团结依靠全市广大人民群众,任何艰难险阻都挡不住我们前进的脚步。在此,我代表市人民政府,向全市各族人民致以亲切的问候和崇高的敬意!向人大代表、政协委员,各民主党派、工商联和无党派人士、人民团体,向驻长部队指战员、武警官兵和中省直单位,向所有关心和支持长春的港澳台同胞、海外侨胞及国际友人表示衷心的感谢!

在肯定成绩的时候,我们也清醒地认识到,经济社会发展和政府工作中还存在许多问题和困难:经济总量偏小、结构不尽合理,调结构、转方式任务繁重而紧迫;科技成果转化率不高,科技创新对发展的支撑带动作用发挥得不够;资源环境压力明显增大,空气污染等环境问题开始显性化;机动车数量持

续高速增长，道路需求与供给矛盾依然比较突出；安全基础设施相对薄弱，安全事故高发势头还没有从根本上得到遏制；城乡居民收入总体水平不高，部分群众生活还很困难；政府职能转变不够，廉政建设需要进一步加强。这些问题需要我们认真面对并着力加以解决。

二、2014 年工作安排

明年是新一轮改革攻坚的起步之年，实施"十二五"规划的关键之年。纵观国内国际形势，经济下行、政策趋紧造成的外部发展环境依然复杂严峻，改善民生、维护稳定带来的内部发展压力仍然非常巨大，但我们有信心、有条件、有能力克服困难、应对挑战。我们的信心和力量来自市委对形势的科学判断和准确把握；来自已经制定并实施的应对挑战着眼长远的一系列政策措施；来自全面深化改革释放迸发的强大动力；来自工业化、城镇化快速推进催生的巨大需求；来自连续多年高强度投资积蓄的强劲发展势能；来自长春人民坚韧不拔、发奋图强的伟大力量。我们坚信，只要我们抓住机遇而不丧失机遇、奋力作为而不无所作为，就一定能够化危为机、克难而上，抢抓机遇、乘势快上，更好地战胜各种困难和挑战、更快地增强发展活力和动力，把长春全面振兴的大业不断推向新高度、实现新跨越！

明年政府工作的总体要求是：深入学习贯彻落实党的十八届三中全会、省委十届三次全会和市委十二届四次全会精神，紧紧围绕主题主线，围绕建设幸福长春、率先全面建成小康社会目标，围绕科学发展、改善民生、建好城市、促进和谐工作大局，围绕城市转型升级新任务，坚持稳中求进工作总基调，把改革创新贯穿于经济社会发展各个领域各个环节，以改革创新促发展、促转型，努力推动经济建设、政治建设、文化建设、社会建设、生态文明建设取得新成效。

明年全市经济社会发展的主要预期目标是：地区生产总值增长 10%，全口径财政收入增长 11.5%，固定资产投资增长 13%，规模以上工业增加值增长 11%，服务业增加值增长 10%，社会消费品零售总额增长 10%，城镇居民人均可支配收入增长 12%，农民人均纯收入增长 13%，万元 GDP 能耗降低 3%。

这里要着重说明，在社会主义市场经济条件下，政府提出地区生产总值增长速度目标，是一个预期性、指导性指标，是提出财政预算、社会就业、群众收入等经济指标的重要依据。由于国内外经济环境和市场变化影响，最终实现的增长速度与预期目标可能会有一定的差距。提出增长速度 10%的目标，综合考虑了需要和可能等多种因素，既着眼于保持经济平稳较快发展，实现经济发展质量和效益得到提高又不会带来后遗症的速度，更注重引导各方面把主要精力和工作重点放到改革创新和转变发展方式上来，推动经济社会又好又快发展。为此，我们要抓好以下八项重点工作：

（一）以改革创新统领经济社会发展，加快推动城市转型升级

坚定不移地全面深化改革，积极破除一切妨碍科学发展的体制机制弊端，逐步把发展转到创新发展、统筹发展、绿色发展、开放发展、安全发展的轨道上来，努力打造长春经济社会发展的升级版。

遵循顶层设计抓落实。对于制定市场准入负面清单、建立城乡统一建设用地市场、完善地方税收体系、行政执法体制、收入分配调控体制机制等涉及面广、需要国家决策部署的改革，提前做好工作准备，积极开展政策对接，全面抓好贯彻落实，确保这些改革措施落到实处、取得成效。

围绕既定任务抓推进。对于基础教育、公立医院、文化管理体制、城建投融资体制、城市管理体制、国有资产管理体制、厂办大集体、社会组织管理体制、事业单位招聘制度、被征地农民养老保险制度、食品药品安全监管体制等方向明确、路径清晰的改革，要稳扎稳打、全力推进、尽快突破。

确定自选动作抓试点。对于创办地方性金融机构、产学研协同创新机制、不动产统一登记、城乡双向一体化、构建新型农业经营体系、农民财产权抵押担保转让、粮食收储仓储融资服务等需要深入摸索实践的改革，要试点先行、大胆探索、争取主动。

突出重点领域抓突破。全力抓好突出发展民营经济综合配套改革示范区试点，围绕市场准入、市场监管、公平竞争、金融服务等关键环节进行综合配套改革，使各项改革措施协同配合、良性互动、形成共振，为民营经济大发展快发展探索新途径、提供新动力。

（二）狠抓工业项目不动摇，依靠增量调整产业结构、转变发展方式

坚定不移地把发展工业的关键点敲定在工业项目上，以项目促转型、以项目增后劲。明年，工业投资计划安排 1800 亿元以上。不管遇到多大困难，都要坚决完成这项任务。

围绕龙头企业上项目。全力支持一汽、长客、大成等龙头企业强化自主创新、加快扩能步伐、集聚配套企业，壮大汽车、轨道客车、农产品加工支柱产业，加快建设三大世界级产业基地。

依托新兴产业上项目。谋划实施抗癌新药、高铁轮对、高温传感器、高氮合金、新能源客车、生物酶制剂、聚乳酸、LED 大屏幕、商用飞机零部件等 100 个重点项目，加快发展医药健康、装备制造等优势产业，生物、光电信息、新能源、新能源汽车、新材料、节能环保等战略性新兴产业，尽快把生物、光电信息培育成新的优势产业。

凭借科技优势上项目。转化民用小卫星等 100 项关键核心技术，培育 100 个科技创新"小巨人"企业。进一步调整产品结构，提高产品附加值，工业增加值率提高 1 个百分点以上。

突出园区载体上项目。全力推动开发区转型升级，每个以工业为主的开发区都要提高投资强度、科技含量、投入产出比、集约发展水平，都要构建有品牌、有规模、有影响力的产业集群。

强力推进招商上项目。大力实施长吉图开发开放和长吉

一体化战略，着力引进世界和国内500强企业，实施一批骨干支撑型重大项目，实际利用外资增长12%，利用内资增长15%。积极开拓国际市场，推动外贸出口稳步增长。兴隆综合保税区投入实质性运营。

（三）大力发展服务业，加快构建工业、服务业“双拉动”格局

坚定不移地促进服务业与其它产业深度融合，以服务业跨越提升，支撑工业转型升级。

加快提升生产性服务业。启动建设一汽物流产业园区，构建现代物流产业体系。抓好国家城市共同配送试点，降低城市物流成本。加快建设长春金融总部基地，力争一批金融企业入驻开业。积极发展中小型金融机构，促进融资担保机构规范发展。力争引进2家域外金融机构。企业上市要有新的更大突破。

改造提升传统服务业。加快建设南部新城核心区、长东北核心区、净月生态大街、西客站核心区、经开南区、汽车公园周边、莲花山度假区、铁北环铁商圈、吉林大路沿线、双阳奢岭等一批服务业聚集区。加强商贸流通体系建设，扩大城乡居民消费需求，培育新兴消费热点。保持房地产业健康发展态势。

积极培育新兴服务业。做大汽车服务、楼宇经济、服务外包产业，积极扶持数字动漫、影视传媒、民间工艺等文化产业，推动服务业全面扩容、提档升级。推动“智慧长春”建设，提升信息服务能力，促进信息消费。稳步发展会展经济。抓紧构建大旅游发展格局，旅游业总收入增长25%以上。

（四）突出以城带乡、以工促农，积极推动县域经济加快振兴、城乡一体化发展

坚定不移地加快构建新型城乡发展格局，抓住扩权强县的有利契机，全力推动县域经济突破跃升。

加快推进县域工业化。充分发挥国家级开发区的带动作用，加快建设长德新区、经九合作区、烧锅零部件合作区。推动农安合隆、德惠米沙子、九台卡伦加速与主城区融合，承接城市产业转移。四县（市）都要全力实施工业化，都要培育有特色的产业集群，确保工业投资增长15%以上。

加快推进县域城镇化。着力建设县城和一批重点乡镇，完善基础设施，发展社会事业，增强人口接纳能力，努力提高城镇化发展质量。推广莲花山度假区新型城镇化模式，逐步把符合条件的农业转移人口转为城镇居民，积极推进以人为核心的城镇化。大力提高城镇建成区人口密度，节约集约利用土地、能源、水等资源。

加快推进农业现代化。抓好16个现代农业示范区建设。集成推广保护性耕作、高光效栽培等技术措施，努力提高粮食综合生产能力和效益水平。农作物耕种收综合机械化水平提高2个百分点，土地流转面积比例提高3个百分点。加快“菜篮子”工程建设。继续实施现代畜牧业提升计划，新建扩建标准化养殖小区200个。继续实施三座大型灌区改造和德惠五大围堤除险加固。更新改造农防林600公顷。新建科学储粮仓2.5万套。

（五）坚持建设管理并重，全面加快绿色宜居森林城建设

坚定不移抓好城市建设管理，在继续抓好城市道路建设的基础上，把更多的精力转到旧城改造、生态建设和城市管理上来。重点实施“五大工程”：

实施路网改造建设工程。“两横三纵”快速路正式投入运行。加快建设地铁1、2号线。续建大众物流通道、解放物流通道、南部新城路网、机场快速路。启动建设吉林大路、南湖大路、河东路等延长线，拓宽改造皓月大路、西湖大路。打通一批卡脖路、断头路。

实施棚户区改造攻坚工程。力争用5年左右时间基本完成建成区内176处成片棚户区、209块零星（夹馅）棚户区及危倒房改造。这项任务的实施，不仅能够改善10.5万户居民居住条件，还可以从整体上提升城市面貌。

实施城市绿化美化工程。力争用3年时间通过国家森林城考核验收。年内高标准恢复“两横三纵”快速路周边绿地，提升伊通河城区段绿化水平，新建续建14个公园，新增城市绿地600公顷，植树造林3000公顷。

实施生产要素保障工程。五水厂竣工投入运行。建设天然气高压外环管网。新增供热能力1000万平方米。实施北郊污水处理、串湖污水处理新建扩建工程。进一步改善伊通河、饮马河等水系水质。继续推进生活垃圾焚烧发电厂、餐厨垃圾处理厂建设。

实施城市综合整治工程。全面实施新一轮的150天市容环境综合整治，努力实现城市管理水平的全面提升。坚持最严格的耕地保护制度，加强土地节约集约利用，严肃查处违法用地行为。

（六）纵深推进幸福长春行动计划，全力增进民生福祉改善人民生活

明年，我们要在强化政府基本公共服务的基础上，进一步加大民生投入，突出办好16件群众关心的难事、大事，不断提高城乡群众的幸福感和满意度。

实施就业富民。新增就业岗位12万个。对就业困难人员实行托底安置。零就业家庭至少一人就业。引导扶持1万人创业，推动创业成为富民的重要途径。努力增加低收入者收入，逐步扩大中等收入者比重，努力缩小城乡居民收入差距。

突出保障安民。稳步提高城乡养老保险参保率。解决6.3万名被征地农民养老保险问题。制定出台进一步发展养老服务业的优惠政策，力争年内新增养老床位4000张。城区低保家庭老、少、病、残人员低保补助标准上浮50%。建立支出型、急难型贫困家庭临时救助机制。

抓好安居乐民。继续实施“暖房子”工程，配套改造30个老旧散小区。新建廉租房600套、公租房1700套、棚户区回迁安置房1.8万套。通过市场化专业服务、业主自治相结合的方式解决物业弃管问题，尽快实现基本物业服务全覆盖。

突出环境助民。实施天然气替代燃煤工程，从严整治城市扬尘和工业污染排放，加快淘汰黄标车、燃煤小锅炉，可吸入颗粒物年均值下降10%左右。综合治理石头口门、新立城水库周边环境，确保水源地水质安全。开展农村环境卫生整治行

动,167个村环境卫生设施达到省级新农村示范村标准。

开展服务便民。接收改造220座二次供水泵站。解决20万农村人口饮水安全问题。改造150公里高危燃气管网、100公里供热管网、100公里供水管网。更新一批公交车辆,科学设置公交线路,逐步提高公交智能化水平。新建一批过街天桥。启动建设一批立体停车场。

推动教育利民。采取以奖代补等多种方式,积极扶持面向大众、收费较低的普惠性民办幼儿园。创建30所新优质学校,100所公办中小学校园设施实现标准化,城区学校常规教学和信息技术装备全部达标,公办校教师合理交流轮岗比例争取达到10%,不断提高教育均衡发展水平。进一步健全家庭经济困难学生资助体系,不让一个孩子因贫失学。

强化医疗为民。居民医保大病保障病种由40种扩大到60种,低自付病种由11种扩大到21种。建立城乡医疗救助中心,把低保群众就医医药费自付比例降到10%以下。2/3以上的村设立公立卫生室,药品销售实现零差率。组织城乡医疗机构为468家养老机构实施对口医疗服务。

促进文化惠民。巩固扩大国家公共文化服务体系示范区创建成果,满足群众基本文化需求。图书馆、文化馆免费开放服务基本实现标准化、规范化。城区建设10条健身步道、安装50套健身路径。为10个乡镇及100个行政村安装健身器材。群众艺术馆、朝鲜族艺术馆、博物馆建成竣工,规划展览馆投入使用。

(七)全面加强城市安全建设,创新社会治理长效机制和工作体系

坚定不移地树立"大安全"理念,围绕创建平安长春,全力推动安全发展。

全面强化责任监管。毫不松懈地开展安全隐患大检查、大整改、大演练活动,坚决做到减少一般事故、防范较大事故、遏制重大事故、杜绝特大事故。突出消防安全整治,强化公共消防设施建设,全力整改重大火灾隐患。

切实强化社会治理。扎实开展基层平安创建活动,健全完善社会治安综合治理体系。严厉打击各类刑事犯罪,坚决做到黄赌毒必治、黑恶势力必除,命案破案率保持在90%以上,进一步提高人民群众的安全感。

突出强化公共安全。严把驾驶员培训考试关口,从严整治机动车行车秩序。对住宅电梯实行分类管理,完成高层弃管电梯改造。加快地震监测网络建设,强化建设工程地震安全性管理,不断提高防灾减灾能力。

大力强化食品安全。深入创建食品安全城市,争取首批进入"国家食品安全示范城市"行列。推进食品药品监管信息化和技术支撑能力建设,尽快建成肉菜流通追溯体系,提升食品安全监管水平。

(八)加强政府自身建设,着力打造务实、高效、为民、廉洁政府

坚定不移地加强服务型政府建设,全面畅通"四大通道",以政府职能的大转变,促进各项重点工作的大落实。

自觉接受监督,畅通"民主通道"。坚持向人大报告工作制度,认真落实人大及其常委会的决议、决定。积极支持政协履行政治协商、民主监督和参政议政职能,主动听取各民主党派、工商联、无党派人士意见。认真办理好人大代表议案、建议和政协提案,不断提高落实率。

简化行政审批,畅通"效能通道"。进一步削减地方行政审批事项,不符合现行法律规定、利用"红头文件"设定的管理、收费、罚款项目一律取消。创新行政监管方式,强化事中事后监管,认真负责地管好该管的事。把政府性债务纳入全口径预算管理,着力控制和化解债务风险。严格控制机构编制总量,财政供养人员只减不增。强化行政问责和监督。

关切民意诉求,畅通"民声通道"。继续开展"大排查、大走访、大接访"活动,进一步完善民情恳谈日、局长接待日制度,充分利用市长公开电话、读报读网等有效载体,掌握民情、化解矛盾、促进和谐。全面开展社会稳定风险评估。逐步完善人民调解、行政调解、司法调解联动工作体系,建立调处化解矛盾纠纷的综合机制。

整合信息平台,畅通"服务通道"。按照"人性化、网格化、信息化"的要求,改进社会治理方式。整合应急处置、公共服务、城市运行等领域信息资源,建设社会管理服务信息平台。继续开展幸福社区创建活动,40%以上社区办公用房面积达到1000平方米。深入实施"六五"普法规划。普遍建立法律顾问制度。加强政行风建设。

深入持久地开展"全国文明城市"创建活动,推动城市文明程度不断提升。推进军民融合深度发展,争创全国双拥模范城"八连冠"。

同时,我们还要继续做好国家安全、审计、工商、质监、统计、民族、宗教、外事、侨务、供销、气象、档案、保密、人防、地方志、红十字等各项工作。

各位代表,明年的任务艰巨而繁重,我们肩负的使命光荣而重大。

我们一定要转变工作作风,直面困难,敢于担当,真抓实干,雷厉风行,以朝气蓬勃、昂扬向上的精神状态狠抓落实、成就事业。

我们一定要坚持解放思想,以改革创新的精神统领各项工作,冲破思想观念的障碍,突破利益固化的藩篱,破除体制机制的弊端,让改革红利竞相迸发、充分涌流。

我们一定要密切联系群众,始终把人民利益摆在第一位,坚持不懈地为群众办实事、解难题、谋福祉,让发展振兴成果更多更公平地惠及广大人民群众。

我们一定要强化反腐倡廉,从源头预防腐败,规范行政权力运行,不断加强队伍建设,努力赢得人民的信赖支持,建设让人民满意放心的政府。

各位代表,新的一年马上就要开始了,我们即将踏上充满希望的新征程。让我们紧密团结在以习近平同志为总书记的党中央周围,在市委的坚强领导下,万众一心,开拓奋进,共同创造长春更加美好的明天!

长春市深入开展第一批党的群众路线教育实践活动

按照中央和省委统一部署，从 2013 年 6 月开始，长春市深入开展了第一批党的群众路线教育实践活动，到 12 月，基本完成了各项工作任务。

一、总体情况及主要特点

全市参加第一批教育实践活动的单位包括：市级班子，市级党政机关及直属单位，开发区机关，市人大、市政协机关，市法院、市检察院，市各人民团体，共涉及 4 个市级班子，5 个开发区，200 个市直部门及直属单位。其中，处级以上领导班子 209 个、领导干部 2937 名，党组织 2169 个、党员 14282 名。

在中央、省委的正确领导和省委督导组的有力指导下，长春市委把开展教育实践活动作为全市首要政治任务，认真贯彻落实党的十八大、十八届三中全会和习近平总书记一系列重要讲话精神，突出为民务实清廉主题，牢牢把握"照镜子、正衣冠、洗洗澡、治治病"的总要求，聚焦解决"四风"问题，超前谋划、迅速行动，严密组织、狠抓落实，以教育实践活动的新成效为在全省率先全面建成小康社会提供坚强保证。主要有 6 个特点：

1.坚持市委常委带头作表率。市委常委坚持"八个带头"，做到带头学习、带头听取群众意见、带头深入查摆、带头撰写对照检查材料、带头开展批评和自我批评、带头制定整改方案、带头解决突出问题、带头执行有关制度，全市上下形成各级班子看常委、各位常委看书记，一级做给一级看、一级带着一级干的生动局面。省委常委、市委书记高广滨认真履行第一责任人职责，亲自主持研究，主动听取情况，直接审阅修改文件，直面回应来信来访，严肃整改"四风"问题，主动取消了军警牌照用车、腾退了长春警备区办公用房，带头减少新闻报道、执行公务接待有关规定、拒绝不必要的迎来送往和节会宴请，为全市党员干部作出了榜样。其他市委常委坚持向书记看齐，做到敢于担当、务实重行，立说立行、即知即改，直接解决党员干部和基层群众提出的实际问题，逐级传导正能量，有力推进了教育实践活动深入开展。

2.坚持主动回应群众期盼。认真解决回应群众诉求，以实际行动取信于民。对征求到的教育、医疗、养老、就业、采暖等问题，指定有关部门专题研究、限期解决；对群众反映强烈的重点信访案件，明确领导包保责任，做到问题不解决不脱钩，解决不好的严肃追究责任；对安全生产、交通拥堵、市容环境等问题，找准病根，落实责任，舍得投入，综合整治；对经济发展软环境、机关效能、政风行风等问题，优化工作流程，减化办事程序，切实提高审批效率、提升服务质量，让广大群众切身感受到教育实践活动带来的新成效、新变化。

3.坚持发挥好一把手的关键作用。突出一把手的重要地位和关键作用，既督促指导一把手履行好第一责任人职责，又注重发挥一把手主观能动性。一方面，及时提醒强调，强化一把手具体责任，提出"五个必须"要求，明确什么时间干什么、怎么干、干到什么程度、达到什么目标。另一方面，约谈访谈评价指导，督促一把手履职尽责，派出 6 个工作组，对部门一把手进行约谈访谈，主要看进展、摸实情，把方向、定调子，提要求、教方法，施压力、添动力。通过抓一把手和一把手抓，防止和克服了"思想重视不起来"、"问题查摆不深入"、"批评开展不到位"、"整改落实不彻底"等问题，带动引领面上工作。

4.坚持动真碰硬务求实效。突出"严"、"实"二字，坚决不作秀，确保不走过场。针对领导下不去、真实意见上不来的问题，坚持每月开展民情恳谈，一对一、面对面、心贴心地听取群众意见建议；针对一些班子和干部专题民主生活会存在“闯关”心理，严格落实“五个不上会、五个通不过”要求，确保生活会质量；针对有些干部不以为然、我行我素等现象，拿起“显微镜”，举起“杀威棒”，通报了顶风违纪8起典型案例；针对“四风”问题，做到不等不靠、市县(区)联动，统一整治、整体推进。

5.坚持一步一回头巩固工作成果。及时审视自我、即审即改，不达标准、效果不好就重头来、反复来，确保时间服从质量。先期第一轮征求意见后，又开展了进一步听取意见工作，新征求到1222条意见建议；开展学习教育情况督导检查，对学习不认真、不到位的班子和个人提出补课要求；为确保找准查实问题，开展三轮次“递进式”查摆；为切实开好民主生活会，班子成员普遍谈心交心3次以上、对照检查材料平均修改5次，最多的修改了15次。民主生活会后，市委专题部署了“回头看”工作，重点开展“六看”，即：看学习教育是否扎实、看查摆问题是否聚焦、看自我剖析是否深刻、看谈心交心是否充分、看开展批评是否认真、看边查边改是否见效。通过“回头看”，对全市查找出能改未改的问题进一步明确了整改责任，对各督导组提出的需要解决但没解决到位的问题限期整改。

6.坚持虚心接受督导组的指导。以李凤忠为组长、车国庆为副组长的省委督导组，认真贯彻中央和省委要求，结合长春实际帮助谋划设计、研究工作举措，对长春的教育实践活动给予有力指导，以严谨细致、重行务实的作风，得到了长春市各级班子和党员干部的一致好评。长春市对省委督导组提出的每一个建议、每一个问题、每一项要求都充分尊重、认真对待，专题研究、科学安排，不打折扣加以落实。市委向83个单位派出15个督导组，各督导组本着高度负责的精神、认真从严的态度、求真务实的作风，深入实地开展调研、访谈约谈领导干部、认真反馈意见建议、督促整改抓落实，确保了全市教育实践活动沿着正确轨道有序健康开展。

二、主要做法及基本成效

在教育实践活动中，市委注重坚持问题导向，切实把发现、解决和根治“四风”问题作为总抓手，充分调动领导干部和广大群众两个积极性，打牢学习教育和查摆问题两个基础，抓住整改落实和建章立制两个关键，不折不扣地把中央和省委的部署要求落到实处，使党员干部思想进一步提高、作风进一步转变，党群干群关系进一步密切，为民务实清廉形象进一步树立，为长春经济社会发展凝聚了强大力量。具体情况如下：

1.坚持超前谋划、精心组织，保证活动扎实开展。前期准备、顶层设计是活动取得成功的先决条件。汲取以往集中教育活动经验，在这次活动中特别注意超前谋划和组织领导。一是提早做好准备。活动启动前，成立了教育实践活动筹备协调小组，先后召开5次会议研究筹备工作，积极获取信息，及时跟踪了解上级精神和外地动态，保证各项工作顺利展开。二是广泛征求意见。把听取意见、找准问题作为开展活动的基础性工作来抓。教育实践活动启动前1个多月，制定了《关于征求对市委常委班子作风建设方面意见的实施方案》和《关于征求对全市县处级以上领导机关、领导班子、领导干部作风建设方面意见的实施方案》，各部门单位也相应制定了征求意见方案，全市共发放调查问卷32700份，征求意见函(表)9600份，召开各类座谈会2630个，征求到意见建议6143条，梳理出问题1071个，为教育实践活动开展奠定了坚实基础。三是成立领导机构。成立了以省委常委、市委书记高广滨为组长，市长和市委副书记、组织部长、纪委书记、宣传部长为副组长，市委市政府14个部门负责人为成员的教育实践活动领导小组，下设办公室，派出督导组，抽调110名工作人员。为切实加强对活动的有力领导和组织指导，动员会前市委召开3次常委会、4次专题工作会、2次领导小组会，研究教育实践活动相关工作，制定了教育实践活动实施意见和具体实施方案。7月22日，市委召开全市教育实践活动工作会议。8月初前，所有参加全市第一批教育实践活动单位都召开了动员会议。

2.坚持学习在先、贯穿始终，提高思想认识。贯彻群众路线，前提是抓好学习教育、打牢思想基础。我们坚持把学习教育放在首位、贯穿始终，精心组织、严格要求，确保触动思想、提高认识，增强开展活动的主动性和自觉性。一是引导党员干部深入开展自学。领导小组办公室先后2次下发通知，要求各级领导干部制定自学计划，专门拿出不少于5天时间，重点研读中央下发的3本必读书目和习近平总书记一系列重要讲话精神，做到认认真真学、原原本本学、联系实际学、深入思考学。为确保学深学透、入脑入心，注重强化3个导向：重点引导党员干部结合背景学，认真学习党的有关文件、优良传统和正反面经验教训，深入到历史背景中汲取精神营养；引导党员干部实践转化学，做到学以致用、用以促学，切实把学习成果转化为按照群众路线办事的自觉和能力；引导党员干部带着问题学，联系思想和工作实际进行深刻反思和思想交流，碰撞交锋，解疑释惑，切实保证党员干部在细读深研经典中深化认识。二是集中开展学习研讨活动。市委常委班子带头，先后组织了4次理论学习、2次查摆整改动员和再动员会，集中学习习近平总书记在教育实践活动工作会议、中央政治局专门会议、河北调研时以及河北省委班子民主生活会上的重要讲话精神，并请中组部党建研究所赵湘江教授作了专题辅导报告，组织观看了《周恩来的四个昼夜》、《冬去春来》以及《苏联亡党亡国20年祭》等专题片。在市委班子带动下，全市各级党委(党组)召开理论中心组学习会、专题学习会221次，组织专题座谈讨论322次，开展党课教育162场。三是强化正反面典型教育。开展了向兰辉、汪洋湖学习等系列活动。在全市总结选拔树立吴亚琴、林青远、翟树全等作风过硬、群众认可的30名社区书记、30名村书记、30名机关干部先进典型，编印《服务群众的贴心人》、《强村富民的带头人》、《牢记宗旨的践行人》，作为辅助教材下发给各部门，强化正面教育引导。编写案例剖析教育读本《腐败的代价》，拍摄警示教育片《底线》，加强警示教育。同时，组织了3589名副处级以上党员干部参加了3次全省教育实践活动知识测试。通过学习教育，全市广大党员干部普遍受到了一次全面、系统、深刻的马克思主义群众观教育，加深了对党的群众路线的内涵、精神实质和根本要求的理解，提高了对开展群众路线教育实践活动重大意义的认识，触及了党员干部思想灵魂。有的领导讲，"活动开展前，自己群众观念确实有所淡化了，对有些问题见怪不怪甚至觉得理所当然，经过学习教育，自己猛醒起来，人生观、世界观、价值观进行了一次深刻改造。"全市上下普遍认为：党的群众路线是党的根本工作路线，是关系党的事业兴衰和党生死存亡的生命线，任何时候都必须牢牢坚持；要紧紧抓住发展这个要务，把不断满足人民群众日益增长的物质文化需要和其他方面的需求，作为贯彻群众路线的最大着眼点和立足点；要发扬民主，畅通群众诉求表达渠道，坚持从群众中来、到群众中去，切实把问政于民、问需于民、问计于民落在实处；要改进领导方式，提高做好新形势下群众工作能力，充分调动广大人民群众的积极性、主动性、创造性，巩固党的执政基础。贯彻群众路线的共识，凝聚了全市上下推动发展的强大思想动力。

3.坚持深入一线、直面群众，聚焦四风找准问题。检验教育实践活动是不是走过场，是不是取得实效，就看一些突出的、显而易见的问题能不能查出来，查得准、查得实。在前期第一轮广泛征求意见的基础上，市委认真总结分析，感到听取意见的难点，是基层一线意见上不来，难以听到真实情况。为此，开展了进一步征求意见工作，采取4项措施，畅通群众诉求表达渠道，听取群众"原声带"，确保征求意见、查找问题落到实处。一是市委班子带动示范查。认真贯彻落实省委书记王儒林提出的在查找问题中注意解决好8个方面倾向性问题的有关要求，在第一轮征求意见的基础上，市委常委和党员副市长结合分管工作，亲自深入基层，进一步听取群众意见建议。9月10日、11日，市委拿出两个半天时间，召开市委常委、党员副市长查摆整改评估会。各位常委和党员副市长，紧紧围绕"四风"，既从工作角度出发，认真查摆了分管领域中的问题，也从自身角度出发，查摆出个人在思想和作风上存在的问题；既谈到了存在问题的具体表现，也剖析了问题产生的根源；既讲到存在的突出问题，又明确了整改方向。通过查摆评估，市委重点聚焦6个方面的问题，为全市查摆问题明确了方向，作出了示范。二是推行民情恳谈日普遍查。市级领导班子成员、各部门单位领导班子成员，每月第一周选择1个工作日作为"民情恳谈日"，结合分管工作，深入村、社区、非公有制企业、社会组织、企事业单位，与基层干部群众面对面交流，倾听群众意见和诉求，体察群众冷暖，认真解决问题，切实转变作风。省委常委、市委书记高广滨深入到宽城区团山街道长山社区，与社区干部、居民事务志愿管理服务站负责人、社区公益岗位代表、社区老党员代表进行恳谈，听取意见建议。市长姜治莹到绿地蓝海大厦与吉林省上海商会的企业家进行恳谈交流，就降低企业运营成本、政府融资等问题听取意见建议。净月高新区采取向下辖"两乡一街"、驻区企业、村(社区)派驻工作组蹲点调研的方式，调查了解群众需求、着力解决群众困难。市政公用局在民情恳谈中了解到梓林小区居民要求并入集中热网的诉求后，马上组织供热单位和有关专家进行研究论证，结合实际将梓林小区供热并入吉林同鑫热力集团远达锅炉房，小区居民对恳谈办理结果非常满意。据统计，全市各级领导干部开展恳谈1020次，与11890名群众代表现场交流，征求意见建议20750条，帮助解决问题2647个。三是约谈访谈部门一把手指导查。市委抓住一把手这个关键，从细化具体工作责任入手，突出一把手的关键作用。市委派出工作组，由市委组织部班子成员带队，对83个市直部门一把手进行约谈访谈，要求一把手做到"五个必须"：必须积极配合督导组做好工作，真心实意接受指导和帮助，主动请示汇报工作，认真研究落实提出的意见建议；必须直接负责本部门活动方案的研究制定，带头组织调查研究，指导具体工作机构细化活动措施；必须亲自组织征求意见和查摆问题，审定、聚焦需要重点解决的突出问题；必须对班子副职的对照检查材料逐一进行把关，重点看问题找得准不准，自我评价像不像，根源剖析深不深，整改措施实不实；必须在班子内部带头开展批评和自我批评，真心诚意亮自己的"丑"，出以公心揭他人的"短"，不放"哑炮"、"空炮"，打好样，带好头。工作组除了把方向、提要求外，还注重摸实情、教方法，针对各部门在查摆问题中存在的重点不突出、聚焦不集中、散光跑偏等现象，与一把手共同梳理，区别轻重程度、紧迫程度、危害程度，当面点、深入谈，明确聚焦的最突出问题一般不超过5个，便于集中力量，立查立改，重点突破。市建委在查摆出16个问题的基础上，重点聚焦到审批效率低、招投标不规范、城市管理粗放等3个问题。市农委在查摆中，将公款吃喝作为重点问题进行整改，但工作组认为，这不是该部门最突出的问题，最终将"工作措施虚化，抓落实不力"确定为整改重点。通过访谈约谈，进一步聚焦了突出问题，找到了整改突破口和着力点。四是成立专项工作组调研深入查。对一些专项问题，成立由纪检委、组织部等部门有关负责人组成纪律作风情况"调查组"，对照中央提出的12项正风肃纪工作，进行专题调查研究，深入查找在我市的具体表现。吸收党性原则强、工作经历丰富、热心党建和群众工作的10名市管干部组成整改问题"论证组"，带着"问题意识"找问题，帮助市委想对策、出主意，当好参谋助手。通过多种形式，全市各部门单位共查找问题1208个，各级领导班子共查找问题1044个，班子成员共查找问题3400多个。活动中，市委敞开大门，党员干部特别是领导干部俯下身子、直面群众，带着感情下去、带着问题回来，倾听民声成为一种习惯，为民服务成为一种自觉。广大群众热切欢迎、真情表达，带着心声来，带着满意回，对干部更加信任，对党更加拥护，真正拉近了群众与党员干部的距离和情感，党群干群关系进一步密切。

4.坚持充分准备、深入查摆，以整风精神开展相互批评。开好专题民主生活会，是教育实践活动的一项重要内容，也是确保教育实践活动取得实效的重要举措。市委注重把功夫下在会前，做到"五个坚持"，形成了具有长春市特点的教育实践活动专题民主生活会模式：一是坚持约谈一把手，督促履行带班责任。民主生活会前，领导小组有关人员和各督导组组长与各部门单位一把手进行谈话，统一思想认识，帮助一把手找准自身存在的问题，督促一把手履行一岗双责，进一步把部门和班子成员存在的问题找准查实。二是坚持民情恳谈，广泛征求群众意见建议。各部门单位普遍开展了民情恳谈活动，近距离接触群众，了解掌握班子存在的问题。三是坚持评价指导谈话，搭建班子成员思想见面平台。党委主要负责人与班子成员逐一谈话，对下属作出客观评价，并主动接受下属对自己提出的意见建议。班子成员之间也开展谈话，相互沟通思想，为开好民主生活会奠定了基础。四是坚持先期反馈意见问题，明确生活会的主题和针对性。各督导组根据所督导部门的实际，主动找横向业务关联部门，互相提意见，综合审计、信访、监察、市长公开电话等部门提供的信息，结合市纪委、市委组织部提供的平时掌握情况，形成对部门领导班子作风建设状况及存在问题的通报材料和对党员领导干部的谈话提醒材料，生活会前向部门单位党委（党组）主要负责人和班子成员反馈。据统计，督导组反馈领导班子问题270多个，反馈领导干部问题710多个。五是坚持会前严格审核把关，确保生活会高质量召开。督导组审核班子和班子成员材料、各部门一把手审核班子成员材料不得少于两轮，对于把关两轮以上材料还存在较大问题的，由督导组和一把手共同找本人谈话，提出口头批评，作为重点督导对象，确保对照检查材料符合要求。各督导组和部门一把手把关对照检查材料平均达到5轮以上。

10月24日、25日，市委常委班子召开了专题民主生活会，深入开展了批评和自我批评。会上，各位常委依次作了对照检查，大家放下包袱、敞开胸襟，不回避矛盾、不回避问题，联系自己的思想实际、岗位职责和工作经历，紧扣为民务实清廉主题，聚焦“四风”，认真查摆自身存在的突出问题，积极回应干部群众的意见建议，深刻剖析问题产生的思想根源，进一步明确努力方向和整改措施。市委主要负责人带头开展自我批评，主动接受大家的批评，并对每位人员的对照检查进行了点评。各位常委本着“出于公心、实事求是”的原则，真诚客观、以理服人，对其他人员的缺点和不足，点要害、抓关键，不存杂念、不揣私心，直截了当、一针见血，相互批评的过程既尖锐又真诚，既有不留情面、直言不讳的勇气，又有帮助同志、维护团结的觉悟。被批评的人员能够正确对待，虚心接受、态度诚恳，体现了根痛吃苦药的决心。15名常委共查摆出215条问题，提出了318条批评意见，制定了121条整改措施。这次民主生活会，是一次严肃认真、民主团结、求实务实、触及灵魂的民主生活会，真正体现了我们党勇于批评和自我批评的整风精神和优良传统，起到了“团结—批评—团结”的作用。11月1日，市委召开市委常委班子专题民主生活会情况通报会。市人大、市政府、市政协领导班子于10月底前召开了专题民主生活会，各部门单位领导班子也都于11月中旬前全部召开了专题民主生活会，并在一定范围通报了民主生活会情况。11月20日前，全市2169个党支部都召开了专题组织生活会。各级党组织做到“五个坚持”，保证了专题民主生活会（组织生活会）的规范性、严肃性和深刻性，随意化、庸俗化、自由主义、好人主义等倾向得到纠正，严格、庄重的党内生活在新形势下得到一次有效坚持。党员干部普遍感到，“这样触及灵魂、触动思想的民主生活会多年没有召开了，有一种找到延安整风的感觉，党的传统又回来了。”

5.坚持领导带头、立查立改，有效解决“四风”及群众反映强烈问题。市委既重视查摆和剖析问题，更注重把落脚点放在解决问题上，针对省委督导组向市委反馈的34个问题和全市层面查摆出来的突出问题，制定整改方案和措施，集中力量啃硬骨头，以“钉钉子”精神，一件事一件事抓、一件事一件事改，围绕市委聚焦的六大方面问题，开展了15项专项整治，以重点问题突破推动作风整体好转。

一是围绕领导班子、领导干部自身作风建设方面存在的突出问题整改抓落实。重点开展违规建设楼堂馆所和使用办公用房，公务用车，超标准接待，文山会海和新闻宣传，公款出国（境），节庆会展过多过滥问题整治。针对违规建设楼堂馆所和使用办公用房问题，市委市政府成立工作领导小组及办公室，两次下发通知，3次召开调度会，采取停建、腾退、调串、合并、改造“五种方式”推进落实，市级班子成员清理超标办公用房1205平方米。针对特权车和违规使用公务用车问题，开展公安警用专段号牌专项清理工作，清理市本级“O牌”专段车942辆，全部换发新牌照；对市级领导干部使用的越野车统一管理，主要用于参加市区以外的公务活动；新提拔局级干部不再配备公务用车，实行货币化补贴，切实减少财政支出；对超编、超标车辆及未经审批获得的车辆及时做出上缴、调剂、报废、拍卖等处理，全市共审查核实公务用车10750辆，清理超标公务用车842辆。针对文山会海问题，落实精简会议文件简报有关规定，加强会议文件简报统筹，严控会议数量、会期、规模，压缩文件简报数量，全市比上年同期精简会议523个，精简文件简报2978个，清理评比达标表彰项目146个。针对节庆会展过多过滥问题，成立节庆论坛展会摸底调查和规范工作领导小组及办公室，加大规范清理力度，严格控制各类剪彩、奠基、竣工活动和节会论坛活动，规范领导干部出席各类活动。经过梳理，全市共有节庆、论坛、会展活动项目56项，保留19项，清理37项，清理幅度达到66%，取消了2013年农博会招待宴会、开闭幕式和招商活动，中央电视台新闻联播对此作了专题报道。市委宣传部制止豪华铺张，提倡节俭办晚会，将东北亚文化艺术周逍遥音乐会的演出，由原定的3场压缩为2场，改晚上演出为白天演出，坚持不请明星，晚会成本降低60%。针对超标准接待和公款出国（境）问题，制定《长春市公务接待工作具体规定》和《长春市贯彻落实 < 关于进一步规范省部级以下国家工作人员因公临时出国的意见 > 的实施细则》，严格加以规范。活动开展以来，接待支出同比下降25%，取消公款出国（境）67个团组370人次。通过以上整治，领导干部脱离群众的不良行为得到一次集中矫治，干部群众普遍反映，活动成果看得见、摸得着，是改得最坚决、最彻底的一次。改进作风已成为大势所趋，成为干部自觉。

二是围绕群众反映强烈的民生方面存在的突出问题整改抓落实。重点开展了城市交通管理特别是“黑车”非法营运、拖欠农民工工资等损害群众利益问题整治。针对“黑车”非法营运问题，印发了《关于开展交通秩序整顿的通告》，整合市委政法委、公安局、交通局力量，通过联合行动、突击抽查、定点检查、随时巡查等多种方式，集中开展专项治理，全市共暂扣非法营运车辆2420台，处理出租车违法行为680件，城市交通秩序明显改进。针对拖欠农民工工资问题，加大农民工工资问题集中整治力度，制定实施《长春市建设领域农民工工资支付暂行办法》，实行农民工工资“一卡制”，建立信用平台，对拖欠农民工企业在招投标、行政审批办理等方面做出限制。截至2013年底，全市清理拖欠农民工工资案件156件，涉及金额9700万元，切实维护了农民工权益。针对D级危房危及群众生命财产安全问题，开展排查鉴定和整治工作，对284栋D级危房全面纳入整治范围，已拆除改造67栋，其余217栋全部腾空，居民得到妥善安置。针对弱势群众生活困难问题，加大救助力度，开展“万户特困户结对救助活动”，每个党支部、每名领导干部结对救助1个特困户，全市共结成帮扶对子23119对，送去慰问金、慰问品910多万元，帮助特困户解决实际问题13900多件，保证全市特困户应帮尽帮。制定基础教育阶段贫困家庭子女入学救助制度，落实“一帮一”结对帮扶，全市23000名低保和低保边缘家庭学生享受免费营养午餐，农民工子女实行“零障碍入学”。关爱环卫工人，为全市环卫工人免费进行体检，集中配发冬季防护用品，为临时工每人每月增加工资100元。开展贫困环卫工人公租房试点工作，宽城区首批150余名环卫工人住进了135套公租房。通过以上整治，把作风转变直接敲在为群众办实事上，在服务民生中体现了党的根本宗旨，切实把教育实践活动打造成了群众满意工程。

三是围绕群众信访方面存在的突出问题整改抓落实。加大解决近期梳理出的在征地拆迁、房地产开发、水电气热、社会保障、涉法涉诉、历史积案等方面群众反映强烈的信访问题力度，并剖析信访问题背后隐藏的作风问题。针对信访积案问题，在全市范围内开展了市级领导、县(市)区和开发区党政主要领导、市直部门主要领导包保重点信访案件活动，清理办结信访积案41件。市国土局在承诺征用省建设集团土地后用相应地块进行补偿，但由于各种原因多年未补偿到位，也没及时与企业沟通，引发企业上访，国土局领导班子通过深刻剖析，感到主要原因是存在部门特权思想，根源聚焦在官僚主义和工作不落实上，从而对症下药、放下架子、主动沟通，积极协调解决，得到了企业的充分理解。市法院建立“清理积案一体化”工作模式，严格执行“实际执行完毕”的结案标准，2013年，共执结法律积案186件，执结率为95.9%。针对群众上访问题，积极开展领导干部接访活动，市级领导接访11批、580人次，县(市)区、市直部门主要领导接访675批、3820人次，市政府办公厅组织局长接待日11次，累计接待群众6425人次，受理问题1140个，现场答复解决969个，办结1060个，办结率93%，有效解决群众问题，维护社会和谐稳定。市计生委针对近年来“年满60周岁的独生子女父母奖励2000元”的政策没落实到位，引起群众上访问题进行深刻剖析，认为这一问题折射出的是部门和领导重视不够、与百姓感情不深、工作有畏难情绪等作风问题，及时与财政、国资委等部门积极协调配合，主动落实整改，中央和省属3000多企业职工独生子女父母奖励政策已全部落实到位。通过解决这些疑难信访问题，展现了市委敢于担当、解决问题的决心和勇气，提高了党员干部做好群众工作能力，在回应群众诉求中，密切了与群众的血肉联系。

四是围绕安全生产方面存在的突出问题整改抓落实。重点开展安全生产、环保安全、食品安全问题整治。针对安全生产问题，进一步落实企业主体责任、部门监管责任、地方属地责任和领导责任，推动网格化监管体系建设，通过网格定位区域、定位部门、定位企业，建立“一企一表一台账”制度，组织开发隐患自查自报信息系统软件，全市有固定场所的146000户企业全部上网登录了信息。2013年，全市开展安全生产专项治理和安全生产隐患大检查、大整改、大演练行动，共发现各类问题555个，下发整改通知书86份，责令停工整改38项。针对环境污染问题，解决老百姓关注的雾霾天气，在全市范围内开展“冬季大气污染防治专项督查”行动，限期治理超标排放锅炉187台，落实重点工程污染减排项目283个。针对食品安全问题，加强源头治理，创建食品安全示范县、示范园区，强化绿色种植、绿色养殖，治理初级农产品源头污染，建立食品可追溯体系，从生产环节确保食品安全。通过实施安全发展战略，深刻吸取“6·3事故”惨痛教训，全市牢固树立了安全第一、生命至上理念，强化了党员干部“红线”意识、责任意识，工作执行力、落实力明显增强。

五是围绕转变作风、转变职能、服务企业、服务发展方面存在的突出问题整改抓落实。重点开展经济发展软环境特别是窗口单位服务质量不高问题整治。针对行政审批效率不高问题，对市本级49个具有行政执法和审批权的部门4761项职权进行清理，编制了《行政职权目录》，取消审批要件401件，审批时限在年初承诺时限基础上平均压缩了20%。市药监局开辟“绿色通道”和“直通车”，实施集中审批、预约审批，采取“局领导现场办公、工作日午间办公、延时服务”等措施，将药品医疗器械经营企业5个审批事项由10个工作日变为即办件，药品零售企业换证由30个工作日变为15个工作日。市民政局积极推进行政审批事项改革，按照能减则减、能合则合的原则，科学整合各类审批事项，落实“一次性告知”制度，对民办非企业单位登记申报材料由原来13项精简至6项，对社会组织成立登记审批时限由原来60个工作日压缩至20个工作日。针对企业发展软环境问题，加大服务企业力度，在民营企业、商会(协会)中建立监督联系点287个，聘任150名软环境建设监督员。开展“万名机关干部联系服务万户民营企业行动”，从市直部门和县(市)区、开发区选派9717名党员干部，采取重点联系、日常联系、挂职锻炼等方式，一对一联系服务民营企业，全市上下形成了服务企业、服务发展的浓厚氛围。经开区党工委主要领导多次带领机关部门负责人，深入全区多家重点企业现场办公，详细了解企业生产经营情况，针对企业存在困难认真研究，帮助解决了长春三鼎变压器有限公司资金短缺，长春博泽汽车部件有限公司空间不足制约增产扩能等实际困难和发展瓶颈。同时，加大涉软案件查办力度，查处干扰破坏经济发展软环境案件31起，给予党政纪处分26人，移送司法机关1人。针对群众反映的建设工程招投标过程中存在围标串标问题，积极采取措施，改进招投标方式，对国有投资项目1000万元以下的招投标，采取随机抽取方式确定中标人，确保了工程建设项目招投标公平、公正、公开。通过以上整治，全市党员干部服务意识明显提高，政府职能发生深刻转变，得到企业和群众广泛好评，为我市在发展关键时期全面深化改革创造了良好环境。

六是围绕机关纪律作风建设方面存在的突出问题整改抓落实。重点开展收送礼品、乱发奖金补贴、机关事业单位"吃空饷"、团购房集资房混乱、干部队伍"虚拖庸懒散"问题整治。针对机关事业单位人员"吃空饷"问题，市纪委、市委组织部等6部门密切配合，采取有力措施，对全市579个机关事业单位人员中存在的脱岗领薪、兼职双薪、虚报冒领工资补贴等问题进行专项清理，共清理出"吃空饷"人员2543人。这项工作得到省委书记王儒林的充分肯定，并对长春市经验做法专门作出批示。针对一些地方和单位乱发奖金补贴问题，开展摸底调查工作，制定规范奖金、津贴发放工作指导意见，开展专项检查，全面规范乱发奖金补贴现象。针对收受各种名目会员卡问题，在全市开展机关干部会员卡专项清退活动，符合清退对象的党员干部均做出"0"报告承诺。针对机关"虚拖庸懒散"问题，开展机关效能与作风专项检查，全市纪检监察机关累计开展明察暗访380余次，发现问题425个，有289人因效能问题受到责任追究，机关中存在的迟到早退、上班时间炒股玩游戏、窗口单位服务不优等问题得到有效遏制。通过以上整治，严肃了机关工作纪律，提振了干部精神状态，打造了一支作风优良的执政骨干队伍，进一步树立了党员干部为民务实清廉形象。

6.坚持立足根本、建章立制，推动作风改进常态化长效化。从教育实践活动一开始，就抓紧立规矩、定规范，做到成熟一个、出台一个、落实一个，着力建立健全一批务实管用的制度规定，通过制度的刚性约束，避免改进作风"一阵风"，有效巩固活动成果。市本级重点建立健全了5个方面35项制度规定：在反对形式主义方面，研究制定了《关于进一步精简文件和简报的实施意见》《市委常委会关于改进工作作风密切联系群众的具体规定》《关于进一步改进会议和市领导活动新闻报道的意见》《长春市人民政府工作规则》等；在反对官僚主义方面，研究制定了《关于解决机关事业单位人员"吃空饷"问题，进一步加强人事编制管理的意见》《长春市依法解决信访问题实施办法（试行）》《长春市关于进一步加强机关作风建设的实施意见》《关于建立领导干部民情恳谈长效机制的实施意见》等；在反对享乐主义方面，研究制定了《长春市市直机关局级领导干部公务用车货币化改革方案》《关于进一步加强市直机关公务用车管理的通知》《长春市公务接待工作具体规定》等；在反对奢靡之风方面，研究制定了《关于开展节庆论坛展会摸底普查和规范工作的通知》《关于长春市党政机关全面清理办公用房的通知》《关于贯彻落实"厉行勤俭节约反对铺张浪费"要求的通知》等；在解决工作不落实方面，研究制定了《中共长春市委贯彻落实中央和省委加强作风建设有关规定整改问题抓落实的实施意见》《关于实施安全发展战略的指导意见》《食品安全责任追究制度（试行）》等。全市各部门单位修订完善制度规定237个、废止54个、新出台386个。市委加大制度执行和正风肃纪力度，对有令不行、有禁不止的严肃追究责任，活动开展以来共查处"四风"方面问题案件46件，给予党纪处分33人、政纪处分2人，切实维护制度的严肃性、权威性，保证了作风改进的制度化、常态化、长效化。

活动开展以来，长春市一些经验做法得到上级充分肯定并通过多种媒体进行宣传报道，《人民日报》以"群众需求就是第一命令"为题，对长春市通过"民情恳谈日"、约谈"一把手"等方式查找解决"四风"问题进行了综合报道。中央党的群众路线教育实践活动简报报道了长春市"狠抓问题整改、回应群众呼声"工作成效。《中国组织人事报》在第一版面对长春市查找问题做法进行了专题报道。省委党的群众路线教育实践活动简报分期报道了长春市边查边改、专项整治公职人员"吃空饷"、注重发挥一把手关键作用等做法。

通过教育实践活动，全市党员干部祛除灰尘，以焕然一新的精神面貌、求真务实的工作作风，投身于幸福长春建设的伟大实践中，凝聚了全市上下推动科学发展、加快发展、率先发展、安全发展的强大动力。2013年，全市地区生产总值增长9%，全口径财政收入增长14.8%，地方财政收入增长11.5%，经济保持了平稳健康发展。幸福长春行动计划扎实推进，新增财力的75%全部投入到民生事业上，长春市民的幸福感进一步增强。"两横三纵"快速路、地铁1、2号线、宜居"森林城"正在全力建设，畅通、洁净的城市生活即将展现在长春市民面前。覆盖城乡的公共文化服务体系不断建成，群众性精神文化活动进一步丰富，长春被评为首批"国家公共文化服务体系示范区"。"法治长春"建设深入推进，全市刑事警情和治安警情同比分别下降19%和41.5%，群众安全感明显提升，社会和谐稳定。长春正在以作风改进的力量，深化改革的精神，向着加快建设幸福长春、率先全面建成小康社会的目标奋力前行。

三、活动启示及下步打算

开展第一批教育实践活动，为党内集中教育、开展第二批活动积累了宝贵经验，提供了有益启示。感到必须把领导带头、强化责任作为关键，牢牢抓住一把手，推动一把手主动抓，形成上行下效、上率下行、整体推进的良好局面；必须把深入学习、提高认识作为基础，增强教育的针对性实效性，真正触及思想灵魂，提高活动的主动性、自觉性；必须把群众参与、群众评价作为重要方法，广泛依靠群众、发动群众、宣传群众，充分调动广大群众的积极性；必须把聚焦"四风"、解决问题作为核心，切实找准查实问题，下功夫解决问题，在回应群众期盼中赢得群众信任和拥护；必须把提高能力、健全制度作为保障，坚持整改并举、标本兼治，提高党员干部做群众工作能力，建立健全作风建设制度体系，推动作风改进常态化、长效化；必须把服务群众、服务大局作为根本，把作风改进寓于服务群众的具体实践中，把作风建设成果体现在经济社会发展的成效上，努力让党委满意、让群众满意。

回顾总结全市第一批教育实践活动，尽管取得了明显成效，但与中央、省委要求和人民群众期望相比，还存在一定差距和不足，比如，一些党员干部的思想认识还不到位，践行群众路线的自觉性还不够坚定；"四风"问题还有新的表现形式，一些深层次问题还没有得到根本解决；专项整治还缺少系统配套的治理措施，整治力度需要进一步加大；作风建设制度体系还不健全，制度执行力还需要加强，等等。对于这些问题，我们将在今后工作中认真加以研究解决。

长春市将紧密结合贯彻落实十八届三中全会和省委十届三次全会、市委十二届四次全会精神，重点抓好四项工作：一是巩固深化第一批教育实践活动成果。对第一批教育实践活动中积累的好经验、好做法，进一步总结提升，固化为制度机制，在第二批教育实践活动中推广实施，使之成为全市各级领导班子和领导干部贯彻群众路线的常态做法，持续密切党群干群关系。二是统筹指导好全市第二批教育实践活动。做好顶层设计，研究制定第二批活动方案，分层分类指导好活动开展。及早研究部署征求意见、调查研究、建立领导机构等工作，为活动开展打好基础。三是继续深入推进整改落实工作。围绕制定的整改落实方案，进一步加大整改力度，尤其是针对市委确定的15项专项整治，强化工作措施，加强舆论监督，确保整改任务落实到位。继续查找作风建设方面出现的新情况、新问题，以改革创新精神加强作风建设，以作风建设的新成效凝聚全面深化改革的强大力量。四是加强制度体系建设。在现有制度基础上，进一步健全完善作风建设制度体系，既注意单项制度的修订，又注意与其他制度协调配合，既充实惩戒性、约束性规定，又建立激励性、保障性规定，既注重实体性制度建设，又注重程序性制度建设，不断形成科学、严密、系统的制度体系框架。加大制度执行力度，切实按制度规定办事，加强制度执行监督，对违反制度规定的，严肃处理，体现制度的权威性和严肃性，推动作风问题从根本上解决。

（市委党的群众路线教育实践活动领导小组）

幸福长春建设

市十二次党代会作出建设幸福长春的重大战略部署后，2012年9月26日，市政府召开全市民生工作推进会，就建设幸福长春的前期准备工作进行安排部署。"从这次会议开始，全市的民生工作全面向建设幸福长春转型升级！"2013年初，按照市委、市政府关于建设幸福长春工作的总体部署，1月16日在全市建设幸福长春大会上，发布了《2013年建设幸福长春行动计划》。一年来，建设幸福长春工作得到社会各界的广泛好评。在12月28日结束的"中国最具幸福感城市"调查推选活动中，长春市当选为"2013中国(大陆)最具幸福感城市"，这是长春市第6次蝉联这一殊荣，并同时获得"中国形象最佳城市"大奖。

年初以来，在市委、市政府的正确领导下，全市上下以市十二次党代会精神为统领，以建设幸福长春行动计划为载体，注重抓亮点、抓创新、抓特色、抓督办，圆满完成建设幸福长春计划的各项实事。

一、创业就业政策更加得力，全民创富氛围更加浓厚

加快推进民营经济发展，及时出台《关于突出发展民营经济的实施意见》等扶持性文件，依托市中小企业服务大厅的服务功能，不断完善民营经济服务体系建设，引入"融资租赁"新型融资模式，有效破解民营企业融资难题，2013年全市民营经济实现增加值2250亿元，比2012年增长12.5%，民营企业户数8.05万户，增长10.8%，个体工商户户数23.5万户，增长11.8%；强化创业就业服务，出台《进一步加强和完善高校毕业生创业就业的意见》，制定做好高校毕业生就业创业服务的18条措施，启动"政校企"联合体，在全市38所高校建立了创业就业服务站，深化以"创博会"、"创业服务中心"专项对接等为平台的创业促就业载体建设。全市实现城镇新增就业11.8万人，零就业家庭保持动态为零，城镇登记失业率为3.48%；扎实做好劳务输出工作，推出"春风行动"、"送岗到乡直通车"等系列活动，实现农村剩余劳动力转移就业近120万人，劳务经济收入139亿元。

二、社会保障继续扩面提标，广大群众生活更有保障

五大险种全部扩面提标，向"全民社保"迈出可喜步伐。德惠市和农安县如期启动了市级统筹，全市医疗保险市级统筹全部实现，参保人员真正实现了"一卡在手、走遍全市"目标。全市职工医保参保160.8万人，居民医保参保245.8万人，城镇企业职工基本养老保险参保186.3万人；城乡居民养老保险参保195万人，失业保险参保80万人，工伤保险参保112万人，生育保险参保112.5万人。企业退休人员待遇月人均上调181.03元。

三、社会救助工作扎实推进，困难群众生活明显改善

社会救助更加规范有序，实现了制度化、程序化和常态化。城区城市低保标准由月人均375元提高到400元(双阳区由每人每月315元提高到330元)，农村低保标准由年人均2100元提高到2500元（双阳区由每人每年2000元提高到2200元)，农村五保年供养标准普遍提高500元。通过开展“万户特困户结对救助”等活动，各级政府为全市各类困难群体发放慰问、补助金共计9000余万元。幸福惠民卡新增免费逛公园、伪满皇宫和免费购书两项功能，极大丰富了低保家庭业余文化生活。全市2.3万余名低保及低保边缘家庭学生享受到免费营养午餐。加大助学力度，助学政策“覆盖城乡、覆盖全部教育阶段、覆盖所有困难学生”，全年救助贫困学子6936名，做到了“应助尽助”、“有一助一”。

四、教育均衡迈出新步伐，城乡学生共享优质化教育

新建、改扩建公办幼儿园15所，新增普惠性幼教学位5000个，有效缓解了“入园难”、“入园贵”问题。基础教育向优质均衡方向发展迈出坚实步伐，全市4281个公办优质空余学位、1357个民办初中学位实行电脑派位，5849个优质高中推荐生指标均衡分配，所有中小学起始年级全部实行电脑均衡分班，为11892名外来务工人员随迁子女分配了公办义务教育学位。完善大学区管理机制，全市52个大学区内实现了资源共享。促进师资力量均衡，创建评选新优质学校40所，城区内交流教师623人，完成200名骨干园长、600名骨干教师、150名转岗教师的免费培训。改善薄弱校办学条件，实施中小学校园校舍标准化建设工程项目60个，完成了城乡结合部4所九年制学校建设任务。

五、医疗卫生体制改革继续深化，群众健康水平不断提高

全民健康教育活动赢得世界卫生组织高度赞誉，全市基层卫生机构建设得到国家公共服务考评组充分肯定。基本公共卫生服务均等化工作成绩显著，12类基本公共卫生服务均等化均达到国家标准。市级公立医院改革试点深入推进，市第二人民医院、省肝胆病医院、市中医院、市传染病医院、市人民医院等五家市级公立医院实施改革试点。新农合基本实现全覆盖，筹资标准大幅提高，达到每人每年350元，全市参合农民达377万，在乡常住人口参合率达99.7%，年度报销封顶线由8万元提高到10万元、普通门诊医药费报销比例由30%提高到50%。实施新农合患者大病保险制度，设立贫困群众大病救助专项资金，报销比例分段递增，报销额度不封顶，切实减轻了群众大病医疗支出负担。

六、公共文化建设扎实推进，群众文化生活丰富多彩

国家公共文化服务体系示范区创建工作成效显著，在国家组织的实地验收检查中，长春市72项指标全部达标，位列全国中部参评城市第2名。文化遗产保护工作取得重大突破，18处文化遗产获评国家重点文保单位。以市博物馆、群众文化活动中心、朝鲜族群众艺术馆等为重点的文化基础设施建设项目顺利实施，市图书馆改造任务如期完成。全市168个乡镇(街道)综合文化站、2003个村(社区)文化活动室均达到国家标准。以“倡导全民阅读，培育书香长春”为主题的第四届长春图书博览会暨首届长春读书节，累计接待读者83万余人次，销售码洋3500万元，为困难群众发放850万元惠民购书卡。全年放映数字电影22000场，举办“城市热读”10个系列讲座栏目讲座83场，完成各类广场文化活动220场次，全市文化事业向大发展、大繁荣迈出可喜步伐。

七、路网改造全力加速，现代立体交通格局初步形成

有效解决资金紧张、征拆困难等问题，“两横三纵”快速路实现主线试通车。地铁1号线、2号线和54有轨电车南阳路延长线工程顺利推进。建成了飞跃路下穿京哈铁路隧道、一匡街下穿长白铁路桥、公平路跨伊通河桥延伸段和长春站综合换乘中心南北联络通道，打通了交通瓶颈。完善了南部新城主干路网循环及区域开发配套，其中，丙四十路、丙六十四路、人民大街高速出口补强等16条道路已完工。完成了人民大街、景阳大路等236条道路大中修，完成了600条道路维护小修，对1008条巷道进行了改造，对城区90座桥梁进行了日常维护，城市道路质量明显改善。

八、住房保障工程全面实施，人居环境更加优美舒适

新一轮暖房子工程老旧楼体墙体保温改造完成1000万平方米。为环卫工人落实135套公共租赁住房，有效缓解其住房困难问题。2000余套廉租房、2600余套公租房正在陆续分配到中低收入家庭，公租房分配入住在全省属首例。完成改造棚户区面积91.8万平方米、建设回迁房13111套。按照尊重历史，实事求是的原则，及时、高效、有序地推进未登记房屋确权工作，全年完成历史遗留无籍房确权160.1万平方米、棚改回迁房确权51.2万平方米。已鉴定的581栋D级危房内居住的居民年底前已全部撤出，正在对D级危房全力实施拆除。30个“老、旧、散”住宅区环境综合整治基本完成，全市城区“老旧散弃”住宅区专业化物业管理和业主自治管理覆盖率87%。

九、市容整治力度持续加大，城市环境面貌不断改善

市容环境综合整治行动深入推进，道路维修、除尘清洁、工地治理、露天烧烤、非法广告、占道经营等八大整治战役全面展开，期间累计完成道路补坑536条、17.2万余平方米，清理越冬垃圾25万吨，停工整顿各类施工工地57个，清刷覆盖非法广告70万余处，清理占道经营烧烤食品业户(含零散摊点)5756处，对24条标准街路牌匾进行了更新改造，处罚车外抛物违法行为1238人，对长春站等重点区域“黑摩的”等非法营运现象进行严厉打击，通过整治使全市市容环境和交通秩序得到明显改善。加快推进“森林城”建设，全年新植街路40

条，补植街路 165 条，彩化街路 100 条，新建绿地 39 块，高质量完成 30 个单位庭院、小区的绿化建设改造。百花园、湿地园等一批精品公园相继完工。同时完成了占地 11.52 公顷的伊通河繁荣桥周边景观绿化恢复工程。全市实现新增绿地面积 600 公顷以上，为美化春城再添了新色彩。

十、社会公平正义进一步彰显，群众权益得到有效维护

及时出台为民营经济发展提供司法服务和保障的 23 条意见，有效维护了企业合法经营权益。以群众安全感和满意度为根本，强化社会治安管控，全市 110 刑事警情比 2012 年下降 17.45%，治安警情下降 43.39%，命案现案破案率达 95.7%。深入推进法律援助“五个延伸”，不断扩大法律援助覆盖面，全市受理承办各类法律援助案件 2116 件，有效维护了社会弱势群体的合法权益，组织“百家律师所驻社区”活动。扎实开展“百家律师所驻社区”和 20 日义务咨询日活动，解答群众法律咨询 3 万余人次，提供法律援助 844 件，实现为社区居民的“零距离”法律服务。出台《关于推进幸福社区建设的意见》《长春市幸福社区建设考评办法》，一批“自治有序、服务完善、设施齐全、活动丰富”的特色社区相继涌现。

各县（市）区、开发区按照全市的统一部署和要求，紧紧围绕十项专项任务，大胆改革创新、全力破解难题、狠抓亮点培育，在扶持创业就业、创新社会管理、建设幸福社区、打造千米社区、探索物业管理、建设平安校园等方面形成了一大批亮点工程，极大地带动和促进了幸福长春建设工作。15 个作战单位士气高昂、精神振奋、铆足劲头、比学赶超，形成齐抓共建的强劲态势。

长春市建设幸福长春工作也得到了社会各界的广泛好评。连续第 6 次当选中国最具幸福感城市，并成为央视经济生活大调查最具幸福感城市之一，还被香港有关机构评为中国最适合养生的城市。在 2013 年启动的第一轮群众主观满意度指标体系测评中，市民总体满意度达 77 分，同全国同类城市相比处于较高水平，建设幸福长春逐步得到群众的认可。

（孙宪法）

市容环境综合整治工作

2013 年，按照市委、市政府的总体部署和建设幸福长春行动计划要求，市容环境综合整治行动总指挥部确定了五个大面共 26 项工作任务，这五个方面是：大力改善群众居住生活条件，打造幸福家园；加强城市精品建设，打造高品质现代都市形象；大力治理城市管理顽疾，努力打造文明和谐城市；推进绿色宜居森林城建设，打造美丽长春；做好疏堵保畅工作，打造规范有序交通环境。年初以来，我们突出重点，突破难点，全面推动整治工作深入开展。

一、在城市大建设、大改造的特殊时期，全力以赴，加强管理，集中开展多次专项整治行动

一是针对 2013 年春季市容环境卫生问题比较突出的情况，全市上下用近 1 个月的时间，开展了市容环境整治攻坚战。集中对破损道路进行了修补，共完成道路补坑 536 条，面积 172840 平方米，道路灌缝 422 条，896026 米，维修马路边石 9332 米，维护方砖 26690 平方米，维护边界石 8568 米，调整树穴 603.2 米，新建树穴 1740 套；集中力量进行城市除尘和垃圾清理。在加大清扫保洁的基础上，重点对 60 条重点街路进行了水冲清洗。全市还共集中清理背街小巷 885 条，居民小区和单位庭院 996 个，共清理越冬垃圾 25 万吨。

二是对各类工地进行了专项整治行动。市区两级组建了由 156 人组成的联合执法队伍，对各类工地进行严管严治。对两横三纵、地铁等重点工程工地的辅道进行了洒水作业，除尘降尘，同时对辅道不平、运输车辆沿途洒落，污染环境等问题进行了集中整改。57 个工地被停工整顿，处罚违规车辆 296 台，处罚 103 万元。同时开辟了 19 条绿色通道，作为重点工程专用运输道路。交警支队还开展了大货车超限超载、改装车辆专项整治行动，查处超载、超限、改装、报废车上路行驶 5650 件，涉牌涉证行为 4601 件、安全防护措施不到位行为 14409 件。

三是开展户外非法广告专项整治。2013 年以来，开展了全市专业队伍、专业车辆、专业设备、专业技术“四专”建设情况的大检查。开展了非法广告高标准清刷覆盖专项行动。进行了合理疏导，在次要街路、背街小巷、繁华场所、学校周边、居民小区等重要部位设置公共信息栏。截至 2013 年末，全市清刷覆盖非法广告 70 万余处，破获制贩假证案件 63 起，端掉窝点 8 处，打处违法犯罪人员 43 人，收缴假证件及半成品 2 万余本，假印章 1 万余枚，假发票 10 万余张，制假设备 30 余台，设立公共信息栏 100 块。

四是开展了露天烧烤专项整治行动。市区两级成立了 9 支 170 人的联合执法队伍，市容环卫、工商、交通、药监、环保、公安等部门密切配合，各自依据职能，综合施治。整治中，实施疏堵结合，目前确定露天烧烤疏导点 20 余处，采取专人管理，专人打扫卫生，配备必要的环卫设施，确保周边的环境卫生。全市共组织联合执法行动 15 次，各城区、开发区每天还自行组织不间断的清理，全市共出动执法人员 18203 人次、车辆 4305 台次，对 5756 处占道经营烧烤食品业户（含零散摊点）进行了清理，暂扣各类违规经营工具、物品 5092 件。

五是对全市的户外广告、牌匾进行全面整治，对24条街路的广告牌匾集中进行了规划，拆除陈旧破损牌匾广告3600余块。对主要街路70余处霓虹灯牌匾进行彻底改造。

六是开展了车外抛物专项整治行动。在2012年整治的基础上，2013年继续深入开展了车外抛物专项治理行动，对公务车、私家车、出租车、公交车为重点进行整治，指挥部办公室还出台了奖励政策，鼓励市民抓拍。全年共处罚车外抛物违法行为1238人，有效提升了驾乘人员的文明素质，提升了市容环境水平和交通秩序。

七是开展了交通秩序突出问题集中整治行动。为解决长期以来影响我市城市交通、影响正常交通营运、影响市容环境等交通秩序管理中存在的突出问题，从9月初，在全市开展了全市交通秩序突出问题集中整治行动。整治工作中，公安、交通、残联、信访等相关部门和城区开发区迅速行动，密切配合，经过近两个月时间的努力，取得了阶段性成果，特别是长春站、净月开发区等重点区域"黑摩的"满街跑，非法营运猖獗的现象得到了根本治理，"黑摩的"已不见踪迹，影响交通、影响市容的占道经营行为也明显减少，长白路、黑水路长期拥堵的交通变得畅通有序。截至11月7日，全市共暂扣非法营运车辆1705台，其中机动三轮车、两轮摩托车1549台，四轮车156台(残疾人驾驶的四轮轿车10台)，拘留38人，全市的交通秩序明显好转。

八是开展了秋季市容环境综合整治攻坚战。为解决好当前市容环境存在的突出问题，9月2日开始，在全市开展了秋季市容环境综合整治攻坚战。通过这次攻坚战，集中解决好五个方面的问题："两横三纵"工程后期对市容环境的影响问题、解决好开发建设工程和各类拆迁装潢工程对市容环境的影响问题、解决好管线挖掘施工对市容环境的影响问题、解决好重点街路、重点区域精细化管理方面的问题、解决好城市交通营运和交通秩序管理方面的突出问题等。总指挥部办公室共梳理出整治中需要解决的问题538个，及时将这些问题分解到各单位各部门进行责任落实，提出具体完成时限。秋季攻坚战中，市区两级联合联合执法队伍密切配合，对建筑垃圾运输车辆进行全天候检查巡查，对运输过程中超限超载、未密闭运输、沿街撒落、不按规定时间路线运输的车辆实施严厉查处；各城区加强对本区域"两横三纵"标段周边环境卫生的管理，对工程周边街路的保洁及时跟进，人力和机械化保洁结合，24小时不间断清刷、洒水降尘处理作业，将重点工程对周边环境的影响降到最低。还加强重点街路、重点区域精细化管理。"东博会"期间，针对展馆周边、车站等窗口单位、主要出城口、行政办公区、重点商圈、全市56家三星级宾馆等重点区域进行检查巡查，排查解决各类问题227项。严格管线挖掘施工管理，2013年是历年来挖掘道路最多、施工量最大、涉及范围最广的一年，市建委按照轻重缓急、统筹安排，合理避让、相互配合的原则，对管线挖掘计划逐项审定，逐街核对，最大限度地避免管线重复开挖，使"两横三纵"建设、公安局"天网工程"、以及水、气、热等地下管网升级改造工程衔接更紧密。同时，依法行政、加强监管，加大了对违法挖掘行为的处罚力度，市建委共处罚违法挖掘行为115起，起到了警示作用。

二、建设类工程全面推进

一是老旧散小区改造接近尾声。2013年，我市各城区、开发区计划投资18501.06万元，按照"八有"标准计划改造老旧散小区36个，占地面积306.79万平方米，建筑面积458.87平方米，涉及住宅838栋，居民50447户，人口185224人。3年来，全市共投资6.5亿元，改造老旧散小区132个，直接受益人口105万人。2013年，全市还有老旧散小区256个，按照改造计划，力争在5年内全部改造完，全市群众的居住环境将得到根本的改善。

二是"暖房子"建设正在有序进行。2013年长春市确定了1000万平方米改造任务，由于省里指标调整，前期工作变化比较大，工程于9月份开工建设，各城区开发区严密组织，精心安排，加班加点，正在紧张施工，整个建设任务将于11月中旬全部结束。

三是完成千条巷道改造。为解决居民的出行难，2013年确定了千条巷道改造任务，改造工程于5月15日开工，共投入45个项目部，1600多施工人员，工程机械设备380多台。经过努力，已改造完成巷道1008条，改造道路面积470147平方米，改造方砖面积372053平方米。

四是完成百条道路大中修工程。从4月24日开始进行道路大中修，已完成人民大街、景阳大路等224条道路中修改造，共计2079745平方米，对解放大路等100条街路进行了大修。

五是完成10000套井具改造。截至2013年已按年初计划完成井具改造10000余套。年初开始，结合道路大中修和巷道改造的重点，对城区内主次干路、学校、党政机关门前、商业繁华区及易丢易坏地区的井具进行了更换，采用了高标准的防盗井具，解决了井具丢失、井周破损及沉陷等问题给市民出行带来的不便。同时，还对城区内存在异响、跳车、倾斜、塌陷等情况的井具都逐步进行了更换，全力为市民创造平坦、通畅的通行环境。

六是完成10公里市政排水管线及开放式住宅区排水改造。2013年，确定了10公里排水管线改造计划，截至2013年底已完成全部计划的管线改造，共翻建管线12698.8米。

七是管线入地示范工程正在有序推进，改造过程中涉及到道路维护改造、巷道建设和老旧散小区综合改造，各单位按照要求综合施工，加强协调调度，管线入地示范工作正在稳步推进。

八是园林绿化任务已经完成。全市(含开发区)新植街路38条，新建绿地39块，改造项目14个，共栽植乔木244549株、灌木243189株、绿篱454551株、草坪746527平方米；共补植街路165条，补植乔木10358株、灌木31979株、绿篱44102平方米，新增绿地100多公顷。

(长春市市容环境综合整治行动总指挥部办公室)

弘扬主旋律 凝聚正能量 建设幸福城
长春不会忘记——2013长春年度人物评选活动

长春，是个出精神、有故事的城市，是一座最具幸福感和人情味的城市。在这座城市中生活的700多万长春人民，平凡中铸就着伟大，无数感动事迹的涌现让长春精神、大爱精神已融汇在每一个长春人心中。为了记录长春人民在幸福长春建设中用双手创建自己的幸福生活，用自己的实际行动践行社会主义核心价值体系的精神，长春市地方志编委会长春年鉴编辑部、长春地情网联合长春晚报社，共同开展了“长春不会忘记——2013长春年度人物”大型公益性人物评选活动。

本次评选活动着眼平凡、立足基层，旨在发现宣传在建设幸福长春中平凡普通而又真实感人的新人新事，大力彰显和弘扬“宽容大气、自强不息”的城市精神，营造和倡导“知荣辱、讲正气、促和谐”的良好社会风尚，为建设幸福长春凝心聚力、添砖加瓦。

2013长春年度人物评选以“事件影响力、社会建树力及人物亲和力”作为重要标准，关注在2013年度幸福长春建设中具有积极、独特及代表性的各界人士。评选着力突出公益性，避免功利性。在候选人遴选阶段，就广泛征求意见，经过单位推荐、媒体推荐和社会征集，组委会确定了20位2013长春年度人物候选人在《长春晚报》和长春地情网公布，近3万名市民通过报纸、网站、微信投票选出自己心中的年度人物。根据投票结果和专家评审，最终确定王立新、孙爱东、许成林、李万君、李万升、刘伟、吴亚琴、董印安、谭富贵、滕艳凤10人为“2013长春年度人物”，并于2014年2月27日，举行了颁奖典礼。

这10位年度人物既有工人、农民、基层干警、环卫工人，也有企业家和社区工作人员，他们来自各个行业、不同地域，他们身份不同、经历各异，但因为一个“善”字，组成了一个品格统一的群体。很多候选人的事迹都是平凡而伟大的，他们看似很平凡，有些举动甚至微不足道，但在仔细的品味之后，会发现他们非常难能可贵。这种发自本心的善行，更加伟大。比如“退而不休”的谭富贵，靠修鞋挣钱供素不相识的孩子读书，一供就是10年，不为回报，只为给孩子一个充满希望的未来。还有榆树市泗河镇双榆村六社的滕艳凤，她为了照顾大病亲人，放弃婚姻，一个人种了20亩地。她说，未来，不管是暗淡还是坎坷，只要老人们一切都好，比什么都强。朴实的话语，传递出的确实一个普通百姓对中华民族几千年传统美德的坚守。长春是一座大情大爱的城市。这10位获奖者代表着今天的长春人，他们是新时代精神的缩影，他们像一面镜子，反射着长春精神。不光是他们，参加本次评选的每个事迹都很打动人心，这些人物的感人事迹，都值得弘扬，他们都是我们心中的楷模。

正是这一方厚土，养育了诚信、善良、忠义、坚忍的长春年度人物。一棵小草染绿整个春天，这就是草根的力量，一个个鲜活的散发着泥土芳香的典型人物，既鲜明地体现了中华民族的传统美德，同时也体现了现在时代的特征。或忠义，或孝顺，或善良，或执著奉献，这些典型人物引导人们积极向善。我们要加大对他们的宣传，让他们的精神能传播到千家万户，让他们的力量鼓舞在这座城市中每一个角落的工作者为自己的幸福生活，为我们城市的美好未来努力奋斗。

（崔玉恺）

长春年度人物颁奖典礼

大事记

1月

2日

2013中国长春冰雪旅游节暨净月潭瓦萨国际滑雪节在净月潭国家森林公园开幕。本届滑雪节有65项冰雪体验及娱乐项目。

同日

2013长春净月潭瓦萨国际滑雪节经贸洽谈会召开。净月高新区与香港五洲国际集团投资有限公司等14家企业签订总金额328.77亿元的项目合同。

5日

长春市在全国38个直辖市、省会城市、经济特区和计划单列市的市民安全感排名第七，在全国省会城市中排名第四，在东北四省区城市排名第一。为此，省公安厅对长春市公安局予以通令嘉奖。

同日

2012中国会展行业年会暨会展业年度颁奖盛典在杭州举行，由全国城市会展管理办公室、《第一会展》杂志、中国会展联盟联合主办，中国(长春)民间艺术博览会喜获“2012年度中国十大最具发展潜力展会”殊荣。由市政府主办、市人力资源和社会保障局承办的中国·长春创业就业博览会被评为“2012年度中国十佳品牌展会”。

15日

《长春汽车经济技术开发区国家生态工业示范园区建设规划》论证会在北京召开。由环保部、商务部、科技部组成的专家组，一致同意该《规划》通过论证。

同日

第四届吉林冬季农业博览会暨净月潭新春大集开幕。展区面积约20万平方米，举办传统年货大集、君子兰迎春花展、九台风情展等活动。

16日

长春市幸福长春建设动员大会在市委机关会堂召开。会议认真贯彻党的十八大、省十次党代会和市十二次党代会精神，全面总结2012年民生工作，并出台了《市委市政府关于建设幸福长春的实施意见》《2013年建设幸福长春行动计划》及《幸福长春指标体系》。

18日

长春市经济工作会议在市委机关会堂召开。出台《关于加快战略性新兴产业发展的若干意见》《关于加快推进服务业转型升级的若干意见》和《关于加强地方税源建设促进财政增收的若干意见》。

22日

中国吉林·东北亚投资贸易博览会从本届起正式更名为中国—东北亚博览会。

同日

IF工业设计大奖颁奖典礼在德国慕尼黑举行。由长客股份公司为哈尔滨打造的地铁车辆获得2013年度交通工具设计大奖。这是国内轨道车辆领域第一个获此殊荣的地铁项目。

23日

长春青年创业联盟成立。

同日

长春市政府对长春市城区城乡居民最低生活保障标准进行调整，城市低保标准提至每人每月400元，农村低保标准提至每人每年2500元。提高城区城乡低保标准、城市低保边缘户和城市低收入家庭认定标准从2013年1月1日起开始执行。

31日

以长春市命名的最新型导弹驱逐舰——“长春舰”入列命名授旗仪式在浙江舟山东海舰队某部军港举行。

2月

4日

省委常委、市委书记高广滨主持召开市委常委会，传达贯彻省"两会"精神，研究部署2013年全市重点工作。

5日

第四届君子兰迎春花展开幕，市领导李树国、姜治莹等出席开幕式并参观花展。

6日

市纪委十二届三次全体会议在市委机关会堂召开，传达习近平关于“厉行勤俭节约、反对铺张浪费”重要批示，贯彻落实党的十八大、中纪委十八届二次全会和省纪委十届二次全会精神，总结部署全市党风廉政建设和反腐败工作。省委常委、市委书记高广滨作重要讲话，市委常委、市纪委书记史继山作工作报告。

同日

长春高新区长东北城市生态湿地公园进入国家湿地公园行列，被国家林业局命名为长春北湖国家湿地公园，并被批准开展国家湿地公园试点工作。

17日

第四届吉林冬季农业博览会暨净月潭新春大集落幕。本届展会累计吸引68万人次参观。展会现场交易额突破3000万元。

21日

长春市市长姜治莹主持召开市政府第2次常务会议，讨论并原则通过《关于市十四届人大一次会议议案办理方案的报告》《2013年度政府规章立法计划（草案）》和《长春市人民政府行政复议委员会试点工作方案》。

24日

中国科学院资深院士，著名理论化学家、教育家，吉林大学教授孙家钟因病医治无效，在长春逝世，享年84岁。

25日

由长客股份公司为阿根廷打造的首批22辆铁路客车从大连港起运，3月底抵达阿根廷首都布宜诺斯艾利斯。这是“长客造”铁路客车首次登陆南美洲。

27日

市十四届人大常委会举行第二次会议。听取关于提请审议制定的《长春市人大常委会2013年立法计划》议案和说明；《关于设立长春市第十四届人民代表大会常务委员会代表资格审查委员会》议案和说明，以及《长春市人大常委会2013年工作要点（草案）》。听取《长春市人民政府关于市十四届人大一次会议议案办理方案的报告》、市中级人民法院和市人民检察院有关人事任免议案和拟任职人员供职发言。

同日

市委、市政府召开全市招商引资动员大会暨商务经济工作会议，贯彻落实省委常委、市委书记高广滨关于招商引资工作重要指示精神，对全市招商引资工作进行全面部署。

3月

5日

2013年3月4日将停放在长春市西四环路与隆化路交会处的吉普车盗走并掐死车内婴儿的犯罪嫌疑人周喜军到公安机关投案自首。

10日

长春市朝阳区投资环境说明会暨项目签约仪式在北京举行。大连中海金泽文化创意综合体等5个项目正式签约，涉及投资总额62.6亿元。

同日

长春高新区与万邦集团在北京签署合作协议，万邦集团将在长春高新区北区投资80亿元，建设万邦（长春）科技产业园，打造高端产业集聚基地。

12日

长春市市长姜治莹在北京拜会中国航空工业集团公司总经理谭瑞松等企业高管，助推中航工业在长春市重点项目建设，并就进一步拓宽合作领域深入交流。

15日

长春市市长姜治莹在北京拜会中国铁建股份有限公司董事长孟凤朝等企业高管，就中国铁建参与长春地铁1号线、2号线工程建设相关事宜进行沟通。

同日

长春市市长姜治莹与世卫组织驻中国代表兰睿明博士及高级项目官员裴雷博士等专家在北京世界卫生组织驻中国代表处，围绕“健康”探讨进一步深化合作，助力幸福长春建设。

21日

省委常委、市委书记高广滨主持召开市委常委会议，传达全国“两会”精神，研究落实省传达全国“两会”精神大会的安排部署。

22日~26日

第九届中国长春君子兰节在君子兰花卉交易中心开幕。本届展会设长春、外埠两大展区，设标准展位500个，展出面积6000平方米。参观人数突破30万人次，现场交易金额500万元。

28日

市委、市政府召开全市突出发展民营经济暨软环境建设工作大会，全面落实全省突出发展民营经济电视会议精神，着力解决制约民营经济发展的突出问题，推动长春市民营经济实现大发展、快发展。

29日

2013年东北地区农机产品订货交易会暨吉林省农机购置补贴产品展示会在中机（长春）物流园开幕。本次展会为期3天，来自全国130多家农机生产企业携千余种农机产品参展。

4月

1日

长春市市长姜治莹在长春香格里拉大酒店会见以戈里科夫·亚历山大·米哈伊洛维奇为团长的俄罗斯布里亚特共和国乌兰乌德市政府代表团一行，加强高层交往，探讨双方在城市基础设施建设和贝加尔湖开发等领域的合作。

7日

省委常委、市委书记高广滨带领市委市政府相关部门负责人到一汽调研，围绕一汽集团“十二五”期间重点项目，现场研究解决当前发展中遇到的实际问题。

8日

长春市“两横三纵”快速路重点工程陆续开（复）工。8个重要节点除宽平大路与开运街互通立交桥节点进行全封闭施工外，其他节点原则上进行局部封闭施工。

8日~13日

以省委常委、市委书记高广滨为团长的长春市党政经贸代表团赴福州、泉州、深圳开展学习考察和招商活动。签约项目28个，金额584.15亿元。

11日

长春市政府召开春季传染病防控工作专题会议，就长春市畜间疫情防控和春季传染病防控情况进行通报，对下一步传染病防治工作和部分省份发生的人感染H7N9禽流感防控工作进行安排和部署。

是日

长春市党政经贸代表团到深圳市学习考察和经贸交流。200多家企业应邀参会，19个项目签约，投资总额超过372亿元。

15日

长春市亮化工程入选国家首批绿色照明示范工程，并在第九届国际绿色建筑与建筑节能大会暨新技术与产品博览会上展出。

16日

中国长春·俄罗斯克拉斯诺亚尔斯克边疆区企业合作项目对接会在中日友好会馆举行，数十家长春民营企业与来自俄罗斯的企业面对面交流洽谈，并在教育、航空、汽车零配件等领域达成初步合作意向。

19日

长春市市长姜治莹主持召开市政府第3次常务会议，讨论并原则通过《长春市国有土地上房屋征收范围内未经登记建筑调查、认定和处理办法（草案）》《长春市生活居住建筑日照管理暂行办法（草案）》和《长春市公园条例（草案）》。

21日

长春市市长姜治莹率长春市经贸代表团到香港，参加21日至26日举行的吉林省与香港系列经贸交流活动。

23日

长春市投资环境暨特色园区推介会在香港君悦酒店举行，香港企业界、金融界、新闻界人士200余人参加。12个项目在推介会上现场签约，金额264亿元。

24日

长春市市长姜治莹在香港会见香港贸易发展局局长林天福，寻找深入合作的新支点。

27日

长春市十四届人大常委会举行第三次会议。决定任命张晶莹为长春市副市长。

同日

吉林省暨长春市庆祝“五一”国际劳动节大会在省宾馆举行。授予长春轨道客车股份有限公司客车制造中心等50个单位“长春市五一劳动奖状”；授予冯斌等130人“长春市五一劳动奖章”；命名吉林省纳资达汽车装备制造有限公司轮毂线等30个班组为“长春市工人先锋号”。

5月

2日

中国北车长客股份公司在香港铁路有限公司举行的来自全球100多家各领域供应商参与评选的“工程项目质量、安全、环保与兼顾社区颁奖礼”上，喜获“质量铜奖”，成为第一家获奖的车辆供应商。

同日

由中科院长春应化所研发的新型异戊橡胶，可在轮胎生产中替代50%的天然橡胶，极大地缓解中国橡胶资源短缺问题，是中国异戊橡胶产品的应用研发能力跻身世界一流水平的重要标志。

6日

省委常委、市委书记高广滨，市长姜治莹到经济技术开发区，就推进经开区转型升级，二次创业，以兴隆综合保税区建设为契机的新一轮发展进行调研。

7日

市政府与吉林大学签署战略合作框架协议，双方将充分发挥各自优势，营造优势整合效应，构建互动、互补、互惠的发展格局。市领导高广滨、姜治莹等出席签约仪式。

9日

吉林大学中国青少年健康成长研究与指导中心正式启动。

同日

省委常委、市委书记高广滨主持召开市委常委会议，研究部署我市道路交通建设、城镇化发展、安全生产和信访等重要工作。

10日

中国北车长春轨道客车股份有限公司成功研制下线的我国首列具有完全自主知识产权的商用100%低地板现代有轨电车，使我国成为全球低地板现代有轨电车俱乐部的新成员。

同日

九台市在科技部公布的《关于批准25个实验区为2013年度国家可持续发展实验区的通知》中，被批准为国家可持续发展实验区。这是吉林省继白山市、四平市之后，获批的第3个国家级可持续发展实验区，也是唯一的县级可持续发展实验区。

14日

长春市与北京、石家庄等全国20个地区被民政部确定为开展未成年人社会保护工作试点城市，以探索建立未成年人社会保护制度，切实保障未成年人合法权益。

15日

一汽－大众长春EA211发动机项目正式破土动工。该项目建成后，将年产发动机45万台，覆盖一汽－大众旗下多款车型。

16日

全国重点文物保护单位揭牌仪式暨“国际博物馆之夜”—中国长春·伪满皇宫博物院展区活动在伪满皇宫博物院举行。

同日

长春市市长姜治莹主持召开市政府第4次常务会议，讨论并原则通过《长春市信息化促进办法》《长春市保障性住房实物配租与租赁补贴分配管理办法（草案）》《长春市公共租赁住房管理办法（草案）》。

同日

吉林建筑工程学院正式更名为吉林建筑大学，并举行揭牌仪式。

同日

长春市政府举行法律顾问聘任仪式，决定聘请姚建宗等20人为市政府法律顾问。市政府第三届法律顾问团正式组建完成。

17日~19日

第四届中国·长春创业就业博览会在长春国际会展中心开幕。主办方提供3000多个创业项目和3.5万个就业岗位。有7035人次签订创业项目对接协议，14830人次与用人单位达成意向性协议，参观人数20万人次。

19日~24日

长春市经贸代表团随省政府代表团赴江苏、浙江、上海开展招商活动，6天时间共签约合同项目14个，投资总额65亿元。

21日

省委常委、市委书记高广滨在市委会见摩根大通银行中国有限公司行长赉圣林一行。

同日

长春市在杭州再签6个合同项目，投资总额为46.5亿元。

22日

省委常委、市委书记高广滨主持召开市委常委会，传达王儒林在全省落实党风廉政建设责任制与推进惩治和预防腐败体系建设工作电视电话会议上的讲话精神，研究部署全市重大项目建设、健康长春行动计划、法治长春建设及中高考等重要工作。

23日

长春师范学院正式更名为长春师范大学。

24日

长春市文学艺术界联合会第七次代表大会在吉林省宾馆闭幕。会议审议通过《长春市文学艺术界联合会第六届委员会工作报告》《长春市文学艺术界联合会章程》，并选举产生第七届长春市文联领导机构，市委常委、宣传部部长吴德金当选文联主席。

同日

吉林省首届“我最喜爱的十大人民警察”颁奖典礼在吉林电视台演播大厅举行。长春市3名民警榜上有名。

25日

郝水院士、何孟元教授墓雕落成揭幕仪式在长春人文纪念园名人苑举行。郝水教授系中国科学院院士、东北师大原校长，是中国著名细胞生物学家、植物遗传学家、教育家，他与夫人、东北师大何孟元教授50多年来，为国家培养了一大批学科领军人物和业务骨干，并在国际上首次培育了两套完整的小冰麦异附加系，在细胞生物学与植物遗传学领域取得斐然成就，为学校生物学科发展作出了突出的贡献。

27日

长春领事服务网正式开通。

28日

省委常委、市委书记高广滨会见四川新力光源股份有限公司董事长张明一行。

29日

长春市市长姜治莹主持召开市政府第5次常务会议，讨论并原则通过《长春市无规定动物疫病区建设管理条例（修订草案）》，批准市外办《关于长春市与澳大利亚瓦南布尔市建立友好城市关系的请示》。

同日

长春市召开建国初期文史资料征集工作会议，对开展抢救性挖掘征集长春解放至"一五"末期文史资料工作进行动员部署。省委常委、市委书记高广滨，市长姜治莹作重要批示，市政协主席崔杰等出席会议并讲话。

31日

长春市市长姜治莹在长春国际会议中心会见澳大利亚瓦南布尔市市长迈克尔·尼尔一行。这次瓦南布尔市客人来长春市主要考察投资环境，就双方在经济、文化、教育等领域的交流进行洽谈。

6月

3日

吉林省德惠市米沙子镇宝源丰禽业公司发生特别重大火灾事故，造成严重人员伤亡。事故发生后，中共中央总书记、国家主席、中央军委主席习近平，中共中央政治局常委、国务院总理李克强分别作出重要批示；中共中央政治局常委、国务院副总理张高丽，中共中央政治局委员、国务院副总理马凯，国务委员、公安部部长郭声琨，国务委员王勇也分别作出批示。省委书记王儒林、省长巴音朝鲁第一时间赶到火灾现场指挥救援工作。省及长春市领导高广滨、房俐、王化文、黄关春、谷春立、姜治莹，省政府秘书长李福春等参加救援指挥工作并看望伤员。

同日

中国最先进的时速250公里动车组CRH3A型动车组在中国北车长春轨道客车股份有限公司下线。长客股份拥有了高速动车组和城际动车组全系列、谱系化产品平台。

6日

省委常委、市委书记高广滨主持召开市委常委扩大会议，专题调度德惠宝源丰禽业公司火灾事故处理工作。截至6日9时，事故共造成120人遇难，77名受伤人员住院治疗。火灾事故现场搜救工作基本结束。

10日~16日

第九届中国（长春）国际动漫艺术博览会在长春国际会展中心举办。博览会设置22个名企特装展位，200余个标准展位。

14日

市委、市政府召开安全生产调度会，进一步落实领导干部安全生产“一岗双责”，在全市开展市领导分片督查各县（市）区、开发区和分管战线安全生产隐患大排查、大整改统一行动。

同日

市政协主席崔杰主持召开市政协十二届三次主席会议。会议听取市政协十二届三次常委会议筹备情况汇报、市政协近期文史工作情况汇报，审议通过了《关于促进长春市旅游业发展的建议案（审议稿）》、市政协十二届三次常委会议议程（草案）。

16日

中科院长春应化所与四川新力光源股份有限公司合作研发的“发光余辉寿命可控稀土LED发光材料研发及其在半导体照明中的应用”项目，在成都通过中科院的成果鉴定。该稀土发光材料达到国际领先水平，使中国成为世界上唯一掌握通过稀土荧光粉生产低频闪交流LED产品技术的国家。

17日

省委常委、市委书记高广滨视察地铁、“两横三纵”快速路工程和部分老城区棚户区及D级危房改造情况，深入研究加快交通基础设施建设，解决城市拥堵问题；现场调度棚户区危房改造、居民搬迁。

19日~20日

长春市工会第十八次代表大会召

开。省委常委、市委书记高广滨出席会议并作重要讲话。会上，新产生的长春市总工会第十八届委员会20日下午举行第一次全体会议，以无记名投票方式选举产生新一届市总工会领导班子。大会选举袁玉树为市总工会主席，董珊梅、朱琪、崔维国为副主席。

20日

长春市市长姜治莹来到城区部分D级危房区域，实地踏查危房拆除改造工作，要求千方百计确保拆迁和改造中百姓和施工人员的安全。特别是汛期来临，首要任务是将老百姓从危房中撤离出来，各级政府要包保到位，确保每一户每一人都安全迁出，妥善安置。

21日

首家中国航天级食用菌研究所在长春揭牌。

同日

第七届中国长春消夏节正式拉开帷幕。此次消夏节主题为"休闲消夏·幸福长春"。历时98天，由文化时尚、体育健身、生态休闲、乡村旅游和商贸会展5大板块52项活动组成。

24日

欧洲－中国(长春)商会经贸交流洽谈会在长春市举行，来自欧洲－中国企业家联合会的商务代表和长春市20余位企业家，就进一步加强双方在汽车制造、旅游、环保等领域的合作进行深入交流与探讨。

25日

长春市政府与微软中国签订战略合作框架协议。根据协议，双方将在长春建设微软全球首个以汽车产业为主的创新中心—微软长春汽车创新中心。这是微软公司首次进入长春。长春市市长姜治莹出席签约仪式。

同日

长春市预防职务犯罪协会成立。

26日

省委常委、市委书记高广滨主持召开市委常委扩大会议暨党的群众路线教育实践活动领导小组第一次会议，传达学习中共中央政治局专门会议精神和习近平总书记的重要讲话精神，听取长春市开展党的群众路线教育实践活动的情况汇报，讨论通过了市委教育实践活动领导小组及其办公室、督导组工作规则，就重点工作任务进行安排部署。

同日

省委常委、市委书记高广滨主持召开市委常委会，听取上半年全市经济运行和安全生产大排查、大整改、大演练情况，就下一阶段全市重点工作进行安排部署。要求坚持科学发展、安全发展，加快推进城市转型升级。

28日

长春市十四届人大常委会举行第四次会议。会议表决通过《长春市公园条例(草案表决稿)》，表决通过市人大常委会秘书长吴强宣读的《长春市人大常委会关于长春市与澳大利亚瓦南布尔市缔结友好城市的决定(草案)》。

同日

吉林股权交易所开市暨首批企业挂牌仪式在长春市股权交易中心举行。吉林省区域股权交易市场正式启动。

同日

市政协召开物业管理专题议政会，推进城市住宅物业管理工作。

28日~30日

长春市二手房和部分新房展示交易会在长春市房地产交易市场开幕。本次展会有近20家房地产经纪机构参展，带来约3万套二手房源，成交房屋1005套，成交金额6.28亿元。

7月

1日

吉林省上调最低工资标准，调整后各档次月最低工资标准分别增加170元。其中长春市月最低工资标准调整为1320元，非全日制用工最低工资标准为每小时11.5元。

4日

最高人民检察机关以涉嫌玩忽职守犯罪对致121人死亡，76人受伤的吉林省德惠市宝源丰禽业公司特大火灾11名涉案公职人员立案侦查并刑事拘留。

同日

由吉林大学地学部部长、建设工程学院院长孙友宏负责的"高性能全液压地质钻机关键技术及钻机系列"项目在北京通过了国土资源部科技与国际合作司组织的鉴定，项目成果总体达到国际先进水平，部分成果达国际领先水平。

6日

国务院对吉林省长春市宝源丰禽业有限公司"6·3"特别重大火灾爆炸事故、吉煤集团通化矿业公司八宝煤业公司"3·29"特别重大瓦斯爆炸事故调查处理报告作出批复。同意国务院事故调查组的调查处理结果，认定这两起事故都是特别重大责任事故，同意对事故有关责任单位和责任人的处理建议，依照有关法律法规，对涉嫌犯罪的35名责任人移送司法机关依法追究法律责任，对其他73名责任人分别给予纪律处分。

是日

市地方志编纂委员会在全市启动了"读方志·知市情·爱长春"主题活动，为充分发挥地方志存史、资政、育人的职能作用，助力幸福长春建设。长春市市长姜治莹作出重要批示："盛世修志，志资盛世，这一活动非常必要、及时，对于强化广大市民的归属感、认同感，增强整个城市的向心力、凝聚力，激发全市上下热爱长春、建设长春的主人翁责任感极具重要意义，望精心谋划、选好载体，确保活动取得实实在在的效果。"

9日

市委召开十二届三次全体会议，贯彻落实省委常委扩大会议精神，从德惠宝源丰"6·3"特大火灾爆炸事故中吸取教训，安排部署安全发展和经济社会发展各项重点工作任务。

10日

长春市召开现代农业示范区建设工作部署会议，全面启动现代农业示范区建设。

12日

长春市市长姜治莹主持召开市政府第二次全体会议。会议贯彻落实省委常委扩大会议和市委十二届三次全会精神，深刻吸取"6·3"事故教训，全面总结上半年工作，安排部署下半年任务。会议审议并原则通过《长春市人民政府工作规则》。

市食品质量监督管理条例〉和〈长春市产品质量监督管理条例〉的议案》，决定提请市人大常委会审议。会议还讨论并原则通过《长春市政府规章五年（2013～2017）立法规划及2014年规章制定、调研计划（草案）》。

19日

2013中国长春净月潭瓦萨国际定向赛在长春净月潭国家森林公园拉开帷幕，来自世界26个国家和地区的2300余名选手参赛。

23日

省委常委、市委书记高广滨到部分空气质量监测点和重点项目建设现场，检查空气质量监测和污染治理工作。到朝阳区集商国际商业综合体建设现场和大成集团厂区，实地踏查项目建设进展情况、环境保护和污染治理工作。

同日

省委常委、市委书记高广滨会见爱尔兰CRH公司首席运营官阿尔伯特一行。爱尔兰CRH公司是世界500强企业，是国际建材行业领先公司之一。2009年，长春亚泰集团和CRH公司实现战略合作，各项工作进展顺利。

同日

“杰出消防卫士”王洪伟先进事迹报告会在省宾馆举行。王洪伟是市公安消防支队特勤大队一中队中队长助理，入伍14年来，始终坚持战斗在抢险救援第一线。累计参加各类灭火救援战斗1200多次，营救遇险群众530多人次；完成各类潜水打捞任务110余次，其中冰下打捞12次，打捞遇难者70多人。

24日~25日

长春市委常委班子召开专题民主生活会，聚焦“四风”查摆问题，整改落实取信于民。省委常委、市委书记高广滨主持会议并代表市委常委班子作对照检查，市委常委逐一对照检查，开展批评和自我批评。

26日

第5个长春环卫工人节，也是长春市第一个“市民保洁日”。志愿者们走上街头清扫垃圾，以自己的文明行为向城市美容师献上“特殊礼物”。

29日

长春市市长、市政府党组书记姜治莹主持召开市政府党组专题民主生活会。会议按照“照镜子、正衣冠、洗洗澡、治治病”的总要求，聚焦“四风”突出问题，深刻剖析问题产生的思想根源，明确今后努力方向和整改措施，切实提高班子作风建设水平，确保教育实践活动取得实实在在的阶段性成果。

同日

市十四届人大常委会举行第六次会议。会议表决通过了《长春市第十四届人民代表大会常务委员会关于接受侯建民、苏志芳辞去长春市副市长职务的决定（草案）》。会议任命白绪贵为长春市副市长。

31日

长春兴隆综合保税区（一期）通过国家联合验收组的正式验收。

11月

1日

市委召开市委常委班子专题民主生活会情况通报会暨市委教育实践活动领导小组第四次会议。省委常委、市委书记、市委教育实践活动领导小组组长高广滨出席会议并讲话，市委副书记、市长、市委教育实践活动领导小组副组长姜治莹主持会议。

6日

第十二届中国国际人才交流大会召开，长春市荣膺“政务环境最受关注城市”。

同日

国家公共文化服务体系示范区（项目）创建工作会议在上海召开，会上，文化部、财政部授予长春市国家公共文化服务体系示范区称号。

13日

长春汽车经济技术开发区分区揭牌仪式在农安县烧锅工业园举行。

同日

经最高人民法院核准，长春“3·4盗车杀婴案”罪犯周喜军在吉林省长春市被依法执行死刑。

14日

长春市“两横三纵”快速路主线实现贯通，全长183.2公里，已建成106.3公里，在建47公里，未来规划建设29.9公里。快速路西半环重要节点青年路与青冈路全互通立交桥车行畅通。

27日

长春市第十次归侨侨眷代表大会在长春中日友好会馆举行。163名代表听取和审议了长春市归国华侨联合会第九届委员会工作报告，选举产生以张越杰为主席的新一届委员会。

29日

长春市市长姜治莹主持召开市政府第10次常务会议，讨论《政府工作报告（讨论稿）》《关于长春市2013年国民经济和社会发展计划执行情况与2014年国民经济和社会发展计划（草案）的报告（讨论稿）》《关于长春市2013年预算执行情况和2014年预算草案的报告（讨论稿）》。

同日

第二十二届长春新闻奖评选揭晓。评选项目有消息、通讯、评论、新闻版面、新闻专栏等8个，评选出一等奖作品17件、二等奖作品27件、三等奖作品34件、优秀奖作品17件。

12月

2日

长春光机所研制的极紫外相机，在嫦娥三号卫星着陆器顶部安装，这是国际上首次在月球表面着陆的极紫外波段的成像仪器，主要任务是利用月球稳定真空环境对地球周围的等离子体层进行成像探测，获取地球等离子体层三维图像，有助于了解太阳和地球的相互关系。

5日

市政协召开《政府工作报告》协商会，邀请部分市政协委员对《政府工作报告（协商稿）》进行协商讨论，市政协主席崔杰出席会议并讲话。

7日

中共长春市委十二届四次全体会议在市委机关会堂召开。省委常委、市委书记高广滨受市委常委会委托向全委会报告2013年工作。全会听取讨论市委常委会关于2013年以来工作的报告，审议通过《中共长春市委十二届四次全体会议决议》，研究部署当前和今后一个时期全市各方面工作。

同日

吉林省、长春市人才特区建设工作会议暨东北亚人才研究基地揭牌仪式在长春高新区举行。会议公布第3批“长白慧谷”英才计划人选和“伯乐奖”企业名单。通过评审，有12位英才入选。

同日

长春市市长姜治莹主持召开市政府第11次常务会议，讨论并原则通过《长春市防止烟草烟雾危害办法》《长春市房地产开发企业信用评价暂行办法（草案）》《长春市数字长春地理空间框架建设与使用管理办法（草案）》和市政府《关于加快发展体育产业的实施意见（草案）》。

10日

纪念民盟长春市地方组织成立60周年大会在长春会展中心大饭店举行。

11日

第十一届中国民间文艺“山花奖”颁奖晚会在吉林省东方大剧院举行，本届“山花奖”由中国文联、中国民协，长春市委、市政府主办，长春市文联承办。

12日

公布《长春市无规定动物疫病区建设管理条例》。该条例自2014年1月1日起施行。

同日

长春市市长姜治莹会见到长春市考察、洽谈合作的韩国信息通讯产业振兴院院长朴守镛一行。

13日

公布《长春市城市建设档案管理条例》。该条例自2014年1月1日起施行。

14日

省委常委、市委书记高广滨主持召开市委常委会，听取《政府工作报告（送审稿）》起草说明的汇报。

16日

长春市城乡医疗救助中心揭牌。首批确定市二院、吉林延安医院为城乡医疗救助中心定点医疗机构。

17日~20日

中国人民政治协商会议长春市第十二届委员会第二次会议开幕。会议听取并审议通过主席崔杰代表政协长春市第十二届委员会常务委员会所作的工作报告和副主席孙丰月代表政协长春市第十二届委员会常务委员会所作的提案工作情况报告。会议听取并协商讨论《政府工作报告》和《关于长春市2013年国民经济和社会发展计划执行情况与2014年国民经济和社会发展计划（草案）的报告》《关于长春市2013年预算执行情况和2014年预算草案的报告》《长春市中级人民法院工作报告》《长春市人民检察院工作报告》。会议通过《政协长春市第十二届委员会第二次会议决议》。

18日~21日

长春市十四届人大二次会议在吉林省宾馆开幕。本次大会执行主席、主席团常务主席李树国主持开幕会和第一次全体会议。长春市市长姜治莹代表市政府向大会作政府工作报告。会议表决通过了《长春市人民代表大会议事规则（修订草案表决稿）》《长春市第十四届人民代表大会第二次会议关于政府工作报告的决议》《长春市第十四届人民代表大会第二次会议关于长春市2013年国民经济和社会发展计划执行情况与2014年国民经济和社会发展计划的决议》《长春市第十四届人民代表大会第二次会议关于长春市2013年预算执行情况和2014年预算的决议》《长春市第十四届人民代表大会第二次会议关于长春市人民代表大会常务委员会工作报告的决议》《长春市第十四届人民代表大会第二次会议关于长春市中级人民法院工作报告的决议》《长春市第十四届人民代表大会第二次会议关于长春市人民检察院工作报告的决议》。

19日

由长春市政府、微软（中国）有限公司、软通动力有限公司和启明信息技术股份有限公司共同组建的长春微软创新中心正式揭牌，投入运行。这是微软在全球打造的第一个以汽车行业为重点的创新中心。

24日

长春市召开高标准建设国家知识产权示范城市推进会。会上，国家知识产权局副局长贺化向长春市市长姜治莹授予“国家知识产权示范城市”牌匾。

25日

在北京举办的全国县域经济发展座谈会发布的《2013年县域经济发展报告》中，荣入第十三届全国县域经济与县域基本竞争力百强县行列，农安县位列第89位。这是农安县继2012年之后再次挺进全国百强县，也是长春市唯一进入全国百强县行列的县（市）。

26日

第十五届中国电影华表奖在北京举行颁奖典礼。长影凭借《辛亥革命》《索道医生》《马达加斯加3》3部影片分获优秀故事片、优秀农村题材故事片、优秀译制片等3项大奖。

同日

长春市市长姜治莹主持召开市政府第12次常务会议，讨论并原则通过《长春市城乡居民最低生活保障办法（草案）》《长春市城市桥梁管理办法（草案）》《长春市汽车租赁管理办法（草案）》《长春市困境未成年人社会保护试点工作实施方案（试行）》。

27日

长春市举行企业联合会、企业家协会六届二次理事会暨长春企业网改版升级开通仪式，市领导张元富、史继山等出席会议。长春企业网由市企联企协2003年建立，改版升级后增设了“政策法规”“企业动态”“诉求与建议”“企业家风采”“名品展示”“健康平台”等网页和栏目，内容更丰富，信息更快捷，服务更全面，为企业与政府、企业与市场、企业与企业搭建了信息沟通的平台。

28日

2013中国城市幸福盛典在北京举行。长春市第6次蝉联“最具幸福感城市”，同时获得“中国形象最佳城市”大奖。

31日

长春市市长姜治莹会见中亚集团董事主席刘宝棋一行。中亚集团是台湾著名国际贸易、制造和工程承包公司，年产值3000多亿元人民币。这次主要是考察长春市经济社会发展情况，谋求开展合作，参加2014长春冰雪旅游节相关活动。

（常　颖）

自然概况

【位置面积】 长春市位于北半球中纬地带，欧亚大陆东岸的中国东北大平原腹地，居北纬43° 05′ ~45° 15′；东经124° 18′ ~127° 05′。幅员20604平方公里。居于中华人民共和国东北地区中部，地处京哈与珲乌2条交通线交会处。长春市辖4县(市)6区：榆树市、农安县、德惠市、九台市、朝阳区、南关区、宽城区、二道区、绿园区、双阳区。西北与松原市毗邻，西南和四平市相连，东南与吉林市相依，东北同黑龙江省接壤。城市面积4789平方公里。市区中心城区建成区面积336.35平方公里。

【地质地貌】 长春市属天山——兴安地槽褶皱区吉黑褶皱系松辽拗陷的东部边缘，城区下部分布着深厚的白垩系泉头组，为一套红色较粗粒碎屑岩（页岩、泥岩、细砂岩和砂页岩互层)，均为不透水层或含水性极微层，地层深厚(500米尚未穿透)，岩层致密，倾角很小(5° ~10°)。此外，第四世纪沉积相当普遍，洪积层上部为黄土状物质，下部为红色粘土或砂砾层。新构造运动以来，地体微升，地表受流水切割，沟谷发育，形成微波状台地平原。二级阶地黄土状亚粘土厚15~25米，抗压强度20~25吨/平方米，是较佳的天然地基。一级阶地(二道区)亚粘土层地基抗压强度8~11吨/平方米，但地表下2~4米深处有一淤泥层，不适于天然地基，下部是砂、砂砾层，抗压强度25~35吨/平方米，距地表6~11米以下是基岩，对大型、特大型建筑基础置于基岩上最为有利。长春市的地貌特点，是远依山，近傍水，以台地平原为主。

主要地貌类型为：1.低山丘陵。分布于市区东南部，属大黑山脉的一部分，略呈东北西南走向，海拔大部分在250~350米之间，相对高度为50~100米；东部的大顶子山海拔407米，组成的岩石有花岗岩、安山岩等变质岩系，其中以花岗岩分布面积最广，久经侵蚀，已成浑圆状；山地丘陵面积在市区内所占面积比重甚微，山地丘陵中有森林，低丘之间有些冲积平原和盆地，为农业区；伊通河出大黑山北麓，从南向北穿过市区东部，在狭口处有修筑水库的良好条件。2.台地平原。城区台地面积约占总面积的70%，并高出伊通河一级阶地10~20米，地表微波起伏，土质主要由黄土状土构成，海拔在200~230米之间，最高压245米；浅谷谷坡漫长，市区有近80%的地面坡在10度以下。3.冲积平原。主要由伊通河冲积作用形成，在河流两岸形成了比较宽阔的带状平原，面积近30%，地势低平，海拔多在200米左右；沿河两岸的低洼部分，汛期常被洪水淹没，属河漫滩部分，组成物质多为粗砂或细砂，河漫滩两侧为宽窄不等的高漫滩或一级阶地，宽度一般在4~5公里间；一级阶地高出河床3米左右，其组成物质上部是亚砂土、亚粘土，下部是砂砾层，冲积物厚10米左右；二级阶地面积较小，河床两侧可提供建筑用砂；平原上的河迹洼地，因多为淤泥质粘土或亚粘土，并夹灰色砂质透镜体，大多排水不畅，土体抗压性较差，但在大部分台地平原上的沟谷系统则成为城市自然排水通道。4.火山锥体。台地平原西接松辽分水岭，系第四纪更新世末期沿断裂带呈地垒式隆起，并有火山活动，因此在长春西南的大屯、范家屯一带，火山锥体突起在波状平原之上。多由玄武岩构成，是良好的建筑材料。

【水文气候】 长春市的地表水属松花江水系，松花江、饮马河、伊通河的中下游，还有沐石河、双阳河、雾开河、新开河及卡岔河等流经境内，有波罗泡子、敖宝吐泡子、元宝泡子等主要泡子湖泊7处；市区的地表水，较大的河流为松花江的支流，也是饮马河的支流——伊通河及其支流——新开河等。由于市区的下部基岩为中生代白垩系红色岩系，岩层致密，为一不透水层或含水性极微，因而无深层地下水源，故地下水贫乏。长春市的气候介于东部山地湿润与西部平原半干旱区之间的过渡带，属温带大陆性半湿润季风气候类型。东部和南部虽距海洋不远，但由于长白山地的阻挡，削弱了夏季风的作用；西部和北部为地势平坦的松辽平原，西伯利亚极地大陆气团畅通无阻，故气候总的特点是春季干旱多风，夏季温暖短促，秋季晴朗温差大，冬季严寒漫长。春季，地表温度增高，蒙古高压系统势力减弱，这时低压系统自贝加尔湖区侵入，形成东北低压并经常过境，低压前部常出现强大的西南气流，后部有猛烈的西北气流，大风天气多，最大风速可达 30 米 / 秒，且低压系统后部引起北方寒流冷气南下，形成寒潮天气。夏季，东南风盛行，有从小笠原状群岛吹来的东南风，也有渤海补充的湿气，自南而来的夏季风极锋锋线位置也移到本地，并有温带气旋过境。平均气温 21.9 摄氏度，最高气温出现在德惠市，为 32.1 摄氏度；全年最大日降水量出现在九台市，为 98.8 毫米。秋季，贝加尔湖低压系统虽有入侵，但发展的机会不如春季显著，高压在本区停滞的机会较多，因而在秋季可形成持续数日的晴朗而温暖的天气，温差较大，风速也较春季小。冬季，受强蒙古高压系统影响，冷气流经常自北及西北侵入，盛行偏西风，气候寒冷、干燥。天气变化主要取决于高空西风带中的低槽过境：低槽移近时，常有较盛的偏南风入境，形成多云、多雪的阴湿天气；低槽过后，高压脊的前部侵入，致使风向转为西北风，气温骤降，并有时出现雪暴天气，然后高压系统全部占据，天气晴朗、干燥、风力微弱。这种更替，一次大约 3～4 天，形成冬季“三寒四温”的天气特征。平均气温零下 12 摄氏度，最低气温出现在农安县，为零下 37.2 摄氏度。

【自然资源】 长春市地域辽阔，土地资源较丰富，有土地面积 20604 平方公里，其中耕地 135.04 万公顷。土质主要是黑土、草甸土、黑钙土等，分别占耕地面积的 34.5%、29.06%和 15.28%。土质肥沃，一般黑土层厚达 0.6～1.0 米。全市有林地 26.5 万公顷，森林的组成以东亚阔叶林成分为主，华北系成分、长白区系成分也有渗入，如黑松、樟子松、云杉、冷杉、长白落叶松、侧柏、桧柏、胡桃楸、水曲柳、黄菠萝、花曲柳、山杨、黑桦等。野生植物资源群落中，有森林植物、草甸植物、草原植物等，具有经济价值的野生植物 300 余种：可供药用的有五味子、大活、党参、苍术等到 150 多种；可做工副业原料的有胡枝子、芦苇、蒙古栎等 50 多种；可供食用的有蕨菜、黄花菜、山楂、山葡萄等 30 多种；可做饲料的有碱草、草木樨、小叶樟等 50 多种。野生动物资源有豹猫、红狐、鸿雁、林蛙、中华鳖、虎斑文蛇、背角无齿蚌等 5 类 34 种。长春市的矿产资源，除已探明的煤、油质岩矿、水泥石灰岩矿、水泥粘土矿、珍珠岩砂、膨润土、萤石、铸型用砂矿、铜、银、铁以外，石油、天然气也有一定储量。

（孙连阁）

人口情况

【总人口及分布情况】 截至 2013 年末，长春市共有 2661310 户，7526708 人。其中，男性人口 3788511 人，占人口总数的 50.3%；女性人口 3738197 人，占人口总数的 49.7%。市区（南关区、宽城区、朝阳区、二道区、绿园区、双阳区）人口为 3638156 人，占全市总人口数的 48.3%；县（市）（农安县、九台市、榆树市、德惠市）人口为 3888552 人，占全市总人口数的 51.7%。总人口数比 2012 年减少 42329 人，增减率为 5.6‰，增长率比 2012 年下降 0.8‰。长春市人口占吉林省总人口数的 28.1%。

2013 年长春市人口增长及分布情况统计表

单位：人

区、县（市）别	2012 年末总人口	2013 年末总人口	增加人口	增长率‰
全 市	7569037	7526708	-42329	-5.6
市辖区	3629752	3638156	8404	2.3
南 关	659580	702029	42449	60.5
宽 城	663492	597436	-66056	-110.6
朝 阳	732664	743484	10820	14.6
二 道	554568	559824	5256	9.4
绿 园	636229	656512	20283	30.9
双 阳	383219	378871	-4348	-11.5
农 安	1104321	1083913	-20408	-18.8
九 台	700423	697514	-2909	-4.2
榆 树	1307748	1275964	-31784	-24.9
德 惠	823793	831161	7368	8.9

【人口自然变动】 2013 年，全市出生 69230 人，出生率为 9.17‰，比 2012 年下降 1.03‰。市区出生 35134 人，出生率为 9.67‰，比 2012 年下降 0.9‰。平均每天出生 190 人；全年死亡 30757 人，死亡率为 4.07‰，比 2012 年下降 8.27‰。市区死亡 19654 人，死亡率为 10.40‰，比 2012 年下降 4.99‰。平均每天死亡 84 人。全市自然增长 38503 人，增减率为 5.10‰，比 2012 年上升 2.95‰，市区自然增长 15480 人，增长率为 4.26‰，比 2012 年上升 4.09‰。

2013 年长春市人口自然变动情况统计表

单位：人

区、县(市)别	出生人口		死亡人口		自然增长人口	
	人数	出生率‰	人数	死亡率‰	人数	增长率‰
全　市	69230	9.17	30727	4.07	38503	5.10
市辖区	35134	9.67	19654	5.41	15480	4.26
南　关	6852	10.06	4178	6.14	2674	3.93
宽　城	6029	9.56	3173	5.03	2856	4.53
朝　阳	6672	9.04	4041	5.48	2631	3.56
二　道	5633	10.11	3452	6.20	2181	3.91
绿　园	6726	10.41	3626	5.61	3100	4.80
双　阳	3222	8.46	1184	3.11	2038	5.35
农　安	9427	8.62	2406	2.20	7021	6.42
九　台	5933	8.49	2481	3.55	3452	4.94
榆　树	10727	8.30	4272	3.31	6455	5.00
德　惠	8009	9.68	1914	2.31	6095	7.37

【人口机械变动】 2013 年，全市迁入人口 46630 人，迁入率为 6.20‰；迁出人口 51636 人，迁出率为 6.86‰；机械增长人口出现负增长 5006 人，增长率为 -0.67‰，比 2012 年上升 3.58‰。其中，市区的南关、朝阳；县(市)的农安县、九台市、榆树市均出现迁出人口高于迁入人口，呈现负增长情况。

2013 年长春市人口机械变动情况统计表

单位：人

区、县(市)别	迁入人口		迁出人口		机械增长人口	
	人　数	迁入率‰	人　数	迁出率‰	人　数	增长率‰
全　市	46630	6.20	51636	6.86	-5006	-0.67
市辖区	38107	10.47	41502	11.41	-3395	-0.93
南　关	10433	14.86	15961	22.74	-5528	-7.87
宽　城	4867	8.15	2113	3.54	2754	4.61
朝　阳	9392	12.63	13865	18.65	-4473	-6.02
二　道	4769	8.52	3271	5.84	1498	2.68
绿　园	6945	10.58	4770	7.27	2175	3.31
双　阳	1701	4.49	1522	4.02	179	0.47
农　安	2294	2.12	2765	2.55	-471	-0.43
九　台	1423	2.04	1759	2.52	-336	-0.48
榆　树	3226	2.53	4069	3.19	-843	-0.66
德　惠	1580	1.90	1541	1.85	39	0.05

【人口结构】 2013 年，在性别比例上，以女性人口为 100，全市性别比例 101.3，比 2012 年下降 0.2%。在农业人口与非农业人口的构成上，全市有非农业人口 3350527 人，占总人口的 44.5%，与 2012 年下降 0.8%；有农业人口 4176181 人，占总人口的 55.5%，与 2012 年比上升 0.8%。县(市)非农业人口九台(市)较高为 25.1%，比 2012 年下降 0.3%；榆树市略低为 16.1%，与 2012 年比上升 0.3%。

2013年长春市人口结构情况统计表

单位：人

区、县(市)别	总人口数	性别		性别比例	农业人口与非农业人口		
		男性人口	女性人口	(女性人口为100)	农业人口	非农业人口	非农业人口比重%
全　市	7526708	3788511	3738197	101.3	4176181	3350527	44.5
市辖区	3638156	1801503	1836653	98.1	1038741	2599415	71.4
南　关	702029	341382	360647	94.7	98524	603505	86.0
宽　城	597436	297571	299865	99.2	233605	363831	60.9
朝　阳	743484	363454	380030	95.6	94956	648528	87.2
二　道	559824	277895	281929	98.6	211460	348364	62.2
绿　园	656512	328358	328154	100.1	120706	535806	81.6
双　阳	378871	192843	186028	103.7	279490	99381	26.2
农　安	1083913	555899	528014	105.3	862240	221673	20.5
九　台	697514	356479	341035	104.5	522631	174883	25.1
榆　树	1275964	652438	623526	104.6	1070308	205656	16.1
德　惠	831161	422192	408969	103.2	682261	148900	17.9

（孟令彦）

【民族】 截至2013年底，长春市有46个少数民族，人口27.6万，占全市总人口的3.6%。有满族、回族、朝鲜族、蒙古族、锡伯族5个世居少数民族。其中，满族15.3万人，占55.4%；朝鲜族5.3万人，占19.2%；回族4.8万人，占17.4%；蒙古族1.3万人，占4.7%；锡伯族743人，占0.3%。有4个民族乡：双阳区双营子回族乡、九台市胡家回族乡、九台市莽卡满族乡、榆树市延和朝鲜族乡。43个少数民族聚居村和258个少数民族聚居社；少数民族干部5303人，占全市干部总数的2.98%。少数民族社团8个；少数民族生产经营企业和个体工商户1040多家，其中，少数民族生产生活特需商品定点生产企业7家；市级朝鲜族群众艺术馆1所；乡级少数民族文化站4所。民族中小学19所；民族医院1所，民族乡医院4所，少数民族聚居村合作医疗点43个。少数民族各级人大代表33人、政协委员50人。

（潘　爽）

行政区划

【行政建置】 截至2013年年底，长春市辖朝阳、南关、宽城、绿园、二道、双阳6个区(含长春经济技术开发区、长春净月高新技术产业开发区、长春高新技术产业开发区、长春汽车经济技术开发区、长春莲花山生态旅游度假区5个开发区)；九台市、榆树市、德惠市、农安县由省直辖。共辖68个街道，30个乡，67个镇；共有1692个村，409个社区居委会。

【行政区划】 完成第三轮市(州)级、县(市、区)级、乡(镇)级三级界线联检工作任务，联合检查界线5948.71公里，检查界桩367颗。其中市(州)级界线3条，界线长1063.2公里，检查界桩172颗；县(市、区)级界线17条，界线长968.31公里，检查界桩195颗；乡(镇)级界线364条，界线长3917.2公里。

【地名管理】 长春市人大常委会将《长春市地名管理条例》(修订)列入了长春市人民代表大会常务委员会2013年立法计划，《长春市地名管理条例》(修订草案)顺利通过市人大常委会审议，并按照立法程序提交省人大常委会审议。

2013年长春市区(市)、县、街道、镇(乡)区划一览表

朝阳区 (街10镇2乡1)	湖西街道　重庆街道　红旗街道　清和街道　永昌街道　南湖街道　桂林街道　南站街道　富锋街道　硅谷街道(高新代管)　永春镇　乐山镇　双德乡(高新代管)
宽城区 (街10镇5乡1)	新发街道　南广街道　东广街道　站前街道　柳影街道　群英街道　凯旋街道　团山街道　兴业街道　欣园街道　兰家镇　兴隆山镇(经开代管)　合隆镇(农安代管)　米沙子镇(德惠代管)　万宝镇(德惠代管)　奋进乡(高新代管)
南关区 (街15镇3乡1)	新春街道　长通街道　南岭街道　永吉街道　曙光街道　全安街道　民康街道　自强街道　桃源街道　永兴街道(净月代管)　净月街道(净月代管)　临河街道(经开代管)　鸿城街道　明珠街道　富裕街道　玉潭镇(净月代管)　新立城镇(净月代管)　新湖镇(净月代管)　幸福乡

续表

二道区 （街 8 镇 6 乡 1）	八里堡街道　远达街道　东站街道　东盛街道　吉林街道　荣光街道　东方广场街道（经开代管）　长青街道　英俊镇　泉眼镇（莲花山代管）　劝农山镇（莲花山代管）　卡伦湖镇（九台代管）　龙嘉镇（九台代管）　东湖镇（九台代管）　四家乡（莲花山代管）
绿园区 （街 9 镇 3）	铁西街道　普阳街道　青年路街道　春城街道　正阳街道　锦程街道（西新代管）　东风街道（西新代管）　林园街道　同心街道　合心镇　西新镇　城西镇
双阳区 （街 4 镇 3 乡 1）	平湖街道　云山街道　奢岭街道　山河街道　太平镇　鹿乡镇　齐家镇　双营子回族乡
榆树市 （街 4 镇 15 乡 9）	正阳街道　培英街道　华昌街道　城郊街道　八号镇　大坡镇　弓棚镇　刘家镇　五棵树镇　闵家镇　黑林镇　保寿镇　秀水镇　新立镇　土桥镇　大岭镇　新庄镇　于家镇　泗河镇　育民乡　红星乡　太安乡　先锋乡　青山乡　延河朝鲜族乡　恩育乡　城发乡　环城乡
九台市 （街 4 镇 9 乡 2）	九台街道　九郊街道　营城街道　西营城街道　上河湾镇　其塔木镇　土们岭镇　沐石河镇　城子街镇　苇子沟镇　兴隆镇　波泥河镇　纪家镇　胡家回族乡　莽卡满族乡
德惠市 （街 4 镇 10 乡 4）	胜利街道　建设街道　惠发街道　夏家店街道　郭家镇　天台镇　大房身镇　菜园子镇　松花江镇　布海镇　大青嘴镇　朱城子镇　达家沟镇　岔路口镇　朝阳乡　五台乡　同太乡　边岗乡
农安县 （镇 11 乡 10）	农安镇　伏龙泉镇　高家店镇　哈拉海镇　开安镇　烧锅镇　靠山镇　华家镇　巴吉垒镇　三盛玉镇　三岗镇　杨树林乡　万顺乡　龙王乡　黄鱼圈乡　永安乡　前岗乡　青山口乡　新农乡　小城子乡　万金塔乡

2013 年长春市行政区划统计表

单位：个

	县（市）、区	街道	镇	乡	村	社区
长春市	朝阳区	10	2	1	24	53
	宽城区	10	5	1	20	57
	南关区	15	3	1	7	57
	二道区	8	6	1	34	35
	绿园区	9	3		24	54
	双阳区	4	3	1	133	15
	榆树市	4	15	9	388	12
	九台市	4	9	2	310	15
	德惠市	4	10	4	377	10
	农安县		11	10	308	16
合　计		68	67	30	1626	321

县级市	县	自治县	市辖区	合计
3	1		6	10

街道	镇	乡	社区	村委会		
68（城区 56）	67（城区 22）	30（城区 5）	409	1692		

（社区：经济开发区 23 个；高新开发区 23 个；净月开发区 27 个；汽车产业开发区 12 个。村：经济开发区 10 个；高新开发区 12 个；净月开发区 35 个；汽车产业开发区：9 个）

（张　强）

气象气候

【概况】 2013年(1～12月)长春市总的气候特点是气温略低，降水偏多，日照时数略少。全市年平均气温为4.9摄氏度，比常年低0.7摄氏度；全市年平均降水量为710.6毫米，比常年556.5毫米多153.8毫米即多28%；年平均日照时数为2295.1小时，比常年少236.6小时。整个农作物生长季(5～9月)气温略高、降水略多、日照略少，虽然农作物播种期出现低温多雨，但农作物生长发育期气温

2013年全市年平均气温及与常年对比柱状图(单位:摄氏度)

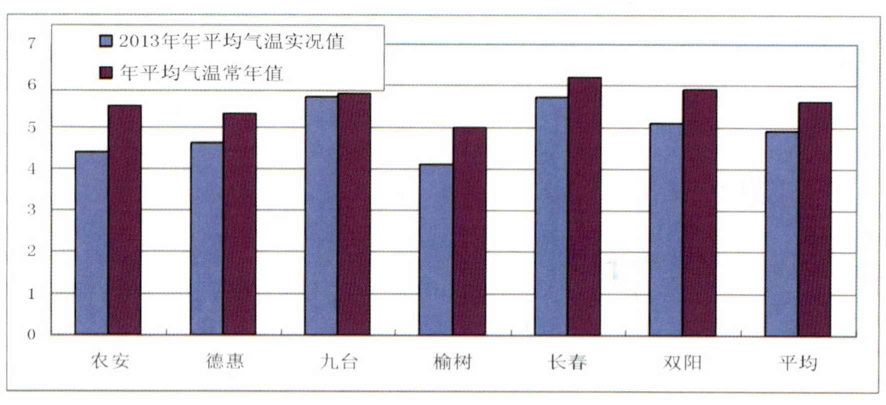

高，对春季积温不足有较好的补偿作用，且水热匹配较好，满足作物生长发育需求，加之初霜较常年略晚，长春市农业粮食生产获得历史性大丰收。2013年出现的主要气象灾害：暴雨、暴雪、冰雹、寒潮、大风沙尘、大雾等。

气温 年平均气温主要特征是2013年(1～12月)气温略低，全市年平均气温为4.9摄氏度，比常年同期低0.7摄氏度，比2012年高0.3摄氏度。地域分布见图1，其中长春市区和九台5.7摄氏度，双阳5.1摄氏度，其他地方4.1～4.6摄氏度。与常年相比，农安偏低1.1摄氏度，九台略低0.1摄氏度，其他地方略低0.5～0.9摄氏度。

年内极端最高气温为34.3摄氏度，5月31日出现在德惠；极端最低气温为-35.1摄氏度，1月2日出现在农安。

气温阶段性变化明显。逐月温度变化如图2，全年5个月份(1～4月和12月)气温低于常年同期，其余各月高于常年同期。3～10月全市平均气温13.4摄氏度，比常年同期低0.3摄氏度，5～9月全市平均气温20.1摄氏度，比常年同期高0.7摄氏度。

气温季节变化特征冬季气温特低，春季偏低、夏季略高、秋季偏高。

冬季(2012年12月～2013年2月)气温特低，全市季平均气温为-17.7摄氏度，比常年同期低4.4摄氏度，居历史同期低温第三位。2012年12月气温特低，全市月平均气温为-18.5摄氏度，比常年同期低5.8摄氏度；2013年1月气温特低，全市月平均气温为-19.3摄氏度，比常年同期低3.2摄氏度；2013年2月气温特低，全市月平均气温为-15.2摄氏度，比常年同期低4.2摄氏度。

春季(3～5月)气温偏低，全市季平均气温为5.6摄氏度，比常年同期低1.6摄氏度。整个春季前低后高，3月气温特低，全市月平均气温为-5摄氏度，比常年同期低2.8摄氏度；4月气温特低，全市月平均气温为4.1摄氏度，比常年同期低4.1摄氏度，居历史同期低温第二位；5月气温特高，全市月平均气温为17.8摄氏度，比常年同期高2.2摄氏度，居历史同期高温第一位。

夏季(6～8月)气温略高，全市季平均气温为22.4摄氏度，比常年同期高0.4摄氏度。6月气温略高，全市月平均气温为21.4摄氏度，比常年同期高0.4摄氏度；7月气温略高，全市月平均气温为23.3摄氏度，比常年同期高0.2摄氏度；8月气温略高，全市月平均气温为22.3摄氏度，比常年同期高0.5摄氏度。

秋季(9～11月)气温偏高，全市季平均气温为7.2摄氏度，比常年同期高1摄氏度，局历史同期高温第六位。9月气温略高，全市月平均气温为15.7摄氏度，比常年同期高0.2摄氏度；10月气温略高，全市月平均气温为7.6摄氏度，比常年同期高0.5摄氏度；11月气温特高，全市月平均气温为-1.9摄氏度，比常年同期高2摄氏度。

降水 降水量时空分布特征是2013年降水量偏多，全市年(1～12月)平均降水量为710.6毫米，比常年多28%，比2012年716.8毫米少6毫米(少1%)，为1959年以来同期多雨的第6位。各地年降水量实况如图3，各站年降水量在563.7～878.4毫米，均多于常年。其中，农安略多13.2%，双阳偏多41.4%，其他地方偏多22.7%～32%。

逐月降水变化如图4，全年中只有5个月份(3月、5月、7月9月和12月)降水量少于常年，其余均多于常年。3～10月，全市平均降水量648.2毫米，比常年同期偏多22%，居历史同期多雨的第九

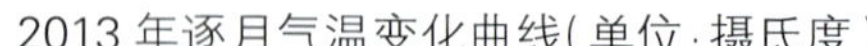
2013年逐月气温变化曲线(单位:摄氏度)

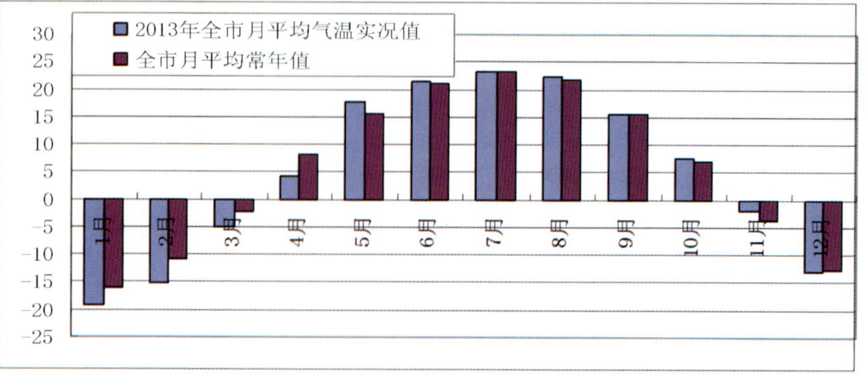

2013 年全市年降水量及常年对比柱状图(单位:毫米)

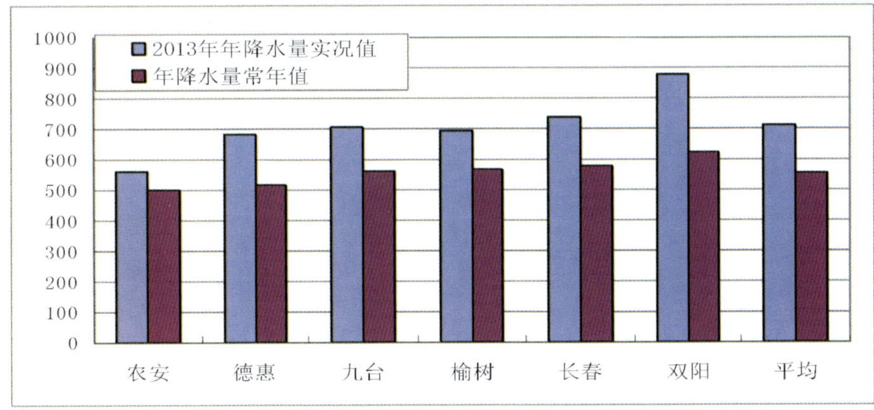

2013 年逐月降水量变化图(单位:毫米)

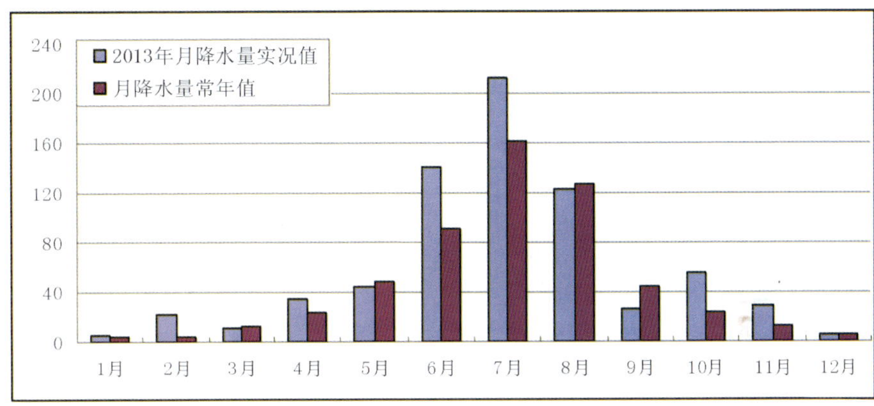

位。5～9 月全市平均降水量 547.7 毫米,比常年同期多 16%。

冬季(2012 年 12 月～2013 年 2 月)降水特多,全市平均降水量为 38.9 毫米,比常年同期多 166%,居历史同期多雨雪的第一位。其中,2012 年 12 月降水特多,全市平均降水量为 11.5 毫米,比常年同期多 89%;2013 年 1 月降水偏多,全市平均降水量为 5.4 毫米,比常年同期多 29%,2013 年 2 月降水特多,全市平均降水量为 22 毫米,比常年同期多 412%,居历史同期多雨雪的第一位。

春季(3～5 月)降水略多。全市平均降水量 89.1 毫米,比常年同期多 7%。其中 3 月降水略少,全市平均降水量为 10.6 毫米,比常年同期少 15%;4 月降水特多,全市平均降水量为 34.4 毫米,比常年同期多 50%;5 月降水略少,全市平均降水量为 44.2 毫米,比常年同期少 8%。

夏季(6～8 月)降水偏多,全市平均降水量 476.9 毫米,比常年同期多 26%。其中 6 月降水特多,全市平均降水量为 140.7 毫米,比常年同期多 53%,为历史同期多雨的第 5 位;7 月降水偏多,全市平均降水量为 212.8 毫米,比常年同期多 32%;8 月降水略少,全市平均降水量为 123.4 毫米,比常年同期少 2%。

秋季(9～11 月)降水偏多。全市平均降水量为 111.4 毫米,比常年同期多 40%,为历史同期多雨(雪)的第 10 位。其中 9 月降水偏少,全市平均降水量为 26.7 毫米,比常年同期多 40%;10 月降水特多,全市平均降水量为 55.6 毫米,比常年同期多 144%,为历史同期多雨(雪)的第 6 位;11 月降水特多,全市月平均降水量为 29.1 毫米,比常年同期多 133%,为历史同期多雨(雪)的第四位。

日照 2013 年日照时数略少,全市年平均日照时数为 2295.1 小时,比常年同期少 236.6 小时,比 2012 年 2344.8 小时少 49.7 小时。地域分布见图 5,各站年日照时数在 2170.4～2396.4 小时,均少于常年。其中,双阳少 96.6 小时,农安少 399.2 小时,其他地方少 183.9～264.2 小时。

(3～10 月)全市平均日照时数 1727.1 小时,比常年同期少 115.2 小时。农作物生长季(5～9 月)全市平均日照时数 1127.6 小时,比常年同期少 48.2 小时。

霜 2013 年全市终霜结束时间较早,为 4 月 27 日比常年同期早 4 天;全市初霜出现时间略晚,为 9 月 25 日比常年同期晚 2 天;2013 年全市无霜期平均为 150 天,各地分别比常年多 4～8 天。

2013 年全市年日照时数及常年对比柱状图(单位:小时)

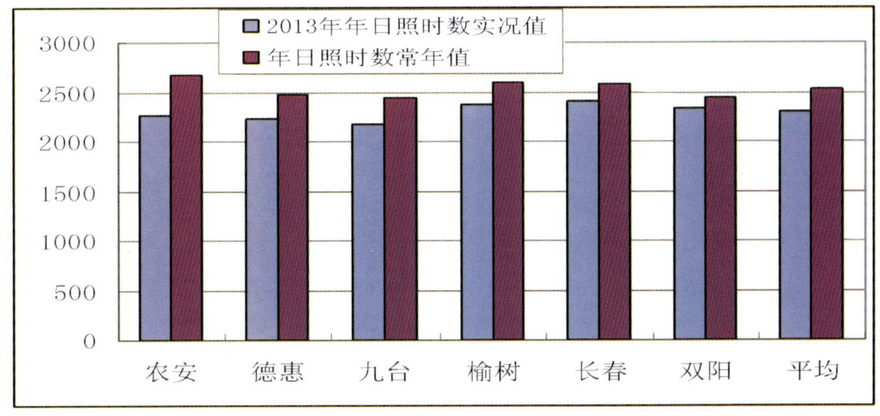

【主要气象灾害】 降水偏多,年降水量突破 700 毫米。2013 年长春市年平均降水量达 710.6 毫米,比常年 556.8 毫米偏多 153.8 毫米(多 27.6%),位居历史第 6 位。年降水量前 5 位分别是 1985 年(760.8 毫米)、2005 年(739.6 毫米)、2010 年(732.5 毫米)、2013 年(717.6 毫米)、1954 年(712 毫米)。

雨季暴雨频发，汛情险情频现。2013年夏季6~8月长春市降水量为476.9毫米，比常年偏多97.5毫米，为1998年以来除2005年以外汛期降雨最多的一年。降水主要集中在2个时段，分别是6月26日~7月4日、8月12日~17日。其中，6月29日夜间德惠市、榆树市出现了暴雨、大暴雨天气，最大降雨德惠大房身镇115.0毫米，强降水导致德惠市部分村屯遭遇"牤牛水"，农田被淹、部分乡镇街和城区居民、农户进水。8月15日夜间至16日白天，长春市区、双阳、九台和榆树再度出现大到暴雨，部分农田受损、河堤决口、桥涵冲毁。4月低温春涝严重，春播形势十分严峻

2013年4月，长春市雨雪天气频繁，共出现6次明显降水过程，全市总降水量52毫米，比常年同期偏多50%，位居历史同期第3位；全市平均气温仅4.1℃，较常年偏低4.2℃，位居历史低温第二位。低温多雪导致土壤化冻较常年偏晚10天左右。土壤偏湿，春播期较往年推迟10~15天，备耕春耕生产形势十分严峻。

后冬深秋两度雾霾笼罩，强度范围历史罕见。2013年1月份长春遭遇持续雾霾天气，尤其是1月7~13日全市大部分地方能见度持续较差、空气污染严重，最低能见度仅为100米。10月21~22日，长春市出现历史最强雾霾天气，全市范围均出现大雾和浓雾；大部分地方最低能见度仅50米左右，部分低洼地段不足20米。明显的雾霾给人们的出行带来不便，尤其对交通、民航等影响较大。长春市气象台还于2013年10月21日2时45分发布了历史上首个大雾红色预警信号。

初冬暴雪史上最强，交通受到不利影响。2013年11月16~19日，长春市出现入冬以来的首场雨夹雪转暴雪天气，全市平均降水量25.3毫米，与常年整个冬季27.1毫米接近，特别是17、18日连续2天出现暴雪，雪量突破冬季降雪过程极值。由于降雪持续时间长、范围广、雪量大，给长春市交通运输、城市供暖、供气、供电以及正常生产生活均造成较大影响，各地中小学学生停课，机场、高速公路停运。

后冬降雪过程频繁，雪量突破历史记录。2013年1~2月长春市降雪过程频繁，59天当中有19天出现降雪，平均每3天1次，降雪频次之多历史罕见。此期间，全市降雪总量27.4毫米，比常年同期8.4毫米多19毫米（多226%），位居历史第一位。其中，2月28日长春市普降大到暴雪，全市平均降雪量7.1毫米，降雪同时还伴随着寒潮和大风天气，瞬间风力达7级，暴风雪给交通运输和人们出行带来了极大不便。

1~3月寒潮频发，防寒保暖接受考验。2013年1~3月长春市气温持续偏低，全市平均气温-13.1摄氏度，比常年同期低3.4摄氏度。出现37站次寒潮天气，其中3月出现22站次。全市17站次出现低于-32.0摄氏度的严寒，农安极端最低气温达-35.1摄氏度。严寒天气给长春市生产生活带来不利影响，供暖燃煤量增加，部分工厂设施被冻坏，多处城市水暖管道冻裂，部分温棚作物遭受冻害。

春季桃花水异常偏多，出现罕见春汛。由于降雪频次多、总量大，加之春末回暖迅速，各地积雪形成明显径流，水库迎来少见充沛"桃花水"。据市防汛办统计，截至2013年5月11日，全市19座大中型水库来水量达到5.7亿立方米。

5月高温突破同期极值，利于作物快速生长。2013年5月4~31日，长春市气温明显偏高，全市平均气温18.7摄氏度，比常年同期高2.8摄氏度，居历史同期高温第一位。尤其是5月31日全市大部分地方最高气温均在32摄氏度以上，德惠市最高气温达34.3摄氏度，各地观测站最高气温均突破5月高温记录。高温天气正值作物发育关键期，对春季积温不足起到了较好的补偿作用。

春末夏初冰雹等强对流频现，发生次数历史少见。2013年后春至初夏，受冷涡天气系统影响长春市冰雹、雷暴等强对流天气频发，出现大范围或局地冰雹天气60次、雷暴日172站次，历史少见。

（梁衍波）

国民经济和社会发展综述

【概况】 2013年，实现地区生产总值5003.2亿元，按不变价格计算，比2012年增长8.3%。其中，第一产业增加值332亿元，比2012年增长3.5%；第二产业增加值2658.7亿元，增长9.4%；第三产业增加值2012.5亿元，增长7.8%。三次产业结构为6.7∶53.1∶40.2。对经济增长的贡献率分别为2.7%、59.5%和37.8%。人均生产总值66286元(按户籍年平均人口数计算)，比2012年增长8.3%，折合10872美元。全市一般预算全口径财政收入1077.6亿元，增长16.2%。全市地方财政收入381.8亿元，增长12.0%，其中，税收收入309.2亿元，增长11.7%。地方财政支出633.0亿元，增长13.9%，其中，教育支出96.2亿元，下降6.4%；社会保障和就业支出72.0亿元，增长16.8%；医疗卫生支出46.2亿元，增长15.3%；交通运输支出17.3亿元，增长21.2%。全口径财政收入占GDP的比重为21.5%，比2012年提高0.7个百分点。全年居民消费价格总指数为103.0%，增幅比2012年扩大0.7个百分点，分8大类看，衣着、娱乐教育文化用品及服务、居住价格比2012年有所上涨，食品、烟酒、家庭设备用品及维修服务、医疗保健和个人用品、交通和通讯价格有所下降。工业品出厂价格上涨0.4%，其中，生产资料价格上涨0.8%，生活资料价格上涨0.1%。工业生产者购进价格上涨0.2%。全市从业人员总数已达到439.9万人，增长13.9%。其中，城镇单位从业人员126.2万人，从事个体劳动的有48.2万人。2013年城镇非私营单位就业人员平均工资51564元，比2012年增长11.4%。

【农业】 全年完成农林牧渔业总产值602.7亿元，比2012年增长4.9%。其中，种植业产值307.2亿元，增长6.9%；林业产值2.3亿元，下降40%；牧业产值272.3亿元，增长3.1%；渔业产值5.2亿

元，增长16.98%；农林牧渔服务业产值15.7亿元，增长3.5%。全年农作物总播种面积134.0万公顷，比2012年减少0.3%。粮食总产量984.4万吨，比2012年增加73.2万吨。其中，玉米产量791.6万吨，增长6.4%；水稻产量152.9万吨，增加20.3%。猪出栏614.8万头，增长2.0%；牛出栏125.2万头，增长2.5%；羊出栏36.3万只，增长2.8%；家禽出栏2.5亿只，减少3.8%。肉蛋牛奶产量分别达到116.4万吨、31.5万吨和6.6万吨，分别下降1.8%、7.1%和2.9%。全年农业机械总动力为555万千瓦，比2012年增长8%。全市蔬菜耕地面积为74300公顷、蔬菜总产值63.96亿元，分别比2012年增长2.8%和6.9%。全市有效使用绿色食品标志产品83个，有机食品35个，无公害农产品304个，认定无公害农产品基地88个，面积3.79万公倾。全年落实国家粮食直补、农资综合直补、农机购置补贴和重大技术补贴资金25.8亿元。全市高标准建设省级新农村示范村167个，落实新农村建设项目5大类167项，获得省新农村建设项目补助资金2899万元；重点打造了合隆镇陈家店村、卡伦镇任家村、龙嘉镇红光村、合心镇新农家村4个新农村建设标杆村和一批样板村群。全市农产品加工业规上企业产值实现1570亿元，比2012年增长15.4%。新开工建设3000万元以上项目105个，完成投资293亿元，增长11%。省级以上和市级龙头企业数量分别发展到89户和177户。

【工业和建筑业】 全年完成规模以上工业增加值2103.3亿元，比2012年增长10.2%。规模以上工业企业万元增加值综合能源消耗降低率为8.6%。全年完成规模以上工业总产值9213.4亿元，比2012年增长10.7%。汽车制造业完成产值5492.6亿元，增长11.4%，占规模以上工业总产值的59.6%；农副食品加工业完成产值1399.6亿元，增长10.7%，占规模以上工业总产值的15.2%；生物与医药工业完成产值114.1亿元，增长17.8%，占1.2%；光电子信息工业完成产值112.2亿元，增长8%，占1.2%；建材工业完成产值642.5亿元，增长13.4%，占7%；能源工业完成产值533.2亿元，增长0.9%，占5.8%；装备制造业完成产值514.1亿元，增长8.7%，占5.6%。51户重点工业企业完成工业总产值8263.5亿元，占规模以上工业总产值的比重达89.7%。全年实现主营业务收入9279.2亿元，比2012年增长6.8%；利税总额1301.2亿元，增长18.8%；盈亏相抵后实现利润总额728.4亿元，增长16.5%。全年建筑业完成增加值436.5亿元，比2012年增长6%。资质以上建筑业完成总产值1022.2亿元，比2012年增长9.7%。实现工程结算收入986亿元，增长13.5%。

【固定资产投资】 全年完成全社会固定资产投资总额3408.4亿元，比2012年增长20%。其中，房地产开发投资613.6亿元，下降5.6%。新增固定资产2572.3亿元。固定资产交付使用率77.4%，比2012年提高2个百分点。房屋面积竣工率26.6%，比2012年下降1.9个百分点。从各产业完成投资情况看，第一产业投资38.3亿元，增长18.5%；第二产业投资1580.5亿元，增长20%；第三产业投资1705.7亿元，增长19.9%。从投资主体看，国有经济投资981.7亿元，增长36.4%；非国有经济投资2342.8亿元，增长14.2%，占全社会固定资产投资的比重为70.5%。全市工业投资1550亿元，增长19%，对全社会投资增长的贡献率达67.9%。民间投资2238.3亿元，增长18.1%。全市商品房施工面积5638.1万平方米，比2012年增长10%。商品房竣工面积1008.1万平方米，增长10.3%。商品房销售面积847.1万平方米，下降6.7%。商品房销售额510.4亿元，增长1.5%。空置面积497.4万平方米，增长55.3%。2013年，二手房成交5.1万套，成交面积461.9万平方米，比2012年增长38.5%；其中，二手住房成交4.9万套，成交面积404.8万平方米，增长57.4%。

【国内贸易】 全年实现社会消费品零售总额1970亿元，比2012年增长13.2%。分行业看，批发零售贸易业零售额1779.2亿元，增长13.5%。其中，限额以上批发零售贸易业零售额827.4亿元，增长8.2%；限额以下批发零售贸易业零售额951.8亿元，增长17.5%。住宿和餐饮业零售额190.9亿元，增长10.8%。其中，限额以上住宿餐饮业零售额25.8亿元，下降6.7%；限额以下住宿餐饮业零售额165.1亿元，增长13.9%。2013年，长春市市限额以上批发和零售企业汽车类零售额214.8亿元，增长1.5%；粮油、食品、饮料、烟酒类零售额98.9亿元，增长23.3%；服装鞋帽针纺织品类零售额142.9亿元，下降0.2%；金银珠宝类零售额32.0亿元，增长35%；家用电器和音像器材类零售额58.1亿元，增长20.0%；石油及制品零售额119.2亿元，下降0.8%。

【对外经济旅游和会展】 全年实现进出口总额204亿美元，比2012年增长3.7%。其中，进口171.1亿美元，增长2.0%；出口32.9亿美元，增长13.4%。在出口企业中，一般贸易企业出口25.9亿美元，增长27.0%；加工贸易企业出口6.9亿美元，下降18.9%。全年新批外资项目（企业）35个，全年实际利用外资44.4亿美元，比2012年增长20.6%。其中，直接利用外资9.4亿美元，增长10.4%。全年来长旅游人数4229.5万人次，比2012年增长15.7%。其中，接待入境游客37.8万人次，比2012年增长6.1%；接待国内旅游者4191.7万人次，增长15.8%。全年旅游总收入685.8亿元，增长25.1%。旅游外汇收入24305.9万美元，增长8.6%。全市举办各类会展活动286项，展会直接收入36亿元，带动其他相关产业收入378亿元，分别比2012年增长20%和21%。

【交通邮电业】 全年公路货物周转量346.9亿吨公里，增长11%；旅客周转量53.5亿人公里，增长5.1%。民航完成货邮吞吐量6.8万吨，增长2.8%；完成旅客吞吐量673.3万人，增长15.7%。2013年末全市民用汽车保有量101.9万辆，增长16.2%。其中，私人汽车保有量83.8

万辆，增长18.6%。2013年完成邮电业务总量74.6亿元，增长2.8%。其中，邮政业务总量5.1亿元，增长13%；电信业务总量69.5亿元，增长2.1%。全年特快专递完成73万件，下降15%；邮政储蓄平均余额227.8亿元，增长12%。全市市话年末达152.1万户，下降2.5%；农话年末达到25.6万户，下降5.3%。移动电话年末达1126.1万户，增长0.7%。互联网用户达617.2万户，下降3.6%，其中宽带用户101.2万户，增长10%。

【金融证券和保险】 截至2013年末，全市拥有银行30家，保险公司28家，本地和异地驻长证券公司28家。金融机构本外币各项存款余额7866.5亿元，2012年初增长18.3 %。其中，单位存款余额4112.9亿元，增长21.1%；储蓄存款余额3132.5亿元，增长12.2%。全市金融机构本外币各项贷款余额6543.2亿元，2012年初增长12.2%。全市证券公司28家，其中，本地证券公司2家，异地证券公司26家，拥有股票交易网点53个。A股上市企业18家。股民账户数133.5万户，比2012年增长2.6%。全市有价证券成交总额5113.5亿元，比2012年增长53.5%。其中，股票交易成交额3527.0亿元，增长44.4%；国债成交额1430.5亿元，增长93.2%；基金成交额44.5亿元，增长15.8%。全市拥有保险公司28家，全年保费收入106.6亿元，比2012年增长19.1%。其中，财产险保费收入48.6亿元，增长24.8%；人身险保费收入58.0亿元，增长14.7%。全年赔付总金额44.8亿元，增长41.5%。其中，财产险赔付金额28.0亿元，增长38.3%；人身险赔付金额16.8亿元，增长47.4%。

【城建和公用事业】 2013年末，全市完成道路新建和扩建长度159.23公里，全市道路总面积6759.96万平方米，道路长度3009.47公里，人均道路面积18.73平方米。2013年，全市水厂日综合生产能力为117万立方米/日，城区使用自来水人数423万人。全市人工煤气和天然气供气总量分别达13073万立方米和36296万立方米；液化石油气供气总量3万吨。城区使用煤气、天然气、石油液化气户数127万户。城区集中供热面积15831万平方米。到2013年末，全市公园绿地面积10468公顷，建成区绿化覆盖面积10901公顷，建成区绿化覆盖率41.5%。

【科技质量技术监督和教育】 全年专利申请量由2012年的6165件增加到7106件，增长15.3%。全年通过鉴定、验收和认定的科技成果209项，获得市以上科技进步奖励成果238项。其中，获国家级奖励3项，省级奖励187项。2013年末，在全市各级各类科技人员中，“两院”院士32人。全市拥有独立科学研究与技术开发机构91个。其中，自然科学和技术领域研究与开发机构59个，社会科学与人文领域研究与开发机14个，科技信息与文献领域机构3个。全市民营科技企业技术合同成交额26.03亿元，技术合同成交额245.72亿元。市科技管理部门共投入科技经费8083万元。全市新认定高新技术企业31户。全市有法定产品质量检验机构6个，法定计量技术机构6个。全年共定期监督检验产品1497批次。受理委托检验17638批次。国家和省的监督抽查产品质量平均合格率分别达90.1%和89.54%。2013年，长春市各级各类教育学校（园）2575所，其中，在长普通高校37所，成人高校8所，中等职业学校104所，普通高中68所，普通初中264所，职业初中3所，小学1345所，特殊教育10所，工读学校1所，幼儿园735所。全市各级各类学校（园）招生人数43.5万人，其中，在读研究生1.6万人，普通本专科11.3万人，成人本专科4.8万人，中等职业学校1.8万人，普通高中招生4.6万人，初中阶段招生6.3万人，小学招生6.5万人，特殊教育学校招生170人，入园儿童6.6万人。全市各级各类学校在校（园）人数145.1万人，其中，在读研究生4.9万人，普通本专科在校生40.2万人，成人本专科生10万人，中等职业学校在校生6.2万人，普通高中在校生14万人，初中阶段在校生18.6万人，小学在校生39.5万人，特殊教育在校生0.11万人，在园儿童11.6万人。全市各类教育学校专任教师9.8万人。其中：普通高等学校专任教师2.6万人，成人高校专任教师0.12万人，中等职业学校专任教师0.56万人，普通高中专任教师0.95万人，初中阶段专任教师2万人，小学专任教师2.8万人，特殊教育学校专任教师330人，幼儿园专任教师0.81万人，小学适龄儿童入学率99.98%。

【文化卫生和体育】 2013年全市有文化（文物）事业机构228家，其中艺术表演团体3家，艺术表演场馆6家，公共图书馆12家，艺术馆、文化馆12家，文化站161家，文化艺术科技、科研机构2家，文物保护研究机构1家，文物保护管理机构4家，其他文化事业4家，其他文化企业1家，博物馆7家，文化市场管理机构14家。公共图书馆总藏量474万册，其中少儿图书馆藏量81万册。全市共有国家综合档案馆11个，馆藏档案139万卷、114万件，开放档案16万卷、7万件。2013年，全市有各类文化经营场所1160家，其中，互联网上网服务营业场所705家（连锁67家），文化娱乐场所247家，演出场所26家，音像制品经营场所181家，古玩（美术品）经营店1家。市区（含开发区）文化经营场所710家，其中，互联网上网服务营业场所413家（连锁67家），文化娱乐场所158家，演出场所14家（其中市直6家），古玩（美术品）经营店1家。长影集团全年共生产故事片17部，科教片12部。2013年，全市有广播电台5座，节目10套，中波发射台和转播台2座，转播台7座，广播人口覆盖率为100%；电视台5座，节目9套，电视人口覆盖率为100%。2013年末，全市卫生医疗机构4224个，增长3.28%。其中，医院、卫生院299所，下降0.99%，拥有医疗床位4.49万张，比2012年增长6.15%。卫生技术人员为4.35万人，比2012年增长1.4 %。每千人拥有执业医师和执业助理医师2.45人。2013年末，市辖区建成社区卫生服务中心53家，城区人口覆盖率达95%，377.4万农民参加了新型合作医疗，常住人口参合率99.7%，筹集资金13.2亿元，有132.8万参合农民受益，支付补偿金12.9亿元，占筹资总额的97.7%。全年成功承办了国际乒联世界巡回赛中国乒乓球公开赛、瓦萨国际越野滑雪赛、世界杯自由式滑雪赛等国际国内大型体育赛事10项次。举办了市青少年短道、速滑、篮球等省市各级各类体育赛事200项次。我市代表团参加了十二届全国冬季运动会3大项9分项91小项角逐，夺得金牌29枚、银牌16枚、铜牌20枚、金牌总数列全国第二的优异成绩，继续保持了我市冬季项目全国前列位置。以“健康长春——体育伴随你我他”为主题，开展全民健身活动1300项次，公布了《长春市民体质状况报告》。投入资金900万元，为城区安装94套健身路径，为10个乡镇、100个行政村安装健身器材。全年体育彩票销售14.4亿元，占全省销售比例的43.5%。

【环境保护】 2013年末，全市烟尘控制区面积327.71平方公里，环境噪声达标区面积236.46平方公里，区域环境噪声平均值控制在55.2分贝，道路交通噪声平均值控制在68.9分贝，噪声达标区覆盖率78%以上，达到全国文明城市A类标准。全市开展生态示范区试点面积1.9万平方公里，达到幅员的91.4%，国家级生态示范区建成率达到100%。全年城区空气污染指数(API)为90；空气环境质量优良级天数231天，占总天数的63.3%，其中，优级天数24天，占6.6%；良级天数207天，占56.7%；空气首要污染物总悬浮颗粒物(PM10)年日均值每立方米129微克，比2012年上升42微克；二氧化硫年日均值每立方米44微克，比2012年下降14微克；二氧化氮年日均值每立方米44微克，与2012年持平；饮用水源水质达标率100%。

【人口和就业】 2013年末，全市户籍总人口752.7万人。其中，市区人口363.8万人，4县(市)人口388.9万人。全市人口出生率为9.17‰。全年共开发就业岗位14.9万个，实现城镇新增就业13.1万人，安置下岗失业人员实现在就业6.1万人，其中大龄就业困难对象再就业1.4万人。全市就业困难群体从事公益性岗位人员稳定在2.2万人以上，当年扶持151户零就业家庭实现就业。创建充分就业社区280个。累计实现农村劳动力转移就业119.9万人次。到年底，城镇登记失业率为3.63%。

【人民生活和社会保障】 2013年，城市居民人均可支配收入达到26034元，比2012年增长13.3%；人均消费性支出21929元，增长28.8%。农村居民人均纯收入10060元，增长11%。2013年底，全市城镇企业职工基本养老保险参保人数188.3万人，比2012年增长4.8%。其中，在职职工133.5万人，增长5.9%；城镇失业保险参保人数达到90万人，增长3.4%。全年征缴养老保险基金100.1亿元，增长12.7%；征缴失业保险基金10.8亿元。全年为54.8万名离退休人员发放养老金108.9亿元，增长19%；为7.1万名失业人员发放失业金3.1亿元。2013年城镇医疗保险参保人数245.8万人，工伤和生育保险参保人数分别达118.4万人和112.6万人。截至年末，全市城市居民有7.59万户、13.78万人享受最低生活保障；农村居民有10.57万户、15.65万人享受最低生活保障。全年发放城乡低保资金6.82亿元。全市建设保障性住房2407套、建筑面积13.78万平方米、总投资额62108万元。其中，建设廉租住房607套、建筑面积2.78万平方米、投资额12108万元；建设公共租赁住房1800套、建筑面积11万平方米、投资额50000万元。全市在民政部门注册养老服务机构共有286家，总床位数24198张。其中，国家办养老机构6家，社会力量投资兴办的养老机构182家。农村社会福利服务中心98所。全年销售社会福利彩票14.82亿元。募集善款4882万元，总支出慈善募捐款3236万元，受助群众3万人次。

（齐 激）

精神文明建设

【创建全国文明城市】 8月，顺利通过中央文明委组织的全国城市文明程度指数测评。在全国文明城市省会城市排名第九位，实现年初确定的争先进位的工作目标。6月，召开全市创城迎检工作动员大会，制定下发《长春市2013年度创建全国文明城市目标责任分解表》，对创城迎检工作进行再动员、再部署。针对新版测评体系对市容环境、交通秩序、公共关系等方面提出的新要求，协调相关职能部门，对市容环境、市政设施、交通秩序、社区周边环境等进行综合治理。提高市民素质开展文明走路活动。把每周二设为全市文明走路日，组织志愿者协助交警维护行人过街秩序，引导人们做到走斑马线、不闯红灯。开展文明行车活动。联合市交警支队加强对机动车和非机动车闯红灯、越线抢行、乱停放等问题治理，引导人们自觉做到文明驾驶，减少交通违法。开展文明餐桌活动。举办全市文明餐桌推进会，由市食药局牵头，制作文明用餐提示语10余万条(幅)，引导人们做到文明用餐，不剩饭菜。开展文明旅游活动。组织大学生志愿者在节假日、双休日期间，在全市各旅游景区、公园等宣传《文明旅游公约》，纠正乱扔垃圾、破坏公物等行为，引导人们做到爱护环境，文明出游。开展文明上网活动。建立长春市网络文明传播QQ群，在新浪网和新华网建立了官方博客和微博。指导各县(市)区、开发区和各级文明单位开设网络文明传播户头200余个，招募网络文明传播志愿者2000余人，以互联网为平台传播文明新风，弘扬正能量。开展创建文明示范小区活动。以改善小区整体环境、营造和谐的人际关系、提升市民幸福指数为切入点，开展文明示范小区评选活动。在全市打造了19个文明示范小区，为推动创城工作起到很好的示范作用。促进城乡协调发展，制定加强农村精神文明建设工作规划，开展村屯环境整治和农村文化活动。以乡风文明建设为重点，推进农村道德讲堂、志愿服务活动，建成农村道德讲堂900余所，组建农村志愿服务队伍1217支，志愿者达2万余人。开展创建文明户、农村文化广场、文明集市活动，省文明办、省财政厅拨付255万元专项经费，用于全市17个省级文明村文化广场建设。指导军地双方围绕思想共建、道德共建、法律共建、科技共建、文化共建等5个方面开展军(警)民共建活动,63个军(警)民共建对子受到表彰。

【普及公民道德教育】 开展"讲文明树新风"公益广告宣传。8月,省文明办在长春市举办了全省公益广告宣传工作现场会,推广长春市"讲文明树新风"公益广告宣传工作经验。制定下发了《长春市"讲文明树新风"公益广告宣传工作实施方案》,建立了"讲文明树新风"公益广告宣传工作联席会议制度,成立了市文明办牵头,各职能部门共同参与的公益广告宣传工作领导小组,有效地融合了全市公益广告资源,推动工作落实。每月召开全市联席会议,听取和讲评相关部门工作完成情况,确保工作持续、稳定、健康发展。创新工作方法。采取市场化运作方式,在提高广告质量和数量的同时,最大限度地压缩经费开支。2013年用于公益广告支出较2012年度减少87.5%。在全市主要道路交通指示牌刊登公益广告521块,利用40个大型LED屏幕高频次播出公益广告,在60条主要街道路灯杆刊登公益广告6000余幅,在主要街路建筑工地围挡刊登公益广告2000余幅;在20条主干道及7条非主干道刊登公益广告500幅;在10个公园刊登公益广告919幅;在13个城市广场刊登公益广告413幅;利用出租车LED顶灯每天循环播放12档公益广告。全市刊播的"讲文明树新风"公益广告占城市户外广告的比例达20%以上,建筑围挡公益广告数量达到30%以上,在全市营造了尊德守礼、文明和谐的社会氛围。推进道德讲堂建设。坚持建管结合,着力在建好、用好、管好道德讲堂上下功夫。以市级文明单位申报和国家级、省级文明单位复查为契机,指导各级各类文明单位加强道德讲堂建设,实现全市文明单位道德讲堂建设全覆盖。协调市质监局、市食药局推进食品药品行业加快道德讲堂建设进程,先后召开食品行业、药品行业道德讲堂建设现场会,建成食品药品道德讲堂试点20所,开展诚信教育进道德讲堂活动,有效地推动了食品药品行业诚信体系建设。针对窗口单位人员少、分布广等特点,采取谁主管谁负责的方式,推进窗口行业道德讲堂建设。加强培训,提高基层自我组织道德讲堂活动的能力。先后组织道德讲堂主持人、宣讲员培训3期,参训人员达到700余人,为基层实现自我教育注入了活力,提高道德讲堂活动质量。绿园区开展的草根雷锋评选活动、朝阳区开展的道德银行等活动,以群众评、群众议的方式走进道德讲堂,更加贴近百姓心声,深受市民群众欢迎。开展道德模范暨"长春好市民"评选工作。9月27日,翟树全、李万升、胡艳萍、王月川获得第四届全国道德模范提名奖,受到习近平等党和国家领导人接见。推荐16人参加中国好人榜评选,年内评选命名50名"长春好市民"。严格推荐评选程序,突出群众评、评群众。严格按照群众举荐、基层推荐、民主评议、组织考核、命名表彰的评选程序,充分尊重群众意见建议,坚持向基层倾斜、向一线倾斜。命名表彰的道德模范、"长春好市民"全部来自基层,使道德模范更加可亲、可敬、可信、可学,增强活动的亲和力、感染力和影响力。开展学习宣传活动,营造学模范、当模范的浓厚氛围。在历届各级各类道德模范中选拔10名事迹突出、易于群众学习的道德模范,组成道德事迹宣讲团,深入机关、企业、社区、学校、乡村、军营等,开展道德模范事迹巡讲活动,讲述道德故事,传播文明风尚。2013年,组织全市性道德模范巡讲活动12场,区级道德模范巡讲活动37场。组织道德模范故事汇活动。以道德模范事迹为原型,编排成戏剧、小品、舞蹈等多种形式的文艺作品。经过层层选拔,有18个节目参加全市道德模范故事汇巡演活动,双阳区选送的评剧《真爱回天》等6个获得优秀表演奖,受到市民群众的广泛赞誉。做好全国道德模范候选人、中国好人推荐工作。向中央、省文明办推荐翟树全等4人为全国道德模范候选人。在全省公民思想道德论坛以"道德建设结硕果,文明花开满城春"为题,介绍了长春市公民道德建设经验。

【提升公民素质】 开展"三关爱"志愿服务活动。3月份,制定下发《关于开展"学雷锋,见行动,共建幸福长春"主题活动的通知》,举办长春市学雷锋志愿服务活动启动仪式,围绕服务百姓、服务民生,组织全市性学雷锋活动14场(次),先后有124个志愿服务组织、18600多人直接参与,在全市形成学习雷锋活动热潮。开展道德领域突出问题专项教育和治理活动。4月,召开全市道德领域突出问题专项教育和治理活动推进大会,8个县(市)区和责任单位介绍了工作经验。制定和下发《长春市深入推进道德领域突出问题专项教育和治理方案》,围绕"抓住群众关心、社会关注的食品药品安全、社会服务、公共秩序,着力开展好加强公民道德教育、实施文明引导行动、开展道德实践活动、加大管理整治力度、开展道德评议监督"的要求,扎实开展集中整治活动。组织人大代表、政协委员、道德模范等,以食品药品和窗口行业为重点,开展道德巡查活动,促进了问题的整改,推动了工作落实。开展创建文明单位活动。以"五个一"即:一堂、一队、一桌、一牌、一传播、一帮扶为载体,提高文明单位创建水平。采取点对点指导、面对面帮带的办法,对全市587个市级以上文明单位进行考核,提高文明单位整体创建水平。推进道德讲堂建设,文明单位道德讲堂建成率达100%。采取文明单位包文明示范岗的方式,组织80个文明单位包保40个重要交通路口,每天早晚高峰期间协助交警维护行人过街秩序,起到了很好的示范作用,树立文明单位良好形象。

【思想道德建设】 深化"做一个有道德的人"主题活动。开展"学习雷锋、做美德少年"活动。5月,在绿园区雷锋小学举行"学习雷锋、做美德少年"网上签名寄语活动启动仪式,组织全市中小学生开展网上签名寄语,抒写学习、崇尚和争当美德少年、弘扬雷锋精神的心得体会。全市20多万名学生参与,网上签名寄语达4余万条次。开展爱国主义读书活动,朝阳区教育局等2个单位获得组织优秀奖;4人分别获得教师特别指导奖及教师优秀指导奖;81名学生分别获得各种奖项。开展第三届优秀童谣征集、传唱和网上展播活动,收到优秀童谣作品300

余篇，向中央文明办推荐2篇优秀作品获得展播。开展“童心向党”歌咏活动，12个节目报送中央文明办参加评选、展播。举办吉林省暨长春市“做有道德的人，向国旗敬礼”网上签名寄语活动启动仪式，全市1800多所中小学校80多万名中小学生参加，网上投票总数达13万票。加强心理健康教育阵地建设。全市心理健康教育开课率达到100%，超过18个班的学校完成配备2名专职心理健康教师，18个班以下的学校完成配合1名专职教师。对1200多名专职心理健康教师进行培训，全部实现持证上岗。加强乡村学校少年宫建设。成功举办省暨长春市乡村学校少年宫建设现场会，中央文明办领导出席会议，对长春市乡村少年宫建设给予高度评价。全市建成青少年校外活动场所387个，中央和省彩票专项公益金支持项目建设的乡村学校少年宫25所，农村学校自行投入开办的乡村校办少年宫111所，社会各企事业单位(社区)开办的青少年文化活动场所191所，城区学校对本校学生开放的业余文体活动场所74个，综合实践教育基地4所，实现乡村学校少年宫建设全覆盖。净化社会文化环境。协调文化、新闻出版、工信、公安、工商等各成员单位开展净化社会文化环境专项整治20余次，出动执法车辆200多台次，执法人员500多人次，收缴违法音像出版物3000余件、查处网吧18家(次)、关停校园周边违规经营单位26个，净化校园周边文化环境，为未成年人健康成长提供良好的社会环境。深化“万户特困户”子女助学活动。对全市副局级以上领导与贫困家庭子女结对互助情况进行重新登记，确定结对745对，保证了结对助学延续性。联合市慈善会、长春晚报每月举办一次“爱心家园”特困户子女助学活动，共开办44期，动员和吸引社会各界爱心人士500多人参与，救助特困学生1280名。

(张文强)

法治政府建设

【服务中心工作】 2013年，市政府法制办推出《服务民营经济优化发展环境15项举措》。开展清理和规范行政权力工作，确认市政府48个部门共有行政权力7179项，向市政府建议减放行政审批权123项。继续清理行政强制主体，又确认15个部门具有行政强制主体资格。为改善经济发展软环境，严格规范涉企检查活动，2013年办理行政执法检查通知书33份。在150户民营企业建立行政执法监督联系点。为促进中小企业发展，以市政府办公厅名义下发了《关于加强中小企业民营经济仲裁法律服务的意见》，在市中小企业服务大厅设立免费咨询窗口，选择100名仲裁员律师与百户民营企业签订了法律服务合同。开展仲裁法律援助，对困难群体减免缓交仲裁费用60.4万元。

【建设法治政府】 围绕到2020年法治政府基本建成的目标，起草《长春市2013—2017年依法行政和法治政府建设规划》。双阳区、市房地局、市审计局、市气象局等单位制定相关规划。开展“全面建成小康社会与法治政府建设”专题研讨，收到领导干部撰文66篇，评出优秀论文33篇并汇编成册。九台市、经开区举办领导干部依法行政研讨班。落实行政执法人员三年培训计划，对4000名执法人员进行行政强制法等法律法规培训。德惠市、市畜牧局、市档案局自行组织了行政执法人员培训和考试。绿园区、长春市市容局征集执法人员意见进行了菜单式培训。加强政府法制宣传，市法制办继续在《长春日报》开设专栏，刊发稿件30余篇。南关区、市科技局、市建委、市教育局等分别利用文化传媒、知识产权宣传周、发放宣传材料等进行了专项法制宣传。积极报送法制信息，市法制办报送694条，被省法制办采用591条，被国务院法制办采用71条，以1024分高居全省第一。九台市获得290分的高分，位居全省第六。加强和改进考评工作，市政府法制办在完善考评内容、标准和办法的同时，实行日常考评季通报制度，并对年底考评情况下发通报。组织1次依法行政示范单位专项检查，召开示范单位创建工作推进会，确定15个基层执法单位为市级依法行政示范单位。朝阳区对17个基层申报单位严把质量关，审核确定2个为区级依法行政示范单位。市公积金管理中心将创建工作覆盖到全市各分中心。南关区、市药监局召开了创建工作经验交流会。九台市、经开区等制定依法行政示范单位动态管理办法。创建活动有力促进全市依法行政工作，市建委、长春市市容局、市房地局、市公用局、市住房公积金管理中心被省住建厅评为年度依法行政工作先进单位。

【行政决策行为】 市政府进一步完善《政府工作规则》，规范决策程序，促进科学民主决策。九台市、市财政局、经开区等制定了科学民主决策制度。汽开区制定《党工委议事规定》和《社会稳定风险评估工作实施办法》。市国土局将建设项目用地预审、探矿权采矿权审批等事项纳入重大决策范围。市发改委、市林业局、市环保局制定了重大决策听取意见、合法性审查、风险评估、听证、集体决定和责任追究等制度。

【科学民主立法】 召开全市政府立法工作会议，总结近五年立法工作经验，明确今后一个时期的政府立法工作任务，市规划局、市房地局、长春市市容局、市卫生局4个单位介绍了经验。广泛征集立法建议项目和充分调研论证，制定《长春市2013—2017年政府规章立法规划》和年度计划。2013年共完成5部地方性法规和14部政府规章的起草审核报送工作，审核废止2部地方性法规。完成21部政府通告的合法性审查。办理国家、省、市及相关部门法律、法规、规章征求意见函17件。完成8部政府规章的英文译审工作。落实立法草案多元起草制度，聘请“第三人”起草关于站前管理、食品监督、管沟建设3部政府规章草案；落实立法风险评估制度，对《生活居住建筑日照管理办法》进行立法前风险评估；落实立法项目成本效益分析制度，对《排水与污水处理管理办法》《机动车停车场管理办法》进行成本效益分析；落实公开征求意见制度，对19部地方性法规和政府规章草案通过媒体向社会公开征求意见；

落实立法听证制度，组织《驾驶员培训管理办法》听证会，多数听证人意见被采纳；落实立法后评估制度，聘请相关专家对《户外广告设置管理办法》《临街门面装饰管理办法》进行立法后评估；落实立法协商制度，有5部地方性法规征求省市人大、省直有关部门、市政协的意见，有18部地方性法规和政府规章征求了市纪检委的意见。

【行政执法监督】 对市、县两级政府和市直部门的102件规范性文件进行合法性审查，提出修改意见近300条，规范性文件合法性审查端口向起草阶段前移。全面实行"三统一"制度，对全市规范性文件进行一次全面检查，对应报不报、应审不审、应备不备等问题进行纠正。完成规范性文件清理工作，清理规范性文件1489件，其中，废止、失效538件。2013年2月，《人民日报》对长春市规范行政处罚自由裁量权工作进行了报道。推进规范行政许可裁量权试点工作，开展试点情况调研。2013年报备重大行政处罚案件160件。规范行政强制文书，制发行政强制案卷文书样式。强化行政执法监督检查，对市直48个行政执法部门落实行政强制法、规范行政处罚自由裁量权、行政执法案卷情况进行检查，并下发通报。开展案卷评查工作，在115份行政许可档案和107份行政处罚案卷中评选出4份优秀行政许可档案、6份优秀行政处罚案卷。市政府法制办组织暗访近百次，摄录影像资料200多分钟。深入推行"三段式"执法，2013年实行"三段式"执法的案件90多万件，减少行政处罚4万多人次、1456万元，大多数单位都把"三段式"执法情况体现在案卷中。推行说理式执法，市政府法制办制定并下发《推行说理式执法实施意见》。全市建立15个行政执法监督平台，175个终端报送系统，做到法制信息网络全覆盖，对各单位的操作人员进行培训。推进行政执法评议工作，增聘行政执法监督员558名。2013年下发问卷调查表500份，对各部门行政执法工作进行评议。

【行政复议】 2013年，全市共受理行政复议案件1068件，其中，直接纠正行政机关决定的案件达543件，撤销率达51%。市本级受理行政复议案件91件，比2012年增长19.7%，纠错率为19.8%。创新复议办案方式，本着"宜调则调、能调尽调"的原则，对14起争议案件以协调、建议等方式解决。落实复议相关制度，认真执行"一次性告知"、复杂案件集体讨论、专家论证及季度案情统计分析报告、重点案件回访等工作制度。做好行政复议咨询服务工作，本级接待群众来信来访和电话咨询500多人次。积极推进行政复议体制改革，市编办已核定了机构和人员编制。建立健全行政调解机制，按照市政府《关于加强行政调解工作的意见》，对建立健全长春市行政调解机制进行调研，提出对策建议。加强行政应诉工作的指导，督促行政机关积极出庭应诉。

【民商事仲裁】 2013年，受理仲裁案件3436件，总标的额10.6亿元，实现事业费收入934万元。仲裁快速结案率63%，调解和解率72%、自动履行率85%、当事人满意率95%。制定《长春仲裁委2013—2017年工作规划》，明确今后五年仲裁事业发展的方向。在光明网、《吉林日报》等媒体发表宣传报道18篇，选择30个公交站点宣传仲裁法律知识，走访个体工商户和企业872家，协调省内签约律师事务所完成仲裁邀请案件20件，与长春物流协会合作成立长春仲裁物流调解站，与吉林省证券协会签订合作协议，与市卫生局就医患纠纷仲裁调解达成共识，与市建管、维管中心联合举办仲裁座谈会，在榆树市建立仲裁分会进入实质性启动阶段。开展规范政府合同专项检查，与8家单位组成联检组，对70个部门和企事业单位进行检查，审查政府合同11万多件。举办东南、东北片区第一次仲裁工作座谈会。制定实施《立案工作规范》等5项制度，开展裁前告知、协助履行、结案回访等延伸服务，妥善处理3件预警案件。

（王凤翔　张海光）

中国共产党长春市委员会

【概况】 2013年,全市地区生产总值实现5003.2亿元,比2012年增长8.3%;全口径财政收入完成1077.6亿元,比2012年增长16.2%;规模以上工业增加值完成2103.3亿元,比2012年增长10.2%;固定资产投资完成3408.4亿元,比2012年增长20%;社会消费品零售总额实现1970亿元,比2012年增长13.2%。民营经济预计增加值实现2250亿元,比2012年增长12.5%,新注册市场主体74060户,增幅创历史新高达20.4%;规模以上工业企业利润实现728.4亿元,增长16.5%;全市工业用电量增长8%;万元工业增加值能耗下降4%;创新型城市建设加快推进,新产品产值率达到46.8%,经济实现了质量与效益双提升。

推进幸福长春建设 全年新增财力75%用于民生事业,大力实施"收入倍增计划",城镇新增就业11.8万人,城镇登记失业率始终保持在4%以下,城市居民人均可支配收入和农民人均纯收入增速超过GDP增速;养老保险扩面取得重大突破,五大险种覆盖896.4万人次;安居工程新建、续建保障性住房27351套,高标准完成"暖房子"改造1000万平方米,581栋D级危房居民全部迁出;义务教育均衡发展取得突破,全市52个大学区实现资源共享,职业教育三年行动计划圆满完成,中高职国家级示范校达到7所;第二轮"健康长春行动计划"扎实开展,顺利通过国家基本公共卫生服务项目专项考核,市级公立医院改革试点深入推进,5家市级公立医院实现了药品零差率;"公交便民"工程全面启动,新增更新公交车辆500台,市民出行条件得到进一步改善。

城市改造建设 组织编制《长春市远景空间发展战略规划》,重新完善了《生产力布局优化调整指导意见》,编制完成并通过立法实施了《绿色宜居森林城之生态绿地系统规划》,启动建设了城市规划展览馆。特别是围绕解决交通拥堵问题,谋划建设了"一环两横三纵"城市快速路体系,经过440天的连续奋战,11月9日"两横三纵"快速路主线实现试通车。总投资315亿元的地铁1、2号线工程进展顺利;轻轨三期4号线投入试运营;总投资16亿元的长春站综合换乘中心投入使用;324条城区主要道路、1000多条支路巷道大中修改造任务全面完成;新建、改造供热管网230公里,完成燃气高危管网改造240公里,实施天然气置换11万户;全市新增绿地面积600公顷,集中撤并改造分散采暖锅炉房140座;适时启动全市"冬季150天市容环境综合整治行动",市容环境得到一定程度改善。

精神文明和法制建设 深入学习习近平总书记一系列重要讲话精神,增强全市干部群众的道路自信、理论自信、制度自信。推进社会主义核心价值体系建设,弘扬"宽容大气、自强不息"的城市精神和"忠、孝、仁、义、礼、智、信、廉"等中华传统美德,文明城创建成果进一步巩固。突出抓好重大公共文化工程和文化项目建设,总投资3亿元的长春市博物馆等重点文化基础设施建设进展顺利,长春被正式评为首批"国家公共文化服务体系示范区"。制定出台《关于深入推进法治长春建设的意见》,支持人大、政协和工会、共青团、妇联等群团组织依法开展工作,推进"法治政府"建设,各级政府运用法治思维和法治方式的能力进一步提高。推进"平安长春"建设,大力实施城市夜治安巡逻、农村"治安联防综合保险"等防控措施,全年新增公安高清监控探头2884个,全市刑事警情和治安警情比2012年分别下降19%和41.5%,长春市被授予全国社会管理综合治理最高荣誉"长安杯"。着力夯实安全发展基础,制定出台《关于实施安全发展战略的指导意见》,进一步落实企业主体责任、部门监管责任、地方属地责任和领导责任,并在全市启动实施了安全生产隐患"大检查大整改大演练"行动,对排查出的隐患问题坚决做到"零容忍",全力整改落实到位。

党的建设 开展党的群众路线教育实践活动,带头征求意见、带头查摆问题、带头开展批评和自我批评、带头进行整改抓落实,深查深挖"四风"方面存在的突出问题,教育实践活动取得阶段性成果。抓好领导班子和干部队伍建设,探索建立了领导班子和领导干部综合分析研判机制，实施了“三位一体”的实绩考核体系。持续实施“年轻干部千人优选计划”,“党政综合选调生”已累计招录522人，优化了干部队伍结构。打造“人才长春”,编制完成《人才长春建设规划》,一批高层次科技人才和紧缺专业技术人才充实到城市发展建设各条战线。扎实推进第二轮农村基层组织建设“三项工程”,完成村“三委”换届工作，一大批致富带富能人进入村班子。加强党风廉政建设和反腐败斗争，推进“四个体系”和“三个建设”,严格贯彻落实中央八项规定，制定出台32条改进工作作风、密切联系群众的具体意见，并集中查处一批违反八项规定和违法违纪案件，在全市进一步浓厚为民、务实、清廉的风气。

中共长春市委十二届三次全体会议。会议于2013年7月9日举行。会上中共吉林省委常委、长春市委书记高广滨代表市委常委会作题为《振奋精神、狠抓落实、努力实现科学发展安全发展》的报告。会议认真贯彻党中央、国务院和省委、省政府关于安全生产工作的指示和要求，就全市安全生产工作和经济社会各项重点工作作出安排部署。

中共长春市委十二届四次全体会议。会议于2013年12月7日举行。会上中共吉林省委常委、长春市委书记高广滨代表市委常委会作题为《深入贯彻落实党的十八届三中全会精神、在全面深化改革中加快推进幸福长春建设》的报告。全面贯彻落实党的十八大、十八届三中全会和省委十届三次全会精神，深入学习习近平总书记一系列重要讲话精神，组织动员全市各级党组织和广大党员干部群众，振奋精神、团结奋斗，在全面深化改革中加快推进幸福长春建设。会议审议通过《中共长春市委十二届四次全体会议决议》。

（石　磊）

【组织工作】　第一批党的群众路线教育实践活动　2013年7月22日，长春市正式启动第一批党的群众路线教育实践活动。参加单位包括市级班子，市级党政机关及直属单位，开发区机关，市人大、市政协机关，市法院、市检察院，市各人民团体，共涉及4个市级班子，5个开发区，200个市直部门及直属单位。其中，处级以上领导班子209个、领导干部2937名，党组织2169个、党员14282名。长春市各级党委(党组)召开理论中心组学习会、专题学习会221次，组织专题座谈讨论322次，开展党课教育162场。长春市委常委班子带头查摆问题215条，提出批评意见318条，制定整改措施121条。长春市各级领导干部开展恳谈1020次，与11890名群众代表现场交流，征求意见建议20750条，帮助解决问题2647个。中共长春市委员会制定下发关于整改问题抓落实《实施意见》,聚焦6大方面问题，开展15个专项整治，长春市市级班子成员清理超标办公用房1205平方米，全市清理29万平方米；清理市本级“O牌”专段车942辆，清理超标公务用车842辆；精简会议523个、文件简报2978份；严格规范公务接待和公款出国(境)问题，接待支出比2012年下降40%，取消公款出国（境)67个团组370人次；全市共清理“吃空饷”人员2543人。长春市本级围绕反对“四风”建立健全5个方面35项制度规定，各部门单位修订完善制度规定484个、废止116个、新出台288个。中共长春市委员会向83个单位派出15个督导组，深入实地开展调研、访谈约谈领导干部、认真反馈意见建议、督促整改抓落实。全市总结选树了吴亚琴、林青远、翟树全等作风过硬、群众认可的30名社区书记、30名村书记、30名机关干部先进典型，通报了8起顶风违纪典型案例，查处了46件“四风”方面案件，给予35人党政纪处分。

领导班子和干部队伍建设　建立领导班子和领导干部综合分析研判机制，班子和干部考核工作科学化水平得到提升。完成县(市)区班子年度考核，累计谈话1320人，梳理班子和干部“四风”问题。深化市直部门业绩考核“七步法”,审核各部门核心指标156项，重点指标234项，引导各部门工作围绕中心大局履职尽责。强化干部选拔任用工作监督检查和规范化管理，选人用人公信度和组织工作满意度都高于全省平均值，新提拔干部的满意度都在92%以上。全市举办党的十八大、十八届二中、三中全会精神集中轮训等各类培训班1997期，培训干部25.36万人次。2013年12月25日，市管主要领导干部学习贯彻习近平总书记系列重要讲话精神培训班开班，市委书记高广滨、市长姜治莹亲自作辅导报告。开展“万户民企服务行动”,选调9717名干部“一对一”帮扶，为企业协调解决问题3827件，融资223亿元。

战略培养储备年轻干部　大力推进“千人计划”,完成第二批“双百工程”选

市领导视察指导汇通驾校党建工作

调生集中报到上岗工作，研究启动第三批招录工作。专程赴北京、上海开展招录考试和现场选岗，招录长春市急需紧缺专业优秀毕业生40人，其中北大清华毕业生15人，是长春市首次批量引进北大清华毕业生。加大党政综合类选调生培养选拔工作力度，明确30个科级岗位、40个县区直部门工作岗位面向党政综合类选调生进行遴选和竞岗，截至2013年末，已有118名选调生走上乡科级领导岗位，124人遴选到上级机关工作，32人担任省市县三级人大代表、党代表，1人当选长春市委候补委员，长春市各级机关储备了一支数量充足的年轻干部队伍。

人才特区建设 开展第三批“长白慧谷”英才评选活动，畅通人才服务“绿色通道”，人才发展环境得到优化。强化急需紧缺人才开发，制定下发《为突出发展民营经济提供人才支持的若干意见》和《关于推进我市社会工作人才队伍建设的意见》，开展风险投资和文化产业人才需求调研，引进各类高端紧缺人才650人，帮助企业解决实际问题830个，减免税收13.6亿元。强化人才工作统筹，制定《加强党管人才工作实施意见》，人才工作体系不断完善。2013年12月5日，中组部人才局到人才特区考察，对长春市人才政策创新和“一对一”引才服务给予充分肯定。

基层组织和党员队伍建设 以建立健全基层党组织服务民生工作体系为统领，全面推进示范基层党组织工作，在全市打造首批党建精品示范社区25个，建成千米以上社区131个，创建党建示范村60个。分期分批组织全市378名社区党组织书记到精品示范社区学习考察，编辑了《长春市创建服务型党建精品示范社区实践探索》。开展“百强联百弱”活动，组织100个强村党组织与100个后进村党组织进行“一对一”结对帮扶，帮助后进村发展致富项目45个、修缮村部9个、援建村卫生所1个、修整村屯道路18公里、修建桥涵5处。在每个街道(园区)建立区域化党群活动服务中心，非公有制党组织建设得到新加强。长春市同鑫热力集团有限公司党组织“暖心工程”被确定为全国非公党建工作案例。建立长春市党员志愿者网站，截至2013年末，在长春市党员志愿者网站注册党员志愿者24110名、志愿者团队1332个，开展志愿服务项目304个。全市新发展党员5482名，党员队伍结构进一步优化。

(徐　哲)

【宣传思想文化工作】 **思想理论建设** 围绕党的十八大、十八届三中全会、省市委全会，特别是习近平总书记系列重要讲话精神，组织集中学习研讨，切实推动理论学习成果转化为领导干部思想工作优势。开展中国特色社会主义和“中国梦”宣传教育，开展“送理论下基层”和社科普及活动，中央人民广播电台、中国文明网、新华网等中直媒体宣传报道长春市“草根宣讲”的典型经验。1月28日下发《关于开展“学习贯彻十八大精神，建设幸福长春”主题宣传教育活动的意见》，对开展主题宣传教育活动作出安排部署。7月16日召开全市党的群众路线教育实践活动专题辅导报告会暨市委理论中心组学习会。邀请中央组织部党建研究所教授赵湘江为全市党员干部作专题辅导。省委常委、市委书记高广滨主持会议并提出要求。开展“学习贯彻十八大精神，建设幸福长春”主题宣传教育实践活动。8月14日～15日召开理论学习中心组集体学习会，深入学习习近平总书记重要讲话精神，开展党的群众路线教育实践活动专题讨论。省委常委、市委书记高广滨主持会议并讲话。12月9日举行学习贯彻党的十八届三中全会精神和省委十届三次全会精神省委宣讲团专题报告会。省委宣讲团成员、省委组织部常务副部长骆德春作宣讲报告。市委副书记、市长姜治莹主持报告会。12月23日～30日市委宣讲团深入到各县(市)区、开发区作十八届三中全会精神和省市委全会精神专题辅导。

发展民营经济大讨论活动 3月14日省委突出发展民营经济宣讲团来长春市作专题宣讲报告，市直相关部门负责人及部分机关干部、各城区相关部门和基层干部代表以及部分民营企业管理者400人参加报告会，市委常委、宣传部长吴德金主持报告会并讲话。4月2日组织召开全市突出发展民营经济大讨论活动工作推进会。市委常委、宣传部长吴德金出席会议并讲话。4月11日市委突出发展民营经济宣讲团，在南关区政府举办首场报告会，掀起突出发展民营经济宣讲热潮。5月23日组织召开民营企业文化建设经验交流表彰大会。对6个标兵单位、15个先进单位和24名先进个人进行表彰，出台《推进民营企业文化建设意见》。5月29日在中日友好会馆举办企业文化高端论坛，市委副书记郑文芝出席并讲话，市委常委、宣传部长吴德金主持论坛。

新闻宣传和舆论引导 组织开展“三化”、“三动”、“三大板块”协调发展、工业和服务业“双拉动”增长、建设绿色宜居“森林城”、突出发展民营经济、安全生产、城市交通重点工程建设、群众路线教育实践活动等新闻宣传战役。健全完善突发事件新闻应急处理机制，加强应急信息报送和管理，妥善处置“6·3”等突发事件。制定《2013年长春市新闻发布工作计划》，围绕“两横三纵”快速路建设、推行“营改增”工作、应对雾霾天气和空气重污染情况等百姓关心的社会热点问题举行19场新闻发布会。精心打造“绿色声屏”，开展绿色宜居“森林城”好新闻评选。5月6日下发《关于进一步改进会议和市领导活动新闻报道的意见》，对改进会议和市领导活动新闻报道作出部署。6月3日～7日德惠市米沙子镇宝源丰禽业有限公司发生特别重大火灾事故后，围绕救援和善后处置共组织6场新闻发布会。9月3日举行2013年东北城市记协协作研讨会，中国记协书记处书记顾勇华作《关于新形势下马克思主义新闻观》专题报告。11月4日举办新闻专题学习讲座，400名新闻工作者参加《新媒体时代的挑战和对策》培训。11月29日第22届长春新闻奖评选揭晓，在189件参评作品中评出一等奖17件、二等奖27件、三等奖34件、优秀奖17件。

互联网建设运用管理 加强网上舆情监测系统建设，制定突发事件处置预案，及时掌控、妥善处置“3·04”、“6·3”等重大网络舆情事件。与腾讯、新浪网合作,开展“网络媒体长春行”、“微博达人看长春”活动,提升绿色宜居、幸福长春城市品牌形象。整合全市政务微博资源,建立以“长春发布”为主账号,各县(市)区、开发区、市直各部门、各媒体微博为从属账号的“长春发布”政务微博大厅。

开展“幸福长春”对外宣传活动 5月27日至31日举办“海外安全行,关爱你我他”预防性涉外领事保护宣传周活动。6月25日开启“寻找中国汽车足迹——找寻和一汽和中国汽车之间有故事的人”广播专题。6月26日至27日举办“2013年外国友人拍长春”摄影采风活动。7月8日举办“倾听美丽大东北”(长春站)大型直播活动。7月12日举行以“外国人眼中的长春”为主题的第二届长春外国人摄影展。8月20日颁发“2012年度长春友谊奖”。组织参与9月21日至26日在蒙古首都乌兰巴托举办的“2013蒙古行——中国吉林文化周”活动,11月28日至12月4日在德国图林根州举办的“中国吉林电视周”系列文化活动。9月26日在“微博达人看吉林”采风活动中,20余名微博达人走进长春、感受长春。10月1日至7日组织开展“国庆七天乐,金秋看新景”主题外宣活动。12月28日在“美丽中国,幸福民生”2013中国城市幸福盛典上,长春市荣获“2013中国(大陆)最具幸福感城市”,获得“中国形象最佳城市”大奖。

社会主义核心价值体系 深入开展社会主义核心价值体系宣传教育实践活动,强化教育引导、认知践行和制度规范,推动学习活动有形化。开展道德领域突出问题专项教育治理,提升“道德讲堂”建设质量标准。开展“讲文明树新风”公益广告宣传,扎实推动乡村学校少年宫建设。

巩固全国文明城市创建成果 巩固全国文明城市创建成果,大力提升市民道德素质和城市文明程度。顺利通过2013年全国城市文明程度指数测评,在省会和副省级城市中排名第9位。

实施文化改革、文化发展、文化惠民“三大工程” 围绕文化惠民,全力创建国家公共文化服务体系示范区,推动文艺精品创作生产,打造特色文化品牌,搭建信息服务平台,开展群众性文化活动。开展国家公共文化服务体系示范区创建百日攻坚战,推动孔子文化园、市档案馆、市图书馆等重大文化设施建设取得重大进展,提升“欢乐庄稼院”覆盖数量和质量标准。围绕文化发展,滚动推进“双十工程”,新建续建项目20个,谋划包装项目24个,储备项目超过100个。统筹推进文化产业园区建设,国家级广告创意示范园、东北亚文化创意科技园、尚德森铭新媒体产业园的集聚效应凸显。加快文化与科技、与金融融合发展。围绕文化改革,深入推进广播电视事企分开、制播分离、非时政类报刊改革和市属文艺院团改革,扩大基层改革成果、激发文化创造活力。长春市建设“绿色频率”和“净屏工程”的经验做法得到国家新闻出版广电总局肯定和推广。

加强宣传文化队伍建设 贯彻落实中央“八项规定”,开展党的群众路线教育实践活动,推进学习型党组织建设,提升宣传文化系统领导班子、宣传干部队伍推动文化创新发展、服务基层群众能力。强化舆情信息快速反应、深度分析,全年被中宣部采用400余篇(条),被省委宣传部内刊采用50余篇(条)。推动2012年重点调研成果应用转化,3篇调研报告获得市级奖励。组织推进18个重点课题的调查研究。开展“2013年度宣传思想文化工作创新奖”评选表彰,全市27家单位申报项目35个,评出获奖项目13个。

(孙国志)

纪念习仲勋诞辰100周年《红色情怀》首发式

【统战工作】 **开展主题教育活动** 指导各民主党派、工商联开展坚持和发展中国特色社会主义教育活动、非公有制经济人士中理想信念教育实践活动,以纪念“五一口号”65周年为契机,举办会章会史学习会、“中国梦”主题报告会、座谈会、征文、知识竞赛、台胞台属“爱长春、看长春、建长春”等系列活动40余项,强化优良传统教育,提高统战成员对中国政党制度的认识和对坚持和发展中国特色社会主义的政治认同,拓展了思想政治引导工作新渠道。

“同心”实践活动 引导统一战线成员,特别是非公有制经济人士、海内外爱心人士支持“同心”实践基地建设,做好“同心”公益事业,积极参与到助学助困、创业就业等社会公益活动中来。整合民主党派资源力量,在南关区桃源社区建立了“同心”服务基地,开展捐赠助教、义诊咨询、健康讲座、法律援助、文化踏查等活动,探索民主党派社会服务工作集约化、规模化、品牌化的新路子，确保“同心行动”上下联动，协调配合。

构建参政议政格局 开展专题议政调研。组织各民主党派、工商联，围绕壮大民营经济、破解小微企业融资难、发展商会经济等专题开展议政调研，“建立突出发展民营经济综合配套改革示范区”、“建立长吉图框架下创新实验区的调研与对策”等多项调研成果引起省市领导的重视。创建网络议政交流平台。在新改版升级的长春统一战线网站上创建“议政直通车”，设有议政热点、权威观点、建言献策、社情民意、议政调研、议政沙龙、发言席、回音壁等8个功能模块。全年上传各民主党派、无党派人士对经济社会发展重大问题的调研报告，意见建议86篇。创办《议政专递》信息专报，全年编辑27期，其中，《规划建设并举、提高城市品位》《小学和幼稚园不宜组织“万圣节”活动》等被市领导批示有关部门落实。党报议政宣传专栏分别在《吉林日报》《长春日报》《长春晚报》开设“突出发展民营经济高峰论坛”“建睿智之言、献务实之策”和“商会周刊”专栏，依托党报党刊主流媒体，聚焦商会产业园区建设、创新型城市、社区文化、发展生物医药产业等问题，以综述、报道、专访形式刊发32篇。

招商引资 全年牵线搭桥引进项目62个，协议资金157.9亿元，到位资金42.4亿元。完成长春市党政代表团赴闽粤招商的联系协调和服务工作，组织福建商会、泉州商会、南安商会等外埠商会会长回乡邀请当地民营企业家800余人参会，促成签约项目9个，签约金额211.45亿元。推进商会产业园区建设，吉林（农安）广东工业园、汇商健康产业园、惠隆木制品工业园等10个产业园区占地面积13.732平方公里，计划总投资413.85亿元，到位资金78.9亿元。

发展民营经济 制定《全市统战系统开展突出发展民营经济大讨论和服务民营经济发展实施意见》，围绕制约长春市民营经济大发展、快发展的“眼界”、“思路”、“责任心”和“创新力”等问题，分别组织召开了系统理论学习中心组专题学习会、各民主党派、工商联“解放思想突出发展民营经济”研讨会、党外知识分子和海外归国留学人员“同享资源，共谋发展”座谈会等。举办“民营经济大讲堂”“民营经济发展论坛”、“新长商论坛”，为推动长春市民营经济发展集思广益，贡献才智。举办“精彩创富路、共圆中国梦”民营企业主题文化节，召开民营企业文化建设经验交流表彰大会等系列特色活动，引导企业自觉践行“开拓、守信、大气”的“新长商”精神，助力民营企业增强软实力。成立展览装饰、生鲜制品等5个行业商会，推动各开发区成立工商联和光彩事业促进会取得进展。

“光彩助力大学生创业”对接仪式

助力民生帮扶活动 开展“光彩助力民营经济发展县区行”活动；开展了“一生一本——光彩助学”捐赠活动。启动“同心·光彩助学”行动，筹措资金84.9万元，帮扶11所贫困中、小学解决学生桌椅、教学设备、体育器材短缺等问题。组织台商协会企业为农安县三盛玉镇小学捐助价值9万元的校服。全年帮扶困难群众4.9万人，帮扶资金769.1万元，捐资助学286.1万元，受助学生335人，组织非公企业向雅安地震灾区捐款总计854.3万元。实施创业帮扶。全年安置2.1万人。开展“光彩助力大学生创业”活动，组织百名光促会成员、民营企业家与百名大学毕业生结成对子，在项目规划、融资、技术、信息等方面为大学生创业提供“一对一”帮助；开展“创业导师进校园”活动。

扶持少数民族企业 以“共同发展、共同富裕”为主题，以少数民族传统节日为契机，广泛开展民族团结进步宣传教育活动，抓好国家和省市支持少数民族和民族地区加快发展的政策落实。发挥少数民族企业家协会的作用，为会员企业解决生产经营中遇到的困难和问题。积极推进皓月集团与九台胡家乡养牛基地建设，促成皓月集团与欧亚集团达成战略合作协议。

党外代表人士队伍建设 开展“万千百十”党外人士培养工程（即联系万名党外人士、建立千名党外代表人士队伍、培养百名党外后备领军人物、建设10个方面领导班子队伍），围绕发现、培养、使用、管理4个环节，深入大学、大厂、科研院所和部分县（市）区，开展党外人士、党外干部和新的社会阶层人士基本情况调研，掌握党外干部251人、党外人士942人、新的社会阶层人士1141人，指导基层统战部门围绕4个环节做好党外代表人士队伍建设。与市委组织部联合举办党外中青年干部、党外代表人士等重点培训班6期，270人次。举办民主党派新成员、非公经济人士、台胞台属代表人士等各类培训班25期，1164人次。

搭建海外交流合作平台 发挥市侨联、市海外联谊会、市归国留学人员联谊会的优势作用，在美国、香港、澳门等地建立10个海外联络工作站，促进企业、高校与海外的技术合作、学术交流，引导海外华人华侨支持、参与长春经济社会发展。召开归国留学人员“海归同心携手、服务科学发展、共建幸福长春”座谈会，探讨留学人员发挥作用的形式、领域、渠道。开展“同心·健康行”公益活动，组织海外留学归国的眼科专家为农安县烧锅镇中心小学103名患有近视、弱视等眼部疾病的小学生进行义诊。争取中华海外联谊会资金支持，在九台市兴隆镇和新村和德惠市布海镇侯家村建立2个海联新农村卫生室。建立港澳地区政协委员动态管理长效机制，定期与港澳地区联络员沟通，及时了解港澳委员思想动态和履职情况，关心港澳委员生活、工作、参政等情况，为长春市海外交流做出积极的贡献。

长台交流与合作 加强长台经贸、文化、教育领域的交流与合作，为长春市赴台招商团组和台商来长考察搭建平台。协助市政府在台湾新竹市和台北市召开投资说明会，与台湾区电机电子工业同业公会签署战略协议，成立“汽车电子产业推进办公室”，促成与台湾正葳集团、新唐科技、华新集团达成合作意向，打造长春汽车电子产业集群。加强长台两地民间交流，利用与台湾南投县结为友好乡镇的契机，组织农安镇2批农民团组赴台湾信义乡观光交流。做好农博会、汽博会、民博会等“台湾馆”的组织布展工作。依托吉林大学、东北师范大学等高校开展两岸青年夏令营、冬令营活动，近400名大学生进行互访，增强了两岸青年一代的交流交往。促成了长春广播电视大学与台湾国立空中大学签订合作协议，在教师互访、学生交流、资源共享等方面实现合作。全年，接待台湾南投县等12个团组300多人。

（王庆军）

【市直机关党的工作】 **开展党的群众路线教育实践活动** 机关党工委按照中央提出的“照镜子、正衣冠、洗洗澡、治治病”的总要求，坚持高标准、严要求，紧紧扣住学习教育、听取意见；查摆问题、开展批评；整改落实、建章立制这3个重点环节，按照市委的统一部署和第四督导组提出的具体要求，扎实开展教育实践活动。针对群众反映的、督导组归纳的、领导提出的、班子自己查的、相互批评的“四风”问题，逐条过滤。对能立改的，实行立行立改；对不能立改的，也都拿出时间表、画出路线图。针对群众反映的实际问题，为机关党组织每个支部都配备了“健身器材箱”，从机关党工委本级党费中，下拨56.85万元用于机关基层党组织建设开展活动，对原配置给局级领导的午间休息的生活备品如数退费。先后建立《市直机关党员领导干部参加双重组织生活制度》《内部沟通协调制度》等20项制度，精简会议，在市政府楼内设立材料发放点，方便基层党务干部，在“回头看”过程中，开展“六比六看”活动。在活动之初，按照组织部的要求，承担代市委征求市委常委班子及成员意见工作，先后组织52位局级领导干部参加党政部门、经济部门等3个座谈会，并向省直机关、中央驻长企业、市直机关各部门发放和回收调查问卷1040份。经过认真的梳理汇总和分析，形成《关于征求对市委常委领导班子作风建设方面意见和建议的报告》等6项分析汇总报告，高质量地完成了任务。在开展的教育实践活动民主评议中，满意率达到100%。

机关作风效能建设 1.落实中央八项规定和省、市委相关要求。春节前，向全市直机关党组织发出“倡廉洁、反浪费，确保廉洁过年”的号召，所有机关党组织（包括900多个支部）召开了专题组织生活会，党员参与率达到98%以上。2013年初，春节一上班的第二个工作日开始，全面启动“学党章”活动。全年3次对市直机关落实“八项规定”情况进行了督查。指导市直机关各部门制定作风制度共500多项，修订工作制度900多条，整改问题2000多个。市直机关精简各类会议近500个，精简文件、简报2000多件，压缩出访活动100多次，减少接待300多次，节省公务经费1300余万元；基层走访2400多次，慰问困难群众党员2982人，开展调研1000多次，发现问题990个，解决问题891个。2.抓作风建设工作。以为民、务实、清廉为基点，不断强化思想文化、制度机制、行为规范、责任落实、督促检查、考核评议“六位一体”的作风建设体系，使机关作风发生了显著变化。充分发挥百名机关作风效能义务监督员作用，多次征求改进机关纪律作风的意见建议，多次组织集中巡查和分组暗访，对市直机关及服务窗口覆盖面达到95%以上。根据监督员提议，针对企业办事的高峰时间，9月～10月，联合市纪委，在机关特别是窗口单位开展为期60天作风效能集中大检查，深入市直机关各部门和窗口单位明察暗访72次，发出专项通报，并进行跟踪督查整改。为落实市委要求，11月末起，开展机关窗口服务和机关效能活动专项整治，制定活动实施方案，召开工作部署会，并进行暗访检查。3.强化纪律作风制度规范。相继修订完善通报、谈话、明察暗访等制度，7月12日，对市直机关窗口服务部门负责人进行集体谈话，8月中旬，分8期对77个窗口负责人进行培训和约谈。为规范机关干部言行，制定《长春市直机关工作人员言行纪律规范》。9月，《长春日报》以《高效务实成时尚，新风正气扑面来》为题，对市直机关的作风建设情况进行全方位报道。

机关党建服务工作 1.推进“两锋（风）行动”。侧重目标要求、考评内容、考评标准、考评方式及结果运用，专门下发考评办法。在机关党务干部培训班上，专题进行辅导、讨论、交流，确保机关党组织对主题活动认识、组织到位。为突出过程监督，在开展年度考评时，要求各部门上报具体案例，发布到长春机关党建网专栏，开展多方位评议。《中直党建》在基层党建经验栏目中刊发长春关于开展两风行动的做法，并在全国会上进行了交流。2.开展党建工作目标责任制考核。履行市直机关党群序列工作目标责任制考核办公室的职责，指导各部门首次以三级指标分解业务工作，突出重点设计机关党建考核内容、标准和权重分值。改进考核工作，采取随机抽查、跟踪检查、网络联评等多种方式，组织开展机关党建全年各项考核工作。发挥政府工作部门绩效考评成员单位的考评职能，积极参与政府工作部门的半年和全年考核工作。

基层党组织建设 1.基层党支部建设。5月，召开“长春市直机关党支部建设推进会”，组织现场参观学习市中级人民法院党支部建设的做法，推广市委组织部等10家单位的支部工作做法。支部建设工作在《中直党建》《紫光阁》《吉林机关党建》及省委机关向省委常委专报中予以报道。在全国第二十五届全国城市机关党建经验交流会上介绍了经验。2.机关党建工作规范管理。加大对落实机关《条例》的检查力度，对配齐配强党务工作干事、专兼职副书记列席党组(党委)相关重要会议等内容进行重点督查，现场指导评价，及时反馈意见。全年指导14个机关直属党组织以公推直选方式改选换届，接受省委组织部与省直机关党工委联合调研组来长调研，工作受到省委调研组和市委组织部好评。3.党务干部和党员队伍建设。建立机关专兼职书记预任职报告、初任谈话制度和工作述职制度，在党务干部考核中初步形成“素描画像”的考核模式。全年发展党员161人，对积极分子和新党员进行了培训。组织号召机关开展党员志愿服务活动，成立党员志愿者团队61个，党员志愿者人数达2437人，开展各类帮扶活动189次，被服务对象1万余人次。

宣传思想建设 1.理论学习的实效性。完善党委(党组)理论中心组学习计划，强化理论中心组学习一季一报制度，督促各单位领导为机关干部授课辅导。开展“建学习型党组织、做学习型党员”活动。发挥“书香长春学习网”导学作用，丰富“理论超市”内容，为机关干部学习交流、撰写心得体会提供必要参考，全年登载心得体会157篇。开展“党章知识竞答”和“党史知识竞答”活动，2.5万人次参与竞答活动，750人获奖。2.机关宣传思想工作。发挥《彩话长春机关》的宣传导向作用，印发12期，合计版面110版，收集整理图片6万余张，侧重宣传基层党支部和党员干部典型。结合“中国梦”和建“幸福长春”活动，组织开展“正能量——2013年市直机关风采人物”评选活动。成功推荐市直机关15家单位和86名个人为市级以上先进典型。3.精神文明创建活动。加强对36个国家和省市精神文明单位的考核，给予精心指导，已有34家文明单位按要求建立了道德讲堂。大力倡导文明用餐和文明交通等行为，组织市直机关29个文明单位的党员干部计3480人次走上街头，参加“文明走路”志愿服务活动。

建设和谐机关 开展《要做一名合格党员》的曲谱征集和评选工作。为进一步提高机关党员党的意识，从4月28日至6月28日，开展为期2个月的面向市直机关和全社会的《要做一名合格党员》歌词的曲谱网评活动。在全市直机关广泛开展践行《知行集》活动。开展职工群众喜闻乐见的文体活动。组织了乒乓球赛、羽毛球赛、游泳比赛、象棋赛、书法、绘画，长春消夏节瓦萨徒步节等丰富多彩的活动，年内新成立了市直机关太极拳协会。全年组织市直机关干部职工进行眼科、口腔科健康体检，开展“关注健康、关爱女性”中医免费健康等体检活动。多次开展了有关文体活动的交流、讲座等。开展“市直机关青年职工应用技能大赛”系列活动，为青年人成长搭建平台。继续开展巾帼建功等系列活动，评选出市直机关“巾帼十杰”10名，“三八”红旗集体24个，“三八”红旗手124名。开展市直机关“代理妈妈”活动，市直机关共认领代理孩子166名，进行家访280次，校访274次，资助学费164395元，捐赠衣物586件，学习用品237件。

长春市直属机关2013年党的工作会议

机关党建和信息工作 对网络信息平台进行改版升级。重新调整工作栏目，加快网站信息更新和统计，初步打造出了一流的机关党建网。建立起长春机关党建网站信息员队伍。举办了信息员培训班，对160余名信息员进行系统培训。信息报送数量和质量明显提高。长春机关党建研究工作。开展党建课题研究，围绕4个方面课题进行专项调研，研究会共收到论文96篇。全年推荐机关党建研究8篇论文分别在《中直党建》《吉林机关党建》《当代长春》等党刊发表。

(陈　刚)

【政策研究】 **重点课题研究** 1.关于长春市民营经济发展问题的研究。组成课题组，对“有效推进我市民营经济发展提速、比重提高、质量提升”进行了专题研究。按照市委、市政府指示要求，政研室集中力量起草《中共长春市委　长春市人民政府关于突出发展民营经济的实施意见》(以下简称《实施意见》)，提出涉及10方面内容的50条具体政策意见，征求30个以上部门意见，会同市工信局，组织召开31户不同类型民营企业负责人参加的座谈会，对《实施意见》进行了意见征询，共收到反馈意见41条，经协商调整采纳39条，最终形成的《实施意见》于2013年3月发布实施。2.关于长春市推进城镇化工作的研究。对长春市城镇化建设问题进行广泛调研和深入研究的基础上，形成《关于长春市推进城镇化工作的调研报告》，运用数字和图表对长春市城镇化建设情况进行了客观分析和科学评价，提出了切实可行的对策措施。3.关于长春市安全发展战略的研究。政研室、市安监局联合组成课题组，就安全发展问题进行了深入研究，共同起草《中共长春市委　长春市人民政府关于实施安全发展战略的指导意见》，研究起草了《长春市安全生产隐患大排查工作方案》。4.关于长春市节约集约利用土地问题的研究。政研室和国土局组成课题组，对长春市节约集约利用土地的情况进行了调研，形成《关于我市加强节约集约利用土地的调研报告》。5.关于长春市被征地农民养老保障问题的研究。政研室会同市公安局、民政局、人社局、国土局、农委、社保局、信访局等部门组成课题组，在充分认识到被征地农民养老保障问题"关乎工业化、城镇化进程能否顺利推进，关乎当前的社会稳定，关乎推进发展和深化改革大局"的前提下，对长春市被征地农民养老保障问题进行调研，最终形成《长春市被征地农民养老保障问题研究》。6.关于长春市风险投资发展问题的研究。市委组织部、市政研室共同组成起草组，详细汇总分析长春市风险投资的现状和存在的问题，形成《关于加快我市风险投资发展的调研报告》的初稿。7.关于长春市旅游产业发展问题的研究。政研室会同市旅游局组成课题组对长春市旅游产业发展的基础条件、发展前景和政策措施进行研究，撰写《关于加速推进长春市旅游产业壮大计划(2013–2017年)》，研究起草了《中共长春市委 长春市人民政府关于进一步加快旅游业发展的若干意见》(征求意见稿)，提出5大项20条意见。

决策咨询服务工作 起草《长春市委决策咨询工作报告》，对机构设置、工作开展、服务保障、遇到的矛盾和问题、下一步创新载体及工作建议等方面进行了研究。起草《关于决策咨询工作的考察报告》。开展咨政活动，就经济社会发展中的热点难点问题登门请教专家顾问，促进了市委的科学决策。做好与顾问的信息交流和服务保障工作，为专家顾问订阅《国务院调研报告》等刊物，还定期为顾问提供全市经济社会运行情况、十五个副省级城市经济指标比较分析等相关材料，保证顾问团及时获得权威有效的信息。

评选表彰优秀课题 1.提升优秀调研成果评审质量。对全市2012年度优秀调研成果进行评选表彰，共征集参评调研成果400余篇。经过初审和召开专家评审会进行复审，选出171篇优秀调研成果获奖(其中，一等奖15篇，二等奖26篇，三等奖50篇，优秀奖80篇)，评选出调查研究工作组织奖13个，调查研究工作先进个人28名。2.不断完善和更新数据库。对2008～2012年期间长春市与全国十五个副省级城市的主要经济指标、全省九市(州)、各县(市)区及开发区数据进行搜集整理及比较分析，以图表的形式编制印刷《2008–2012年主要经济指标比较》和《长春市主要经济社会指标汇总与比较》数据册，报市委、市人大、市政府、市政协主要领导参阅。3.配合相关单位开展联合调研，起草《关于净月高层次人才战略研究》《关于引导和鼓励社会力量参与公共文化服务的若干意见》《长春市社会矛盾排查工作方案》。完成《净月生态城建设的意见》的修改，并以市委文件下发实施。起草《中共长春市委 长春市人民政府关于加快长春长东北开放开发先导区（长德新区）发展的意见》，并发布实施。

服务中心工作 1.完成好常规文字综合工作。自2013年十月底以来，政研室起草市委常委会主持稿3次，安全生产、综合保税区和汽开区等调研提纲5次，2.重点问题研究。对全市经济和社会发展中的重点、难点和热点问题进行了深入研究，完成《关于长春市防治雾霾工作的情况报告》《关于长春市解决交通拥堵问题的报告》。政研室会同市建委对相关城市的公共自行车系统进行了考察学习，起草《关于建设我市公共自行车交通系统的报告》；会同"150市容环境综合整治领导小组办公室"共同研究起草《城市管理体制改革问题研究》。3.突发事件信息发布工作。德惠"6·3"事故发生后，政研室全程参与完成了新闻发布会稿件及关于事故进展情况的新闻通稿的撰写。市委组织部还选派我室干部到德惠"6·3"事故现场担任工作组信息员。

自选课题调研工作 主动对经济发展、城市建设和社会管理等关乎"幸福长春"建设多方面的问题进行研究，研究起草《关于加强我市招商引资工作的调研报告》《关于城市建设投融资问题的调研报告》《关于我市城区农贸市场建设管理的调查报告》《关于我市环境保护基本公共服务体系问题的研究》《中共长春市委 长春市人民政府关于产城融合城乡双向一体化试点方案》《关于推进长春市自主创新能力跃升的思考》《在盛极而衰的教训中思考长春汽车产业的发展之路——底特律问题研究》等十余篇调研报告，其中多篇在《当代长春》等刊物发表或用于研讨交流。

（杨敏杰）

【信访工作】 **解决群众来访诉求** 2013年，长春市主要领导干部接访675批次，3820人次，其中，市级领导接访11批次，586人次。局长接待日接待市民6425人次，受理问题1140个，现场答复解决问题969个，办结1060个，办结率为93%。按照"小案及时结、大案重点抓、难案全力办"的原则，群众初信初访办结率达到95%，吉林省交办的227件信访积案全部结案，化解率100%。

打好信访攻坚战 2013年，长春市委、市政府在全市范围内开展了以各级领导干部包保重点案件为主线的"信访工作百日攻坚"活动，市级领导、县(市)区主要领导和开发区及市直部门主要领导3个层次，包保了109件影响长春市经济建设和社会稳定的历史积案及案情复杂的群众诉求。坚持包调查核实、包问题化解、包落实稳控原则，以"事要解决"为核心，以"案结事了"为目标，解决了原长春市积德泉酿酒总厂退休职工福利问题、原商业网点办职工工资待遇问题。

提高为民意识 2013年，长春市信访接待中心投入使用后，规范了群众来访登记、接待程序，把群众的意愿、要求和利益作为衡量工作标准的重要标尺，使来访群众深刻体会到了党和政府真诚为民的执政理念；长春市设立"民情恳谈日"，集中组织各级领导干部每月至少开展一次民情恳谈，到信访问题较多的乡(镇)和街道，与百姓面对面双向互动交流，做到了知民情、解民忧、暖民心，得到群众的信任和支持；对于有实际困难的来访群众，长春市信访局坚持"急事急办、特事特办、困难的事努力办"的原则，帮扶解困。

拓宽群众诉求渠道 2013年，长春市所属各县（市）区、开发区信访机构成立信息中心，引导和鼓励群众更多地以电话、书信、建议、电子邮件等形式表达诉求，形成以传统接访模式为主干、新型接访模式为辅助的树状信访架构，信、访、网、电“四位一体”的群众诉求表达渠道。2013年，长春市信访局受理上级转交网上信访件592件次，全部对上访人员进行了明确答复，其中485件次已经得到解决和落实。

规范信访秩序 长春市制定下发《长春市依法解决信访问题实施办法（试行）》，明确了坚持以人为本、坚持依法化解、坚持协调联动、坚持慎重救助、坚持源头治访的“五坚持”原则，严格按照法律法规和政策规定处置信访事项，使信访工作更加贴近民生、服务群众。

信访调研活动 长春市信访局紧密围绕国家信访局在全国信访系统内开展的以“贯彻十八大·开创新局面”为主题的大调研活动的总体部署和要求，采取“走出去、请进来”的办法，积极组织针对性调研，先后组织3个专题调研组到一线信访机构，了解基层工作情况和制约信访工作创新发展的“瓶颈”问题，思考推动信访工作的新思路、新方法、新理念，形成了《关于非正常上访问题的研究探讨》等8篇调研报告，其中1篇被省信访局推荐到国家信访局。

（陈华春）

【老干部工作】 截止2013年12月31日，长春市共有离休干部4650人。其中，红军1人，抗战时期220人，解放战争时期4429人；享受省级新单项待遇有13人，享受地（厅、司、局）级待遇有17人，享受副地（厅、司、局）待遇有200人，县（处）级待遇有2616人，一般及其他干部有1804人。分布在机关957人，事业单位1685人，企业2008人。有专兼职老干部工作人员1084人。

落实老干部政治待遇 采取多种方式开展理想信念、政治理论、形势政策和政治纪律教育。组织老干部参加文史资料抢救工程，发掘线索人129名、征集资料140万字，整理有价值征文14篇。开展“走基层、看变化，提建议、促发展”就近就地参观考察活动，组织参观考察汽博会、农博会、北湖湿地公园、科技馆建设、工业项目建设、吉林华正农业开发股份有限公司等40次，参加老干部3000人次。长春市直属机关老干部管理服务中心不断创新思想政治工作，开展“跟党说说心里话”征文活动，收到征文作品1592篇。依托《霞天月报》，增设离退休干部发挥作用先锋岗事迹专栏，共刊登老干部文章13篇。为老干部订阅《夕阳红》《老同志之友》《长春党建》《求是》等刊物20种3000册。为了方便行动不便的老干部阅读，采取邮递的方式把刊物送到1000名老干部手中，满足了老干部学习及接受新事物的需求。认真落实情况通报、阅读文件、走访慰问等制度，通过迎国庆老年节座谈会、新春茶话会团拜会给老干部送去组织的温暖，老干部的政治待遇得到了落实。开展离退休干部党建工作调查研究，发挥党建联系点示范引导作用，推广党员联络站、党员活动组、党员中心户等新的组织生活模式，进一步拓展离退休干部党组织设置形式和活动方式。按照长春市委统一安排，组织1100多名老干部参加党的群众路线教育实践活动问卷调查和征求意见工作。安排1300名老干部参观葛长江事迹展览馆。推荐“我身边的优秀老干部党员”候选人87名。举办离退休干部党支部书记培训班，学习十八大三中全会精神读书班，提高老干部党支部书记和理论骨干的政治理论水平。推进“四有一创”活动，一大批离退休干部党支部达到创建标准。

落实老干部生活待遇 抓好离休干部医疗保障工作，调整提高了长春市直离休干部医药费统筹标准。研究制定《市直离休干部医疗管理办法》，明确各部门的责任和义务。深入定点医院调研回访，及时协调处理了各种医疗矛盾。改进易地安置和异地居住离休干部医疗管理办法，在安置地同意情况下，允许他们参加当地的医疗统筹，已为在北京易地安置的2名离休干部办理当地医疗统筹。积极协调市医保中心，对异地就医发生的费用做到了及时报销。妥善处理市二院与30名异地居住离休干部终止医疗费包干合同问题，兑现包干医疗费51万元。对外转诊医疗费报销不及时问题进行专项调研，推动了有关问题的解决。坚持和落实领导干部联系老干部、“四必访四到位”、包保服务等制度。元旦春节时普遍走访慰问了离退休干部。建立特困离休干部信息库，落实帮扶资金113.2万元，对339名特困离休干部进行帮扶。长春市直属机关老干部管理服务中心，集中管理长春市属企业和部分市直机关离退休干部1402人，对14名生活特殊困难的老干部向吉林省做了申报，对42

老干部艺术团举办毛泽东诞辰120周年文艺演出

名生活特殊困难的老干部拟定帮扶计划。为127名病故老干部办理丧葬事宜，发放抚恤金124.2万元。突出个性化服务，建立“爱心储备箱”，收到资金共计4600元。妥善解决和处理了拖欠老干部统筹外费用及医药费等信访案件，接待老干部来信来访583件次。组织60名市直机关副局级以上退休干部到临江健康休养，长春市直属机关老干部管理服务中心5月21日至6月9日先后组织2批共60名老干部赴湖南、8月6日组织90名老干部赴哈尔滨、9月9日组织70名老干部赴北戴河、12月14日组织40名老干部赴厦门等地健康休养。各县（市）区也加大对“两费”保障的支持力度，保证离休干部养老金按时足额发放，妥善解决医疗费超支问题。探索有效的医疗服务管理模式和办法，城区离休干部医药费统筹个人账户运行正常。

老干部的精神文化生活 长春市加强老年大学和活动中心建立，建老年大学11所、社区分校18所，在校学员11000多人。长春老年大学和朝阳区、宽城区老年大学被吉林省评为老年大学示范校。成功举办长春老年大学第九届艺术节和“美丽长春，让鸟自由飞翔”摄影书画作品展等活动。长春市建老干部活动场所256个，建筑面积达58477平方米。长春市老干部活动中心2013年进行维修改造，投资1801万元，13个标段，除13标段老年大学教学楼未动工以外，其余12个标段已完成，并投入使用。1月举办长春市离退休干部游艺活动暨书画展，600余名老干部欢聚一堂，喜迎新春佳节。4月举办第四届“晚晴杯”桥牌邀请赛长春市活动中心代表队获得第一名。5月举办长春市离退休干部第十届“长寿杯”门球邀请赛。9月5日，组织60余名长春市副厅级以上离退休干部参观“长春北湖国家湿地公园”。9月12日举办长春市第22届老年书画展，共有500余幅作品参展。戏曲协会于5月和9月分别举办《夏之韵》与《秋枫情》评剧演唱会。8月老干部艺术团参加长春市举办的《群众文化活动精品展演》活动。7月长春市老年书画研究会在九台市财政培训基地举办“迎八一军地联谊书画笔会”。12月艺术团举办纪念毛泽东诞辰120周年文艺演出。

发挥老干部作用 截至2013年12月31日，长春市离休干部平均年龄达到85.4岁，由于年岁已高，现有发挥作用离休干部207人。长春市关心下一代工作委员组织发挥“五老”的作用特别突出。截至2013年底，成立各级关工委2969个，参加关心下一代工作的“五老”有3.5万人，能够经常参加活动的有2万人，其中骨干近4000人。1月举办长春市关工委工作会议暨主任培训班，印发了关工委《2013年工作要点》，编印“八字”传统美德辅导材料2000册。4月召开长春市关工委主任会议，传达中央和吉林省委领导批示，部署开展“中国梦”学习教育活动、加强基层关工委组织建设、“五老”队伍建设、加强预防未成年人违法犯罪工作和新闻宣传工作，40多人参加了会议。6月召开了“三点半小课堂”工作座谈会，交流各县（市）、区关工委和“五老”照看学生、进行作业辅导、开展文体活动的经验，真正服务于社会。为贯彻落实党的十八大精神，普遍开展“弘扬传统美德，学习雷锋精神，做有理想有道德青少年”的教育活动。7月，在二道区召开专题教育现场会，近百人参加会议，达到了教育目的。9月举办长春市关心下一代工作通讯员培训班，落实省、市领导“将关心下一代工作纳入主流媒体”的要求，进一步提高“五老”通讯员骨干的写作能力，80多名“五老”参加培训。9月在长春市第48中学举行“中国梦·我的梦”“学雷锋、树新风”演讲会，12个单位推荐了12名选手做汇报演讲，500多人观看了演讲。11月在德惠市天台镇召开长春市创新基层关工委工作现场会，总结推广天台镇创新基层关工委工作的经验和做法，来自各县（市）、区的关工委主任和“五老”骨干共计90多人参加。2013年，举办各类报告会、学习会、演讲会3000多场（次），受教育青少年达70多万人（次），在发挥“五老”的作用下，组织青少年开展学雷锋做好事达25800件；帮助109名失足青年重新回归社会走上致富道路，261名处于犯罪边缘的青少年迷途知返。2013年9月，长春市关心下一代工作委员会荣获全国创建“五好”基层关工委优秀组织奖。

（金耀斌）

【保密工作】 **全市保密工作会议** 3月20日，召开2013年全市保密工作会议。全面部署2013年保密工作的具体任务，强调要从加强保密科技能力建设、深入开展保密宣传教育和培训、认真组织“调查研究年”活动、依法履行监督管理职能、开展保密检查查处、加强对保密工作的领导等5个方面入手，做好全市保密工作。

保密宣传教育工作 6月17日至19日，举办“2013年长春市保密干部全员培训”。全市所属10个县（市）区也按照要求，制定培训计划，明确培训要求，组织开展培训工作，共有2836人参加保密培训。7月16日、8月25日、10月18日，分别组织部分保密干部参加在青岛、北京举办的全国保密干部全员培训和在西安举办的全国保密技术培训班，为全市开展保密干部培训工作储备师资力量。组织开展调查研究年工作，全市有163个单位参加，征集调研文章172篇，评选出二等奖5篇、三等奖7篇、优秀奖11篇，优秀单位组织奖5个。精心组织全国保密普查工作，专门召开全市保密普查工作会议，对普查的要素逐项进行讲解，确保普查人员熟悉掌握普查统计标准和质量。落实“六五”保密普法规划，积极开展保密知识竞赛答题活动。全市有32340名人员参加答题活动，其中县局级以上领导干部1058名，处级干部5611名。通过赛学结合、以赛促学的方式，普及保密法律知识，提高保密意识。

保密技术防范和专项检查 开展涉密计算机违规连接互联网集中监管平台建设，实现对全市涉密计算机违规连接互联网准确实时监控报警。开展全市涉密计算机保密技术防护专用系统安装配备工作，达到1000点以上。完成保密综合业务网终端接入建设，实现与国家保密局保密综合业务网相连接。采购相关保密技术设备，用于领导办公和重要涉密场所保密安全技术检测。在全市范围内组织开展政府信息公开保密检查、涉密载体定点复制单位保密检查、废品收购站(点)保密检查等专项检查,对发现的问题及时进行整改,并适时组织开展日常检查和年底综合性检查。2013年共现场检查136家单位,检查非涉密计算机1510台、涉密计算机312台,检查移动存储介质3260个。加大对全市各单位互联网门户网站和政务内网等非涉密信息网络保密检查搜索力度,2013年上网检查次数100余次,检查单位78家,核查信息2800余条,未发现涉密信息上网现象。

定密和保密要害部门管理 逐步规范和加强定密解密工作,执行国家保密局会同中央、国家机关和有关部门制定的国家秘密范围的规定,准确界定国家秘密事项。推行定密责任人制度,规范程序,明确责任。完善国家秘密确定、变更和解密统计报告制度。加强保密要害部门部位管理,按照新《保密法》对确认保密要害部门与保密要害部位规定的条件,要求各机关、单位认真执行新保密法的规定,从而实现保密要害部门、部位最小化原则。指导监督涉密人员管理,要求各机关、单位按照分类管理的法定原则,将涉密岗位分为核心涉密岗位、重要涉密岗位和一般涉密岗位。建立健全涉密人员管理制度,明确涉密人员的权利、岗位职责和要求,对涉密人员履行职责情况开展监督检查。

重大涉密会议和活动的保密工作

研究制定保密工作方案和保密守则,采取保密技术措施,纠正存在的问题,保证“两会”的顺利进行。监督指导国家教育考试的保密工作。指派专人“入闱”中考命题全过程,深入各县(市)区检查试卷保密室,并在考试期间进行全程跟踪指导。制定《全市高考、中考保密工作突发事件应急处置预案和应急处理流程图》。监督指导国家职业资格考试的保密工作。在国家司法考试、国家执业医师考试和国家兽医执业资格考试中,长春市保密局从试卷的清点、分类、保存、押运、分发到销毁等保密工作的重点环节依法进行指导。监督指导全市公务员录用和事业单位招聘考试的保密工作。长春市保密局指派专人对公务员录用和事业单位招聘考试的保密管理工作进行监督指导,对入闱人员进行保密教育,提出具体要求,并要求每一位入闱人员签订《保密承诺书》,明确保密责任。

(宋 耀)

2013年全市保密干部培训班

【党校工作】 **教学工作** 2013年,完成主体班干部培训62期101个班次,19879人次的培训任务。立项中央党校重点课题2项,国家行政学院合作课题7项,省社科规划课题2项,省委党校课题23项。资政课题立项9项,县市区协作资政课题20项;公开发表文章100余篇(其中CSSCI期刊论文2篇),省部级以上理论研讨会获奖20余项,出版著作3部,获各类科研奖励65项(篇)。在基层开展300余场次的宣讲,受众达10万多人。接受省市机关、企事业单位委托举办各类培训61期,近1万人次;完成校外创业培训108期,培训应届大学生3200多人。承办全国会议3个、区域性会议11个。开设十八大系列辅导、中国梦系列讲座等基本理论精品课。新开设习近平总书记“8·19”重要讲话、全面深化改革和习近平总书记系列讲话等专题。围绕长春市党代会精神和“幸福长春”建设,开设了做强长春民营经济、三农问题研究等集理论性、实践性、操作性为一体的教学专题。改革创新“带着问题来,留下建议走”结构化研讨课的内容和方式。利用新校区智能化教学设施和实训教室,进行应急处置桌面推演。利用校外资源,开展项目组教学,组织学员到团山社区、兴隆保税区等进行现场教学,与市革命烈士纪念馆、兴隆保税区建立基地教学机制。挂牌成立长春市预防职务犯罪警示教育基地。在教员中实施集体备课、全员试讲和新课讲评制度。一线教师任课率达到97.1%,50%的教员具备了跨学科、跨专业教学的能力。

科研资政 组建资政研究中心和党的创新理论研究中心,强化市情研究和党史研究。与中国人民政治协商会议长春市委员会建立长期科研合作机制,联合进行“协商民主理论探索与创新”研讨会,共同开展“长春解放中的反饥饿斗争”项目。由校委领导领题,先后到发改委、民生办等部门,深入米沙子、奢岭等乡镇开展调研累计40多次并形成调研报告,2份调研报告获市级领导批示,《长春市委党校学报》推出城镇化特刊和系列特色专题。2013年,市委党校获评长春市调查研究优秀组织单位,获省委党校优秀科研工作组织奖。

送理论下基层 2013年,长春市党的理论创新宣讲团正式被中共长春市委批准设立在市委党校,下半年,启动“党的创新理论进军营”活动。围绕学习贯彻党的十八大、习近平总书记系列讲话、十八届三中全会精神和“幸福长春”建设,在长春电视台播报达76次，在长春人民广播电台做专栏节目160余场；长春日报先后6次拿出30多个版面集中发表党校理论宣传文章；宣讲范围拓展到全国各地。

对外办学 与省委组织部、团省委等单位合作举办各种会议和专题培训；同吉林大学、长春师范大学等联合举办各级各类人才培训班。成功举办4期“党校课程开发特训营”，建立师资培训南方合作基地。共有SYB创业培训师28人。与长春市教育局共建“长春市教育系统党员干部培训基地”；申报南开大学现代远程教育学院校外学习中心；通过清华大学引进“公务员九种高绩效能力素质训练”教学项目。

人才建设 举办“学习贯彻党的十八大精神”专题培训班。选送1名教师到国外培训，12名教师到中央党校、国家行政学院和高校进修，35人次到省委党校参加培训，8名教师和行政干部到市直机关和民企锻炼。2人被被评为第二届党校名师，1人获科研贡献奖。通过公开招聘，引进6名具有博硕学位的教师。将聘用制和大集体员工以外的所有公益岗和非公益岗合同工全部移交给委托公司。行政干部有四分之一交流了工作岗位；全年有11人担任正副职务，2人改任非领导职务。29名中层干部中，28人具有大学本科以上学历，其中，博士2人，硕士3人。

行政后勤 图书馆新馆规划和设计1个综合书库，2个阅览室，1个音像特藏室和1采编室，创建拥有16台计算机的电子阅览室。完成新校区工程的收尾工作。新校区工程先后获长春市“君子兰杯”优质工程和吉林省“天池杯”优质工程。以执行《学员管理规定》为抓手加强学员管理。实行了调训、培训、参训部门“三训齐抓”和校委、班主任、学员“三方共管”。

校园文化 成立熔炉志愿者服务队，开展学雷锋志愿服务活动。先后获得2011～2012年度长春市精神文明建设工作先进单位、吉林省宣传思想文化工作创新奖、全市宣传思想文化工作理论武装工作标兵单位、长春市直机关2012年度“服务发展先锋行动”业绩突出单位、“三八”红旗集体、“建学习型党组织、做学习型党员”活动先进集体、创先争优活动先进直属党组织、青年职工应用技能大奖赛突出贡献奖等荣誉称号。

（于建玮）

市委党校开展课堂教学活动

【党史工作】 **党史研究** 编纂完成《中国共产党长春党史人物传》（第17卷），全书30万字；编撰完成青少年读本《家乡风雨之歌》，全书8万字；编纂出版《长春革命历史中的丰碑》，全书15万字；编纂完成《中国共产党长春市第十一届委员会执政实录》（上下卷），全书170万字。编辑发行6期《春潮》党史双月刊，刊物在内容上加大地方史料的刊登数量，开设学习专栏对党史部门组织开展党的群众路线教育实践活动情况进行了报道。

资料征编 制定完成《中国共产党长春党史第二卷》的《编写方案》《工作计划》等材料，确定专题70个；完成《改革开放实录》确定的课题《中国北车长春轨道客车股份有限公司发展纪实》编写提纲1份；完成《中国共产党吉林执政实录》长春地区资料5万多字；撰写纪念毛泽东诞辰120周年纪念文章2篇；确定《一五时期长春工业基础格局的奠定》专题，征集资料近5万字。

党史宣教 围绕长春解放65周年，打造党史文化直通车特色纪念活动。在《长春日报》登载长春解放过程中比较有代表性的如《国共合作》《九一八沦陷日》、《东北抗日救亡总会》《东北抗联接收长春》《第一个中共长春市委》《长春第一次解放及民主政权》等30件大事件，推动党史知识的普及；在《长春日报》上登载“百道中共党史与地方党史测试题”、与机关工委联合推出党史党建有奖竞答活动；制作纪念长春解放65周年地方党史知识台历；命名第二批市级党史教育基地3处，指导各（县）市区党史办公室命名县级、区级党史教育基地8处；组织开展2场党史辅导课；对全市190余处革命遗址遗迹进行了实地踏查，进行了资料核实及拍照留存工作。

业务指导 3月20日，召开长春市党史办公室主任会议，会上传达全国、全省党史研究室主任会议精神，对贯彻落实指示精神做出具体安排；组织全市党史工作目标管理考核互评活动，对各县（市）区党史办公室的工作提出具体指导意见和建议；在革命遗址普查过程中，对实地踏查，收集资料等工作进行现场指导，通过实地考察，对基层党史部门在社区建立党史教育基地提出可操作性强的具体建议。

（都　朋）

【档案工作】 **档案资源体系建设** 2013

年，对市直部门2012年度纸质、电子文件归档工作进行监督指导和验收，完成了市直单位34167件纸质文件归档和33949件电子文件数据的接收。长春市档案馆接收各类档案59284卷（件），包括41家助产机构出生医学证明档案38029件。截至2013年底，长春市档案馆馆藏总量已达52万卷、57万件。长春市档案局与市水利局联合印发《关于做好水利普查档案移交进馆工作的通知》，全市15个城区、开发区顺利通过了第一次全国水利普查档案专项验收，形成档案2756卷。

档案公共服务 2013年，长春市档案馆接待查档3911人次，为利用者补办档案、房改和低保等提供了有效凭据。继续开展国家综合档案馆馆际之间民生档案数据异地查询、跨馆出证工作，提供远程共享档案查询132例。完成开放档案鉴定初审的试运转工作，对34696件档案进行了初步审查，其中7210件档案拟定为开放。

抢救征集“一五”期间档案资料工作 全市范围内大规模开展“一五”期间档案资料抢救挖掘工作。此项工作由市政协主席亲自牵头督办，市直各主要系统成立了专门的工作班子。长春市档案局（馆）是这项工作的核心工作部门，市直各部门征集、整理后的原始资料最后都将移交市档案馆归档保存。

举办境外档案展览 经市委、市政府同意，长春市档案馆在俄罗斯克拉斯诺雅尔斯克市举办“长春·克拉斯诺雅尔斯克——友好的记忆”档案图片展览，受到当地市民、学生的热烈欢迎。这个展览将长期在克拉斯诺雅尔斯克市博览中心展出。这是长春市档案馆首次赴境外举办档案展览并取得成功。长春市档案馆代表团还分别与克拉斯诺雅尔斯克市档案馆和博览中心签订了合作意向书，以拓展相关领域的业务合作和工作交流。

编辑出版《苏联专家在“一汽”》 2013年是一汽建厂60周年。为纪念这一共和国的重大事件，市档案馆编辑出版《苏联专家在“一汽”》一书，并作为长春市的礼物在纪念大会上由市领导赠送给一汽集团。

强化依法治档 市人大教科文卫委员会对全市《档案法》贯彻实施情况进行了执法检查。由市人大检查组先后到农安县、经济技术开发区进行检查，对文件材料归档与移交进馆、档案馆舍建设、档案事业经费落实及乡镇、社区档案工作情况进行了检查。长春市监察、人社、档案3部门联合印发《关于认真贯彻落实<档案管理违法违纪行为处分规定>的通知》。要求全市各级监察局、人社局、档案局、各开发区和市直机关各部门要认真做好学习宣传、自检自查和贯彻落实工作。长春市档案局与市城乡建设委员会联合印发《关于做好住房保暖工程档案管理工作的通知》。加强了对市直和县（市）区直机关档案规范化管理工作的指导，全市有7个单位通过机关档案规范化管理示范等级测评，有44个单位通过了优秀等级测评，有22个单位通过了标准等级测评。贯彻落实《企业文件材料归档范围和档案保管期限规定》（国家档案局10号令）。长春市档案局印发《关于贯彻实施<企业文件材料归档范围和档案保管期限规定>的通知》，并成立专门的领导小组，统一业务标准和要求，制定严格的审查程序；将国家档案局10号令宣贯纳入2013年全市企业档案人员培训计划；鼓励和引导民营企业开展编制工作，确保10号令在落实过程中有深度、有广度。全市创建12个社会主义新农村建设档案工作示范乡镇、村。

档案安全体系建设 开展安全消防大演练。按照要求，市档案局制定了《长春市档案局（馆）消防演练方案》，6月26日，举行了消防演习。档案局（馆）的全体工作人员、正在参加档案业务培训的学员以及查档群众约130余人参加疏散、救援、逃生演练和正确使用消防器具的现场培训。长春市档案馆九楼和十楼增设了七氟炳烷灭火系统；对高区消防设备进行了升级改造，高层办公区配备了高空缓降器和防毒面罩。积极推进重点档案抢救保护工作。完成2013年度国家重点档案抢救任务，裱糊历史档案6004张。开展馆藏档案数字化外包加工工作，完成71万页档案的扫描任务。加强档案安全保密工作。长春市档案馆修订《库房管理制度》和《数据安全管理制度》，并加强制度的管理和落实。2013年汛期，长春市档案局紧急布置全市档案部门安全度汛工作，特别对县（市）区档案馆安全提出明确要求，确保汛期档案安全。长春市档案馆完成与宁波市、温州市档案馆重要档案数据异地备份工作。

档案信息化建设 《长春市电子档案远程利用管理暂行办法》纳入2013年度长春市政府规章制定计划。科研课题《民生档案信息资源馆际共享实现方式

举办“长春克拉斯诺雅尔斯克友好记忆”档案图片展

的研究》通过了国家档案局的鉴定，并获得 2013 年度国家档案局优秀科技成果二等奖。完成对 1085 轴档案缩微胶片的数字化转换工作，转换形成 2709109 页幅，数据 282GB。

“国际档案日”宣传活动 首届全国“国际档案日”活动，6 月 9 日举办以“档案在你身边·带记忆回家”为主题的“档案馆开放日”活动。长春市档案馆连续举办 15 场“专场开放日”活动，观众包括学生、社区居民、大学教师、机关干部、民主党派成员等多个层次。2013，长春市公开媒体报道档案工作 10 次，长春市档案局(馆)本身在国家级报刊发表28 篇次。编发《长春档案》简报 6 期。完成对“长春档案信息资源”网站的改版工作。

（刁艳梅）

长春市人民代表大会常务委员会

【长春市十四届人民代表大会第二次会议】 12 月 18 日至 21 日，市十四届人民代表大会第二次会议在长春召开。会议听取和审议长春市人民政府工作报告、市人大常委会工作报告、市中级人民法院工作报告、市人民检察院工作报告；听取和审议关于长春市 2013 年国民经济和社会发展计划执行情况与 2014 年国民经济和社会发展计划草案的报告；听取和审议关于长春市 2013 年预算执行情况和 2014 年预算草案的报告。会议表决通过《长春市人民代表大会议事规则(修订草案表决稿)》，表决通过了《长春市第十四届人民代表大会第二次会议关于政府工作报告的决议》，表决通过《长春市第十四届人民代表大会第二次会议关于长春市 2013 年国民经济和社会发展计划执行情况与 2014 年国民经济和社会发展计划的决议》，表决通过《长春市第十四届人民代表大会第二次会议关于长春市 2013 年预算执行情况和 2014 年预算的决议》，表决通过《长春市第十四届人民代表大会第二次会议关于长春市人民代表大会常务委员会工作报告的决议》，表决通过《长春市第十四届人民代表大会第二次会议关于长春市中级人民法院工作报告的决议》，表决通过《长春市第十四届人民代表大会第二次会议关于长春市人民检察院工作报告的决议》。475 名代表出席了本次会议。

【长春市第十四届人民代表大会常务委员会会议】 2013 年，举行 7 次常委会会议。2 月 27 日，常委会举行第二次会议。会议听取市人大常委会法工委主任隋光伟宣读的关于提请审议制定《长春市人大常委会 2013 年立法计划》的议案和说明，市人大常委会秘书长吴强宣读的《关于设立长春市第十四届人民代表大会常务委员会代表资格审查委员会的议案》和说明，以及《长春市人大常委会 2013 年工作要点(草案)》。听取了市政府秘书长贺兴国受市政府委托所作的《长春市人民政府关于市十四届人大一次会议议案办理方案的报告》，听取市中级人民法院院长张德友和市人民检察院检察长张海胜宣读的有关人事任免议案。根据《长春市人大常委会人事任免办法》的规定，拟任职人员在会上作供职发言。会议表决通过《长春市人大常委会 2013 年立法计划》《关于设立长春市第十四届人民代表大会常务委员会代表资格审查委员会的决定》《长春市人大常委会 2013 年工作要点》；会议还表决通过了有关人事事项。会上，常委会全体组成人员签署《出席常委会会议自律公约》。市人大常委会主任李树国就贯彻落实党的十八大精神，做好新时期人大常委会工作发表讲话。4 月 27 日，常委会举行第三次会议。会议听取市长姜治莹宣读的《关于张晶莹同志任职的议案》；听取市人民检察院检察长张海胜宣读的有关人事任免议案；听取市园林绿化局局长周亚昆宣读的关于提请审议制定《长春市公园条例(草案)》的议案及说明。会议表决通过《长春市第十四届人民代表大会常务委员会关于接受吴兰辞去长春市副市长职务的决定》，决定任命张晶莹为长春市副市长。6 月 28 日，常委会举行第四次会议。会议听取市人大法制委员会主任委员隋光伟所作的市人大法制委员会关于对《长春市公园条例(草案)》审议结果的报告；听取市畜牧业管理局局长宋荫卓受市政府委托宣读的关于提请审议修订《长春市无规定动物疫病区建设管理条例》的议案及说明；听取市政府外事办公室主任王宇受市政府委托宣读的《关于长春市与澳大利亚瓦南布尔市缔结友好城市的议案》及说明。会议表决通过《长春市公园条例(草案表决稿)》；表决通过《长春市人大常委会关于长春市与澳大利亚瓦南布尔市缔结友好城市的决定(草案)》。8 月 27 ~ 28 日，常委会举行第五次会议。会议听取市人大法制委员会主任委员隋光伟所作的关于对《长春市无规定动物疫病区建设管理条例(修订草案)》审议结果的报告；听取市人大人事代表选举委员会主任委员陈亚群所作的关于提请审议修订《长春市人民代表大会常务委员会人事任免办法(修订草案)》的议案及说明；听取汽车经济技术开发区管委会主任李长明受市政府委托宣读的关于提请审议制定《长春汽车经济技术开发区条例(草案)》的议案及说明；听取市建委主任朱永坚受市政府委托宣读的关于提请审议制定《长春市城市建设档案管理条例（草案)》的议案及说明；听取了副市长陈巳受市政府委托宣读的关于贯彻执行《中华人民共和国农产品质量安全法》情况的报告；听取市体育局局长刘海玉受市政府委托所作的关于长春市贯彻执行《长春市全民健身条例》推进《全民健身计划(2011-2015)》实施情况的报告；听取市检察院检察长张海胜所作的长春市人民检察院贯彻执行修改后《中华人民共和国刑事诉讼法》情况的报告；听取市检察院提请审议的人事任免议案。听取市发改委主任吕凝受市政府委托所作的《长春市人民政府关于 2013 年国民经济和社会发展计划上半年执行情况及下半年主要工作安排的报告》；听取市财政局局长胡延生受市政府委托所作的《长春市人民政府关于 2012 年财政决算和 2013 年预算上半年执行情况的报告》；听取市审计局局长李志刚受市政府委托所作的《长春市人民政府关于 2012 年度市本级预算执行和其他财政收支情况的审计工作报告》；听取市人大财经委主任委员王大伟所作的《市人大财经委关于长春市本级2012年财政决算的审查结果的报告》。会议表决通过《长春市无规定动物疫病区建设管理条例（修订草案表决稿）》《长春市人民代表大会常务委员会人事任免办法(修订草案表决稿)》《长春市人大常委会关于批准长春市本级2012年财政决算的决议》。会议还表决通过人事事项，批准孙冠夫为双阳区人民检察院检察长。10月29日至30日，常委会召开第六次会议。会议听取市人大法制委主任委员隋光伟所作的关于对《长春汽车经济技术开发区条例(草案)》审议结果的报告,关于对《长春市城市建设档案管理条例(草案)》审议结果的报告；听取市民政局局长徐连东受市政府委托宣读的市政府关于提请审议修订《长春市地名管理条例》的议案及说明；听取市质监局局长沙宪卿受市政府委托宣读的市政府关于提请审议废止《长春市食品质量监督管理条例》和《长春市产品质量监督管理条例》的议案及说明;听取市人大法制委主任委员隋光伟宣读的关于提请审议制定《长春市第十四届人大常委会立法规划》的议案及说明、关于提请审议制定《长春市人大常委会2014年立法计划》的议案及说明;听取市工信局局长郝晶祥受市政府委托所作的市政府关于突出发展民营经济情况的报告；听取市园林绿化局局长周亚昆受市政府委托作的关于《长春市绿色宜居森林城之生态绿地系统规划》编制工作报告。会议表决通过《长春市第十四届人民代表大会常务委员会关于接受侯建民、苏志芳辞去长春市副市长职务的决定（草案)》,表决通过《长春汽车经济技术开发区条例》、《长春市人大常委会关于打造绿色宜居森林城加强生态绿地系统建设的决议》。会议表决通过人事任免事项，决定任命白绪贵为长春市副市长，马国成为长春市水利局局长，鲍文明为长春市粮食局局长。11月18日,常委会举行第七次会议。会议听取市人大常委会法制工作委员会主任隋光伟宣读的关于《长春市人民代表大会议事规则(修订草案)》《长春市人民代表大会常务委员会议事规则(修订草案)》《长春市人民代表大会常务委员会主任会议议事规则（草案)》《长春市人民代表大会专门委员会议事规则(草案)》的议案及说明。听取并审议市人大常委会副秘书长孙宁宣读的《长春市人民代表大会常务委员会关于召开长春市第十四届人民代表大会第二次会议的说明》,表决通过《长春市人民代表大会常务委员会关于召开长春市第十四届人民代表大会第二次会议的决定》。会议通过拟提请长春市第十四届人民代表大会第二次会议审议的《长春市人民代表大会议事规则（修订草案)》的议案。表决通过《长春市人民代表大会常务委员会议事规则（修订草案)》、《长春市人民代表大会常务委员会主任会议议事规则(草案)》《长春市人民代表大会专门委员会议事规则（草案)》。12月11日,常委会举行第八次会议。会议听取市政府秘书长贺兴国受市政府委托所作的《长春市人民政府关于市十四届人大一次会议议案办理情况的报告》,市人大常委会秘书长吴强宣读的《长春市人民代表大会常务委员会工作报告(审议稿)》;审议通过市人大代表资格审查委员会副主任委员陈亚群所作的市十四届人大常委会代表资格审查委员会关于对补选的市第十四届人大代表的代表资格审查结果的报告，审议通过市十四届人大二次会议日程草案、市十四届人大二次会议主席团和秘书长名单草案、市十四届人大二次会议常务主席名单草案、副秘书长名单草案、市十四届人大二次会议决定列席人员名单草案。审议了《长春市“十二五”规划实施情况中期评估报告》、《关于长春市2012年度市本级预算执行和其他财政收支审计结果落实情况的报告》、《市政府关于全市财政投资重大项目资金管理情况的报告》《市政府关于市十四届人大一次会议代表建议、批评和意见办理情况的报告》《市人大人事代表选举委员会关于市十四届人大一次会议代表建议处理情况的报告》《长春市人民代表大会城乡建设环境保护委员会关于市十四届人大一次会议议案办理情况审议结果的报告》。会议表决通过拟提请市十四届人大二次会议审议的《长春市人民代表大会常务委员会工作报告（审议稿)》。

【立法工作】 2013年,市人大常委会审议制定、修订和废止地方性法规12件。其中审议制定地方性法规4件,即《长春市公园条例》《长春市城市建设档案管理条例》《长春市人民代表大会常务委员会主任会议议事规则》《长春市人民代表大会专门委员会议事规则》;修订地方性法规6件,即《长春市无规定动物疫病区建设管理条例》《长春市地名管理条例》《长春汽车经济技术开发区条例》《长春市人民代表大会议事规则》《长春市人民代表大会常务委员会议事规则》《长春市人民代表大会常务委员会人事任免条例》;审议废止地方性法规2件,即《长春市食品质量监督管理条例》和《长春市产品质量监督管理条例》。为完善长春市地方性法规体系、推进法治长春建设,常委会还编制市十四届人大常委会立法规划(2014—2017)。2013年10月11日,长春市人民代表大会常务委员会发布（第十四届)第4号公告,《长春市公园条例》于2013年6月28日由长春市第十四届人民代表大会常务委员会第四次会议通过,2013年9月27日经吉林省第十二届人民代表大会常务委员会第四次会议批准,自2013年11月1日起施行。2013年12月13日，长春市人民代表大会常务委员会发布(第十四届)第7号公告。《长春市城市建设档案管理条例》于2013年10月30日由长春市第十四届人民代表大会常务委员会第六次会议通过,2013年11月29日经吉林省第十二届人民代表大会常务委员会第五次会议批准,自2014年1月1日起施行。2014年4月29日,长春市人民代表大会常务委员会发布(十四届)第十四号公告。《长春市人民代表大会专门委员会议事规则》于2013年11月18日由长春市第十四届人民代表大会常务委员会第七次会议通过,2014年3月28日经吉林省第十二届人民代表大会常务委员会第七次会议批准,自公布之日起施行。2014年4月29日,长春市人民代表大会常务委员会发布(十四届)第十五号公告。《长春市人民代表大会常务委员会主任会议议事规则》于2013年11月18日由长春市第十四届人民代表大会常务委员会第七次会议通过,2014年3月28日经吉林省第十二届人民代表大会常务委员会第七次会议批准,自公布之日起施行。

【监督工作】 2013年,听取和审议"一府两院"专项工作报告15项,开展"三查(察)"活动18次。加强对经济领域重点工作的监督。听取和审议市政府相关工作报告,积极推动省、市扶持民营经济政策的落实。听取和审议市政府关于上半年国民经济和社会发展计划执行情况的报告。审议全市"十二五"规划实施情况中期评估报告,对保持全市经济平稳较快发展提出了意见和建议。加强对财政预决算的审查监督。常委会听取和审议市政府上半年预算执行情况报告、财政收支情况审计报告、预算执行和其他财政收支审计结果整改落实情况报告,批准2012年市本级财政决算。对10个一级预算单位2014年预算编制及2013年预算执行情况进行审查,提出整改建议。加强对城市建设和管理的监督。常委会对"两横三纵"快速路、地铁二号线等城建重点工程进行了视察,为保障城建重点工程建设的推进、支持市政府解决融资难题,及时批准将地铁、"两横三纵"快速路等项目融资建设资金偿还逐年列入财政预算。对老旧散小区物业管理差等问题,常委会多次组织视察和检查,推动市、区两级政府加大投入,改善设施,提升管理水平。加强对城市公共安全建设的监督。加强食品安全监督,专题审议市政府贯彻执行农产品质量安全法情况的报告。加强对改善民生工作的监督。常委会结合宣传贯彻老年人权益保障法,开展对全市养老机构建设和管理情况的视察,督促政府提高养老保障标准,加强养老机构建设。针对群众关注的"入园难、入园贵"问题,强化对学前教育的专项监督,建议政府增加公办幼儿园数量,调整和规范收费标准。围绕长春市国家公共文化服务体系示范区建设,对基层公共文化服务单位进行了视察。常委会对群众关心的医疗卫生体制改革、实施全民健身条例及推进《全民健身计划(2011-2015)》情况,回族群众关注的长通路清真寺扩建改造和双阳区大营子清真寺建设工程,进行视察和检查,督促推动工作落实。加强对生态环境建设的监督。为加强水源地和耕地保护,常委会先后对新立城水库湿地保护、净月区生态环境保护以及城乡建设用地增减挂钩、农村土地整理工作情况进行视察检查,推动市政府首次开展了区域内湿地情况普查与规划工作。为提升城市绿化美化水平,常委会多次对长东北湿地公园、百木园、繁荣路湿地公园建设情况等进行视察,建议市政府进一步增加绿地,提升城市生活品位。对2013年不断增加的"雾霾"天气,为推动城市大气环境质量改善,配合省人大对贯彻执行大气污染防治法、城市机动车排气污染防治条例等情况进行检查。加强对司法和行政执法工作的监督。常委会对法院工作,开展对基层人民法庭建设情况的视察,就科学布局、完善经费保障机制、解决基层审判力量不足等问题,提出了意见和建议,推动全市基层人民法庭现代化和科技化建设水平的提升。

【决定重大事项】 常委会积极落实市十二次党代会提出的建设绿色宜居"森林城"部署,作出了《关于打造绿色宜居森林城加强生态绿地系统建设的决议》,确定了规划实施的总目标和阶段性任务,明确了各级政府和有关部门的责任,形成全市上下共同建设绿色宜居森林城的强大合力。根据市政府提请,常委会作出了《长春市与澳大利亚瓦南布尔市缔结友好城市的决定》,推动了长春市对外交往和开放。

【人事任免】 2013年,市人大及其常委会换届后,及时任命市政府组成人员,及时修订常委会人事任免办法,完善人事任免表决方式、资格审查等程序,人事任免工作法治化、规范化和科学化水平进一步提高。全年依法任免地方国家机关工作人员278人次。

【代表议案和建议办理】 市十四届人大一次会议期间,市人大代表提出议案和建议、批评、意见219件,将老旧散住宅区物业管理等4件议案列为大会议案。人代会闭会后,常委会主任会议又将关于加大长春市战略性新兴产业的投入加快培育新的经济增长点、解决在部分中小餐饮企业消费索要发票难、加强湿地保护推动长春市生态文明建设、加强石头口门水库水源地保护和管理、优先发展城市公共交通有效缓解交通拥堵问题、认真执行《长春市城乡规划条例》强化城市规划管理、加强长春市食品安全监管、加强长春市电梯维护与安全信息系统化管理、培训新代表和不定期组织代表视察等9件建议作为重点督办的代表建议。

【全市政情通报会】 8月5日,市人大常委会召开2013年全市政情通报会。市委常委、常务副市长肖万民代表市政府报告了上半年全市经济社会发展情况,市人大常委会、市中级人民法院、市人民检察院分别以书面形式报告了上半年工作情况。这次通报会是市人大常委会践行党的群众路线的一次实践活动。会议筹备过程中,部分人大代表深入社区、企业,广泛征求了各个层面群众的意见。

(单大维　张　剑)

长春市人民政府

【概况】 2013年,全市实现地区生产总值5003.2亿元,按不变价格计算,比2012年增长8.3%。其中,第一产业增加值332.0亿元,增长3.5%;第二产业增加值2658.7亿元,增长9.4%;第三产业增加值2012.5亿元,增长7.8%。三次产业结构为6.7∶53.1∶40.2。对经济增长的贡献率分别为2.7%、59.5%和37.8%。人均生产总值达到66286元(按户籍年平均人口数计算),比2012年增长8.3%,折合10872美元。全市一般预算全口径财政收入1077.6亿元,增长16.2%。全市地方财政收入381.8亿元,增长12.0%;地方财政支出633.0亿元,增长13.9%。全口径财政收入占GDP的比重为21.5%,比2012年提高0.7个百分点。固定资产投资完成3408.4亿元，增长20%。全市从业人员总数433.1万人，增长12.1%。城市居民人均可支配收入20634元，增长13.3%；农村居民人均纯收入10060元，增长11%。

【经济发展】 全年产值超亿元、超10亿元企业分别为639户、66户。实施投资3000万元以上工业项目1250个。大众发动机、轿股变速箱、丰越RAV4、百克疫苗、富士康新材料、新力LED光源等一批项目建成投产。新增高新技术企业31户，省级以上企业技术中心96户，转化重大科技成果130余项，突破共性关键技术300余项。出台并落实促进服务业转型升级的若干政策，服务业增加值突破2000亿元。社会消费品零售总额1779.2亿元，增长13.5%。引进一批区域性总部、研发中心，软件、服务外包、电子商务等高端服务业迅速成长，医疗、教育、会展、购物等区域性服务能力进一步强化。全年实现进出口总额204亿美元，增长3.7%。全年实际利用外资44.4亿美元，增长20.6%。全年来长旅游人数4229.5万人次，增长15.7%。旅游总收入685.79亿元，增长25.08%。实施农作物高光效栽培示范3.29万公顷，推广玉米保护性耕作10.53万公顷，建设万亩高产示范片区120个。大型农业机械数量增长41.5%，玉米、水稻机收率分别提高5.5和6个百分点。农业战胜春季低温内涝、夏季寡照多雨等不利因素喜获丰收，粮食产量达到196.9亿斤。兴隆综合保税区通过国家考核验收、正式封关运营，长春拥有直通世界的对外开放平台。

【改革事业】 继续深化行政审批制度改革，取消下放行政许可及审批项目123项，审批规定时限进一步压缩。开展交通运输、文化创意、鉴证咨询、研发服务等重点行业营业税改增值税试点，为企业税负降低、经济结构调整、发展方式转变提供制度支持，最大限度地激发市场活力。

【民营经济】 出台鼓励发展民营经济50条政策，为小微企业和个体工商户减免税收13.6亿元，全市注册登记私营企业、个体工商户数量分别增长12.3%、24.7%，民营经济主营业务收入增长16%。

【城市建设】 “两横三纵”快速路克服了工期紧、任务重、投资高、难点多、压力大等诸多不利因素，在全市人民的支持下，实现了主线贯通、简易通车，改写了城市道路交通史，并标志着长春正式进入立体交通时代。完成236条主次干道的大中修。地铁1、2号线建设顺利推进。54路有轨既有线路改造竣工通车，西延长线实现贯通。3座净水厂改续建工程进展顺利，城区西部供水紧张状况明显缓解。新增供热能力1550万平方米。改造供热、供水地下管网490公里。加快建设6座污水处理厂，伊通河城区段基本完成污水截留。新建续建百花园等公园14个，新建绿地39块，新植街路40条，新增城市绿地600公顷。强化空气污染综合整治，启动天然气替代燃煤供热试点，撤并改造分散采暖锅炉164座，淘汰治理“黄标车”5500台，开展道路降尘除尘作业，推行大田秸秆禁烧政策。开展市容环境整治攻坚，尽最大努力消除城市建设改造对市容环境的影响和冲击。

【社会事业】 全年专利申请量由2012年的6165件增加到7106件，增长15.26%。全年通过鉴定、验收和认定的科技成果209项，获得市以上科技进步奖励成果238项。其中，获国家级奖励3项，省级奖励187项。2013年末，在全市各级各类科技人员中，“两院”院士32人。全市拥有独立科学研究与技术开发机构91个。其中，自然科学和技术领域研究与开发机构59个，社会科学与人文领域研究与开发机14个，科技信息与文献领域机构3个。全市民营科技企业技术合同成交额达26.03亿元，技术合同成交额245.72亿元。市科技管理部门共投入科技经费8083万元。全市有法定产品质量检验机构6个，法定计量技术机构6个。全年定期监督检验产品1497批次。受理委托检验17638批次。国家和省的监督抽查产品质量平均合格率分别达到90.1%和89.54%。长春市各级各类教育学校（园）2575所，其中，在长普通高校37所，成人高校8所，中等职业学校104所，普通高中68所，普通初中264所，职业初中3所，小学1345所，特殊教育10所，工读学校1所，幼儿园735所。全市各级各类学校（园）招生人数43.5万人，其中，在读研究生1.6万人，普通本专科11.3万人，成人本专科4.8万人，中等职业学校1.8万人，普通高中招生4.6万人，初中阶段招生6.3万人，小学招生6.5万人，特殊教育学校招生170人，入园儿童6.6万人。全市各级各类学校在校（园）人数145.1万人，其中，在读研究生4.9万人，普通本专科在校生40.2万人，成人本专科生10万人，中等职业学校在校生6.2万人，普通高中在校生14万人，初中阶段在校生18.6万人，小学在校生39.5万人，特殊教育在校生0.11万人，在园儿童11.6万人。全市各类教育学校专任教师9.8万人。其中，普通高等学校专任教师2.6万人，成人高校专任教师0.12万人，中等职业学校专任教师0.56万人，普通高中专任教师0.95万人，初阶段专任教师2万人，小学专任教师2.8万人，特殊教育学校专任教师330人，幼儿园专任教师0.81万人，小学适龄儿童入学率达99.98%。全市有文化（文物）事业机构228家，其中，艺术表演团体3家，艺术表演场馆6家，公共图书馆12家，艺术馆、文化馆12家，文化站161家，文化艺术科技、科研机构2家，文物保护研究机构1家，文物保护管理机构4家，其他文化事业4家，其他文化企业1家，博物馆7家，文化市场管理机构14家。公共图书馆总藏量474万册，其中，少儿图书馆藏量81万册。全市有国家综合档案馆11个，馆藏档案139万卷、114万件，开放档案16万卷、7万件。全市共有各类文化经营场所1160家，其中，互联网上网服务营业场所705家；文化娱乐场所247家；演出场所26家；音像制品经营场所181家，古玩（美术品）经营店1家。全市卫生医疗机构4224个，增长3.28%。其中，医院、卫生院299所，拥有医疗床位4.49万张。卫生技术人员为4.35万人。每千人拥有执业医师和执业助理医师2.45人。市辖区建成社区卫生服务中心53家，城区人口覆盖率达到95%，377.4万农民参加了新型合作医疗，常住人口参合率达到99.7%，筹集资金13.2亿元，已有132.8万参合农民受益，支付补偿金12.9亿元，占筹资总额的97.7%。成功承办了国际乒联世界巡回赛中国乒乓球公开赛、瓦萨国际越野滑雪赛、世界杯自由式滑雪赛等国际国内大型体育赛事10项次。举办市青少年短道、速滑、篮球等省市各级各类体育赛事200项次。长春市代表团参加了十二届全国冬季运动会3大项9分项91小项角逐，夺得金牌29枚、银牌16枚、铜牌20枚、金牌总数列全国第二的优异成绩，继续保持了长春市冬季项目全国前列位置。开展以"为民、务实、清廉"为主题的群众路线教育实践活动，深入查摆和整改形式主义、官僚主义、享乐主义和奢靡之风问题。从严落实中央"八项规定"，清理2543名吃空饷人员，取消67个公款出国团组，精简500余个会议，取消"吉OA"公安专段车号牌。政府作风建设取得阶段性成效。利用信访机构接待、市长公开电话、局长接待日、读报读网制度等各种渠道，掌握群众诉求、解决群众困难。组织"三满意"机关创建、"万人评议机关"活动，加大涉软案件查处力度，经济发展软环境进一步优化。强化依法治市，严格依法行政，坚持从严治政，法治政府建设取得新进展。深入开展"情系驻长官兵、共爱革命功臣"活动，双拥工作取得新成效。

（房　明）

【"12345"市长公开电话】 **提升受理能力**　坚持把群众呼声作为第一信号，注重挖掘内部潜能，根据投诉量变化规律，科学安排工作日受理座席，增加节假日受理座席；注重完善资源共享机制，与全市5条便民服务热线实现对接，与《长春晚报》和交通之声受理平台互联互通；注重受理人员业务能力建设，通过加强培训、岗位练兵，提高受理能力。2013年，累计受理市民投诉和咨询电话595416件，工作日日均受话量达到1800件。

维护群众利益　坚持把群众满意作为第一标准，提高诉求办理质量为导向，做好每件市民投诉的办理工作。加强经常性监督管理，通过对普通情况、重复投诉、重要事件和急办问题的分层管理，委托中介机构调查回访，评价结果每月通过短信向网络单位"一把手"通报和推行录音反馈结果等办法，强化相关网络单位的责任。对于事涉跨部门和行业的重要投诉事项，通过出现场和召开协调会等方式，明确责任，强化措施，督办落实，解决了伊通河灶台鱼饭店非法排污、开发区屠宰厂污染、城区居民非法饲养烈性犬等一批难点问题。开展"清理解决百姓重复访问题"活动，对216件问题列出清单，跟踪督办，有效防止了"问题积累、矛盾上行"的现象。各网络单位结合实际，不断强化市长电话工作，朝阳区、高新区、莲花山度假区、环保局、市容环卫局、药监局、地税局、粮食局等网络单位，加强市长电话基础建设，办理质量和水平进一步提升；长热集团、水务集团、长春燃气、供电公司、公交集团、维管中心、长春有线等网络单位，加强隐患排查化解工作，真正把工作做在前、做到位。2013年，办理市民投诉356348件。

局长接待日　坚持把"一把手"接访作为局长接待日工作的原则要求，按照市长姜治莹"一定要求'一把手'参加，无特殊理由，不准请假"的批示，加强工作调度，全面落实接访责任制。全市各接待部门和单位"一把手"能够站位一线，亲自接访，为群众排忧解难。2013年，局长接待日"一把手"平均到位率达93%。为解决疑难复杂问题，市政府各位分管领导积极协调各方力量采取统筹调度、会办等方式，明确谁来负责、怎样办理和办结时限，使3所师范学校教师住房补贴、中环小区物流扰民、交通改制企业职工安置、毛线厂职工反映侵权和违章建筑整治等一批疑难复杂问题得到解决。2013年，组织15次局长接待日活动，接待市民9474人，处理解决问题2775件。委托中介机构对办理结果进行调查回访，市民满意率80.2%，反馈率92.3%。

坚持读报读网，实现政府工作同舆论监督的有机结合　坚持把主动发现和解决媒体反映的问题作为改进政府工作的常态化手段，将读报读网工作纳入公开电话网络系统，实行一体化管理，做到同部署、同推进、同落实。各网络单位每天坚持读报读网主动发现问题，及时解决问题，有效弥补政府工作缺失，提高服务水平。净月区、汽开区、绿园区、路灯处、牧业局、园林局、运输管理局、工信局问题按时办结率达到100%。2013年，读报读网累计发现解决问题3800件，主动发现率达87%。长春市连续4年被《人民日报》评为"全国网民留言办理先进单位"。

（蔡　波）

【决策咨询工作】 **重大决策课题研究**　完成市长姜治莹交办的《关于我市城建融资的内部参考》《供给经济学派介绍——兼论转变调控经济的指导思想》《关于"经济增长质量"的相关建议》；对全市优化生产力布局提出系统方案，供市领导参考；完成市委宣传部的《关于规划建设长春国际文化休闲区的总体构想》；完成榆树市委、市政府委托的《对榆树市科学的发展与思考》课题；向农安县委提交了关于长西北湿地经济区发展的规划纲要。

参与决策咨询工作　2013年，参与关于改造建设"老长春文化商街"的紧急建议；对净月高新区出台优惠政府提出修改建议；关于莲花山开发区土地流转和新型城市化意见研究；对工信局工业五年规划《开发区转型升级问题研究》提出了修改建议；对农博园设立农耕文化展览馆的建议；对市旅游工作发展提出框架意见，修改文稿；对市政协促进长春生态文明建设工作提出参考意见；对市人大研究民营经济发展模式问题提出参考意见；对全市2014年民生工作改进提出参考意见；对市委党校筹建市情研究会提供咨询意见；对双阳区奢岭地区发展向市领导提出建议。

（梁永红）

【民生工作】　2013年计划的92项、246件实事，除2件因政策、施工条件限制等影响外，其余全部按计划完成。建设幸福长春工作得到社会各界的广泛好评。连续6次当选中国最具幸福感城市，并荣膺中国形象最佳城市桂冠。

富民增收 全年减免各税19.5亿元，惠及38.1万户次个体工商户和2.7万户小微企业。实现城镇新增就业13.1万人，转移农村剩余劳动力119.9万人次，组织开展各项技能培训16.5万人，确保了创业的有效推进和就业的基本稳定。职工月最低工资标准增长14.8%，达1320元。城镇居民人均可支配收入、农民人均纯收入分别达到26034元、10060元，分别增长13.3%和11%。

社会保障 2013年，职工参保率达93.5%，城乡居民参保率达90%，企业退休人员养老金人均提高181元。新建养老机构床位一次性补助标准由每床2000元提高到4000元，以租用方式新增的床位按照每床1000元标准给予补贴，全市新增养老床位1200张。新农合、居民医保各有40种大病列入保障范围，最高报销比例分别达到80%和85%。城镇居民医保50种常规病种实行定额治疗，11种大病实现低自付治疗。居民、职工医保门诊报销限额分别提高50%、66.7%，新农合年度报销封顶线提高25%。幸福惠民卡新增免费游览公园、伪满皇宫和免费购书两项功能。城区城市低保标准由每人每月375元提高到400元，农村由每人每年2100元提高到2500元。惠及贫困学生2.3万人；低保及低保边缘家庭在园幼儿幼教补助标准由每人每月200元提高到315元；金秋助学活动实现了“覆盖城乡、覆盖全部教育阶段、覆盖所有困难学生”的助学模式，救助6936人，成年重度残疾人生活补贴标准分别提高33%和50%。城区“三无”、农村五保等困难群体在定点医疗机构就医基本实现“先住院、后付费”。开展司法救助，办理困难群众法律援助案件2900余件，促进社会和谐稳定。

住房保障 各类保障性住房建成1万套、分配到户4600套。拆除棚户区91.8万平方米、新建回迁房1.3万套，城区581栋D级危房内居民全部迁出并予以妥善安置。综合整治30个“老、旧、散”住宅区、“暖房子”改造1000万平方米。出台《关于加快物业服务业发展的指导意见》和《物业维修应急资金使用办法》。

城市交通 “两横三纵”快速路实现主线贯通、简易通车。完成了236条道路大中修、600条道路小修、1008条巷道改造、90座桥梁维护。打通、改造东莱北街、阜丰路工程、安乐路、飞跃中路、南部新城等断头路、卡脖路20条，解决了局部拥堵问题。维修井具10000套。地铁1号线、2号线、54路有轨延长线建设顺利推进。长春市成为全国第二批出租汽车服务管理信息系统试点城市和第二批公交都市创建试点城市。

城市环境 推进第四轮市容环境综合整治行动，道路维修、除尘清洁、工地治理、露天烧烤、非法广告、占道经营、交通秩序、重点街路八大整治战役全面展开。39条精品街路建设、“十百千万”市政基础设施改造建设工程顺利完成。新建续建百花园、湿地园等公园14个；新建绿地39块，新植街路40条，新增城市绿地600公顷。撤并改造分散采暖锅炉164座，淘汰治理黄标车5500台。

健康教育中心三八节活动启动仪式

教育均衡 新建改建公办幼儿园15所，新增幼教学位4000个。新建3所城乡结合部九年一贯制学校，标准化改造60所中小学校园设施。城区中小学生均公用经费上调200元。基础教育向优质均衡方向发展迈出坚实步伐，完成公办学校4281个优质空余学位和民办学校30%学位电脑派位工作，52个大学区建立教育资源共享机制，首批623名教师交流轮岗。建立农民工子女入学“绿色通道”，1万余名学生受益。启动城区适龄未入学残障儿童送教上门试点。国家职业教育综合改革试点稳步推进。免除2.5万名农村及涉农专业中职学生学费。

医疗卫生 启动第二轮“健康长春行动计划”，通过国家基本公共卫生服务专项考核。受世界卫生组织邀请，长春在第八届全球健康促进大会上做了经验介绍。5家市级公立医院实施基本药物制度，取消药品销售加成。免费实施孕前优生健康检查及乙肝病毒母婴传播阻断工程，出生人口素质进一步提高。城乡医疗救助中心正式启动，筹集1亿元救治资金，为困难群众健康再添新的保障。

公共文化 国家公共文化服务体系示范区创建工作成效显著，在国家组织的实地验收检查中，长春市72项指标全部达标，位居全国中部参评城市第二名。历史文化遗产保护取得重大突破，伪满皇宫等8处18项不可移动文物被核定为全国重点文物保护单位。群众艺术馆、朝鲜族艺术馆开工建设，博物馆、规划展览馆完成主体工程。新建城市社区健身路径94套，为10个乡镇及100个行政村安装健身器材。10个县(市)区的文化馆、图书馆全部达到国家三级以上标准，全市168个乡镇(街道)全部建成综合文化站，并达到国家标准。全年放映数字电影2.2万场，完成各类广场文化活动220场次。全年举办“城市热读”系列讲座83场，受众达2万余人次，群众业余文化生活更加丰富多彩。

维护社会稳定 社会治安综合整治，110刑事警情、治安警情、“两抢”案件数量分别下降17.5%、43.4%和42.2%，有重大影响案件全部告破，命案破案率达到95%以上。新增治安高清监控探头2800余个。出台为民营经济发展提供司法服务和保障的23条意见，维护了企业合法经营权益。推进幸福社区建设，推行“人性化、网格化、信息化”服务管理模式，出台《关于推进幸福社区建设的意见》《长春市幸福社区建设考评办法》，一批“自治有序、服务完善、设施齐全、活动丰富”的特色社区相继涌现。城区社区用房均超过500平方米。

（温　新）

【人力资源和社会保障工作】 **就业创业** 全市实现城镇新增就业12.3万人，下岗失业人员实现再就业5.9万人，新发放小额担保贷款9008万元，推介创业成功项目1285个，实现农村劳动力转移就业110.2万人，零就业家庭保持动态为零，城镇登记失业率为3.53%。第四届中国长春创业就业博览会成功举办。吸引招聘单位2231家，提供招聘岗位3.5万个，提供创业项目3789个，与27个外国专家组织和海外华人团体签署人才培训协议及合作框架协议。人力资源市场和人才市场举办各类招聘洽谈会328场，其中“民营企业招聘周”、“高校毕业生招聘会”“就业援助”等专场招聘洽谈会67场，接待用人单位近3万家次，求职者近百万人次。开展“千名科技专家服务民营企业”行动。累计收集整理科技难题278项，科研成果168个，科技专家225人，为62位来自各高校和科研院所的科技专家颁发了聘书，确定10家民营企业为长春市首批科技专家服务基地，组织456家民营企业与专家开展了洽谈对接，达成意向合作协议53项。制定出台做好高校毕业生就业创业服务的18条措施，启动了“政校企”联合体，在全市38所高校建立创业就业工作站，为3000名毕业学年高校毕业生提供创业培训，新建大学生创业园12个，创业实训基地10个，发放大学生小额担保贷款1680万元。与长春人民广播电视台联合推出一档专题民生类公益服务栏目——《创业梦想》，栏目以服务就业创业，建设幸福长春为宗旨，自2013年8月24日开播以来，逐步成为全市宣传就业政策、服务求职人员、展示创业项目、实现创业梦想的重要平台。

社会保障 全市城镇职工基本医疗保险参保160.8万人，城镇居民医疗保险参保245.8万人，医疗保险参保率达到95%；工伤保险参保118.4万人，生育保险参保112.6万人，2项保险参保率均达到98%以上。启动了城镇居民大病医疗保险，首批推出了儿童急性白血病、肺癌等40种多发、对家庭构成灾难负担的病种，平均补偿比例不低于80%，年度内最高支付限额为10万元，儿童白血病、血友病等21个病种实行低自付治疗。医疗、工伤、生育保险市级统筹制度全部实现，全市参保人员在长春市行政区域内定点医疗机构和定点零售药店发生的合规医药费用，均可持社会保障卡即时结算。2013年居民医保政府补助标准由每人每年240元提高到280元。职工医保门诊统筹报销额度由1200元提高到2000元、居民医保门诊统筹报销额度由800元提高到1200元。冠状动脉支架植入术后抗血小板治疗等20个病种纳入职工医保门诊慢性病范围，慢性病总数达到44种。残疾人运动疗法等9个康复项目纳入了中医特色门诊试点范围。361种骨科耗材开展了政府团购招标，整体价格实现大幅度下降，最高降幅达90%。组织开展医保“两定”单位专项检查活动，对59家定点医院和48家定点药店的14类违规行为做出取消资格、停网整顿、限期整改、行政罚款等处理决定。全面启动了长春医保“电子社保”服务工程，医保卡制发工作由过去的期限发卡改为即时发卡。

工资收入分配 2013年新调入核定工资1410人，对提职的5083人晋升了工资，对正常晋升的31494人履行了工资手续。下发“企业工资信息调查报表”3159份，问卷调查1700份，涉及职工10.3万余人，生成1365个职位（工种），其中，单独形成41个外商投资企业职位（工种）、6个学历等级、10个年龄段、8个工龄段、9个专业技术等级、14个国民经济行业、4个隶属关系、10个登记注册类型、35个家政（社区）服务业岗位，面向社会发布企业工资指导价位5519个。及时发布部分行业人工成本情况及预警线，对2566家企业、10.7万名职工的人工成本进行了抽样调查。及时调整最低工资标准，全市最低工资标准由1150元提高到1320元。

人事制度改革 完成2013年度全市各级机关考试录用公务员计划申报和笔试、面试、体检组织工作，新录用公务

第四届中国长春创业就业博览会

员520名。对1119名符合晋升非领导职务条件人员进行审批备案，为104名符合条件的人员办理调转任手续，面向基层遴选公务员13人。公务员更新知识培训创新推出了自选专题培训，组织培训市直机关公务员及参照公务员法管理事业单位人员1.53万人。制定下发市政府工作部门2013年绩效评估《实施方案》，对评比达标表彰情况进行了全面清理规范。组织完成2013年事业单位工作人员招聘工作，招聘工作人员977人。新接收2013年军队转业干部299人，其中，计划分配军转干部241人，自主择业军转干部58人。完成1545名自主择业军转干部退役金调整、医保基数调整、冬季采暖费、独生子女费发放等工作。打造具有长春特色的"创业就业拥军"工程，组织开展以"送岗位、送技能、送健康"为主题的进军营系列活动。

人才队伍建设 发布2013年企业人才需求目录，组织参加深圳国际人才交流大会和广州留学归国人员交流大会，对接留学人员创业项目和科技难题招贤项目8项。市本级中小学教师职称过渡工作基本完成。完成了吉林省第四批拔尖创新人才推荐选拔工作，组织享受长春市政府特殊津贴人员申报工作。全市共初审专业技术人员材料5722份，评委会通过3003份，对参评机械专业高级职称的增加了答辩环节，完善了专业技术人员职称评审机制。2013年共组织实施30个国家和地方引进国外技术和管理人才项目，完成引进国外人才130人次，办理外国专家来华工作许可122件，办理外国专家证312个，评选10位外国专家荣获"长春友谊奖"，11位外国专家荣获"长春市优秀外国专家"荣誉称号。组织培训各类人员16.5万人。落实优秀青年人才选拔培养计划，组织开展2013年职业技能竞赛系列活动。全市职业技能鉴定工种达到21个，完成技能鉴定15个批次，鉴定考核26008人，其中高技能人才2207人。开展了技工学校助学金专项检查行动。

劳动关系和劳动者权益维护 对劳务派遣企业开展了专项检查。制定了《长春市建设施工领域建立农民工欠薪处理责任制的通知》，为3.1万名农民工追讨拖欠工资3.3亿元。稳妥参与处理德惠宝源丰禽业公司"6.3"特大事故，对工亡人员费用支出情况、重伤人员待遇情况做出了准确测算，在补偿标准上得到121名工亡职工家属和76名工伤职工的普遍理解和认同。处理劳动人事争议1243件，结案1197件，结案率达到96%，为劳动者维权1900余万元。组织全市169个街、镇、乡，395个社区，就近就地调解各类劳动争议2016件，有2838起劳资纠纷在基层得到有效化解。劳动保障监察"两网化"管理试点进展顺利，开展了维护农民工合法权益"春暖行动"，连续开展了两轮建筑工地专项检查，对可能发生欠薪的工地进行了全面排查。立案处理违法案件212件，检查用人单位1200户，建筑工地256个，督促用人单位补签劳动合同3600份，办理社会保险12700人。

（李　钢）

【外事工作】 开展对外招商引资工作 联系美国摩根大通、美国摩根士丹利、汇丰及澳新银行等世界500强银行来长春市参观考察，协调市领导及相关部门就引进上述银行来长春市开展金融业务洽谈，使外资银行对长春市投资环境有了更加深入的了解，为下步实际操作奠定了基础。由市外办牵头，联系市发改委完成了市卫生系统8家医院及水务集团分别利用2000万美元以色列贷款和2000万欧元德国促进银行贷款项目的调研和申报工作，这2个项目均得到国家发改委批复。组织长春市代表团赴境外考察招商。带着项目组织市领导率团出访，扩大对外交往的广度和深度。4月下旬，市委书记高广滨率市经贸代表团出访巴西、秘鲁和阿根廷。与经济技术开发区共同组织长春市经贸代表团赴韩国招商。市外办还协助代表团在蔚山市举办了兴隆综合保税区投资说明会。组织长春市工业代表团赴德、英两国考察招商。与工商联共同组织长在市工商企业代表团赴俄罗斯招商，推介长春轨道客车股份有限公司与外方开展项目合作。以东北亚博览会等大型商贸展会为平台，邀请泰国正大集团、香港贸发局等高层率团参展参会。东博会期间，香港贸发局总裁林天福率大型代表团来长，有100家香港企业参展参会，市外办联系市工商联和相关行业协会，组织长春民营企业与26家港商开展了对接。应市外办邀请，俄罗斯卡缅斯克市代表团来长访问，经市外办推介，该代表团俄罗斯工业能源公司与长春市希达电子公司开展了业务洽谈，签订进口希达电子公司LED显示屏项目合作协议，总金额2000万美元。市外办还邀请俄罗斯克拉斯诺亚尔斯克市代表团来长访问，并组织对接会，取得多项合作成果。其中，俄罗斯地平线有限公司就采购长拖机械设备集团小马力拖拉机、农机具项目签订4000万人民币合同，长春市兴业国际有限公司、华商公司等企业也就出口汽车配件、新能源客车和建筑材料等项目与俄方签订框架协议。邀请澳大利亚维多利亚州代表团来长访问，并协助代表团在长春市举办"携手维州·共赢未来"主题推介活动。

因公出国管理工作 2013年审核、审批因公出国（境）团组177个，567人次，比2012年分别减少42.6%和49.3%。其中，党政人员因公出国298人次，与2012年相比减少43.2%。

外事服务工作 2013年，为长春市企业和市民办理34095份认证，比2012年增长201.8%。到企业现场办公、2013年，为长春市39家企业的107人申办并获得商务旅行卡，另有6家民营企业12人的申办手续正在办理中。对部分中外企业反映的"邀请外国文教专家来华程序繁锁，影响工作效率"的问题，深入白大卫等外语培训学校和6家民营企业开展调研，会同市外专局、教育局召开专题会议，研究制定简化邀请外国文教专家来华审批程序的相关措施。

对外友好交流 经国家友协批复，长春市与澳大利亚瓦南布尔市正式建立友好城市关系，至此长春市已与世界18个国家的19个城市建立了友城关系。邀请泰国巴真府府尹率大型经贸代表团于7月对长春市进行友好访问，在轨道客车、旅游、零售和投资等方面与长春市相关部门和企业进行了洽谈。组织长春市市民代表团出访德国沃尔夫斯堡开展民间友好交流，受到该市的高度重视，沃尔夫斯堡市常务副市长等官员会见长春市代表团。以长春市举办的消夏节、东博会等国际性活动为载体，邀请多个友城代表团参展参会，密切了长春市与友城间的交往合作。举办第四届外国友人运动会。本届运动会于6月9日举办，组织全市28个涉外单位的445名外籍运动员报名参赛，分别来自70多个国家和地区。举办第三届国际友城半程马拉松邀请赛。由市外办牵头承办的第三届国际友城半程马拉松赛于于9月15日净月潭成功举办。来自长春市10个国家11个国际友好城市和友好合作城市代表团的28名外国运动员、200余名在长外籍友人和国内25个城市及长春市的运动员，总计有近2000名长跑爱好者参加了比赛。组织中外文体交流活动。年初邀请奥地利斯特劳斯交响乐团来长，举办“2013年新春音乐会”，组织市机关篮球队等体育代表团赴白俄罗斯、匈牙利和日本仙台，参加篮球、马拉松等体育交流活动。邀请俄罗斯纳霍德卡市一线模范舞蹈学校近百名青少年来长，于6月1日在文化广场举办了具有俄罗斯民族特色的文艺晚会。

外语网站服务功能 2013年，发布信息3100余条，300余万字；新开发建设专题栏目9个，更新4个栏目内容；开展了英文版电子地图的走访调研工作，完成电子地图触摸屏的研发和制作；对英文版网站架构进行全新规划和设计，新增栏目10余个。加强网上互动栏目建设，与香港贸发局大连办事处合作，设立“东北亚博览会——香港时尚馆·长春”专栏，对长港企业的对接合作起到积极的推动作用。

（朱东来）

【侨务工作】 牵头承办国侨办第十一期“华侨华人专业人士回国创业研习班”。市外办共邀请来自美国、日本等16个国家和地区的70名华侨华人专业人士参加研习班，国侨办副主任谭天星、省侨办副主任陈香林和市委组织部长杨子明等领导出席开班式。本期研习班详细解读了长春市引进高层次人才政策、人才需求情况和“十二五产业发展规划”，举办了人才项目交流、投资推介和项目对接会等活动。70名海外华侨华人专业人士共带来110个高新技术合作项目，与长春市26个部门、50户企业代表进行了项目洽谈和对接，初步达成22个项目合作意向，签订合作协议2个。本期研习班主题明确、活动安排具体扎实，使海外华侨华人深入了解长春市的创业环境，体会到长春广纳英才的热情和诚意，达到凝聚侨心、聚集侨力、共谋发展的目的。做好侨务扶贫、信访和三侨考生身份认定等基础工作。争取省侨办专项扶贫经费3万余元，对2名贫困归侨家庭学生给予助学资助2500元；全年接待侨务信访10余件（次），性质以房屋动迁、经济纠纷和生活困难为主，协调相关部门予以解决，维护了侨务稳定；认真开展对和春市地区高考、中考三侨考生和归侨、侨眷的身份认定工作，认定27名高考、中考三侨考生，审核确认27名归侨、侨眷身份，全部上网进行了公示。2013年3月，经市外办联系，省鹏安消防设备有限公司和能华节能科技有限公司等2家侨企分别捐赠农安县三盛玉敬老院、农安县福利院10万元和20万元人民币，有效改善敬老院和福利院的设施条件。开展社区侨务工作。经过扎实工作，2013年，朝阳区南湖街道湖东社区被国侨办评为“全国社区侨务工作明星社区”，获得社区创建经费5万元；朝阳区南湖街道二二八社区被确定为2013年度“侨法宣传角”，获得建设经费2万元。

（朱东来）

【地方志工作】 **“读方志·知市情·爱长春”活动** 为全面发挥地方志存史、资政、育人的职能作用，自觉助力幸福长春建设，长春市地方志编纂委员会在全市启动“读方志·知市情·爱长春”主题活动。市长姜治莹对此项工作做出重要批示。

编纂二轮市志 按照省地方志编委会复审会的要求，审改、整理二轮志卷二、卷三稿件260余万字，并制作成送审样书，于6月中旬上报省地方志编委会进行终审验收，于8月通过终审。完成二轮志卷一、卷四的审改和调整，以及志稿中的人物篇、大事记、附录等稿件约280万字的初审任务，并完成送审样书的装订，送省方志委审查。

双阳区志（1989～2000）》通过终审 10月11日，长春市地方志编纂委员会组织召开了《双阳区志（1989～2000）》终审会议。市委组织部、宣传部、统战部、政法委、保密局等部门及长春市志鉴审查验收小组成员对双阳区志稿进行分析讲评，提出修改意见。该部志稿翔实地记述了1989年至2000年12年间，双阳区政治、经济、文化、社会等各方面的发展历程和取得的成就。

《长春年鉴（2013）》出版 《长春年鉴》是由长春市人民政府主持、长春市地方志编纂委员会编纂、吉林省人民出版社出版的大型综合性资料年刊，每年编辑出版1卷，已连续出版26卷。本书旨在连续记述长春市改革开放、经济建设和社会发展的历史进程，为各级领导了解市情、实施科学决策，为各行各业查询资料信息、推动事业发展，为国内外广大读者全面、系统、翔实地了解、研究、认识长春市提供服务。该书于2013年12月正式出版。

提升方志成果社会影响 5月30日，长春日报“幸福长春”专栏用专版刊登了市地方志编委会如何围绕中心，发挥职能作用，助力幸福长春建设的内容，引起了广泛关注。分别与《长春晚报》《城市晚报》合办《老长春》和《志说长春》栏目，形成固定的读者群。为修志部门及读者提供资料查借阅服务，为修志单位、报社、机关部门及个体读者提供志书资料查借阅服务共接待查阅50余人次，查阅资料50余本。在全市抢救性挖掘征集长春解放至“一五”末期文史资料工作中，为人防办、卫生疾控中心、市政协等单位提供资料服务20余人次。

地方志讲座进入市委党校课堂 长春市地方志编委会在2013年开展的“读方志·知市情·爱长春”主题活动中，提出打造方志惠民平台，为广大群众学习地方历史文化提供服务的新举措，并将全面开展地方志进机关、进院校、进企业、进军营、进社区、进乡村“六进”活动。为推动“六进”活动的开展，经与市委党校沟通决定，在每年度举办的各类型党员干部培训班中，适当开设市情专题课，发挥地方志“存史、资政、育人”的作用，让全市各级干部更好地了解熟悉长春的自然、政治、经济、文化和社会历史现状，服务中心工作，为幸福长春建设助力。

方志成果服务社会 7月27日，市方志委联合宽城区方志办、宽城区图书馆在长春市宽城区图书馆举行了“地方志成果进社区公益讲座”，这是长春市方志成果首次进入社区。宽城区方志办刘双义以《满铁附属地及几处老建筑》为题，用多媒体形式，展示多幅长春站、大和旅馆、伪满帝宫、关东军司令部及司令官官邸的珍贵历史图片和现代图片，并就今昔对比做详细讲解。讲座现场还向到场市民赠送《长春记忆》《宽城史话》地情图书。这次活动深受社区群众的欢迎。9月16日在具有悠久历史的榆树市新立镇(关东大新立屯)开展了方志成果进乡村暨公益讲座活动，这是长春市地方志成果首次走进基层乡村。新立镇、村60多名干部、群众参加了讲座。讲座由榆树市地方志办公室总编陈春林主讲，生动地讲解榆树的简史、发展由来、市情概貌，家乡的风土人情，特别是有关新立镇“关东大新立屯”的历史沿革和1945年解放前后的史话故事，并介绍了志书、年鉴的现实作用及使用价值。长春市地方志编委会将最新的方志成果——《志说长春》赠送给参加公益讲座听众。榆树市志办将志书、年鉴等地情资料赠送给新立镇文化活动室，为基层了解地方历史，查阅相关资料开辟渠道。

长春地情网成功改版 市地方志编委会决定对“长春市情网”进行改版升级，并更名为“长春地情网”。与长春新闻网合作，联合制定改版升级方案，购买了独立的服务器，申请了独立的一级域名，并借助长春新闻网的技术力量进行设计、维护。5月3日，举行长春地情网改版上线仪式，网站改版工作顺利完成。升级后的“长春地情网”立足地方特色，重新设计制作全部网页，使其涵盖的内容更为丰富，页面设计更为美观。

长春市方志馆建设 市政府于7月初下发关于方志馆建设的会议纪要。长春市地方志编纂委员会与润德集团签署了合作协议，并配合润德集团考察设计、施工单位，研究投资规模。加强“四防安全”工作。道台衙门旧址于2013年5月被列入全国重点文物保护单位，制定了《长春市方志馆安全工作管理制度》和《长春市方志馆消防、防汛应急预案》，切实做到了死看死守，杜绝安全隐患。开展深度设计工作邀请熟悉长春市历史文化的文化设计公司进行展览设计，为方志馆开馆做好准备，已形成概念设计的初稿。开展资料收集整理工作，搜集到了许多文字资料和口碑资料，为方志馆开馆和道台衙门文物的修复和保护利用打下基础。

出版《长春地情活页》 《长春地情活页》自创刊以来，得到社会各界的广泛好评，来人来电索书者不断，发行量从500册增加到1200册，已经成为长春市地方志编纂委员会的一个品牌。

召开县(市)区地方志工作座谈会 7月27日，市地方志编委会召开各县(市)区地方志工作座谈会，各县(市)区地方志工作机构负责人参加会议。会上，各县(市)区详细汇报了本地2013年上半年工作进展情况对下半年工作做了安排部署。市地方志编委会按照深入开展党的群众路线教育实践活动的要求，向各县(市)区进一步征求对市地方志编委会工作的意见和建议。

(崔玉恺)

【接待服务工作】 2013年，接待各类团组267批次，3230人次。其中，接待中共中央政治局委员、国务院副总理汪洋，全国政协副主席王家瑞，最高法院院长周强，国务院原副总理李岚清等党和国家级领导人12位，省部级领导62位，司局级领导242位。完成市委79个团组、市人大54个团组、市政府64个团组、市政协49个团组、市纪委12个团组。接待大公司大企业的董事长、总裁20余位。完成长春市领导交办的各项公务接待活动49次，其中，完成长达1个月的接待德惠“6·3”重大火灾事故调查组的任务。参与完成了“2013中国长春冰雪旅游节暨净月潭瓦萨国际滑雪节”“第四届中国长春创业(就业)博览会”“第七届中国长春消夏节”“第十届中国长春汽博会”“第十二届中国长春国际农业·食品博览（交易)会”“第27届全国大城市机构编制工作联席会议”“第九届中国吉林东北亚贸易博览会”等大型会展活动7项。2013年，接待办围绕“规范、创新、提高”六字方针，严格执行“关于改进工作作风，密切联系群众的八项规定”、《党政机关厉行节约反对浪费条例》《党政机关国内公务接待管理规定》等一系列规定，制定新的《长春市公务接待管理规定实施细则》。规范公务接待行为，规范接待工作纪律；降低接待标准，提高服务质量；坚持务实节俭，制止奢侈浪费；弱化接待形式，杜绝铺张和讲排场，在接待服务细节上下功夫；严格执行接待工作中的流程、标准。在连续3年开展“学习年”活动的基础上，继续开展创建“学习型”机关活动，提高接待人员的综合素质，强化内部管理，搞好自身建设。开展“学政治、学业务、学技能”活动，营造人人讲学习的浓厚氛围，努力建设学习型单位。

(刘丽芳)

中国人民政治协商会议长春市委员会

【常委会议】 中国人民政治协商会议长春市委员会(以下简称市政协)十二届一次常委会议于2012年12月24日召开。审议十二届市政协副秘书长建议名单；宣读了十二届市政协关于设置专门委员会的决定；审议了十二届市政协专门委员会主任、副主任建议名单，办公厅主任、副主任建议名单，研究室主任建议名单；明确十二届市政协主席、副主席，秘书长工作分工。

市政协十二届二次常委会议于3月25日召开。传达全国“两会”精神；审议通过《政协长春市第十二届委员会常务委员会2013年工作要点（审议稿）》；听取市政府关于幸福长春计划实施情况的通报、市政府关于市容环境综合整治情况的通报、市政府关于健康长春行动计划实施情况的通报。市政协十二届三次常委会议于6月25日召开。听取促进长春市旅游业发展专题发言；审议通过了《关于促进长春市旅游业发展的建议案(审议稿)》。市政协十二届四次常委会议于9月26日召开。听取为幸福长春建设建言献策专题发言；审议通过《关于高丽筠同志任免职的建议》。市政协十二届五次常委会议于12月4日召开。审议通过市政协十二届二次会议议程(草案)和日程(草案)；审议《政协长春市第十二届委员会常务委员会工作报告(审议稿)》《政协长春市第十二届委员会常务委员会关于十二届一次会议以来提案工作情况的报告(审议稿)》；审议通过政协长春市第十二届委员会第二次会议秘书长、副秘书长建议名单；听取市委办公厅、市政府办公厅关于市政协十二届一次会议提案办理情况的工作报告；听取市委统战部关于拟调整政协长春市第十二届委员会委员的说明；听取市政协2013年各专门委员会工作的书面报告。

【全体会议】 2013年12月17日至20日，市政协召开第十二届委员会第二次会议。中共吉林省委常委、长春市委书记高广滨出席开幕会并讲话。十二届市政协主席崔杰作常务委员会工作报告，十二届市政协副主席孙丰月作提案工作情况报告。十二届市政协主席崔杰主持闭幕会并讲话。会议期间，市委、市人大、市政府和市政协有关领导出席会议。委员协商讨论《政府工作报告》和《关于长春市2013年国民经济和社会发展计划执行情况与2014年国民经济和社会发展计划(草案)的报告》《关于长春市2013年预算执行情况和2014年预算草案的报告》《长春市中级人民法院工作报告》《长春市人民检察院工作报告》。会议举办了主题为《共谋深化改革、助力长春发展》委员论坛。

【协商议政】 围绕全市经济社会发展重大问题和涉及群众切身利益的实际问题，召开2次专题常委会、3次专题议政会、3次调研成果通报会和研讨会进行协商议政，开展9项重点调研和13项调研视察。

【提案工作】 2013年，提交提案416件。其中，政协建议案4件，委员提案384件，党派团体提案27件，市政协专委会提案1件。协助市委、市政府制定《关于加强人民政协提案办理工作实施办法》，推进提案办理规范化、制度化，完善提案承办单位、提案者、政协三方办理协商机制。探索提案办理协商方式，推行网上办理协商、个案办理协商等。在市政协十二届二次会议预备会上，召开提案办理工作经验交流会，对20件优秀提案和20个先进承办单位进行表彰，市卫生局等6个单位介绍了经验。市政协主席崔杰、市委副书记郑文芝分别作了讲话。在《长春日报》和《长春晚报》开辟“提案追踪”每周专版，定期对委员提案及办理情况进行宣传报道。在省政协协商新报刊发专稿，在市政协《议政》杂志开设“提案之窗”专栏，对提案工作动态进行综合报道。广泛利用电视台、电台、政协网站等媒介，全面深入报道提案工作经验和提案办理取得的实效。编辑《十一届政协优秀提案选编》。加强与《协商新报》协作，对提案工作采取综合报道或个案宣传等方式加强宣传。

【文史工作】 把抢救性挖掘征集1948年长春解放至1957年文史资料作为十二届市政协的一项重点工作，按照市委书记高广滨、市长姜治莹的批示要求，两次召开专门会议进行安排部署。加强文史工作人才队伍建设，市政协聘请57位文史专员，开展城市历史文化研究，踏查长春历史遗址遗迹，系统征集整理市政协历史文稿实物。编辑出版《苏联专家在一汽》等文史资料。

【立法协商】 按照专业化、制度化要求，调整优化立法协商顾问组织；组织专家委员对《长春市地名管理条例(草案)》等6部地方性法规和政府规章进行协商，提出修改意见200余条。

【团结合作】 集中走访各民主党派和工商联，了解沟通情况，征求意见建议，为民主党派和工商联在政协参政议政、发挥作用创造条件。认真贯彻党的民族宗教政策，加强与宗教团体负责人、少数民族代表人士的联系，视察少数民族新农村建设、宗教活动场所建设情况。成立历届港澳委员联谊会，把1986年以来的55位历届港澳委员组织起来，为促进长春与港澳地区交流合作、发展繁荣服务。组织港澳委员开展市情省情考察，参加重要经贸活动。组织民营企业委员参访港澳知名家族企业，举办民营企业传承与发展研习班。发挥市政协剪纸艺术中心、孔子研究会、合唱团的作用，团结组织委员和各界人士开展特色活动。与厦门市政协共同举办“宝凤剪纸”作品联展；组织5场慰问环卫工人公益演出；开办健康讲堂；承办“和谐春天”新春交响音乐会；参与承办中国孔庙保护协会第十六届年会。密切与县(市)区政协联系，加强指导，召开县(市)区政协主席会议，总结交流发挥委员主体作用、提高基层政协工作科学化水平的思路和方法。借助党派、界别、党政部门和有关单位优势，采用联合或委托方式，举办“人民政协协商民主理论探索与实践创新”征文研讨，开展长春解放中的反饥饿问题研究，组织扩大汽车整车及零部件对外贸易调研等。

【委员主体作用】 强化专门委员会作用，突出委员活动小组界别特色，引导委员立足优势履职尽责。组织委员开展城建重点工程、产业结构调整、兴隆综合保税区建设、公共文化服务体系示范区建设、2013长春房地产暨相关产业产品展示交易会等视察。改进委员活动小组编组方式，把全体会议界别讨论组延续为日常活动小组。16个委员活动小组发挥界别特色和专业优势，开展调研视察、捐资助教、智力支农、爱心义诊、法律咨询、关爱孤寡老人、看望慰问孤儿等活动60余次。

【机关建设和服务保障】 深入开展党的群众路线教育实践活动，广泛征求委员和各方面意见建议，查摆问题，深挖根源，认真整改，建立健全履行职能和机关服务管理各项规章制度。加强委员培训，制定委员、常委、委员活动小组负责人学习培训计划，开展人民政协理论、政协经常性工作、政协史、城市史等专题讲座6次。健全政情通报制度，举办两次集中政情通报会，创办《长春政协通报（电子版）》。制定市政协领导联系常委、常委联系委员以及专门委员会联系界别、走访委员计划；做好委员履职考核工作，评选表彰优秀委员活动小组、优秀委员、优秀提案。加强政协新闻宣传工作，办好“政协论坛”电视节目、“提案追踪”栏目、《议政》杂志、市门户网站。

（刘朝辉）

纪委　监察

【纪委全会】 2013年2月6日，中共长春市第十二届纪律检查委员会召开第三次全体会议。深入贯彻党的十八大精神，认真落实十八届中央纪委二次全会、省纪委十届二次全会和市委十二届二次全会精神，总结2012年工作，研究部署2013年任务。省委常委、市委书记高广滨讲话，对贯彻落实中央纪委、省纪委全会精神及全市党风廉政建设和反腐败工作任务提出要求。市委常委、市纪委书记史继山代表常委会作题为《深入推进党风廉政建设和反腐败工作　为建设幸福长春率先全面建成小康社会提供坚强保证》的工作报告。

【案件查处】 2013年，全市纪检监察机关受理信访举报4000件（次），立案914件，结案930件，给予党纪政纪处分974人，涉嫌犯罪移送司法机关处理50人，通过办案挽回经济损失2243万元。

【反腐倡廉宣传教育】 组织在中央和省市级新闻媒体刊发稿件650余篇，组建新闻宣传通讯员队伍，对全市反腐倡廉优秀新闻作品进行评选和表彰。组织开展“加强作风建设、弘扬六种风气”专项教育活动。组织开展主题征文活动。开展正反两方面典型教育，组织开展创建“勤廉示范集体、勤廉示范岗位”活动和推荐“基层勤廉榜样”活动。组织全市5300多名党员干部到警示教育基地参观。编辑出版《腐败的代价—案例剖析教育读本》。把从政道德教育纳入党员干部廉政教育基地市委党校的主体班次。组织全市1700多名正科级以上党员领导干部进行廉政教育知识测试。举办“清风倡廉”——廉政文化月活动，全市组织廉政文艺演出153场、廉政书画摄影展97次、诗歌朗诵和演讲比赛128场、廉政教育课326次。加强廉政文化示范点建设，形成各具特色的廉政文化示范品牌。开展“倡廉洁、树清风”廉政公益广告集中展播活动。加强网络舆情收集研判和应对处置，及时收集报送处置涉腐舆情信息。组建由300余人组成的市、县区、乡镇三级信息员和网评员队伍。依托中央纪委、省纪委、市纪委培训中心，培训纪检监察干部325名。

【惩防体系建设】 深化制度建设年活动。开展反腐倡廉法规制度立项工作。开展“五个不直接分管”规定等反腐倡廉制度执行情况专项监督检查。开展反腐倡廉制度创新成果论文征集活动，部分论文在《长春纪检监察》等刊物刊发。开展机动车号牌发放和查验管理方面存在问题调查整改工作。对车牌选号和机动车检测工作进行调查。深化廉政风险防控管理。推动市直部门和县（市）区普遍建立廉政风险防控体系。研究谋划惩防体系建设五年规划总体框架和基本思路。围绕“完善四个体系、加强三个建设”，坚持分层设计、分类实施、突出重点、点面结合、整体推进的长春市惩防体系建设工作原则。

【党风廉政建设】 印发《关于贯彻落实“厉行勤俭节约反对铺张浪费”要求的通知》和《关于加强对改进工作作风密切联系群众有关规定落实情况监督检查实施方案》等6个文件。印发《关于对违反作风建设有关规定要求典型问题的通报》，对8个典型问题进行公开曝光。加强领导干部公务用车管理工作。处理违规公车15辆。巩固“吃空饷”治理成果。对全市2543名“吃空饷”人员全部进行妥善处理。在全市机关干部中开展会员卡、商业预付卡和有价证券等专项清退活动，清退范围内的对象均作出“零持有”报告。加强领导干部因公因私出国（境）监督工作。研究建立领导干部因公出国（境）计划联席会议审核、经费先行审核、经费预算及用汇额度控制等项制度。取消公款出国（境）67个团（组）370人次。加强领导干部监督。制定出台《市管领导干部作风建设约谈制度》。健全党风廉政建设责任制各项制度。对2012年全市党风廉政建设责任制检查考核情况进行通报，督促被检单位认真整改。制定出台《长春市落实党风廉政建设责任制责任追究办法》和《长春市落实党风廉政建设责任制检查考核办法》。深化农村和社区党风廉政建设。会同有关部门对全市1682个村的三委换届工作进行监督指导，纠正违规行为3起，提出意见建议20余条。落实农村“3+1”和城市社区党风廉政建设“监管控”工作。对省里下拨500万元用于“3+1”工作专款进行跟踪检查。

【纠风专项治理】 开展中小学教师收受学生家长礼品礼金问题专项治理。督促教育部门与中小学校及教师层层签订《责任书》，在教师节前下发《关于进一步重申教师节期间教师廉洁从教有关规定的通知》，在教师节、中秋节、国庆节期间对重点中小学校进行明察暗访279次。开展保障性住房分配管理环节突出问题整治。对全市3786套保障性住房分配情况进行监督检查，查处保障性住房违规分配、骗购骗租问题5个，给予党政纪处分和组织处理9人，移送司法机关3人。查处违法违规征地拆迁案件。办理群众投诉10件，给予党政纪处分和组织处理3人。加强对农民工工资清欠工作监督检查。组织全市各级纠风、人社等部门开展监督检查616次，纠改问题488个。加强对研究生、高考、中考考风考纪监督检查。召开全市纪检监察系统加强高考考风考纪监督检查工作会议，抽调350名纪检监察干部对全市11个考区、53个考点高考考风考纪工作进行全程监督。

安排3期政行风热线节目，邀请招生、教育、纠风等部门通过《长春晚报》、长春人民广播电台等媒体宣传相关政策和纪律规定。加强对强农惠农政策落实和农民负担情况监督检查。督促农业、工商等部门对农资市场开展联合检查，整顿农资市场1657个次，查处假劣农资问题69个，挽回经济损失700余万元。查处虚报、冒领、套取、挤占强农惠农专项资金问题11个，涉及资金65.77万元，给予党政纪处分和组织处理16人，移送司法机关7人。查处涉农乱收费、乱罚款、乱摊派等农民负担案件9件，涉及资金43.4万元，给予党政纪处分和组织处理11人。对卫生部门开展医务人员收取药品回扣问题专项整治工作进行监督检查，责成卫生部门进行诫勉谈话、提醒谈话159人次。巩固治理公路“三乱”工作成果。督促交通部门对全市收费站、检测站进行统计摸底，设立公路“三乱”投诉举报电话提示版44块。查处公路三乱问题1个，给予党政纪处分和组织处理1人。加大治理教育乱收费力度。查处中小学校乱收费、教师违规推荐教辅材料问题9个，向群众退还不合理收费280.03万元，给予党政纪处分和组织处理8人。办好“政行风热线”栏目。组织播出“平安春节”“走基层、话民生”等13个专题，94期节目，邀请133个部门、145名领导做客长春广播电台直播间，接听热线350个，实际解决问题160个，办结率91%。组织开展基层站所评议、系统联评工作。指导基层纠风部门对全市2214个基层站所进行民主评议，发放问卷调查表13391份，全市基层站所平均综合满意率为97.25%。组织开展“百家窗口看行风”活动。在全市范围内开展大规模集中暗访活动3次，暗访基层窗口单位1802个，发现正面典型61个，发现问题139个，提出整改建议103条，发出整改建议书46份，给予组织处理12人。

【整治和建设经济发展软环境】 制定《长春市纪检监察机关优化民营经济发展环境监督办法》，完善领导体制和工作机制。在各级软环境投诉受理机构设立“民企特快”窗口，开通投诉电话和网络平台，制定《长春市“民企特快”窗口工作规范(试行)》。深化行政审批制度改革。督促有关部门取消审批要件401件，审批时限在年初承诺时限基础上平均压缩20%。开展行政审批和政务服务情况专项督查，责令14个部门对存在问题限期整改。扎实开展“两清”工作。清理规范涉企收费、清理涉企乱罚款和乱检查，取消、免征、降低收费标准的涉企行政事业性收费项目21项。转发省纪委监察厅《关于严格禁止乱检查等干扰和影响基层企业工作行为的通知》，进一步规范涉企检查行为。严格规范执法行为。推进清理和规范行政权力工作，摸清行政职权底数。加强行政自由裁量权基准制度建设，43个直属执法部门完成行政处罚依据细化量化，在市直5个单位推进行政许可自由裁量权试点。加强行政执法监督平台建设，3个执法部门建立了行政执法网上执法办案系统。落实“三段式”执法规定，各级行政执法部门减少行政处罚1456万元。集中整治窗口服务和机关效能。开展窗口服务和机关效能专项整治活动，集中整治作风不实、服务不优、效率不高、审批不规范、纪律松弛、为政不廉等群众反映强烈突出问题。严肃查处涉软案件。全市各级纪检监察机关受理涉软投诉举报775件，办结752件，办结率97%，为企业和群众挽回和避免经济损失1854.7万元，查办涉软案件31件，给予党政纪处分27人，移送司法机关1人，在全市2次通报17起典型案件。

市领导到榆树市政务服务中心进行民情恳谈

【执法监察】 依法对国土资源系统开展行政监察。对市和县(市)区、开发区两级国土资源部门依法行政情况进行全面监察，全市发现各类问题604个，提出意见建议103条，整改问题543个，建章立制67个；其中，市本级发现各类问题166个，提出意见建议89条，整改问题110个，建章立制54个。全市立案44件，结案19件，给予党政纪处分19人；移送司法机关11人；其中，市本级立案12件，涉嫌犯罪移送司法机关10人。开展对环保系统依法行政监察。对市和县(市)区、开发区两级环保部门2011年以来依法行政情况进行全面监察，纠正问题23个，对榆树市环保局和九台市环保局越权审批等违纪违法问题进行立案查处，对有关责任人给予党政纪处分。加强对政府性投资项目和财政专项资金管理使用情况监督检查。全市监管平台全部开通运行，实现省、市、县集中监管平台互连互通。录入政府投资项目133个，涉及资金1635083.34万余元，财政专项资金180项，涉及资金267233.95万元。加强对重大项目建设监督服务工作。与市发改委、财政局、建委、审计局联合出台《长春市政府性投资项目监督办法》(长监发

〔2013〕 2号）。新增2个大项目纪检监察组，对长春职教园区项目和长春老年干部大学项目进行派驻监督。派驻重大项目纪检监察组全年参加项目建设“三重一大”等重大事项工作会议39次，监督招标12次，现场查看项目建设进展207次，发现和推动解决问题8个，协助建设主管部门排除质量和安全生产隐患800余个。加强对工程建设招投标制度改革创新情况监督检查。会同市建委在全市范围内开展对国有投资额在1000万元以下的房屋建筑和市政工程项目施工，采用随机抽取方式确定中标人的试点，招标建设项目51个，涉及投资额14274万元。加强对安全生产法律法规落实情况监督检查。配合国务院“6·3”特别重大火灾爆炸事故调查组开展事故调查和责任追究，对德惠市有关责任人给予党政纪处分。组织开展安全生产大检查工作，督促政府相关职能部门检查并整改道路运输企业事故隐患10个、建筑施工企业事故隐患23个，商场、市场等人员密集场所事故隐患4个，民爆器材生产事故隐患4个，提出整改建议27条。会同市建委对“三纵两横”快速路、地铁、伊通河地下管网改造、道路大中修工程质量、安全和履行审批手续等方面情况进行联合大检查，发现问题1189个，向建设单位、监理单位和施工单位下发整改通知书106份。

【绩效管理监察】 建立健全领导体制和工作机制。召开全市县（市）区绩效管理工作调度会，督促各县（市）区、开发区筹备建立绩效管理领导小组和工作机构。组织设定绩效指标。制定出台《关于长春市绩效管理工作的实施意见（试行）》（长发〔2013〕7号），印发《2013年全市绩效管理工作要点》（长绩效发〔2013〕1号）和《关于印发〈2013年度市政府工作部门绩效管理考评实施方案〉等3个文件的通知》（长绩效发〔2013〕2号），对全市绩效管理工作进行安排部署，组织各被考评单位科学制定绩效计划，细化量化各项工作任务指标。开展察访核验。会同市政府工作部门考评办对市直重点单位2013年度绩效计划完成情况进行实地察访核验，强化对重点任务完成情况过程监控。推进绩效管理网络信息系统平台建设。制定《全市绩效管理网络系统建设方案》，协调市政府信息港共同完成市本级绩效管理信息硬件和软件系统验收和安装调试工作，搭建决策、执行、监督一体化绩效管理信息平台。完善绩效管理制度。制定《市绩效管理领导机构工作规则》和《市绩效管理工作规程》，并进行调研认证，为绩效管理提供制度保障。协调完成绩效管理各项工作。制定《关于建立民营经济发展绩效考评制度工作的推进方案》。协调市政府民生办和市政法委综治办，将《2013年建设幸福长春行动计划》和“加强和创新社会管理工作”纳入全市绩效管理考评范围。

【反腐倡廉理论研究】 开展“坚决反对腐败，建设廉洁政治”反腐倡廉理论征文活动，评选出的优秀理论文章与重点课题研究成果汇编成册。对全市落实中共长春市委关于完善“四个体系”、加强“三个建设”的工作经验和取得的成效进行全面总结和系统研究。推进“构建预防腐败科学体系”等课题研究。开展在省科技厅、市科技局立项的“构建预防腐败科学体系”课题研究。《加强改革创新，深入推进“五权”工作》、《纪检监察机关维护党的纯洁性的实践与思考》分别被评为全市优秀调研成果二等奖、优秀奖。

（邢慧英）

民主党派

【中国国民党革命委员会长春市委员会】 截至2013年底，中国国民党革命委员会长春市委员会（以下简称市民革）共有基层组织22个，其中，委员会7个（下属32个支部），独立支部委员会14个，小组1个。党员总数1141名，其中，具有高级职称的489名，占党员总数的43%。各级人大代表和政协委员138名，长春市特邀检务监督员2人。

参政议政 在长春市政协十二届一次会议上提交党派提案《关于促进长春市对外贸易发展的建议》《关于重塑长春创业文化的建议》《关于完善区域自主创新体系加快我市创新型城市建设步伐的建议》。其中《关于完善区域自主创新体系，加快我市创新型城市建设步伐的建议》被评为长春市政协十二届一次会议优秀提案。完成《关于推进智慧长春建设的建议》《关于建立长吉图框架下的长春创新驱动试验区的建议》《关于加强节约集约利用土地的建议》3份党派提案，并提交长春市政协十二届二次会议，其中2份被选为大会发言。长春市委书记高广滨对《关于建立长吉图框架下的长春创新驱动试验区的建议》作出批示；《关于推进智慧长春建设的建议》得到长春市市长姜治莹高度赞扬。民革党员中的人大代表和政协委员在各级人大、政协全会期间，共提交议案、提案79件，均得到答复、确认和采纳。

祖国统一和海外联谊工作 2013年，市民革有台胞、台属党员及有海外关系的党员249人，占党员总数的23%。市民革党员积极结交台港澳及海外朋友，号召台胞台属利用微信、网络等渠道向台湾亲人们宣传中共中央对台政策和长春市经济发展所取得的成就，努力寻找促进两岸经济文化交流的机会，邀请全国政协常委、民革中央副主席郑建邦为民革党员做“台湾形势”报告，增加民革党员对岛内情况了解。配合民革中央祖国和平统一促进会完成祖统工作专题调研，由民革长春市委员会副主委任炳忠向调研组作专项汇报。2013年，长春市台胞台属联谊会市、区两级组织的换届之年，有2位民革党员被推选为市台胞台属联谊会副会长，多名民革党员被推选为各区级台胞台属联谊会会长、副会长。

社会服务 2013年，长春同心创业与创新服务联盟成立金融超市。截至2013年底，超市已与20家银行、20家小额贷款公司、10家担保公司签订战略合作协议，进入超市各类融资产品已有12个，为中小企业融资3000万元。由民革长春市委发起成立的“长春市中山法律援助工作站”正式揭牌，成为社会服务工作新品牌；在开展各具特色的“扶贫助学”活动中，“同心助教德惠行”成为民革

市民革开展同心助教德惠行动

长春市委打造的又一社会服务新品牌，为德惠菜园子镇白鱼村小学捐赠“三星51寸等离子电视7台，极速电脑主机7台，复印机、速印机、扫描仪一体化机1台，音响设备1套，彩旗50面、旗杆50支”，价值10万余元的物品；为白山市“同心书屋”捐赠1台电脑和2250本图书，价值2万元；第十届“民革北方城市旅游宣传摄影展”在江西成功举办，全国政协常委、民革中央副主席何丕洁盛赞由长春市发起的这项社会服务活动。2013年，各基层组织社会服务工作也精彩纷呈，民革绿园区委员会为合心镇的农民捐赠春耕所需的玉米种子2吨，价值3万元；民革朝阳区委员会与民革东北师大委员会、民革市委老龄委共同承办了《重阳话朝阳，晚霞胜彩霞——尊老爱幼主题文艺汇演》，并特制《长春市民革名医联系卡》发放给民革老党员，体现组织的关心爱护；民革南关区委员会和市体育科学研究所联合举办《健康体检、温暖春城》活动，为南部都市经济开发区的小区居民开展无偿公益体检工作；民革二道区委员会帮扶因肝癌去世的党员简波9岁的儿子，呵护民革二代健康成长；民革市直支部与长春晚报共同发起成立“爱心家园”志愿者协会，捐助240名贫困孩子，总额度达50万元；民革一汽支部建立了2个企业帮扶团队，以“高强度非调质钢螺栓材料的开发”、“管梁弯曲工艺的改进和提高”项目为主导，分别为富奥吉林紧固件分公司、吉林市龙成实业公司提供了技术支持。

自身建设 截至2013年底，网站上传信息近300条，编辑出版《长春民革》4期，在各级媒体发表稿件80篇次，其中国家级7篇次、省级30篇次、市级43篇次。有6位民革党员入围“省民革十佳党员”，其中无私照顾英雄刘英俊父母的魏梦华，入选“感动吉林十大人物”候选人。2013年民革长春市委会副主委王英梅、董心被长春市人民检察院聘为特约检察员。

（沙　晶）

【中国民主同盟会长春市委员会】 截至2013年年底，中国民主同盟会长春市委员会（以下简称市民盟）有基层组织40个。其中，盟委28个，直属支部12个，盟员总数2598人高中级职称2258人，占盟员总数86%；52岁以下1383人，占盟员总数的52.8%；平均年龄52.9岁。盟员中担任市级以上人大代表17人，市级以上政协委员48人。

参政议政 2013年，市民盟围绕市委、市政府的中心工作和长春市经济发展问题，参政议政取得新的成果。通过选送骨干盟员参加全市党外人士参政议政专题培训班，把能力强、有实践经验的骨干盟员充实到市民盟各专门委员会，制定《长春市民盟参政议工作实施细则》等措施，建立和完美参政议政工作长效机制。召开2012年度参政议政表彰会，表彰在参政议政工作中做出突出贡献的盟员，以调动盟员的积极性。年初，市民盟研究制定《2013年度参政议政参考题目》，确定重点课题。全年完成参政议政课题和社情民意41件。研究确定调研课题，成立课题组，与相关政府部门积级沟通，对课题进行调研，按时完成了《关于健全长春市政府投资监管体系的建议》《关于围绕我市主导产业升级改选，加快培养高级技术人才的建议》《关于解决我市中小企业融资难问题的建议》《关于进一步深化我市职业教育改革与发展的建议》《关于加快长春市新能源汽车推广使用的建议》《关于加快我市慢行交通系统规划与建设的建议》5份建议作为团体提案提交市政协十二届二次会议并被立案，其中《关于加快我市慢行交通系统规划与建设的建议》作为大会发言。盟内各级人大代表、政协委员也都在各自的领域参政议政，刘巧云的《关于发展长春市电影产业的建议》、汤钧的《关于积极推进垃圾分类处理的建议》、王朝勇的《关于长春市义务教育均衡发展展的建议》、王跃的《关于改进长春公交集团网站的几点建议》被市政协十二届二次会议立案；唐红的《关于抢抓机遇，加快长春市民营经济发展的议案》在第十四届人民代表大会第二次会议上被大会列为大会议案。2013年，市民盟社情民意信息40件次。其中《关于统一养老保险征收和计发基数的建议》被市政协《政协信息专报》采纳。

社会服务 2013年，市民盟继续打造“同心”品牌。落实市委统战部提出的“同心帮扶、感恩救助”行动要求，在莲花山开发区泉眼镇泉眼村和南关区桃源街道桃源社区建立同心工程服务基地，实施定点帮扶。与市图书馆联合为服务基地建图书分馆并长期提供图书，盟员为图书分馆损书1400余册，为服务基地的特困学生、五保户和贫困户捐款13000余元；5月在泉眼镇中学举办“同心献智”考前辅导，9月市民盟组织盟内法律、医疗专家到泉眼镇为当地百余村民提供有关土地、房产、养老等方面的法律咨询和开展常见病预防知识讲座。市民盟各基层组织积极开展“传递爱心，持续助学”为家庭贫困学生提供资助等社会服务活动，取得良好的社会影响。

自身建设 2013年，市民盟为纪念长春市地方组织成立60周年，编撰《风雨同行、薪火相传》画册。编撰长春民盟60年史录《履迹奋行》，真实记录了市民盟60年的发展历程，全面展示多党合作事业的丰硕成果。12月10日，市民盟召开“纪念民盟长春市地方组织成立60周年大会”，回顾总结长春民盟60年与中共风雨同舟、合作共事的光辉历程。以《长春盟讯》期刊为宣传阵地和思想建设的重要平台，报道盟内重要工作、重大活动、代表性人物以及先进典型，以提高市民盟的知名度和影响力。认真落实《民盟中央关于加强基层组织建设的意见》，修订印发《基层干部工作手册》，推动基层组织建设规范和制度化。召开2012年度“创先评优”表彰大会，对在盟务工作和劣质台表现突出的基层组织、基层盟务干部和盟员予以表彰。2013年，市民盟发展新盟员180人，其中“双高”(高职称、高学历)人员95人。市民盟荣获民盟中央“组织发展工作先进集体”荣誉称号。

（张　宇）

市民盟在泉眼村建立“同心工程服务基地”

【中国民主建国会长春市委员会】 中国民主建国会长春市委员会（以下简称市民建），机构设置为4处1室，组织处、宣传处、调研处、经济联络处、办公室。编制12人。截至2013年年底，有基层组织114个，其中委员会12个、总支部31个，支部70个，小组1个。会员总数为1304人。

参与政治协商 2013年，市民建参与市委、市政府、市政协召开的10次政治协商活动并提出了20余条建议，多数建议被采纳。其中，省委常委、市委书记高广滨、市长姜治莹等领导签批《关于建立长春银行的建议》《关于进一步促进我市蔬菜生产的建议》等协商建议；市公安局等部门以书面形式认真回复采纳协商建议等情况。收集议案、提案和建议105份。报送《议政专递》建议10篇，9篇被采用，占全年采用总数的33.3%，列第一名。在市政协十二届二次会上，提交提案30份，其中，团体提案4份。《关于落实突出发展民营经济政策的建议》作政协大会交流发言，被省民建选用。与市人大联合开展促进长春市蔬菜产业健康发展的专题调研，并形成材料作为市委会团体提案。市民建制定《议政调研和社情民意工作暂行规定》。对专委会、基层组织议政调研和反映社情民意工作的成果考核、奖励等方面，提出具体要求，完成53个调研课题。

社情民意 全年报送社情民意155件，其中，民建中央采用2件、省政协采用1件、民建省委采用27件、市政协采用4件。全年报送信息193件，《长春统战信息》采用7件，列全市第一名。

社会服务 4月20日，四川省芦山县发生7级地震后，市民建开展抗震救灾捐款活动，募集捐款31万元，其中，会员捐款25.29万元。10月9日，市民建举办2013年度百企千岗招聘会，组织265个企业参加，提供3378个就业岗位。当天接待求职人员1782人，881人达成用工意向。4月23日，市民建与南关基层委员会共同为市委统战部同心实践基地——桃源路社区建设“同心·书屋”捐赠图书500余册，丰富了居民的文化生活。市民建捐助爱心助学金1000元帮扶了2名贫困学生。4月底，市民建组织基层组织在长春公园开展了“同心共植民建林”活动。6月6日，又开展了以“建设生态文明，实践科学发展”为主题的增殖放流活动，向净月潭投放鲤鱼2000公斤、团头鲂5000公斤、鳜鱼20000尾。端午节，会员张晓卫主动捐款5万元为困难农民魏忠诚新建住房，还为孩子安排了工作。会员徐增旭为困难农民任庆玲免费检查、治疗眼病，提供药品。中秋节，市民建及2名会员又带着1万元钱及面粉、豆油、月饼等慰问品，看望2位困难农民。市民建各基层组织开展科技支农服务春耕捐助种子活动、跨省市联络咨询服务活动、“民建会员送温暖，同心同行奔小康——春节走访慰问”活动、国际妇女节慰问长春市善满家园托养人员活动、“手牵手·心连心”快乐庆“六一”助学活动、建设“民建书屋”、为环卫工人献爱心捐助活动、为盲人庆祝世界盲人日活动、为孤寡老人捐助、探望敬老院老人及各类捐助等活动。

基层组织建设 2013年，市委会制定、完善并印发《基层组织建设材料汇编》，收录民建中央、民建省委和民建市委自身建设、基层组织建设文件和领导讲话等材料14个，指导基层组织建立、制定和完善了《基层组织集体领导和分工负责制度》《基层委员会委员工作职责》《基层委员会会员制度》《基层组织考勤制度》和《民建长春市委组织发展程序》等制度。2013年，发展会员70人，平均年龄37.8岁。其中，博士研究生9人，硕士研究生8人，大专以上学历68人，占97%；具有高级职称的13人，具有中级职称的11人，合计占34%；高等教育界8人，民营经济界人士35人；市人大代表2人、县级市人大副主任1人、区人大代表2人、区(县级市)政协委员7人。12月初，召开了民建长春市委榆树市支部成立大会。这是市民建在市区外建立的第一个基层组织。对2012年度在参政议政、社会服务、思想建设和组织建设方面取得突出业绩的先进基层组织和优秀会员进行了表彰。5月，民建吉林省委举办骨干会员培训班，长春市选派26名骨干会员参加培训。市委统战部全年先后举办了4期民主党派代表人士、基层组织负责人、骨干会员和后备干部培训班，市民建20多名会员参加学习。3月，市民建汇总上报了党外领导干部41人、新的社会阶层人士29人。6月，拟定并报送涵盖民建市委常委以上领导、市级以上人大代表和政协委员、副处级以上领导干部、骨干会员和后备干部共计70余人的代表人士队伍名单。

机关作风 8月23日至11月30日，机关深入开展“忆传统、转作风、练内功”主题实践活动。活动中，征求了各基层组织、专委会和广大会员的意见。市民建开创了机关“送会上门”活动。机关干部分头前往老会员和长期不能参加活动的会员家中，将民建全国、全省会议精神传达下去。

(葛建民　张芝红)

【中国民主促进会长春市委员会】 截至2013年底，中国民主促进会长春市委员会(以下简称市民进)有38个基层组织，其中，县(市)级市委会(榆树市委员会)1个，基层委员会11个，直属支部26个，有会员1509人，中高级职称1287人，占总数的85.3%，文化教育界会员1110人，占总数的73.6%，省人大代表4人，省政协委员14人，市人大代表10人，市政协委员24人。

宣传思想工作 采取集中学习，下发通知等方式，号召引导各基层组织学习中共十八大及十八届三中全会精神。响应中共中央关于《改进工作作风、密切联系群众的八项规定》，完成民进中央、中共吉林省委、长春市委的问卷调查工作。民进中央在全会开展坚持和发展中国特色社会主义学习实践活动的要求，制定学习践行活动方案，组织40余名会员参加省民进举办的动员辅导大会。召开“长春民进信息工作先进个人表彰及工作研讨会”，表彰15名会员，增强基层组织信息员的责任意识。充分利用包括网络等社会媒体，提升会刊质量，及时更新网站信息，加强宣传。9月，民进长春市委被民进中央评为“民进全国宣传思想工作先进集体”。

自身建设 市民进以建会55周年为契机开展系列活动，如纪念“三八”节活动；纪念“五四”青年节和谐徒步行活动；重阳节前夕举办由50余名老会员参与的纪念民进长春市委员会成立55周年暨庆祝中国第一个老年节座谈会。将纪念活动与成立长春民进开明书画院相结合，编辑制作《中国梦民进情》纪念书画册，收录48名会员的书法、绘画、摄影及雕塑作品。采取分级分类培训方式，为更多会员创造学习提高的机会。坚持对新会员及骨干会员进行培训，10名会员参加中共长春市委统战部组织的民主党派基层组织负责人培训班；4名会员分别参加民进全国企业家培训班及全国企业家联谊会活动。开展2012—2013年度先进基层组织及优秀会员评选活动，共有14个基层组织及73名会员受到表彰。根据中共长春市委统战部要求，市民进机关开展了4次“机关建设大讲堂”，并对活动进行全面总结。

参政议政 3月下旬召开2013年参政议政工作及先进个人表彰会，表彰11名会员，就参政议政调研课题进行座谈。市民进就长春市公共交通、农村小学教育、食品安全及构建企业和谐劳动关系等方面课题开展一系列调研活动，走访多个政府职能部门、相关单位及企业。在市政协十二届二次大会上，共提交《关于改善我市农村小学办学条件的建议》《关于加强我市食品安全监管的建议》《关于我市建设新型养老社区的建议》《关于促进我市电子商务产业发展的建议》《关于我市优先发展城市公共交通的建议》5份党派提案。市民进在市政协十二届一次会议提交的《关于加强我市职工文化建设的建议》被评为优秀提案。完成调研报告《关于促进我市企业构建和谐劳动关系的建议》作为市委专题议政会发言材料。2名会员被市检察院聘为特约检察员，1名会员被聘为长春市软环境监督员，选派会员及机关干部9人参加中共长春市委统战部举办的全市党外人士参政议政专题培训班。

踏查长春活动 实地踏查4次，召开6次学术论坛及座谈会，参与人数600余人次。与市政协文史委联合编辑刊发文史资料《长春中东铁路记事》，并举办首发式。踏查人员先后踏查了一汽集团，朝阳寺(关帝庙)原址，“黄瓜沟”小别墅遗迹及二道区吉长铁路长春站历史街区等。最后一次踏查过程中发现吉长铁路长春站历史街区中一处民国时期的老建筑。该建筑的发现，改变了长春史学界对此历史街区没有老建筑保存下来的传统认识。在桃源社区举办探讨朝阳寺原关帝庙复建可能性论坛，并向市政协提交相关提案；5月举办的第二次踏查论坛被《中国青年报》全程报道，借助这个平台，踏查活动开始在全国范围内产生影响。而后又举办“深层次探讨长春213年历史瞬间”论坛。市民进分别以长春商埠地、纪念长春解放65周年暨民进长春市委员会成立55周年，纪念吉长铁路护路运动100周年为主题在文庙孔子书院和东站十委社区举办3次大型的学术论坛，吸引民进会员、专家、学者及市民200余人参与，扩大踏查活动在市民中的影响，取得良好效果。

社会服务 市民进响应中共长春市委统战部与桃源社区共同建立“长春市民主党派同心服务站”活动，组织市一实验小学支部捐赠500本图书，并参加“同心”服务站揭牌仪式，捐助2名贫困学生。深入南关区桃源路街道举办书法大讲堂活动，受到社区书法爱好者的普遍欢迎。为四川芦山县地震灾区的人民开展捐款活动，有17个基层组织、150名会员和机关干部参与，募得善款26850元。由市民进主办的长春市青少年硬笔书法现场书写大赛历时3个月，约有百余所学校和书法培训机构，近5万名选手参与。为纪念民进长春市委员会成立55周年，市民进等多家单位共同举办第六届全国硬笔书法大赛暨书法(篆刻)、绘画大赛。民进吉林大学中日联谊医院支部13人赴榆树义诊，医疗帮扶人数150人次，为2名病人做了手术。民进东北师大委员会先后两次在省孤儿学校开展“名师送课”活动，并送去350本图书。儿童节前夕，由会员孙磊出资冠名的“迎六一，星光璀璨”长盛小学金太阳杯颁奖典礼暨捐资助学仪式举行，4名企业界会员共同出资长期捐助贫困学生，并为学校捐赠了LED显示屏。民进市直委员会主委王中革向高新区一间堡小学捐赠400套学生桌椅。市民进还协助民进吉林省委举办“同心·彩虹行动”，对贵州毕节市金沙县40名教师进行培训。

（王　丹）

【中国农工民主党长春市委员会】 中国农工民主党长春市委员会（以下简称市农工党）有基层组织25个，其中，基层工作委员会2个，总支委员会6个，支部17个。至年底，全市党员总数917人，平均年龄49岁。其中，医药卫生界520人，占党员总数的56.7%；政府机关、司法机关、民主党派机关的有57人，占党员总数的6.2%；新的社会阶层人士115人，占党员总数的12.5%。具有高级职称的有433人，占党员总数的47.2%；具有中级职称的有321人，占党员总数的35%。农工党党员中担任各级人大代表、政协委员的有65人，其中，担任省人大代表的1人，省人大常委1人，担任省政协委员1人。机关现有专职干部8人。

参政议政 2013年，市农工党在长春市政协十二届一次大会上提交了4份团体提案，其中，《关于进一步加强我市静态交通管理的建议》、《建设长春生物技术研发平台，促进医药产业结构优化升级的建议》作为市政协重点提案，分别得到市建委、市规划局、市交警队和市食品药品监督局的采纳和落实。《关于建设长春生物技术研发平台的建议》和《关于实施部门联动推进空气污染防治的建议》被评为优秀提案，宋银秋、张文彬等4名党员被评为长春市政协2013年度优秀委员。市农工党围绕中共长春市委、市政府的重点工作，开展专题调研，主动承担市委统战部重点调研课题《关于加快我市民营医疗机构健康发展的建议》。以群众关心的难点和热点问题，突出党派特色，以“县级公立医院改革及基层卫生机构服务能力建设现状”为课题，先后到绿园区和榆树市调研，形成了专题调研报告，报送农工党吉林省委会。2013年，市农工党与长春市政协文教委共同就职业病防治工作进行了3个月的调研，形成了调研报告。2013年10月12日，长春市政协召开的职业病防治工作调研成果通报会，市农工党的调研报告作为大会专题发言，得到了市政协主席崔杰、副市长张晶莹的高度评价。

理论宣传 2013年，市农工党加强理论研究工作，参与农工党吉林省委的理论课题调研，理论宣传工作取得了很好的成绩。其中，《关于民主党派基层组织建设问题的思考》在长春市委统战部2013年统战理论研究会上作典型发言；《浅谈网络舆论时代下民主党派如何更好地履行职能》被农工党中央评为“理论研究优秀成果奖”三等奖。全年宣传稿件发表数为78篇。为顺应思想宣传工作网络化、信息化的趋势，市农工党克服了机关干部人员少、力量弱的困难，在多方面的努力下，建立了农工党长春市委员会网站。网站已正式运行，并面向广大农工党员征求意见和建议，力争将其办成农工民主党思想建设、社会活动的新窗口和新阵地。

社情民意 2013年，向市委统战部议政平台《议政专递》报送14篇，采用6篇，其中，《关于将“支出型贫困”家庭纳入低保的建议》和《关于城市建设的几点建议》2条信息获市长姜治莹批示；向市政协《政协信息专报》报送14篇，采用3篇，其中1篇被省政协采用，在市政协2013年反映社情民意信息工作中，市农工党积分排名第一；向农工党吉林省委会报送社情民意52篇，采用26篇，其中1篇被农工党中央和全国政协采用，在全省市级组织中，市农工党上报社情民意采用量和采用率均名列第一。

开展“同心”实践活动 开展“同心助医”工程。2013年9月28日，市农工党组织医疗专家再次赴榆树市蓝兴医院开展“同心”助医活动。义诊活动中，来自

市农工党开展中国环境与健康周活动

吉大二院的市农工党专家共为200多位患者进行了医疗咨询服务。市农工党在南关区桃源社区、曙光街道、朝阳区天宝社区和德惠市开展了“健康进社区”和“智力惠农”活动,为社区百姓和农民朋友进行健康体检和健康讲座。开展“同心助老·助学”活动。2013年3月7日,市农工党到朝阳区永春镇敬老院为老人们义诊,送去价值万余元的药品,受到敬老院和老人们的欢迎。2013年7月21日,6位党员为贫困家庭的优秀学生刘旭送去6200元的大学助学金。开展“环境与健康宣传周”和“国际科学与和平周”活动。2013年6月5日,市农工党与农工党吉林省委会在南岭体育场开展了“中国环境与健康宣传周”活动,围绕“空气质量治理与健康”,为市民提供环保宣传和健康咨询等服务。2013年11月7日,市农工党在农安县举行第二十五届中国“国际科学与和平周”慈善捐助活动,由市农工党爱心企业家为爱心超市捐助了价值2万元的药品。2013年,市农工党被相关部门授予“爱心慈善单位”的荣誉称号,被农工党中央评为“社会服务工作先进集体”。

基层组织建设年活动 通过创新活动内容形式,完善落实基层组织联络员制度等举措,“基层组织建设年”活动得到扎实有效地开展。在全省基层组织建设年总结表彰大会上,市农工党获得先进单位奖,吉林大学委员会、长春中医药大学委员会、绿园区支部获得优秀基层组织奖。2013年,市农工党充分发挥自身优势开展了特色活动。“三八”妇女节前,农工党吉林省委会、市农工党联合组织了健康讲座,为广大农工党员和吉林农业大学师生讲授妇女健康知识。为丰富老党员的业余文化生活,弘扬农工党敬老爱老的优良传统,2013年9日17日,市农工党组织全市30余位离退休老党员,参观了南部新城的百花园、百木园,让老党员们感受到长春经济和社会建设的发展变化。

组织建设 2013年4月2日,农工党长春中医药大学委员会正式成立;11月28日,农工党东北师范大学支部正式成立,该支部的成立标志着农工党组织在吉林省部属高校中实现全覆盖,为长春市农工党组织建设注入新的活力。2013年,市农工党根据党章和农工中央组织发展工作的有关要求,出台《关于进一步做好组织发展工作的意见》,进一步规范组织发展的程序。全年发展53名新党员,其中,博士7人,硕士14人,中高级职称15人,医卫界18人,非公经济18人。通过举办培训班、座谈会等多种方式,对新党员进行农工党党史、党章和统战知识教育。

(娄国斌)

【九三学社长春市委员会】 截至2013年年底,九三学社长春市委员会(以下简称市九三学社)有75个基层组织(其中,11个委员会、58个支社、6个小组),有社员1956人,平均年龄51.1岁,高级职称占60%,担任各级人大代表和政协委员133人。

参政议政 2013年,召开参政议政工作座谈会,部署全年的参政议政工作,研究确定具体10项题目,1项社情民意。组织社内政协委员撰写提案。撰写并确定集体提案5篇,即《关于编制我市支柱及优势产业链发展指导性实施指南,加快我市工业企业产品结构调整与升级换代的建议》《关于提高公民素养,加强科普教育的建议》《关于系统推进长春大健康产业整体发展的建议》《关于加大长春市闲置土地治理力度的建议》《关于长春地区“家庭牧场”状况及发展对策的建议》。在市政协十二届一次会议上,市九三学社提出的《关于发展长春市现代服务业支持政策的建议》得到市长姜治莹的签批,并落实到市政府相关部门。市九三学社提出的《关于推进我市公交优先的建议》得到市政府的重视,已纳入2013年人大议案和“幸福长春行动计划”办理落实。针对市九三学社提出的《关于加强食品安全监管的建议》,市政府开展全市流通环节食品安全监管的各项工作,确保长春市流通环节的食品安全。在《旅游法》颁布后,社内政协委员分别向市政协提交《长春市旅游产品设计与营销策略》《长春市旅游业的发展思路、目标与保障措施》的专题报告,经市政协常委会专题协商形成建议案,为制定旅游业发展壮大计划、出台相关政策提出了具有操作性的建议。就水源地污染问题、治理农村环境污染问题,市九三学社调研组分别赴吉林省水源地生态农业开发有限公司——长春市石头口门水库湿地、九台市周边农村进行调研。市九三学社就“加大长春市城市闲置土地治理力度问题”和“编制长春市支柱及优势产业链规划,破解长春市工业结构性产能过剩问题分别到长春市国土资源局、长春市工业和信息化局进行调研。市九三学社对信息员及骨干进行调整,并组

市九三学社医疗专家组走进公交集团13路车队义诊

织部分社员分别参加九三学社吉林省委“参政议政信息员培训班”及市委统战部“党外人士参政议政培训班”，市九三学社9名社员参加培训并提交了参政议政文章。贯彻落实《中共吉林省委吉林省人民政府关于突出发展民营经济的意见》和《中共长春市委长春市人民政府关于突出发展民营经济的实施意见》。市九三学社委员、九三学社的市政协委员、基层组织负责人、市九三学社企业家委员会全体成员和长春市民营企业人士100余人参加论坛。市九三学社全年整理上报信息50余篇。市九三学社社成员中有2人担任长春市经济发展软环境监督员，2人担任长春市人民检察院检察员。九三学社有各类监督员11人。

组织建设 2013年发展新社员110人，其中，高级职称27人，中级职称66人，博士学位18人，硕士研究生38人。共现有社员1956人，75个基层组织，其中，包括11个委员会，58个支社，6个小组。社宽城区委员会结合九三学社的特点，成立了首家九三社员之家，为基层九三社员开展活动创造有利条件。社市委利用半年时间，对所有在籍社员的各方面情况变化进行核实，确保社员信息统计工作准确。实现社员信息的动态管理。

机关建设 开展主题实践活动。以加强思想建设和转变工作作风为重点，以提高政治素质和业务能力为目标，以继承九三学社光荣传统、提升参政议政能力为宗旨，用4个月时间，分3个阶段开展了“忆传统、转作风、练内功”主题实践活动。市九三学社在这次活动中做到与中共的群众路线教育实践活动相结合，与继承九三学社“爱国、民主、科学”的优良传统相结合，与机关的思想建设、作风建设和制度建设相结合，机关干部思想观念、工作作风等方面都得到了较大提高。

社会服务 参与市委统战部的“同心”服务基地活动。南关区桃源社区是在市委统战部的主持下成立的民主党派“同心”服务基地，市九三学社专门派出医疗专家组为社区居民进行义诊和健康咨询服务；为该社区的特困学生捐赠助学金；开展捐书活动，共捐赠科普图书450本、《科普大篷车》光盘134张；邀请吉林大学教授深入桃园社区开展科普知识讲座。长春九三医疗专家组先后前往长春公交集团13路车队和朝阳区富锋街道双山社区开展医疗义诊活动，为数十名司机师傅和50余位村民送医送药。按照九三学社中央和九三学社吉林省委的统一部署，开展第25届“国际科学与和平周”系列活动。为巩固和扩大双阳区九三村新农村建设的共建成果，向省农委为九三村争取了“美丽乡村”建设项目，前期申报工作完成，九三村被确定为省级建设项目点和国家级后备点。项目建设开始，国家和省都有专项扶持资金，九三村将打造得更加美丽。市九三学社宽城区委员会继续开展关注幼儿教育“献爱心”系列活动，为宽城区四十八中学泽葵幼儿园捐赠了价值10万余元的现代大型专用滑梯并计划用5年时间，热心扶持和不断完善泽葵幼儿园的学前教育设施，并为幼儿健康成长建立体检档案。

（黄晓音）

长春市总工会

【劳动竞赛活动】 2013年首次在全市范围内开展长春市工业企业职工技能大赛，经过层层选拔20个赛区、305名选手脱颖而出，参加车工、钳工等6个工种的决赛，对优秀获奖者晋升职称，对每个工种的第一名授予市五一劳动奖章。

【劳模管理服务】 市劳模协会顺利完成换届；代市政府起草《长春市劳动模范评选和管理办法》；一次性为38户无房劳模解决廉租住房；全年为患重大疾病劳模发放医疗专项补助金36.3万元。

【职工素质提升】 丰富职工精神文化生活，新建国家级、市级职工书屋各5家，市职工文体协会成立书法、美术、羽毛球等10个专业委员会，举办职工越野接力赛、职工歌手大赛、职工羽毛球大赛、职工文化大讲堂等文体活动，为职工搭建展示才华的平台。

【构建和谐劳动关系】 加大工资集体协商推进力度，工资集体合同签订率达88.17%、覆盖企业36190家，组织开展工资集体协商指导员培训23次、培训人员3914人，指导员队伍业务水平和协商能力不断提高。

【“员工诉求中心”建设】 加大员工诉求中心建设力度，全年新建员工诉求中心（站、点）291个，总数达1005个，共受理职工诉求940件，调解率达88.5%。加强劳动争议预警调解体系建设，组建劳动争议调解委员会7065个，职业化工会主席所在的124个小型非公企业工会联合会全部建立劳动争议调解委员会，覆盖小型非公企业3.6万家。

【维护职工权益】 加强职工民主管理工作，建立区域行业联合职代会会前报批、会中指导、会后监督检查制度，全市159个区域（行业）联合职代会覆盖企业30372家，全部召开了区域（行业）联合职代会。开展“安康杯”竞赛，积极配合安监部门开展安全隐患排查，查找安全隐患7997个、整改率达98%。

【“大走访”活动】 建立万名工会干部大走访长效机制，全市11563名工会干部走访企业3569户、走访职工55126名，解决实际问题2352件。

【“送温暖”活动】 全年筹集送温暖资金2136万元，救助标准在2012年基础上实现翻一番，并且全部采用银行卡形式发放，3.4万名困难职工和农民工受益。强化职工互助保障工作，发放互助金1039.57万元，受益职工11623人次，拓宽了服务领域，为5642名市总产业工会（工委）在档困难职工免费办理重大疾病互助保障，为1974名城区一线环卫职工免费办理团体意外伤害互助保障。

【“金秋助学”活动】 开展金秋助学工

长春市总工会举办长春市工业企业职工技能竞赛

作,筹集并发放助学资金595.3万元,资助困难职工和困难农民工子女4734人,着重抓好“会校企”联合助学工作,新招收216名贫困职工子女入学,首批受助的176名学生中的26名中专生已经顶岗实习。

【职工创业就业】 积极帮助职工创业就业,全年开发就业岗位4525个,就业安置3869人,培训失业待业人员和农民工6736人。

【圆梦农民工行动】 组织开展圆梦农民工系列行动,受益农民工1万多人次,重点是在长春建工集团开展建筑工地农民工夫妻房试点工作,建成农民工夫妻房132间,安置农民工夫妻500多人。

【工会会员卡工作】 开展工会会员服务卡办理前期筹备工作,成立会员服务卡办公室,组织相关人员赴北京、大连等地考察学习,开展合作银行、商家洽谈工作,服务卡功能设置、服务项目涵盖以及信息平台建设等基础性工作的研究论证已基本完成。

【工会建会工作】 提高建会质量。构建基层工会组织建设管理系统,打造符合全市工会实际的数字化管理平台。全年建立独立工会组织932家,涵盖法人单位5007家,职工入会率95%。全年经费增长12%,创历史新高。

【县(市)区开发区工会工作】 完善工会目标责任考核体系,对县(市)区、开发区总工会工作进行考核,促进各项工作全面落实。制定并下发《长春市职业化工会主席管理办法》,明确市总、县(市)区和开发区总工会、街道工会三级对职业化工会主席的管理权限。加强工会干部培训,全年举办各类培训班59期,培训工会干部6945人次。

(杜宝同　王　健)

长春市妇女联合会

【概况】 2013年,长春市妇女联合会(以下简称“市妇联”)先后荣获国家级表彰4项、省级表彰2项、市级表彰4项;全国、省、市新闻媒体420余次报道市妇联工作。

【妇女创业就业】 以“创业改变生活”为主题,继续深化“万名妇女创业就业培训”项目,举办女性专场招聘会、插花、美甲等全市性技能大赛,为大赛获奖女性提供场地、培训、资金、政策等零风险创业服务。全年举办各类技能培训班149期,培训下岗失业妇女10158人次,新建妇女创业就业基地11个、女大学生见习基地12个,推荐创业项目64个,开发就业岗位1.2万个,安置近6000人就业。破解女大学生就业难题,以培养电子商务人才为突破口,主动与高校、龙头企业衔接,借助高校师资力量,结合企业市场定位和人才需求,开展订单式培训,搭建女大学生创业群体和社会优质资源之间优势互补、资源共享的直通桥梁。2013年在吉林财经大学、欧亚集团、修正药业分别建立了女大学生电子商务人才培养基地和创业孵化基地,首期培训女大学生52名。

【“引凤还巢”工程】 搭建融资平台。与人社部门联合下发文件,推动小额担保贷款向农村延伸,为农村妇女创业就业提供资金保障,邀请农信部门的金融专家,开展金融服务对接活动,为涉农企业量身定做融资方案,为农村妇女致富提供资金政策支持。全年共发放小额信贷资金2.2亿元,发放妇女小额担保贷款3948万元,协调长春市委组织部投放无息典型扶持资金74万元。搭建融智平台。助推全市民营经济发展,召开女企业家协会换届大会,吸纳100名优秀女企业家入会;在第四届中国长春创业就业博览会上,举行推动民营经济发展签约仪式,为小微企业和有创业就业意向的妇女提供支持。实施“现代女农民”培养计划、女农民技能提升计划,成立长春市农产品女经纪人协会,组织吉林农业大学专家开展“一对一”科技对接,为农村妇女创业提供有组织的专业技术服务,为高校的产学研建设提供实践基地。全年组织各类培训3250期,培训农村妇女51万人次,新建女农民创业就业基地、来料加工与农产品深加工基地、巾帼现代农业示范基地140个,新建巾帼信息服务站101个、新注册女农民合作社148个。搭建融商平台。引入现代新型销售业态,依托欧亚e购,创建商企对接模式,将7大类125种适合女性创业就业的手工艺产品引入网络销售,拓宽女性创业者营销渠道,帮助妇女实现创业就业梦想。

【依法维权工作】 维权站站长培训。编印《维权工作手册》，下发《妇女儿童示范维权站标准》，举办妇女儿童维权站站长培训班11期，对全市2172名维权站长开展大规模轮训，指导基层维权站建立完善妇女诉求表达、矛盾排查、信访分析研判和家庭暴力预警机制，最大限度地把矛盾纠纷解决在基层。发挥各级妇女儿童维权站作用，积极开展普法讲堂、送法下乡、信访接待工作。全年接待处理信访案件785件，办结率100%；组织普法讲座、法律咨询活动2180场次，13.1万名妇女直接受益；打造示范妇女儿童维权站58个。完善维权服务网络。加大“男女平等”基本国策及两个规划的宣传力度，制作贯彻落实男女平等公益广告，在《长春日报》设立专版，开展两个规划培训，普及男女平等国策有关知识；召开长春市巾帼司法顾问团第三次会员大会，调整充实顾问团队伍，开展团员与女企业家协会会员司法援助“一助一”活动，帮助女企业家解决法律难题十余个。妇女法律援助。在市妇联信访窗口设立“周五法律专家接访日”，邀请巾帼司法顾问团专家义务“出诊”，专题解答妇女儿童维权难题90个，妇女群众信访满意率达100%。

【妇女儿童民生工作】 贫困妇女“两癌”援助行动。联合市卫生局、财政局、民政局制定《2013—2015年“两癌”援助行动工作规划》，在对全市35—59岁农村贫困妇女免费开展检查的基础上，首次将城镇贫困女性纳入免费检查范围，实现了检查与救助的双覆盖；积极争取政府资金支持，全年投入资金434万元，检查贫困妇女1.7万人，实现了在运行机制、检查范围、检查标准、救助群体、知识普及等五大方面的突破。为提高“两癌”援助行动的影响力，制作公益广告宣传片，在长春电视台4个频道19个栏目滚动播出。实施“留守儿童之家”公益项目。争取长春市政府资金200万元，采取政府出资、社会援建和妇联自建的形式，全年建立“留守儿童之家”137所，配齐电脑、电视、桌椅、图书等价值2万元设备设施，有效改善留守儿童成长环境，实现“留守儿童之家”地区全覆盖。深化“代理妈妈”活动。全年新代理孩子2126名，完成全年代理目标的106.3%，筹措扶持资金114万元。积极发动女企业家参与“代理妈妈”、“长春慈善大集”等各类爱心活动，建立“公益慈善基金”。全年女企业家累计为贫困儿童捐助款物30.7万元。

【儿童工作】 召开长春市家庭教育协会换届大会。102名在国内、省内家庭教育界享有较高知名度的专家、学者加入协会，国务院参事、长春市委原书记杜学芳任名誉会长。依托家庭教育专家讲师团，深入社区、村屯开展系列宣讲活动，举办家庭教育大讲堂，先后邀请国内著名教育专家、中国少年儿童出版社原总编辑、“知心姐姐”卢勤和北京市家教研究会副会长闵乐夫所做的家庭教育专题报告，受到广大群众的热烈欢迎。启动“婴幼儿早教六一工程”。制定《婴幼儿早期家庭教育工作方案》，建立并完善社区0～3岁婴幼儿信息资源库，编写15万字的《婴幼儿家庭教育指导手册》，填补吉林省婴幼儿家庭教育理论与实践指导的空白。与驻长高校联合开展《婴幼儿家庭教育活动研究》，为提升长春市婴幼儿家庭教育质量提供理论和智力支撑，该课题已在长春市科技局作为软课题立项。培训一批具有专业家教知识的育婴师，开展育婴保教人员培训和资格认证，全年完成育婴师培训5470人，社区早教工作者培训913人；组建家庭教育讲师团，开展婴幼儿家长培训，进行科学育儿理念及方法的传授，全年举办社区早教培训698期，培训家长3.9万人次，初步形成了辐射全市广大家庭的早期教育服务体系。打造儿童文化新品牌。春节期间，联合长春电视台等9部门举办了首届少儿春节晚会，通过视频短片、现场访谈、综艺表演等形式，全面、立体地展示了长春市少年儿童的幸福生活和积极向上的精神风貌，向全市114万少年儿童献上了一份精彩的新年礼物。晚会荣获“2013年全国春节文艺晚会一等奖”暨“全国春节特别节目最佳作品奖”。“六一”前夕，举行“幸福绽放·非常六一”广场晚会，现场观众近万人，长春电视台2次转播了晚会盛况。全年先后在长春市举办“我要上春晚——少儿文化艺术节”海选活动48场次，4000余名少年儿童参加。

【巾帼志愿服务行动】 在原有2.1万名个体志愿者的基础上，面向社会招募515支巾帼志愿服务队，新增巾帼志愿者8000余人。全年全市各级妇联组织围绕家庭教育、便民利民、扶贫助困等8个方面开展了巾帼志愿服务活动2832场次，服务群众2.2万人次，初步形成了志

长春市儿童早期家庭教育科研成果发布会

愿服务向组织化、专业化、常态化的转变。开展"现代女性大讲堂"五走进活动，在深入社区、村屯的同时，大讲堂走进高校、长春文庙和长春市图书馆，讲师团成员围绕女性维权、家庭教育、创业就业、婚姻家庭、女性保健等多个方面内容，举办讲座2000场次，累计听众6万余人次。

【基层组织建设】 开展"妇女儿童更具幸福感社区"创建活动。与吉林大学联合开展课题调研，制定工作意见和实施方案，在朝阳区召开创建工作现场会；指导基层妇联围绕家庭文化建设、妇女儿童权益维护、妇女创业就业和妇联组织自身建设四个方面开展"妇女儿童更具幸福感社区"创建活动。推进女性进"三委"。加大源头推进力度，积极协调长春市委组织部、长春市民政局，在《换届选举工作意见》中首次提出"保证每村至少有一名女村民委员会成员"，并将该项工作纳入年度基层妇联考核内容，实行目标管理，对没有达标的县(市)区和开发区妇联实行"一票否决"。在全市1691个村中，100%的村委会和77.7%的村党支部配备了女委员；女支部书记和女村主任的配备率均有所提高。深化妇联干部教育培训。走进北京清华大学、革命老区临沂，举办两期全市妇女干部党性教育与能力建设专题研修班，市妇联机关、县(市)区、开发区妇联、市直机关、高校妇委会近70名妇女干部参加了培训。培训采取专题讲座、参观党性教育基地、座谈研讨相结合的方式进行，内容涵盖十八大精神解读、群众路线教育、社会管理等六个专题。

(张秀红)

共青团长春市委

【概况】 2013年，全市14～28岁青年98.47万人，团员63.56万人。全市共有基层团组织1.97万个，基层团(工)委1073个，团总支(支部)1.86万个。全市有团干部3.35万人，其中专职团干部6571人，兼职团干部2.69万人。

【青少年思想引导】 举办图片展、成果展、座谈会、报告会和团队日等各类活动近万场次，坚固全市青年的思想基础。围绕"学雷锋纪念日"、"五四"运动纪念日、建团91周年等时间节点，开展爱国主义及社会主义荣辱观教育。"我的中国梦""三观三热爱""劳动·奋斗·创造""成人意识教育""红领巾相约中国梦幸福长春快乐娃"等主题实践活动，约80万人次参与。组织开展"第五届长春市十大杰出青年企业家""长春市百名青年创业人才""寻找最美青工"等具有影响力的评选表彰活动，营造学典型超先进的良好氛围。组织开展"奋斗的青春最美丽"分享活动、青年榜样校园巡讲、寻找最美青工等活动，教育激励广大青年勇于奋斗、敢于追梦。开展青少年社会道德实践活动，动员青少年参与公益清雪、文明倡导、关爱帮扶、社区服务、健康倡导、会展服务等志愿服务活动，累计动员志愿者约6万人次，志愿服务约2万小时。作为东北唯一代表城市，参与南京青奥会志愿服务工作。深化暑期大中专学生社会实践活动，154支团队参与地方服务。开展保护母亲河行动，整修林区道路2100米，造林20公顷，并进行相关管护作业，得到团中央肯定。志愿服务立法工作纳入《长春市人大常委会五年(2013-2017)立法规划》。发挥手机、共青团网站、QQ群、博客等新媒体的作用，建立具有长春特色的新媒体引导青年体系。累计发布专题微博1600多条，长春共青团官方微博获全省2013年度十大政务微博荣誉称号。各媒体宣传报道累计达171次。

【服务青年创业兴业】 服务青年企业家成长发展，推出青商跨地交流、青商素质提升计划等服务载体，提升企业经营管理水平，促进项目合作和对外融资。建立"商务互助机制"，实现项目、资本、资源、服务及人才的有效流通。开展"各地青商长春行经贸交流"系列活动，召开长春市投资环境推介会，邀请全国各地近百名青年企业家来长洽谈合作，签订合作协议11.5亿元。深化城市青年就业创业行动。打造长春青年商会、长春青年创业联盟等青年社团组织，实现对就业创业青年的服务网络覆盖。全年组织上岗见习和技能培训1036人。18家青年就业创业见习基地被评为团中央"工作成效突出的青年见习基地"，培养城市创业型人才830人。举办大学生创业教育报告会100场，培训大学生近万人次。深化"团银合作"，发放城市青年创业小额贷款413笔、2560万元。举办地铁行业青年农民工职业技能竞赛，开创"行业竞赛+现场鉴定"的技能人才培养模式，为获奖选手直接晋升技术等级开辟绿色通道。举办长春青年科技创新创业大赛，增设长春青年全民创业项目大赛，评选优秀科技创新及全民创业类项目32项，为创业者提供扶持资金155万元。实施"百个优秀青年创业项目孵化计划"，通过大赛遴选、创业资金扶持、创业模拟实训、导师帮带等措施，分梯次孵化青年创业项目100个。

建设长春青年创业工场正茂园区，完成一期建设5000平方米，并已投入使用，为创业青年提供一站式孵化服务。召开长春青年科技创新项目推介会，现场精选45个科技创新项目进行集中展示，动员青年企业家、青年创业者、青年创业社团代表530人参观展示并进行互动交流。实施农村团员带富工程。把握农村青年创业的项目、技术、资金和销售4个关键性环节，运用模块化的帮扶模式，打造完整的农村青年创业帮扶工作路径。在创业项目选取上，发挥全市74家农村青年创业创富基地的项目优势，为9185名农村青年提供了优秀农村创业项目推广。在创业技术支撑上，组建专家和学生组成的21支校地对接科技兴农服务团队，累计为创业青年提供1400小时农业科技服务。在创业资金帮扶上，与农业银行、农村信用社等金融机构合作，为1791名农村青年发放创业小额贷款4215.9万元。在创业产品销售上，搭建了农村青年创业产品销售平台，建设300平方米的创业农产品商超。中央电视台《焦点访谈》节目以"奋斗的青春"为题，对长春农村青年创业典型夏善朋及长春青年创业工作进行报道。

【提升青少年幸福指数】 特殊青少年帮扶工作。全年免费发放购书卡价值120万元、助学金30万元,免费为1000名青少年体检。启动实施农村留守儿童关爱行动,首批推出的50余名留守儿童均与社会爱心人士结对,获得"五个一"的长期资助。开展"两节"送温暖活动,累计整合资金、物资价值101万元,为城市困难青少年、青年农民工及其子女、贫困大学生送去节日祝福。青少年成长发展环境。通过捐建、结对联建等形式,推进"七彩小屋"、红领巾书屋、红领巾之家建设工作,捐赠课外书籍6万余册,建设少先队活动阵地420余个,初步形成了覆盖城乡少先队组织的阵地网络。"七彩小屋"工作经验在团中央志愿者工作会议上做典型经验交流。开展青年农民工"暖心行动",建设8家农民工书屋。改善农村青少年学习环境,援建希望小学1所、建设体育园地10个,通过捐赠教学器材、学习用品等方式使3.4万名青少年受益。青年文化项目建设。用城市文化哺育青少年成长。组织青少年参观红旗文化展馆、一汽轿车生产线,举办微电影大赛,感受充满地域特色的汽车文化、电影文化、冰雪文化,累计参与人数近5万人。用优秀的青年文化服务社会发展。开展青少年群众性文化活动,开展大学生艺术节、红领巾文化节、社区青年文化节等活动近百场,吸引青少年热情参与。

开展青少年文化惠民行动,全面开展大学生惠民演出、农民工免费观影、困难家庭子女体验城市等文化服务活动,20余万名市民感受着充满活力的青年文化。维护青少年合法权益。启动县级重点青少年群体服务管理和预防犯罪工作,强化重点青少年群体服务和预防犯罪工作的机制建设和实效帮扶。实施团中央"关爱青少年彩虹行动示范项目",对服刑在教人员未成年子女开展关爱救助工作。推进"共青团与人大代表、政协委员面对面"活动,长春市"面对面"调研报告被评为全国地市级一类报告。12355青少年服务台共受理与青少年权益相关的各类来电1.2万件,有效回复率100%。实施"绿色家园"工程,现已形成2835人的服务团队,成功帮扶青少年7409人次。围绕"法制在心中,共圆中国梦"主题,组织普法知识讲座、法律咨询、主题班会等共计167场次。评选表彰第五届长春市优秀"青少年维权岗"和"青少年维权卫士",营造全社会关心青少年成长的氛围。

【团的组织建设】 扩大基层组织覆盖范围。新建"两新"团组织734个、行业团组织2个、青年自组织团组织10个。开展乡镇实体化"大团委"建设工作,新建直属团组织1800个,覆盖35岁以下农村青年近4万人。建立长春市高校共青团协作体工作制度,巩固完善高校团组织自身建设。加强对乡镇(街道)团组织支持力度,新建驻外及本地农民工团工委12家。《中国青年报》头版宣传长春共青团服务青年农民工工作经验。团干部能力建设。分批分层次开展团干部培训工作,通过实地观摩、经验交流、集中授课等方式,灵活开展各战线团干部的培训工作,举办团干部培训班19期,培训基层团干部1907人次。推动县(市)区做好团委班子和机关干部配备工作。全市各级团组织团干部配备率90%以上。深化团干部基层驻点工作,先后选派机关正处级干部、高校团干部、西部计划志愿者共17人到基层驻点,有效增强基层团组织工作力量。团干部作风建设。开展学习教育活动,通过收看教育视频、召开座谈会、分散自学等多种方式,组织各类学习活动20余次,提高党员干部的思想认识。成立调研组下基层驻点、召开民情恳谈会、开展与青年"同吃、同住、同劳动"活动,推进团干部走进基层、走进青年,累计收集意见建议195条。全面进行整改落实、建章立制工作,累计建立健全工作制度11个。推进团的外围组织建设和基础工作。召开长春市第五次少代会。逐步推进青年联合会内部机构设置和运行机制改革,提升青联承担社会责任的能力。指导组建长春青年商会,逐步实现"以商养会、以商养善、以商兴商"的发展理念。开展青年外事交流活动,通过举办中非青年大学生长春文化交流会、组织团干部赴俄参加国际青年节、选派代表队参与中俄青少年雪地足球邀请赛等活动,展示长春市青年的良好精神风貌。

(张余吉)

长春青年创业工场正茂园区

长春市工商业联合会

【思想政治工作】 开展非公有制经济人士理想信念教育,举办《学习十八大,实现中国梦》大型专题报告会。举办"解放思想,突出发展民营经济座谈会""长春市民营企业文化建设经验交流表彰会"等"解放思想大讨论"系列活动,开展"长春市民营企业健康工程启动仪式暨民营企业家净月潭健康徒步行"、长春市民营企业"中国梦、企业情"大型文艺演出等"民营企业文化周"系列活动。引导民营企业关爱员工,开展了"五一劳动节千名女性劳动者免费体检活动",为5000名民企女职工进行免费体检。

【全民创业】 推进"全民创业工程",服务小微企业发展取得新突破。以"双百工程"为载体,举办了"长春市民营企业品牌文化论坛暨百强民营企业发布会",发布了"长春市工商联2013民营企业百强榜单",着力提升创业氛围。继续深化"小微企业服务年"活动,开展了百家小微企业创业导师对接活动,创建10家小微企业创业孵化基地。召开"光彩助力大学生创业启动仪式",举办"创业成就中国梦—民营企业创业典型进校园"活动,引导和鼓励大学生创业。

【招商引资】 推进"招商引资工程",对外交流合作空间得到新拓展。完成"长春市党政代表团赴闽粤学习考察和招商活动"沟通联络、企业邀请、组织考察等工作,福州、泉州两场投资说明会共邀请当地企业家800余人,签约项目9个,签约金额达211.45亿元;为加强长春市民营企业与外国开展交流合作,组织工商联欧洲经贸考察团赴欧洲六国工商会进行了项目对接;与中国泰国商会联合在长春市召开泰国投资说明会,与会工商界代表90余人,同泰方签定了战略合作框架协议,建立了良好的合作关系;与俄罗斯商贸代表团共同举办中俄企业合作项目对接会,同俄罗斯克拉斯诺工商联签定了战略友好协议,加强了双方的经贸往来和交流合作;组织150余位企业家参加欧洽会,与欧洲企业家对接洽谈;通过沟通,与德国、荷兰、白俄罗斯、芬兰等欧洲商会建立工作联系;接待日本大阪市政府代表团,就未来两市在经贸、旅游、科技等方面的交流进行洽谈。

【宣传培训工作】 推进"素质提升工程",民营企业家素质得到新提升。与市委宣传部、市委统战部联合举办"长春市民营经济发展高峰论坛暨新长商论坛"。分别推荐一名全国民营企业"关爱员工优秀民营企业家"和一家全国民营企业就业服务先进单位,对20余位民营企业家典型进行了宣传报道。积极推进品牌文化建设,与吉林电视台合作,对规模较大、具有一定品牌知名度的34家民营企业进行电视宣传,进一步扩大长春市品牌民营企业的影响力。通过论坛、座谈、培训班等活动,举办"学习贯彻党的十八届三中全会精神""新三板、新机遇、新发展""演讲与智慧人生"等培训,提升民营企业家的综合素质和能力。加强民营经济和民营企业宣传工作,加强与主要媒体的沟通合作,先后与吉林电视台、长春电视台、吉林日报社合作"品牌吉林""聚焦长春民营经济""商会启示录"等专栏,围绕突出发展民营经济和商会经济进行宣传报道118次,产生良好的社会效果。

【商会经济】 推进"集群发展工程",商会经济发展取得新进展。召开了长春市商会产业园区工作推进会,制定了《长春市工商联商会产业园区建设工作规划(2013-2017)》,启动实施商会产业园区创建活动,引导和支持外埠商会、行业商会、民营企业领办、创办商会产业园区,汇商健康产业园区、凯利长春国际工业品交易中心、亚泰医药产业园、德国汽车零部件工业园等一批商会产业园区呈现出良好发展势头。服务区域经济发展,农安、九台、德惠、辽源等地建立发展规划,农安县制定完成城乡双向一体化方案;与九台市举办产业园区对接会,组织开展外埠商会走进空港开发区活动;对长德新区定位、发展规划提出切实可行的意见,促进区域经济发展;与中国发展研究院为辽源市城市发展制订了发展规划,推进城镇化建设;组织部分企业家赴延边参加全联举办的东北地区民营企业培训。

【构建民企服务体系】 推进"市场培育工程",民营经济服务探索新模式。成立了民营经济维权投诉中心,广泛接受民营企业对政府职能部门及其他相关管理部门工作的投诉,并定期向软环境办等相关部门及单位通报受理情况,维护民营企业的合法权益。成立了民营经济交流培训中心,与吉林大学合作,建立市企业家培训基地,加大对民营企业家的培训教育。通过积极争取,成为商会调解全国试点单位,与长春市中级人民法院进行了对接,联手成立了市工商联民商事调解中心,特聘了45名有较高知名度和专业素养的企业家、律师及部分行业商会、外埠商会会长、秘书长担任调解员,在化解商事纠纷、提供法律咨询等方面为企业提供服务。

与长春市委政法委组织召开全市政法机关"创优法治环境、助力民营经济"座谈会,与长春市检察院开展特聘服务民企联络员活动,与长春市法院举办"全市法院对接商会、行业协会,服务民营经济发展座谈会",为民营企业提供法律服务。与长春市司法局联合开展"百企千人安置行动计划活动",在100家民营企业建立"彩虹基地",安置了1000名刑释解教人员就业,取得良好的社会反响。与长春市法制办合作,在工商联系统内各级商会组织及直属会员企业中,推荐企业家担任行政执法监督员,履行监督职责,300名首批监督员已通过培训,正式上岗。与长春市人社局联合建立20家非公有制企业劳动争议预防调解示范单位,为构建和谐劳动关系提供了试点样板。

【商会建设】 推进"商会组织"建设,工商联凝聚力得到新加强。成立了组织建设、经济联络、调查研究、宣传教育、法律维权五个专业委员会,对新生代企业家进行了调研摸底,召开了长商商会筹备会。发展新会员1000名,健全完善了2000余人的会员数据库。完成了户外旅游运动产品、生鲜制品、广告展览装饰、宾馆酒店用品、电器供应商用品5个行业商会组建工作和医药、农产品、美容美发行业商会换届工作。与北京、上海、广州等地长春籍企业家建立联系,积极筹建异地商会。引导行业商会、外埠商会、会员企业主动承担社会责任,同长春市民政局、长春市慈善总会联合举办了首届长春市慈善项目推介会，筹建总额2650万元的慈善基金。

【开展调查研究】 市工商联紧紧围绕贯彻落实省市突出发展民营经济这一战略部署，重点开展四项专题调研。以塑造“新长商”商帮文化为重点开展专题研究，对“长商”文化进行深入研究，形成《关于塑造“新长商”商帮文化问题研究》的专题研究报告，为推动商会经济发展和打造“新长商”创造有利条件。以推动突出发展民营经济政策落实为重点开展专题调研，围绕政策落实情况开展专题调研，了解和掌握政策的执行情况以及民营企业的意见建议，形成调研报告，努力使这一政策更多、更直接惠及民营企业。以健全和完善民营经济数据采集机制为重点开展专题调研，针对长春市民营经济和民营企业数据采集机制不健全，从而导致信息披露准确性差、权威性弱的实际，围绕建立民营经济和民营企业信息科学采集机制，深入相关部门和民营企业进行专题调研论证。以引导民营企业投资设立民营银行为重点开展专题调研，充分发挥工商联议政建言的职能作用，就设立民营银行问题开展专题调研，为引导和推动长春市民营企业发起设立民营银行创造良好环境。编辑出版《2012年长春市民营经济发展报告(蓝皮书)》《关于长春市商会经济发展情况的调查和建议》等三篇调研报告分别获得全市优秀调研成果二等奖、三等奖和优秀奖，《关于加快长春市企业上市工作的调研报告》等三篇调研报告分别获得省工商联调研成果一等奖、二等奖和三等奖。

【参政议政】 提高参政议政能力，与中国发展研究院共同提出建立“长春市民营经济综合配套改革示范区”的建议，得到省市委的高度重视并实施；《关于推进民营企业二代传承的建议》的政协大会发言得到市政协的高度评价，《关于加快长春市民营经济发展的建议》的政协提案荣获市政协优秀提案奖。

【十五届二次执委会】 5月29日，长春市工商联(总商会)十五届二次执委会在中日友好会馆召开。会议对2012年及今年上半年工作进行了详细总结，并就今后的工作进行了全面部署；传达了党的十八大、市委十二届二次全会和省、市突出发展民营经济大会精神，讨论通过了有关人事任免事项，增补了副会长3人、常委5人、执委12人；向全市非公有制经济人士发出了“做创业表率者、做时代建设者、做发展推动者、做感恩构建者”的《解放思想，突出发展民营经济倡议书》。

（沙显光）

长春市百企千人安置行动计划活动暨“彩虹基地”揭牌仪式

长春市台湾同胞联谊会

【概况】 截至2013年年底，长春市台湾同胞联谊会（以下简称市台联）有台胞120人，台属2.6万余人。基层组织12个。

【换届工作及“同心”实践活动】 9月11日至12日，市台联召开长春市台湾同胞联谊会第七次代表大会，圆满完成换届工作，实现了市台联领导班子的新老交替。市台联继续深入开展“同心”实践活动，注重抓好对台胞台属的思想教育工作，通过组织台胞台属参与形式多样的学习活动，使台胞台属的政治思想觉悟得到提高。4月24日，市台联召开六届九次理事(扩大)会议，会议总结了2012年工作；审议并通过2013年工作要点。4月24日，市台联理事及部分基层台联会长30人参观长春国家高新技术产业开发区长德新区，11月23日，市台联同市社会主义学院共同举办了50余位七届理事会成员参加的培训班。

【台胞台属联谊】 开展联谊活动是市台联工作的主要形式。3月8日上午，在长台胞台属60余人聆听了长春中医药大学苏颖教授为大家就中医养生保健、食疗、情致培养等方面所作的养生保健讲座。6月24日，由市台联主办，长春工业大学台联协办的“长台杯”台胞台属乒乓球友谊赛在长春工业大学体育馆举行，来自全市各区、大厂大学、市直各单位的14支代表队的60名队员参赛。8月15日至18日，市台联在辽宁省绥中举办“2013年青年台胞台属夏令营”，在长青年台胞台属近30人参加夏令营活动。

【长台两地人员往来】 2013年，市台联接待岛内台胞6批92人次。全国台联两个冬(夏)令营团队在长春期间，分别安排参观游览了伪满皇宫博物院、净月潭森林公园、长春一汽集团公司同吉大学生座谈交流等活动。

【走访慰问台胞台属】 “两节”期间走访慰问长春市老一代台胞台属，了解生活

长春市台联第七次代表大会

情况，征询意见，帮助解决生活中的困难。对因病、因事需要关怀的台胞台属及时探望和慰问，给予关心和帮助。在中秋节期间，台联机关走访老台胞，送去月饼和节日的祝福。

【自身建设】 11月23日，市台联召开七届二次理事会，审议通过成立"对台交流专委会""联谊活动专委会"和"宣传教育专委会"的提议，明确三个专委会的工作任务和人员安排，进一步细化理事会分工。2013年，市台联通过与基层党委沟通，调研摸底，在调查摸清台胞台属基本情况、积极物色骨干人选、细致筹备相关工作的基础上，协调朝阳区委统战部、宽城区委统战部和绿园区委统战部等三家单位先后成立了基层组织。截至2013年底，长春市各区、高校及市直单位有台联基层组织12个，形成台胞台属工作由点带面的网络格局，使长春市台胞台属工作章程明确、组织健全、目标清晰、责任落实。

（高　萌）

长春市残疾人联合会

【康复救助服务】 扩大抢救性康复救助范围。新增苯丙酮尿症救助项目，与听障、脑瘫、孤独症、低视力等抢救性康复项目一并纳入《建设幸福长春计划》。将孤独症救助年龄由6岁扩大到8岁，增加听力、脑瘫康复定点机构。全年实施人工耳蜗手术30例，助听器救助26例，肢残儿童矫治手术45例；落实脑瘫儿童康复救助129人，孤独症儿童康复救助161人；为29名苯丙酮尿症儿童提供了救助补贴。增进基础康复服务水平。2013年，先后召开城区和农村康复体系建设2个现场会，对"人人享有康复服务"目标任务进行部署。完成国家和省下达的康复任务33项。其中贫困重性精神病患者免费住院1760人次，免费送药5492人次；落实辅助器具任务10项，低视力适配1000例，假肢和矫形器适配200例，其他辅助器具适配925例；各类残疾人重点康复项目基本做到"有一助一"。长春市残疾人康复中心建设各项审批手续基本完备。农安县建筑面积2000平方米的康复训练中心主体已经完工。创新实施康复进家庭服务计划。开展"千人百日"康复服务进家庭项目，确定4家定点服务机构，按每人1000元的标准补贴经费，对有康复价值且不能自理的贫困成年肢残患者提供一个康复周期(3个月)的免费入户康复服务，并开辟了辅助器具和残疾人家长学校进家庭的新模式。全年入户服务3万余次，惠及残疾人1300余人。南关区社区残疾人康复中心普遍建立。

【残疾人教育就业】 促进残疾人就业创业。创新实施"扶持残疾大学生创业工程"，对应届毕业残疾大学生进驻市残疾人展能创业孵化基地的项目，给予一次性创业扶持金3万元，全年扶持5个大学生创业团队。开展就业援助月活动，全年城镇新增残疾人就业2226人，各县(市)区新建市级就业基地10家，安置和带动残疾人就业700人。继续对盲人新开办按摩机构给予一次性5000元的资金扶持。双阳区在吉林省扶贫基地建设经验交流会上做了经验介绍。榆树市协助草艺编织基地签订订单加工合同，为残疾人创产值10万元，实现纯利润7万余元。落实教育和职业培训。落实"残疾儿童少年义务教育攻坚计划"，完成对未入学适龄残疾儿童的调查统计工作。完成长春电大特教学院招生工作，录取残疾学生88名，有172名残疾学生在校就读，其中本科生34名。继续实施"扶残助学金"项目，为435名残疾学生及贫困残疾人家庭子女提供资助。完成职业技能培训13509人，组织开展送农业技术下乡帮扶活动。落实"千家万户巧手工程""带传培训工程"和"盲人按摩妙手兴业"活动，全面超额完成任务。完善机构规范化建设。2013年，全市完成了就业中心规范化示范建设，建立残疾人培训实名制录入机制。新增市级残疾人培训基地2个。长大特教学院、宇平公司、京华技校被评为首批国家级残疾人培训基地。残疾人展能创业孵化基地建设得到中国残联的高度评价。残疾人就业保障金全年收缴总额1.5亿元。二道区残疾人康复就业服务中心完成建设并投入使用。绿园区创办全市首家残疾人扶贫就业市场。榆树市对盲人按摩基地实行"四个统一"规范化管理。

【扶贫和社会保障】 2013年，长春市再次提高"三无一靠"成年重度残疾人生活补贴标准，城镇户口的由每人每月150元提高到200元，农村户口的由80元提高到120元，全年补贴1072人。制定出台《长春市城镇残疾人参加社会保险给予适当补贴实施办法》和《长春市残疾人托养服务办法》，吉林省残疾人托养服务工作现场会在长召开。朝阳区先行先试，在全市率先出台《贫困残疾人机构集中托养服务暂行办法》。汽车区创新思路，在社区开展“幸福驿站”试点，专门服务残疾人特殊家庭。德惠市在全市率先落实重度残疾人新农合和新农保参保费由财政代缴。

2013 年，长春市残联投入 200 万元，继续扩大残疾人农机扶贫工作，采取结对帮扶的形式，在榆树市和九台市开展农机合作社试点。朝阳区和净月开发区分别投入资金 110 万元和 125 万元，在全区范围内实现残疾人农机扶贫全覆盖。莲花山区建立农机具管理台账，对农机具用途和合作社资金使用等进行跟踪检查。同步实施城乡安居救助。2013 年，在国家和省没有任务指标的情况下，长春市继续实施农村残疾人危房改造“安居工程”，改造城区农村贫困残疾人危旧住房 300 户，每户给予资金补助 6000 元。加大对城区贫困残疾人的救助力度，对城区实施暖房子工程改造的贫困残疾人家庭更换塑钢窗个人承担部分给予 50%补贴。绿园区率先在全市更换贫困残疾人家庭老、旧、破门窗。

【宣传文体活动】 2013 年，全市结合各类节日、活动，通过媒体报道残疾人事业消息、通讯累计 170 篇。“爱耳日”印发宣传手册 1.8 万余份、短信宣传 20 万条。长春市残联第六次代表大会、全国助残日在《长春日报》刊发专版。长春市残联网站上发布信息 276 篇，中国残联采用 128 篇，吉林省残联采用 58 篇，中国长春网站采用 151 篇。九台市对十佳残疾人模范进行表彰奖励。创新开展金手杖服务活动。第 23 次全国助残日，长春市残联组织策划了“金手杖志愿服务月大型系列活动”。至年底，金手杖服务队已经建立 6 个服务站和 3 个家政站，全年服务 62 个社区，举办大型活动 6 次，服务百姓 5300 多人次。文化和体育工作。2013 年，长春市残联会同 12 个职能部门联合印发《长春市关于加强残疾人文化建设的实施意见》。组织参加吉林省第四届残疾人文艺汇演，6 个节目全部获奖。举办长春市“百千万特殊人才工程”先进事迹报告会。全市建立残疾人体育健身示范点 32 个，培训体育健身指导员 161 人，发展 1400 名特奥运动员。朝阳区投入 30 万元，建立了全市首家区级盲人图书馆。宽城区组织残疾人艺术团和阳光服务队到敬老院开展慰问演出和服务活动。高新区在两乡建立残疾人社区文化站。

【自身建设与公益慈善】 换届工作。各县（市）区顺利完成基层换届工作。4 月份召开长春市残联第六次代表大会，听取审议长春市残联第五届主席团工作报告，选举产生新一届主席团、执行理事会和出席吉林省残联第六次代表大会的代表，配备盲人、聋人驻会理事。助残公益事业。2013 年，长春市向世界宣明会争取康复器材 41 套，价值 4 万余元，完善南关区永康社区残疾人服务中心；向中国残疾人福利基金会争取到价值 100 万元的全新服装，分发给 2800 多名贫困残疾人；向吉林省残疾人福利基金会争取到价值 23.66 万元的助听器，救助了 14 名听障儿童。争取到“中国一汽集善博爱行”项目的汽车 4 辆，分别捐赠给长春市特教学校、长春市保尔特教学校、长春市安宁精神病医院和榆树市残疾人康复中心。经开区成立阳光爱心超市，搭建物资捐赠和发放对接平台。2013 年，长春市残联被评为长春市精神文明建设工作先进单位和吉林省残疾人社会保障工作先进集体。

（李建新）

长春市“百千万特殊人才工程”先进事迹报告会现场

长春市红十字会

【宣传工作】 利用“世界红十字日”“全国防灾减灾日”“世界急救日”等重要纪念日和汽博会、书博会、农博会等大型展会活动开展宣传普及活动，通过发放宣传资料、多媒体演示、培训讲师讲解和群众亲身体验等方式，宣传普及群众 10 万余人；应急救护专项培训全市中小学、幼儿园的校医和保健教师 730 余名；为 17 家企事业单位培训救护员 1100 余名；在机关、单位和社区开展普及讲座 18 场，普及培训 1000 多人。

【备灾救灾工作】 四川芦山发生 7.0 级地震后，立刻向长春地区发出募捐呼吁，组织县（市）区、开发区红十字会向四川芦山地震灾区捐赠资金，长春地区共接收捐赠资金 368.39 万元；积极联系爱心企业，为德惠市火灾受灾群众提供 76 万余元的烧伤敷料；深入长春市水灾灾区，组织救灾物资，为受灾村民送去棉衣、棉被等物品 1000 件。

【日常救助】 开展“幸福长春·红十字博

市红十字会开展中高考志愿服务活动

爱送万家”活动,在春节前夕,为350户困难群众送去救助款物,共计10万元;参与“幸福长春·圆梦助学”活动,联系爱心企业和爱心人士,筹集助学募捐款10万元,救助50名具有榆树、农安、德惠和九台四县(市)户籍的2013年考入大专及以上院校的贫困家庭学生和孤儿学生;做好重大疾病的日常救助工作,救助贫困患者18人,共计12.2万元;与市中心医院开展“关注健康、扶贫帮困”活动,为贫困患者免费提供价值120万元的注射用单硝酸异山梨酯、马来酸依那普利叶酸片、大活络丸3种药物。

【培训工作及志愿服务】 开展应急救护“进社区、进农村、进学校、进企业、进机关”活动,组织县(市)区红十字会开展应急救护宣传活动,完成社区学雷锋志愿者应急救护培训工作;在市第二中等专业学校成立红十字应急救护培训基地和应急救护培训志愿者队。在朝阳区素质教育实践校建立红十字青少年应急救护培训基地。组织1万名中小学生参加“全国红十字青少年自救互救知识竞赛”,获地市级红十字会三等奖;市红十字青少年应急救护培训基地,为参加教育实践的学生开设红十字知识和应急救护课程,全年培训学生1万余名。书博会期间,组织60名红十字小记者,参与书博会的新闻报道工作;中高考期间,组织红十字志愿者在考点共搭建了26个“长春市红十字会志愿者爱心服务站”,为考生和家长免费提供海绵坐垫、测量血压、创可贴、寄存物品等温馨服务。市红十字会连续四年开展中高考爱心服务,受到社会好评,2013年被省红十字会在全省推广;组织志愿者利用各种活动向群众宣传普及“三献”常识,并与市卫生局联合成立人体器官捐献办公室,成功登记造血干细胞捐献志愿者700人,遗体(器官)捐献志愿者37人。

(李　力)

长春市个体劳动者协会

【概况】 截至2013年年末,长春市个体劳动者私营企业协会有会员333185户(其中个体会员261029户,私企会员72156户)。协会工作人员8人。机构设置:办公室、宣传教育部、会员服务部、组织联络部、党委办公室。所属各县(市)区、开发区、直属基层协会18个。2013年市个体私营企业协会连续7年被长春市社科联评为“先进社团”。

【法律维权服务】 发挥法律在个体私营经济发展中识别、预防、化解经营风险的巨大作用,以法律手段,最大限度保护个体私营企业协会会员的合法权益,与吉林关东、吉林千瑞、吉林名瑞律师事务所签署合作协议,成立长春市个体私营企业协会法律维权服务中心。发放5万张宣传册和5万个法律服务会员卡,法律维权服务中心收到咨询和投诉194件,满意率100%。举办法律知识培训3次,培训450人。

【为民营经济发展献计献策】 市工商局和市个私协会共同组织开展“我为民营经济献一策”活动。全系统干部职工,各级个私协会理事、企业经营者、管理者,有关专家、学者和社会各界参与了此次活动。重点在建设“全民创业工程;招商引资工程;素质提升工程;集群发展工程和市场培育工程”五大工程,以及民营经济发展中遇到的其他方面问题,集思广益,献言献策。活动采取三种方式:通过媒体面向社会民进行“金点子”有奖征集活动;组织人大代表、政协委员、专家学者、民营企业家和工商干部召开座谈会;各级工商部门深入企业、个体工商户和社会各阶层进行大走访,广泛征求对民营经济发展的建议。收到来自全国各地各方面的建议420条,经过评审,评出12条“金点子”和30条优秀建议。

【融资服务】 市个私协会与中国邮储银行长春市分行合作,搭建融资服务平台,发挥协会的组织优势和邮储银行的资金、网络优势,为会员融资提供绿色通道。各基层协会通过与多家金融机构合作,组织银企洽谈会、建立担保基金以及协助工商部门利用股权出资、商标权质押、动产抵押等方式,为个体工商户和私营企业融资额15.3亿元。

【就业创业服务】 各基层协会根据会员的需求,举办各种技能培训5次,培训人员460人。高新区协会召开失地农民再就业招聘、创业服务会议,现场组织辖区近百家企业参加招聘。汽开区协会组织辖区会员企业对5类创业就业人员给予优先优惠重点扶持,协会人员登门为新创业大学生上门服务。宽城区协会积极为辖区内失业人员和大学生就业、复转军人创业牵线搭桥,安置240人就业。双阳区协会协调吉林国信集团奢岭农业发展公司,建立大学生见习基地,接收26名大学生到该公司工作。农安协会发挥农村经纪人和现有的专业合作社作用,扩大社员队伍,安排300余闲置人员就业。

【主办展会】 2013年11月8日至10日,市个体私营企业协会与市消费者协会在长春国际会展中心共同主办第二届中国(长春)糖酒食品展览会。省内外共有300家生产企业和经销商的近4000种商品参展,现场签订合同158分,成交额5亿元。

【社会公益活动】 元旦春节期间,市个私协会及党委向所属各基层协会和党组织发出号召,组织广大会员开展开展"献爱心送温暖"活动。开展"光彩服务日"活动。各基层协会按照省市协会的统一部署,采取不同形式组织宣传和义务服务活动。组织了赈灾捐助活动。4月20日四川雅安市发生7.0级地震后,市个私协会及党委第一时间号召全市非公企业党员,协会会员开展"赈灾捐助"活动。收到善款234.7万元。

(刘国忠)

长春市归国华侨联合会

【概况】 长春市有国内归侨侨眷7万人左右,其中归侨1500人左右,侨眷、外籍华人眷属以及留学归国人员近7万人。与长春有联系,有关系的海外侨务工作对象约13万人,长春市现有基层侨联组织12个。

【"侨代会",及换届工作】 2013年市侨联召开第十次归侨侨眷代表大会,并进行换届。先后深入全市6个基层侨联组织了解情况,倾听意见和反映,通过网络对全国十五个副省级城市以及部分省会侨联组织委员会组成情况进行了解人选推荐召开长春市第十次归侨侨眷代表大会,顺利完成大会各项议程,选出新一届侨联委员会委员95名,常务委员30名,主席、副主席、秘书长领导机构人员13名,完成市侨联换届任务。

【交流工作】 与市侨办、市商务局、净月开发区等侨务、经济、科技部门建立对外招商引资引智协作工作机制,与市侨办合作,共同承办国务院侨办、市政府在长春市举办的"第十一期海外华侨华人回国创业研习班"活动。邀请来自12个国家和地区51位海外华侨华人专业人士和侨商,到长春参加项目洽谈和对接,共签订技术合作项目5项,其中两个合作项目已落地长春。协助市商务局与吉林大学海外校友总会签订合作框架协议,并通过吉林大学海外校友总会,帮助市商务局在海外建立5个招商引资办事机构。与净月开发区投资促进四局建立了侨联负责推介海外项目,招商部门负责洽谈的合作工作机制,截至2013年底,通过全市归侨侨眷引介,为该局推荐海外经济技术合作项目10个。加强与中国侨联、海外侨社和各城市涉侨组织建立关系,扩大侨联对外联系的优势。与吉林省、天津市、宁波市侨商企业协会建立了紧密的关系,与湖北、浙江以及无锡、南京等省市侨联建立了侨情沟通机制,与吉林大学海外校友总会、澳大利亚中澳文化教育协会、澳门华侨总会等10位海外社团负责人结交为新朋友,拓展了市侨联对外联谊工作渠道。组织全市归侨侨眷参加了由中国侨联举办的"情亲中华"世界华侨华人摄影作品展活动。共征集长春市侨界摄影作品76幅参展。在参展近万幅作品中,长春市有5幅参展作品经评选入围,其中1幅作品获铜奖,4幅作品获提名奖,受到组委会的表扬。

【参政议政】 市政协委员陈密提出的《关于各大公立医院尽快为听障患者配备手语翻译的建议》,市政协委员任波提出的《关于加强长春市归国留学人员工作的建议》得到有关部门的重视和新闻媒体关注,长春电视台、《长春日报》《长春晚报》《新文化报》对其进行专题报道。长春市人大代表王滨提出的《关于加强长春市暖房子工程进度的议案》《关于加强我市新型城镇化背景下农村社区文化建设的议案》《关于房地产开发商出售商品房屋应明细房产主房屋公摊面积的建议》《关于重视推销保健品对老年人危害的几点建议》。市政协委员索大成提出的《关于食品安全科学知识普及宣传教育的建议》均受到市政府及有关部门的重视和采纳。

【群众工作】 组织开展春节走访慰问活动。走访慰问贫困归侨侨眷和侨界代表人士176户,收集侨界群众反映涉侨民生意见建议10余条。组织开展"侨帮侨、献爱心"活动。为一汽侨眷王秀珍子女火灾受伤筹集7万余元医疗费。帮助在长投资创业的海外侨胞排忧解难,解决生活和工作中遇到的困难和难题。全年共协助海外侨胞办理产权登记、子女亲属出境相关手续以及投资咨询等事宜10余件,协助处理侨务信访10余件。

(刘英佳)

军 事

长春警备区

【概况】 长春市现有驻军团以上单位53个,其中军级单位4个(16集团军、吉林省军区、空军航空大学、吉林省武警总队),师旅级单位19个,团级单位30个。长春警备区的前身是德惠地区兵役局,1952年11月改为长春市人民武装部,1954年12月建立长春市兵役局,1959年6月成立长春军分区,1999年3月,撤销军分区建制,成立省军区长春市工作处,2004年10月,改编为长春警备区。编组基干民兵3大类(应急队伍、支援队伍、储备队伍)。4万人辖10个现役人武部和2个中直企业(一汽集团、长客集团)、4个开发区武装部(经济技术开发区、西新经济技术开发区、高新产业开发区、净月高新技术产业开发区)。

【提升应急能力】 组织85名教练员和防化骨干进行基地集训,选调27名高炮骨干参加省军区培训,做好教学人才储备;组织民兵重点分队15支1875人在大顶山民兵训练基地集中驻训,二道区民兵高炮分队圆满完成省军区赋予的模拟训练试训任务。在双阳水库组织53名冲锋舟操舟手进行复训,为抗洪抢险做好充分准备。榆树、农安、德惠、南关人武部先后6次出动应急分队,圆满完成了巡堤护堤、城区排涝等任务。按照省军区命令,做好了出动40艘冲锋舟随时支援白城方向抗洪抢险的准备工作。加强战备建设。累计投资3000多万元,建立战备物资储备库,配备民兵应急分队和抢险救援分队4.1万件装备器材,对训练基地、武器库进行升级改造,全面打牢日常战备基础。深入开展日常战备"四个过一遍"活动,指导农安人武部展开战备规范化建设试点并召开现场观摩会,在全区推行"农安标准"。6月份,采取交叉对检的方式对基层战备规范化建设进行了检查验收,整体建设取得长足进步。3月3日,九台市松花江段一艘渡船和9名群众被困,动用62名民兵参与营救,并报请上级启动空中救援成功将群众救出。6月3日,德惠市发生重大火灾,动用民兵应急分队900余人次,参与完成现场救援、禽类产品无害化处理等任务。

【推进军民融合发展】 长春市成立科技拥军顾问团,每年划拨100万元科技拥军专项资金,累计支持部队完成信息化建设项目78个;出台《促进随军家属就业若干意见》,划拨经费1139万元,为1600余名随军未就业家属发放生活补贴,指令性安置随军随调家属339名。长春市安置随军家属就业的做法被国家人社部和总政治部转发。锦程街道坚持20年真情服务官兵的做法在全国推广。服务地方经济发展。开展"感恩吉林人民、奉献第二故乡"活动,出动2.6万余名部队官兵和民兵预备役人员,参与农田水利工程建设、市容环境综合整治、新农村建设等重大行动;组织驻军开展"送温暖、献爱心"等活动,累计捐款捐物430万元,结对帮扶贫困户605户,帮扶贫困学生725名。

【征兵工作】 适应征集时间调整变化,坚持科学统筹,抢先抓早,创新方法完成3204名兵员征集任务。市、县两级党委、政府坚持把征兵工作作为一项政治任务纳入"一把手工程",在组织领导、宣传发动、政策支持、经费保障等方面逐项抓好落实,深入宣传。开设征兵宣传网站11个,印发传单10万余份,群发短信1千多万条,播发征兵新闻20多次,形成了"墙、影、声、电、网"五维一体的宣传模式,营造浓厚的征兵氛围。落实检查监督。修订下发《廉洁征兵规定》,逐级签订《征兵工作责任书》,严格落实"八公开"、"四公示",严把指标分配、大学生优先征集、体检、政审和定兵五个关口,确保了公开公平公正和兵员质量。

【冬季训练】 1月28日至2月1日,长春警备区开展以抗洪抢险行动为背景、以执行应急救援任务为平台的冬季训练,采取单位分训、网上同步训、集中强化训等方式展开。主要完成指挥所拉动、行军、野炊、构工伪装、指挥信息系统使用、通信装备操作使用、识图用图、文书拟制、战术标图、实弹射击等训练课目,参训人员熟悉和掌握指挥所开设、电台使用、作战会召开、作业文书拟制、首长决心图标绘等相关知识技能。开展指挥所拉动和应急指挥演练。结合担负任务,组织首长机关进行了指挥所开设及要素

长春警备区组织冬季适应性训练

演练，采取摩托化机动与徒步机动相结合的方式，组织两级首长机关进行实兵、实装拉动训练。部队机动设置了道路受阻、通过沾染区等导调情况；利用视频会议、传真机、手持机等多种手段建立了应急通信网络，实现了不间断指挥。出动76人，动用各型车辆14台，摩托化机动50公里、徒步行军8公里。

【空中救援解救被困群众】 3月3日7时30分，长春市松花江段黎明渡口3艘渡船和9名群众被冲入江中，受困于德惠市半拉山附近水域。接到市政府通报后，警备区迅即启动应急机制，召开会议紧急部署，派出前指指挥组6人，出动民兵62人，动用车辆12台、冲锋舟2艘、橡皮艇2艘，摩托化机动156公里，用时2小时10分到达指定地域展开救援。经现地军地联合处置紧急调度组研究，请求沈阳军区派直升飞机实施空中救援，会同39集团军空中救援指挥组确定救援方案后，组织民兵开设500平方米的停机坪，由直升机采取“悬停外吊挂”的救援方法，成功解救9名被困群众。

【组织教练员和防化骨干集训】 4月14日至19日，在民兵训练基地集中组织“百名教练员”和防化骨干134人封闭集训。围绕防化救援、抗洪抢险、森林扑火、应急维稳4个专业，把基本理论、装备器材操作、救援方法等内容作为示讲示教的重点，整理教案200余份，制作课件60余部，初步构建了健全完善的教学网络。针对训练内容涉及专业多、集中组训难的实际，采取集中组训与分散实施相结合的办法，区分理论授课、专题辅导、示讲示教、检查考核四个阶段，依专业分组实施，广泛开展“小比武、小会操”，保证了训练效果，理清了教学组训思路，提高了骨干队伍的组训任教能力。

【民兵参加德惠“6·3”特大火灾救援】 6月3日6时许，德惠市米沙子镇宝源丰禽业有限公司发生特大火灾，情况十分危急。接市政府通报后，警备区迅即启动应急响应机制，迅速组织民兵应急分队200人赶赴现场，配合地方专业救援力量遂行救援和维持秩序等任务。参谋长第一时间带前指人员到现场进行指挥，司令员和政委也亲临现场组织指挥。为保障现场指挥部指挥顺畅，协调市人防办应急指挥车开设前方指挥所连续保障3昼夜，为实施救援指挥提供了有力保障。从6月3日事故发生后警备区先后出动现役官兵43人次，民兵应急分队900余人次，动用车辆39台次，防化服防毒面具50套，配合地方专业救援力量劝解群众50余人次，清理现场1万余平方米，转移禽类产品200余吨。

【“安全管理专项整治”活动】 警备区结合“百日”安全活动，开展“抓安全、保稳定”安全专项整治活动，活动从四个方面入手，规范正常工作秩序，强化正规管理意识。要求人武部每周、警备区每半月进行一次安全隐患排查，两级机关每周对安全情况进行一次分析和评估，每季度召开一次安全形势分析会，确保把安全隐患消灭在萌芽中。规范值班秩序，履行好值班员职责，利用监控视频和电话抽查等形式不定期抽查值班情况，不定期对人武部进行夜查，发现问题，及时纠治，责令立即整改，确保人员、车辆不失管失控。把安全工作作为警备区、人武部主官工程，主官是安全责任第一人；对易出问题环节落实到具体人身上，签订安全责任书，同抓共管确保安全。警备区专门成立安全巡检小组，不定期对人武部、直属队进行不打招呼检查和回头看。

【报废弹药调运任务】 警备区党委把此次报废弹药调运工作作为确保科学发展、安全发展的政治任务摆上突出位置，并成立了专项工作领导小组。积极协调市政府，在人力、物力、财力上赢得支持。协调3305工厂6辆专业运输车辆保障运输，邀请省军区专业人员和兵工厂专家指导弹药装载，编组武器库警勤力量、市特警支队和省高速公路管理局指挥中心3家单位形成联合押运保障等方法，使调运工作每个环节得到安全保障。

【植树绿化活动】 5月3日，根据省军区“感恩吉林人民、奉献第二故乡”教育实践活动安排，长春警备区组织全体机关干部、战士带双阳区人武部全体干部到双阳区齐家镇开展植树造林活动，共52人，每人平均植树35棵。

【义务献血活动】 6月3日德惠市宝源丰禽业有限公司发生特大火灾事故，长春警备区在省军区领导下，组织协调驻军8家师旅以上单位开展义务献血活动。省军区政治部主任、长春警备区政委亲自到长春市中心血站带头献血，16集团军、装甲兵技术学院、空军长春指挥所等驻长部队领导要求所属部队全力配合、主动参加献血活动。与市中心血站及时建立协调联络机制，合理安排时间、科学调配人员车辆、充分储备医疗器具，全市8个固定献血站和2台流动献血车为部队献血开辟了专用通道，实现了在短时间内最大限度地全血型储备。严格落实安全责任制，采取身体健康不达标不参加、车辆技术状况不好不上路、献血结束后保证休息补充营养等措施，有效保证车辆和人身安全。到6月13日，有1747名官兵献血35.68万毫升。

【农安民兵抗洪抢险行动】 7月3日，新凯河农安县段河堤发生决口，致使数十名群众受困，形势十分危急。农安县人武部接到地方政府的救援命令后，立即出动抗洪抢险分队，奔赴一线展开救援。经过21个小时艰苦奋战，解救被困村民30余人，抢运物资3.5吨，加固堤坝120余延长米，及时地化解了险情，确保了当地百姓的生命财产安全。

【队伍和基层建设】 坚持真情关爱官兵，主动协调地方人社部门为17名随军家属安置工作，拿出专项资金，先后对62名困难官兵给予补助。为待移交老干部垫付住房补贴300多万元，实现23名老干部移交。

【双拥工作】 协调市委、市政府先后出台《关于进一步加强党管武装工作的决定》《关于深入推进军民融合式发展若干意见》，协调市委、市政府为驻军部队赠送微机2500余台；出台《长春市进一步促进随军家属就业若干意见》，两年划拨经费1139万元，为1600余名随军未就业家属发放生活补贴，指令性安置随军随调家属339名。转业干部安置连续两年坚持“五条线”“三个确保”的要求，计划安置的489名转业干部，97.6%进入公务员队伍；近3年还先后为548名军人子女落实中考加分政策，为138名军人子女落实择校政策，减免学费700余万元。

【“2012”式号牌换发及审验】 组织整理完成警备区及人武部军车档案，完善车辆资料，组织机关驾驶员及人武部后勤助理员召开军车号牌换发会议，学习传达两级军区文件要求，按照两级军区要求完成“2012式”军车号牌申领换发工作，发放军车号牌31副，收缴“2004式”军车号牌50副，与机关及人武部签订2012式军车号牌使用管理责任书，明确军车号牌使用管理9条禁令。组织完成警备区车辆春季换季保养，对车辆安全状况进行了普查，确保行车安全。

（王　野）

武警长春市支队

【基层组织建设】 严格依据条令管理部队，扎实开展“条令学习月”活动，召开“三个规范”现场会，正规“四个秩序”。开展“三帮一提高”和“关心干部，关爱士兵”活动，十中队被总队树为标兵中队，十中队中队长丁海堂获第十六届“中国武警十大忠诚卫士”提名奖、荣立个人二等功，2个连续五年未进先进中队跨入先进行列，64名干部受到各类表彰。

【执勤战备工作】 树立训练导向，首长机关训练、基层主官训练、特殊群体训练和新兵训练指向明、力度大、抓得实。一次性投入130余万元购置反恐装备，提高了部队应急实战能力。投入210余万元加强“四防一体化”建设。成功处置上访和危害目标安全事件382起，完成临时勤务232起。

【处置吉林宝源丰禽业有限公司“6·3”重特大火灾事故】 6月3日至27日，按照总队指示和市委、市政府、市公安局部署，支队累计动用兵力4200余人次，备勤兵力2400余人次，车辆230余台次，安全行车6600余公里，圆满完成了事故现场的人员搜救、现场封控、液氨导罐区封控、停尸地点警戒和遇难者“头七”祭祀日备勤等任务；疏导群众悼念、祭祀活动112人次，协助登记遇难者家属76名，劝离现场192人次；严格执行事故现场正门警戒任务，查验进出大门人员身份14000余人次，协助交警指挥疏导进出车辆3500余辆次。

【综合保障能力】 协调投入2000余万元加强四配套建设。发展农副业生产，严格经费管理，搞好各类保障培训和伙食管理试点，基层伙食满意率和财务、被装管理“三好五无”达100%。支队被总部评为“健康营区”达标单位。在基础设施配套上，坚持把发扬艰苦奋斗精神与争取地方支持相结合，先后投入595万余元，用于改造支队网管中心和防弹岗楼，修缮1个大队、4个中队营房，加装1个中队外墙保温，改造4个中队勤务值班

武警长春支队升国旗仪式

室、兵器室和学习室，新建1个中队综合训练场，新建、维修7个中队晾晒场，改善10个中队配套设施，配备6个中队新式上下铺。在隐患排查上，召开部党委会对后勤安全形势进行了分析，结合支队安全隐患排查，对全部队后勤安全工作进行排查。协调燃气公司对支队全部29个伙食单位、7个单独伙食点、75个灶眼进行安全检测，为21个使用罐装燃气的单位更换连接软管；指导16个中队更换了灭火器，21个中队完善消防设施；对40个中队和单独执勤点的营房及哨位、钢网墙的防雷设施进行检查。

（李 强）

长春市人防办开展冬季训练

人民防空

【信息化建设】 全市完成3个卫星站点开通入网、调试工作，提高了人民防空应急通信能力。完成全市人民防空综合信息管理系统二期工程建设工作，确保人民防空信息通信工作在战时和应急处置中发挥应有的作用。投资166万元，对部分通信设施进行了更新、改造、升级，并在选址、设计、论证、报批的基础上，积极筹建多媒体预警报知系统，新增电声报警器8台，警报网络覆盖率95%，警报鸣响率100%，进一步增强防空报警及时性、广泛性和预警性。

【防护工程建设】 加强人防工程基础设施建设，强化人防结建工程建设质量监督与竣工验收工作，加大跟踪检查力度，确保全市平战结合工程建设质量。全市共签建人防地下室119项，签建面积达69万平方米，比2012年年增加53.3%。对检查过程中发现的质量问题，责令建设单位限期改正。在监结建地下室面积约32万平方米，质量监督面达100%。人防结建工程竣工验收40项，竣工验收面积26.4万平方米，在监工程竣工验收合格率100%。

【工程维护管理和开发利用工作】 配合长春火车站站前地下改造和地铁施工，与1149业主全部签订动迁协议，圆满完成站前春华地下商城动迁工作。制定出台《长春市人防办关于城市地下空间开发利用兼顾人民防空要求的意见》，贯彻落实《长春市人民防空工程维护使用管理规定》，以人防工程维护管理“七有”、“五无”为目标，加强日常管理监督，及时修缮维护，投资110余万元，对26处人防工程及设施进行的维修，人防工程维修管理率97%，工程完好率86%。

【城市防空袭演练】 制定完善防空、应急工作预案。在加强专业队伍分科目、分层次、分区域进行防空、应急培训、演练，努力提高专业素质和防空、应急能力，加强群众组织防空知识的普及和日常培训、演练。深入落实上级部署，结合“9·18”，组织学校、社区人员和城市居民开展紧急疏散隐蔽演练，重点对组织指挥能力、操作程序、相互衔接、上下联动、定位情况等方面进行了检验。

【人防宣传教育】 根据实际，综合采取软硬件并举、点线面结合的办法开展人防宣传教育活动。在九台市和二道区建设了人防培训教育基地，重点对全市机关干部、社区干部、人防志愿者、部分社区群众、中小学生等进行防空防灾知识和技能的培训；继续在全市97所中学开展“三防”知识教育活动，每年有超过2万人次的学生接受人防知识教育。在各县（市）区各建设两个人防宣传教育站（室），为扩大宣传效果，还组织人防宣传“进机关”、“进网络”活动。通过开设专栏、布展宣传、悬挂条幅、发放宣传单、集中教育、培训骨干、知识竞赛等丰富多彩、不同形式的宣传教育活动。

（石忠华）

政　法

综　述

【维护社会稳定】 全市建立各类人民调解组织 2619 个，百姓说事点 3125 个，矛盾纠纷调处成功率达 98.9%。坚持依法治访，制定出台《关于依法解决信访问题的实施办法》，创新律师、法官、检察官参与信访工作模式，推动市级领导、县（市）区和市直部门主要领导包保信访案件，着力解决信访突出问题，切实把信访工作纳入法治轨道。建立健全应急指挥、联动处置和舆情引导机制，不断提升紧急状态下快速反应和综合保障能力，“3·4”盗车杀婴案、“6·3”特大火灾事故等一批具有社会影响的案（事）件得到妥善处置。

【服务改革发展大局】 着力服务重大项目建设。围绕服务全市“两横三纵”等重点工程，建立与指挥部、企业、投资方的沟通联系机制，依法介入保障征收补偿、项目现场和招投标等环节，及时帮助解决制约工程建设、企业发展的执法司法及发展软环境等难题。着力服务民营经济发展，广泛开展以“一包四助”为主要内容的“创优法治环境、助力民营经济”活动，全市政法机关包保民营企业 29929 家，协调解决各类问题 41301 件，侦破涉企刑事案件 91 起，挽回经济损失 836.4 万元。组织开展“三帮扶”“四深入、三服务、一转变”“法律惠民生”等一系列主题活动，制定出台治安、户政、交通等窗口服务 56 条便民措施，办理法律援助案件 2240 件。深入开展涉民企积案、涉党政机关执行积案专项治理，办结涉民营经济积案 1699 件，清理涉党政机关执行积案 192 件。开展“交通运输领域突出问题集中整治”，有效治理群众反映强烈的非法营运问题。

【平安长春建设】 组织开展“打盗抢、保民安”“三打”“夏秋社会治安整治”“社会治安乱点整治”等专项行动，破获“两抢一盗”案件 3437 起，命案现案破案率保持在 95%以上。新增公安高清监控探头 2884 个，安装“平安 E 家”报警电话 16300 多台，全市 110 刑事警情、治安警情、“两抢”案件数量比 2012 年分别下降 17.45%、43.39%和 42.2%。实施 16 个基层“平安细胞”创建项目，基层单位创建达标率达 40%以上；推广农村治安联防保险模式，全市有 52 万农户参加保险，参保率达 60%。推行“人性化、网格化、信息化”服务管理模式，推进社会治理综合信息平台和基层公共服务平台建设，有 12 个县（市）区、开发区建成综合信息平台，有 10 个县（市）区成立社会服务管理局，有 3 个开发区成立“一委三办”，全市 408 个社区和 1669 个村普遍成立综治委，城区社区用房全部超过 500 平方米。2013 年，在深化平安中国建设工作会议上，长春市被评为“社会管理综合治理先进市”并被授予“长安杯”。

【法治建设】 抓住党政关心、社会关注、

市领导深入社区调研政法工作

群众关切的重点问题，整合法治资源，凝聚法治力量，运用法治方式解决在畅通群众诉求渠道、整治城乡环境、促进企业诚信经营等方面存在的问题，治理私搭乱建违法建筑、整治非法张贴广告、打击制售伪劣产品等工作取得突破性进展。深入推进“法律六进”，开展法律宣传周、开放日、“百家律师所驻社区”和义务法律咨询日等活动，全市1800支“法律明白人”普法小分队、100个社区法律咨询服务站、63个法治文化示范点在服务群众、化解矛盾、宣传法律方面发挥了积极作用。10个县(市)区法学会相继成立，“长春普法网”正式开通，成为推动法学研究、法制宣传和法律服务的重要平台。制定出台《深化司法体制改革推进执法规范化建设工作的实施方案》，强力推进涉及重要权力运行的13项重点改革任务。

【政法队伍建设】 聚焦解决“四风”问题，市直政法各部门提出各项整改措施200余条，制定出台规章制度123项。加大执法监督力度，从涉法涉诉信访案件反映的问题入手，积极组织政法各部门加强案件评查，纠正执法差错案件17件，督办审结超审限案件271件，提升了执法司法公信力。组织开展向翟树全、吴亚琴和交警支队特勤大队以及“人民满意政法标兵单位”“人民满意政法干警楷模”等先进典型学习系列活动，通过集中宣传和巡回报告等方式对政法干警进行教育引导。开展“三问”监察行动。成立市、县(市)区两级政法系统监督委员会，采用询问、专项、评议等监察形式，严格进行问效问廉问责，责任追究256人，组织处理55人，党纪政纪处分69人，移送司法机关18人。被省纪委列为“反腐倡廉创新工程”重点项目，受到省委政法委、中央政法委的充分肯定，“三问”监察行动相关做法被《人民日报》《新华社内参》《人民日报内参》报道。

（赵 彬）

公 安

【治安防控体系建设】 狠抓治安防控“三张网”(夜治安巡逻防控、派出所警务责任区防控、交警街路防控)建设，实行精细化布警，精细化巡控，提高见警率和管事率。深化勤务机制改革，将分局巡区划归派出所管理，实现属地派出所打防管控一体化。强力推进做实派出所、做强专业队、推进信息化“两做一推”建设，下沉下派到派出所警力973人，城区和四县（市）派出所警力分别达总警力的58.72%和45.26%，基层派出所综合实力明显增强。每天全市有2040名警力对160个夜巡巡区和260个白天社区警务责任区进行全天候巡防控制。2013年，全市110刑事警情比2012年下降17.08%；110治安警情下降38.44%。刑事案件发案数下降8.8%，其中命案发案数下降13.5%；“两抢”案件发案数下降38.1%。据2013年国家统计局调查统计群众安全感满意率为91.75%，比2010年提高13.52个百分点。突出抓好视频监控系统建设三期工程，即智能卡口综合信息系统，在全市812个点位架设2292个杆，安装视频监控探头4000个，实现网格化布局，覆盖全市主要街路和出入城卡口。2013年市区开通高清监控探头2622个，视频监控系统建设水平显著提升。全市增加内部技防设施1050处，新组建内部安全保卫组织330个，配备专职保卫人员1299人。

【打击犯罪】 组织开展“打盗抢、保民安”专项行动，打击团伙犯罪、“两抢”犯罪、盗抢机动车犯罪“三打”专项行动，“夏秋社会治安整治行动”，迅速破获了“3·4”盗车杀婴案等一大批有影响案件。全市打掉1个涉黑犯罪团伙、7个涉恶犯罪团伙，命案破案率达97.01%；破“两抢一盗”案件3437起，抓获网上逃犯1541名，严重影响群众安全感的“两抢”案件即抢劫、抢夺(含驾摩托车抢夺)案件破案率达48.1%；严暴案件破案率达53.3%。

【维护社会政治稳定】 群体访总量比2012年下降11.3%，全市没有发生影响政治稳定的重大事件。完成全国全省全市“两会”、农博会、东北亚博览会、汽博会，元旦、春节、“五一”、中秋、国庆、中考、高考、国考等重大会事活动和节日安保工作，执行安保任务297次，确保了全市政治稳定和社会安定。

【公共安全整治】 开展消防、交通、危爆物品安全隐患整治。全市排查党政机关、企事业单位、医院、学校、娱乐场所、商场市场、煤水电气等各类单位31725家，排查整改各类隐患59000余处。突出国省干道管理和交通违法行为专项整治，全力纠处机动车超速、超员、酒后驾驶、疲劳驾驶、无牌无证、货车超载等严重交通

市领导参加夜巡

违法行为，全市交通事故起数、死亡人数比2012年分别下降6.16%、0.54%，一次死亡三人以上事故起数、死亡人数比2012年分别下降62.5%、55.17%。深入开展缉枪治爆和“危爆物品安全大检查大整治”行动，突出重点区域、重点人员，严防枪支弹药、剧毒化学放射性危险品、管制刀具流失漏管和被盗抢、被破坏、被利用。全市排查危爆物品单位413家，其中涉枪支弹药单位283家、放射剧毒单位93家、烟花爆竹单位14家、易燃易爆单位23家，整改隐患196处。对涉黄涉赌涉毒社会丑恶现象“零容忍”，全市破获毒品刑事案件190起，抓获吸毒人员1070人；查办卖淫嫖娼、赌博治安案件868起，打击处理7025人。

【创新社会管理】 开展“服务企业年”活动，加大对“三重一小”企业保护和服务力度，对318户“三重”、市百强民营企业和百户创新型中小企业及1.4万户小微、民营企业及周边的治安环境全面落实领导和民警包保责任制，打击侵害企业合法权益的犯罪活动。全市公安机关联系走访包保企业17950户，征求意见建议17536条，接受合理化建议1921条，依法解决企业需求8554件，全市侦办涉企经济案件91起，抓获犯罪嫌疑人65人，为企业挽回经济损失836.4万元。在治安、户政、交通、消防、出入境管理等方面推出55条便民利企措施。治安、户政、出入境部门下放了受理审批权限，办事群众到所在分局或派出所就地就近办理特种行业年检审批、户籍审批，身份证、护照和港澳通行证申领业务。交通管理改进车辆号牌选择方式和驾驶员考验方式，设置40家社会服务网络单位，在全市构建服务半径不超过5公里的“15分钟服务圈”。在全市公安机关服务窗口设置满意度评价器，办事群众满意度达到99.4%。围绕全市191条主干街路和交通节点，增设区域固定岗、助学岗、机关早晚勤岗、节假日岗和夜间勤务岗140余处，夏季出动300台摩托车，冬季出动100台巡逻车动态巡控疏导。全市还进行3期交通调流，通过增加单向通行、实行路口限制、调整潮汐车道等措施提高道路通行能力。

【公安队伍建设】 深入组织开展“为民、务实、清廉”为主要内容的党的群众路线教育实践活动，共发放征求意见函2250封、征求意见表（问卷）49626份、召开座谈会200次、征求意见建议23914条，查找“四风一顽症”问题500个。全面开展了交通、消防百日安全隐患排查整治，“取保候审突出问题专项督查”活动，以及交通、户政、出入境为重点的窗口单位规范化建设。基层派出所通过网上派出所、警务QQ、微博、微信，建立网上咨询平台27个，发布官方便企微博362条，向企业提供预警防范建议193条。全局8个单位荣立集体三等功、23个单位受到嘉奖；5人荣记一等功、24人荣记二等功，83人荣记三等功，310人受到嘉奖。涌现了“全国公安机关学雷锋先进个人”绿园分局西安广场派出所社区民警赵吉侠、全省“我最喜爱的十大人民警察”南关分局副局长常建、交警支队朝阳大队二中队副教导员刘宏宇等一批典型个人。

推进警力下沉，将新招录和警力调换的294名民警全部分配到派出所，撤销28个治安派出所，调整178名警力至辖区户籍派出所。加强人才队伍管理，建立了298人的拔尖型人才储备库和近1000人的骨干型人才储备库。全力落实岗位练兵制度，在全省公安机关警务实战技能比武竞赛中，长春市公安局代表队勇夺团体第一名。使用优抚基金215.85万元，慰问烈士、因公牺牲民警家属99人、特困民警1288人、因公负伤民警8人、离退休民警16人、立功民警1000人，帮扶74名烈士、因公牺牲和特困民警子女。

（鲍彦明）

【交通管理工作】 全年发生一般以上交通事故1082起、死亡548人、伤1042人，财产损失1700余万元，事故件数和死亡人数比2012年分别下降了6.16%和0.54%，受伤人数和财产损失分别上升1.56%和11.68%，一次死亡3人以上重大交通事故共发生3件，下降了62.5%。市政府部署开展了道路交通安全大检查，各部门、机关企事业单位、学校等社会各界积极配合开展工作。共排查出道路隐患197处，与相关部门协调整改171处，整改率为86.8%，对少数未整改道路隐患，已经落实必要防护提醒措施，在公路设置57处监控测速点，在交通事故隐患点段设置危险警示牌34处。强化交通安全源头监管。以客车、校车、货车、危化品运输车、农村面包车等“五类车”及其驾驶人为管理重点，对安全隐患进行了全面排查，实现了对重点车辆和驾驶人违法的及时处理和网上监管，组织开展了隐患“清零”行动，“五类车”排查整改率达90%以上，“五类车”驾驶员排查整改率达88.34%。对发生重大以上交通事故承担同等以上责任的驾驶人、持有A/B类驾照有记分记录、记满12分的驾驶人建立了数据库“黑名单”。科学改造道路交通安全设施。对全市道路交通设施全面摸排，共完成182条主次干路标线复线、105条主干路热熔标线施划工作，更换恶劣天气多发点段及部分主干道标志102面，对亚泰大街高架桥下8处路口进行了渠化设计，增加左转弯待转空间，对180条道路大中修、50多处水电气管网改造抢修、地铁1、2号线68口降水井和289处勘探点进行了占道审核把关，最大程度降低施工作业带来的交通影响。

全市共查处各类交通违法行为117.9万起，拘留278人。其中查处酒后2130起、醉酒406起，涉牌涉证1.22万起，超载6041起，超员1307起。推进货车“大排查、大教育、大整治”活动，查处违法6.5万起，走访运输企业、客运场站、建筑工地2738家，登记台账3.8万辆、教育驾驶人3.8万名。机动三轮车整治查扣车辆1295台，扣留二轮摩托车352台。公安交警部门立足工作实际和季节特点，适时开展了货车违法、酒后驾车、违法停车、非机动车行人违法等10余项交通秩序整治行动。三轮车突出问题集中整治，与政府相关部门携手，非法营运交通违法得以明显遏制。

推行扁平化指挥模式，推进勤务模式转型升级，力推交通事故快速处置，实行县(市)勤务模式改革,发布交通调流通告3期,完善中心隔离、交通标线等管理设施,适时调整信号灯配时、渠化路口等,缓解城市交通拥堵,确保车辆快速增长、大面积建桥修路期间基本畅通。科学组织道路交通。通过交通调流,采取主线控制、限时管控、流向导控等调流措施,提高通行效率,缓解区域交通拥堵状况。解除部分路口限左规定,多处路口设置多相位信号灯,桥梁增设了限高设施,完善“六位一体”交通事故快速理赔机制。提升交通诱导服务能力。完善壮大路况信息播报队伍,加大路况信息发布的频次,利用14块交通诱导显示屏、@长春交警微博和交通之声广播电台适时对交通流进行诱导分流,均衡主干道交通流量。实行扁平化指挥模式。全面推行交警实战勤务平台应用,按照警力跟着警情走的工作思路,推行两级指挥调度运转模式,实现对警力投放、路面管控、事件处置的快速反应和工作绩效的科学管理。快速处置报堵电话,确保及时接处警,共处置警情8500余次。

缜密谋划“摒弃交通陋习.文明参与交通”行动,推进“文明交通行动计划”,展形式多样、丰富多彩的主题宣传活动,建立特色宣教基地,拓展对外宣传教育平台。国家级媒体发稿26篇,省级发稿450篇,市级发稿832篇。“长春交警”新浪微博位列全省公安政务微博第一季度第1位。推进“文明交通行动计划”。贯彻《长春市2013年度“文明交通行动计划”重点工作实施方案》,通过创新宣传教育形式,进一步提升文明交通传播力和影响力。印发《致大货车驾驶人的一封信》3万封、《驾驶人教育手册》5万本、制作解码交通光碟500张,组建“文明交通宣讲团(组)”,编辑制作《中小学生交通安全常识读本》《疏堵保畅宣传画》,通过定期与预约相结合的方式,向群众“面对面”地讲解交通安全常识及违法肇事的危害,受到社会各界广泛好评。深化“牵手平安行”活动。牵手市商品混凝土协会,建立基础信息管理台账,逐级逐层签订《承诺书》或《责任书》。牵手市大货车协会开展遵章守法自教自律,组织货运车辆专项整改誓师大会,整改非法改装车辆137台,为全市合法营运树立了标杆。牵手搜狐汽车网,开展货车与儿童交通安全宣教活动,组织卡车模型体验互动。牵手心语志愿者协会,开展“爱在等候”的宣教活动,发放交通安全宣传材料,劝阻行人闯红灯等违法行为。强化社会交通安全公益宣传。利用100余处大型交通标志背面,安装了文明交通宣传画;在楼宇媒体电视、公交车和长途客运线路等安置的媒体电视上,播放安全警示教育片开展交通公益宣传。改版《交通警视》电视栏目和《交警网站》,移动收听率占8成以上的《交通之声》广播电台已成为长春驾驶人开车必听的精品广播节目;新浪警务微博粉丝已达2.1万人,交通信息短信平台信息发送总量达410万条。曝光交通事故典型案例达40余次,在央视媒体刊发信息14件,在省级媒体刊发交通安全专栏信息220条、市级媒体680条。加强交通安全宣传阵地建设。推进道路交通管理窗口单位、校园、社区、客运场站、运输企业、驾校等场所文明交通宣传阵地建设。各区全部建立一处功能齐全的交通安全宣传基地。

为切实落实中央“八条规定”和省厅《改进警卫形式的实施意见》精神,围绕“科学编排交通,减少扰民影响”工作理念,改革道路交通警卫工作模式,坚持安全保卫与政治保卫相结合、安全效果与社会效果相协调,对警卫模式进行调整,灵活采取“管、绕、缓、靠、让、停”等交通管制措施,最大限度地减少对群众出行带来的影响。完成各级交通警卫任务和大型活动保卫5457次,其中大型会议2次、大型展会13次、等级警卫任务34次、前导任务36次、临时性会议107次,既确保警卫任务绝对安全,又实现取得良好社会效果的目标。

推进智能交通管理服务系统建设。开发完成交通管理业务综合查询系统,可实现对车辆、驾驶员基本及关联信息、民警查处违法统计、重点违法查处分类统计、机动车违法逃逸查询统计等功能应用。完成55处国省干线公路卡口系统的安装、调试、联网和测速标定工作。配发移动执法终端1584台,全地区范围内取消了手填罚单,执法信息直接写入交管综合应用平台,减少人工录入的环节,违法者可刷银行卡现场缴费。为民警配备350兆手持电台470部,车载电台70部,手持电台配备率已达100%,巡逻车及事故现场车车载台配备率已达100%。新购置700台执法记录仪,已全部配发到一线执勤民警手中。推进重点车辆、驾驶人监管平台建设。自主研发大中型货车及其驾驶人监管平台,开展对交通管理基础数据的采集,建立管理台账,实现对管辖的货运车辆和驾驶人的违法信息、事故信息、记分临界、车辆临界报废、临界检验、临界换证的自动预警和动态监管。推进交管网上监管平台建设工作。11个交警大队、8处交通管理服务站、车管所、培训处等单位对外服务窗口安装视频监控设备,信号全部回传交警支队。开发驾驶人考试监管系统,实现考试成绩数据实时抓取及分析、日志实时统计、约考信息统一下载等功能,及时对异常数据进行报警及拦截。按照公安部123号令要求,完成了驾驶人北郊科目二考场科技设备的改建工作。

深化“全国一等车管所”服务品牌建设。车管所完善一站式、一窗式办公机制,开展“叫亮我的警号”的活动,实现首问负责。增设银行专门窗口,设置交通违法自助交款机。驾驶人科目三考试公开招聘16名监督安全员,实行了两人随考的考试制度。车辆选号将“个位号、三连号”纳入“10选一”方式发放。为省市机关、一汽、公交集团、出租车公司等大中型企事业单位提供上门检车服务,为残疾人上门办理车驾管业务。构建交警社会服务网络。在全市3处交警社区便民服务站、4家车行、6家驾驶员培训学校、11个城区交警大队、16家机动车监测站,共计40家服务点构成的社会服务网络,为服务群众提供车驾管、违法查询及处理等交管业务。构建服务半径不超过5公里的“15分钟服务圈”,把交管业务窗口“搬”到群众家门口,方便群众就近办理。完成两会建议提案答复工作。支队共收到人大建议、政协提案53件,办结办复率、满意率均达100%。在建议、提案面复过程中,支队班子成员按照分工对人大代表、政协委员逐件逐条进行面复，采取提前介入、上门走访、实地调研等多种形式，强化与代表委员的联系沟通，积极争取代表委员的理解和支持，完成了人大建议政协提案办理工作。开展交通肇事逃逸案件侦破集中会战。立足工作实际，倾力攻坚，连续破获一批有重大影响的交通肇事逃逸案件，侦逃工作取得了显著成效，有效维护了人民群众的切身利益。上半年，全市共发生交通肇事逃逸案件177起，侦破160起，侦破率为90.4%。其中致人死亡交通肇事逃逸案发案20起侦破16起，侦破率为80.0%。

全队获得集体荣誉的单位多达58个次，受到表彰的先进个人多达1757人次。坚持从严治警。开展了纪律作风教育整顿、“三问”监察行动、“队伍形象建设年”、“公安部三项纪律”贯彻落实等活动，全面改善工作作风，使机关效能能够满足新时期交通管理工作不断提出的新要求。通过常态化的思想教育，引导民警形成健康的业余生活方式，养成良好的行为习惯，确保了8小时以外的人身安全和职业安全，提高了队伍的整体素质。坚持推优励警。不断夯实人才库、人事信息库和警察职业健康管理系统建设，启动战时思想政治工作机制，25人报名参加全局的正处现职竞聘，224人参加支队科级干部竞争上岗。强化经常性荣誉激励，表彰“缓堵保畅第一阶段”、十八大安保、市局年度表彰等大型集体和个人表奖，营造比学赶帮浓厚氛围。坚持练兵强警。将心理健康辅导、执法安全防护、简易交通事故处理3项内容作为专业培训必修课；增开新刑事诉讼法、公安部第123、124号令、网络平台应用、手枪实用射击等专题辅导；建立培训学分制度，将参训民警的轮训成绩纳入绩效考核。坚持月月有活动，季季有赛事，组织开展“凝警心、强体魄”健康徒步走、功模民警疗养，参加“三张网”手枪射击对抗赛、全省交警系统乒乓球赛、篮球赛等，帮扶患大病特困民警10人，缓解民警的工作压力，增强队伍的凝聚力和向心力。坚持从优待警。新购置136台警用巡逻车，为广大民警勤务工作提供了有力保障。为民警发放各类服装30000余套(件)。自筹资金为全体民警和文职干部配发皮装1193套，皮靴1193双，皮帽1946顶，防寒手套1946副。福利基地供应肥猪104头，提供笨鸡139只，绿色蔬菜5.15公斤。

（潘　东）

【消防工作】 推进消防工作社会化。创新消防管理模式，全面推进消防安全网格化、重点单位户籍化管理机制，提请政府开展冬春防火百日会战活动、消防安全集中整治行动和公共安全隐患整治百日行动；先后与一汽、中东、欧亚三大集团和地铁一号线工程项目建立了消防“直通车”服务绿色通道，全程跟踪延伸服务。成立十个走访服务组，服务“三重一小”企业700余家，帮助解决消防困难1000余项，为企业节约资金上亿元。推进执法规范化建设。重新制定《消防监督检查流程》《建设工程消防设计审核流程》等10项执法流程，以德惠消防大队为试点，探索新形势下的执法规范化程序；与工商注册部门建立互通机制，推行容缺预审制度，着重解决建设工程不审不验、失控漏管等问题。加强火灾隐患排查整治。开展社会福利机构、中小学校、医疗卫生机构、违章广告牌、消防产品、在建施工工地、商(市)场、火灾隐患集中清查清除和宾馆、洗浴、足疗休闲三类场所等十余项专项整治行动；全年检查单位、场所1.95万家，发现消防安全隐患1.3万项，督促整改1.2万项，罚款1322万元，三停249家，查封327家，拘留45人，在冬春防火百日会战梳理出140家重大火灾隐患单位，督促82家单位整改完毕，其他单位均已落实整改资金、明确整改时限。在年度消防产品监督管理考核工作中取得全省第一名的好成绩，被部局评为2013年度消防产品监督管理先进支队。强化社会消防宣传。以南关区桃源街道桃源社区、朝阳区红旗街道天宝社区为试点，在全市打造了27个社区科普教育馆；以榆树市刘家小学为试点，推动消防安全示范校建设，累计申报消防安全示范学校26所；开办乡镇长培训班，培训乡镇长、街道办事处主任167名；在电视、广播、报刊等媒体开设“大队长访谈”“消防安全知识有奖竞答”等宣传平台，走进学校、社区等人员密集场所开展主题宣传活动8场次，受教育达数十万人。

灭火应急救援能力。开展基层指挥员及攻坚组轮训、铁军比武竞赛、器材装备“一口清”知识竞赛、战训业务大讲堂等活动；建立以五大战区核心消防站为中心辐射的区域联动作战体系和战勤后援保障体系，优先配备精干力量和“高、精、尖”车辆器材装备。坚持防消联勤工作模式，建立防消联勤熟悉演练周机制，

长春市第十二届农博会灭火救援实战演练

共熟悉单位5033家，修订预案1658份，开展各类演练1279次，打牢作战基础。加强与供水、供电、燃气、医疗等社会专业力联勤联动，强化大型灾害的综合救援处置能力。强化调度指挥水平，优化出动编程，加强第一出动，部队打赢能力在“2·9”八号公馆、长春联通分公司通信枢纽大楼等火灾扑救战斗中经受住了实战检验。2013年，支队完成了“东北亚博览会”等大型展会安保任务100余次，扑救火灾2918起，参加抢险救援1300起，抢救、疏散遇险群众3630人，挽回财产损失4477万元。推进消防信息化建设，完成了灭火救援指挥系统、移动指挥中心通信系统的建设任务，科学编制动中通信指挥车操作操法，为全省消防卫星通信系统建设工作奠定基础。突出水源队站建设，新建农村政府专职消防站10座，充实乡镇灭火救援力量。开展高层建筑及远距离供水能力测试；推行市政消防水源GPS定位，实现水源户籍化管理；投入340余万元，新建市政消火栓15个、消防水鹤26部、维修600余处，对1488处市政水源落实了防寒保养措施。榆树大队创新的水源冬季防寒经验在全省推广。推进部队正规化建设。支队14个大队、17个中队完成正规化建设达标创建任务。开展安全“五无”创建、正风肃纪和纪律作风教育整顿活动，推行车辆GPS动态管控，严明内部纪律，狠抓部队安全管理。建立专职督察队，开展常态化督查，确保部队内部稳定、安全发展。

后勤保障建设。2013年，支队在争取业务经费1.5亿元的基础上，争取2.3亿元专项经费新建3个消防站和1个战勤保障仓库。坚持厉行节约，接待费用降幅30%、消耗性支出降幅15%；投入1200余万元完成新月消防站、团山消防站、亚泰消防站3处营房维修、扩建及改造工作；投入650余万元完成了14个大队、17个中队正规化建设任务；投入4800余万元购置了11台车辆和6759件套器材装备，投入950万元专款购置荷马特救援破拆工具组、动中通移动指挥车、68米登高车、涡喷车、大功率排烟车等一批高精尖车辆器材配备部队，为圆满完成以防灭火为中心的各项工作任务提供强有力的保障。

（米　鑫）

检　察

【服务经济发展】 制定《关于充分发挥检察职能为长春经济“双拉动”战略部署服务的工作意见》等3个指导性文件，重点查办影响经济发展的贪污贿赂、渎职侵权犯罪，持续深入开展工程建设领域、干扰市场经济秩序和破坏资源环境等方面职务犯罪的专项查办工作，查处此类案件117件194人。落实长春市委突出率先发展民营经济的战略部署，开展“创优法治环境、助力民营经济”、“一包四助”活动。深入到包保的朝阳区、农安县和莲花山开发区开展服务活动。出台《服务“突出发展民营经济”十条意见》，并通过新闻发布会向社会各界公布，聘请70名民企代表作为联络员，深入1137户民营企业，设置服务民企“绿色通道”。为民企提供法律咨询600多次，受理涉及企业和项目建设的控告举报，协调有关单位解决实际问题，查办各类侵害民营企业的犯罪122件154人。

与行政管理部门紧密配合，结合执法办案，深入长春市“两横三纵”快速路建设、城区改造等215个重大项目工程开展法律服务，对招投标、房屋征收拆迁、大额资金使用等项目建设中易发生违法犯罪的环节，进行预防监督176次，预防咨询127次，针对公职人员失职渎职，一些被征收业主弄虚作假、骗取拆迁补偿资金等严重影响工程建设的问题，积极宣传法律政策，开展预防调查，查处涉嫌违法犯罪案件，防止征收资金流失，挽回直接经济损失5000余万元，保证工程顺利进行。市检察院被评为全市房屋征收工作先进单位。

【惩治刑事犯罪】 全年受理提请审查逮捕案件3740件5048人，经审查已批准逮捕2661件3498人。受理移送审查起诉案件5146件7529人，经审查已提起公诉4048件5719人。对于严重刑事犯罪，提前介入侦查，做到快捕快诉，坚决予以严厉打击。提前介入重大刑事案件引导公安机关侦查取证274件（次），审查逮捕和审查起诉时间分别缩短了1天和5天。在公安机关侦查全省乃至全国关注的周喜军盗车杀婴案件中，市检察院及时介入侦查，与公安机关密切配合，引导全面收集证据，在公安机关移送提请逮捕后，从快作出批准逮捕决定。在出庭公诉中有据、有力地指控犯罪，回应了社会公众关注的焦点问题，法院当庭作出判决。坚持“少捕、慎诉、少监禁”的原则，尽量减少使用羁押强制措施。对罪行轻微的初犯、偶犯、过失犯决定不批捕904人，决定不起诉423人，通过积极落实帮教，教育感化犯罪嫌疑人，使其尽快回归社会。在侦查和审查起诉环节开展捕后羁押必要性审查，建议公安机关对44名已无羁押必要的犯罪嫌疑人改变强制措施，体现修改后刑诉法尊重和保障人权的立法精神。

【加强和创新社会治理】 转变执法方式，推进检调对接、刑事和解，注重矛盾纠纷化解，办理刑事和解案件237件。推行申诉案件公开审查、刑事被害人救助制度。注重法律文书释法说理，让当事人能听得明白。坚持对未成年人犯罪专门、专人办理，犯罪记录封存，注重教育感化和帮教措施落实。对2627名接受社区矫正人员的监外执行情况，进行了检察监督，促进了社区矫正进一步规范。办理涉军案件，注重维护军人及其家属的合法权益。充分发挥检察服务站的功能作用，深入社区、企业、农村和学校，开展法律咨询和宣传，化解矛盾纠纷，促进公民学法、守法。长春市检察机关通过检察服务站积极参与社会治理的做法已被省检察院在全省推广。

【惩治职务犯罪】 贯彻中央、省、市委关于反腐倡廉的总体部署，旗帜鲜明地查办腐败案件。立案侦查职务犯罪395件582人，比2012年分别上升25%和28.48%。其中贪污贿赂犯罪203件321人，玩忽职守、滥用职权等渎职侵权犯罪192件261人；大案241件333人，比2012年分别上升47.85%和45.41%；要

市检察院领导向媒体记者介绍检察工作情况

案56件56人，比2012年上升40%。在涉农惠民、安全生产、医药采购、食品安全、执法司法等重点领域和关键环节，集中开展查办发生在群众身边、损害群众利益的职务犯罪专项工作，查处案件185件282人，占立案人数的48.45%。加强与有关部门的协调配合，同步介入重大事故调查处理工作，严肃查处重大责任事故背后的渎职犯罪。德惠宝源丰“6·3”特大火灾事故发生后，市检察院和德惠市检察院迅速行动，第一时间参加救助和善后处理工作，配合国务院调查组，积极、稳妥、慎重地查办负有直接责任的监管人员渎职犯罪11人。

【职务犯罪预防】 健全行贿犯罪档案查询管理体系，为有关单位提供行贿犯罪档案查询1945次。市检察院与长春市委组织部、长春市党校密切配合，将预防职务犯罪警示教育纳入党校教学的整体计划。在新闻媒体上刊发预防公益广告，扩大预防职务犯罪的社会认知度和影响力。开展预防职务犯罪宣传教育279次，受教育人数3万余人，结合办案对重点领域、关键环节开展同步预防、系统预防506件(次)，向有关单位提出预防建议179件。

【诉讼监督】 正确处理好与公安、法院监督与配合的关系，共同维护国家法律正确实施。在侦查监督中，监督应当立案而不立案87件103人，监督不应当立案而立案32件41人，纠正漏捕、漏诉、遗漏起诉罪行332人，对侦查活动提出监督纠正意见313件(次)。在刑事审判监督中，依法履行出庭支持公诉指控犯罪、监督庭审活动职责，共派员出席一审庭审3068件(次)、二审庭审231件(次)，提出量刑建议963人(次)，共提出刑事抗诉40件，对审判活动提出监督纠正意见35件(次)。在民事行政诉讼监督中，受理审查民事行政诉讼申诉案件392件，对人民法院正确的判决和裁定，做好申诉人的服判息诉疏导工作，对认为确有错误的生效民事行政判决、裁定提出提请抗诉49件，提出再审检察建议69件，监督执行和督促、支持行政机关起诉468件。在刑罚执行监督中，依法审查减刑、假释、暂予监外执行4548人，监督纠正执行不当49人，维护法律的尊严和权威。

【自身监督】 2013年，市人大常委会专题检查并听取审议市检察院贯彻执行修改后刑诉法的工作报告，邀请人大代表、政协委员、人民监督员、特约检察员列席检察委员会、旁听公诉人出庭指控犯罪、评议职务犯罪案件拟处理决定、参加专项执法检查活动260人次，强化对检察工作的监督。市检察院围绕执行修改后刑诉法、民诉法制定完善13项执法配套监督机制，集中开展“执法规范化建设年”活动，解决执法中的随意性，全面规范执法行为。推进案件管理机制改革，两级院所有进入检察诉讼环节的案件，全部纳入案件管理中心集中管理，实现了对执法活动的动态管理和流程监控。强化执法责任，实行检察官在职责范围内对办案质量终身负责制，防止冤假错案发生。2013年，针对诉讼当事人和律师反映的办案不规范行为，进行3次专项检查，对2012年以来已办结的3000余件案件开展质量评查，纠正执法中的问题，促进执法行为进一步规范，办案质量明显提升。

【改进执法作风】 开展“三帮扶”活动，两级院共帮扶62个基层党支部、244名困难党员、845名群众，扩大检务公开，推进“检察开放日”、“新闻发言人”制度，开通检察网站，设立网络视频接访系统，让群众坐在家中就可以进行网上视频申诉举报和法律咨询。以集中办理涉检信访积案作为联系群众、改进作风的突破口，采取领导包案，带领职能部门联合接访、下访，集中“会诊”，快速处理。2013年，办理群众来信来访2256件(次)。严格执行高检院“八条禁令”，规范检察人员对外交往行为。将两级院警用车辆由104台缩减至56台，并实行集中管理。强化上级检察院和纪检监察机构的监督，严肃查处违反规定的检察人员。

（刘永邦）

审　判

【概况】 2013年，长春市中级人民法院（以下简称市中级法院）受理各类案件86265件，审(执)结80488件。受理各类案件13377件，审(执)结12194件。

【依法惩治犯罪】 依法严惩网络犯罪，严打由网上到网下传播的破坏力量。依法严惩侵犯未成年人权益犯罪，妥善审结“中学生砍手”案，判处并执行“3·4”盗车杀婴案罪犯死刑，实现最低限度容忍、最高限度保护。严格证明标准，坚持疑罪从无，防范冤假错案，对1名被告人依法宣告无罪，对5名被告人部分起诉罪名依法不予认定，对23名被告人依法改变起诉定性，对25名被告人因法律、证据发生变化公诉机关撤回起诉，切实尊重和保障人权。市法院3名刑事审判法官分别被评为全省优秀法官、全国优秀法官、全国法院刑事审判工作先进个人，市法院刑二庭被评为吉林省优秀青少年维权岗。

【民商事审判】 司法判决对市场活动的评价、指引和示范功能，制裁违约、引导诚信，鼓励竞争、优化效率。依法审理就业增收、社会保障、教育医疗、保障性住房、文化事业发展等案件，确保发展成果公平惠及于民。妥善处理金融改革、民间借贷、企业改制、小微企业资金链断裂等案件，推动稳增长、调结构、增效益、防风险。依法保障农民工同工同酬，保护农民土地承包经营、土地增值收益，从司法环节推进城乡要素平等交换、公共资源均衡配置。审理知识产权案件，打造行政保护与司法保护有序衔接体系，推进创新型城市建设。坚持财产权平等保护原则，出台服务民营经济发展23条意见，开展涉民营经济案件专项治理，联合市工商联对接服务行会商会，成立商事案件调解中心，依法保障各种所有制经济平等使用生产要素、公平参与市场竞争、同等受到法律保护。市法院在全省政法机关服务民营经济工作会议上介绍经验。

【依法行政】 运用法治思维和法治方式化解矛盾、推进发展，适时发布司法建议书、行政审判白皮书、法律风险论证书，及时通报审判中发现的倾向性问题，促进司法与行政的良性互动。强化行政和国家赔偿争议实质性化解，平衡各方利益诉求，切实解决“案结事不了”问题。正确处理行政裁判与协调的关系，加快行政诉讼简易程序改革，提升行政审判效率。推动行政机关负责人出庭应诉，避免当事人诉讼地位失衡，保障诉权实质平等。围绕“三大板块”协调发展、地铁、快速路等重大工程建设，协助政府完善征收补偿工作具体操作规则，服务特色城镇化和城市大建设大改造。市法院和两个基层法院荣获全市房屋征收工作特殊贡献奖。

【执行工作】 坚持穷尽执行能动化、查控手段技能化、办案周期程序化、结案要求标准化，推动执行查控、惩戒措施、威慑方法“三个到位”。加强执行联动与征信体系建设，公布失信被执行人420名，采取限制出境、限制高消费等措施。集中清理涉党政机关执行积案，在全省率先完成全部清理任务，防止公正受损、正义迟到。

市法院分析通报民营经济知识产权司法保护情况

【体系完善】 建立要素体系，两级法院将立案、审判、执行以及评估、拍卖、鉴定包括司法礼仪、审判作风等一切司法行为及与司法相关行为全部纳入监管范畴；建立责任体系，形成承办法官、审判长、庭长、副院长、院长5个层级和审管办、审委会两个机构为主体的“五加二”管理架构，调动各类审判主体力量，加快审判节奏、提高审判质量、削弱行政化倾向；建立评价体系，通过常规评查、重点评查、专项评查和双向评查四类机制，将全部案件特别是上级发改、群众信访等问题案件一一纳入评查程序。市法院案件上诉率比2012年下降27.93%，发改量比2012年下降34.67%，新判案件信访发生量比2012年下降47.66%，审判管理效能逐步释放。市法院审判管理部门被省高院荣记集体二等功，被评为全国法院司法统计工作先进集体。

【诉权保障】 统一立案标准，缩短立案时限，提高立案质效，依法减缓免诉讼费566.16万元。改革司法辅助工作，量化考评，动态监督，切实解决评估价值忽高忽低、鉴定结论模棱两可、司法拍卖成交率低等突出问题。完善法院“九大安全”体系，深度融入社会公共安全建设，保障人民群众诉讼安全。发挥人民法庭多元调处、快捷审判、便民利民作用，排除对群众诉讼权利的隐性压制，防止形式正义与实质正义的对立分离。市法院立案部门被评为全市先进基层党组织。

【涉诉信访】 市中级法院开展“信访攻坚推进”等专项行动，坚持“五个一批”结案方式，化解旧访，防止新的有理访。贯彻《长春市依法解决信访问题实施办法》，将涉企、涉府等普通信访案件导入司法流程，发挥司法化解和政策化解两个优势。市法院荣立全省法院涉诉信访工作集体二等功，被评为全国两会信访

市法院领导看望抗美援朝老兵

维稳工作先进单位。

【内部治理】 开通院长公开信箱，回应法官意见建议，推动形成共同治理格局，建设民主法治型法院。将人财物等管理要素全部纳入岗位绩效考评体系，实现法院运转的规则之治。推行后勤社会化改革，推进“天平工程”建设，提高办公办案效率，加快形成规范管理、动态回应、应急处置相结合的政务运行机制。市法院综合管理工作分别受到省高院和最高院表彰。

【社会监督】 主动接受人大监督，专项汇报人民法庭工作和队伍建设情况。完善人大代表关注案件及意见建议交办、督办、反馈机制，及时报告处理结果。实施人大代表工作“五个一千”工程，190人次代表应邀到中院观察庭审、参加听证、列席审委会，扩大司法参与，推进司法民主。建立人大代表动态联络机制，利用短信即发平台，确保代表第一时间了解法院工作态势和重大案件进展，满足知情权，保障监督权。接受政协民主监督和社会各界监督，回应人民群众对审判工作重大关切。支持、配合检察机关依法履行法律监督职责，共同维护公平正义，提升司法公信。

（吴　丹）

司　法

【平安监所建设】 监狱连续第14年实现“四无”目标。推进强制隔离戒毒工作，在苇子沟强制隔离戒毒所开展强戒人员直投试点，按照“两评估”（评估分类、评估诊断）“三期治疗”（生理脱毒期、身体康复期、戒毒巩固期）“六区”（静心园区、医疗戒护区、康复教育区、常规矫治区、亲情感化区、回归适应区）的管理模式，建设强戒人员体检医疗中心、体能康复中心、心理咨询中心和回归社会帮教基地，依法开展戒毒矫治工作。

【法治长春建设】 开展“法律六进”活动、“法治文化建设提升年”活动、法治示范学校创建活动、“送法进企业，护航助发展”活动、“普法到炕头，送法进万家”主题普法宣传教育活动、“法律宣传周”等载体活动，在长春市双阳区召开法治文化建设暨“法律六进”工作现场会。全年共开展大型法制宣传活动4000余次，新建续建法治文化示范点63个。开通长春普法网，成为推动法学研究、法制宣传和法律服务的新平台。全国法律进机关现场会在长春市宽城区召开。完成2013年国家司法考试吉林考区7934名考生的组织实施工作，连续2年实现考试组织实施“零”事故目标，被吉林省司法厅和司法部通报表扬。完成“六五”普法中期督导自检自查工作。

【司法队伍建设】 加强律师队伍建设，全市律师事务所发展到168家，执业律师1530人。强化法律服务市场监督管理，全年受理律师、公证、司法鉴定投诉案件27件，结案25件。强化干部选任工作，提拔7名处级领导干部，交流处级干部7名，实施青年干警到监狱轮岗锻炼计划，进一步优化干部队伍结构。加强干部培训工作，举办4次理论中心组学习扩大会议和司法所长培训班。

【“法律助发展”行动】 整合律师、公证、司法鉴定等法律服务资源，深入开展“实施五大工程，助推民营经济发展”法律服务活动和“六个一”专项法律服务，研究制定18项服务保障措施，确定重点进驻服务民企1043家，与市工信局、市工商联共同主办了以“服务、交流、发展、共赢”为主题的“法律服务与民营经济发展论坛”。积极参与“万名机关干部联系服务万户民营企业行动”，局领导带头到包保民企进行调研，帮助企业解决疑难问题，为企业开展法律服务，与90户民企对接成功。长春市朝阳区司法局在全省政法机关服务民营经济交流会上介绍经验。指导完成了长春市政府法律顾问团换届工作，市县两级法律顾问团共完成政府交办任务363件。全年律师办案1万余件，担当常年法律顾问1287家。办理公证案件13.37万件。完成德惠市6·3事件善后法律服务和包保任务。

【“法律惠民生”行动】 全市受理承办各类法律援助案件2965件，比2012年增长10%。开展《法律援助条例》实施十周年宣传活动，法律援助理念更加深入人心。长春市法律援助中心被国家老龄委授予“敬老文明号”称号。开展“百家律师所驻社区”和“义务法律咨询日”活动，组织律师所与292家社区对接，进驻社区1914次，参与人民调解456件，解决社区居民纠纷388件，解答群众法律咨询3万余人次，实现为社区居民的“零距

长春市信访法律服务中心热情接待来访人员“零距离”为群众提供法律服务

离”法律服务。办理司法鉴定4800件，其中“三到一免”（司法鉴定人到现场、到病房、到家庭服务，免交通费）案件300件，减免费用13万元。长春市148法律服务热线受理群众法律咨询5000余人次。长春市司法局被长春市政府评为建设幸福长春工作先进单位。

【“法律促和谐”行动】 组织律师依法参与涉法涉诉维稳工作，组建长春市信访法律服务中心，选聘17名具有各类法律实务经验的优秀律师组成信访法律事务专家组，全年接待信访案件544件，接待信访人员1181人次，70%的案件引导到诉讼手段解决问题。深化人民调解防护网工程和矛盾纠纷“零激化”行动，组织开展“服务春耕生产，化解矛盾纠纷”活动，全市调处矛盾纠纷21613件，成功调解21378件，成功率98.9%。人民调解宣传工作被司法部评为先进单位。认真开展“彩虹基地建设提升年”、“百企千人安置行动计划”等活动，设立彩虹基地106家，安置刑释解教人员300余人次。全市接收刑释解教人员2631人，衔接率达到96%。开展社区矫正“规范化建设年”活动，实施警示教育、传统教育、社区服务、技能培训、安置帮扶“五项工程”，全年接收社区矫正人员2077人，累计接收6185人，在册矫正3070人，按期解除3115人；启动手机定位监管系统，1561名社区服刑人员纳入手机定位监管。全省推进县市区社区矫正中心机构建设现场会在长春市二道区召开。

【基层组织工作】 组织开展了“长春司法所工作论坛”和创建“示范司法所”活动，42家司法所被吉林省司法厅命名为“示范司法所”，其中九台市18个司法所全部被吉林省司法厅命名为“示范司法所”。协调财政投资800万元，对全市监所基础设施和硬件设施进行维修改造，安全防范能力进一步提升。加强社区矫正机构建设，长春市编委正式批复成立长春市社区矫正教育服务中心。完善人民调解组织建设，全市建立各类人民调解组织2619个，1658个村（社区）调委会达到“五有”标准，10个县（市）区全部建立了人民调解员“专家”库；“百姓说事点”发展到3125个，实现了村（社区）全覆盖。

【信息化建设】 推进司法行政体制机制改革，三个劳教所全部转型为强制隔离戒毒所，加强干警法律法规和业务知识培训，确保场所安全和干警思想稳定。积极参加在德惠市、长春市宽城区开展的轻刑快审试点工作。加强信息化建设，协调财政资金25万元，对局机关计算机网络进行升级改造，完善长春司法行政网，开通长春普法网、长春司法微博、微信，筹建长春法律援助网，信息化建设水平进一步提升。筹资40余万元，在局机关一楼建设了便民服务大厅，完善软硬件配套设施，窗口服务环境和水平进一步改善。

【宣传工作】 加强典型培树，完善先进典型人才库建设，将41个基层先进集体和119个典型个人确立为重点培养对象。18个基层调解委员会、59名基层人民调解员分别被司法部和吉林省司法厅授予“模范人民调解委员会”和“模范人民调解员”称号；北京大成（长春）律师事务所被评为全省优秀基层党组织，8个集体和12名个人被评为全省司法行政系统先进集体和先进工作者，为9名同志记个人三等功或嘉奖。加大宣传报道和信息报送力度，国家和省、市新闻媒体刊发（播报）反映司法行政工作成果的稿件166篇，吉林省政府、吉林省司法厅及中共长春市委、长春市政府等上级机关采用司法行政工作信息173条。长春市司法局被吉林省司法厅和中共长春市委办公厅、长春市政府办公厅评为信息工作先进单位。

（潘剑锋）

城建 环保

综 述

【交通基础设施建设】 “两横三纵”快速路除亚泰大街跨铁路双塔斜拉桥、东荣大路互通立交桥节点外，主线贯通。飞跃路下穿京哈铁路隧道、一匡街下穿长白铁路桥、公平路跨伊通河桥延伸段建成通车。硅谷大街与绕城高速互通立交桥、景阳大路与四环路立交桥、惠工路机场大道取得实质性进展；开运街跨飞跃路立交桥开工建设；机场快速路、吉林大路东延长线、三环路与惠工路节点下穿桥、景阳大路延长线、西湖大路延长线等工程前期工作正在进行。长春经济圈环线高速九台至双阳辅道路基和桥涵工程完工。完成国省干线公路34公里养护改善工程。全年建成农村公路1512公里，通屯率70.3%。改造农村危桥31座。抚长高速人民大街收费站南移至临时收费站。完成南部新城主干路网中的16条道路建设。正在修建的道路30条。启动永春区域路网土地整理前期工作。对全市道路集中开展维护改造，完成人民大街、景阳大路等236条道路大中修，小修道路1122条，改造巷道1008条。地铁1号线15座车站中，1座(北广场站)已经建成，3座(繁荣路站、一匡街站、庆丰路站)完成土建结构。地铁2号线19座车站中，5座(袁家店站、文化广场站、平阳站、世纪大街站、东方广场站)已经开工。54路有轨电车改扩建进入收尾阶段。长春站北广场建成，南北联络通道开通，地下空间4层，面积11万平方米，包括铁路、地铁、轻轨、公交、私家车辆换乘，以及商业、地下停车场等配套功能。长春站南广场改造工程完成审批。

【公用保障】 通过热源建设，新增供热能力1550万平方米。撤并改造分散采暖锅炉房164座。新建、改造供热管网230公里。实施200万吨日供水能力工程。完成一水厂扩建和三水厂提标改造部分设施土建工程、五水厂2个泵站收尾工程、六水厂前期工作。改造燃气高危管网240公里。建成长春至双阳天然气长输管线。完成天然气置换11万户。实施市政设施维护工程。改造排水管线12.8公里；维修、更换井具1万套；为22条街路安装及更换路灯911套，为背街小巷和弃管小区安装巷道路灯1169套。

【生态环境保护】 《长春市公园条例》于2013年11月1日正式实施。2013年10月，市人大批准实施《长春绿色宜居森林城之绿地系统规划》，做出《关于打造绿色宜居森林城加强生态系统建设的决议》，按近期、中期、远期对城市森林、公园、绿地和湿地建设做出系统、全面的规划。2013年，全市园林绿化投入资金26.7亿元，新增绿地600公顷。新植街路40条，补植街路165条，彩化街路100条，新建绿地39块。启动新建公园14个，续建6个，改造9个，百木园、百花园、湿地园建成向市民开放。伊通河排水管网改造支线接入、西兴隆水库和抚松明沟清淤工程如期完成。新凯河流域污水干管、富裕河污水干管截流工程前期工作按计划启动。生活垃圾焚烧发电、餐厨垃圾处理、三道垃圾场生态园项目前期工作基本完成。全市生活垃圾无害化处理率达95.1%。筹资1.85亿元，购置清雪设备249台。城区主次街路机械化清扫率达61%。市容环卫数字化管理平台建成并投入使用。制定《长春市大气重污染应急预案》和《长春市大气污染防治行动计划实施方案》，全面加强对烟尘超标锅炉、扬尘污染、机动车尾气、挥发性有机物污染的治理。对饮用水源地水质实施全指标监测，石头口门、新立城水库两处城市集中式饮用水水源地水质达标率100%。

【城建民生工程】 新建、续建保障性住房近3万套，2000套廉租房、2600多套公租房分配入住。宽城区首山逸居作为全市首批竣工的公租房项目，解决2600多户群众住房困难。拆除棚户区91.8万平方米，建设回迁房1.3万套。完成历史遗留无籍房确权270栋、160万平方米，涉及居民5193户。改造完成1000万平方米的“暖房子”工程，受益群众20多万户。实施“公交便民”工程。新建公交候车亭113座，新建集合式站牌100个，亮化公交站牌150个，新增及更新公交车581台。长春市被交通运输部授予全国“公交都市”第二批试点城市。

【城建安全】 建立工程质量安全责任体系，实行责任追究制度。会同长春市纪委组成工程质量安全联合检查组，严肃处理质量安全问题。严厉打击违法用地，2013年度，全市土地卫片执法检查中违法用地比例为0.41%，比2012年降低0.67个百分点，处于全省最低水平。年内拆除违法建筑6563处、56.6万平方米。全年查处违规建设案件188起。严厉打击非法营运，查扣车辆1603台。

【城乡规划】 编制新一轮城市发展规划。《长春市空间发展战略规划》通过专家论证。旧城改造、绿地系统、公共交通、停车专项规划编制完成。正在编制公共中心体系、慢行系统、地表水系综合治理专项规划。数字长春地理空间框架建设成果通过国家测绘地理信息局组织的项目验收，完成290平方公里中心城区三维数据采集与模型建立，建立数字长春地理信息公共平台，研发了"长春地理信息公众服务系统"。举办第十四届中国长春(农安)国际雕塑作品邀请展。结合雕塑公园10周年园庆，举办咨询会、图片展、音乐会等系列活动。举办6场"万人看雕塑"大型公益文化活动，吸引市民20多万人次。

【国土工作保障】 2013年，获批征地4220公顷。完成供地4655公顷，其中，招拍挂出让土地2508公顷，成交额302.5亿元，比2012年增长31%，成交额占全省的66.5%。土地出让收入入库量达到256.8亿元，比2012年增长38.6%。投入资金77.7亿元，收储土地907.7公顷，比2012年增长31%。

(周卫涛)

城市规划

【规划活动】 2013年，长春市规划局开展现场办公大走访活动，先后走访6个城区、4个国家级开发区以及市轨道交通集团等责任单位，进行现场办公，研究和解决问题。各单位提出当前亟需研究解决的规划项目123项，市规划局对每个问题均给出明确意见。其中现场敲定能够立即着手办理手续的项目为35项；补足相关要件即可办理手续的项目为43项；不属于规划职能直接管理、需市规划局参与协调的项目为34项；需向市政府汇报请示处理意见的项目为11项。长春市规划局举办有120多家建设单位和勘察设计单位参加的规划服务说明会，宣传各项规划服务新主张。编辑、印制、分发各类服务说明、重大项目推进情况汇总等资料共7项1300册。

【规划编制体系】 2013年，长春市启动规划编制项目76项，完成其中战略与总体规划层面《长春市远景发展规划研究(2030)》《长春市城市总体规划修改》《长吉一体化规划》等6项；城乡统筹层面11个城区和开发区的发展战略规划；城市设计层面《长春市魅力空间体系规划》；历史文化保护层面《长春市历史街区保护规划》等5项；详细规划层面4项；城市综合交通规划层面《长春市步行和自行车系统专项规划》和《长春市城市综合交通模型(一期)》2项；城市公共服务设施规划层面《长春市大学城布局专项规划》和《长春市学前教育专项规划》2项；城市重大基础设施规划层面《长春市重大危险源控制规划研究》《长春市供热专项规划(修编)》《长春市城市给水工程专项规划》《长春市城市生态绿地系统专项规划》和《长春市城市地下空间利用专项规划》等8项；综合工程规划层面2项；年度报告层面3项，《长春市城乡规划实施评估报告》《长春市交通发展年度报告》和《长春市环境与资源发展年度报告》。

【规划管理体系】 2013年，长春市规划局核发《建设项目选址意见书》89件、《建设用地规划许可证》389件、《建设工程规划许可证》454件、《建设工程竣工规划核实通知书》248件，《定位验线合格通知书》48件，办理《建设用地规划条件》470件，平均每个许可的办理时间为2.82天，比2012年的7.2天缩短近2倍。完成测绘资质年度注册及年检备案工作，长春市拥有测绘资质的单位142家，其中，甲级11家、乙级29家、丙级40家、丁级62家，完成10个单位资质申请初审，4个单位资质升级，8个单位复审换证。长春市规划局为全市489个大项目建立跟踪服务档案。设立重点项目规划许可"绿色通道"制度，为72个重点项目颁发绿色通道证书。长春市城乡规划委员会工作会议由长春市规划局负责拟定议题上报长春市市委、市政府组织召开，2013年，组织召开全委会2次、历史保护专业委员会5次、城乡规划与政策专业委员会10次、综合交通与市政公用基础设施专业委员会5次、建筑与环境景观艺术专业委员会1次。朝阳区、双阳区、绿园区、经济技术开发区等城区、开发区成立区级层面城乡规划委员会，并有效开展工作。

【规划监督体系】 2013年，长春市规划系统组织开展违法建筑排查、处理百日会战攻坚行动，下发《关于进一步加强违法建设查处的紧急通知》和《关于消除安全隐患集中全面开展违法建筑大排查、大拆除实施方案》，对违法建筑安全隐患进行"地毯式"排查。查出违法建筑30863处，面积4150698平方米，配合各城区政府(开发区管委会)拆除6563处、面积565540平方米。利用卫星遥感技术对属于未批先建、存在程序违法的72个卫星影像图斑，及时履行了行政处罚手续。2013年4月，长春市人民政府通过长春市规划局起草的《长春市国有土地上房屋征收范围内未经登记建筑调查、认定和处理办法》。全年认定未登记房屋943处，面积195539.45平方米。协调完成82件"无籍房"规划确认件，确认面积568267平方米。处理航测图、卫星影像数据400G，涵盖10个年份(最早至1979年)，通过对照航测图、卫星影像数据逐一核对办理案件的准确性、真实性。

【规划保障体系】 2013年，长春市规划局完成包括规划编制、专题研究、规划条件等各类规划成果1069项；规划区610平方公里1∶500地形图测绘和修测工作；三维数字城市建模290平方公里；为地铁1、2号线控制测量进行复测，完成一等水准210公里，有效地保证城市大建设、大改造工作的顺利推进。

【数字长春地理空间框架】 2013年，长春市规划局作为“数字长春地理空间框架建设”项目承建单位，完成国家测绘地理信息局、吉林省测绘局、长春市政府三方签署的合作协议书所要求的“一库、一平台和五个典型应用”的建设，于11月通过国家测绘地理信息局在长春市组织的项目验收并召开项目成果推广发布会。该项目建立了数据完备的长春市基础地理信息数据库和长春市地理信息公共平台，依据应用对象的不同，“五个典型应用”包括长春市规划管理电子政务信息系统、长春市市政公用综合监管系统、长春市市容环卫数字化管理平台、长春市园林绿化管理系统、长春市规划三维辅助决策系统和天地图——长春。投入使用的地理信息共享服务平台是“数字长春地理空间框架”。市政部门、园林部门、市容环卫部门等多个公共事业单位已经基于共享服务平台着手建设各自领域的行业管理系统。

【城市雕塑】 2013年8月，由长春市人民政府主办，长春市规划局和农安县人民政府承办，以“黄龙文化”作为创作主题的第十四届中国长春(农安)国际雕塑作品邀请展在农安揭幕。在农安县人民公园展出21件雕塑作品。相继开展了“春华秋实”——曹春生从艺60年作品展、首届“春天杯”中国青年雕塑家邀请展、当代中国水彩画名家邀请展等3项具有代表性的主题展览，举办“城市雕塑与长春实践”咨询会、雕塑公园10周年回顾图片展、“凝固与脉动”交响音乐会以及非洲舞蹈团表演等雕塑文化艺术交流系列活动，从法国引进2件罗丹原作《加莱义民》和《行走的人》落户长春世界雕塑公园。组织第六届“万人看雕塑”大型公益文化活动，全年开设6场不同主题的免费游园日，吸引市民20多万人次，其中“助残日主题活动”邀请150位残疾人朋友参观游览长春世界雕塑公园，免费提供电瓶车和讲解服务。

【规划展览馆】 长春市规划展览馆建筑设计由中国工程院院士崔愷领衔、由设计“鸟巢”的中国建筑设计研究院承担，设计立意为“流绿都市绽放的城市之花”。2013年，完成全部土建结构部分施工，地下实行暖封闭，进入机电安装阶段；完成钢构架斜交网格搭建，进入金属屋面、金属桁架和外幕墙施工阶段；规划布展设计有序开展，布展方案初稿确定，展示素材收集工作全面展开。

(孙连阁)

城市建设

【城建重点工程建设】 2013年，完成重点工程投资244亿元(不含地铁项目)，比2012年增长36%，创历史最好水平。除亚泰大街跨铁路双塔斜拉桥、东荣大路互通立交桥(东西主线)节点外，“两横三纵”快速路主线实现贯通、试通车(部分路段简易通车)，恢复地面交通。飞跃路下穿京哈铁路隧道、一匡街下穿长白铁路桥、公平路跨伊通河桥延伸段工程建成通车。硅谷大街与绕城高速互通立交桥、景阳大路与四环路立交桥、惠工路机场大道，取得实质性进展。皓月大路延长线、开运街跨飞跃路立交桥开工建设。机场快速路、吉林大路东延长线、三环路与惠工路节点下穿桥、景阳大路延长线、西湖大路延长线等工程按计划启动前期。加快南部新城主干路网循环及区域开发配套，完成丙四十路、丙六十四路等16条道路建设；正在修建临河街、甲三路、甲一路等30条道路，芳草街、锦湖大路、丙十四路等16条道路正在进行拆迁。启动永春区域路网的土地整理等前期工作。地铁1号线工程，长春站北广场站已经建成，卫星广场、人民广场等11座车站及区间全面进入实施土建工程阶段；地铁2号线启动建设，袁家店站、南关站至烟厂站、文化广场站已开工，其他标段开始推进前期工作；54路有轨电车改扩建工程进入铺轨等收尾阶段。完成西兴隆水库、抚松明沟清淤工程；新凯河流域污水干管、富裕河污水干管截流工程的前期工作按计划启动；完成伊通河排水管网改造支线接入工程。长春市城建系统协调金融机构，拓宽融资渠道，全年融资到位258亿元。争取财政资金18.5亿元，开展垫资、借资建设，保证“两横三纵”快速路等重点工程建设顺利实施。成立长春市城市发展投资控股集团，承接开行185亿元贷款工作进展顺利。做好城建到期债务的偿还工作，全年组织偿还118.7亿元。全年组织完成城建重点工程征收居民5244户、企业696家。地铁1号线、地铁2号线、硅谷大街与绕城高速互通立交桥、串湖污水处理厂、北郊污水处理厂、吉林大路东延长线等工程征拆全面铺开。2005年以来，长

亚泰大街快速路

春市组织实施的34项城建重点工程，产生6342套、39.81万平方米的回迁房遗留问题。2012年解决1541户居民回迁，2013年解决1804户居民回迁。

【市政基础设施维护管理】 长春市城建部门对全市道路集中开展维护改造。完成人民大街、景阳大路等236条道路大中修，小修道路1122条，改造巷道1008条。对城区90座桥梁进行日常维护，对赛得大桥、孟家公铁桥、人民大街框构桥等23座桥梁进行检测，为荣光桥、东莱桥等7座桥梁安装桥梁动态检测系统。2013年，受理道路挖掘审批1815件，涉及道路378条；严格落实建设工程会签工作，累计完成54路有轨延长线工程等各类建设工程会签60余件。2013年，汛期长春市连降暴雨，城建部门对城区11处积水点、明沟水系、城区排水系统隐患和危旧房屋隐患部位进行排查和整改，清淤河道水系39公里，清掏市政排水管线4569公里，清掏污水检查井89657座次，清掏雨水检查井85126座次。汛期内，调集市政抢险人员700多人在21处严重积水点死看死守，实施抢险37次，调集防汛抢险设备60余台次，调动各类抢险设备230台套，出动抢险队伍近600人次，集结8000余人的防汛抢险队伍随时待命，确保城区安全度汛。

【市容环境综合治理】 2013年，长春市改造完成1000万平方米的“暖房子”墙体保温改造工程，改造面积比2012年增长15.2%，有20余万户、60余万人受益。全面完成“十、百、千、万”工程。对东八条、珠江路、铁北一路、交通指挥中心等区域12.8公里排水管线实施改造。对236条道路进行大中修改造，改造巷道1008条。维修、更换井具1万套，对12.2万盏路灯进行维护，为新发路、上海路、自由大路、湖滨路等22条街路安装及更换路灯911套。为背街小巷和弃管小区安装巷道路灯1169套。全面开展农村危房改造。完成农村危房改造15660户，超额完成年度计划108%。加大村镇基础设施建设投资力度，争取省、市财政投入专项资金500万元。推进城镇化示范点建设工作。

【站前地区管理】 先后开展清理越冬垃圾及各类占道物、打击违章占道经营、打击露天烧烤、规范户外牌匾广告、整治非法广告、交通秩序和运营秩序整治等专项行动。开展联合执法行动10余次，集中清理行动20余次，抓获行为现行人50余人次，移交公安机关处理6人。依法查处、取缔占道摊点和店外经营500余处，暂扣非法占道经营工具1000余件，清除各类野广告2万余条。

【城建档案馆】 城建档案馆新址正式启用，落实建设工程档案纳入工程建设管理制度，接收档案3万余卷，收集入馆率达96%，馆藏档案30万卷，实体档案容量可达100万卷，接收档案质量和数量创历史新高。

【建筑业】 2013年，完成建筑业总产值1029亿元、增加值411.1亿元，比2012年分别增长12.7%和14.2%。2013年，长春市新增建筑业企业91户，增项18户，变更118户，企业升级38户。施工总承包一级企业达44户。全年办理备案企业44户，总数达185户。推行农民工工资“一卡制”管理，严格执行农民工工资支付保证金制度。依法加强招投标监督管理，项目应招标率、应公开招标率、管理率均达100%。建筑工程招投标进场交易620宗，交易额202.3亿元。全年收缴配套费5.8亿元，其中筹集地铁建设基金2.8亿元，比2012年增长23%。办理施工图审查备案996项，施工图审查率达100%。全面推进节能建筑建设，完成节能专项审查2674项，总建筑面积2563万平方米。开展墙材革新和建筑节能工作，全市在建工程全部使用新型墙体材料。扶持新型墙体材料生产企业，协调有关部门，为企业减免费税和补助基金1152万元。完成263户、500万平方米的大型公共建筑能耗统计任务和19户大型公建能耗监测设备安装试点工作。以基隆街政府廉租房1号楼为样板，完成住宅产业化试点项目建设。完成防灾减灾十二五规划中期评估及《省防震减灾条例》修订征求意见工作。全面启动市政公用设施抗震专项论证工作，组织专家对第一、第三净水厂改扩建工程的初步设计文件进行抗震专项论证，配合吉林省住建厅对长春市建筑工程抗震设防质量进行检查。在“哈、沈、长”三市优质工程观摩活动中，长春市5项工程获金奖、8项工程获银奖。修订暖房子施工监理招标文件示范文本，规范招投标程序，发送招标信息短信约7000余条。受理监理招标登记170多个标段，发布招标公告160多标段，邀请招标10多项，监理合同备案198份（其中直接发包50多项），拆除工程监理招标2项，应招标项目招标率达100%。对314家劳务企业务工人员身份信息进行核实、录入，建立劳务人员信息库平台，实行劳务作业人员实名管理制度。2013年，长春市建设工程劳务合同备案474项，总面积达850万平方米，实现务工人员90%持证上岗。收取138个建设项目的农民工工资保障金1.3亿元。推进“无拖欠诚信工地”进程。对新建项目签订《无拖欠诚信工地承诺书》1256份，在施工现场设置“无拖欠诚信工地”标牌，扩大农民工投诉举报渠道。对出现过拖欠行为的单位进行黑名单制度，建设单位拖欠工程款行为，将加收农民工工资保障金，对拖欠农民工工资的企业锁定，停止办理其他业务。

（周卫涛）

城市管理

【街路清扫保洁】 针对“两横三纵”等工程对环境卫生的影响，加大对市区主次街路及广场的机械化洗扫作业，抓好人工早扫、日保、夜扫的衔接，实施不间断保洁，对主要街路的2万米隔离护栏，2000余个果皮箱进行日常清洗。利用自然降雨，采取机械设备与人工相互配合的方式，开展雨中除尘作业，降低街路含尘量，提高街路洁净度。

【规范牌匾广告】 完成建设街等24条

街路牌匾升级改造工作，拆除不符合标准的牌匾2600余块，更新牌匾1900余块。组织规划设计单位对北安路等20条街路的牌匾进行规划设计，更新牌匾1678块。强化霓虹灯牌匾日常监管，制定《加强霓虹灯牌匾管理的实施意见》，把好审批、监管、改造3个环节，改造霓虹灯牌匾110余处，修复缺字断亮霓虹灯牌匾346处。

【打击非法广告】 市容环卫部门与公安部门配合，破获制贩假证案件63起、端掉窝点8处，打处违法犯罪人员43人，收缴假证件及半成品2万余本，假印章1万余枚，假发票10万余张，制假设备30余台。对市区内出现的70余万处非法广告进行高标准清刷覆盖。合理设置公共信息栏100块，对市民生活信息的发布进行有效疏导。

【治理违规清运渣土行为】 组建由建委、交警、交通、机动治安、市容环卫等部门人员组成的联合执法队伍，采取昼夜不间断巡查执法的方式，对违规清运渣土行为进行监管。市、区两级投入执法人员156人，查处违规运输车辆815台次，罚款102万元，限期整改工地233个，临时停工工地53个，教育违规人员1934人次。

【冬季清雪】 市容环卫部门根据降雪时间、雪量、温度，科学制定预案，利用数字化管理平台进行指挥调度，确保清雪工作的开展。全市14000名环卫工人、661台套清雪设备，昼夜实施清雪，确保全市1392条街路，30座桥梁、19个广场的积雪得到及时清除。

【环卫基础设施建设】 生活垃圾焚烧发电、餐厨垃圾处理、三道垃圾场生态园等环卫基础设施项目建设全面推进。生活垃圾焚烧发电项目完成发电成本测算，特许经营协议签订等工作。餐厨垃圾处理项目一期工程完成立项、可研报告等工作。三道垃圾场环保生态公园项目已启动，建成集气站等辅助设施，渗滤液调节池、变电室、浓缩液处理车间主体完工。推进移动式垃圾转运站建设，全市新增移动式垃圾转运站22座，生活垃圾收运工作效率明显提高。

【市容环卫数字化平台建设】 2013年，投资2000万元的市容环卫数字化平台建成并投入试运行，实现市容环卫管理工作的快速反应、集中调度和问题的及时解决，推进城市管理从粗放到精细、从静态到动态、从分散到集中的转变，为全面提高市容环境管理水平，提供必要的硬件条件。

【公厕管理】 2013年，长春市新建水冲公厕8座，翻建倒危旱厕8座、维修公厕345座次、暖厕改造21座。对121座公厕的周边进行绿化美化，对11座水冲公厕进行亮化。鼓励20余家沿街单位厕所对外开放，增加公厕指示牌107个。

【市容规划编制】 完成户外广告牌匾专项规划的编制工作，环卫专项规划的编制完成初稿。进一步完善《环境卫生新的作业流程》，为实施市容环卫规范化、长效化管理奠定基础。

【提高环卫工人待遇】 环卫临时工人月工资由2012年的1150元提高到1450元；为环卫临时工人提供135套公租房，150余名环卫临时工人迁至新居；向45名环卫工人提供伤亡救助，累计支付资金318万元。

【环卫工人休息室建设】 2013年，累计投入资金408万元，通过租用民房、门市房、车库，以及建设临时彩钢房等方式，建立环卫工人休息站点340处，基本实现每2～3个环卫工人作业班组有1处休息站点，缓解环卫工人临时休息难、冬季热饭难等问题。

【会事会展保障】 2013年，市容管理部门出动城管执法人员5000余人次、车辆1100台次，维护场馆周边市容环境秩序；利用33块大型LED全彩大屏幕进行公益宣传。环卫部门提供拖挂式移动公厕28座次。

（姜晓峰）

城市公用事业

【采暖期公用服务保障】 根据《长春市供热管理办法》规定，2012～2013年采暖期从2012年10月25日开始，到2013年4月10日为止，共167天。采暖期供热开栓和结束时，遇到气温的剧烈变化，市委、市政府决定实行弹性供热，在本采暖期开栓时提前3天，结束时延后4天，到4月14日采暖期正式结束，为此，本采暖期总计时间为174天，占全年总天数的47%。采暖期，城区日平均气温-10.1摄氏度，比常年值-6.8摄氏度低3.3度，与前2个采暖期的-7.9摄氏度和-8.1摄氏度相比低2度以上，是从1959年全市有气象记录以来，历史上第4冷的寒冬。从2012年12月1日～2013年2月10日，连续71天，日平均气温低于-15摄氏度，从12月21日～12月25日，连续5天，日平均气温低于-23摄氏度，元旦期间，城区最低温度达-30摄氏度。整个采暖期累计降雪40多次，降水量139.3毫米，比常年值47.6毫米高出91.7毫米，达到常年值的1.9倍，比2012年采暖期的69.9毫米偏多69.4毫米。天然气供应量最高达到197万立方米，最低日供应93万立方米，平均日供应155万立方米。煤制气最高日供应86万立方米，最低37万立方米，平均日供应52万立方米。车用燃气最高日供应35万立方米，最低20万立方米，平均31万立方米。液化石油气最高日供应130吨，最低18吨，平均112吨。第五净水厂正式通水运行后，城区供水能力达116万吨，缓解了城区冬季用水高峰时能力不足的局面。本采暖期，城区供水总量1.6亿吨，最高日供水量101万吨，最低91.6万吨，平均97万吨。从2012年10月25日～4月14日，“12345”、“12319”、市区公用行政管理部门、各公用行业企业累计受理水、气、热投诉80036件，其中供热投诉53115件，比2012年上升2.9%，供水投诉20422件，比2012年上升1.9%，燃气投诉6499件，比2012年上升0.6%。采暖期过程中的5个局长接待日，市公用局受理市民来访61件193人,公用行业企业接待市民来访44件,比2012年下降78%。本采暖期,城区累计出现热、水、气管网泄露、爆管、冻堵、大型生产设备故障1471起,其中供热方面187起,供水方面1120起,燃气方面164起,城区未出现1起大面积水、气、热停供情况。

【城区供热保障】 截至2013年10月25日,采暖期开栓前,城区(不含双阳区)在网供热面积1.76亿平方米,其中,热电联产热源5座,热电联产供热面积6682万平方米,大型区域锅炉房(单体29MW以上)热源59座(含调峰锅炉房11座),供热面积9149.62万平方米,分散采暖锅炉房供热面积1207.84万平方米,其他方式供热面积562.8万平方米。城区集中供热企业32家,其中国有控股企业9家,国有参股企业4家,民营企业19家。总用热人口近400万。2013年,新增供热能力2470吨(供热面积达2470万平方米),其中,区域锅炉房1735吨,调峰锅炉房735吨。改造陈旧供热管网361公里,完成并网改造小锅炉房140座,并网总面积为260万平方米。开展3处供热能源结构改善试点,实施天然气供热7.2万平方米。

【城区燃气保障】 城区共用管道燃气经营企业2家,煤制气生产厂1座。管道天然气年供应量达3.6亿立方米,比2012年增长21%,车用天然气年供应量为1.2亿立方米,与2012年基本持平,人工煤气年供应量1.3亿立方米,比2012年下降10.7%,液化气年供应量为3.3万吨,比2012年下降52.5%。2013年冬季,全市天然气日用气量由夏季的日供80万立方米左右增长到日均190万立方米左右,与2012~2013采暖期最高日供气量基本相当,城区内管道天然气和车用天然气先后出现用气短缺局面,最大日供气缺口分别达40万立方米和30万立方米。2013年,城区完成燃气高危管网改造230公里,入户安检81万户,总体入户率达70%,累计更换胶管88397米,安装卡环215396个,安装胶塞50869个,发放安全用气宣传材料686527份,现场整改隐患23706处。天然气置换煤气110343户。

【城区供水保障】 城区有净水厂5座,日生产能力116万吨。2013年,由公用局牵头,会同各城区、开发区(不含双阳、莲花山)、水务集团组织近100人的普查队伍,对城区现存二次供水泵站情况进行全面普查,通过在9个城区(开发区)、57个街道、3个镇、268个社区进行逐一走访、分级摸底。查清城区共有二次供水泵站1923座,其中,社会自管泵站1225座;水务集团管理泵站698座。全市社会自管二次供水泵站从各城区分布看,朝阳区有450座、南关区196座、宽城区108座、二道区96座,绿园区175座、经开区33座、高新区36座、净月区107座、汽开区24座。使用自来水(由水务集团净水厂生产、通过城市配水管网输送到泵站)作为水源的社会自管泵站1187座,还有38座在使用地下水水源。使用时间超过20年以上的有460座,占总量37.6%。

(于克冰)

房地产业

【住房保障】 2013年,发布实施了《长春市公共租赁住房管理办法》和《长春市保障性住房实物配租与租赁补贴分配管理办法》,重新制定了《长春市公共租赁住房装修标准》,起草了《长春市保障性住房及配建的商业服务设施租金管理办法(草案)》。建立目标责任制,解决征收拆迁、外围配套设施建设等问题,推进保障建设工作。全年组织续建保障房项目19个,共27351套、141.91万平方米,2013年底有11287套、60.3万平方米保障房项目竣工;新开工建设廉租房600套、3万平方米,公租房1800套、11万平方米,限价房1600套、15万平方米。强化保障性住房分配管理工作,建立"长春市保障性安居工程网"和"长春市住房保障管理系统"。组织首山逸居2600余套公租房的分配工作,完成2000余套廉租房配租工作,发放租赁补贴6200余万元。筹集房源解决135个环卫工人家庭和122户D级危房迁出居民住房困难问题。2013年底,通过廉租住房、公共租赁住房、租赁补贴等方式累计对全市8万户中低收入住房困难家庭实施住房保障。住房保障工作荣获"吉林省保障性安居工程先进单位"、"长春市民生工作大救助工程先进单位"、"住房保障(危旧房及棚户区改造)工作先进集体"等多项荣誉。

【房地产市场】 出台《长春市房地产开发企业信用评价暂行办法》,启动了《长

2013长春房地产暨相关产业产品展示交易会

春市房地产市场监管办法》和《未来五年住房建设总体规划》的起草工作，组建长春市二手房交易市场，与工商局联合开展房地产中介市场专项治理，组织春秋两届房交会，秋季房交会被评为2013年中国十大优秀特色展会；与法院沟通，从加强登记备案和行政执法入手，租赁市场的管理得到强化。全年完成房地产开发投资799亿元，比2012年增长5.3%。施工面积4500万平方米，比2012年增长39.6%。其中，结转施工面积2641万平方米，比2012年增长47.5%，新开工面积1859万平方米，比2012年增长28.8%。竣工面积1500万平方米，比2012年增长40.7%。新房上市面积1063.5万平方米，比2012年下降1.4%；其中，新建住宅上市面积890万平方米，比2012年下降0.1%。截至2013年末，全市新房累计可售面积1468.2万平方米，比2012年增长6.7%。其中，新建住宅累计可售面积1014.3万平方米，比2012年增长7%。房屋成交14.5万套，成交面积1382.8万平方米，比2012年增长26%，成交金额681.6亿元，比2012年增长31.9%。其中，住宅成交13.1万套，成交面积1208.9万平方米，比2012年增长33.5%，成交金额551.3亿元，比2012年增长35.4%。新建商品住宅销售均价6012.9元/平方米，比2012年增长5.3%。

【D级危房和棚户区改造】 组织召开全市城乡危房和棚户区（旧城区）改造工作会，下发《加快推进城市D级危房和棚户区（旧城区）改造工作实施意见》，协调推进征收拆迁工作，建设回迁安置房屋。全市385个棚改地块捆绑打包成161个项目，62个地块列入棚户区改造计划，争取到国家棚户区改造专项补贴资金1.1亿元，新建回迁安置房72.64万平方米，10616套，累计竣工50万平方米，6836套，完成规模和比例均位居全省前列。在D级危房管理方面，已鉴定D级危房内的人员已转移出2730户、占总户数96.6%；已拆除和空置D级危房490栋，占总栋数84.3%。

【产权产籍】 成立长春市房地产交易与权属登记景阳服务中心（以下简称景阳中心），对景阳中心和大经路中心业务受理范围进行两次划分，组织景阳、大经路、双阳中心对内部审批权限进行调整。调整商品房买卖合同登记备案的撤销条件，以试点方式启动集体土地房屋登记工作，实行重大、疑难房屋登记问题联席会议讨论制度。重新出台《长春市关于解决历史遗留无籍房屋登记问题的相关规定（暂行）》，解决部门协同配合问题，无籍房确权进度明显提升。正式启动系统整合项目，实现了房产系统测绘、交易、登记、档案等资源统一管理。全年受理房屋登记近27万件，无籍房确权完成210.1万平方米，归集档案达25.4万卷，完成集体土地房屋登记40.15万平方米，完成148个开发项目、1469栋、约1065万平方米的商品房房屋面积预测绘成果审核，摸排出拨用房产473栋，总建筑面积54.67万平方米。

【物业管理】 统筹推进基层调研、老旧散小区综合整治、物业维修资金使用、高层住宅楼消防、物业管理知识普及等各项工作。印发《关于进一步加强住宅物业管理工作的指导意见》《业主大会议事规则（示范文本）》和《长春市业主公约（示范文本）》，起草《物业专项维修资金应急使用规定》。成立长春市"老旧散"住宅区物业管理工作领导小组，配合市"150"工程指挥部，完成36个"老旧散"住宅区综合整治工作项目。组织召开物业企业经理大会和2013年建设长春文明示范（幸福）小区即第二届物业经理人高峰论坛，针对业主关注的热点难点问题与长春电视台共同制作5期管理专题报道，与地产报共同编办16期物业专刊，物业管理知识得到有效宣传。市政协参加了物业管理议政调研，召开物业管理专题议政会。物业维修资金收缴和使用成效明显，归集维修资金14.57亿元，比2012年增长63.7%，累计归集维修资金59.25亿元，在东三省4个副省级城市中列第2位，在全国15个副省级城市中列第8位。审批使用资金2652.97万元，比2012年增长18.38%。长春市的维修资金管理工作被中国物业协会维修资金专委会评为"全国物业维修资金规范化管理先进单位"。

【住房制度改革】 出台了职工住房补贴政策，建立预约排号制度，全力推进审批工作。做好未登记房屋确权与房改衔接工作，确保无籍房确权后及时办理房改。针对重点棚户区改造项目中的房改问题，协调督促责任单位补办房改审批手续；及时受理已购公有住房错误信息更正业务，完成已购公有住房错误信息更正登记千余件。加强直管公房管理，启动直管公房管理软件开发工作。2013年完成长春市市直机关和事业单位职工住房货币补贴审批2.2亿元，补贴单位183个，补贴职工7841人。已累计完成住房货币补贴审批9.9亿元。补贴单位1128个（次）、补贴职工5.8万人。完成公房出售审批55万平方米，10372户，累计完成公房出售审批3014.85万平方米，53.95万户。

【立法和执法】 确定将《长春市房地产交易管理条例》等6个地方性法规项目和《长春市房屋租赁管理办法》等4部规章列入为未来五年立法工作计划。对全局281名行政执法人员的《行政执法证》进行初检，组织全体行政执法人员参加行政执法人员培训，所有在岗执法人员均做到持证上岗、亮证执法。继续推行"三段式"柔性执法模式，坚持和谐执法，杜绝以罚代管，全年受理各类案件363件，比2012年增长77%，处罚款82.6万元，比2012年增长60%，为群众挽回经济损失300余万元。

【行政审批】 坚持压缩审批程序，缩减审批时限，全年办理预售审批1233件，其中预售许可审批办证321个，预售总建筑面积1058.6万平方米，审批提前办结率达100%。

【信访工作】 扎实组织信访积案排查，开展"解决当前突出信访问题专项整治"活动，完成市、省及全国"两会"及"十八届三中全会"期间信访稳定工作，开展局长接待日工作。接待群众来访 2458 人（批）次，比 2012 年同期减少 25.3%，全局信访投诉问题明显下降。

（许文华）

环境保护

【政务信息】 向上级部门报送政务信息 180 条次，其中，国办采纳 2 次，省政府领导批示 2 次，市委、市政府领导批示 8 次，完成信息约稿 5 篇，调研信息 1 篇。完成“长春环境保护网”www.ccepb.gov.cn 域名注册。开通“长春市环境空气质量实时发布系统”，滚动播报全市 10 个监测点位二氧化硫（SO_2）、细颗粒物（$PM_{2.5}$）等 6 参数数据。组织网上直播 13 次，发布各类信息 350 条次。建成政府通用办公业务系统，启动公务员驾驶舱应用。

【环境信访】 处理信访投诉和环境纠纷，局长接待日、日常接访接待群众 89 人次，解决诉求 33 件；办理局长信箱反映问题 199 件、“读报读网”发现问题 74 件。办理“市长公开电话”诉求 6058 件，“12369 热线”诉求 2005 件，办结率、反馈率 100%，满意率 95%。承办省、市人大代表议案 7 份，市人大重点建议 1 份，省、市政协委员提案 7 份，办结率、面复率和满意率均为 100%。

【规划与财务】 2013 年完成松花江流域水污染防治、污染减排等专项资金项目申报，获得专项资金支持 2020 万元；督促《重点流域水污染防治规划（2011-2015）》51 个项目建设，顺利通过环保部中期考核。

【污染物减排】 落实“工程减排、结构减排、管理减排”三大措施，完成涉水减排项目 17 个，涉气减排项目 16 个，农业源减排项目 277 个。水污染物减排工作方面，东南污水处理厂、南部污水处理厂、德惠市污水处理厂等项目稳定运行。榆树市、农安县、九台市垃圾处理厂渗滤液治理、辽宁唐人神牧业公司中水回用等项目，进入验收阶段。减排化学需氧量（COD）6482 吨、氨氮（NH3-N）666 吨。大气污染物减排工作方面，长春热电发展有限公司 3、4 号机组等 15 个脱硫减排项目，华能九台电厂 1、2 号机组等 4 个脱硝项目稳定运行。淘汰长春热电一厂老厂 4 至 6 号机组。减排二氧化硫（SO_2）1.1 万吨、氮氧化物（NOX）1.2 万吨。农业源减排工作方面，指导 265 家规模化养殖场（小区）完成减排设施建设。减排化学需氧量（COD）4535.05 吨、氨氮（NH3-N）255.13 吨。

【环境影响评价】 认真落实《关于突出发展民营经济的实施意见》，优化环保行政审批服务，畅通项目建设绿色通道。支持大成集团公司玉米深加工产业园区搬迁升级改造项目，协调解决相关环保问题；指导农安县旺泉饮料项目开展现场考察、专家论证、技术评估，支持项目落位。全年审批建设项目 274 个，完成技术评估 110 个，环评执行率 100%。办结新建项目临时排放污染物许可证 56 份，竣工验收 98 件、试生产 9 件，接待咨询 3000 余人次，办结率 100%。

【环境监测】 对 55 家国控重点污染源进行监督性监测；开展农村环境、土壤环境、地表水县（市）区界断面水质监测，累计取得数据 4704 个。松花江村、靠山南楼水质自动监测站稳定运行，数据上报率 100%；实时发布空气环境质量信息，日报、预报上报率 100%；两项监测系统均顺利通过国家飞行检查。按照国家环境空气质量新标准要求，新增建设监测点 3 个，提升改造监测点 10 个，在全省率先实时发布细颗粒物（$PM_{2.5}$）等 6 项空气质量信息。

【污染防治】 落实《长春市 2013 年建设幸福长春行动计划》和 150 天市容环境综合整治行动部署，集中整治服务业污染问题，开展中高考期间“绿色护考”行动，限期整治服务业油烟、噪声污染 150 余家。开展地表水县区界出入境断面水质监测考核，推进北郊污水厂提标扩建、伊通河排水管网改造等重点工程建设。开展水污染专项整治行动，对水体和水源保护区进行“拉网式”排查，加强对伊通河污水截流工程的环境监管。对石头口门、新立城水库开展全指标实时监测和联合巡查，水源地水质达标率均达到 100%。市政府组织编制出台《长春市大气污染防治行动计划实施方案》《长春市空气重污染应急预案》，发布《关于禁止焚烧秸秆及林下附植物的通告》。环保、气象部门联合下发《长春市空气质量预报和重污染天气监测预警工作方案（试行）》，建立监测预警联合会商机制。环保、工信部门联合下发《关于大气重污染对重点排污单位实施限产限排的通知》，对 42 家重点单位提出明确要求。先后 3 次启动重污染Ⅱ级预警。市政府召开“大气重污染应急指挥部”成员单位会议，落实综合应对措施。强化烟尘污染整治。市政府发布《关于防治空气污染的通告（第 1 号、第 2 号）》，对 40 吨以下燃煤锅炉限批，完成 171 台超标锅炉限期治理；长春热电发展有限公司 3、4 号机组等 15 个脱硫减排项目，华能九台电厂 1、2 号机组等 4 个脱硝项目稳定运行；淘汰长春热电一厂老厂 4 至 6 号机组。开展“冬季清洁空气行动”，排查大气污染源 8051 台次，限期整改 164 家，限排 104 家，停排 70 家，督促 258 家煤场、349 家灰场落实防尘措施。开展建筑施工和粉煤灰堆场等场所专项执法检查，增加热电厂灰场扬尘污染的督查频次，排查商品混凝土和沥青搅拌企业 34 家，落实防治措施。管控尾气排放污染。完成机动车环保检测系统与环保部平台联网，对 17 家环保检验机构 62 条检测线进行实时监控，在线监控率 100%。全年检测机动车 44.09 万台次，发放环保合格标志 40.7 万枚，抽检公交车 380 台。加大“黄标车”及老旧车辆的淘汰力度，报废汽车 1.46 万台，保持外埠高污染、高排放车辆零转入。推进油气污染治理。市政府发布《关于油气排放污染治理的通告》。环保、发改、工信、质监、安监、交通、公安等部门联合下发《长春市储油库、加油站和油罐车治理工作方案》，开展挥发性有机物污染治理，排查储油库 8 座、经营性加油站 510 座，油罐车 292 辆，51 座加油站完成油气回收治理。

【辐射安全监管】 针对朝鲜核试验，及时启动应急预案，进入Ⅱ级响应，实施实时监测，及时报送数据信息。开展“辐射环境安全隐患大排查大整改活动”，排查放射源利用单位36家、放射源613枚，检查覆盖率达100%；检查辐射技术利用单位207家，督办吉林大学等7家单位的50枚废旧放射源、568公斤放射性废物安全送贮，收贮率100%。长春市陆地γ辐射空气吸收剂量率未发现异常现象，保持在天然辐射本底水平范围内，典型环境电磁辐射水平和典型污染源的外环境电磁辐射水平均不超过国家限制标准。

【危险废物安全监管】 开展整治废油桶处置专项行动，推行危险废物产生、处置企业的规范化管理。加强对废弃电器电子产品拆解企业的管理，监管废弃电器电子产品规范拆解，废印刷电路板、CRT锥玻璃等危险废物安全处置。检查危险废物产生、处置企业150家(次)，办理危险废物转移5200余份、办理跨境转移56份，转移危险废物6万余吨，转移污泥12万吨，危险废物处置率保持100%，工业固体废物处置利用率98%以上。经环保部危险废物规范化管理专项检查，抽查企业合格率100%。

【环境监察与排污收费】 落实“网格化”环境管理责任、完善“全覆盖”环境监管机制，组织开展燃煤锅炉污染专项整治行动、物料堆场和工艺废气污染专项排查行动；组织涉重金属企业开展“回头看”活动，开展水污染专项整治行动，对水体和水源保护区进行“拉网式”排查，加强对伊通河污水截流工程的环境监管。集中开展执法检查和后督察。对工业园区进行专项检查，打击污染治理设施不正常运行、擅自停用、恶意偷排等违法行为。对2011年以来189家企业挂牌督办、停产治理、限期治理等措施落实情况进行后督察。对22家重金属排放企业、54家医药制造企业、13家污水处理厂等进行重点排查，检查企业8000余家(次)，立案查处29家，取缔关闭26家，停产或限期治理250家。共计征收排污费1.49亿元；下达行政处罚1301项，罚款723万元。开展环境安全隐患大检查大整改活动，排查企业1290家(次)，排查事故隐患289项，整改243项，指导139家单位完成应急预案备案，全年无重大污染事件发生。各级环保部门全程参与“6·3”吉林宝源丰禽业有限公司等10起突发事件应急处置。连续11天24小时坚守现场，出具空气质量监测数据320个，水质监测数据47个，参与事故污水安全处置，转贮液氨19车、144.5吨。

【农村生态保护】 开展农村环境连片整治，总投资7691万元，完成国家第三批农村连片整治示范项目工程建设121项。榆树市、九台市、双阳区的96个行政村，被命名为“长春市市级生态村”。榆树市大坡镇西山村等2镇16村，通过省环保厅考核验收；榆树市五棵树镇被环保部命名为国家级生态镇。试点监测朝阳区乐山镇杨木村、农安县农安镇铁西村等2个村庄环境质量。监测结果显示，试点村空气环境质量好于城市，主要超标污染物为可吸入颗粒物(PM10)；饮用水源均为地下水，水质超过《地下水质量标准》(GB/T14848-93)Ⅲ类标准的要求；土壤环境质量良好，达到《土壤环境质量标准》(GB15618-1995)中二级标准的要求，未受到污染。

【环境质量】 空气环境质量。城市空气环境质量中，细颗粒物($PM_{2.5}$)、可吸入颗粒物(PM_{10})、二氧化硫(SO_2)、二氧化氮(NO_2)、一氧化碳(CO)、臭氧(O_3)年均值分别为0.073、0.129、0.044、0.044、2.1和0.127毫克/立方米。其中，细颗粒物、可吸入颗粒物和二氧化氮的年均值均超过《环境空气质量标准》(GB3095-2012)中年平均二级标准的要求，分别超标1.09倍、0.84倍和0.1倍。全年监测空气环境质量365天，达到一级(优)天数24天，二级(良)207天，优、良级占总监测天数的63.3%；三级(轻微污染)以上天数为134天，占总监测天数的36.7%；其中，五级以上重度污染以上天数为43天，占总监测天数的11.8%。空气质量三级(轻微污染)天气主要分布在冬季采暖期和春季大风期，空气质量Ⅰ级(优)主要分布在夏、秋两季。全年未出现酸性降水。2013年全市工业煤炭消耗总量为2668.944万吨，比2012年增长0.38%。全市工业二氧化硫排放总量为57245.9吨，比2012年减少17.1%；工业氮氧化物排放量总为95189.8吨，比2012年增加0.59%；烟(粉)尘排放总量为50166.007吨，比2012年增加22.95%。废气排放总量为18633351.33万标立方米，比2012年减少42.67%。

地表水环境质量。石头口门水库和新立城水库为城市集中式饮用水水源地，以石头口门水库为主，两水库提供长春市城区95%以上的城市用水。两水库蓄水量大，水体自净能力强，市政府对水源地保护区管理力度逐年加大，水源地水质状况总体较好。伊通河的水质状况有所改善，但仍然为重污染状态，主要污染指标为氨氮、总磷、五日生化需氧量等。饮马河水质状况为重度污染，主要污染指标为总磷、氨氮、五日生化需氧量等。松花江长春段水质相对较好，水质状况为轻度污染，主要污染指标为氨氮、化学需氧量。双阳河水质受到沿岸废污水的污染，水质状况为轻度污染，主要污染物为五日生化需氧量、化学需氧量、氨氮。南湖的水质污染状况为重度污染，主要污染物为化学需氧量、五日生化需氧量、总磷。净月潭的水质状况相对较好，为轻度污染，主要污染物为总磷。2013年全市工业废水排放量为5482.36万吨，比2012年增加3.26%。工业废水中化学需氧量排放量为11669.59吨，比2012年增长4.88%；工业废水中氨氮排放量为1383.92吨，比2012年增加3.7%。

声环境质量。长春市声环境以商业、娱乐经营活动形成的生活噪声和交通运输形成的交通噪声为主。主要噪声源中，生活噪声占65%，交通噪声占26.7%；施工噪声和工业噪声分别占5%和3.3%。昼间区域环境噪声等效声级平均值为55.2dB(A)，与2012年比增加1.6dB(A)，区域声环境质量略有下降；夜间等效声级平均值为50.2dB(A)。昼间城市区域环境噪声总体水平等级为三级，夜间城市区域环境噪声总体水平等级为四级。昼间道路交通噪声平均等效声级为68.9dB(A),与2012年相比增加0.3dB(A),道路平均车流量3088辆/小时；夜间道路交通噪声平均等效声级为64.8dB(A),道路平均车流量967辆/小时。昼间道路交通噪声强度等级为二级；夜间道路交通噪声强度等级为五级。长春市功能区噪声昼、夜间声环境质量达标情况为0类区昼间达标率75%,夜间达标率25%;1类区昼间达标率87.5%,夜间达标率56.3%;2类区昼间达标率100%,夜间达标率66.7%。3类区昼间达标率100%，夜间达标率62.5%;4类区昼间达标率100%,夜间达标率8.3%。4类区交通噪声的影响比较突出。

固体废物管理。长春市固体废物以工业固体废物为主，主要包括粉煤灰、炉渣、煤矸石等。工业固体废物产生量为606.02万吨，比2012年增加29.06%;工业固体废物综合利用量为604.77万吨，工业固体废物综合利用率99.8%，比2012年上升0.6个百分点。城市生活垃圾产生量为103.3万吨，无害化处理量为98.2万吨，生活垃圾无害化处理率为95.1%。工业危险废物产生量为32669.23吨，综合利用量为4368.76吨，处置量为28300.26吨，贮存量为0.21吨。医疗废物产生量为3360吨，处置量为3360吨。

【环保科研】 完成大气中可吸入颗粒物(PM10)源解析，启动细颗粒物(PM2.5)源解析。开展《伊通河水污染防治与水质安全保障关键技术及综合示范项目》等环保课题研究。督导76家重点企业开展清洁生产审核；指导经济技术开发区、汽车产业开发区开展国家级生态工业示范园区创建，通过国家级规划评审。完成全市环保产业调查，筛查企业1万余家。

【环境宣传教育】 协调新闻媒体开展环境保护和生态文明建设宣传，在平面媒体发表稿件310篇(次),在省、市电视台播放动态新闻25期，在电台播放专题节目30期。参与省暨长春市纪念“六·五”世界环境日、“机动车排气污染减排活动月”等宣传活动。开展首批“环境教育基地”评选活动，通过验收13家；创建市级绿色学校29所，通过复检验收绿色社区26家；申报国家级生态学校3所、省级绿色学校2所。

（王占龙）

国土资源管理

【概况】 长春市国土资源局内设机构有办公室、财务审计处、规划处、行政审批办公室、调控和监测处、信访工作处、法规监察处、耕地保护处（土地开发整理处)、土地利用管理处、地籍管理处、矿产资源和勘查管理处（矿产开发和环境管理处)、党委办公室(人事和科技处)、纪律检查委员会(监察室)、机关党委。

【耕地保护】 长春市政府与各县（市、区)政府、开发区管委会签订耕地保护责任书，完善耕地保护目标责任体系，将土地整治、高标准基本农田建设、表土剥离等耕地质量保护措施列为重点工作任务。2013年5月，市国土局与市农委、市统计局联合制定印发《关于开展2012年度耕地保护责任目标履行情况考核的通知》,组织开展耕地保护责任目标履行情况自查。2013年，长春市现有耕地145.08万公顷、基本农田117.66万公顷，超额完成省政府下达的耕地134万公顷、基本农田117.18万公顷的保护任务；全市新增建设占用耕地2677公顷全部实现占补平衡。

【土地整治】 推进农村土地整治示范项目和重大工程建设。长春市9个示范项目和重大工程，包括朝阳、南关(净月)和二道(莲花山)3个示范项目，以及榆树、农安、德惠、九台和双阳（2个项目）6个重大工程。累计完成投资4.76亿元，完成建设规模5万公顷，新增耕地900公顷，建设高标准基本农田2.9万公顷。2013年9月，9个示范项目和重大工程全部完成工程建设，吉林省国土资源厅通过8个示范项目和重大工程的竣工验收。对2012年度向吉林省政府申报的12个新菜田建设项目进行跟踪推进，已获批建设资金19911万元，其中吉林省财政厅直接拨付项目所在县（市）6285万元。长春市本级资金设立4个菜田项目和1个改善农业生产条件项目，除农安县合隆镇陈家店村智能温室项目正在长春市财政评审中心进行预算评审外，其余4个项目获批建设资金3139万元，其中，九台市城子街镇七台村、农安县合隆镇红星村、开安镇马家窝堡村3个菜田建设项目完成工程建设。

【土地利用】 组织开展土地动态监测监管与闲置土地处置工作。制定《长春市土地利用管理暂行规定》，涉及供地条件、成本确认、地价评估与确定、审批程序、减免政策、批后管理等6个方面。编制发布《长春市区二〇一三年度国有建设用地供应计划》及《长春市区二〇一三年度住房用地供应计划》。2013年，长春市国土局被国土资源部授予“全国土地市场动态监测监管工作先进单位”称号。2013年度，完成供地4655公顷，占全省51%，出让成交额302.5亿元，比2012年增长30%,占全省66.5%。2013年，市国土局被国家土地总督察办公室评为“土地利用和管理形式观测分析工作成效突出观测点”。

【土地规划】 2013年，完成1个市级、5个县级、105个乡级规划数据库的建库工作，该成果通过国土部审查，已投入使用。优化土地规划布局，完成《长春市土地整治规划(2011-2015年)》编制工作，已通过省厅审核。实施城乡建设用地增减挂钩项目6个，批准拆旧区总面积806.75公顷，净增耕地83公顷，周转指标总量660公顷。

【地籍管理】 组织对2011年数据库的退批修改工作，完成2012年度土地变更调查工作。开展三维地籍数据应用研究工作，组织三维地籍在国土资源管理各项业务中应用的专题研究。开展建制镇和村庄地籍调查工作，完成建制镇和村庄地籍调查4500万平方米。农安、九台、双阳3个单位6个地籍调查项目全部通过吉林省国土资源厅的验收。组织研究出台《长春市土地登记标准化操作实务》。2013年，完成各类土地登记6.8万册，完成公园登记16宗、401公顷，道路登记468宗、777公顷，桥梁登记43座、34.2公顷。做好农村集体土地所有权确权发证验收工作。2013年全市发证45723宗，面积1723367公顷，通过省级验收和国家级抽查。

【土地征收】 制定出台《长春市征收集体土地上房屋等附着物补偿安置指导意见》(试行)和《关于进一步做好集体土地房屋征收与补偿工作的通知》。落实《长春市集体土地房屋征收与补偿实施办法》，坚持在长春日报上刊登《拟征地通知书》，由市区乡村四级组织召开被征地农民大会，公布拟征收土地的用途、位置、面积和补偿标准、安置途径告知被征地农民，会议记录和影像资料装入征地档案。2013年，长春市获批征地4220公顷，占全省近1/3。

【土地储备】 长春市政府成立土地储备工作领导小组。2013年，融资到位66.9亿元，偿还本息102.2亿元，储备贷款余额228.8亿元，减少16.5亿元。投入资金68.7亿元，收储土地908.2公顷，拆迁78万平方米，桃园路、大众剧场等33个地块完成收尾，遗留回迁房项目11万平方米全部完工。完成公产房房改8000余户，产权灭籍18253户，占总量71%。承担市本级涉及5个城区、2463户的D级危房改造任务，与各城区政府签订合同，并支付先期搬迁费1.19亿元。2013年，长春市14家储备机构均纳入国土部名录，保障全市土地储备及融资贷款。

【法规监察】 2013年，组织拆违行动143次，拆除地上物面积120.8万平方米，恢复耕地72.9公顷，移送公安机关9人，移送纪检部门2人。开展矿山企业年度检查315家；组织召开依法行政自查自纠工作调度会议4次，对重点单位进行督办，全市梳理出4大类37处问题进行整改，组卷430件。2013年，市国土局被国土资源部评为“国土资源部保发展保红线工程2012年行动成效显著单位”；市国土局被国土资源部评为依法行政中期检查先进单位；市国土资源监察支队被长春市法制办增补为依法行政示范单位。

【矿政管理】 2013年，全市审批107家矿山，其中省国土厅审批87家；年检矿山315个，缴纳补偿费2638万元。组织审核矿产资源储量动态监测年度报告269份。组织完成全市煤炭、金2个矿种25处矿山企业的“三率”调查评价工作。开展安全生产隐患大检查、大整改工作，组织对全市5个探矿权进行全面检查。与气象部门联合开展汛期气象预报预警工作，联合下发《关于进一步加强汛期地质灾害气象预报预警工作的通知》(长国土联字〔2013〕5号)。推进矿山环境恢复治理与地质灾害防治工作，制定实施《长春市2013年地质防治方案》，对全市矿山安全隐患和地质灾害隐患进行拉网式排查。2013年，长春市发现地质灾害隐患点306处，对需要监控的61处，采取群测群防、责任包保、汛期值班等措施，严防死守，全年未出现涉矿灾害事故。

【行政审批】 清理、规范、再造审批登记流程，对每个节点设置网络监控、限时督办等程序，各节点时限按小时计算，设专人进行督办。修订《审批登记项目服务指南》，严格执行一次性告知制度，第一受理人负责全程服务”。推进基本建设项目(工业项目)并联审批服务。开通长春市重大项目、重点工程“绿色通道”，设立“服务民营经济发展专办窗口”，对民营企业(工业项目)办理土地抵押登记的用户，办理时限由7个工作日缩短至3个工作日。

【维护国土稳定】 落实“局长接待日”工作制度。协调案发地政府(管委会)，多渠道解决群众信访问题。建立信访案件网上监管制度。制定实施《信访工作考核办法》《2013年领导包保信访案件方案》，建立全市国土信访案件“档案库”，实行开门接访、特案约访、带案下访，重点信访案件实行处级以上干部包保，局级领导每人包保2个案件，处长、分局长每人包保1个案件，建立考核奖惩机制，把信访工作与干部廉政效能评分和年终考核评优挂钩，信访工作情况实行“一票否决”。2013年，市国土局被省国土资源厅评为“全省国土资源信访工作目标责任制优胜单位”。

【服务民生】 与市发改委、国资委、农委、建委、工信局和商业局6个部门协调

长春市国土资源局开展局长接待日

联系，查找出在用地方面存在困难的企业45家，同时，在市委部署领导干部包保企业活动中国土局承担68家，局领导亲自牵头包保、督办，113家企业全部落实具体包保责任部门和责任人，主动联系企业，帮助解决用地难题。制定实施《关于强化资源保障促进民营经济发展的实施意见》，从用地政策、土地整治、矿产开发等8个方面制定31条具体措施，为民营企业发展提供充足的政策空间，减轻企业负担。仅“免收个人住宅改商业的土地租金”一项，每年将使1万多户小微企业受益，可为企业节省资金1000多万元。实行“免一停二降四”政策，免收了“个人土地登记费”，停收“资料查询费”和“土地评估费”，降低“土地交易费”、“矿业权交易费”、“土地招拍挂文件资料费”、“用地管理费”，每年可为企业和群众节省资金1130多万元。委托长房集团负责回迁小区经营性用房租赁管理，在租金管理上严格执行收支两条线全部上缴国库。2013年，补贴物业费1550万元，超年初计划55%。

（孙福鑫）

园林绿化

【概况】 2013年，长春市园林绿化总投资26.7亿元，其中，市本级投入3亿元，城区新建绿地面积600公顷以上，绿化覆盖率41.5%，绿地率36.5%，人均绿地面积11.6平方米。

【街路绿化、大块绿地建设】 新植街路40条，补植街路165条，彩化街路100条，新建绿地39块，栽植灌木195233株，绿篱1550139平方米，草坪2330558平方米，宿根花卉834668平方米，彩化花卉7143753平方米。

【公园建设、改造】 启动新建公园14个，续建6个，改造9个。全市对外开放的公园绿地，由原来的38个增加到69个。“两桥”（四环路东风、前进立交桥桥下游园）建设项目已全部竣工。劳动公园、牡丹园、友谊公园二期为代表的改造、续建工程，相继完成或正在加快推进中。百花园、湿地园于8月向广大市民开放。百花园建成7个花卉观赏功能景区和1个花卉生产科研功能区，栽种木本类、草本类、宿根类、水生类花卉68科172属216种119万株，面积约4.75万平方米，露地直播花卉4530平方米，下种量达22000克，栽植针叶、阔叶树木62个品种2918株，铺植草坪2.9万平方米，播种草坪、白三叶3.65万平方米，建新型温室10栋，面积5448平方米，年产花卉100余万盆。湿地园由座落于伊通河畔废弃多年的长春市第一净水厂沉淀池改建而成，建设面积14.3万平方米。湿地园栽植树木2523株、宿根花卉8275平方米、湿生花卉7506平方米，栽植水生花卉荷花、香蒲等30个品种3.78万平方米。

【庭院、小区绿化】 3月1日，长春市园林绿化局组织召开长春市各区、开发区绿化委员会办公室主任会议，确定绿化庭院、小区30个。7月末，在长春市绿化委员会办公室的指导下，各区、开发区完成30个单位庭院、小区的绿化建设改造任务，投入资金约3亿元，绿化面积约100公顷。8月，长春市园林绿化局组织检查验收，召开全市庭院绿化现场会，各区、开发区交流了经验。

【绿化宣传】 3月12日，在吉林省绿化委员会办公室的指导下，长春市绿化委员会办公室组织各区、开发区开展了宣传活动。通过将宣传点设置在社区，扩大宣传的覆盖面。全市出动宣传车100多台，设立咨询台20处、宣传板500多块，悬挂植树节旗、彩旗650面，横幅标语150多条，组织秧歌队、军乐队20伙，升空汽球70多个，发放各类宣传单5000张、花籽13000袋。

【义务植树】 4月16日，在长春市雕塑公园组织义务植树。4月18日，吉林省林业厅和吉林省检察院的机关干部在御花园栽植三角枫300丛1500株。4月20日，吉林省电视台公共频道、吉林省爱心协会组织社会各界听众、爱心人士在长春市友谊公园栽植金叶榆50株、核桃楸50株。4月26日，长春市民主建国会长春市委员会组织100多名企业家在长春公园栽植水曲柳100株。4月27日，长春晚报组织栽植“家庭林”，在长春公园栽植水曲柳110多株；长春市广播电台组织听众60多人，吉林交通台组织听众100人，104中学组织100人，吉林银监局组织干部职工近100人，在绿园区锦江广场种植花灌木共300多丛1000多株。4月28日，吉林省电台健康频道组织听众50人在御花园栽植三角枫200丛1000多株。5月3日，吉林省军区组

长春市绿化委员会召开第三次全体委员（扩大）会议

织驻长部队官兵近2000人，分别在新立城水库、双阳齐家镇、长春市园林科研所基地开展“感恩吉林人民　回报第二故乡”主题教育活动，起树苗4000株，挖树坑15000个，栽树28400多株，中共长春市委副书记郑文芝带领长春市园林绿化局、财政局、人力资源和社会保障局、双拥办等单位到双阳区齐家镇植树现场慰问部队官兵。

【园林植保】 2013年复检苗木88批次70余品种，复检乔灌木、花卉379263株，补检苗木80余种16667株、花卉300平方米、草坪7874平方米，对16个品种3161株乔灌木进行产地检疫。编发长春市园林植保简报10期，发布预测预报及动态信息近300条。重点加强对美国白蛾和日本松干蚧的疫情监测，新增美国白蛾成虫监测点102个，监测到美国白蛾成虫39头，通过对监测到成虫地点进行反复研究和分析后，确定重点幼虫监测区域，在吉林省军区监测到幼虫发生点，发现美国白蛾幼虫3000余头。组织全市调查日本松干蚧寄主植物16万株，未发现新的疫点。对于长春市常发的食叶害虫、蛀干害虫，如天幕毛虫、舞毒蛾、光肩星天牛等，开展联防联治。9月17日，长春市园林植物保护站开通微信公众平台，账号为ccylzb，这是全国首家园林植保专业性微信公众平台。

【古树名木】 7月，长春市园林绿化局对长春地区的古树名木重新进行普查，登记在册129株，古梨树群7处953株。

【绿化监察】 长春市园林绿化局加强对园林绿化监察工作的组织领导，建立健全园林绿化监察工作制度，规范园林绿化行政执法程序，促进了长春市园林绿化监察工作的开展。2013年，办理行政处罚案件144件，结案121件，上缴财政罚款57.37万元。

【行政审批】 2013年，依据法律法规和《长春市园林绿化局行政审批规范》规定，办理行政审批事项171件。执行现场勘查制度，2人到现场勘查，填写现场勘查记实，留存影像资料。严把树木砍伐审批关，对于手续不全或经勘查确定不该砍伐的树木砍伐审批件，一律不予审批。完善档案管理，对已办结的审批项目及时立卷。执行首问负责制和一次性告知制度，接待行政相对人和来访群众，开展预约服务，方便群众，节约成本。

【法制建设】 配合长春市人民代表大会常务委员会城乡建设环境保护委员会、法制工作委员会、长春市人民政府法制办公室制定《长春市公园条例》，于2013年11月1日正式实施。10月12日，《长春市绿色宜居森林城之生态绿地系统规划》经长春市人民政府常务会讨论通过，10月30日，长春市人民代表大会常务委员会审议并做出《关于打造绿色宜居森林城加强生态绿地系统建设的决议》。

【园林科研】 2013年，引种欧洲金叶杨、树桩金银花、山茱萸、报春花、乔化锦带、乔化连翘、挪威红枫、冬青、耐寒月季（两种）等10种10000余株，开展引入品种的试验地栽植、生物学特性、生态习性观测、观赏性、抗逆性（抗寒、抗旱、抗病、抗瘠薄）等方面的试验研究。开展黑皮油松树势衰弱原因及复壮技术措施课题研究，对长春市8大区域内52条栽植黑皮油松街路立地条件、栽植数量、生长状况等进行系统普查，普查黑皮油松13365株。借鉴外地经验，研究黑皮油松复壮措施，并组织实施。8月，在人民大街选取黑波油松长势较差的路段，采取物理、化学药剂、生物等10余种复合技术进行复壮实验，待确定最佳方案后在长春市全面推开。

【冬季雪雕】 1月9日，长春市园林绿化局组织开展大型雪雕建设工作，1月24日，6组雪雕作品亮相春城，分别矗立于长春市人民政府东广场、文化广场、牡丹园和儿童公园正门，堆雪总体量达4600立方米。

【花卉展览】 2月10日，长春市儿童公园2013年“金蛇曼舞　盛世花开”主题花展在漱芳园内举办，室外展区用大红灯笼、绢花树丛、国粹京剧脸谱、鲤鱼、福娃等装点，室内展出牡丹、梅花、贴梗海棠、君子兰等10个主展花卉，配以迎春花、仙客来、瓜叶菊以及多种观叶、观果植物3000余盆。

【园林博览】 5月1日，中国（北京）国际园林博览会开幕，长春市园林绿化局组织建设的中国（北京）国际园林博览会长春园，占地面积约4660平方米。通过红色的北方剪纸文化景观墙、吉林长白山镜面展现长春文化主题，结合框景架、水池、实木、石材铺装材质及植物材料，打造富有现代特色的“生态宜居、文化春城”北方园林景观。

（张晓东）

伊通河管理

【概况】 伊通河管委会主要负责对伊通河长春市城区基本建成段（南三环路桥至四化拦河闸15.78公里）进行全面建设和管理，主要工作职能为工程建设、防汛排涝、设施维护、水体监测、执法监督、环境卫生保洁、园林绿化养护7个方面。2013年度全面完成《幸福长春市行动计划》和《政府工作报告》中所列的工作任务及职能范围内的各项建设和管理工作。

【工程建设】 完成伊通河河东园建设。“河东园”位于伊通河东岸河东路以南，堤顶路以西，面积1.7公顷。河东园以展示各种特色花卉为主题，以植物造景为主体，打造成古典徽派主题公园。绿化工程部分栽植乔木245株，灌木924株，模纹270平方米，栽植宿根花卉2100平方米，栽植珍贵花卉郁金香1800余平方米。工程已全部完工，完成投资420万元。完成伊通河百树园工程建设。“百树园”位于伊通河东岸自由大路以北，长春大桥以南，面积约24公顷。培育和引进适合本地区生长的国内外优良品种，挖掘野生植物资源，选育出适合北方生长的新、奇、特树木（地被）品种，打造长春树木大全。景观绿化工程已完成，完成投

伊通河民族广场

资350万元,全面向市民开放。完成伊通河繁荣桥周边景观绿化恢复工程，占地面积11.52公顷，栽植乔灌木1500余株,草坪地被34000平方米,恢复广场、道路铺装7500平方米,完成投资240万元,已对游人开放。伊通河自由拦河闸至长春大桥底泥清淤工程继2013年年初完成河道清淤工作之后，在汛后完成公平桥南的清淤通道的建设，累计清除淤泥11万立方米,完成计划工程任务。

【防汛排涝】 坚持“以防为主，安全第一,科学调度,蓄泄结合,全力抢险”的工作方针,汛前对4座拦河闸及10座排涝站等水利设施进行检查维护。及时掌握降水情况,新立城水库泄洪情况,水利设施运行情况，汛期适时启闭闸门蓄泄河水。

【设施维护】 重点维修城市风情园、回忆岛、民族广场、同乐园、英俊园、畅游园、野趣园等景区。全年累计补铺方砖3200平米,新铺方砖6833平米,安装石凳50套,汀步石1200块,维修便民台阶4处,油释木质结构的亭、台、楼、风雨廊等便民设施。更新、更换部分广场的彩砖、文化石、大理石、台阶石、汀步石。

【水质监测】 坚持实地踏察，严密监测排污情况和水质变化。全年出简报23期,加强协调排污单位和排污管理部门,使各吐口污水排放量有所减少，管理单位对吐口进行改造，新立城水库生态放流,伊通河水质有很大改善。

【执法监督】 加强伊通河沿岸防洪设施、公益设施、园林小品的管理,实行执法人员及夜巡员24小时全天候、全方位立体管理措施，做好市容环境综合整治工作，重点监督制止露天烧烤、乱倒垃圾、开荒种地、绿地停车、烧纸、野广告、非法捕鱼、捕鸟、私搭乱建等行为。全年累计处理各类案件588起。

【环境卫生保洁】 伊通河环境卫生保洁工作做到“两扫全天保”。全年总计清理垃圾、杂物4300余立，清理建筑垃圾1800余立,清理出石头384余立,水面垃圾50余车,倾倒公厕110余车,清理野广告300余处，清除法轮功扔掷树上条幅近600条。沿河园区坚持“绿色清雪”,即不洒融雪剂进行清雪作业。采取“机械为主、人工为辅、先通后清、先主后次”的方法,将沿线积雪清理干净,实现道路畅通。

【园林绿化养护】 重点在城市风情园、民族广场、回忆岛、境静园、绿野清风岛、怡水园、长春园、河东园等地块补植树木，栽植绿篱。全年栽植树木39751株(丛),其中针叶树805株,阔叶树26218株，花灌木12728株（丛）；栽植绿篱5095米，模纹59平方米。栽种草花41510株,宿根花72800株。

（国　徽）

开发区

综述

【概况】 2013年,全市拥有各级各类开发区(工业集中区)27个,其中,国家级开发区4个,省级开发区15个,省级工业集中区5个,市级开发区3个。全市开发区(工业集中区)批准规划面积1622.4平方公里,已开发面积473平方公里,建成区面积360平方公里。批准设立各类企业2.2万户,其中,规模以上工业企业1006户,外商投资企业892户。落位央企50户,世界500强企业70户。

【经济发展】 2013年,全市开发区实现地区生产总值3462亿元,占全市69.2%;实现全口径财政收入735亿元,占全市69.3%;规上工业产值完成8034.4亿元,占全市88%;完成固定资产投资2400亿元,占全市61.2%。开发区在全市经济发展中继续发挥着引擎和主力军作用。

【项目建设】 各开发区继续滚动实施"三个一批"重点项目,全力抓好100个保增长的投产达效项目,117个支撑投资指标的重大项目,50个重大新开工和30个重大谋划落位项目。全市开发区开工投资3000万元以上项目1718个,集中全市开工项目的70%以上。完成投资1609亿元。其中,投资超亿元项目802个,超10亿元项目183个,超百亿元项目2个;工业项目750个,占43.7%;服务业项目351个,占24.3%;基础设施项目114个。当年达产或投产项目339个。2013年,各开发区全面实施骨干企业成长工程和中小企业扶持工程,重点支持一汽四环、一汽客车、大成集团、富奥江森等一大批骨干企业做大做强,培育一批产值超百亿、超500亿的企业。大成100万吨化工醇项目反应车间土建工程已经完工,分离车间正在基础施工;整体搬迁项目正在办理立项手续。8个搬迁项目环评已获批复;其中赖氨酸、淀粉糖、变性淀粉3个项目已通过能评批复,结晶糖项目开始做能评报告。一汽通用X82轻客项目整车资质申请上报至国家发改委,现正推进整车资质的办理工作,待取得整车资质后立即进行产权交易挂牌工作,资产挂牌所有资料已通过省产权交易中心审批。一汽丰田(长春)6ZR发动机项目一期组装已经实现量产,二期项目正在策划,将新增建筑面积2.1万平方米,新增6条机加线。投资27亿元的一汽——大众EA211发动机,进入主体施工阶段,已实现暖封闭。投资20.8亿元的铸造一厂搬迁项目二期项目正在进行厂房主体施工和设备安装调试。

【特色园区】 2013年各开发区围绕发展壮大战略性新兴产业,重点推进中航工业长春通用航空产业园等一批新兴园区建设。重点推进了温州民营工业园、全民创业示范园等民营经济发展载体建设,集中抓好中小企业创业孵化基地建设。全市有重点推进的特色产业园区32个,其中,纳入省规划管理的17个,长春市授牌的2个,分别是净月光电信息产业园、长春新能源产业园。重点培育的园区13个。按照行业划分,汽车产业8个,农产品加工产业7个,装备制造产业4个,光电信息产业2个,软件动漫及文化创意产业5个,新能源产业3个,其他3个。

【孵化器建设】 长春高新区新建、在建孵化基地达到19个、总面积300万平方米,与北科建集团联合建设具有国际水准的长春北湖科技园。北湖科技园总投资50亿元。预计于2017年前完成全部开发建设任务。作为省、市、区的重点工程,园区正式投入运营后,吸引孵化创新和加速科技型中小企业500家,年产值达150亿元、税收15亿元,并直接创造2万个以上中高端人才就业机会。该项目一期占地面积94955平方米,总建筑面积130256.7平方米,地上建筑面积121932.54平方米,地下面积8324.16平方米。净月高新区围绕加速新兴产业发展的载体建设,与上海绿地集团合作投资40亿元,规划建设50万平方米、东北亚地区超大型科技孵化园项目,完成了规划设计和前期准备工作,具备了开工建设的条件;与清华控股集团合作投资40亿元、规划面积50万平方米的清华金融科技园招商洽谈工作积极推进。净月高新技术创业服务中心和启明孵化公司通过省级科技企业孵化器认定，孵化服务能力稳步提升。

【对外开放】 长春兴隆综合保税区2013年10月31日通过国家验收。长春兴隆综合保税区的建设工作如期完成了一期联检大楼、主副卡口、查验中心、标准厂房、仓库、区内外道路、围网、电子信息平台等海关监管、检验检疫及配套服务等软硬件设施建设，具备运营条件。运营管理工作已启动，海关、检验检疫局工作人员、综保区管委会管理工作人员到位。招商工作现已签约项目26个，总投资51.1亿元人民币，预计年进出口额约7.1亿美元。其中，物流类项目5个，生产加工类项目15个，国际贸易类项目4个，检测研发类项目1个，服务类项目1个。上述26个项目中有6家将在验收后立即开展业务，其中3家为租用标准厂房的生产类企业，3家为国际贸易类企业。定向招商活动全面开展。各开发区围绕兴隆综合保税区封关运行、轨道客车产业配套、东北亚金融总部基地建设等开展定向招商引资活动。继续锁定世界500强、央企和知名企业，利用全国召开“两会”、东北亚博览会等展会平台，集中开展项目对接和招商引资活动。2013年开发区实际利用内资完成720亿元，比2012年增长20%，实际利用外资完成39.2亿美元，比2012年增长22.9%。当年资金到位率37.4%。全年开发区谋划包装项目928个、洽谈推进项目1137个、签约落地项目218个。项目履约率100%。突出面向战略投资者，锁定世界500强、国内500强和央企开展招商。新引进了日本三菱会所株式会社、中海油、鞍钢等世界500强项目20个；北京新华联集团、中储粮、中铁、中城建等央企项目16个；威斯卡特、正威集团、金鹰集团、旺旺、上海宇培等知名企业项目59个，全市开发区引进世界500强70家，央企50家。全球信息产业巨头、世界500强——美国微软公司成功入区，联合软通动力、启明信息共同组建了微软全球首家汽车行业创新中心，打造了区域国际化汽车电子技术创新引擎。与国内最大的全方位IT服务及行业解决方案提供商——软通动力达成合作意向，将在净月投资建设面向东北亚的软件研发及服务外包中心，年营业收入可达5亿元。

【科技创新】 联合中科院长春分院、吉林大学等驻长一院四所四校，结成创新战略联盟，采取政府引导、多元投入、市场运作、企业运营的模式，联合共建了占地7平方公里、总投资172亿元的长东北科技创新中心。经过2年多的建设，光电子平台即将投入使用，IPV4/IPV6双栈式IDC数据中心已基本建成——长东北科技创新中心正在成为引领长东北、带动长吉图、推进长吉一体化的自主创新核心区、科技创新辐射源和产业发展引导区。集聚创新资源。2013年各开发区创新资源集聚，着力构建“四位一体”的创新驱动联盟，自主创新能力显著增强。开发区已拥有高新技术企业130户，科技活动经费支出总额年均增长30%以上，研发经费支出年均增长40%以上。长东北科技创新中心、北湖科技园、中俄科技园、启明软件园等创新型园区建成并投入使用。拥有省级以上企业技术中心72家，研发机构180个，获得中国驰名商标18项，省著名商标54项。仅高新和净月2个国家级高新区就集聚高等院校和科研院所76家，承担科技计划立项总数占全市的50%、全省的30%以上。净月高新区立足于提高科技金融服务水平、增强创新动力，与中投瑞石投资管理有限责任公司、国家发改委、长春市政府共同设立了2.5亿元的中投长春国家光电信息创业投资基金，出资1500万元与市科技局组建了吉林省科技小额贷款公司，强化了科技创新的资金保障。搭建国际创新平台。高新区深化中俄科技交流与合作，进一步放大长春中俄科技合作园区辐射范围和品牌效应。搭建了国际技术合作引进、发布、融资、交易国际科技合作实体与网络服务平台。北区中俄科技园已落实合作项目11个，建成了科技成果展室，收集展示国际科技合作成果超100项，有20项国外先进技术达成了引进、消化、吸收、再创新的合作意向，其中有5项已正式合作，孵化45家高新技术企业。中俄科技园C区进一步完善，中白科技园直线电机、激光医疗器等项目落位。

【城镇化建设】 新城建设加快推进。长春市以开发区为载体，规划启动了一批新城新区区建设。以空港开发区为载体完成了空港新城概念性规划、总体规划、起步区控制性详细规划等32个规划，并对临空经济、空港新城、基础设施等规划作了进一步完善调整。开工建设项目共22个，万户新居、新城中央大街和新城客运枢纽等续建项目建设顺利，规划展览中心、热源厂等新建项目相继启动，新城基础设施框架初步形成。以净月区为载体建设的东北亚总部经济园区已汇集了以企业总部、商务楼宇、特色商街、五星级酒店、大型连锁商业等为代表的40多个商务商贸类重点项目。其中，吉林烟草总部、伟峰东第等项目已竣工投入使用，一汽进出口总部、环球贸易中心、明宇豪雅五星级酒店和麦德龙自购超市等20多个项目加速推进。以南部都市开发区为载体建设的东北亚金融总部基地共签约项目14个，钜城商业中心、冠城国际、传奇鼎盛中心等综合体项目以及绿地、恒大、华美等塔楼项目加速推进，正与东北证券、省信用再担保公司洽谈合作，宁波银行、浙江银行、安邦保险等金融企业已达成合作协议。2013年以来市政府围绕“三城两区”建设，加大对西南工业区和长东北先导区的城市道路建设力度。在西南工业区相继启动了长平高速与硅谷大街立交桥工程、前进大街与卫星路节点、飞跃路下穿京哈铁路及东风大街立交桥等城市交通节点工程。在长东北启动远达大街、北四环路贯通工程，东吉林大路、东南湖大路、凯旋路延长线建设工程、远达大街互通立交桥、北湖大桥等重要城市交通节点建设工程，长东北城市路网已实现全覆盖。在加大市本级投入的同时，各开发区加大基础设施投入力度，2013年全市开发区预计完成基础设施投资646亿元，新增和完善“七通一平”配套面积130平方公里。高新区按照南北互动、重点向北的战略布局，加快实施“南提北拓”工程，北区投资53.6亿元实现与主城区的联网贯通，全面提升京哈铁路以东56平方公里公用设施配套水平。净月高新区实施了道路、排水、景观“三大工程”，继续放大发展空间，全面提升承载能力。坚持“大框架、出精品”，加快推进基础设施建设，实现新区形象新突破。汽车区构建“三横两纵”新区交通网络，建设东风大街、汽车大路延长段、乙三街等24条道路，年底全部通车，实现绕城外三翼间道路相互贯通。加快推进腾飞立交桥、解放物流通道、一汽大众商品车专用通道、东风大街与兴顺路立交桥等12个交通节点及物流通道建设，着力解决重要节点物流压力问题。

（邹庆发）

长春高新技术产业开发区

【概况】 长春高新技术产业开发区（简称长春高新区）是1991年国务院批准建立的首批国家高新技术产业开发区之一，辖区面积150平方公里。其中，南区55平方公里；长东北核心区95平方公里。全区辖2个乡、1个街道、12个村、15个社区，常住人口19.2万人。于2010年与德惠市合作开发建设“长德新区”，新增合作开发面积150平方公里，其中起步区37平方公里。

【主要经济指标】 2013年，长春高新区营业总收入实现亿元，比2012年增长17.4%；工业总产值完成3966亿元，增长16.6%；地区生产总值实现928亿元，增长15.9%；固定资产投资完成500亿元，增长21.7%；全口径财政收入、一般预算财政入分别实现550.7亿元、95.8亿元，按可比口径分别增长20.1%和5.1%。主要经济指标保持2位数增长，增速高于省市平均水平。

【特色产业集群】 长春高新区围绕六大主导产业，构建优势产业链条，加大上、中、下游项目引进建设力度，实施全产业链开发，重点在南区优化提升汽车及零部件产业，发展壮大高端服务业；在长东北核心区培育打造生物医药、半导体照明及显示、新材料新能源产业；在长德新区培育打造先进装备制造、精优食品加工产业，促进各分区产业集聚、布局集中、土地集约，推进产业结构转型升级。全区注册企业3978户，其中第二产业1078户，第三产业2900户；市考核规模以上企业113户，产值亿元以上企业75户，10亿元以上企业14户，50亿元企业4户；有外商投资企业190户，其中世界500强投资企业45户。先进装备制造产业共有企业371户，实现产值3783亿元，比2012年增长16.83%。生物医药产业共有企业108户，实现产值58亿元，比2012年增长21.42%；修正药业产值突破10亿元。光电子产业共有企业99户，实现产值15亿元，比2012年增长7.14%。新材料新能源产业有企业118户，实现产值101亿元，比2012年增长10.99%。现代服务业实现营业收入371.38亿元，比2012年增长13.4%。

【招商引资】 2013年新引进落位产业化项目65个，引进内资105亿元，比2012年增长14.9%；利用外资13.47亿美元，增长20.4%。先进装备制造产业方面，总投资37亿元的万邦长春科技产业园正式签约注册，落实项目5个。生物医药产业方面，围绕谋划建设占地3平方公里的生物医药产业园，落实项目15个；LED产业方面，围绕规划建设占地1.5平方公里的半导体照明及显示产业园，落实相关项目12个；高端服务业方面，总投资100亿元的复星天贸城、总投资80亿元的绿地商业综合体、总投资60亿元的香港五洲国际东北亚照明博览园、总投资40亿元的富力中心商业综合体、总投资28亿元的中国通用咨询公司佛罗伦萨小镇等项目，达成合作意向。

【项目建设】 2013年落实3000万元以上项目257个，开工项目187个，开工率72.76%，开工面积624万平方米。从产业类型看，工业项目100个、服务业项目23个、社会事业及基础设施项目23个、房地产项目41个；从建设性质看，新建项目38个，续建项目149个；从建设地点看，南区91个，北区63个、长德33个；从规模上看，亿元以上项目123个，5亿元以上项目61个，10亿元以上项目41个。一汽富晟集团汽车零部件产业园、长航液压扩能搬迁、长春威斯汀国际铸锻工业园等项目加快建设；一汽轿车6万辆涂装车间等30个产业项目已建成或部分建成投入使用。列入全市150个重大项目序列的25个项目中，有19个开工建设，开工率76%。

【科技创新】 国家创新型科技园区建设通过中期评估验收，国家知识产权示范园区、国家专利导航产业发展实验区正式获批，全区国家级园区和基地累计达30个。长东北科技创新中心建设。截至年底，长春高新区与53家中科院系统的创新机构建立联系，引进高水平研发机构31个，开工建设14个，落位17个。科技企业孵化器建设。北湖科技园一期产业区全面开工建设，34栋建筑实现冷封闭，其中12栋实现暖封闭，劲能锂电池、安亿家热能计量等项目签约，广电计量、北湖生命研究院等29个高科技项目积极推进，吉林省集成创新综合体项目确定落位。长春中俄科技合作园在孵希达、科英、圣博玛等40余户企业，收集展示国际科技合作成果100项，有20项国外先进技术达成合作意见，其中7项正式合作，在长东北核心区规划建设占地10万平方米的中俄科技园龙北园。中白科技园吉林恒隆科技有限公司直线电机主要设备进厂，完成舵机设计、核准、出样机、总装试验等工作。企业自主创新能力建设。2013年新认定高新技术企业16户，全区高新技术企业累计达91户，孔辉汽车等45个高科技企业列入“长春市百强创新企业”，中科英华、迪瑞医疗包揽市科学技术进步奖特等2个奖项，百克生物等5户企业被评为国家火炬计划重点高新技术企业；获得国家驰名商标1件、省著名商标3件、市知名商标1件，正式申请建设“全国知名品牌创建示范区”。2013年申请专利1512项，发明专利突破500项；科技大市场搜集科技成果310项，签订技术合同350份，成为国家中小企业公共服务机构。

【"人才特区"建设】 东北亚人才研究基地获得人力资源和社会保障部批准，正式揭牌；拓展人才服务内涵，为区内55名各类高层次人才配备26名服务专员，设计完成"长白慧谷"英才"一卡通"服务平台并开通，策划组织开展"诸葛团"活动，协助人才企业解决难题。筹备第三批"长白慧谷"英才计划，有44个单位48个人才项目申报，12个人才项目入选，对入选人才项目给予340万元资金支持。组织申报各类项目计划，5人申报国家"千人计划"，13人申报吉林省创新创业人才计划，有2人进入实地考察阶段。

【金融服务】 2013年引导550余户企业录入"高新区金融服务信息管理系统"，实行动态管理；加强区域信用体系建设，聘请国内知名评级机构，年内为50户企业出具评级报告；联合区内省捷诚投资有限公司，合作共建"磐谷金融中心"，全区形成以集聚股权投资要素为核心的"沃顿财富广场"、以集聚债权要素为核心的"磐谷金融中心"2个金融集聚地；与省工信厅共同出资500万元成立助保金池，与建行吉林省分行共同推出"中小企业助保贷"模式为企业增信，全区签署合作协议并备案的合作银行达14家，为驻区企业新增贷款4.53亿元；小额贷款公司开业13家，引进吉林省长江股权投资基金管理有限公司，新增注册资金6.5亿元，股权投资机构发展到43家。全区上市企业发展到9户；储备拟挂新三板企业45户，具备申报条件企业达20户，吉林省差旅天下网络技术股份有限公司成为全国首批、全省首户也是唯一在新三板挂牌企业。

【服务企业】 2013年兑现各类政策性扶持资金5505万元。通过开展企业注册并联审批、设立重点税源企业VIP服务窗口等方式，提升政务大厅综合服务效能。对179户规上重点企业按季度开展大走访，共解决企业诉求169件。协调企业开展专项及集中产品对接，搭建企业间交流合作平台，促进企业合作共赢。组织11个单位部门，组成56名企业服务专员，深入开展以"联合走访，促党工共建；联动服务，促企业发展；联建平台，促服务创新"为内容的"三联三促"活动，走访调研全区180户规模以上企业、高新技术企业、世界500强企业及部分重点服务业企业，建立服务企业档案，组建服务专员队伍，构建服务企业长效机制，做到资源共享，活动互融，服务同步，全年为企业协调解决实际问题25个，促进企业发展。

【开发建设】 2013年完成5条大中道路维修工程，总长33.7公里，总铺装面积58.6万平方米；新建桥梁5座、续建桥梁4座；长东北核心区高速公路太平收费站投入使用；完成35条街道绿化，绿化面积43.6万平方米。南区、长东北核心区基础设施及水电气热等配套功能进一步完善；长德新区尚德华园百万平米回迁社区工程竣工交付使用，37平方公里起步区范围内电、热、气基本能够满足企业和群众需求。长春北湖国家湿地公园一期高峰日接待游客上万人，二期完成湿地博物馆、垃圾山、绿化、土方等工程；东北亚黄金纽带佛教文化产业园万寿广场等部分主体工程及景观大道、启明广场基本完成，开工建筑面积14.3万平方米，实施绿化面积8.9万平方米，举行大雄宝殿装藏仪式；森林公园正式总体规划方案获批复，更名为都市低碳旅游示范区。

【民生工作】 2013年，落实10大项76件民生任务。开发就业岗位6807个，城镇新增就业5630人；新型农村养老保险、城镇居民和城镇企业职工养老保险工作做到应保尽保，扩大保险面；完成146户廉价房分配工作。北师大附属中小学、吉林省第二人民医院等项目加快推进，长春奥林匹克公园"一场三馆"完成大部分土建工程，奋进社区卫生服务中心成为全省示范。

市领导到长春高新区南区检查安全生产

【社会服务管理创新】 成立社会服务管理创新工作委员会，健全区、乡、社区三级社会服务管理系统，推进"街道社区一体化"进程，由街（乡）副职分别兼任社区（村）党组织第一书记，街（乡）科室的工作人员全部下沉到网格，实现上下结合、联动联责。完善服务管理体系，将辖区划分167个服务管理责任网格，打造"15分钟服务圈"，使小事不出网格，大事不出社区、街乡；在原有城市数字化平台基础上，投资近400万元，建设社会服务管理综合信息平台，设置指挥监控、基础数据、事件办理、绩效考核等15个子系统，并为网格系统运行终端配备PDA设备，全年协调处理网格长上报平台事件71件，事件办结率91.5%，办结事件满意率

99.6%。5月，全市开发区社会管理创新工作现场会在长春高新区举行。

（张　键）

长春经济技术开发区

【概况】 2013年，全年实现地区生产总值575.5亿元，比2012年增长15.1%；市列工业产值1213亿元，比2012年增长13%；一般预算全口径财政收入70.3亿元，增长20.7%；实际利用外资14.8亿美元，增长20.4%；实际利用内资105.2亿元，比2012年增长15.8%；固定资产投资500亿元，增长30%，其中工业投资237亿元，增长9.2%。

【招商引资】 全区上下实现招商理念的“四个转变”，即：由注重追求数量向数量与质量并重转变、由注重投资规模向规模与产出效益并重转变、由注重引进工业项目向工业与现代服务业项目并重转变、由注重增量拉动向增量扩张与存量扩能并重转变。在“四个转变”招商理念的指导下，围绕综保区金字招牌，2013年组织、策划、参与各类经贸活动36项。招商重点瞄准投资额度大、有重大影响力和辐射带动作用的项目，签约了际华与意大利奥克提尼集团合作的城市综合体项目、华润高端医药冷链项目、中海油吉林能源项目、中储发展物流基地项目、九三大豆深加工项目、新力光源项目、新浪吉林网络传媒项目及中海地产、吴中地产、吉林森工等一批优质项目。经开区荣获2013年全市招商引资工作先进单位称号。

【项目建设】 2013年开工项目150个：大成集团5万吨秸秆糖、20万吨赖氨酸（含50万吨玉米淀粉）、20万吨麦芽糖（含60万吨玉米淀粉、3万吨麦芽糊精）、12万吨变性淀粉、研究院等5个搬迁改造项目已启动建设；与美国ADM公司合作做膳食纤维、食品添加剂项目，与丹麦诺威信深度合作的酶制剂项目，与长春应化所、上海交大合作，用秸秆生产乳酸、聚乳酸等3个在谈项目进展顺利。九三大豆是当年签约、当年建设、当年竣工项目，建设工程及设备安装已全部完成，有望实现日加工大豆5000吨、年产值近百亿元。一汽通用轻客X82项目整车资质申请已上报至国家发改委，有望实现批量生产。新力光源项目正式投产，该项目作为经开区重点工程，未来可有望带动形成新的支柱产业。大陆汽车电子二期扩建项目厂房已竣工交付使用。一汽丰田6ZR发动机成功下线。金鹰智谷项目正式投产。际华集团项目10万平方米物流园基本建成，招商局物流、中外运物流、普洛斯物流项目有序推进。

【支柱产业】 2013年，全区三大支柱产业加快发展，汽车及零部件产业实现产值528.5亿元，扣除富奥因素，比2012年增长20.6%。富维——江森、一汽丰田、奥托立夫、博泽、邦迪等一大批零部件企业发展形势向好，产值增速达到20%以上。生物化工产业实现产值566.3亿元，比2012年增长9.8%。大成集团克服搬迁改造、市场低迷等不利影响，完成产值550亿元，比2012年增长10%。现代服务业实现增加值145亿元，比2012年增长6%。全年31个重点服务业项目全部开工建设，全区省级服务业综合改革试点企业增至6个。

【保税区建设】 保税区一期围网内1.5平方公里一次性通过国家十部委正式验收，已经试运行。有34个项目入驻，投资额72.2亿元，综保区日益成为全省、全市对外开放的最高平台，成为长吉图发展战略、长吉一体化发展战略和长东北发展战略最有力的支撑。

【土地征收与利用】 2013年实施综保区、金钱一期、铁路站场、三纵两横快速路等征收项目34个，征收土地190.6公顷，超额完成年初计划82.6%；完成民宅1362户；完成企业94户。实现土地出让金38.4亿元。其中，出让经营性用地130.4公顷，为历年之最；实现经营性用地出让金36亿元，也为历年之最。取得土地使用批复320公顷；土地收储按照“集中时间、集中地块”的收储原则，大力推行“先收购后补偿”等收储模式，完成收储项目14个，面积67公顷。

【城市建设与管理】 2013年，更加注重投入产出效益。高标准建设了回迁楼，金色家园二期回迁楼7栋558套住房达到回迁入住条件；新建南区二期回迁楼开工14栋，已部分完成主体5层。建设了一批标准厂房（保税区3栋、良辰工业园5栋、专用车园区2栋、新兴产业园区2栋标准厂房和2栋研发中心相继建设完成），新增面积14.36万平方米，完成续建道路10条（其中，综保区及配套区9条），完成道路大修6条、中修23条、小修85条，全区路网体系进一步通畅。综

长春兴隆综合保税区基础和监管设施预验收纪要签署仪式

保区一期围网内的主副卡口、海关商检查验中心、仓库、电子信息平台等建设工作如期完成，综保区软硬件设施得到完善。

【行政管理与服务】 2013 年，机构由原来的 61 个调整为 49 个，精简掉 12 个，精简率达 19.7%。开展“企业大走访”活动。关注区内企业发展，推行服务企业的“四位联动”模式（机关各部门、驻区机构、两街一镇、社区），建立了常态化的走访机制。2013 年集中走访企业 128 户 / 次，受理企业各类求助问题 308 件，回复率 100%，企业满意率 95%以上。

【社会管理与民生】 2013 年，年共接待来信来访 1386 批次、13349 人次，排查出 120 件信访不稳定因素，研究处理了 27 件信访疑难案件，妥善解决一大批群众普遍关注的热点、难点问题。

（史笑春）

长春净月国家高新技术产业开发区

【概况】 净月高新区位于长春市东南部，是长春市的生态核心区、中央休闲区和高端产业聚集区。净月区成立于 1995 年 8 月，当时是以生态立区的旅游经济区，经过 2006 年全国开发区调整后，成为省级经济开发区，2012 年 8 月，成功晋级为国家高新技术产业开发区，实现了整体发展的跨越式升级。净月高新区幅员面积 478.7 平方公里，总人口 40 万，区域林水面积达 243 平方公里，拥有 2 个国家 5A 级风景区、3 个整建制镇和 2 个街道。

【经济运行】 2013 年，全区营业总收入 1608 亿元，比 2012 年增长 22.3%；地区生产总值 576 亿元，比 2012 年增长 20%；全口径财政收入 95.6 亿元，比 2012 年增长 20.5%；固定资产投资 381 亿元，比 2012 年增长 21.3%。各项主要经济指标均好于年初预期，创净月区历史最高水平。2013 年，全区营业总收入在全国 115 个国家高新区中排名第 57 位。

【项目建设】 2013 年，开工项目 295 个，其中，新建项目 105 个，续建项目 190 个。招商引资亿元以上项目 67 个，占比由 63%提高至 89%；10 亿元以上项目 31 个，占比高达 41%。高技术产业投资贡献率明显上升，高技术项目的开工数量和投资额度，分别比 2012 年增长了 20%和 40%。吉广国家广告园、日本丸红商业综合体等高端项目实现了当年引进、当年开工、当年完成主体建设；德国大陆电子、德国麦德龙、格拉默研发中心已建成运营；绿地高科技产业园、瀚亚环球欢乐世界、绿城乌拉街等一大批占地 50 万平米的超大型项目已筹备就绪，将实现首批开工。以西部新区为核心，项目建设区域从彩宇广场向南快速推进 5 公里，沿生态大街向东西两翼衍生拓展，四川明宇等一座座总部大楼拔地而起，现代城市形象已经显现。获批用地指标 594 公顷，完成供地 215 公顷，完成土地出售 60 亿元，项目平均投资强度达到每平方米 11038 元。完成征地 506 公顷，拆迁房屋 2000 栋，拆除温室大棚及苗木 538 万平方米。拆除违法建筑物、构筑物 3.8 万平方米。

【科技创新体系建设】 谋划科技创新平台建设。与上海绿地集团合作投资 40 亿元，规划建设东北亚地区超大型科技孵化园项目；与清华大学合作，正式启动清华金融科技园规划，全区孵化园区面积将在 2014 年底突破 100 万平方米。设立了 2.5 亿元的长春国家光电信息创业投资基金，组建了吉林省科技小额贷款公司，强化了科技创新的资金保障。政策扶持体系全面启动。制定出台了“创新发展专项资金管理办法”、“535 人才计划”等 7 个政策文件，从资金、土地、税收、奖励等各个方面，为创新创业和高端产业发展提供了政策保障。创新科技项目快速跟进。美国微软进入长春落户净月，与软通动力、启明信息组建了汽车产业研发中心，韩国 LG、日本日晖、日本三菱、日本 NTT 等世界知名高技术企业争相组团落位，信息技术产业实现快速聚集。组织承办了信息经济促进净月生态城建设研讨会、第三届车载信息服务产业年会等国家级论坛，净月区被国家批准为“国家信息消费试点区”和“国家电子商务示范基地”。

【招商引资】 2013 年，组织和参加各类主题招商活动 57 次，考察了韩国三星、北京银泰、深圳中青宝等企业或机构 312 家，接待法国迪卡侬、香港恒基伟业等各类考察团体 316 批次，签约项目 48 个，签约总金额 682 亿元。其中，超 10 亿元大型高科技项目 36 个。世界 500 强项目争相入区，总数由建区之初的 1 家达到现在的 25 家；高科技项目占比大幅增加，全区已经储备高科技项目总投资超过 1000 亿元，为实现今后 3～5 年的项目建设积蓄了能量；高端商业载体快速聚集，香港五洲国际、福建新天地、伟峰彩宇新城、环球贸易中心等项目仅半年就吸引了 200 多家企业进驻。在净月潭瓦萨国际滑雪节经贸洽谈会上，向 38 个国家和地区的大型经贸团体开展招商推介，实现签约 139.5 亿元，成为全市 2014 年招商引资的“第一大单”。

【城市建设与管理】 在城市基础设施建设上，加快推进“三纵六横”主干路网建设，重点围绕燃气、排水开展“九通一平”配套建设，新湖环镇公路全线通车，东南污水处理厂正式投入运营，城市配套能力全面提升。高标准实施净月潭景区木栈道二期工程和游客服务中心建设，对彩织街等总面积 6 万平方米的城市街路进行提升改造，打造特色化的高端商街。在生态建设上，树立“大生态”理念，坚持景区生态和城市生态两手抓。2013 年完成造林 371 公顷，实施林相改造 400 公顷，栽植各类苗木 120 万株，森林病虫害防治率达到 100%。对城区重点街路实施亮化、美化，全面实施九大绿化工程，新增公共绿地 83 万平方米，生态城特色更加鲜明。在城市管理上，全面推进“网格化”模式，围绕水、电、热、气工程实施“冬病夏治”，针对雾霾天气对 537 台锅炉实施地毯式筛查，对私搭乱建、偷倒渣土等违法行为开展综合治理，城市面貌焕然一新。

【体制机制创新】 在资本管理和配置上进行改革。围绕国有资产的优化配置,筹备成立净月投资控股集团,充分整合5家国有企业285亿元的资产存量,明晰产权关系,构建组织框架,出台扶持政策。在城市建设和管理上进行改革。以建管分离为原则,成立城市建设管理委员会,重新理顺分工体制,高位统筹了行政执法、市容环卫、园林绿化、住房保障等一线作战单位的权责分工,对城市建设进行全方位的统筹规划和指导监督,确保建管并重、高效融合、良性循环。在人力资源管理上提出新举措。围绕创新体制建设,树立“大人才”观念,高站位提出“535”人才计划,面向海内外建立6个人才信息库,累计接待高层人才及考察团体300余次,建立10余个人才发展服务联盟,与国内20余家高校建立引才基地,全区入库人才达到5000人,为创新发展积累了后备力量。在管理体制上进行新探索。建立全新的考核评价机制,继续实施和完善全员聘任制、凡进(晋)必考制、绩效工资制,创新实施高学历人才破格提拔、合同制同工同酬等一系列措施,形成一整套科学高效、职责清晰、运转良好的干部管理体制。

【民生工作】 2013年,建设3所公办幼儿园,提供优质幼教学位720个,完成五十五中学等3所学校的扩建和改建,教育发展基础进一步夯实;完善乡镇卫生院和村级卫生室基础设备建设,处理突发医疗事件能力全面增强;新增城镇就业1.5万人次,规范城乡低保审批流程,建立起医疗、教育、住房相配套的综合性社会救助体系。投入资金1500万元开展农村环境整治,启动了6000万元的“土地综合整治工程”,开展对净月潭水库、小河沿子河等重点水域的治理规划,启动4座小型水库除险加固工程,农村基础设施和村容村貌焕然一新。

(贺国峰)

长春汽车经济技术开发区

【概况】 长春汽车经济技术开发区(以下简称汽车区)是经国务院批准的国家级经济技术开发区,主要承担加快长春国际汽车城建设、建设长春西南城市中心和承接一汽剥离社会职能3项任务。汽车区行政管辖面积110平方公里,建成区面积23平方公里,共管辖2个街道办事处,9个半行政村。建区以来,先后被授予国家汽车零部件出口基地、国家汽车电子产业基地、国家新型工业化产业示范基地等称号,是东北地区首家启动国家级生态工业示范园区创建工作的开发区。

【产业优势】 汽车区是长春市汽车产业的核心区域,一汽集团总部,一汽解放、一汽大众、一汽丰越等一汽集团的全资和控股整车制造企业坐落在区内。区内已经形成了“中、重、轿”三大系列多个车型的产品格局,形成了年产120万辆轿车、20万辆卡车的生产能力。区内有汽车零部件企业300余户及全国最大的汽车零部件交易集散地、东北地区最大的汽车、二手车交易市场。

【经济指标】 2013年,完成GDP505亿元,比2012年增长15.3%;区属工业总产值91.7亿元,比2012年增长27.3%;全口径财政收入90.3亿元,比2012年增长23.3%;全社会固定资产投资完成501亿元,增长21%;实际利用内资110亿元,增长15%;实际利用外资6.04亿美元,增长20%。其中,固定资产投资总量、实际利用内资总量、区属规上工业产值增速、财政收入增速等4项指标列长春市第一位。

【招商引资】 2013年,汽车区全力推进招商工作。组织“长三角”招商活动,星宇车灯、宁波雪龙、宁波华德、宁波福尔达等部分项目已经签约;专题开展天津一汽丰田重点配套企业推介活动,储备日系零部件招商项目50余个,与普利司通轮胎、丰铁汽车部件等10户企业初步确立投资意向。专门组织了江浙零部件企业专项招商活动,部分企业确定投资意向。2013年,全区引进重点项目70个,其中工业项目55个。

【项目建设】 2013年,新建工业项目40个。一汽大众EA211发动机项目、一汽铸造搬迁、世纪华通汽车零部件等一批重点工业项目相继开工建设。续建项目步伐也不断加快,一汽乘用车研究所、轴齿工业园等一批项目进展顺利,形成整体规模。曲轴连杆、有色铸造等项目进入设备安装调试阶段。一汽大众EA888发动机、曼胡默尔滤清器、亚普汽车油箱等15个项目相继投产,实现产值100亿元。商服业项目初具规模。保利地产项目在核心区开工建设,西湖中铁地产项目也已经摘牌,生命人寿商务综合体、牡丹园等项目积极推进,万达国际广场项目进入规划论证阶段。马自达中国总部投入使用。

【基础设施建设】 2013年,飞跃路下穿铁路隧道、富民大街下穿绕城高速公路涵洞全面通车,甲二街全线贯通,乙三街与长沈路实现连通,环外区域路网初步形成。腾飞大路绕城高速公路立交桥、解放物流通道建设积极推进。污水处理厂及污水截流干管工程全面完成,通水试运行。一次变、轴齿二次变投入使用,大众二次变正在调试设备,完成线路敷设27.6公里。供水设施完成管线13.4公里。完成天然气储气站和调压站建设。

【城市建设】 以“打造世界级汽车产业基地,创建汽车人的幸福家园”为目标,完善了区总体发展思路。丰富了“一轴两翼”总体规划的内涵,明确全力“做大做强做稳做全”汽车产业,建设长春西南城市副中心的具体目标和思路。以打造高品质建成区为目标,开展春冬季150天市容环境综合整治行动。对高力汽贸城、汽配商街等重点区域进行了综合整治。强化市容管理,开展广告牌匾、占道经营、露天烧烤等清理活动。加强市政维护,翻修改造一汽厂区及东风大街等道

市领导到施工现场进行安全检查

路和设施，粉刷锦程大街两侧楼宇48栋。加大绿化美化力度，新植树木1万余株，新增绿化面积10.5万平米。

【服务一汽】 2013年，为一汽项目供地70万平方米。坚持项目调度会制度，及时帮助解决项目建设中及投产后的各种问题。对项目实行领办、代办服务，代办、领办120次，走访企业52次。支持一汽配套体系建设，加强与一汽项目对接，围绕一汽配套需求强化招商，进一步减小配套半径，降低一汽的生产成本。

【社会事业】 2013年，开发就业岗位4923个，城镇新增就业4620人，劳务输出1100人次，城镇登记失业率3.1%，解决零就业家庭比率达100%。全区参加城镇居民基本养老保险12628人，参加城镇居民医疗保险68890人，参加新农保的5581人，参加新农合23805人。为困难群体发放低保金及各类补助近千万元。解决133户低保家庭廉租房问题，为387户低保家庭发放25万元租赁住房补贴。加强教育投入，新建七小、四中等4所学校塑胶操场，改善了二十二中、西新小学等农村学校办学条件。教育教学质量进一步提高，中高考继续保持长春市同类校前列。积极推进国家公共文化服务体系示范区创建工作。承办长春市纪念中国汽车工业60周年活动，举办第四届群众艺术节。改善13个社区、7个村的文化体育设施。成立区老年体协，开展各种主题活动20余次。

（陈晓杰）

长春莲花山生态旅游度假区

【概况】 长春莲花山生态旅游度假区（以下简称“度假区”）2010年9月经省委、省政府批准成立，2011年2月组建，2011年6月5日正式挂牌，是长春市政府直管的五大开发区之一，享受省级开发区优惠政策。2013年，国家环保部、国家旅游总局批准长春莲花山生态旅游度假区为国家级生态旅游示范区。度假区规划控制面积417平方公里，实际控制面积362平方公里，辖泉眼镇、劝农山镇、四家乡“两镇一乡”，人口4.9万。

【经济指标】 2013年，度假区GDP实现1.94亿元，比2012年增长12.6%；固定资产投资完成27.2亿元，比2012年增长30%；一般预算全口径财政收入实现2.31亿元，增长16.28%；全年实际利用外资0.1亿美元，增长16%；2013年实际利用内资12.07亿元人民币，增长20%。

【基础设施建设】 2013年，度假区多方筹资实施基础设施建设。完成劝农大街、东吉林大路、泉眼大街、雾开河大街、东自由大路等主干道路和乡村道路慢行系统的建设改造，打通东自由大路与市区连接段，衔接顺畅道路网络初步形成。重点道路绿化、亮化，施画交通标识，水、电、气、热、污水处理等市政配套管网建设等工作基本完成。

【生态文明建设】 加快植树造林和退耕还林，新增林地面积100多公顷，栽植各种苗木50万株（丛），各乡镇挖掘造林用地完成荒山治理近百公顷，绿化美化村屯49个。雾开河、东风河、赵家岗子河治理工程已经开工；利用2814渔场建设了湿地公园，栽种荷花8公顷；在劝农大街两侧种植400公顷花海。

【社会事业建设】 度假区以“居有所住、病有所医、老有所养、中青有所业、少有所学、幼有所育”为目标，制定《2013年建设幸福莲花山行动计划》，实施64件民生实事，全区新增就业2900人，农村劳务输出4180人次，失地农民养老保险、新型农村养老保险实现应保尽保。完成8个村卫生室标准化建设，争取上级资金为85中学和劝农中心校改善办学条件。依法拆除违法建筑100多处近8000平方米，清除抢栽树苗8500多平方米。在重点路段设置限高栏、施划交通标识，加强了巡查管护和违法处罚，减轻了超载超重大货车对道路造成的危害。开展了安全隐患排查整治，共排查企事业单位和各类场所1400多处，下发整改通知近800份，关停北方塑料织造有限公司等多户工业企业、污染企业。

【招商引资和项目建设】 2013年，度假区在推进香港世茂、吉林亚泰、长春华正莲花溪谷、省建设集团现代农庄等项目建设的基础上，引入金鹰集团大型高端商业综合体项目，总投资近50多亿元，集名品零售、家居超市、餐饮娱乐、文化休闲等一站式全方位生活服务配套功能于一体，建成后将带动人气、商气、财气向莲花山区域迅速集聚。

（李　勇）

对外经济贸易

招商引资

【概况】 2013年，长春市继续把招商引资作为全市商务经济发展的引擎，围绕全市重点产业和重点园区，转变招商方式，创新运行机制，瞄准境内外重点地区和客商，采取招商引资重心前移和重点紧盯战略，通过“双百日”招商引资会战，大力开展“走出去”和“请进来”招商活动，2013年实际利用内外资首次突破1000亿元大关，达1110亿元。全年引进内资项目573个，其中超8000万以上大项目280个。引进外资项目35个，其中超千万美元的项目12个。新增2户世界500强企业、8户国内500强企业。

【完善招商引资体制机制】 成立由吉林省委常委、长春市委书记高广滨，长春市市长姜治莹挂帅，相关市领导和市直部门负责人为成员的“长春市招商引资工作领导小组”，加强招商引资的统筹协调力度。出台《长春市招商引资工作考核奖励办法》(长府办发〔2013〕32号)，增强招商工作的主动性、积极性。

【“走出去”招商活动】 统一组织开展了由长春市委、市政府主要领导分别带队，赴北京“两会”、闽粤、香港、苏浙沪4次大型招商活动，签订项目72个，总投资额1565.65亿元。“两会”招商活动。吉林省委常委、长春市委书记高广滨和长春市市长姜治莹率领长春市党政经贸代表团在京开展了系列招商引资活动。共组织3场专题招商活动和推介说明会，24场拜访、会晤活动，以及与37家企业面对面沟通。在其中的两场签约仪式上签约6个项目，总投资142.6亿元。其中，产业园区类项目4个、综合体项目1个、汽车零部件项目1个。2013年4月2日，在北京参加了吉林省组织的中国吉林—外商投资企业座谈联谊会，300名外资企业、外国驻华机构人员参会。闽粤招商活动。2013年4月8日至13日，吉林省委常委、长春市委书记高广滨率领长春市党政经贸代表团赴福州、泉州、深圳开展学习考察和招商活动。期间，代表团与当地政府和客商进行了深入交流，考察了9家重点企业和园区，会见8家企业的高管，举行一次恳谈会和3场投资环境说明会，签约项目28个，总金额584.15亿元。其中合同项目11个，金额238.45亿元；协议项目14个，金额282.7亿元；意向项目3个，金额63亿元。香港招商活动。2013年4月21日至26日，长春市市长姜治莹率领长春市党政经贸代表团随吉林省经贸代表团赴香港开展经贸交流活动。期间，长春市代表团共会见、拜会各类商协会、知名企业40余家，推动在港重点项目30余个，签订各类合作项目13个，投资总金额264亿元。经过省市领导与香港特别行政区政府和香港中华总商会的磋商，决定在长春设立“吉港合作区”，作为助力长吉图战略实施和推进吉林省与香港深入合作的新平台。江浙沪招商活动。2013年5月19日至24日，以吉林省委常委、副省长陈伟根为团长的吉林省经贸代表团赴“长三角”地区开展为期6天的系列经贸交流活动。作为省代表团的重要组成部分，长春市委副书记胡增印率长春市经贸代表团出访江浙沪，在参加省里系列活动的同时，组织长春市各县(市)区、开发区开展了一系列经贸交流活动。此次活动，长春市共签约合同项目14个，投资总额65亿元。此外，长春市还利用域外展会进行广泛招商。在“厦洽会”上，与台湾中华资讯软体协会、SM集团等27户企业进行洽谈，推介14个项目。在广州第21届“广博会”上，与荣泰塑化材料有限公司签订合作意向。在韩国举办了中韩智慧城市产业论坛，向韩国企业和商协会推介了长春韩国软件园。

【“请进来”招商活动】 利用东北亚博览会、农博会、汽博会等展会平台，集中开展“请进来”招商活动。东北亚博览会期间，邀请客商2400多名，世界500强企业47户，国内500强企业65户，组织参加省市举办的各类活动22项。全市共签约36个项目，合同引资额372.2亿元。先后邀请香港凤凰集团、英中贸易协会、韩国宇成汽车、中科集团等一批国内外客商来长考察，促成一批在谈项目的签约。

2013年长春市实际利用内资分类情况表

指　标	项　目(个)	金　额(万元)	比2012年±%
按投资领域	573	8427315	20.0
第一产业	4	158897	-
第二产业	199	4543922	0.4
其中:汽车及零部件	68	1583447	-7.2
农产品加工	20	635246	193.2
光电信息	13	172927	-37.1
生物医药	10	173075	-4.9
能　源	24	512170	16.9
建筑和材料	27	393310	10.0
其　他	37	1073747	-20.5
第三产业	370	3724496	46.5
其中:现代物流	12	316182	34.0
旅游会展	7	126879	-
文　化	16	30753	-78.9
金　融	49	412335	38.9
商业及服务业	116	1016040	149.2
房地产业	81	1374938	24.0
其　他	89	447369	28.3
按投资规模	573	8427315	20.0
8000万元以上(含8000万元)	280	7769955	23.1
5000万元~8000万元	69	358817	-15.1
5000万元以下	224	298543	-11.2
按资金来源	573	8427315	20.0
省域外投资	376	6533600	26.0
其中:北　京	80	1713474	15.3
上　海	23	409818	-3.2
天　津	4	112154	121.6
江苏省	9	221546	-15.5
浙江省	22	796574	115.1
广东省	33	493526	5.8
福建省	11	209711	93.9
山东省	23	513029	117.2
辽宁省	51	394293	-41.8
其他地区	120	1669475	51.1
银行借贷、政策性投资	-	-	-100.0
中、省直投资	7	422518	-15.0
其他投资	190	1471197	13.1
国内500强企业投资	27	1188635	33.3

2013 年长春市实际利用外资分行业情况表

单位：万美元

行业	审批情况								
	企业户数			合同外资			直接投资		
	2013 年	比例	比 2012 年 ± %	2013 年	比例	比 2012 年 ± %	2013 年	比例	比 2012 年 ± %
合计	35	–	-16.7	38072.4	–	-55.2	93868	–	10.4
第一产业	0	–	-100.0	275	0.7	-46.6	4821	5.1	159.9
农业		–	-100.0	275	0.7	-40.5	–	–	-100.0
第二产业	11	31.4	-26.7	24098	63.3	-69.5	60079	64.0	-20.0
石油和天然气开采业		–	-100.0	–	–	-100.0	–	–	-100.0
制造业	11	31.4	-15.4	24098	63.3	-66.9	59325	63.2	-19.5
农副食品加工业	2	5.7	–	1011	2.7	–	5325	5.7	526.4
食品制造业		–	–	–	–	–	2458	2.6	63.9
木材加工及木、竹、藤、棕、草制品业		–	-100.0	–	–	-100.0	147	0.2	–
化学原料及化学制品制造业	2	5.7	–	115	0.3	30.7	2623	2.8	31.2
医药制造业	1	2.9	–	556	1.5	-62.9	–	–	-100.0
交通运输设备制造业	3	8.6	-62.5	10664	28.0	-84.3	38095	40.6	-29.2
通信设备、计算机及其他电子设备制造业		–	–	3314	8.7	–	3384	3.6	373.0
第三产业	24	68.6	-7.7	13699	36.0	158.2	28968	30.9	261.2
餐饮业	2	5.7	0.0	10	0.0	-9.8	–	–	-100.0
房地产业	3	8.6	50.0	10019	26.3	394.6	20381	21.7	308.4

对外贸易

【概况】 2013 年长春市进出口总额完成 204 亿美元，比 2012 年增长 3.71%。其中，出口 32.9 亿美元，比 2012 年增长 13.46%；进口 171.1 亿美元，增长 2.03%。从全国及 15 个副省级城市进出口情况看。全国进出口增速为 7.6%。15 个副省级城市除深圳、西安、沈阳等地外，其他城市均呈现个位数增长或略有下降，与长春市总体形势趋同。长春市出口增速仅次于沈阳、西安，位列第 3。进出口总额和出口额在十五个副省级城市中的位次仍维持在第 11 位和第 14 位。从全省情况看。2013 年吉林省外贸进出口实现 258.5 亿美元，比 2012 年增长 5.2%。其中出口 67.6 亿美元，增长 13%；进口 190.9 亿美元，增长 2.8%。长春市进出口总额占吉林省比重达 80%，拉动吉林省进出口增长 3 个百分点。长春市进口和出口占吉林省比重分别达 90% 和 49%，拉动吉林省出口增长 1.8 和 6.5 个百分点。多年来，长春市外贸进出口在吉林省始终占据主导地位，居全省其他市（州）之上。

2013 年全省各市（州）进出口占比

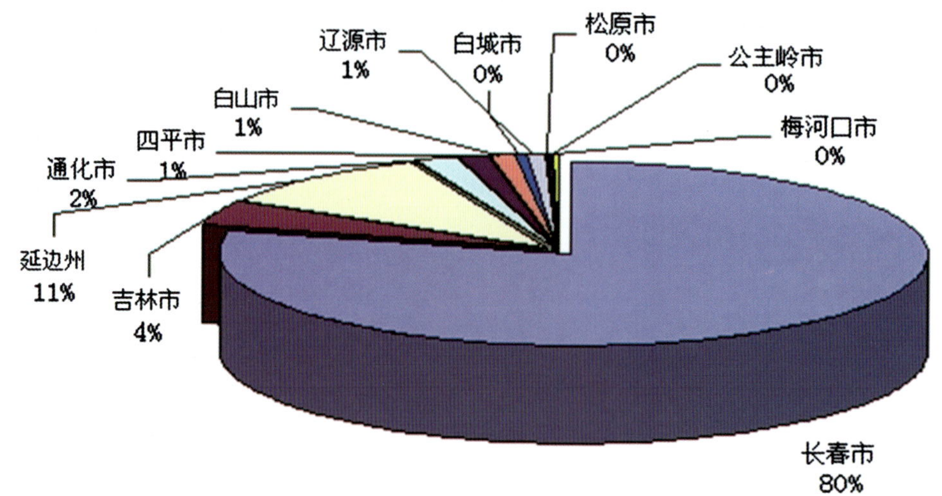

2013 年长春市进出口综合情况表

单位：万美元

项　　目	金　　额			比　　重		
	2013 年累计	2012 年同期	比 2012 年±%	2013 年	2012 年同期	增减
一、进出口总额	2040334	1967371	3.71			
出口额	328541	289577	13.46	16.10	14.72	1.38
进口额	1711793	1677794	2.03	83.90	85.28	-1.38
二、出口按商品构成						
初级产品	50347	52848	-4.73	15.32	18.25	-2.93
工业制成品	278194	236729	17.52	84.68	81.75	2.93
三、进口按商品构成						
初级产品	68690	66014	4.05	4.01	3.93	0.08
工业制成品	1643103	1611780	1.94	95.99	96.07	-0.08
四、出口按企业性质						
国有企业	122011	143197	-14.80	37.14	49.45	-12.31
外商投资企业	53932	69904	-22.85	16.42	24.14	-7.72
私营及其他	152598	76476	99.54	46.45	26.41	20.04
五、进口按企业性质						
国有企业	785832	753130	4.34	45.91	44.89	1.02
外商投资企业	903355	905703	-0.26	52.77	53.98	-1.21
私营及其他	22606	18961	19.22	1.32	1.13	0.19
六、出口按贸易方式						
一般贸易	258628	203512	27.08	78.72	70.28	8.44
加工贸易	68770	84814	-18.92	20.93	29.29	-8.36
其中：来料加工	37818	35273	7.22	11.51	12.18	-0.67
进料加工	30952	49541	-37.52	9.42	17.11	-7.69
其他贸易	1143	1251	-8.63	0.35	0.43	-0.08
七、进口按贸易方式						
一般贸易	1686729	1586121	6.34	98.54	94.54	4.00
加工贸易	18587	23002	-19.19	1.09	1.37	-0.29
其中：来料加工	8819	9122	-3.32	0.52	0.54	-0.03
进料加工	9768	13880	-29.63	0.57	0.83	-0.26
其他贸易	6477	68671	-90.57	0.38	4.09	-3.71
八、农产品进出口额	131583	132223	-0.48	6.45	6.72	-0.27
出口额	63044	69191	-8.88	19.19	23.89	-4.70
进口额	68539	63032	8.74	4.00	3.76	0.25

【进口情况】 由于历年来长春市进口额占进出口总额比重达 80%以上，进口的波动直接影响到全市进出口总额增速。2013 年长春市进口比 2012 年增长 2.03%，仅拉动进出口增长 1.7 个百分点，与进口在总额中的位重不匹配。造成长春市进口下滑的主要原因是一汽进出口和一汽—大众进口下调。由于这两家企业进口占长春市进口总额比重高达 83%，具有不可替代性，因而形成长春市进口微增的局面。

2013年长春市进口主要商品情况表

单位:万美元

商品名称	金　额			比　重		
	2013年	2012年同期	比2012年±%	2013年	2012年同期	增减
总计	1711793	1677794	2.03			
*机电产品	1092116	1058166	3.21	63.80	63.07	0.73
*高科技产品	159537	179100	-10.92	9.32	10.67	-1.35
主要商品小计	1332073	1270966	4.81	77.82	75.75	2.07
1、汽车和汽车底盘	506123	505567	0.11	29.57	30.13	-0.57
2、汽车零件	485565	405201	19.83	28.37	24.15	4.22
3、活塞内燃机	99363	92340	7.61	5.80	5.50	0.30
4、大豆	56441	50637	11.46	3.30	3.02	0.28
5、自动调节或控制仪器及装置	46748	57999	-19.40	2.73	3.46	-0.73
6、无线电通讯设备	35762	37130	-3.68	2.09	2.21	-0.12
7、通断保护电路装置及零件	28868	23624	22.20	1.69	1.41	0.28
8、钢铁制品	28275	25600	10.45	1.65	1.53	0.13
9、金属加工机床	24216	49450	-51.03	1.41	2.95	-1.53
10、橡胶及其制品	20712	23418	-11.56	1.21	1.40	-0.19

注:"机电产品"、"高科技产品"包括本表已列名的有关商品

【出口情况】 加强各类出口基地建设,不断优化出口商品结构。重点扶持4个国家级、15个省级外贸出口基地建设,新培育了北药药材等2个市级出口基地,形成国家、省、市三级基地梯次发展态势,发挥出口基地的品牌集合效应,提升对中小企业的辐射带动作用。2013年长春市有出口实绩的企业达551户,比2012年增长20户。民营企业出口15.3亿美元,占总额比重由2012年的26.4%跃升到46.5%,成为全市出口生力军。对东盟、非洲等新兴市场出口增长较快,分别比2012年增长79%和23.2%,对印尼和泰国出口实现翻番。工业制成品出口占比达84.7%,比2012年提高3个百分点。高新技术产品增势良好,比2012年增长10.4%。医药及医疗器械企业出口大幅攀升,2013年实现出口1.2亿美元,比2012年增长25%。涌现出帝斯曼生化中间体、迪瑞医疗科技、长生生物科技、祈健生物制品、金赛药业、百利科技、宝石制油、华通制药设备、泰尔茂医用器具等一批高成长企业。集聚了新产业光电、永利激光、博信电子、科英激光、希达电子等60余户光电出口企业。长春市出口逐年提升,外贸转型升级成果初步显现。

2013年长春市出口市场情况表

单位:万美元

市场名称	金　额			比　重		
	2013年	2012年同期	比2012年±%	2013年	2012年同期	增减
总　计	328541	289577	13.46			
亚洲	155276	136426	13.82	47.26	47.11	0.15
其中:东盟	54929	30687	79.00	16.72	10.60	6.12
欧洲	55721	49961	11.53	16.96	17.25	-0.29
其中:俄罗斯	6820	12528	-45.56	2.08	4.33	-2.25
南美洲	19643	28299	-30.59	5.98	9.77	-3.79
北美洲	30378	16661	82.33	9.25	5.75	3.49
大洋洲	39455	35454	11.29	12.01	12.24	-0.23
非洲	28068	22776	23.23	8.54	7.87	0.68
主要国家及地区小计	188573	150626	25.19	57.40	52.02	5.38
1、澳大利亚	38965	35096	11.02	11.86	12.12	-0.26
2、日本	31744	32353	-1.88	9.66	11.17	-1.51
3、美国	27055	14324	88.88	8.23	4.95	3.29

续表

市场名称	金额			比重		
	2013年	2012年同期	比2012年±%	2013年	2012年同期	增减
4、印度	15474	8475	83	4.71	2.93	1.78
5、香港	15111	19821	-23.76	4.60	6.84	-2.25
6、印度尼西亚	13189	6055	117.82	4.01	2.09	1.92
7、韩国	12668	12434	1.88	3.86	4.29	-0.44
8、泰国	11549	5438	112.38	3.52	1.88	1.64
9、德国	11410	8686	31.36	3.47	3.00	0.47
10、马来西亚	11408	7944	43.61	3.47	2.74	0.73

2013年全省各市(州)出口占比

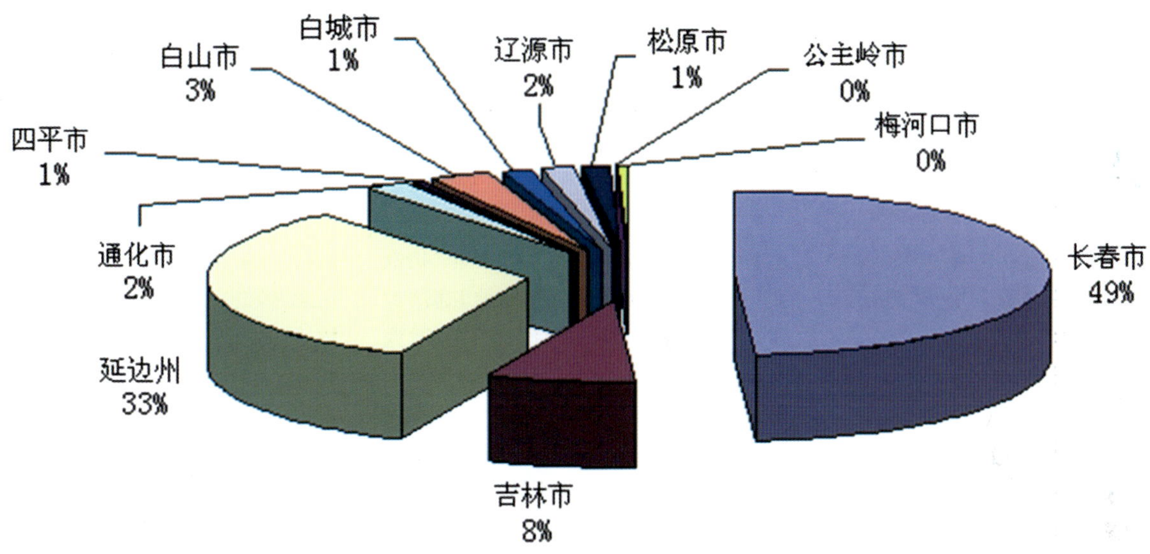

【服务外包发展】 落实长春市服务外包产业发展意见,组织企业参加"京交会"、"软交会",赴德国、法国、印度开拓服务外包市场,2013年离岸服务外包业务执行总额实现3390万美元,比2012年增长48%,新增从业人员2000人。大力引进外包企业入驻园区,以高新、净月为核心,初步建成了软件与动漫园等10个服务外包产业园区,集聚了径点科技、联迪斯纳欧、鸿达、博立电子等一批主业突出、带动能力强的企业。加强服务外包人才培训,通过与长春工大校企合作设立"长春市服务外包人才实习实训基地"和"长春工业大学服务外包软件人才培训中心",搭建培养服务外包人才平台,有300多人接受培训并就业。

【对外经济合作】 组织企业赴俄罗斯、蒙古等国拓展业务,洽谈对外工程承包、外派劳务、货物贸易等国际合作项目,参与对俄蒙朝的基础设施和能源开发等项目建设。全年有15户企业在境外投资办厂,比2012年增加9户。累计中方投资额4619万美元。发挥市、县(市)两级6个劳务合作服务平台作用,组织对外劳务合作对接,规范外派劳务市场秩序,2013年对外工程承包劳务合作属地完成总额实现3.87亿美元,比2012年增长48.65%。

【口岸建设】 口岸吞吐能力增强。2013年,龙嘉机场旅客吞吐量673万人次,比2012年增加91万人次。货物吞吐量11.1万吨。航空口岸旅客吞吐量38.7万人次,比2012年增加2.7万人次。内陆港集装箱到发量完成2万标箱。沟通和协调联检单位,保证东北亚博览会等大型经贸活动团组的快速通关。做好国际航线开拓工作,新开通长春—广州—曼谷国际航线,截至2013年末,运营的国际航线有7条,国内外航线累计84条。

(赵兴华)

长春海关

【概况】 2013年,长春海关税收入库134.87亿元,比2012年增长4.76%,超额完成海关总署下达的134.13亿元目标。关区监管进出口货物244万吨,货值98.3亿美元,比2012年分别增长21.6%和10%;监管进出境运输工具22.5万辆(架)次,增长15.8%;监管进出境人员170.9万人次,增长5.1%;监管进出境邮

(快)递物品96.3万件,减少0.6%。立涉嫌走私犯罪案件31起,案值712.27万元,涉嫌偷逃税款148.17万元,分别下降20.5%、87.0%和87.5%。立案调查行政违法违规案件377起,案值7828.68万元,涉税441.27万元,分别下降1.8%、69.9%和41.4%,实际入库罚没款项为315.26万元人民币,减少43.0%。

【综合监管】 启动分类通关改革,实现关区所有进出口通关监管现场全覆盖。在一汽场站启动通关作业无纸化改革试点,实现通关无纸化率超过50%。推进关检合作"三个一"试点工作。查验工作水平得到提高,查验率为7.5%,查获率为19.2%。开展"绿篱"专项行动,查获禁止进境的固体废物案件14起,固体废物1100吨。完善行邮审批业务操作流程和业务单证管理,提升行邮监管水平,查扣各类反宣品983件,查获进境携藏毒品案件1起,查扣冰毒96.2克,查获涉嫌走私邮寄濒危动植物案件16起,查获包括象牙等国家保护濒危动植物制品1081件。突出重点开展稽查,稽查企业84家,补税64.53万元,增长64%。综合业务管理平台推广应用,关区风险布控报关单5722份,布控率为6.95%,有效率为7.31%,分别比2012年同期提高0.29个百分点和2.18个百分点。

【税收征管】 2013年,税收入库134.87亿元,比2012年增长4.76%,超额完成总署下达的目标,是全国16个正增长的海关之一。审价补税2127.3万元,增长1.24倍;归类补税4599万元,增长63%。建立分级审批控制机制,审批减免税款5.91亿元人民币。启动开展"吉林企业回家报关"专项行动,降低了通关成本,服务企业卓有成效,全年累计转回税款6.09亿元。全面提升审单执法水平,实施动态化通道调整。探索开展"专业审单预申报预审核"业务,实行报关单删改及特殊通道业务电子化审批模式。与青岛海关进行数据批量互审,加强对审单作业的自查自纠,提高审单工作效能。

【打击走私】 落实全国海关打击走私工作会议部署,与吉林出入境检验检疫局、吉林省工商局等5部门联合组织开展专项行动。突出重点开展专项打击,集中力量打击绕越设关地走私,查处旅检渠道违法携带货币进出境行为,严厉打击"洋垃圾"走私及重点涉税商品走私,严防枪支、毒品从行邮渠道渗透入境等违法行为,边境地区走私香烟势头得到有效遏制。加强与地方公安部门以及兄弟海关缉私部门的情报协作与交流合作,提高案件查发能力。加强刑事、行政办案考核,严密办案程序,提高缉私执法水平。优化整合缉私力量和资源,吉林海关缉私分局挂牌成立。与公检法、边防等有关部门保持紧密联系配合,营造反走私综合治理的良好氛围。强化反走私长效机制建设,海关业务部门向缉私部门移交案件线索292条。实现年初确定的"打击力度不减弱,绩效指标不下滑"的目标,在全国海关综合排名第20位。

【推动长吉图开发开放战略实施】 积极争取增加内贸货物跨境运输品种和口岸、争取珲春出口加工区转型升级为综合保税区、长春兴隆综合保税区海关机构编制等3项工作。支持吉林省重点园区建设。长春兴隆综合保税区顺利通过国家验收。积极支持珲春国际合作示范区和中新吉林食品区建设。支持一汽集团、吉林市申报建设保税物流中心。创新海关监管模式,争取总署支持,为长春轨道客车提供个性化服务,解决了困扰企业加工贸易核销的重大难题。支持出境加工业务稳步开展,2013年对朝出境加工业务进出口总值2297.27万元。向总署呈报提出下调汽车电子稳定系统等5项商品暂定税率的建议被国务院税则委员会采纳,为企业降低进口税收成本5亿元。做好平台建设,营造对外贸易良好环境。经过努力,俄远东海关局同意自2013年10月起将长春海关封志作为通关依据,提高了对俄过境货物的通关速度。推动中俄珲卡铁路口岸恢复国际联运。推动中俄韩"新蓝海"航线顺利恢复运营。开通对俄国际邮件监管业务。积极支持开辟新的国际航线和空港口岸扩建项目。推行便捷通关模式,与9个海关签署了"属地申报,口岸验放"合作协议。

(费红伟)

综　述

【概况】 2013年，全市农业增加值实现332亿元，比2012年增长3.5%。农民人均纯收入实现10060元，比2012年增长11%。

【粮食生产】 2013年，粮食生产再获丰收，总产量98.44亿公斤，历史性地实现了“十连丰”。《现代农业五年推进计划》启动实施，创建粮油高产示范片120个，8大类16个现代农业示范区建设进展顺利。推广玉米保护性耕作10.53万公顷，增产幅度在10%以上；打造了15个高光效示范样板田，示范推广面积3.29万公顷。病虫害统防统治措施有力，玉米螟生物防治连续4年实现全覆盖，稻瘟病统防统治专业化水平进一步提升。全市综合农机化水平达74.5%，水稻和玉米机械化收割率达78%和42%。

【新农村建设】 开展春秋两季农村环境集中整治活动，解决“垃圾围村”问题，在建立农村环境卫生长效管理机制方面做出了探索。启动了第二批167个省级示范村建设，实施337个农村公益事业“一事一议”奖补项目，完成500个农产品产地初加工建设项目，绿化美化村屯384个，新建标准化储粮仓5万套，发展农资连锁店403个，新建农村综合服务中心5个，解决43.1万农村人口饮水安全问题。农村妇女“双学双比”竞赛活动培训农村妇女51万人次，发放农村妇女小额信用贷款及妇女小额担保贷款2.74亿元。长春市农村妇女“双学双比”领导小组荣获全国城乡妇女岗位建功先进集体。

【县域经济】 2013年长春市县域经济保持持续快速发展。2013年开工建设大项目90个，完成投资219亿元，比2012年增长17.3%。规模以上企业实现产值1570亿元，比2012年增长15.4%。四县（市）和双阳区地区生产总值1800亿元、规模以上工业总产值1300亿元，比2012年分别增长19.5%和21.3%；全口径财政收入首次突破100亿元大关；财政收入超亿元乡镇增加到16个。在吉林省县域工作考评中，长春市6个参评单位全部获奖。

【新型经营体系建设】 全年长春市农村新型经营体系建设取得新进展。组织开展了九台家庭农场培育试点，全市新增农民专业合作社645个，新注册家庭农场310个，农民专业合作社发展到3545个，3.33公顷以上的准家庭农场发展到4118个。全市建立县级土地流转服务中心5个，乡级土地流转服务中心77个。流转土地面积达26.1万公顷，占耕地总面积的21%；转出土地农户达14.6万户，占全市农户总数的13%。

【农产品质量安全】 长春市农产品质量

市领导检查农业安全生产工作

安全得到有效保障。“创建食品安全城市”活动深入开展，蔬菜、水果批发市场监管实现全覆盖、全天候监测，国家和省例行监测平均合格率达98.1%；畜产品质量安全百日专项治理行动完成饲料200批次、兽药450批次的检测任务，抽检合格率分别达98.6%和98%；水产品质量安全明显改善，产地水产品在国家抽检中保持100%的合格率，流通市场水产品在农业部4个季度随机抽检中合格率平均为93.7%；创建放心粮油社区店(超市)100户，完成1000个批次成品粮油检验检测任务，抽检合格率97%。农业行政执法有效整肃农资市场秩序，立案查处农资案件69起，从源头上保证农业投入品安全。

【农产品加工业】 2013年，长春市农产品加工业成长成为千亿级支柱产业，玉米、肉牛等农产品加工业和资源特色产业发展迅速，用6年时间，规上农产品加工企业产值由378亿元发展到1570亿元，是“十五”末的6.8倍；规模以上企业实现产值突破1500亿元，是“十五”末期的6.8倍。

（米　雪）

种植业

【概况】 2013年，长春市粮食总产量达98.44亿公斤。全市农作物播种面积达134.12万公顷，粮食作物播种面积124.53万公顷，玉米、水稻两大高产作物种植面积分别是102.87万公顷和17.27万公顷。

【农业机械化】 2013年农机装备作业水平实现跨越式提升，成为农村生产力快速发展的显著标志，农机总动力达550万千瓦，拖拉机保有量18万台，关键环节机具增长迅速，新增玉米收获机1277台、水稻收获机526台、免耕播种机1108台、水稻插秧机1718台，玉米机收率达42%，水稻机收率达78%，全市综合农机化水平提高3个百分点，达74.5%。

【农业科技】 推广玉米保护性耕作79万公顷，增产幅度在10%以上；打造了15个高光效示范样板田，示范推广面积49.32万亩。病虫害统防统治措施有力，玉米螟生物防治连续4年实现全覆盖，稻瘟病统防统治专业化水平进一步提升。《现代农业五年推进计划》启动实施，创建粮油高产示范片120个，8大类16个现代农业示范区建设进展顺利。制定《农业农村信息化五年发展规划》，启动了“智慧农业”“长春市大田作物病虫害预警中心”等项目建设。

（米　雪）

林　业

【造林绿化和营林生产】 2013年，长春市投入造林绿化资金6.75亿元，栽植苗木1200万株(其中杨、柳等阔叶树大苗900万株，占总用苗量的75%)，植树造林6622.3公顷（超年度计划任务164%）。其中农防林更新改造895.3公顷，“三北”防护林五期造林1834公顷，退耕还林、荒山荒地造林等国家重点工程造林200公顷，迹地更新和低产低效林改造524公顷，中日合作造林等其它造林369公顷；完成“四旁”植树280万株，绿化公（乡）路和江河堤防总里程200公里。2013年末实有封山育林1666公顷；中、幼龄林抚育993公顷，新增育苗面积112.67公顷，苗木产量5560万株;年末实有母树林202公顷，种子园76公顷(详细内容见附表1)。

【农田防护林更新造林】 2013年农安县、德惠市、榆树市、九台市均于2012年入冬前进行造林整地，2013年2月、3月落实了造林苗木和工程队，组织开展了造林技术培训。全市从4月10日开始组织农防林更新造林，5月10日农防林更新造林结束。全市完成农防林更新改造895.3公顷(超年度计划任务49.2%)，更新林带1206条，栽植杨、柳大苗150万株。

【村屯绿化美化】 按照吉林省政府村屯绿化美化建设工作的部署和要求，结合社会主义新农村建设，2013年初就组织人员进行踏查，3月20日前完成规划设计、资金筹集，落实绿化苗木。4月10日全市村屯绿化美化工作开始实施，5月30日结束。完成绿化美化村屯348个(超年度计划任务的74%)，栽植金叶榆、云杉、稠李、梧桐、山杏等200万元株(丛)。

【中日合作造林】 5月4日，在九台市波泥河、卢家林场实施中日合作造林，共栽植樟子松、云杉等针叶树30万株，面积100公顷。9月30日通过日方检查组验收。

【森林防火】 全年长春市政府组织召开全市森林防火动员大会2次，各级签订森林防火责任状900余份，派出县级以上检查组70个，检查乡镇165次，检查林场74次。全市翻新、新建永久性宣传碑106处，制作钢架结构宣传牌32块，增设旗阵580处，发放防火命令17000份、宣传单51200份，悬挂各类防火旗、标语、横幅35800面，出动宣传车1130台(次)，参加宣传1620人。森林防火期间，各级林业部门增加巡护力量，对火源实行严管严控。协调机关干部、森警部队和森林公安干警1200人(次)，布设临时检查站(点)162个，参加设卡堵截1300人(次)，对重点林区内的坟头、山头、路口等重点部位派出专人守护，护林人员不间断巡逻，严格管理、监督、检查入山入林人员，有效减少了森林火险隐患。全市共组织森林防火扑救演练5次，参演扑火队伍12支，参加演练452人，共动用防火指挥车8台、运兵车12台、消防水车6台、风力灭火机190台、背负式灭火水枪96支、2号工具300把、车载电台7部、对讲机96部，通过设置模拟火场，组织扑救演练，检验了区域、部门之间的协同、配合，提升了各级应急指挥系统运转能力和森林火灾扑救能力。全年全市无森林火灾发生，实现连续33年无重大森林火灾的目标。

【林业有害生物防控】 2013年，全市坚持“预防为主、科学防控、依法治理、促进健康”的防治方针，以防控美国白蛾和日本松干蚧为重点，对林业有害生物进行调查监测和治理。各县(市)区按照吉林省森防总站下达的林业有害生物调查种类，按时完成了林业有害生物常规调查工作。为强化美国白蛾调查监测，扩大了监测范围，在四平通往长春市的主要交通要道、重点苗木集散地及市区内重要景区、公园、车站等区域新增监测点65个。截至2013年12月30日，全市美国白蛾监测点总数190个，成功诱捕美国白蛾雄成虫39头。4月21日长春市林业有害生物防控办公室紧急下发《关于防控美国白蛾加强城区绿化苗木检疫监管》的通知，严禁单位、个人从美国白蛾疫区调入绿化苗木。植树造林期间，森防部门深入造林现场进行苗木产地检疫，对外来苗木进行严格复检复查，确保造林苗木无检疫对象和危险性病虫害。年内，全市完成产地检疫面积53.5公顷，种苗产地检疫率、调运检疫证书签证率均达100%。抓好林业有害生物防控工作，全年全市投入防控资金300万元，采购防治药剂8吨，完成林业有害生物防治面积5060公顷（其中日本松干蚧1842公顷，杨树蛀干害虫1373公顷，其他1845公顷)，无公害防治率100%。

【林业案件查处】 2013年，在吉林省森林公安局大力支持和地方公安机关的密切配合下，长春市森林公安局抽调精干力量，先后组织了“打击擅自采挖大苗专项行动”“集中打击滥砍盗伐林木专项行动”和“打击非法侵占林地行动”，对擅自采挖大苗、滥砍盗伐林木、非法侵占林地等涉林违法犯罪活动进行严厉打击。全年全市查处行政案件144件，办理涉林刑事案件42起，打处人犯210人，网上抓逃6人，没收作案车辆8台，追缴非法所得209万元。

【野生动物保护】 2013年，全市加大野生动物保护宣传力度，结合“爱鸟周”活动开展，悬挂宣传彩球、条幅200个(条)，发放宣传单20000份，利用主要街路、商圈的LED显示屏和10000台出租车顶灯宣传了野生动物保护信息2000条，会同长春市老年大学在市政府一楼大厅举办“人与自然和谐发展”书法、摄影展，展出作品300件。强化野生动物保护执法检查，对回族公墓、雁鸣湖、波罗湖湿地、环城绿化带、伊通河沿岸等鸟类迁徙通道、栖息地乱捕滥猎野生动物行为集中打击10次，对销售野生动物及其产品的市场进行联合执法6次，没收销毁捕鸟网具、鸟笼等520件，集中放飞野生鸟类1500只。针对H7N9禽流感病毒防控严峻形势，加强留鸟、候鸟栖息地巡护，适时关闭鸟类交易市场，配合食品监督、工商等部门对饭店、酒店等餐饮行业进行检查、清理、整顿。

【林业改革】 下发《全市集体林权制度改革后农民对集体林管护情况进行调研的通知》，深入15个县(市)区、开发区对林改后农民对集体林的管护情况进行了调研。全市有集体林地面积108.6万公顷，应申请登记发证的面积13.29万公顷，实际申请登记面积13.1万公顷，应发证面积13.07万公顷，实际发证面积2.51万公顷。申请登记率为98.6%，发证率为19.2%。

【林业产业】 2013年，制定下发《大力发展林下经济活动实施方案》，对双阳吊水壶的森林旅游、九台的苗木花卉、双阳的梅花鹿养殖加工、德惠的木材加工及林下经济发展进行了指导，有力地推动了森林旅游、苗木花卉、木材加工、野生动物驯养繁殖加工等林业产业的持续发展。截至2013年12月30日，全市涉林企业87000户，从业人数30万人，实现产值120.05亿元，比2012年增长12%（详细情况见附表2)。

【林业科技】 2013年全市共申报中央、吉林省专项资金项目5个，其中申报中央财政科技示范项目1个(《红松坚果林营建技术示范与推广》)，申报吉林省林业发展专项资金项目4个(《净月林区林下绿化苗木产业基地建设项目》、《松果鳞片粉加工技术推广》《梅花鹿规范化养殖配套技术成果转化与应用推广》《耐寒型彩色树种产业化种植技术推广项目》)，申请专项资金300万元。市本级和各县(市、区)加强林业科技培训，通过以会代训、专题讲座、现场示范等多种形式，组织造林绿化、苗木花卉培育、森林防火、林业有害生物防治等实用技术培训200多次，印发技术资料3.5万份，培训各级各类人员75000人(次)。加快红松嫁接樟子松项目推广，从黑龙江购买优质红松接穗30000株，在波泥河林场完成红松嫁接樟子松28公顷，29787株；依托市林科院，开展珍稀濒危植物迁地保护、杨树优良无性系、抗寒月季选育、优良彩色植物繁育技术研究，保护红豆杉、天女木兰、崖柏、牛皮杜鹃等珍稀、濒危植物12种，从大青杨、香杨中初步筛选出杨树优良无性系品种2个，繁育王族海棠、中华金叶榆等彩色植物30000株，在莲花山开发区和农安的靠山苗圃、小城子林场、杨树林林场建设科技示范区67.27公顷，推广杨树优良种苗54.7万株。

【林业行政审批】 2013年，共办理林业行政综合审批事项1412件(其中办理木材运输和植物检疫调运1320件、木材经营加工许可32件，办理野生动物驯养、收购加工销售22件，办理苗木生产经营许可证38件)，行政审批件提前办结率100%，实现零投诉；审核征占用林地项目45件，确保了兴隆保税园区配套项目等重点项目顺利开工建设。林业行政审批窗口被评为2013年度长春市直属机关创建“三满意”窗口示范单位。

【班子和林业队伍建设】 按照市委统一部署，从2013年7月中旬开始长春市林业局组织局机关、市林业科学研究院、市林业工作总站、市森林虫病害防治检疫站、市木材检查站、市森林公安局扎实开展了党的群众路线教育实践活动。年内，共承办市长公开电话单96件，及时办结率100%，反馈率100%；收到、办理市人大代表建议2件，向代表反馈率100%，代表满意率100%；热情接待群众来信来访680人(次)。年内，长春市林业局先后被市委、市政府评为民生工作、信访工作、保密工作、档案管理、信息报送先进单位。

截至2013年12月30日，长春市林业系统有单位147个。按单位性质分，事业单位124个,机关23个;按单位类别分,国有林场22个,国有苗圃9个,林业工作站79个,木材检查站3个,森林病虫害防治检疫站6个,其他28个。2013年,在册林业职工3480人,在岗林业职工2877人,其中专业技术人员608人;年末实有离退休人员1249人(详细情况见附表3)。

(张建军)

附:表1

2013年长春市林业生产情况统计表

单位:公顷、万株

项目 单位	造林								四旁植树(万株)	育苗面积		封山育林(面积)		成林抚育面积	中幼龄林抚育面积	幼林抚育作业面积	幼林抚育实际面积	年末母树林	年末种子园	村屯绿化
	总计	重点工程造林			有林地造林	迹地更新和低产低效林改造	农防林更新改造	其他造林		本年新育	苗木产量(万株)	年末封山育林	本年新封面积							
		小计	退耕还林荒山荒地造林	三北五期造林																
全市总计	6622.3	4834	3000	1834		524	895.3	369	280	112.7	5560	1666			999			202	76	23.2
榆树市	320	133		133		27	160	116	35	9.33	260									3.87
农安县	5591					280	395		40	13.33	500									3.33
德惠市	191					12	179		50	3.33	300									3.47
九台市	2211	200	1333	67		103	108		32	66.67	3000									4
双阳区	648	267		267		93	35	253	50	20	1500	1333			533					3.27
朝阳区	1						1		2											1
宽城区	6.7						6.7		1											
二道区	1						1		1											
绿园区	9.6						9.6		10						133					0.27
净月区	1009	1000	1000			9			20						133			202	76	1.33
其他单位	1434	1434	667	767					39			333			200					2.67

附:表2

2013年长春市各县(市)区林业总产值情况统计表

单位:万元

项目 单位	林业总产值	第一产业			第二产业			第三产业产值		
		总计	涉林产业合计	林业系统非林产业	总计	涉林产业合计	林业系统非林产业	总计	涉林产业合计	林业系统非林产业
长春市	1201000	500826	408440	92386	455072	270022	185050	245012	245102	-
榆树市	37048	29108	23508	5600	6980	6980	-	960	960	-
农安县	49889	26156	26156	-	23733	23733	-	-	-	-
德惠市	40267	28573	28573	-	10945	10945	-	749	749	-
九台市	135125	67798	67798	-	61402	61142	260	5925	5925	-
双阳区	278043	90442	3656	86786	184911	121	184790	2600	2600	-
朝阳区	25098	18550	18550	-	6500	6500	-	48	48	-
宽城区	111200	43000	43000	-	68200	68200	-	-	-	-
南关区	18400	-	-	-	-	-	-	18400	12400	-
二道区	40690	13150	13150	-	27540	27540	-	-	-	-
绿园区	114000	61000	61000	-	43000	43000	-	10000	1000	-
净月开发区	208385	65186	65186	-	15169	15169	-	128030	128030	-
其他单位	142855	57863	57863	-	6692	6692	-	78300	78300	-

附:表 3

2013 年长春市各县(市)区林业机构及人员情况统计表

单位:个、人、元

项目 单位	单位个数	单位性质				单位类别						年在册职工及其他人员工资								
		合计	企业	事业	机关	国有林场	国有苗圃	林业工作总站	木材检查站	病虫害防治站	其他	在册职工总数	在岗职工总数	在岗职工年工资总额	专业技术人员	下岗待安置工人数	离开本单位仍保留劳动关系人员	其他从业人员	年末实有离退休人员数	离休人员年生活费
全市合计	147	147	–	127	23	22	9	79	3	6	28	3480	2877	91690558	608	–	202	7	1249	33864227
榆树市	37	37	–	36	1	3	2	29	–	1	2	524	524	6412164	136	–	–	–	187	3389060
农安县	36	36	–	36	3	3	3	22	1	1	6	525	525	18900000	120	–	–	–	228	4920000
德惠市	8	8	–	7	1	3	1	1	–	1	2	207	207	6404204	43	–	–	–	110	2843988
九台市	10	10	–	9	1	5	1	1	1	1	1	1152	917	31824120	85	–	–	–	235	6689376
双阳区	18	18	–	16	2	5	2	8	–	–	3	503	301	9889600	46	–	202	–	281	5612000
朝阳区	5	5	–	4	1	–	–	4	–	–	1	12	12	480000	7	–	–	5	–	–
宽城区	2	2	–	1	1	–	–	1	–	–	1	32	28	1080000	6	–	–	–	4	380000
南关区	2	2	–	–	2	–	–	–	–	–	2	3	3	100800	–	–	–	–	–	–
二道区	2	2	–	1	1	–	–	1	–	–	1	21	2	72000	1	–	–	–	–	–
绿园区	5	5	–	4	1	–	–	4	–	–	1	22	14	500000	12	–	–	–	8	310000
净月开发区	9	9	–	7	2	2	–	5	–	1	1	287	165	7405200	68	–	–	–	113	2375980
其他单位	13	13	–	6	7	1	–	3	1	1	7	192	179	8622470	84	–	–	2	83	7343823

畜牧业

【综述】 2013 年,全市畜牧经济实现平稳较快发展。生猪发展到 995.6 万头,肉牛发展到 328.1 万头,羊发展到 92.6 万只,鹿存栏 21.4 万只,比 2012 年分别增长 1.7%、1.5%、1.3%、0.5%;奶牛存栏 5.1 万头,与 2012 年持平;家禽发展到 3.7 亿只,下降 5.3%。肉类总产量和奶类产量分别达 114.3 万吨和 6.6 万吨,分别下降 3.6%和 2.9%;禽蛋产量达 34.1 万吨,增长 0.6%。实现畜牧业总产值 272.3 亿元,增加值 123.4 亿元,分别增长 3.1%和 1.3%。畜产品加工业实现产值 377 亿元,增长 5.7%,出口创汇 1.59 亿美元,增长 7%。农民人均牧业收入达 2809 元,增长 7.7%。

【标准化养殖】 全年新建和改扩建养殖小区 200 个。按照畜禽良种化、养殖设施化、生产规范化、防疫制度化、粪污无害化和监管常态化的"六化"要求,制定和完善标准化养殖示范场(小区)建设标准,积极推广生态化养殖。到 2013 年已累计建成标准化养殖示范场(小区)300 个,其中国家和省级 11 个。推进清洁生产。4 县(市)及双阳区充分利用生猪调出大县奖励资金,继续对部分养猪小区的粪污处理设施进行升级改造。榆树市完成 46 个奖补小区的畜禽粪尿资源化利用配套设施;德惠市申报 7 个国家级生猪标准化养殖场项目,全部建设了无渗漏、防雨淋的粪污处理设施。

生猪标准化养殖示范场

【良种繁育】 推进良种基地建设，提高畜禽品质。推进生猪、肉鸡、肉兔和梅花鹿等种畜禽祖代、父母代场建设，组织好项目推进，全年新建种畜禽基地15个。提高农安挽马种源保护能力，从国外新引进优良种马6匹，挽马繁改能力进一步提高。

【产加销一体化】 推进产加销一体化，产业化水平进一步提高。发展畜产品加工业生产。全年全市屠宰加工生猪342.2万头、肉牛54.5万头、熟食加工19.75万吨，鹿产品加工600吨，皮革加工74万张，比2012年分别增长18%、9.3%、3%、46%和6%。乳制品加工8.8万吨，比2012年减少65%。受禽流感和宝源丰"6·3"事故的影响，肉鸡屠宰加工仅9600万只，比2012年减少45%。推进项目建设。在"三区"建设上，皓月清真肉牛产业园区一体化建设项目，皮革工业园项目已投入试生产。双阳梅花鹿产业园区开发项目，市政府出台《关于支持家养梅花鹿产业发展的意见》，争取省政府专项扶持资金30万元。长双鹿业鹿产品深加工、东鳌鹿产品综合开发项目进展顺利。农安畜产品加工业集中区建设，着力推进大连成达肉鸡、河南众品生猪和康大肉兔等项目；推进华正生猪一体化项目，推进30个生猪一体化基地示范养殖场的新建改造。在"产业带"建设上，推进正大集团在榆树的1亿只肉鸡项目，6个33万只笼养肉鸡场建成并投产。开工建设12个笼养肉鸡场，完成投资2.25亿元。阿满食品绿色基地养殖、精气神猪肉分割等续建项目继续进行。全年有3个新建项目和4个续建项目开工建设，固定资产投资到位资金4.16亿元。

【动物防疫】 防疫工作制度化建设。制定并下发防疫工作11项制度，完成动物春秋防工作。认真落实动物防疫资金，12种动物疫病的免疫率均达100%。新建改建了15个乡镇畜牧兽医站，全市乡镇畜牧兽医站更新改造工作全面完成。在农业部发布部分省市发生人感染H7N9禽流感后，畜牧局立即进行紧急部署，并下派督导组到各县(市)区，组织指导检查防控工作。做好疫苗、器械等应急物资储备，强化应急防控机制，规范应急程序，提升应急处置能力；组织各县(市)区对种禽场、商品禽场、禽类交易市场等开展"拉网式"疫情排查和流行病学调查，并开展消毒灭源工作；加强禽类强制免疫和疫情监测，全市调拨禽流感疫苗2770万毫升、购置鸡新城疫疫苗2720万毫升，免疫密度达100%；监测采集禽血清等各类样品635份。加强活禽引入和流通环节监管，严格病死动物无害化处理。防控工作取得成效，长春市没有发生H7N9禽流感疫情。

【畜产品质量安全】 推进质量安全化，确保产品质量和产业安全。结合H7N9防控工作，加大对兽药、饲料等投入品的监管力度。全年完成兽药、饲料等投入品的质量抽检450批次和201批次，合格率分别在98.6%和98.5%，确保投入品安全。按照《全省畜产品质量安全百日专项治理行动方案》的要求，9月末完成了全市开展的畜产品质量安全百日专项治理行动，查处了在饲料中添加"瘦肉精"、养殖过程中饲喂"瘦肉精"和收购贩运及待宰前使用沙丁胺醇等行为。积极组织参加全国食品安全城市创建活动，建设食品安全养殖基地10个。加强动物卫生监督工作，强化动物屠宰、运输检疫，加大对农贸市场、超市、冷藏和加工企业的日常检查力度，打击各种逃避检疫和无证经营行为。加强联防联控，强化市场准入。对生鲜乳收购站主体资格、相关制度、档案建立、环境卫生以及运输车辆等方面进行了抽检，确保乳品质量安全。

【畜牧服务体系】 推进合作经济体系建设，提高畜牧业的组织化程度。鼓励养殖户组建畜牧合作经济组织，推广养殖大户牵头模式和龙头企业带动模式，组织开展专业合作社示范社评选活动，提高其竞争能力和抗风险能力。加大畜牧科技推广力度。推进"畜禽健康养殖科技服务345行动计划"，围绕畜牧业生产急需的畜禽品种改良、疫病防治、粗饲料开发利用等健康养殖技术，开展对村防疫员、养殖户、饲料企业管理人员的专题培训，共举办各类培训班23期。创新管理模式，加强县乡畜牧兽医技术推广体系建设，提升基层站所公益服务职能，加快先进适用技术的推广应用。强化扶持保障。全年争取国家和省里标准化养殖场、"菜篮子"工程、良种补贴、生猪调出大县奖励、动物防疫、农民养殖专业合作社扶持补助奖励等国家和省里政策性扶持资金4000余万元。

(张众人)

蔬菜业

【概况】 2013年，长春市蔬菜播种面积84400公顷，总产量44.6亿公斤，其中设施蔬菜播种面积13300公顷，产量14.6亿公斤，分别占全市蔬菜总面积和总产量的15.8%和32.7%。全年新建设施蔬菜面积1400公顷，建成国家级标准园3个，省级标准园10个和1个育苗点。

【蔬菜生产管理】 加强生产信息调度，全面掌握蔬菜生产情况，及时进行生产指导。对45个省级以上棚膜园区，建立了生产档案。根据不同生产季节，及时下发生产指导意见。针对2013年春季气温持续偏低，降水偏多的实际，组织有关专家提出了2013年春季蔬菜温室大棚生产指导意见，下发到各县(市)区。2013年组织4次有关专家深入到蔬菜基地，进行现场指导。

【棚膜蔬菜建设项目】 按照蔬菜生产"十二五"规划，2013年长春市计划新增棚膜蔬菜面积1400公顷，通过采取签订责任书、实行月调度制、督促检查等措施，至10月底已全部完成，为确保完成全年建设1400公顷的工作任务，向国家和省里争取资金，2013年长春市获评国家级标准园3个，省级标准园10个和1个育苗点，获得奖补资金825万元。通过积极争取，北方城市冬季设施蔬菜开发试点项目落户长春，待该项目完成，将争取到1250万扶持资金，并提高长春市蔬菜产品应急供应能力，提升规模化、标准化生产水平，满足城乡居民冬春淡季蔬

冬季棚膜蔬菜生产

菜产品供应。

【秋菜收贮】 实行标准化生产。下发无公害秋菜生产技术规程，让菜农按技术规程进行生产。以长春市政府办公厅名义下发秋菜收贮供应工作通知。实行秋菜市场准入制。对城区秋菜生产基地采取每公顷抽取一个样品的办法进行质量检测，对城区周边农安、德惠、九台的重点乡镇秋菜基地进行抽检。根据检测结果，将"秋菜市场准入证"发放到菜农手中，凭证上市销售。对外阜进入长春市场销售的秋菜实行市场检测。共检测样品6156个，合格率均达100%。加强秋菜上市的调度。秋菜集中上市期间每天都对城区上市的秋菜品种、上市量和上市价格进行统计分析，做到随时掌握市场动态，随时组织调度。及时发布秋菜生产相关信息。在上市前和上市期间积极与新闻媒体沟通，发布相关信息，为买卖双方构建合理的预期，给农民卖菜、市民买菜创造宽松和谐的社会氛围。

（杨 亮）

水 利

【概况】 2013年，长春市水利局全年完成水利投资8.57亿元。长春市节水型社会建设试点工作，顺利通过国家评估和验收。水资源管理工作、水利管理服务工作得到有序开展。截至2013年年底，拥有大中小型水库196座，其中大型水库3座、中型水库16座、小型水库177座；建成灌区46处，其中万亩以上灌区28处、小型灌区18处；重点涝区25处；现有泵站213座，其中大型泵站1座、中型泵站10座、小型泵站202座；水闸75座，其中大型水闸1座、中型水闸17座、小型水闸57座；机电井397738处，其中规模以上机电井29288处、规模以下机电井368450处；长春市水利系统从业人员5625人，其中高级职称245人、中级职称559人。

【防汛工作】 2012年冬季至2013年春季，长春市累计降水频次和降水总量都远超多年同期平均水平，两项指标均突破了历史记录。据统计，自2012年11月1日至2013年5月11日，长春市降水多达48场次，全市累计降水总量为139.5毫米，比多年同期均值多81.6%，加之2012年汛末长春市各类水库蓄水情况普遍较好，防春汛形势十分严峻。截至2013年5月11日，全市水库蓄水总量为9.35亿立方米，其中19座大中型水库蓄水总量8.85亿立方米，比2012年同期5.31亿立方米多66.7%，入库水量累计为5.17亿立方米。期间，太平池、新立城2座大型水库，以及五一、牛头山、共青团等7座中型水库和张家店等28座小型水库，共计37座大中小型水库超正常蓄水。长春市水利局在调度上坚持"及时弃水确保工程安全、精细调度确保用水安全"的原则，对石头口门、新立城2座大型水库及时分别弃水2.18亿立方米和0.82亿立方米，确保水库运行安全。各县(市)区积极组织中小型超蓄水库开闸泄洪，德惠、双阳、九台和绿园组织人员对七一、五一、淌泉子和民丰等33座中小型水库实施闸前破冰放流，双阳区对土顶子、三姓、治国等小水库临时开挖非常溢洪道进行泄流，确保水库蓄水降至正常水位。

组织应对强降雨，防汛抗洪工作卓有成效。全面落实防汛责任制。市、县两级全面落实防汛行政、技术和管理责任人，落实大中型水库、主要江河、城市防洪的行政责任人，落实并向省防办上报197座小型水库的行政责任人、管理责任人和技术责任人。开展工程大检查。在防春汛排查工作的基础上，2013年4月中旬开始，对辖区内的在建项目、水库、堤防等防洪工程开展了又一轮细致的检查；5月上旬，在各县(市)区"拉网式"检查的基础上，市水利局分5个组对全市重点度汛工程进行了抽查，对发现的安全隐患按照"分级分部门负责"的原则落实了整改措施；6月，按照国家、省及全市安全生产视频会议要求，对辖区内小型水库进行了第二轮检查，检查小水库88座，其中城区37座小型水库全部进行排查，五县(市)区的160座小型水库抽查51座、占32%。充分发挥信息沟通作用。汛期执行24小时值班制度，及时调度防汛有关情况，共发布防汛抗旱简报、专报39期，报送、转发暴雨预警62份，接收雨水情信息124份。及时调拨抗洪抢险物资。充分利用市本级和各县(市)区自储物资，调拨抢险物资，市本级累计调出水泵30台、编织袋15万条、铁线10吨、无纺布6万平方米、编织布7万平方米，为抗洪抢险提供强有力的物质保障。

【水资源管理】 长春市水资源总量为27.46亿立方米，其中，地表水资源量13.26亿立方米、地下水资源量16.36亿立方米，全市人均占有水资源量362立方米、是全省人均占有水资源量的25%、是全国人均占有水资源量的17%。

长春市节水型社会建设试点工作，于8月通过国家专家组的评估，10月通过国家水利部验收。组织相关部门对2011年(基准年)长春市水资源管理、利用等情况进行调查评估，编制长春市水资源管理“三条红线”工作大纲和方案。利用13处水文站和7处临时地表水动态监测水文点、256眼地下水动态观测井对长春市水资源情况进行监测，编制《2012年长春市水资源公报》。建设115个智能IC卡流量计及在线监控传输设施，为实现城区水资源智能监控系统打基础，实行科学管护水资源。石头口门水库和新立城水库加强水源地管理，科学调控防汛与供水关系，保证全年城市供水和企业用水安全。2013年，两大水库供水总量为43053万立方米，石头口门水库供水总量33718万立方米、新立城水库供水总量9335万立方米。

水资源治理体系渐趋完善。科学规划、实施水源地污染综合治理工程，建设湿地生态系统，保护水源地生态环境，保障原水水质安全，石头口门水库、新立城水库水质达到Ⅲ类标准。全面实施取水许可制度和地下水资源的计划管理，根据地下水用户特点，实施分类管理和计量收费措施及银行代收代缴制度。组建了长春市水资源监察支队，设置公开举报电话和群众监督网络。水资源得到了合理开发利用。长春市建成大中型水库19座、小型水库166座，兴利库容9.86亿立方米。“引松入长”和石头口门水库增容工程的相继竣工，增加了城镇供水能力，现城镇年设计供水能力达6.37亿立方米，实现城镇供水3.5亿立方米，确保当期城镇供水安全。长春市区多年平均水资源总量4.18亿立方米,其中，地表水资源总量1.78亿立方米、地下水资源总量2.23亿立方米(可开采量1.58亿立方米)。

【重点水利工程建设】 2013年，长春市重点实施了病险水库除险加固、中小河流治理、江河防洪、水源地污染综合治理和其他工程等5大方面、52项重点工程建设，累计完成投资4.26亿元，完成综合工程量694万立方米。24座病险水库进行了除险加固工程建设。德惠沐石河、双阳河、新凯河绿园区段等中小河流治理项目已完工，新凯河汽车区段中小河流治理项目开工建设、累计完成投资404万元。唐谷围堤加固工程实施续建，套子里围堤加固工程开工建设，学安围堤加固初设报告通过省水利厅审查。新立城水库水源地污染治理工程建成湿地675公顷，其中，栽植芦苇504公顷、栽植乔灌木171公顷。

【水利助推粮食增产工程】 长春市实施30亿斤粮食增产工程以来，全市投入5.2亿元资金，对大中型灌区、重点涝区进行治理，促进了粮食增产。饮马河、松沐、松城三大灌区配套改造工程建设，新增和改善灌溉面积1.07万公顷，灌区渠系水利用系数由0.52提高到0.56，年节水1000万立方米。以小型工程重点县建设为中心改善农业生产条件，实施节水灌溉等工程建设，灌区渠系水利用系数由0.48提高到0.53。实施膜下滴灌工程，投资0.66亿元，建成0.6万公顷膜下滴灌农田。实施病险水库除险加固工程，2008年以来有56座水库完成除险加固任务。

【农田灌排工程】 饮马河、松沐及松城灌区的配套改造工程，共投资4950万元，完成渠道衬砌与土方整治53.22公里、渠系建筑物521座。其中，饮马河灌区主要开展现代农业生产发展资金节水灌溉项目建设，完成综合工程量25.87万立方米，完成31条干支渠衬砌26公里，17条排水沟整治17.3公里，渠系建筑物510座，改善灌溉面积0.11万公顷，新增灌溉面积0.4万亩，新增粮食生产能力322万公斤，年节水197万立方米；松沐灌区主要进行续建配套与节水改造项目建设，建设渠道防渗4.5公里，土方19.9万方，渠系建筑物11座；松城灌区完成总干渠清淤衬砌6.08公里。双阳灌区改造工程完成初步设计。28座排涝站改造工程完成初步设计、审查和批复等前期工作。

【水产品安全】 2013年5月开始，在全市5个县(市)区1301.33公顷养殖水面

松城灌区二级电灌站

农村安全饮水工程打井现场

建立21个测报点，进行病害测报，其中鲤春病毒采样送检结果全部合格。2013年，长春市产地水产品在国家抽检中保持100%的合格率，稳居全国上游。在流通市场水产品质量安全监管方面，加大了批发市场水产品质量监管力度，增加抽检数量、提高抽检频次，元旦、春节、"五一""十一"等重大节假日期间抽检合格率分别为85%、95%、100%、100%，2次随机抽检合格率均为100%。农业部的例行抽样检测结果是：一季度合格率95%，高于2012年同期35个百分点；二季度合格率90%，高于2012年同期45个百分点；三季度合格率90%，高于2012年同期25个百分点;四季度合格率100%，高于2012年同期35个百分点。

【农村安全饮水工程】 2013年农村饮水安全工程建设分两批，第一批工程建设指标是14.41万人、师生1.68万人，于5月中旬陆续开工，水源井、管网、管理房和净水设施等工程相继完成，投入运行；第二批工程建设指标是28.72万农村居民、1.39万师生，涉及榆树、农安、德惠、九台、双阳、二道、莲花山等7个县（市）区，已完成水源井工程建设。累计建成集中式供水工程1628处，建设管理房1504处、水源井1638眼，解决178万农村居民及19万农村学校师生饮水不安全问题。

【渔业生产】 开展标准化池塘改造，加快健康水产养殖示范建设，实施品牌渔业提升工程。2013年，全市改（扩）建标准化池塘9处、950亩，建设健康养殖示范场5处，新认证无公害产地3处。推进渔业生产"两记录、一标签"工作，编制了《长春市重点渔业生态环境监测报告》。开展渔业生产安全隐患检查、整改专项执法活动，登记渔船受检率100%、合格率100%，无安全生产案件发生。截至2013年年底，全市渔业养殖面积37910公顷，其中，水库养殖面积29802公顷、池塘养殖面积4375公顷、湖泊养殖面积3733公顷、鱼种池面积583公顷；渔业总产量26926吨，其中，鱼类产量269879吨、虾类产量45吨、贝类产量2吨；渔业总产值59642.91万元；拥有渔业机动船舶626艘，总吨位579吨，总功率7208千瓦。

【水利服务】 2013年，办理行政许可58项、办结率为100%，完成了434件取水许可证审换工作；对25项许可项目按照范围、标准和处理原则进行了清理核对，合并一项、取消一项，最终备案的许可项目为2种23项。做好防汛服务工作，确定净月长山水库加固等10项应急度汛项目，并上报省应急度汛项目数据库；指导莲花山开发区完成雾开河城市防洪及治理工程的可行性研究报告和防洪影响评价报告；完成2012年度大中型水库移民监测评估工作。水利普查工作顺利通过省水普办的验收。

【大检查、大整改活动】 2013年6月至9月，按照吉林省水利厅《关于立即开展水利系统安全生产大检查工作的紧急通知》和《长春市集中全面开展安全生产隐患大检查、大整改实施方案》要求，长春市水利系统利用4个月时间集中开展了安全生产隐患"大检查、大整改"活动。市水利局4个安全生产督查组深入到局属单位和县（市）区进行专项检查，对四县（市）小水库安全运行情况进行了重点抽查，对城区小水库安全运行情况进行了逐一排查；7户企事业单位自查率达100%；共聘请10名专家，成立消防、防汛、工程、渔业和危房等5个专家组进行排查治理隐患；共聘请专家82名次、出动督查力量94人次，排查一般隐患31项，整改隐患31项、整改率100%。

【水土保持】 2013年，全市完成水土保持综合治理面积147平方公里，其中，水土流失治理面积115平方公里；生态修复面积32平方公里。

（王忠君）

2013年长春市基层水利职工队伍基本情况统计表

单位：人

项目	代码	单位个数	职工队伍总人数	学历情况					专业情况		职称情况					年龄情况			
				硕士以上	大学本科	大学专科	中专	高中及以下	水利	非水利	高级	正高级	中级	初级	见习及其他	35岁以下	36至45岁	46至54岁	55岁以上
甲	乙	1	2	3	4	5	6	7	8	9	10	11	12	13	14	15	16	17	18
合计	1	145	4284	7	491	686	728	2372	1132	3152	120	6	425	506	1119	800	1694	1436	354
县(市)水行政机关	2	10	134	4	64	46	12	8	42	92	–	–	–	–	–	11	42	52	29
水利水电工程管理单位	3	46	2348	1	298	331	384	1334	517	1831	47	4	202	272	535	476	940	763	169
其他直属单位	4	36	1508	2	106	261	244	895	527	981	73	2	196	167	438	272	594	522	120
乡镇水管单位	5	53	294	–	23	48	88	135	46	248	–	–	27	67	146	41	118	99	36
党政人员	6	–	164	4	75	53	21	11	49	115	–	–	–	–	–	16	60	59	29
县处级	7	–	29	–	19	9	1	–	15	14	–	–	–	–	–	–	9	14	6
乡科级	8	–	49	4	32	12	1	–	19	30	–	–	–	–	–	1	16	25	7
乡科级以下	9	–	86	–	24	32	19	11	15	71	–	–	–	–	–	15	35	20	16
专业技术人员	10	–	1570	3	406	537	556	68	737	833	120	6	425	506	519	264	670	477	159
高级	11	–	120	1	82	24	13	–	107	13	120	–	–	–	–	–	18	86	16
其中：正高级	12	–	6	–	6	–	–	–	6	–	–	6	–	–	–	–	–	5	1
中级	13	–	425	1	126	145	136	17	250	175	–	–	425	–	–	20	180	163	62
初级	14	–	506	–	90	174	213	29	229	277	–	–	–	506	–	121	228	119	38
见习及其他	15	–	519	1	108	194	194	22	151	368	–	–	–	–	519	123	244	109	43
经营管理人员	16	–	–	–	–	–	–	–	–	–	–	–	–	–	–	–	–	–	–
董事、监事	17	–	–	–	–	–	–	–	–	–	–	–	–	–	–	–	–	–	–
经理人	18	–	–	–	–	–	–	–	–	–	–	–	–	–	–	–	–	–	–
党委(党组)负责人	19	–	–	–	–	–	–	–	–	–	–	–	–	–	–	–	–	–	–
部门负责人	20	–	–	–	–	–	–	–	–	–	–	–	–	–	–	–	–	–	–
其他经营管理人员	21	–	–	–	–	–	–	–	–	–	–	–	–	–	–	–	–	–	–
工勤技能人员	22	–	2550	–	10	96	151	2293	346	2204	–	–	–	–	600	520	964	900	166
高级技师	23	–	2	–	–	–	–	2	–	2	–	–	–	–	–	–	–	1	1
技师	24	–	21	–	1	7	5	8	5	16	–	–	–	–	–	–	3	12	6
高级工	25	–	228	–	4	16	27	181	62	166	–	–	–	–	6	4	108	102	14
中级工	26	–	526	–	4	26	27	469	125	401	–	–	–	–	115	55	185	233	53
初级工	27	–	834	–	–	18	57	759	103	731	–	–	–	–	318	216	222	343	53
无等级	28	–	939	–	1	29	35	874	51	888	–	–	–	–	161	245	446	209	39

2013 年长春市基层水利职工队伍基本情况统计表

单位:人

项目	代码	合计	女	中共党员	博士	硕士	学历情况					职称情况					年龄情况			
							研究生	大学本科	大学专科	中专	高中及以下	高级	正高级	中级	初级	见习及其他	35岁以下	36至45岁	46至54岁	55岁以上
甲	乙	1	2	3	4	5	6	7	8	9	10	11	12	13	14	15	16	17	18	19
合计	1	5625	1424	1473	–	4	38	804	950	899	2934	245	17	559	639	1312	1194	2186	1778	467
党政人员	2	227	36	193	–	2	10	117	66	23	11	–	–	5	24	–	25	79	83	40
省部级	3	–	–	–	–	–	–	–	–	–	–	–	–	–	–	–	–	–	–	–
厅局级	4	3	–	3	–	–	1	1	1	–	–	–	–	–	–	–	–	1	1	1
县处级	5	60	10	59	–	–	4	40	15	1	–	–	–	–	–	–	1	14	31	14
乡科级	6	76	9	65	–	2	5	50	18	3	–	–	–	5	–	–	7	29	31	9
乡科级以下	7	88	17	66	–	–	–	26	32	19	11	–	–	–	24	–	17	35	20	16
专业技术人员	8	2126	709	738	–	2	27	658	729	592	120	245	17	554	615	712	420	885	624	197
高级	9	245	68	163	–	–	6	182	43	14	–	245	–	–	–	–	1	80	136	28
正高级	10	17	4	15	–	–	–	16	1	–	–	–	17	–	–	–	–	–	14	3
中级	11	554	212	224	–	–	4	181	201	150	18	–	–	554	–	–	62	233	193	66
初级	12	615	239	160	–	1	9	147	209	221	29	–	–	–	615	–	199	246	131	39
见习及其他	13	712	190	191	–	1	8	148	276	207	73	–	–	–	–	712	158	326	164	64
经营管理人员	14	–	–	–	–	–	–	–	–	–	–	–	–	–	–	–	–	–	–	–
董事、监事	15	–	–	–	–	–	–	–	–	–	–	–	–	–	–	–	–	–	–	–
经理人	16	–	–	–	–	–	–	–	–	–	–	–	–	–	–	–	–	–	–	–
党委(党组)负责人	17	–	–	–	–	–	–	–	–	–	–	–	–	–	–	–	–	–	–	–
部门负责人	18	–	–	–	–	–	–	–	–	–	–	–	–	–	–	–	–	–	–	–
其他经营管理人员	19	–	–	–	–	–	–	–	–	–	–	–	–	–	–	–	–	–	–	–
工勤技能人员	20	3272	679	542	–	–	1	29	155	284	2803	–	–	–	–	600	749	1222	1071	230
高级技师	21	11	5	5	–	–	–	–	–	5	6	–	–	–	–	–	–	2	8	1
技师	22	134	10	34	–	–	–	3	24	25	82	–	–	–	–	–	1	43	73	17
高级工	23	427	72	96	–	–	–	5	33	58	331	–	–	–	–	6	7	202	164	54
中级工	24	732	141	127	–	–	–	7	37	84	604	–	–	–	–	115	132	273	264	63
初级工	25	1025	185	158	–	–	1	13	32	77	902	–	–	–	–	318	363	256	351	55
无等级	26	943	266	122	–	–	–	1	29	35	878	–	–	–	–	161	246	446	211	40

2013 年长春市灌区效益及管理情况一览表

灌区名称	设计灌溉面积(千公顷)							有效灌溉面积(千公顷)							实际灌溉面积(千公顷)						
	合　计			其中:				合　计			其中:				合　计			其中:			
	计	水田	旱浇	机电站		机电井		计	水田	旱浇	机电站		机电井		计	水田	旱浇	机电站		机电井	
				处	面积	处	面积				处	面积	处	面积				处	面积	处	面积
甲	1	2	3	4	5	6	7	8	9	10	11	12	13	14	15	16	17	18	19	20	21
长春市	352.47	248.58	103.89	443	147.69	20038	138.43	244.13	191.60	52.53	440	73.58	19763	114.85	240.56	153.97	86.59	416.	80.78	19869	124.31
朝阳区	3.43	2.07	1.36	4	0.18	245	3.01	0.94	1.83	1.36	4	0.13	245	2.9	1.626	1.36	0.266	-	-	225	1.626
南关区	1.35	-	1.35	11	1.07	25	0.28	0.89	-	1.02	11	0.74	25	0.28	0.48	-	0.48	11	0.2	25	0.28
宽城区	4.26	2.18	2.08	33	2.97	1409	0.92	5.5	1.76	1.62	33	2.25	1409	0.88	2.88	1.17	1.71	33	1.94	1409	0.84
二道区	2.46	1.54	0.92	13	1.02	224	1.25	8.06	1.35	0.75	13	0.97	224	0.93	1.58	1.06	0.52	13	0.44	224	1.03
绿园区	5.19	0.36	4.83	45	2.23	186	2.79	1.31	0.49	2.92	45	0.9	186	2.18	5.19	0.36	4.83	45	2.23	186	2.79
双阳区	18.25	17.78	0.47	45	3.68	1818	8.23	17.78	14.59	0.42	45	2.94	1818	8.11	12.24	12.24	-	45	2.42	1818	6.7
榆树市	93.53	85.12	8.41	37	19.35	6009	57.63	53.85	68.34	6.35	37	12.45	5734	52.12	59.75	53.67	6.08	39	5.41	6006	49.2
农安县	79.84	10.78	69.06	11	36.88	1411	31.46	42.33	9.82	31.7	11	5.99	1411	14.59	79.84	10.78	69.06	11	36.88	1411	31.46
德惠市	99.24	87.25	11.99	158	67.07	5689	22.86	58.56	59.2	4.74	157	37.14	5689	22.86	50.78	47.45	3.33	157	24.88	5566	22.64
九台市	42.82	40.59	2.23	68	12.42	2915	9.27	27.01	33.5	1.27	68	9.91	2915	9.27	25.42	25.42	-	62	6.22	2915	7.18

2013 年长春市各县(市、区)机电井情况

县市	打井(眼)		配套机电井(眼)					配套井按用途分(眼)					农田灌溉面积(千公顷)								
	本年新增	累计达到	本年新增	累计达到	其中完好数量	装机		农田灌溉井	牧业井	人畜水井	防病井	林业井	设计			有效			实灌		
						台	千瓦						计	水田	旱浇	计	水田	旱浇	计	水田	旱浇
朝阳区	–	258	–	258	258	258	1745.2	245	–	13	–	–	3.21	1.65	1.56	2.905	1.545	1.36	1.626	1.36	0.266
南关区	–	245	–	245	245	245	176	198	–	47	–	–	0.28	–	0.28	0.28	–	0.28	0.198	–	0.198
二道区	15	254	15	254	254	254	1783.5	220	–	34	–	–	1.22	0.68	0.54	0.93	0.53	0.4	1.03	0.63	0.4
绿园区	–	204	–	204	204	206	2591	186	–	18	–	–	3.36	0.12	3.24	2.79	0.12	2.67	2.18	0.06	2.12
宽城区	–	116	–	116	116	116	1015	106	–	10	–	–	0.34	0.13	0.21	0.3	0.09	0.21	0.28	0.07	0.21
净　月	–	116	–	116	116	116	601.5	102	–	14	–	–	0.73	0.46	0.27	0.73	0.46	0.27	0.56	0.41	0.15
双阳区	6	2643	–	1927	1927	1927	12523	1818	–	100	9	–	8.23	7.83	0.4	7.84	7.44	0.4	6.7	6.7	–
德惠市	200	8294	32	5876	5876	5876	70556	5719	–	154	3	–	22.86	19.51	3.35	22.86	19.51	3.35	22.64	19.31	3.33
榆树市	60	5032	259	4303	4303	4303	57005	3769	30	504	–	–	59.34	53.08	6.28	52.12	45.84	6.28	48.73	43.65	5.08
九台市	8	3073	8	3037	3037	3090	18679	2898	–	129	10	–	8.71	8.4	0.31	8.71	8.4	0.31	7.18	7.18	–
农安县	192	9053	158	2318	2318	2318	18177	1566	81	239	387	45	31.32	4.97	26.35	19.44	4.97	14.47	4.99	4.99	–

2013 年长春市江河堤防累计完成情况表

市州县市区	合　计			主　要　江　河						一　般　江　河			堤防绿化累计长度(公里)
	堤防长度(公里)	保护耕地(公顷)	保护人口(万人)	松花江流域			其他流域			松花江流域			
				堤防长度	保护耕地	保护人口	堤防长度	保护耕地	保护人口	堤防长度	保护耕地	保护人口	
长春市	1834.87	232343	89.43	667.99	114830	43.635	303.6	24333	16.9	863.28	93180	28.895	491.86
城区	249.7	23230	23.78	123.19	11850	7.75	–	–	–	126.51	11380	16.03	40
朝阳区	15	2800	1.2	15	2800	1.2	–	–	–	–	–	–	10
南关区	–	–	–	–	–	–	–	–	–	–	–	–	–
宽城区	20.6	2000	0.9	20.6	2000	0.9	–	–	–	–	–	–	–
二道区	6.1	1820	0.9	6.1	1820	0.9	–	–	–	–	–	–	–
绿园区	24	5650	1.35	–	–	–	–	–	–	24	5650	1.35	24

续表

市州县市区	合计			主要江河						一般江河			堤防绿化累计长度（公里）
	堤防长度（公里）	保护耕地（公顷）	保护人口（万人）	松花江流域			其他流域			松花江流域			
				堤防长度	保护耕地	保护人口	堤防长度	保护耕地	保护人口	堤防长度	保护耕地	保护人口	
双阳区	182.7	10650	19.3	81.49	5230	4.75	–	–	–	101.21	5420	14.55	6
净月开发区	1.3	310	0.13	–	–	–	–	–	–	1.3	310	0.13	–
榆树市	344.6	28333	20.9	41	4000	4	303.6	24333	16.9	–	–	–	129.1
农安县	532	62300	15.8	62	10100	4.36	–	–	–	470	52200	11.44	177.05
德惠市	524.77	98000	16.05	258	68400	14.625	–	–	–	266.77	29600	1.425	145.71
九台市	183.8	20480	12.9	183.8	20480	12.9	–	–	–	–	–	–	–

2013 年长春市水利工程年供水量

单位:万立方米

单位	合计					蓄水工程				引水工程				机电站			机电井		
	计	农业	工业	城镇生活	另:水电供水	农业	工业	城镇生活	另:水电供水	农业	工业	城镇生活	另:水电供水	农业	工业	城镇生活	农业	工业	城镇生活
长春市	199730	165519	360	33851	–	26227	360	28020	–	1290	0	840	–	46565	–	–	91427	–	4991
朝阳区	1260	1260	–	–	–	–	–	–	–	–	–	–	–	–	–	–	1260	–	–
南关区	360	360	–	–	–	–	–	–	–	–	–	–	–	205	–	–	155	–	–
宽城区	1112	1102	–	10	–	36	–	–	–	–	–	–	–	800	–	–	266	–	10
二道区	1462	1442	–	20	–	80	–	–	–	–	–	–	–	474	–	–	888	–	20
绿园区	3906	3887	–	19	–	390	–	–	–	–	–	–	–	1080	–	–	2417	–	19
双阳区	9115	9086	–	29	–	2020	–	–	–	–	–	–	–	1936	–	–	5120	–	29
净　月	6140	640	–	5500	–	52	–	5500	–	–	–	–	–	100	–	–	488	–	–
榆树市	59546	56351	–	3195	–	5132	–	–	–	–	–	–	–	5784	–	–	45435	–	3195
农安县	9598	8478	360	760	–	1868	360	520	–	840	–	–	–	2290	–	–	3480	–	240
德惠市	57692	57219	–	473	–	5060	–	–	–	450	–	–	–	29209	–	–	22500	–	473
九台市	49539	25694	–	23845	–	11589	–	22000	–	–	–	840	–	4687	–	–	9418	–	1005

2013 年长春市长春市易涝区域

涝区名称	易涝面积（千公顷）	除涝面积（千公顷）					现有易涝面积（千公顷）	机电排涝站							
		合计	其中：水田	在合计中				装机						排水面积（千公顷）	
				3～4 年	5～9 年	10 年以上		设计			实际			设计	有效
甲	1	2	3	4	5	6	7	处	台	千瓦	处	台	千瓦	10	11
长春市	322.264	302.148	101.69	6.63	66.515	229.003	77.225	158	489	63398	149	443	50467	174.398	148.05
朝阳区	2.51	2.51	2.1	–	0.26	2.25	–	–	–	–	–	–	–	–	–
南关区	0.26	0.26	0.12	–	0.19	0.07	–	–	–	–	–	–	–	–	–
宽城区	3.92	2.42	0.64	–	0.82	1.6	1.5	4	11	448	4	11	448	1.59	1.48
二道区	2.66	2.21	0.64	0.02	1.12	1.07	0.45	2	8	176	2	8	176	1.18	1.18
绿园区	5.65	5.65	0.83	–	3.36	2.29	–	4	12	340	2	7	236	0.46	0.46
双阳区	15.61	15.31	9.12	0.07	1.85	13.39	0.3	11	27	1882	4	14	1020	3.97	3.97
净月开发区	0.84	0.84	0.21	–	0.09	0.75	–	–	–	–	–	–	–	–	–
榆树市	86.8	86.8	17.4	2.27	18.78	65.75	–	23	77	6825	23	76	6670	29.45	22.68
农安县	90	90	6.69	1.11	10.72	78.17	–	52	161	32841	52	151	22841	49.82	49.82
德惠市	67.754	58.038	48.21	–	22.765	35.273	66.825	45	141	15896	45	126	14346	67.808	48.45
九台市	46.26	38.11	15.73	3.16	6.56	28.39	8.15	17	52	4990	17	50	4730	20.12	20.01

工业

综述

【工业生产】 2013年，长春市规模以上工业企业（新的统计口径：年销售收入2000万元以上工业企业。下同）完成产值9213.4亿元，比2012年增长10.7%。按类型划分：轻工业完成产值1707.6亿元，增长10.7%；重工业完成产值7505.7亿元，增长10.7%。按所有制划分：国有工业完成产值4416.8亿元，比2012年增长14.6%；集体工业完成产值9.8亿元，增长1.2%；股份合作制企业完成产值3.8亿元，增长11.4%；股份制企业完成产值2834.6亿元，增长1.5%；外资企业完成产值1788.8亿元，增长18.8%。按隶属关系划分：中央属工业完成产值4971.8亿元，增长12.0%；省属工业完成产值6亿元，与2012年持平；市及市以下工业完成产值4235.5亿元，增长9.3%。

【经济效益】 2013年，长春市规模以上工业企业实现销售收入9279.2亿元，比2012年增长6.8%；实现税金590亿元，增长23.1%；实现利润728.4亿元，增长16.5%。其中，国有企业实现销售收入4702.7亿元，增长8.1%；实现税金428.1亿元，增长31.0%；实现利润504.7亿元，增长21%。集体企业实现销售收入9.6亿元，增长0.7%；实现税金3332万元，增长3.8%；实现利润8339万元，下降22.2%。股份合作企业实现销售收入4.4亿元，下降27.7%；实现税金623万元，下降13%；实现利润-1346万元，下降3382.9%。股份制企业实现销售收入2620.5亿元，下降2.8%；实现税金94.3亿元，增长35.8%；实现利润120.2亿元，增长27.6%。外资企业实现销售收入1793亿元，增长21.3%；实现税金64.3亿元，下降19.5%；实现利润96.8亿元，下降10.3%。国有控股企业实现销售收入6131.9亿元，增长4.6%；实现税金517.4亿元，增长34.6%；实现利润558.7亿元，增长22.4%。全市规模以上工业企业总计1081户，其中盈利企业965户，亏损企业116户。

2013年，按月报口径计算，长春市规模以上工业实现增加值2103.3亿元，比2012年增长10.2%；工业产品产销率达98.8%，增长0.4个百分点；总资产为6711.1亿元，增长11.5%；成本费用利润率为8.4%，增长0.3个百分点；流动资金周转次数达到2.5次，下降0.4次；产成品资金占用273.0亿元，增长37.6%。

2013年长春市盈利大户盈利额统计表

企业名称	实现利润(万元)	比2012年±%
中国第一汽车集团公司	4 993 670	22.40
长春轨道客车股份有限公司	190 477	22.85
长春丰越公司	167 877	3 409.80
长春大成实业集团有限公司	104 872	-61.17
一汽丰田(长春)发动机有限公司	61 043	29.15
吉林省长春皓月清真肉业股份有限公司	57 991	22.20
富奥汽车零部件股份有限公司	57 667	6.29
吉林烟草工业有限责任公司长春卷烟厂	57 059	28.80
大陆汽车电子(长春)有限公司	52127	7.40
长春博泽汽车部件有限公司	50827	-0.75

续表

企 业 名 称	实现利润(万元)	比 2012 年 ± %
吉林亚泰(集团)股份有限公司	47306	-63.74
长春金赛药业有限责任公司	38175	29.62
福耀集团长春有限公司	32878	3.61
长春奥托立夫汽车安全系统有限公司	29953	16.80
天合汽车安全系统(长春)有限公司	28336	-0.71
长春佛吉亚排气系统有限公司	27326	8.42
长春英利模具制造有限公司	27089	22.78
长春派格汽车塑料技术有限公司	27012	46.46
吉林省吴太感康药业有限公司	25427	25.67
伟巴斯特车顶系统(长春)有限公司	23343	35.31
长春市华维汽车零部件有限公司	23029	104.72
大众一汽平台零部件有限公司	20332	7.92
长春华翔轿车消声器有限责任公司	20232	8.34
吉林省电力有限公司	20119	181.77
长春富维-江森自控汽车饰件系统有限公司	19975	-61.57
采埃孚富奥底盘技术(长春)有限公司	19219	11.53
长春祈健生物制品有限公司	18862	38.66
长春富奥石川岛增压器有限公司	18336	28.15
杜邦高性能涂料(长春)有限公司	17447	198.14
长春际华三五零四职业装有限公司	16627	170.54

2013 年长春市盈利大户利税额统计表

企业名称	实现利税(万元)	比 2012 年 ± %
中国第一汽车集团公司	8918819	27.21
长春轨道客车股份有限公司	376640	50.00
长春丰越公司	520192	146.09
长春大成实业集团有限公司	104872	-61.17
一汽丰田(长春)发动机有限公司	78751	36.06
吉林省长春皓月清真肉业股份有限公司	63775	22.61
富奥汽车零部件股份有限公司	79422	8.56
吉林烟草工业有限责任公司长春卷烟厂	303538	6.98
大陆汽车电子(长春)有限公司	52127	7.40
长春博泽汽车部件有限公司	63609	22.10
吉林亚泰(集团)股份有限公司	151470	-28.46
长春金赛药业有限责任公司	44505	7.53
福耀集团长春有限公司	42177	7.62
长春奥托立夫汽车安全系统有限公司	40996	19.70
天合汽车安全系统(长春)有限公司	44286	3.99
长春佛吉亚排气系统有限公司	36485	42.46
长春英利模具制造有限公司	32177	21.59
长春派格汽车塑料技术有限公司	35852	45.28
吉林省吴太感康药业有限公司	32143	25.91
伟巴斯特车顶系统(长春)有限公司	25417	38.35
长春市华维汽车零部件有限公司	28556	98.53

续表

企业名称	实现利税(万元)	比 2012 年 ± %
大众一汽平台零部件有限公司	20184	-94.79
长春华翔轿车消声器有限责任公司	22798	10.83
吉林省电力有限公司	151884	55.39
长春富维－江森自控汽车饰件系统有限公司	38529	-31.81
采埃孚富奥底盘技术(长春)有限公司	25732	22.26
长春祈健生物制品有限公司	20987	34.90
长春富奥石川岛增压器有限公司	19690	27.26
杜邦高性能涂料(长春)有限公司	23457	122.29
长春际华三五零四职业装有限公司	16578	154.53

【重点产业】 2013 年,长春市继续坚持做大做强汽车、农产品和轨道客车三大优势产业,培育和发展先进装备制造、光电信息、生物医药、新能源、新材料等五个战略性新兴产业,全市工业产业集中度不断提升。全年,长春市汽车、食品、生物医药、光电子信息、材料、能源和装备制造业等七大重点行业完成产值 9213.4 亿元,比 2012 年增长 10.7%。全市除一汽集团之外的工业企业完成产值 5033.8 亿元,增长 7.0%,占全市规模以上工业总产值的比重达 54.6%。

长春市重点产业竞相发展,其中汽车工业完成产值 5483.8 亿元,比 2012 年增长 11.5%,占全市的比重为 59.5%;农产品加工业完成产值 1399.6 亿元,增长 10.7%,占全市的比重为 15.2%;生物医药产业完成产值 122.8 亿元,增长 14.8%,占全市的比重为 1.3%;光电子信息产业完成产值 508.7 亿元,增长 17.7%,占全市的比重为 5.5%;材料工业完成产值 642.5 亿元,增长 13.4%,占全市的比重为 7%;能源工业完成产值 533.3 亿元,增长 0.9%,占全市的比重为 5.8%;装备制造业完成产值 514.1 亿元,增长 8.7%,占全市的比重为 5.6%。

【重点企业】 2013 年,长春市规模以上工业企业规模不断扩大,整体实力不断增强,规模以上企业户数达 1081 户,净增 46 户。重点企业支撑作用持续稳定,长春市产值超亿元的工业企业户数达 637 户,比 2012 年增加 85 户,占全部规模以上工业企业总数的 58.9%。其中产值超千亿元企业 1 户,产值 100 亿 ~ 1000 亿元企业 6 户,10 亿 ~ 100 亿元企业 58 户,1 亿 ~ 10 亿元企业 572 户。全市重点工业企业呈现良性发展态势,其中 40 户重点企业完成产值 6970.1 亿元,比 2012 年增长 10.4%,占全市工业总产值的 75.7%;净增加产值 657.0 亿元,占全市净增加产值的 73.7%。

2013 年长春市 40 户重点工业企业产值完成情况

企业名称	完成工业产值(万元)	比 2012 年 ± %
一汽集团公司	41795327	15.52
长春大成玉米有限公司	5512125	10.15
吉林亚泰(集团)股份有限公司	4197052	13.07
吉林省电力有限公司	3514608	3.88
长春轨道客车股份有限公司	2315177	-0.02
长春皓月清真实业有限公司	2178001	19.44
长春丰越公司	1821636	177.70
一汽天合富奥汽车安全系统长春公司	894366	14.62
长春富维江森自控汽车饰件系统公司	864238	33.94
大陆汽车电子(长春)有限公司	648871	29.03
吉林东光集团	552991	8.98
富奥汽车零部件股份有限公司	509318	-81.16
长春大合生物技术开发有限公司	470667	-33.96
吉林烟草工业有限责任公司	442083	1.53
采埃孚富奥底盘技术(长春)有限公司	427807	25.98
新大农安石油化工有限公司	264070	-0.21
金锣集团(九台)有限公司	254456	2.41

续表

企业名称	完成工业产值(万元)	比 2012 年 ± %
大众一汽平台零部件有限公司	252227	-25.25
吉林华正牧业开发股份有限公司	241950	27.64
一汽丰田发动机公司	227745	28.97
长春旭阳工业(集团)有限公司	214478	-0.31
佛吉亚(长春)排气系统公司	203161	3.10
吉林达利食品有限公司	188464	22.39
吉林森工集团	182109	19.94
吉林龙家堡矿业有限公司	160200	-9.68
中粮生化能源(榆树)有限公司	159122	-6.83
李尔长春内饰件系统公司	153154	-21.47
福耀集团长春有限公司	150598	10.53
长春海拉车灯有限公司	135785	6.55
长春轨道客车装备有限公司	131475	-15.71
吉林德大有限公司	131351	20.32
修正药业集团长春高新制药有限公司	123093	38.04
启明信息股份有限公司	96620	34.35
长春百事可乐饮料有限公司	92779	24.28
吉林省吴太感康制药有限公司	63316	6.18
长春长客－庞巴迪轨道车辆有限公司	60518	25.21
长春发电设备有限公司	26353	-19.58
长春生物制品研究所	21106	11.45
长铃集团	17114	-4.87
长春汽车改装车有限公司	5171	-38.57

【重点产品】 2013 年，长春市 28 种工业重点产品中，有 14 种产品产量同比实现增长，轻型货车、亚泰水泥、饮料、中重型货车、轿车增势良好，分别增长 29%、29%、25%、20%和 18%。有 12 种产品产量下降，其中啤酒、猪肉产品、发电量、拖拉机、改装车、数控机床 6 种产品产量下降幅度较大，分别下降 92%、90%、89%、79%、77%和 52%。

2013 年长春市工业 28 种重点产品产量统计表

序号	产品名称	计量单位	年产量	比 2012 年 ± %
1	中重型货车	辆	181074	20
	其中：重型货车	辆	130922	25
	中型货车	辆	50152	7
2	轿车	辆	1827378	18
	奔腾轿车	辆	79856	15
	捷达轿车	辆	262836	5
	奥迪轿车	辆	270236	11
	睿翼轿车	辆	17997	15
	速腾轿车	辆	276586	42
	迈腾轿车	辆	194143	11
	新宝来轿车	辆	238796	6
	马自达轿车	辆	95523	13
	高尔夫轿车	辆	105538	-17
	CC	辆	40830	8

续表

序号	产品名称	计量单位	年产量	比2012年±%
3	大中型客车	辆	3876	2
4	轻型货车	辆	69424	29
5	改装车	辆	10631	-77
	其中:汽车改装	辆	1767	-3
	一汽改装车	辆	2027	-86
6	拖拉机	辆	367	-79
7	铁路客车	辆	2418	-4
	其中:普通铁路客车	辆	595	71
	动车组	辆	624	-1
	城轨客车	辆	1199	-22
8	锦湖轮胎	万套	349	-10
9	汽车油箱	只	475203	13
	其中:考泰斯公司	只	446582	15
	汽车油箱公司	只	28621	-11
10	汽车离合器	万套	240.1	5
11	汽车安全玻璃	万平米	978.1	11
	其中:福耀集团	万平米	978.1	11
	皮尔金顿	万平米	-	-
12	汽车座椅	台份	48796.2	-
13	全市猪肉产品	吨	58322	-90
	其中:九台金锣	吨	162274	11
	榆树四海	吨	16098	-14
	农安华正	吨	98336	10
14	牛肉(皓月)	吨	132039	-2
15	鸡肉及制品(德大)	吨		
	其中:鸡　肉	吨	52098	13
	鸡肉制品	吨	-	-
16	饮料	吨	561099	25
	其中:百事可乐	吨	321629	20
	可口可乐	吨	239470	31
17	全市啤酒	千升	24620	-92
	其中:农安	千升	184454	3
	双阳	千升	109797	7
	榆树	千升	29562	-3
18	彩电	台	-	-
19	淀粉及制品(大成)	吨		
	其中:玉米淀粉	吨	3000000	0
	淀粉糖	吨	3300000	0
	变性淀粉	吨	120000	0
	赖氨酸	吨	800004	0
	蛋白粉	吨	300000	4
	玉米油	吨	200004	0
	饲料	吨	999996	0

续表

序号	产品名称	计量单位	年产量	比 2012 年 ± %
20	全市煤炭	吨	4284368	-26
	其中:羊草集团	吨	1051296	-9
	双顶山	吨	198368	-45
	营城矿业	吨	682395	-17
21	数控机床	台	11	-52
22	变压器	台	212	-46
23	油漆	吨	19874	11
24	卷烟	万箱	35.6	-4
25	棉纱	吨	5080	8
26	亚泰水泥	万吨	1700.7	29
27	汽柴油	吨	319160	1
	其中:汽油	吨	173882	4
	柴油	吨	145278	-1
28	全市发电量	万千瓦时	291736	-89
	其中:二热电公司	万千瓦时	19675	-89
	长春热电发展	万千瓦时	38308	-86
	龙华热电公司	万千瓦时	116086	-88

【特色产业园区】 截至 2013 年 12 月末，全市重点推进的特色产业园区 32 个，其中纳入省规划管理的 17 个：长春汽车产业园区（国家级新型工业化示范基地、省级特色工业园区）、长春生物产业园区（国家级新型工业化示范基地、省级特色工业园区）、长春轨道交通装备产业园区（国家级新型工业化示范基地、省级特色工业园区）、长春皓月清真产业园（国家级新型工业化示范基地）、长春专用车产业园区（省级特色工业园区）、中科院长春光电子产业园区、温馨鸟服装工业园区、长春旭阳汽车内饰件工业园区、启明软件园、长春文化印刷产业园区、吉林省梅花鹿产业园区、德惠玉米食品工业园区、皓月国际皮革工业园、九台农机装备制造产业园区、经开装备制造园区、德惠休闲食品工业园区、长春农安汽车轨道客车配套产业园。长春市授牌的 2 个，分别是净月光电信息产业园、长春新能源（兵装）产业园。重点培育的园区 13 个：朝阳汽车与零部件配套产业园、农安伏龙泉新能源产业园、知和国际动漫产业园、宇平旅游纪念品产业园、东北亚文化创意科技园、吉林动漫游戏原创产业园、绿园西新汽车零部件配套产业园、长春广东工业园、榆树北方酒业基地、德国工业园、农安小城子天然气产业配套园、二道国际物流园区、宽城装备制造产业园。按所属行业分，汽车及相关产业类 8 个，农产品加工类 7 个，装备制造类 4 个，光电信息类 2 个，软件动漫及文化创意类 5 个，新能源类 3 个，其他 3 个。已逐渐成为工业强市的基地、招商引资的平台、工业经济发展的集聚区。

2013 年长春特色产业园区统计表

序号	园区名称	备注
1	长春汽车产业园区	省级特色产业园区
2	长春生物产业园区	省级特色产业园区
3	长春轨道交通装备产业园	省级特色产业园区
4	长春专用车产业园区	省级特色产业园区
5	中科院长春光电子产业园区	省规划管理特色产业园区
6	温馨鸟服装工业园区	省规划管理特色产业园区
7	长春旭阳汽车内饰件工业园区	省规划管理特色产业园区
8	启明软件园	省规划管理特色产业园区
9	长春文化印刷产业园区	省规划管理特色产业园区
10	吉林省梅花鹿产业园区	省规划管理特色产业园区
11	德惠玉米食品工业园区	省规划管理特色产业园区

续表

序号	园区名称	备注
12	皓月国际皮革工业园	省规划管理特色产业园区
13	长春农安汽车轨道客车配套产业园	省规划管理特色产业园区
14	九台农机装备制造产业园区	省规划管理特色产业园区
15	德惠休闲食品工业园区	省规划管理特色产业园区
16	经开装备制造园区	省规划管理特色产业园区
17	长春新能源产业园(兵装)	市授牌特色产业园区
18	净月光电信息产业园	市授牌特色产业园区
19	长春皓月清真产业园	重点培育特色产业园区
20	朝阳汽车与零部件配套产业园	重点培育特色产业园区
21	农安伏龙泉新能源产业园	重点培育特色产业园区
22	知和国际动漫产业园	重点培育特色产业园区
23	宇平旅游纪念品产业园	重点培育特色产业园区
24	东北亚文化创意科技园	重点培育特色产业园区
25	吉林动漫游戏原创产业园	重点培育特色产业园区
26	绿园西新汽车零部件配套产业园	重点培育特色产业园区
27	长春广东工业园	重点培育特色产业园区
28	榆树酒业产业基地	重点培育特色产业园区
29	德国工业园	重点培育特色产业园区
30	农安小城子天然气产业配套园	重点培育特色产业园区
31	二道国际物流园区	重点培育特色产业园区
32	宽城装备制造产业园	重点培育特色产业园区

【工业投资】 2013年工业投资平稳增长。工业投资一直保持稳中有进的运行态势，长春市工业完成固定资产投资1680.5亿元，比2012年增长20%，占全社会固定资产投资的比重达43.6%。技术改造投资完成1230亿元，增长21%，占工业投资完成比重达73.2%。投资结构不断优化。工业投资中，采矿业完成投资22.7亿元，增长44.5%；制造业完成投资1620亿元，增长22.4%，高于工业投资增幅2.4个百分点；电力、燃气及水的生产和供应业完成投资37.8亿元，比下降37.6%。汽车及零部件产业完成投资689.3亿元，轨道客车和装备制造业完成投资198.2亿元，农产品加工业完成投资211.7亿元。全市三大优势产业总计完成投资1099.2亿元，占全部工业投资的65.4%。工业投资在副省级城市中位居前列。长春市工业固定资产投资额在全国15个副省级中心城市中位列第6位，比15个副省级城市平均额高280.2亿元。投资增速列第6位，比15个副省级城市平均增速高2.6个百分点。东北四市中，长春市工业投资列第3位。重点项目建设实现突破。全市在建总投资3000万元以上工业项目1200项，10亿元以上重大工业项目58项，项目总投资1424.7亿元，2013年计划投资376.8亿元。其中：新开工项目7项，项目总投资103.4亿元，2013年计划投资37亿元。一汽－大众EA211发动机项目、省凯禹废弃资源开发利用有限公司纳米二氧化硅生产、长春宏大工业园、农安旺泉饲料科技有限公司饲料加工等重大新开工项目按计划开工建设；续建项目51项，项目总投资1321.3亿元，2013年计划投资339.8亿元。一汽集团轴齿制造中心工业园、大成集团100万吨化工醇、中航集团长春航空科技产业园、吉林省吉通机械制造有限公司汽车零部件工业园等41个重大续建项目按计划顺利实施，一汽－大众奥迪换型改造项目、一汽丰田20万辆整车项目、大众EA888发动机、大众MQ200变速箱、一汽轿股4GB/4GC发动机、大陆电子净月区项目等26个项目建成投产或部分建成投产。

【技术创新】 2013年实施新产品推进工程，壮大战略性新兴产业。以发展战略性新兴产业为重点，组织实施新产品推进工程。推动开发符合国家产业政策方向，技术水平高，市场需求量大，产业化前景好，拉动作用大的新产品，带动企业升级晋位，推动产品结构调整和产业结构优化升级。全年首次投产新产品534种，完成新产品产值4220亿元。实施技术创新能力提升工程，完善创新体系建设。推进在重点优势行业和战略性新兴产业中的骨干企业建立企业技术中心，构建并完善以企业为主体、市场为导向、产学研相结合的技术创新体系。组织实施企业技术创新能力提升工程，重点推进“双百企业”创新能力提升工作，提升企业自主开发能力和装备水平。2013年，长春迪瑞医疗科技股份公司被认定为国家级企业技术中心，通用机械、中研塑料等19户优秀创新型企业被认定为省级企业技术中心，长春市省级以上企业技术中心达96户，位居全省第一位。一汽集团、启明、东光集团被工信部新认定为国家技术创新示范企业，长春市国家技术创新示范企业达4户。

推进产学研合作，攻克企业技术难题。积极开展产学研合作，攻克一批企业技术难题，重点提升中小民营企业自主创新能力建设。通过开展校企合作、院企合作、产业技术合作，破解大推力高精度直线电机国产化项目、植物化工醇重组份高值化回收利用技术开发项目等一批制约产业发展的关键、瓶颈技术。制定创新政策，加快产业创新发展。组织起草《长春市人民政府关于加快战略性新兴产业发展的若干意见》（长府发〔2013〕2号）及《实施细则》。突出以中小企业为主体，多措并举，创新驱动发展战略性新兴产业，加大对重大创新项目、科技成果转化和产业化、创新体系建设、引进产业高端人才、战略性新兴产业特别是技术创新的投融资的支持力度。

【节能与减排】 2013年全市规模以上工业企业综合能源消费量1230万吨标煤，单位工业增加值能耗比2012年下降10.45%。吉林鑫祥有限公司等7户企业节能节水和资源综合利用项目，争取到省财政资金支持300多万元。40个综合利用产品通过省级认定，年减免税7000万元。全年共对20户用能企业和单位进行节能监察，对28户工业企业进行能源审计，并提出节能技术改造指导建议145项、整改措施82条。

（李　铁）

交通设备制造业

【中国第一汽车集团公司】 2013年，中国第一汽车集团公司(以下简称“一汽”)，销量290.8万辆；销售收入4589亿元，实现利润478亿元；实现利税919亿元。

2013年，一汽位列中国500强最具价值品牌第8位，国内汽车企业品牌价值第1位，财富世界500强第141位，中国企业500强第17位。中国一汽品牌价值达到1095.45亿元。

荣获国务院国资委授予的“业绩优秀企业奖”、“科技创新企业奖”；在美国费城举行的中美数控机床技能大赛中，一汽代表队勇夺大赛团体总分第一名；一汽董事长、党委书记徐建一荣获第三届中国自主创新人物奖、中国汽车60年功勋成就奖。

2013年中国第一汽车集团公司主要经济指标

项　目	计量单位	2012年	2013年	与2012年±%
资产总额	亿元	2436	3013	23.7
所有者权益	亿元	1304	1505	15.4
营业收入	亿元	4077	4589	12.6
利润总额	亿元	406	478	17.7
净利润	亿元	311	353	13.5
归属于母公司所有者的净利润	亿元	165	201	21.8
技术开发投入	亿元	82	84	2.4
利税总额	亿元	769	919	19.5
应交税金总额	亿元	579	692	19.5
全员劳动生产率	万元/人	69.2	79.5	14.9
净资产收益率	%	26.1	25.1	-1%
总资产报酬率	%	18.0	17.8	-0.2%
国有资产保值增值率	%	119.9	118.0	-1.9%

经营管理　积极开拓区域市场，市场结构调整取得较大突破。实施“南方十省小车战略”，自主经济型小车共享销售渠道，积极拓展弱势市场区域，全年销售3.1万辆，比2012年增长3%，贡献度从22%上升到29%，提升7个百分点。解放“西部四省”战略有序展开，解放卡车销售“东强西弱”状况初步改观，四省全年实现销售10781辆，增长44.6%。海外事业快速发展，以树立海外品牌形象为统领，凝聚集团合力，加速基地建设和战略市场开拓，累计出口整车2.1万辆，比2012年增长13.5%。推进衍生业务发展，盈利结构有了可喜转变。金融板块发展良好，新业务拓展成果显著，实现利润10.9亿元，增长37.8%；资产总规模达450亿元，较年初增长62.6%。物流管理水平进一步提升，一汽物流实现利润2.6亿元，比2012年增长116.7%。服务贸易业务进一步推进，全年实现收入31亿元，实现利润3180万元。推动合作再攀高峰，销量效益稳步提升。一汽－大众基地建设与生产经营同步推进，长春工厂继续挖掘生产潜力，成都工厂产能充分释放，佛山工厂顺利投产，制约一汽－大众的产能瓶颈有较大突破，销量达到151万辆，比2012年增长13.8%；利润大幅度提升，继续保持全国轿车企业第一。一汽丰田克服中日关系带来的不利影响，全年实现销售56万辆。一汽马自达克服新产品推迟上市影响，充分挖掘现有产品潜力，创新营销方式，实现销售11.7万辆，比2012年增长11.4%。质量

保证进一步强化。深入开展质量达标升级工作，强化产品质量控制，推进子公司、供应商质量管理提升，17 种重点总成产品“平均单台缺陷分值”比 2012 年下降 49.4%。加强过程要素管理，实施专项过程审核，自主 22 种整车动力总成产品“平均过程审核符合率”达 85.55%，比 2012 年提高 2 个百分点。强化产品质量改进，自主体系立项 203 个，完成 138 个；5991 个 QC 活动小组完成课题 8430 个，累积创建质量信得过班组 626 个，员工参与率达 70.3%；建立完善新产品质量控制流程，狠抓生产准备、试生产、量产节点控制，推进重点问题解决，新产品质量进一步成熟。2013 年，一汽乘用车平均千台车索赔频次，比 2012 年下降 11.3%；商用车平均千台车索赔频次，比 2012 年下降 37%。成本控制进一步强化。

健全制度流程，强化目标成本控制，集团级重点项目材料目标成本达成率均完成年度指标。实施成本控制点管理，在采购、生产、人力资源、质保、营销五大体系确定了 28 个控制点、39 个控制指标，定期跟踪指标运行状态。强化原辅材料集中采购，实施零部件资源平台建设与战略资源管理，帮助供应商进行成本改善，全年实现采购降成本 43 亿元。落实中央“八项规定”精神，会议费、业务招待费比 2012 年下降 1500 万元和 3600 万元，降幅 30%和 35%。服务改善进一步强化。推进售后服务的专业化、标准化建设，制定快速保养业务、经销商人员职责、客户数据管理等 12 项标准。强化经销商素质提升，围绕 TQC 贯标等业务开展培训，远程培训覆盖到近 1400 家经销商。打造一流服务支撑平台，客户数据、CRM 系统、呼叫中心陆续投入使用，为进一步整合业务奠定基础。一汽金融汽车服务业务涵盖经销商 1863 家，年增长 522 家，拓展集团成员单位保险客户 120 余家。

自主品牌二手车业务稳步推进，全年置换量 6300 辆。项目管控进一步强化。强化生准项目管控，从项目成本、质量目标、技术标准、费用控制、收益分析、风险预案等九个方面确认启动条件，生准过程中严格实施 16 个里程碑节点评价和控制。2013 年计划投产车型已经全面投放市场，T012、JH06 项目进入生产准备阶段，D009、B901.8T 项目进入试生产阶段。加强投资项目管控，严格计划管理、变更管理及投资核查，完善资金管控。结合内外部条件变化，适时调整投资节奏，主动规避投资风险，调减投资 45.6 亿元。重点管控的 40 个投资项目正在按计划实施，金融大厦项目已经开始装修，轴齿中心园区项目群建安工程投资完成 90%，数据中心项目主体完工，一铸搬迁项目实现暖封闭，技术中心乘用车所项目按计划进行。

2013 年 4 月，法国总统奥朗德上任后首次来华访问座驾是全新红旗牌轿车

安全生产和节能减排成效显著。重大事故隐患整改率达 100%；万元产值综合能耗为 0.0307 吨标准煤，下降 4%；SO_2 排放量下降 8.5%，化学含氧量和氨氮排放量下降 8%和 7.8%，均超额完成年度目标。在全面评估宏观经济走势、汽车市场前景、竞争对手状态、一汽自身诉求和资源能力状况的基础上，一汽对“十二五”目标及任务进行深入梳理和务实调整。分别对中重型车板块、轻型车板块、乘用车板块、海外事业板块、新能源汽车板块进行了深入细致的研讨，一汽集团上下重新梳理产品线，调整投资规划、产能规划、动力总成规划，重点投资项目在 2012 年调减 91 亿的基础上，2013 年又调减 45.6 亿元，进一步提高一汽集团整体运营效率和经营质量。

科技创新 2013 年，一汽完成产品研发项目 202 项，科研项目 169 项；完成 268 台整车试制，完成整车可靠性试验 665 万公里；完成产品技术类课题 39 项，支撑技术类课题完成 28 项，制造技术类课题 11 项。一汽发布“红旗系列发动机研发与应用成果”，包含 V12 汽油机、V8 双增压汽油机、V6 汽油机、插电式混合动力发动机和直喷增压 2.0T 汽油机等发动机。红旗轿车系列发动机采用世界领先的家族化单缸设计技术，通过单缸的不同组合实现系列机型的快速开发投产。完成了《解放牌中度混合动力客车产业化技术攻关》《奔腾插电式混合动力轿车产业化技术攻关》《一汽增程式纯电动轿车研发与产业化技术攻关》《解放牌深度混合动力客车产业化技术攻关》、《奔腾系列深度混合动力轿车产业化技术攻关》、和《一汽全新结构小型纯电动轿车设计与技术开发》等 6 项国家 863 课题。一汽已掌握了双电机深度混合动力系统构型、电机耦合 AMT 变速器结构设计、整车集成控制技术和插电式混合动力技术等混合动力关键核心技术。一汽独立开发的拥有国家专利的 12 档双中间轴全同步器变速箱（CA12TA210M2），彻底解决了双中间轴变速箱增加同步器结构的世界性难题。产品通过台架试验、道路试验和用户试验，达到寿命80万公里的设计指标，并批量匹配解放J6重卡。国家高档数控机床与基础制造装备科技重大专项课题“锡柴重型柴油机缸体、缸盖柔性加工生产线示范工程”，在一汽解放锡柴厂启动。该课题旨在对数控专项成果中精密加工中心等装备与共性技术进行集成性批量应用和验证，建设基于国产高档数控机床组成的重型柴油发动机缸体、缸盖柔性加工示范生产线，掌握重型柴油机缸体、缸盖的加工工艺及关键制造技术，提高国产装备应用率、可靠性与精度稳定性，提升了汽车工业的自主化制造能力。

海外基地建设 南非中重卡基地项目是一汽目前最大的海外投资项目。成立项目工作组，统一协调，加速中重型卡车项目建设、产品导入和乘用车基地建设策划。截至年末，厂房建设基本完工，设备采购和安装工作按计划进行，将于2014年建成投产。与多个合作伙伴多线推进伊朗KD项目本地化。与国际知名咨询公司合作，完成俄罗斯、巴西两个关键战略市场的机遇分析和本土化战略策划。成立俄罗斯乘用车、巴西中重卡和巴西乘用车三个专门项目组，相关体系共同参与，制定下一步行动方案。产品准备、市场导入、本土化资源和合作伙伴调研等方面的工作完成准备，将按计划展开。利用中国－东盟区域经济合作和“东盟发展基金”支持，策划泰国中重型卡车基地。项目策划、工作组筹建、前期工作计划制定等工作完成。在8月罗先国际展览会期间，联手吉林省投资公司，与朝鲜三大星公司签订《三方投资合作意向书》，并联合与罗先市人民委员会签署《中朝罗先经贸区汽车生产基地投资合作意向协议》，后续工作将按要求展开。

党建工作 建章立制，作风建设的长效机制更加完善。加强廉洁教育和廉洁文化建设。一汽纪委深入基层举办廉洁从业讲座25场，组织党员干部到吉林省廉政教育基地参观24场，举办“扬正气、倡廉洁、树新风、促和谐”板报巡展8场；编辑发放《清风》书画册，开展以“廉洁从业树形象、改进作风促发展”为主题的“解放杯”反腐倡廉演讲赛等，促进了经理人员廉洁自律。加大案件查办力度。一汽纪委受理信访件19件，初核了结12件，立案3件，13人受到党纪政纪处分，挽回损失2611万元。深化效能监察。围绕重点投资项目立项66项，参与监督监察70余次，提出监察意见467条，督促建立和完善制度163个，节约资金125万元，避免损失6219万元。

履行社会责任 完成一汽社会责任报告的编撰工作，在人民大会堂发布了第三期《中国一汽社会责任报告》。规范并有效指导分、子公司对外的捐赠行为。2013年一汽在援藏、扶贫、助学助残等领域，累计实现捐赠4942万元，彰显一汽央企社会责任意识。一汽集团各级工会组织为困难职工“两节”送温暖活动2196人次，发放慰问金（物）折合人民币211万元。开展日常生活帮扶活动，帮扶特困职工、困难职工、突发困难家庭1371户，发放慰问金（物）折合人民币200.92万元。为433家困难职工发放金秋助学金55万元，为142人次发放大病救助金39万元。开展“温暖母亲”活动，为200名困难女职工发放爱心体检卡，进行健康体检。走访慰问困难企业一线女职工，为1480名女职工送慰问品价值22.6万元。一汽轿车公司工会、锻造公司工会、天津一汽工会等通过领导干部与困难职工帮扶结对子活动，帮扶困难职工171人，领导干部自出帮扶资金13.39万元。一汽工会、团委、机关工会联合开展“庆中秋、迎十一，爱心圆梦”活动，为450名困难职工圆梦心愿，进行一对一帮扶，款物折合人民币13.5万元。开展“爱心药箱进支会”活动，750个爱心药箱为职工生产安全及时救护提供了保障；强化职工互助保障工作，发放互助金276.4万元，受益职工2898人次。深化“安康杯”竞赛活动，职工参与率达85%，发现安全生产事故问题467项，排查事故隐患3611项次。一汽集团公司连续十二年被评为全国“安康杯”竞赛优胜企业。“健身器材进车间”活动持续开展，建成28家健身阵地，累计金额488万元。为308对新人举办“幸福梦·一汽情”—中国一汽第三届员工集体婚礼。

（闫晓艳）

【长春轨道客车股份有限公司】 2013年末，长客股份公司员工总数13600人。其中具有高级专业技术职称559人，中级专业技术职称1159人；高级工人技师138人，技师501人。公司设立直属机构25个（其中职能部室13个），二级机构122个。按产品和客户设铁路客车业务部、城铁客车业务部、海外业务部3个事业部。按产品设客车制造中心、转向架制造中心、高速动车组制造中心、动车组检修中心4个制造中心。设技术中心，设采购部。设冲压件分公司、内饰件分公司、动力厂等分公司提供配件生产支持和动能供应工作。公司固定资产原值100.3亿元、净值74.59亿元；设备总数10504台（套），生产用地147.58万平方米。全年营业收入244.79亿元、净利润16.44亿元，公司产值在2011年跃升至200亿后，连续三年保持稳步增长态势，各项经营指标再次刷新历史记录。年内，公司获中央企业先进集体、中国质量奖提名奖、创新型科技企业、吉林省“守合同重信用”AAA级企业等荣誉称号。公司产品获香港西港岛项目获得香港地铁“质量铜奖”，香港南港岛地铁项目荣获香港地铁“质量铜奖。公司专利“铝合金车车头（哈尔滨地铁1号线）”荣获第十五届中国专利外观设计优秀奖。公司首席操作师李学忠主持的机车车辆铆工首席操作师工作站被评为第三批“国家级技能大师工作室”。

改革改制 持续推动组织机构改革进程，理顺管理职能，建立与“整车生产、配件供应、动车组维修、运营售后服务”等四位一体业务格局相适应的组织管理体系。增设铁路客车售后服务站。设立能源管理部，与资产部采用“一个机构、两块牌子”的模式合署办公。公司拓展新兴市场，做好项目投资。完成了长客与长装两厂的资源整合工作；通过深入市场调研，成功实施武汉长客、高新电动汽车、上海申通等重要投资项目；根据公司战略发展需要，与南昌、合肥、香港、泰国、深圳等国家及地区开展投资洽谈。

企业管理 全年共开展公司级改善项目20次，MDI培训3次，近500人次接受培训，通过北车精益生产成熟度评价，并荣获第一名。加强财务管控，通过严格审减成本费用等措施，从源头控制费用支出，强化预算管理。通过强化材料成本管理等措施，进一步挖掘产品盈利空间，加强成本管理。跟踪税收法律法规，降低税负水平。开展“四清两降”工作，提高资金使用效率。推进信息化建设，通过推进SAP产品修程管理平台项目，完成了以产品层级结构为纲领，贯穿车辆设计、新造、售后运营及检修等各阶段的系统平台管理。通过实施产品数据管理平台项目，解决了设计工具多样化带来的产品数据管理、文档审签发布方式多样、产品平台及模块化数据无统一管理平台、产品研发设计过程无法有效管控等问题。通过开展PRO/E+PDMLink设计平台项目，构建了北车集团联合设计平台，并被用于中国标准动车组产品设计。PDE数字档案管理系统完善项目、服务器虚拟化平台升级项目、网络安全建设项目等也都取得了显著成效，推进信息化与工业化的有机融合。加强质量管理，从健全体系、改进工序过程质量管控、完善供应商管控机制、健全质量奖惩工作机制、强化质量队伍人才建设等方面入手，初步实现从侧重产品质量检验向侧重质量管控前期策划的转变，从产品质量把关向质量把关与质量管理两手并重的转变，从关注生产工序质量管控向实现产品各环节全要素管理的转变。

加强人力资源建设，优化人事用工管理。全年引进120名应届毕业生（其中硕士研究生55人），公司博士后工作站与清华大学博士后流动站联合招收一名博士后。完善薪酬激励政策，全面升级专家管理办法、拔尖人才管理办法，完善外语补偿金管理制度。合理调配人力资源，实现人力资源效能的最大化。持续推进绩效考核体系建设。完成全员业绩量化考核10个系统的设计及相关开发工作，实现覆盖1.3万名员工的业绩量化考核，提高员工工作积极性。

生产发展情况 公司生产紧张有序，质效实现双赢。全年共完成新造客车23个项目1541辆，动车组三、四级修872辆。生产指挥系统，实现生产能力的全面释放和管控水平的全面提升，开创公司协同高效、动态可控的生产新局面。高速车制造中心以管理为平台，用技术保提升，实现高速动车组产能的新突破。动车组检修中心用提高检修标准、缩减检修周期、抢抓检修任务的实际行动，如期完成全年高级修任务。客车制造中心，实现管理水平、质量管控能力、人才素养等全面提升，实现全年生产目标。转向架制造中心创造CRH380动车组构架焊接月产12列、转向架装配月产29列的生产新高。

新产品新技术自主开发 铁路客车研发方面，先后进行CRH380、CRH5A系列、混合动力动车组、出口车、普通铁路客车等11个项目的设计工作。城铁客车研发方面，完成长春地铁1、2号线、南昌地铁1号线、武汉地铁4号线、北京地铁14号线、上海3、4号线增购、深圳地铁2、5号线等9个项目的产品设计；完成了A型不锈钢地铁、A型铝合金地铁、低地板有轨电车、无人驾驶地铁、市域快轨等车辆平台和一批城铁车辆专项技术的研发；开展了新型吸能系统，液压制动系统国产化，车辆电磁兼容技术（EMC），耐高寒材料、耐高寒结构，多种模式逃生门，动力电池储能牵引技术等10项技术创新专项研究。转向架研发方面，完成所有平台产品配套的转向架产品研发，完成国家“十二五”863科技部谱系化课题、国家“十一五”科技部和铁道部科技支撑计划、国家“十一五”科技部项目高速轮轨铁路课题、国家科技部混合动力动车组研究、CW330自主知识产权转向架研制等多项国家级研发工作。

基础研发方面，公司虚拟现实中心、数据处理中心、RAMS工程平台、列车网络技术平台等基础研发平台进一步完善优化，基础理论分析能力和试验分析验证能力显著提高。工艺技术研发方面，完成近50项工艺技术开发工作，其中铝合金搅拌摩擦焊实现了在城铁小部件上的生产应用、不锈钢激光焊完成两列城铁样车生产、激光复合焊完成在转向架横梁管模拟件上的工艺试制；“园区一、二期”及“城轨试验线”等三个重大投资项目实现竣工验收；持续推进武汉、深圳等9个对外投资项目的技术支持和规划设计工作，完成成都70%低地板等5个项目的技术转让工作；全面启动“人机工程”改善活动。技术管理方面，在重大科技立项、研发项目管理、标准化、科技信息、知识产权和专利技术、技术标准化、科技情报以及综合管理等方面开展一系列工作，技术管理水平不断提升。

技术引进消化吸收再创新 公司通过消化吸收再创新，搭建200～250千米

CRH380CL高速动车组

/小时、300~350千米/小时动车组技术平台，在此基础上开展新技术新产品的研发设计，现已全面掌握了轨道客车系统集成、牵引、制动、车体、转向架、网络等关键核心技术，并建立了轨道客车技术创新研发体系。公司的设计平台、制造平台、管理平台得到了质的提升，并取得了相应的专利、制定了行业与企业技术标准，形成了专有技术等自主知识产权成果。在300~350千米/小时动车组平台上，研制开发CRH380B非高寒简统车；在200~250千米/小时动车组平台上，研制开发了CRH5A型高寒简统车和高寒抗风沙车；以CRH5和CRH380两大平台为基础，搭建了CRH3A型城际动车组平台，开展并基本完成首列车型式试验工作。公司和德国福伊特公司联合设计100%低地板车辆，提升了公司在该领域的研发能力。通过借鉴国内动车组零部件国产化经验以及结合消化吸收成果，对CRH5A型和CRH380系列动车组零部件进行了国产化，开展列车网络控制系统中央控制单元、网关、显示屏应用软件自主开发。自主开发了CRH3A动车组网络系统，实现硬件及软件全部自主化；完成9个具有自主知识产权的城铁车辆产品的研发设计，实现整车的国产化。完成门梯一体式逃生门技术、动力电池储能技术研发，实现国产化。

市场营销　国内铁路客车市场，分别取得地方铁路公司31辆25T型客车采购合同；72列380B高寒动车组、47列非高寒动车组采购订单；与唐车公司签订10列CRH380动车组转向架合同；动车组检修和配件销售合同，全年在铁路客车市场方面实现签约额266.8亿元。国内城铁车市场，取得北京、成都、武汉、上海、重庆、长春、南昌、沈阳等8个城市10个车辆项目，总计1374辆车，加之配件签约0.59亿元，城铁市场共实现签约86.06亿元。国际市场，在巩固既有东南亚、港澳台、中东、大洋洲、南美洲等区域市场外，相继开拓非洲、北美洲、欧洲和中亚等新兴区域市场，全年签订印尼雅加达单轨车辆、巴西里约地铁4号线、澳大利亚EDI加车、巴基斯坦40辆发电车、埃塞俄比亚轻轨、马沙德2号线等项目，市场签约额8.17亿美元，合49.4亿元人民币。2013年公司在三大市场总计实现市场签约402亿元。

售后服务　公司全方位梳理售后工作中的薄弱环节，全面加强具体工作的执行管控，实现了管理体系标准化、规范化的目的。城铁车售后系统主动提升管理水平，将前期准备、技术管理、物料管理、故障诊断、培训培养、服务站建设等售后服务全过程关键要素与IRIS质量体系涉及项点进行了逐项分析、对比，完成了国内12个城市、海外6个城市，累计44个项目的售后服务工作。铁路客车售后系统完成了动车组、伊朗单双层客车、巴基斯坦客车、阿根廷宽轨、唐车动车组转向架等九大系列产品的售后服务保障工作。CRH5型动车组百万公里故障率降为0.64，为车组运营7年以来的最低。公司根据CRH380BL、CRH380CL、CRH380B高寒配属，新建南京、青岛北、天津三个驻外售后服务站，出口阿根廷的220辆宽轨客车完成了现场调试交付和上线运营，售后服务范围涵盖中东、南亚、南美洲和国内所有铁路局及主要城市，客户满意度达95%。

基本建设与技术改造　加快基本建设和技术改造，完成重点新建项目合隆厂区的库房建设；完成重点改造项目老厂区9个厂房阳光板天窗的改造、老厂区7个厂房彩钢屋面防水改造、老厂区3处交通要道的道口板改造、老厂区南门停车位改造、老厂区客车中心装配二车间场地改造、老厂区铝一场地改造、老厂区冲压厂房改造、老厂区50年厂房加固改造。全年完成新建、改造项目136项，投资6809万元；完成基建大修项目49项，投资1222万元；完成维修301项，总投资425万元。

（姜　辉）

农产品加工业

【概况】　2013年，全市农产品加工业规模以上企业实现产值1570亿元，比2012年增长15.4%，重点项目开工建设110个，完成投资295亿元，比2012年增长12.6%。重点企业大成集团实现产值550亿元，加工玉米420万吨；皓月集团实现产值230亿元，屠宰肉牛52万头；华正集团实现产值16亿元，屠宰生猪95万头。

【全面发展】　全市农产品加工业发展目标为：到2017年实现产值3000亿元，创造税收100亿元以上，加工企业总量达到3000户以上，产值超亿元企业突破100户。重点为玉米及玉米秸秆深加工向生物产业方向延伸，增强与化工、纺织、新材料等产业关联；肉牛、生猪、肉鸡等屠宰加工，向终端食品、生物保健品方向延伸，牛、猪副产品研发向生物原料药及皮革加工方向延伸，畜禽粪便利用向生物有机肥料、沼气发电等综合开发方向延伸；鲜食玉米、食用菌及蔬菜加工向绿色食品、有机食品、保健品方向延伸。

【优化布局】　根据区域特点加速确立区域梯次发展格局。长春市城区重点发展食品、医药、玉米化工行业，建设生物产业开发区及粮食精细加工、肉类加工、蔬菜加工区，培育外向型、规模骨干型企业，促进全市农产品加工业国际竞争能力的提升；榆树市重点发展玉米深加工和肉牛、肉鸡加工及酿酒工业；农安县重点发展土豆淀粉、杂粮、生猪、肉鸡、肉兔等产业；德惠市重点发展玉米及玉米秸秆和肉鸡产业；九台市重点发展鲜食玉米食品系列加工、生猪屠宰、生物药和皮革加工产业；双阳区重点发展鹿产品深加工和蔬菜产业。形成一批特色鲜明的农产品加工优势产业集群，带动小城镇的发展。

【政策扶持】　长春市积极争取扶持资金，2013年争取国家农产品产地初加工补助项目奖补资金999.9万元，建设500座各类仓储设施；争取省农业产业化扶持资金7163万元。制定了《关于促进农产品加工业发展的意见》，2013年，市政府拿出1000万元，对市级以上农业产业化重点龙头企业在自主研发和项目建设投入、企业升级进位、基地建设、新获国家专利和科技创新成果等方面给予适当补助；对部分高成长性小微企业的贷款担保费按比例补贴。

【龙头企业】 截至2013年底，全市农产品加工企业达2350户，重点企业300户，2013年实现产值1570亿元，比2012年增长15.4%。产值超亿元的企业85户，超10亿元的企业10户，超百亿元企业3户。市级以上龙头企业发展到265户，其中，国家级龙头企业17户，省级龙头企业72户。龙头企业数量和规模在全国同类城市中处于领先地位，一些重点龙头企业成为国内乃至国际同行业的排头兵。农产品加工业已成为长春市转移农村富余劳动力、增加农民收入的重要载体。2013年，长春市农民人均从农产品加工业链条内获得收入2950元，比2012年增长10.6%，规模以上龙头企业带动农民达61万户，30多万人实现从农民向产业工人的转变。

【打造品牌】 实施名牌战略，创建名牌企业，打造名牌产品。长春市在评选“最具长春特色的十大名牌农产品”基础上，评出20个“2013长春名优特农产品”，打造长春市农产品品牌，提高农产品的知名度和市场竞争力。全市农产品加工业拥有“皓月鲜冻分割牛肉”、“德大速冻条理禽肉熟食品”和“吉粮大米”等中国名牌产品4个，拥有“皓月”“德大”“大成”等中国驰名商标12个，分别占全市的57.1%和60%，拥有“榆树大米”“饮马河”“双阳梅花鹿”等国家地理标志4个。

【拓展融资】 组织和推荐企业与银行搞好“银企对接”，协调金融部门改进对龙头企业的资信评估制度，加大金融机构对龙头企业的支持力度。由政府牵头，会同农发行、光大银行、农村信用社银行等机构，组织召开了银企对接会，帮助龙头企业争取农发行的贷款支持。2013年农产品加工企业累计获得银行信贷支持达30多亿元。积极探索建立和完善农产品加工业的多元化投融资体系，计划今年财政投资1亿元入股组建农业信贷担保公司，通过担保公司信用放大的功能，帮助企业在金融资本市场得到更多的支持空间。

（于长志）

君子兰产业

【概况】 2013年，长春市君子兰产业基地占地面积135公顷，拥有标准化日光温室1200多栋，温室面积100多公顷，养兰2亿多株，从事君子兰生产的人员10万人，规模以上养兰户3000多户。拥有小合隆、兰家、新月、雁鸣湖、农博园、朱家、新农家等20多个具有一定规模的生产基地。成功举办了第四届君子兰迎春花展、第九届中国长春君子兰节两大君子兰盛会。

【基地建设】 2013年，有2个基地在建。长春晨业绿化工程有限公司投资兴建精品君子兰花卉养植基地，此项目位于绿园区合心镇岳家村，占地8公顷，项目总投资3000万元，建设标准君子兰温室44栋及其他配套设施。另一个是绿园区城西镇红民村的长春市精品君子兰花卉养植基地项目，该项目占地18公顷，投资5000万元，建设标准君子兰温室82栋。

【君子兰展会】 第四届君子兰迎春花展于2013年2月5日至7日在长春农博园举办。5天展出时间，观展人数5万人次，现场销售额50多万元。第九届中国长春君子兰节于2013年3月22日至26日在长春君子兰花卉交易中心举办。以“花迎盛世兰冠春城”为主题，展出面积6000多平方米，设置展位500个，除本地养兰户参展外，还有沈阳、鞍山、大连、哈尔滨、大庆、太原、吉林、四平、松原等20多个省内外城市的养兰大户前来参展。20几家新闻媒体对君子兰节进行了跟踪报道。长春电视台城市速递节目，从展前的一周，每天一期节目，形成系列宣传。省电视台、新华社驻长春记者站等外地媒体也进行大量报道。5天展出期间，观展人数达30万人，现场交易额达1000万元。2013年，长春市本地养兰户赴沈阳、大连各参展一次，两次参展，共实现销售额200多万元。

【宣传工作】 从2012年开始，君子兰产业发展办公室和省有关部门深入各君子兰养植基地和养兰户，拍摄完成《君子兰品种介绍与鉴赏》《君子兰栽培技术》两部宣传片，对君子兰的品系分类、鉴赏标准、栽培养植等做全面科学的介绍，于2013年3月27与5月23日在中央电视台第七频道《农广天地》栏目分别播放。

（项　微）

长春君子兰花卉交易中心

烟草业

【经济运行】 综合效益指标。全年卷烟销量295414.25箱，增幅1.39%，完成省局（公司）下达必保计划294100箱的100.47%，占全省销量的28.55%；实现两烟税利148240.08万元，比2012年增长9.89%，占全省两烟税利的35.04%；其中卷烟税利133639.65万元，增长6.80%，占全省卷烟利税的34.73%；实现单箱销售收入23077元，增加1637元，增幅7.64%。品牌结构战略。实施并基本实现了“扩大一个规模、打造三个梯次”的品牌培育目标，卷烟销售结构明显提升。一、二类合计销售68668箱，增幅26.33%，比重为23.25%，其中一类销售34691箱，比重为11.75%；二类销售33978箱，比重为11.50%。

【现代烟草农业】 “双控”方针得到全面落实，烤烟面积稳定在3666.67万公顷，收购烤烟15.3万担，创税利1.47亿元，比2012年增长49.57%。烟叶种植布局进一步优化。户均种烟面积2.5公顷，比2012年增加0.09公顷，其中种烟大户1234户，占总种植面积的55.3%，家庭农场231户，占总种植面积的44.7%，烟区以职业化烟农为种植主体的局面已初步形成。烟叶等级质量进一步提高。全年田间处理鲜烟330万公斤，折合干烟2.3万担，中上等烟收购比例达95.19%，基本实现了优化结构、提升质量的目标。全区收购等级合格率排在全省首位，达77.3%。综合生产能力进一步增强。全年完成烟叶建设项目997个，切实提高综合生产能力。

【网络建设】 工商协同，建立重大问题高层沟通联系制度、信息定期通报制度和研讨、协商机制，促进品牌培育，保证货源供应。终端建设，城区完成7条现代终端示范街、100个现代零售终端建设任务。农村结合基层服务站建设，建立24户示范户，把现代零售终端建设扩展到全区。配送工作，采取优化流程、合理配置资源等一系列措施，完成了配送工作任务，各项物流对标指标处于全省先进水平，部分指标达到或优于全国先进水平。信息化工作，强化营销业务服务、新物流中心业务流程创建服务、智能化建设服务，发挥信息化的支撑作用。

【专卖管理】 2013年办理各类案件89起，查扣假冒伪劣卷烟992万支，案值452.96万元。改进市场监管方法，构建新监管模式。以提升市场净化率为中心，创建“五查三看一宣传”的市场监管模式。加大专项打击力度，提高专卖市场净化水平。2013年初的“打非”专项行动通过“四查明、四核清”和“三梳理、三解决”，增强专卖打假工作力度。8月份开始的“清网断源”专项行动，办理各类案件29起，收缴违规卷烟118.42万支。商户守法经营率达98.87%，为历年来最高。加大联合办案力度，推进了源头打假不断深入。全年破获4起网络案件，为历年来最高。查假冒商标卷烟282.44万支，涉及案值779.09余万元，批捕9人，判刑2人。加大内管监督力度。建立、修订专卖内管监管制度和流程，提升整个监管体系的运行效率。贯彻“六个严禁、一个严控”精神，切实加强两烟生产经营环节的监管。

【规范管理】 财务管理凸显刚性作用，切实加大成本费用和资金资产管理力度。考评管理进入绩效考核的实质阶段，建立了公平公正、奖优罚劣的正确导向；法制管理在普法宣传、法规培训、前置审查工作上扎实推进。安全管理重在防范，保证企业安全生产，《烟草企业安全生产标准化规范》达标创建工作进一步深入。后勤管理突出服务质量和效率，食堂管理、保洁管理、物业管理水平有所提升。

（庄政学）

食品与医药监督

【食品药品市场整治】 全面整治和规范食品药品市场秩序。坚持对违法违规行为“零容忍”的态度，全年立案查处各类违法违规案件8374件，对4起涉嫌犯罪的案件移交公安部门追究刑事责任，批捕犯罪嫌疑人4人，统筹推进质量安全和安全生产。连续开展3轮“大排查、大整改、大提升”行动，排查整改一般隐患2954项，整改率100%。实现了食品药品质量安全和生产安全的同步强化。在整治工作中，开发全市食品药品安全监管信息系统，对企业基本情况、监督检查情况、跟踪整改情况全部纳入电子监管，实现监管工作的规范化、痕迹化管理。突出整治餐饮服务食品市场秩序。严厉打击无证经营行为，全市餐饮服务企业持证率达98%。开展了食品添加、鲜肉及肉制品等14个专项整治，学校食堂、集体配餐等重点单位监管频次达到4次以上，及时消除安全隐患，有效防范食品安全风险。开展保健食品市场整治。查处以“健康讲座”方式进行非法宣传行为20余起，立案调查126起，监测并移送非法广告79条。强化技术监督，随机抽检了150批次减肥、降糖、降压等重点品种，严厉查处不合格产品，保健食品市场乱象得到有效治理。开展药品安全专项行动。坚持“边打边建、打建结合”，对药品安全领域存在的问题进行集中整治与规范。行动中，检查药品生产企业90家次、药品经营企业2442家、医疗机构1921家、互联网站32家。立案查处违法违规案件609起，监测并移送违法广告110次。制定《长春市远程电子处方系统验收细则》《全市中药饮片配送企业评价考核标准》《长春市药品购销管理规定》等规范性制度，专项行动取得实效。

【食品药品市场规范建设】 创建省级示范县1个、示范街4条、示范单位79个；评定市级示范县1个、市级示范街10条、示范单位236个。制定《餐饮服务食品安全监督量化分级管理工作实施细则》，细化餐饮服务量化分级管理标准。全市餐饮单位量化分级管理已评定12537家，覆盖面达100%，并全部发放量化分级管理公示板。编制1.8万册《长春市餐饮服务单位食品安全监督量化分级管理与食品质量安全保障达标竞赛活动指导手册》，免费发至业户手中。采取理论学习、现场见学、案例分析等多种方式，安排40个学时对餐饮单位管理人员进行集中培训，全面强化其业务能力和职业操守，并根据培训考核成绩，发放相应的资格等级证书，做到持证上岗工作。培训重点单位管理人员1000余人推进新版GMP认证实施。全市有27家药品生产企业通过新版GMP现场检查。其中无菌制剂企业17家、非无菌固体制剂企业10家。加强无菌制剂企业监管，开展"零点行动"，严查未取得新版证书违法生产行为。

推进药品零售企业分级管理。完善远程电子处方系统管理，加强远程电子处方系统建设，严格落实处方药凭处方销售规定，高风险药品销售管控有力。完善评定标准，强化动态跟踪，全面开展三级药品零售企业整治，对24家三级药品零售企业采取了降级管理措施，药品零售企业分级管理进一步深化。规范中药材和中药饮片市场秩序。全面总结集中统一配送试点工作经验，制定集中统一配送企业条件，引入竞争机制，逐步吸纳具备条件的企业参与配送工作，统一配送覆盖面进一步扩大，配送总值近7000万元。严肃查处非法购进销售假劣药材药饮片行为。

【技术支撑能力建设】 继续完善食品实验室基础建设，增加检验检测仪器，优化实验室环境设施。增加检验品种和频次，全年共完成药品检体2556件，完成食品实验室检验1660件、快检3740件。加强药械不良反应监测。加强基层监测网络建设，新增ADR、MDR监测网点均达10%以上。开展医疗机构监测培训，加强与公安部门合作，走访公安局监所支队，发放监测报表，对15个监所实行月报告制度。上报ADR监测报告10376份、MDR监测报告1845份、药物滥用报告870份，分别超额完成全年任务的65.5%、39.5%和27.9%。其中ADR监测报告数量医疗机构占比82%。

【社会共治】 制定《投诉举报受理工作制度》《投诉举报受理工作保密制度》，确保投诉举报工作规范运行。加强对投诉方式、投诉类型和投诉类别等要素的汇总分析，找出风险信号，为行政监管提供依据。2013年，受理投诉举报案件481件，办结率、回复率100%。强化科普知识宣传。开展了"食品安全宣传月"、"安全用药月"活动，印发宣传手册、宣传单、影像资料10万余份，举办各类科普知识讲座30余场，面向城区和广大农村开展全覆盖宣传。组织专门人员深入企业、学校、医院等，进行食品安全知识、药品安全知识和保健食品知识宣传，面对面解答群众疑难问题。

（赵景军）

供电业

【概况】 国网吉林省电力有限公司长春供电公司是国网吉林省电力有限公司所属的国家大型一类供电企业，经营区域覆盖长春市10个区县，供电面积2.0571万平方公里，拥有客户326万户。截至2013年底，资产总额87.94亿元，售电量157.24亿千瓦时。长春电网拥有500千伏变电站2座，220千伏变电站16座，66千伏变电站239座，66千伏及以上变电总容量1639.47万千伏安，线路回长5207.04公里。

【安全生产态势】 开展"安全管理提升"活动，细化落实100条重点措施，安全管理水平显著提高。吸取系统内外事故教训，开展安全大检查和安全隐患排查治理"树典型、传经验"工作，整改问题隐患219项，确保电网安全运行和电力可靠供应。深化设备状态检修，推行带电作业和电缆不停电作业，停电次数比2012年降低7.7%。制定安全生产"五项禁令"和"二十六项禁止条款"，有效规范作业人员安全行为。完善1+23应急预案体系，推进两级应急指挥中心互联互通建设，有效应对雨雪冰冻、雾霾等恶劣天气，完成"两节"、"两会"、十八届三中全会等重大活动、节日期间保供电任务。

【电网发展】 联合市政规划部门编制《长春市电网专项规划》。新长春220千伏变电站、汽车产业园220千伏输变电工程等重点项目竣工投运，长春市配电网建设改造与管理提升工程建设如期完成，有效缓解电网运行压力，满足城镇化快速发展需要。优质工程率连续两年实现100%，丰越、西湖、小南、南岭66千伏输变电工程获得国家电网公司优质工程称号。

【服务水平提升】 全面实施供电服务提升工程，开展客户用电"满意服务"百日专项行动，客户回访满意率达99.99%。实现村村有缴费网点。主动对接159个省、市重点项目，开辟"绿色通道"105个，批复容量23万千伏安。实施业扩报装环节并行优化，报装平均时间比2012年缩短6.5天。加快故障修理速度，客户平均停电时间缩短14小时。初步实现电动汽车充换电站商业模式运营。

【依法治企能力建设】 严格落实中央八项规定精神和国家电网公司30条实施细则，厉行勤俭节约，"三公"费用比2012年减少42%；改进文风会风，严控会议数量、会期和规模，会议费用比2012年降低52%。全面实施两级巡访监察，变"被动接访"为"主动巡察"，促进企业依法合规经营。

【三个建设】 围绕生产经营重点难点，启动"三点一队"创建，为发展提供坚强保证。通过全国文明单位年度审核。完善职代会、厂务公开等制度，民主管理进一步加强。开展爱心帮扶和送温暖活动，落实离退休老同志待遇。推进信访积案和遗留问题解决，促进企业和谐稳定。制定落实员工奖惩实施细则，深化全员绩效管理，激励员工提升素质和岗位奉献，6名员工获国网吉林省电力有限公司"技术状元"和"技术能手"称号。开展科技创新，获得专项授权22项。

（杨振宇）

中小企业

【概况】 2013年,长春市民营经济和中小企业主营业务收入10466亿元,比2012年增长14.4%。民营经济和中小企业增加值完成2250亿元,比2012年增长12.5%,占长春市地区生产总值的45%,比2012年增加0.6个百分点。民营经济和中小企业税收实现330.7亿元,比2012年增长11.9%。民营经济和中小企业从业人员199.3万人,比2012年末增加7.4万人。民营经济主体数量31.4万户,比2012年增加3.7万户。民营经济和中小企业户数7.9万户,比2012年末增加1.1万户。个体工商户户数23.5万户,比2012年增加2.6万户。民营经济和中小企业"三上"企业户数2993户,比2012年增长16.7%。2013年,长春市民间投资1884亿元,占全市固定资本投资的65.5%。

【运行特点】 2013年,民营经济增加值增长速度高于长春市地区生产总值增长速度4.2个百分点,民营经济增加值增量占全市生产总值增量的50%。"三上"企业新增428户。全年创建小微企业近万户,小微企业已发展到7万户,占全部中小企业的88.6%。战略性新兴产业和高新技术产业民营企业户数增加324户,民营经济在现代服务业和文化产业占主导地位,民营经济第三产业的比重比2012年提高1个多百分点。民营经济从业人员的增量占全市的85%以上,大学生创业就业90%以上在民营企业。长春市新增企业户数中,民营企业占90%以上。

【政策扶持】 2013年,通过实行纳税起征点上调和纳税所得额减半的优惠政策,为民营经济减税13.6亿元,惠及民营企业2万多户,个体工商户17万多户。实行注册资本"零首付"和"先照后证"政策,办理751户"零首付"公司和"先照后证"市场主体5801户。实行年检、验照等服务"零收费"政策,为民营经济减负1615万元。实行资金扶持政策,工业专项资金、战略性新兴专项资金、中小企业发展资金、科技专项资金等集中用于支持民营企业加快发展,全年用2亿元资金对230户民营企业的项目给予扶持。德惠市、榆树市、农安县、双阳区各设立民营经济发展专项资金1000万元,汽车经济技术开发区、高新经济技术开发区、二道区、九台市、净月高新开发区分别设立民营经济发展专项资金2000万元、5000万元、1亿元、2亿元和4亿元。

【政策督查】 对长春市人社局、工商局、财政局、地税局、金融办、监察局、长春市朝阳区人民政府、汽车经济技术开发区管委会、农安县人民政府和宽城区人民政府等10个部门进行实地督查调研,县(市)区、开发区和长春市直37个部门报送书面材料。组织部门出台《长春市为突出发展民营经济提供人才支持的若干意见》,从人才引进、培养、使用、激励4个方面制定15条支持措施。工商部门提出28条具体落实措施。国土部门制定《关于强化资源保障促进民营经济发展的实施意见》,提出31项具体措施。人社部门制定20条措施助推民营经济发展。规划部门设立民营企业优先审批窗口和工作平台,开辟绿色通道。地税部门利用办税大厅的电子显示屏、电子触摸屏、税法公告栏和地税网站宣传政策。卫生部门建立民营医疗机构外聘人才绿色通道。教育部门鼓励职业院校教师担任民营企业技术顾问,在产品设计、生产线调试和设备安装等方面为民营企业提供服务。财政部门统筹运用工业经济资金、服务外包资金、出口发展资金、科技专项资金,对民营企业出口产品认证费、境外注册商标、境外专利认证费和获得"中国出口名牌商品"称号的企业给予适当补助。

【编制突出发展民营经济规划】 编制完成《长春市突出发展民营经济规划纲要(2013-2017年)》。提出到2017年长春市民营经济总量与2012年相比实现翻番目标,主营业务收入2万亿元,增加值4350亿元以上,占全市生产总值比重达50%。民营企业户数达10万户以上,主营业务收入超百亿元民营企业达10个以上,超10亿元达100个以上,超亿元达1000个以上。民营经济缴纳税金600亿元。民营经济从业人员252万人,占长春市城镇就业人员60%以上,占全市从业人员增量的85%以上。

【融资服务】 2013年,长春市着力建设融资平台。规划358万平方米面向民营经济的东北亚金融总部基地。成立首支由民营资本组成的私募股权基金,募集资金1.43亿元。组建2.5亿元的创业投资基金,全年为20户企业实施投资。鼓励银行扩大信贷规模,民营企业新增贷款188.9亿元,比2012增加116.8亿元。利用市新投公司的债权、股权平台投资1.8亿元,支持18户战略性新兴产业的民营企业发展。争取国家"小微企业无抵押信用贷款试点"政策,为50户以上企业提供贷款支持。创新推出"股权质押担保"新模式,为100户民营企业提供贷款担保22亿元。争取到"新三板"试点,首批将有5户企业挂牌。筹划建立中小企业金融服务公司,由"长春担保"和"九台农商行"共同出资组建"长春市中小企业融资服务有限公司",为长春市48户企业累计提供近亿元资金支持,全年为中小企业提供融资服务1.3亿元。引入"融资租赁"模式,与国内知名的上海远东国际租赁公司(吉林分公司)签署战略合作意向,为长春市10户企业争取到租赁资金3.5亿元。全年长春市成立融资性担保机构9家,新增注册资本金9.7亿元。推进政银企保对接合作,组织3次在长春市备案的60余家担保机构参与吉林省大规模政、银、企、保对接活动,促成30家担保机构与金融机构达成合作意向。做好担保机构日常备案工作,开展融资担保机构备案管理,对备案担保机构实行动态监管,备案融资性担保机构63家,注册资本金60.5亿元,新增担保额210亿元,组织融资担保机构参加吉林省许可证年检工作,参加年检比率和合格率均为100%。建立担保行业统计制度。开展担保行业专项检查和行业专项审计工作及资信评级活动。争取融资性担保机构专项支持资金。全年促成8家担保机构获得省级担保机构业绩考核奖励资金225万元,5家担保机构获得国家担保项目补助资金2120万元。创新融资模式,推进"小微企业无抵押信用贷款"试点工作,为参与试点企业提供资金近亿元。推进中小企业融资超市发展,引进银行、小额贷款、担保、租赁等各类金融机构和中介机构入驻,在长春市绿园区、长春市朝阳区成立2家中小企业融资超市。引导银行和担保机构扩大开展股权质押、应收账款、存货质押等信贷业务,拓宽担保物范围,简化办理手续,全年为百户企业解决担保资金54亿元。2013年5月,促成中国银行吉林省分行与长春市中小企业信用担保公司的全面战略合作,未来5年为中小民营企业提供贷款20亿元。

【集群发展】 2013年,推动大成、长客装备搬迁扩能,着力打造千亿产值的玉米加工集聚区和轨道客车产业集群。打造以皓月集团为龙头的清真产业集聚区。围绕汽车和轨道客车、农副产品深加工、光电子信息、生物与医药等支柱优势产业,逐步形成汽车零部件、农产品加工、轨道客车、装备制造业、光电子信息、生物与医药、软件开发、现代物流、文化创意、商贸服务和品牌示范等民营中小企业产业集群,集聚民营中小企业1500多户。

【重点项目】 与富士康、正威集团和生命人寿等闽粤地区民企签约项目28个,金额584亿元。与港澳地区企业签约项目13个,金额264亿元。与韩华集团、三星集团、大韩工商会所等韩国多家社团和行业龙头达成一批合作意向。与台湾电机电子工业同业公会签订建设10万平方米汽车电子产业园协议。在国内引进了新力光源、软通动力等一批高新技术企业。

【专项资金】 2013年,中小企业获得国家、省、市资金支持项目205个,金额9730万元。其中,国家23个企业和项目,资金3755万元;省115个企业和项目,资金3881万元;市67个企业和项目,资金2094万元。推荐21个中小企业结构调整和优化项目申报国家2013年中小企业发展专项资金支持,总投资9134万元。其中长春实发汽车零部件有限公司等11户中小企业获得国家专项支持,获得专项资金额度625万元;推荐中小企业技术改造和技术创新建设项目32个、产业集群项目2个、企业管理创新项目26个,总投资18.8亿元,其中获得省资金支持额度为2043万元,涉及企业和项目的总投资为15.4亿元;组织上报长春市中小企业和民营企业贷款贴息项目63个,符合申报条件的企业41户,包括"双百"企业20户,为支柱产业配套企业7户,"专精特新"企业14户,有38户企业通过答辩,获得长春市级资金支持866万元。

【新兴产业投资】 2013年,为长春市光电信息、先进装备制造、生物医药等战略性新兴产业企业提供资金支持,全年完成投资活动31项,累计投资金额33575万元。股权业务方面,全年完成项目投资13项,投资金额8775万元。其中,自有资本以股权方式完成对中科光电(长春)股份公司等5户企业的投资5775万元;工业专项资金以股权、债转股的方式完成对长春希达电子技术有限公司、长春市芳冠电子科技有限公司、吉林省永利激光科技有限公司等8户的投资3000万元。债权业务方面,全年完成债权项目16项,投出金额23800万元。其中,对长春国家光电子产业基地发展集团股份有限公司等2户企业进行长期债权投资,投资总额1300万元;对吉林省派诺生物技术股份有限公司等14户企业进行短期委托贷款,投出资金22500万元。基金业务方面,发行一支基金,即长春新投生物产业基金,基金规模1.5亿元,首期募集资金3000万元,全年对2户企业进行债权投资,累计投出资金1000万元。

【民营经济服务平台建设】 争取国家服务体系建设专项资金和市级财政支持,改造建设长春市中小企业服务大厦。大厦建筑面积3450平方米。2013年1月,长春市中小企业服务大厦正式启动运营,在吉林省内首家实现互联互通,设立投资融资、事务代理、企业运行、创业咨询等4个功能服务区,金融机构、担保公司、工商注册代理等21家服务机构入驻。引进人才培训、管理咨询、创业辅导等中介机构19家，直接为企业提供“点对点”的服务项目。服务大厦拥有容纳200人的大型多媒体教室、容纳50人的中型培训教室，举办座谈式、交流式培训的会议室2间。印制下发了14万字的《长春市中小企业十大服务体系宣传册》。探索实行政府购买服务模式及内容。赴贵州省贵阳市学习。请有关专家学者帮助设计，制定《长春市中小企业服务大厅政府购买服务项目运营实施方案》。

【培训工作】 2013年，长春市工信部门完成培训132期(次)，培训中小企业各类人员达1.23万人次。长春市有7家省级中小企业培训基地，建立由50名专家、学者、企业家组成的中小企业培训辅导师队伍。重点实施中小企业人才培训“四个一”工程，即打造10个中小企业人才培训基地，培育100个优秀专业辅导师、面向1000户重点中小企业，年培训各类人员近1万人次。与中国中小企业发展促进中心开展战略合作。长春市与国家中小企业发展促进中心和清华大学等国内知名院校开展战略合作，“中国中小企业发展促进中心长春培训基地”在长春市中小企业人才创业指导中心挂牌。与国家工信部所属中国中小企业发展促进中心联合举办的“中小企业经营管理领军人才高级研修班”，2013年4月、6月和11月举办三期培训班，65名百强民营企业和百户创新型企业的董事长(总经理)、企业高级经营管理人员，以及具有发展潜力的创业型中小企业企业家参加培训，国家工信部和中小企业发展促进中心授予证书。组织实施“千名企业家培养提升工程”，参加国家银河培训、“走进北大民营经济高级研修班”、“管理创新高级研修班”、清华大学高级工商管理研修班(长春班)、职业经理人能力培训班、“提升企业家能力巡回大讲堂”等高层次的培训活动。开展“进基地、进企业、进校园、进县区”的四进培育模式和定单、定向、定点、定额的“四定”培训项目，为100多家企业开展义务培训，全年培训6151人次。开展“万名创业者万名小老板”培训，培育创业能人、小老板和技术、管理者1.2万人次。

【全民创业】 搭建创业平台，编制印发《长春市创业服务指南》。对20人以下的新办中小企业提供1万元贷款贴息。采取以税顶租、股权投资等多种方式，为有投资意愿、缺少资金的中小企业提供创业平台。举办以促进创业为主要内容的第四届中国长春创业就业博览会。参与举办以促进创业为主要内容的第四届中国长春创业就业博览会。组织2000多家民营企业招聘员工，提供就业岗位3.2万个，创业项目513个。实施“万名大学生创业扶持计划”。建设创业实训基地30家，开发创业项目4000个。组织1万名大学生参与创业实践。选拔1000名“创业带头人”，扶持1万人成功创业。培育和弘扬创业文化。开展“解放思想、改革创新、治理环境、优化服务、突出发展民营经济”大讨论活动。

【孵化基地】 编制《长春市2013—2017年创业孵化基地发展规划》，提出未来5年，全市创业孵化基地建筑面积每年新增50万平方米。创业孵化基地总数100个。其中，国家级创业孵化基地15个，省级创业孵化基地60个；省级示范创业孵化基地20个，在孵企业数3000户，累计毕业企业1000户，带动就业人数10万人。对2013年创业孵化基地建设情况进行调度。制定《长春市2013年创业孵化基地建设指导意见》《长春市2013年创业孵化基地建设计划、考核标准及验收办法》和《长春市创业孵化基地备案办法》等文件，对50万平方米孵化基地指标任务进行分解落实。组织万易大学生创业园在长春市做推广，支持万易创业园发起成立长春市创业孵化基地专业管理公司。2013年申报孵化基地专项资金项目20个，计划总投资19.1亿元。获得专项资金支持创业孵化基地16个，扶持资金1100万元。

【市场开拓】 2013年，组织民营企业和中小企业参加南京市的“江苏春季和秋季食品商品展览会”、新疆乌鲁木奇的“第三届中国—亚欧博览会”、香港的“第24届香港美食博览会”、广州的“第十届中国国际中小企业博览会”、上海的“全国农产品(上海)交易博览会”、浙江义乌的“第十九届中国义乌国际小商品博览会”、北京的“第十一届(北京)国际有机食品和绿色食品博览会”等展会，120户企业参加展出，长春吉龙粮业有限公司、九台兴旺果仁公司、长春古今陶乐文化传播、派诺生物技术有限公司、长双鹿业公司等企业签订购销合同近10亿元，现场销售产品1100多万元。

【示范区试点】 2013年11月，中共吉林省委十届三次全会决定在长春市开展突出发展民营经济综合配套改革示范区试点。长春市成立突出发展民营经济综合配套改革示范区方案起草组，组织相关人员赴全国各地学习调研有关经验做法，制定《长春市突出发展民营经济综合配套改革示范区总体方案》，研究长春市民营经济综合配套改革示范区试点相关政策，制定《关于推进长春市民营经济综合配套改革示范区试点的若干意见》。

【议案、提案办理】 2013年，长春市政协十二届一次会议、长春市十四届人大一次会议的委员和代表们对民营经济发展提出意见和建议，有人大代表建议4件，政协委员提案6件。结合《中共长春市委长春市人民政府关于突出发展民营经济的实施意见》办理答复意见，答复“满意”的9件，“基本满意”的1件。2013年9月，长春市政府向吉林省人大汇报突出发展民营经济情况。2013年10月，长春市政府向长春市人大常委会报告突出发展民营经济情况。

【服务民营经济】 组织民营企业参加吉林省突出发展民营经济大会、吉林省经济工作会议、长春市突出发展民营经济暨软环境建设大会、长春市经济工作会议、长春市企业联合会第六届会员大会等20多次会议。组织参加长春国际农业博览会上举办的“海峡两岸民营经济论坛”。组织接待全国人大中小企业促进法调研组视察、吉林省谷春立副省长民营经济调研、吉林省政府突出发展民营经济督查调研组、吉林省纪委和吉林省工信厅联合检查组等各类督查、视察、调研活动14次。2013年，组织吉林省大人民营企业座谈会、吉林省政府督查室督查研究座谈会、吉林省纪委和吉林省工信厅联合检查组座谈会、长春市人大调研座谈会、长春市政府民营企业座谈会、长春市政府民情恳谈会、长春市委政研室政策调研座谈会等座谈会，涉及民营企业和中小企业近300户。组织民营企业参加“财务管理实战研修班”和启动中小企业园区建设相关课题研究。组织推动中德(长春)中小企业产业合作示范园区工作，到江苏省太仓市开展考察调研，促进德国中小企业在长春市集群集聚发展。

【运行监测】 2013年，每月完成对94户国家监测中小企业生产经营情况的跟踪、督报和审核工作。完成吉林省千户成长型中小企业统计数据上报工作。下达县(市)区、开发区民营经济和发展中小企业的主营业务收入、增加值、上缴税收、企业户数、个体工商户户数、“三上”企业户数、从业人员等7项指标。

(李光华)

乡镇企业

【概况】 2013年，全市乡镇企业发展到17929户。按登记注册类型划分，内资企业17906户，其中，集体企业87户、私营企业17032户；港澳台商投资企业10户；外商投资企业13户。按国民经济行业划分，农业企业700户；工业企业8880户；建筑企业1348户；交通运输仓储业747户；批发零售业3877户；住宿及餐饮业1121户；居民服务、其他服务业和娱乐业1057户；其他类型企业199户。全市乡镇企业从业人员352814人，实现营业收入15256786万元，上交税金315566万元。全市乡镇企业个体工商户总户数202739户，从业人员587186人，实现营业收入10313214万元，上交税金102434万元。

【乡镇规模工业企业】 全市营业收入2000万元以上乡镇规模工业企业378户，从业人员82682人，实现营业收入8978727万元，上交税金284173万元。

【出口创汇】 全市有乡镇出口企业69户，实现出口产品交货值310304万元。年出口交货值500万元(含500万元)以上的企业实现出口交货值295148万元。

【固定资产投资】 全市乡镇企业完成固定资产投资6316188万元。其中，新建项目完成5103512万元；改建项目完成5564万元；扩建项目完成862122万元；其它项目完成344990万元。国家及有关部门扶持资金31620万元；金融机构贷款1526795万元；引进资金1512011万元(其中引进外资81548万元)；自有资金2999410万元，其他资金246352万元。

【资金扶持】 充分利用上级政策，为能带动全市地方经济发展、经济效益及社会效益良好、符合政策和资金支持的乡镇企业申报省乡镇企业发展专项资金，有10个项目获省乡镇企业发展专项资金175万元。

【企业管理】 吉林省陆路雪食品有限公司被农业部评为“主食加工示范企业”。长春大成实业集团有限公司等42户企业被省农委命名为“全省农产品加工业百强企业”。吉林省陆陆雪食品有限公司、吉林华正农牧业开发股份有限公司、长春嘉腾食品有限公司、吉林省鹏瑞实业(集团)有限公司、长春老韩头清真食品有限公司、吉林林村中药开发有限公司6户企业被省农委评为“全省乡镇企业(农产品加工业)管理先进企业”。吉林省农安县合隆镇陈家店村被省农委命名为“2013年度吉林省最有魅力休闲乡村”。长春关东文化园休闲渡假有限公司、吉林省隆达生态农业开发有限公司、德惠市洪瑞德休闲农业旅游专业合作社等3户企业被省乡镇企业发展协会命名为“吉林省五星级示范企业”；吉林省乐府农业科技开发有限公司、吉林省自然村发展有限公司、长春龙福缘田园观光旅游有限公司、长春国信现代农业科技发展股份有限公司、长春御龙温泉渡假村有限公司、吉林省八台岭关东风情园等6户企业被命名为“吉林省四星级示范企业”；吉林省牧家养殖有限公司、德惠市钱林塘休闲农业渡假村、长春金秋实业有限公司等3户企业被命名为“吉林省三星级示范企业”。

【教育培训】 以乡镇企业职业技能鉴定和蓝色证书培训为平台，围绕全市乡镇农产品加工企业的发展需求，开展重点工种的技能培训和鉴定工作。完成789人的培训、鉴定任务。其中，食品检验工110人、禽类屠宰加工工317人、猪屠宰加工工97人、畜禽产品检验工194人、服装缝纫工71人。其中653人通过鉴定考试。

【对外交流】 组织企业参加农业部举办的“中原经济区农产品加工业投资对接会”“2013年中国农产品加工业投资贸易洽谈会”和“精品之窗”的宣传和推介。

【“创业杯”竞赛】 按照省乡镇企业“创业杯”竞赛活动领导小组部署，长春市成立以主管市长为组长，副秘书长和农委主任为副组长的“创业杯”竞赛活动领导小组，加大乡镇企业工作力度，层层落实责任，开展乡镇企业各项工作。长春市人民政府、榆树市人民政府和九台市人民政府获2013年度全省乡镇企业创业杯竞赛“创业杯”奖，朝阳区农业局获“组织奖”。长春市人民政府已连续八年获得“创业杯”奖。

(靳朝辉)

综 述

【生产经营】 2013年,长春地区铁路货物发送量完成962.67万吨,旅客发送量为3073.3万人次。长春龙嘉国际机场完成旅客吞吐量673.31万人次,货邮吞吐量6.8万吨,保障航班起降5.66万架次,比2012年分别增长15.7%、2.75%和14.5%。长春机场旅客吞吐量增速在首都机场集团干线成员机场中排名位居前列,在东北地区四大机场中居于首位,高于沈阳、大连、哈尔滨机场。公路货运全年完成货运量17469万吨,货运周转量3469151万吨公里。社会物流总额完成15668.3亿元,比2012年净增1372亿元,增长10.7%。

【基础设施建设】 新建辽源至长春铁路工程,2013年完成投资0.5亿元;哈大客运专线长春枢纽工程,完成投资0.72亿元;哈大客运专线长春西客站工程,完成投资0.9亿元;哈大客运专线配套长春站改造工程,完成投资1.99亿元。长春机场全年新增7个航点,净增13条航线,共19家航空公司运营86条航线。航线覆盖京沪穗三大热点城市和东北省会城市。长春机场新增商业资源及场地招商面积比2012年增长50%。南航吉林分公司执管空客系列飞机18架,净增4架飞机,相当于新建一家小型航空公司。新开通长春至珠海等9条国内航线、延吉至清州等3条国际航线,长春至曼谷为吉林省第一条东南亚国际正班航线。新开、续建亿元以上物流基础设施项目128个。长春市正式被国家商务部评选为全国第二批国家级城市物流配送试点城市。中小物流企业互助合作社发展成员58家。长春物流协会组织20家物流企业成立长春市第一个物流企业运输联合体。

【安全运行】 南航吉林分公司全年安全飞行58000余小时,比2012年增加16%,杜绝飞行、空防和航空地面事故,实现连续22年安全飞行。机场全年未发生机场责任原因造成的重大飞行、空防事故、航空地面事故及严重事故征候,实现飞行安全55周年,空防安全20周年。

【服务质量】 长春机场航班放行正常率为87.8%,高于首都机场集团成员机场平均水平,高于国内行业平均水平;机场原因造成的航班延误比2012年下降22.22%;服务质量达标率为95%,比2012年提高6.44个百分点;ACI(AmericanCertificationInstitute 美国认证协会)旅客满意度平均值为4.75分,排名进入世界会员机场前12位。打造"顺畅地服",以"推进高端服务、遏制行李不正常"为重点带动地面服务提升,比2012年提升4个名次。创建"最美客舱",坚持乘务长动态管理,开展微笑天使评选、乘务长航前协作专项整治等活动。

(徐 航)

铁 路

【概况】 2013年,长春经济吸引区内以运输汽车、铁路客车、粮食、煤炭、石油、医药、焦炭、化肥农药、建材等为主要货运服务项目,以日常旅客、出境、国内旅游、会展、节日旅游旅客运输为主要客运服务项目。2013年,长春境内铁路运输生产单位有9个,分别是长春站、长春北站、长春车务段、长春客运段、长春车辆段、长春供电段、长春电务段、长春工务段和长春货运中心。

【主要运输指标完成情况】 2013年,长春地区货物发送量完成962.67万吨。其中,粮食337万吨、煤炭18.7万吨、石油38.9万吨、化肥农药10.1万吨、医药30.7万吨,其他品类39.4万吨。长春站旅客发送量为2402万人,比2012年多发送147万人,增长6.5%;长春车务段管辖各站旅客发送量为671.3万人,比2012年多发送120.3万人,增长21.8%。

【铁路重点建设项目】 新建辽源至长春铁路工程,全年完成投资0.5亿元;哈大客运专线长春枢纽工程,全年完成投资0.72亿元;哈大客运专线长春西客站工程,全年完成投资0.9亿元;哈大客运专线配套长春站改造工程,全年完成投资1.99亿元。

【长春站】 长春站位于吉林省长春市宽

城区长白路5号，邮编130051。站内主要设备包括普速场和高速场上、下行正线各1条，普速场与高速场间联络线1条，到发线22条，牵出线5条，电动道岔200组。车站设信号楼1个，综控室1个，高站台9座，无站台柱风雨棚9个。车站固定资产主要包括长春站、长春西站设扶梯76部，直梯24部，自动售、取票机58台，安检查危仪14台，中央空调系统6套，消防系统各3套，职工食堂1处，综合公寓1处（内部设置浴池、健身房），职工净水设备和洗衣设备各1处，客运监控系统、引导系统、到发系统、广播系统、自动查询系统各1套，生产用汽车18辆。11月23日，车站行车指挥中心正式建成并投入使用；11月25日，南站房开通，南北站房全面贯通。车站在岗职工1489人。其中干部169人，工人1320人。全年客运收入完成194163万元，比年度计划191500万元增收2663万元，增长2%，比2012年同期160472万元增加33691万元，增长21%。旅客发送量完成2402万人，2012年2264万人增加138万人，增长6%。加开临客332列，加挂车辆1442辆，多发送旅客32.1万人。其他业务收入完成585万元，实现综合效益62万元。扶持开办集体企业经营项目，全年实现产值2600万元，利润60万元。截至2013年末，实现无责任较大及以上事故11256天；无一般B类及以上事故3201天；无责任人身重伤及以上事故2920天，连续实现6个安全年。

长春客运段T121次列车春晚

【长春北站】 长春北站位于吉林省长春市东三环路宽城区奋进乡，邮编130052。车站中心位于长春枢纽京哈线1011.922公里处、龙北联络线自龙泉站起8.886公里处、长白线自长春北站起0.0公里处，衔接长图、长白线，为单向混合式二级四场，站场全长5.8公里。车站始建于1988年，成立于1992年12月28日，全部开通使用于1999年8月9日。按业务量为一等站，按技术作业性质为编组站，主要承担哈尔滨、棋盘、四平、大安北、烟筒山方向货物列车改编作业和中转技术作业；办理专用线取送作业，是区域性主要编组站。有正线3条，到发线24条，编发线6条，分类线13条，西部线群联络线1条，专用线59条，换装线2条，禁溜线2条，迂回线1条，安全线2条，机待线7条，机车走行线1条，机车出入库线5条，牵出线2条，站内道岔352组，减速器23组，可控停车器54台，信号楼4个，调度楼1个，驼峰楼1个，半自动化驼峰1座，调车机7台。固定资产原值3519万元，净值1059万元。车站有职工549人。其中，干部66人；工人483人。全年日均办理13529辆，其中有调办理3376辆，日均到发列车251列，中转时间2.6小时，一次作业时间完成21.6小时。截至2013年末，实现行车安全生产2872天。

【长春车务段】 长春车务段位于吉林省长春市宽城区人民大街161号，邮编130051。管辖京哈干线里程269.6公里，其区间包括十家堡、郭家店、蔡家、大榆树、公主岭、陶家屯、范家屯、大屯、长春南、一间堡、米沙子、沃皮、布海、德惠、达家沟、姚家、陶赖昭、团山、扶余、蔡家沟站，闭塞方式为双线双向自动闭塞，日均办理接发列车202列，其中旅客列车126列；长白线里程128.8公里，其区间包括小合隆、开安、华家、农安、柴岗、哈拉海、王府、七家子站，闭塞方式为单线半自动闭塞，日均办理接发列车28列，其中旅客列车18列；长图线里程4.1公里，其区间包括长春东、龙泉、龙泉北站闭塞方式为单线半自动闭塞，日均办理接发列车34列；哈大客运专线车站3个，德惠西、扶余北站、公主岭南，闭塞方式为分散自律调度集中，日均办理旅客列车58列；陶舒线（合资铁路）里程92.2公里，其区间包括五棵树、刘家店、榆树、新立镇、谢家镇站闭塞方式为单线半自动闭塞，日均办理接发列车12列，其中旅客列车4列；长双烟线（合资铁路）里程91.8公里，其区间包括泉眼、奢岭、双阳、山河、五家子站，闭塞方式为单线半自动闭塞，日均办理接发列车2列。管内共有车站44个，办理客运业务车站有30个，总营业里程586.5公里。全段有到发线119条、牵出线30条、专用线233条、专用铁道4条、地方铁路1条、候车室30个、旅客站台52座（其中有风雨棚站台4座）、天桥5座、地道3座。固定资产净值2192.61万元。全段有职工1933人。其中干部246人，工人1687人。全年旅客发送量计划完成659万人，实际完成671.3万人；客运收入计划完成21640万元，实际完成26704万元，超计划完成5064万元，比2012年增长36.6%。一次作业时间计划16.0小时，实际完成16.0小时；中转时间计划2.3小时，实际完成2.3小时。截至2013

年末，实现无责任重大、大事故3774天；无责任一般事故752天；无责任死亡事故3774天；无责任重伤3774天；无责任轻伤事故3783天；无责任火灾事故3783天。

【长春客运段】 长春客运段位于吉林省长春市宽城区丹东路97号，邮编130000。主要负责担当长春至吉林、图们、白城、北京、广州、西安、上海、牡丹江、齐齐哈尔、大连、榆树；白城至阿尔山、呼和浩特、乌兰浩特、大连、天津等53对旅客列车的乘务工作。其中，动车组列车22对(哈大客专12.5对、长吉城际26对、直通5对)；其他列车31对(直通特快2对、直达1对、快速4对、普快6对。管内快速8.5对、普快3对、普慢5对)。全段有干部职工4580人。其中干部285人；工人4295人。全年完成运输收入1亿元，超收963万。截至2013年末，实现无一般D类及以上事故2170天。2013年，长春客运段被中华全国总工会、中国科学技术协会授予"全国质量管理小组活动优秀企业"，被全国质量协会评为"全国实施用户满意工程先进单位"。

【长春车辆段】 长春车辆段位于吉林省长春市辽宁路939号，邮编130051。地处哈大干线700公里处，主要承担客车车辆运用职能。管理跨度以长春为中心东至图们529公里，北至白城333公里，南至通化401公里。长春地区段内用地面积为115262平方米，建筑总面积59746平方米。保有设备283台。其中，机械动力设备210台、起重运输设备73台。配属客车1665辆。图定开行列车54.5对102组。固定资产33.02亿元。全段有职工2602人。其中，干部218人；工人2384人。全年运输总支出累计有权64952万元，实际支出64945万元，比有权节支7万元，完成修旧利废产值449.77万元，段产品产值140.58万元。全年完成客车厂修105辆、段修667辆、辅修2117辆、轮对旋修1624条。开行临客74组1062辆、旅游列车24组330辆、军运客车348辆、客车加挂1006辆次、支南临客4组76辆。截至2013年末，全段实现无行车一般D类及以上事故284天，无人身轻伤以上事故2845天，无路风问题2845天，无火灾爆炸事故2845天，无设备事故2845天。

【长春供电段】 长春供电段位于吉林省长春市宽城区松江路395号，邮编130051。担负着哈大客专、长吉城际、京哈、平齐、通让、大郑、长白、白阿、长吉、四梅、陶舒(委管)、长双烟(委管)共12条线路120个站2110.21运营公里线路的生产、生活供电维修管理任务。其中管辖高铁线路295.21运营公里。全段有职工1523人。其中，干部192人；工人1331人。全年检修接触网390.45条公里，隔离开关68座，分段绝缘器65座，动态检测缺陷处理211处，更换绝缘子254套，擦拭绝缘子4495套，调整哈大客专补偿A值1110处、检调分段绝缘器174台次、无交分线岔60处、远动隔离开关230台。检修高铁AT所9座、分区所5座、AT兼开闭所2座。处理牵引变电远动故障普速68件，高铁188件。进行9座普速RTU箱防腐，22座高铁所亭二次端子紧固，171台高铁网上开关软件升级和加装隔离变等专项整治工作。检修电力架空线路1145.5公里，电缆线路281公里，箱式变电站46座，变压器256台，配电装置429面，变压器台256座。全年累计修剪树木13万棵，更换绝缘线52万米，补强接地极111套，安装驱雷器285套，整正、加固电杆1291根。全年运输总有权支出63823万元，实际支出63820万元，节支3万元；电损控制在9.27%范围内，比2012年降低0.02%，比计划降低了0.001%；实现其他业务收入4839万元，比2012年多完成55万元，比预算多完成357万元。截至2013年末，实现无责任重大、大事故2844天，无责任一般事故340天，无责任人身重伤及以上事故1327天，无责任火灾2844天，无轨道车运行事故2844天。

【长春电务段】 长春电务段位于吉林省长春市汉口大街793号，邮编130051。主要承担京哈、通让、长白、平齐、白阿、陶舒、四梅、长双烟、长吉城际及哈大高速10条运输线路电务设备的维护工作。全段管辖2210.652公里，既有线管辖1897.007公里。其中，自动闭塞725.307公里；半自动闭塞1171.7公里；高速线313.645公里(含哈大高速线289.023公里)。管辖114个站、18个场、2个编尾场。固定资产18.93亿元。全段有职工2207人。其中，干部485人；工人1722人。全年完成大屯、陶赖昭和归流河站微机联锁改造施工，长春北站驼峰缓行器大修，锡乌线改造，四平站环线工程，京哈线17个站微机监测施工。配合完成长春站改、郑家屯站过渡和管内190组道岔大修施工任务。修改完善94处道口档案，绘制28处有人看守道口电源系统

长春供电段接触网检修现场

图。完成46台道口主机箱倒修更换。轮修转辙机22台，分解检修减速器制动气缸450个，完成减速器三位五通阀入所修140台，更换制动轨8根、制动钳65个，保护盒改造42台。定制防寒小棉被200余套。完成电源屏站内屏停电检修143套，区间屏58套。计算机联锁检修65站次，整治设备隐患问题186件。按照轮修计划，正常处所继电器9159台，转辙机594台，检修其他器材2444台，S700K接点插排整治649台。完成车载设备I级修572台次，监控主机、显示器及配件维修1219件，标准化整治56台，机车防水整治365台。改造主体化信号111台，整治地面发码环线68条次。动车组车载设备联检7175台，完成19组5型车ATP速传插头改造及速传轮修76台，5型车接线盒防水整治及车下防脱整治117组，完成5组动车组300T型ATP车载设备7.3.10.1版软件升级。完成轨道车车载设备日常维护298台次，处理故障138件，维修故障设备216台(件)，轨道车车下设备防脱整治59台，完成轨道车车载设备标准化整治59台。机车数据下发44版，换装42版，7478台次，灌制芯片42433片，消耗芯片7210片。动车组数据下发74版，换装26版，换装动车组434组，灌制芯片6240片。整治光缆隐患12处，将巨宝至工农湖间6公里光缆更换为钢丝护凯光缆，巨宝至庆丰的14公里区间敷设直埋光缆，为避开冻害水害处所，重新敷设直埋光缆2.2公里。对管内架空线路和直埋电缆存在隐患的25个区间加装光闭塞设备。对陶榆线、白阿线和大郑线22棵架空明线路电杆进行加固。取消62台老型模拟广播机更换为新型数字广播机，对管内CTC、TDCS和微机监测的360台超期协议转换器进行更新。对既有线20个机房、哈大高铁286套基站设备及平齐线白城至街基199.2公里的直埋光电缆线路进行达标整治，更换标桩980根，警示牌1150面，对哈大客专21个基站箱式机房加装外保温设施。信号设备综合合格率98.67%；信号合格显示率99.96%；信号机合格率98.4%；道岔优合格97.94%；机车信号正确率100%；机车报警正确率100%；联锁关系正确率100%；通信设备综合合格率98%；无线列调电台运用良好率99.5%；机车电台出库合格率100%；机车电台入库合格率98%。截至2013年末，实现无重大事故23794天，无一般责任事故19172天。

【长春工务段】 长春工务段位于吉林省长春市人民大街81号，邮政编码130052。主要负责线路的线桥养护维修任务。有机械设备1374台。其中，机械动力设备1276台，各种机床14台，锻压、剪切设备1台，动力设备62台，电气设备152台，木工、锻工设备2台，试验设备26台，工程机械1017台，杂项设备2台，运输设备98台。固定资产净值223647.38万元。全段共有职工2497人。其中，干部190人；工人2307人。全年完成正线综合修1012.2公里。其中，大机维修466.93公里，到发线综合修75公里，站线综合修65.9公里。正线道岔综合修357组，其中，大机维修170组。到发线道岔综合修180组，站线道岔综合修88组。到发线保养修130公里，站线保养修53公里，到发线道岔保养修185组，正线道岔状态修41组，到发线道岔状态修15组，站专线状态修123公里，站专线道岔状态修421组。钢轨打磨156.7公里，道岔打磨36组。无缝线路短轨焊复680头，道岔胶结253头，长轨放散32.758公里。线上更换新钢轨22.368公里，更换再用钢轨17.1公里，焊补锰钢辙叉82个；更换新尖轨257根，更换新辙叉68个；更换基本轨59根，维修更换Ⅲ型枕6290根，Ⅱ型枕5032根，69型枕265根，木枕2843根，砼岔枕23根，木岔枕475根，岔枕共852根，更换胶垫8465块，道岔破底筛54组，清筛翻浆冒泥22公里。线路全年补碴685车/26897.5立方米。线路外型整修25.5公里。冻害注盐238处/延长2636米注盐100吨。无缝线路倒边计4.4公里。更换曲线侧磨轨15公里。增设轨道加强设备轨距杆4758根，轨撑3430对，更换侧磨轨4.148公里，更换高弹胶垫13463块，更换破损尼龙座21574个，更换弹性扣件20310套。全年清理涵洞杂草20公里、线路边坡杂草83公里；排水沟清淤13公里、涵洞抽水3500立方米。修复限高架1处、补充限高牌2处；清除永宁桥排水孔结冰溜600米；加长声屏障叉板L型角钢挡块75块；补充、更换声屏障螺栓500个；桥墩涂刷警示标志2处，加固封闭网14处。道岔大修完成70组。再用轨大修完成8公里。线路中修道岔破底清筛完成42组。桥涵维修工作完成桥梁综合修29座/644.85米，涵渠综合修47座/958.53米。更换新桥枕7根，钢梁加涂面漆7孔/187.4吨，更换高强螺栓15根，修补圬工梁20孔，整修支座10座/92个，整治河调建筑物3/50立方米，更换护木5座/46米，更换分开式扣件62套，圬工梁泄水管整修2座/38个，整治裂损墩台6座/12个，钢梁死角油漆16孔，人行道栏杆及吊围栏涂装7座/520米，更换人行道板385块，制做滴水檐10孔/390米等。完成亚泰水泥厂专用线换枕大修450米；长春大房身机场更换失效枕木400根；电力物资储运公司专用线换失效枕木70根。截至2013年末，实现无一般D类事故151天、一般C类事故11142天、一般B类事故609天、一般A类事故23798天；无较(重)大事故23798天。无道口责任一般(重大)路外伤亡事故609天，无责任一般(重大)火灾爆炸事故23798天。

【长春货运中心】 长春货运中心成立于2013年6月15日，由原沈阳铁路局长春春铁集团有限公司长春车务分公司、四平分公司、大连沈铁港口物流有限公司长春分公司长东内陆港和四平货场、沈阳沈铁装卸有限责任公司长春分公司、沈阳铁道工业集团有限公司长春称重公正计量分公司及长春车务段、长春北站、四平站的货运车间整体划拨组成。中心本部位于吉林省长春市宽城区人民大街81号，邮编130051。管辖京哈线，四平至蔡家沟段；长白线，长春至七家子段；陶舒铁路，陶赖昭至榆树段；长双烟铁路，长春至五家子段。总计8个货运营业部，35个货运营业室，204家企业专用线，总计营业里程590公里。中心有在职人员1400人。其中，干部200人；工人

1200人。全年货物发送量完成962.7万吨，货物到达量完成3107.9万吨，日均装车578车，日均卸车1494车，货运收入完成146167.7万元。截至2013年末，实现无责任重大、大事故199天；无责任一般事故199天；无责任死亡事故199天；无责任重伤199天；无责任轻伤事故199天；无责任火灾事故199天。

（李英奇）

公路运输

【概况】 截至2013年末，长春市公路总里程达21902.5公里。其中，国道784.5公里、省道874.5公里、县道1015.3公路；乡道4101公里、专用公路27.3公里、村屯道15099.9公里。全市公路网密度达106.5公里/百平方公里。截至2013年末，长春市有营运货车111835台，全年完成货运量17469万吨、货运周转量3469151万吨公里；长春市有公路客运站85个、招呼站187个。全市有公路客运线路1373条。其中，跨省线路86条，跨地市州线路166条，跨县线路185条，县内线路936个。全市有营运客车3723台，全年完成客运量12046万人次；全市有机动车维修企业1728户，驾校116所，年培训能力达169500人。

【交通基础设施建设】 2013年，完成全口径投资164470万元。其中，公路建设投资109827万元，公路养护投资19700万元，枢纽场站建设投资4112万元，公交基础设施建设投资19316万元，通行费支出1200万元，偿还贷款815万元，行政事业费支出9500万元。抚长高速公路人民大街南出口临时收费站建设项目完成投资5500万元，2013年6日1日正式开工，7月底完成收费站办公楼主体工程，8月底完成道路工程和机电系统安装调试工程，11月份正式交付投入使用。长春经济圈环线高速公路九台至双阳辅道建设项目完成投资18400万元。路基及桥涵工程完成95%以上，征地拆迁工作已进入收尾阶段。长余高速公路米沙子出口项目，完成收费站、机电、养护工区等续建项目，已投入使用。珲乌公路(G302)饮马河大桥至东方广场改扩建项目，由莲花山管委会负责管理，年内投资34482万元，完成路面收尾工程，实现竣工通车。舒太线102线至太兴段改建项目投资7000万元，完成征地拆迁、桥梁主梁预制工程。农村公路建设方面取得明显成效。在县级公路建设上，投资880万元，完成龙双公路东湖镇至新安镇改扩建工程的部分路面收尾工程，实现竣工通车；投资1185万元，完成向蔡线八号至红星段改建工程，实现竣工通车；在村屯公路建设上，投资36000万元，建设农村公路1512.1公里，改造农村公路危险桥31座，年末通村率99.16%，通屯率65%。公路养护工程方面，改造干线公路危险桥1座、县级公路危险桥4座，维修干线公路危险桥30座。完成公路小修保养、文明样板路、公路美化绿化、日常养护等工作，确保公路安全畅通。

长春市高速公路收费站工程

【运输服务保障】 完成假日运输组织工作。调集车辆760台，加车3168台次，日均投放车辆2651台，输送旅客522.25万人次。推进城乡客运一体化。完成长春至合隆客运班线公交改造方案制定及车主、公司和行业管理部门三方签约等工作；推进农村客运网络化建设，完成客运班线公交化改造线路7条、车辆63台，打破原有班次、时间界限，实行滚动发车，为旅客出行提供方便。

【交通运输行业管理】 在道路运输市场上，结合全市市容环境综合整治和交通秩序专项整治集中行动，重点对非法营运“黑车”、“黑驾校”、危险品运输车、客运超员、出租车拒载以及场站(通道)出租车运营秩序加大监管力度。全年出动执法车辆8324台次，执法人员25049人次，检查车辆147185台次，扣留非法营运车辆1603台，暂扣证件7030件。查处残疾人挂代步顶灯从事非法营运行为10件，查扣非法营运轿车120台。在水路运输市场管理上，出动海巡艇5艘次，执法人员300余人次，检查船舶110艘次，查出安全隐患24处，立即整改21处，限期整改3处，处罚违法行为为17起。在公路路政管理上，清理不规范道口12处，查处违章建筑20余处，清理骑路市场24个，清理各种路障810余处，拆除非公路标志432块，处理路政赔(补)偿案件23起，查处率和结案率均达100%，公路沿线设施完好率达98%，路产修复率达97%。在超限运输治理上，完成车辆检测7.5万台次，处理7020台，卸货259吨。

【交通行政执法】 2013年开展一次集中排查整治活动，组织长春市交通运输系统广大执法人员学习落实《交通行政执法规范》，统一执法文书、规范执法程序整顿，执法风纪；基层各执法机构严格执行《吉林省交通行政处罚裁量基准（试行）》；通过明察暗访等方式监督基层执法，治理乱收费、乱罚款、乱摊派、乱用行政强制等不规范行为；完善行政执法主体资格管理；完成行政执法人员的执法证件换发和公路、运管等执法场所外观标识建设；开展行政许可自由裁量权试点工作，精简优化审批环节和流程。

【交通运输体制机制改革】 根据行业管理现状，经长春市政府同意，将出租车新一轮许可延期至2014年4月20日；与长春市发改委沟通，启动出租运价风险评估工作；指导协调长春市汽车配件销售总公司、长春市交通建筑安装工程公司、长春市联运总公司三户企业实施改制，职工社保金缴纳开始启动。

（郭　昊）

民用航空

【概况】 吉林省民航机场集团公司（以下简称"吉林机场集团"）是首都机场集团的全资子公司。2013年，所属长春龙嘉国际机场完成旅客吞吐量673.31万人次，货邮吞吐量6.8万吨，保障航班起降5.66万架次，比2012年分别增长15.7%、2.75%和14.5%。长春机场旅客吞吐量增速在首都机场集团干线成员机场中排名位居前列，在东北地区四大机场中居于首位，高于沈阳、大连、哈尔滨机场。

【安全运营】 全年未发生机场责任原因造成的重大飞行、空防事故、航空地面事故及严重事故征候，实现飞行安全55周年，空防安全20周年。初步完成安全管理知识题库编撰工作，搜集安全法律法规和规章标准8个板块171部。全面启动"平安机场建设"。以安全理念、文化宣贯、责任落实、运行监察、应急能力提升和各类预案为框架的安全管理体系初步形成。

【服务质量】 长春机场航班放行正常率为87.8%，高于首都机场集团成员机场平均水平，高于国内行业平均水平；机场原因造成的航班延误比2012年下降22.22%；服务质量达标率为95%，比2012年提高6.44个百分点；ACI（AmericanCertificationInstitute 美国认证协会）旅客满意度平均值为4.75分，排名进入世界会员机场前12位。在国际机场协会公布的2013年全球最佳机场评选结果中，长春机场位列旅客吞吐量200万～500万层级最佳机场第一名。全年未发生重大服务质量投诉和社会高关注度事件。长春机场保证冬季恶劣天气机场不停航运行，在东北地区尤为突出，成为一大服务亮点，受到地方政府、民航东北地区管理局领导和社会各界好评。着力解决机场开放、高速公路关闭时旅客乘机问题，集团公司协调省领导及有关部门，与省高速公路管理局和交警部门建立运送旅客三方联动协调机制，为极端天气旅客乘机创造有利条件。启动《吉林机场集团地面服务操作标准与规范教学片》拍摄工作，完成客运值机篇、候机篇、客梯车操作篇及机务除冰防冰篇拍摄，开创地面服务标准化、规范化影像教学培训模式先河。

【市场资源】 长春机场全年新增7个航点，净增13条航线，有19家航空公司运营86条航线。航线覆盖京沪穗三大热点城市和东北省会城市。深圳航空首次在长春投放过夜运力，省政府与深航的战略合作积极开展。协助省旅游局向省委、省政府上报《关于组建吉林航空公司的研究报告》。长春机场新增商业资源及场地招商面积比2012年增长50%。

【基本建设】 长春机场二期扩建工程前期工作顺利开展，成立工程筹备办公室，项目预可研报告获省发改委批复。召开T2航站楼方案及航站区规划设计方案评审会议，通过专家论证和评审。

【春运保障】 春运期间，长春机场保障航班起降6548架次，实现旅客吞吐量78.6万人次，比2012年分别增长17.60%和17.80%。

（杨振宇）

【南航吉林分公司】 2013年，南航吉林分公司执管空客系列飞机18架，净增4架飞机。其中，空客A321飞机6架；空客

恶劣天气联合协作机制三方签字仪式

A319飞机5架;空客A320飞机7架。新开通长春至珠海等9条国内航线、延吉至清州等3条国际航线,长春至曼谷为吉林省第一条东南亚国际正班航线,8月5日,增加长春至北京中午航班。全年安全飞行58000余小时,比2012年增加16%,杜绝飞行、空防和航空地面事故,实现连续22年安全飞行。全年运输总周转量比2012年增长15%,旅客运输量比2012年增长11%,货邮运输量比2012年增长6.3%,主营业务收入比2012年增长5.4%。开发经重庆中转的自由行等旅游新产品。巩固货运主导地位,实现货邮始发收入比2012年提高10.68%,超额完成全年任务指标;货运市场份额保持在59.07%。严格实施运行管理考核,强化运控管理,严把放行关口,全年发布运行信息20余万条;狠抓正常性关键环节,密切监控每个航段、航班;主动改善运行环境;加强与机场、空管、联检等部门的协调,化解航班运行中的难题;上桥率82.6%,超出兄弟公司平均上桥率2个百分点。在南航股份航班正常管理工作中获得"2013年度放行保障先进单位"称号。打造"顺畅地服",以"推进高端服务、遏制行李不正常"为重点带动了地面服务的提升,比2012年提升4个名次,荣获南航股份地服系统2013年度进步奖。创建"最美客舱",坚持乘务长动态管理,开展微笑天使评选、乘务长航前协作专项整治等活动。客舱部荣获"2013年南航股份客舱系统安全管理、运行管理先进单位"称号。

(符 邕)

新更新的带空调88路公交车

城市公交

【公交线路优化】 对区域性公交线网进行优化,调整公交线路3条。配合"三纵两横"快速路修建,封闭8个主要交通节点,对途经节点的50余条线路进行临时绕行调整。

【公交应急组织工作】 2013年7月5日~8月25日,长春站南北通道封闭改造,长春市交通运输局开通长春站南北口免费摆渡车,安全运行22000多个班次,运送乘客约196万人次。

【"公交便民"工程】 全年新建公交候车亭73座、新建集合式站牌100个、亮化公交站牌150个、公交车辆新增及更新403台、安装公交车GPS2300余台、安装公交车移动抓拍装置30台。

【运输保障工作】 春运期间,调集350台旅游客车,输送旅客485.2万人次,比2012年同期下降4.3%,日均投放车辆2651台,加车1589台次,实现"安全、畅通、有序"的目标。"十一"期间,调集备用车辆410台,加车1579台,运送旅客37.05万人次;农博会期间,通过公交线路调整、设置摆渡车等措施,完成农博会运输任务;高考期间,为考生开辟绿色通道,开通36条线路免费公交车;东北亚博览会、长春市图书博览会、北湖国际啤酒节等大型活动期间,组织调整公交线路的运营安排,通过采取开通专线车、公交线路延伸和绕行等方式,方便市民参会。完成"两横三纵"建设期间缓堵保畅任务。采取就近绕行、分段运营、配置分段区间车、缩线运营、加大运力投放等措施,落实公交优先政策,最大程度保障市民出行。

(郭 昊)

物 流

【概况】 2013年,长春市社会物流总额完成15668.3亿元,比2012年净增1372亿元,增长10.7%。在社会物流总额中,工业品物流占55.7%;农产品物流占4%;外部流入货物物流占31%;进口货物物流占8%;单位与居民物品物流占1%;再生资源物流占0.3%。长春市社会物流总额占全国比例约为0.8%。长春市社会物流总费用为901亿元,比2012年净增73.6亿元,增长9.2%,增速低于社会物流总额现价增速0.5个百分点。长春市社会物流总费用与全市生产总值的比为17.78%,比2012年降低0.1个百分点。长春市物流增加值完成342.05亿元,比2012年净增31亿元,增长10.5%,物流业增加值占现代服务业增加值的比重为16.996%,物流业增加值占全市生产总值的比重为6.8%,比2012年增加0.1个百分点。长春市有欧亚集团、冬晨国际物流、融宇医药物流等9家企业经国家物流与采购联合会评估进入A级企业行列,截至2013年12月31日,长春市的A级物流企业达36家,超出沈阳、哈尔滨两市总和，长春市的5A级物流企业有5家，4A级物流企业有17家，3A级物流企业有14家。长春市新增市级诚信物流企业14家。“吉林省电子商务发展核心区”经国家发改委等八部委批复列入国家电子商务试点示范先导区，并开始启动。长春市有95%以上的企业在利用电子信息捕捉商机开展经营活动，有60%以上的大中型企业建立外联客户、内应用于管理的企业信息中心。

全市现代服务业重点项目（企业）座谈会

【重点物流项目】 2013年，长春市新开、续建亿元以上物流基础设施项目128个。其中市级重点项目中的兴隆综合保税区正式封关运行。长春空港物流经济开发区总体发展规划编制完成，进入项目引进建设阶段。一汽—大众汽车物流园项目完成项目前期手续办理。凯利工业品交易中心、正茂生产资料交易市场、红星美凯龙家居中心等20个长春市重点区域性批发市场项目已经建成运营15个；海吉星农产品物流配送中心等3个项目正在建设中；双阳鹿产品批发市场、兽药批发市场处在规划设计阶段。长春市正式启动现代农副产品冷链物流园、华润万家配送中心、公路主枢纽双阳物流园区等50个重点物流基础设施项目储备。沈阳铁路局定在高新北区建设集装箱办理站。

【城市配送物流】 2013年，长春市正式被国家商务部评选为全国第二批国家级城市物流配送试点城市，给予长春市扶持资金4000万元。城区物流仓储库总面积315万平方米，万平方米以上大小物流园区及配送中心13个。长春香江物流园区与哈尔滨龙运物流园区签署了互通、互惠、互助联盟协议。香江物流园区、亚奇物流园区均已建成。2013年中国物流与采购联合会会同有关方面评定的10大《中国物流实验基地》中，长春市香江物流有限公司、亚奇物流有限公司榜上有名。长春纵横果品配送中心、昌大零担货物配送中心成功运转。中机物流中心等一批拥有现代化物流设施的城市配送分拨中心正在建设。长春市部分先进物流企业和商贸企业开展城市配送工作。如长春市纵横果品物流配送、长春鼎庆液化气配送、昌大物流与欧亚超市开展的农超对接配送、吉粮集团的社区米店配送等等。欧亚、亚泰、远方等连锁商业企业构建物流配送网络，实现对超市、卖场、便利店、折扣店等多种业态的日常配送。汽车及零部件、农产品、食品冷链、医药等专业物流逐步形成规模。鑫源、金正、戈军、顺风速递等一批第三方城市配送物流企业形成城市内部分拨配送与辐射全国业务兼具的局面。顺丰、申通、圆通、韵达、汇通等知名快递企业分别入驻长春各转运分拨中心。2013年初，长春市出台城市物流配送体系建设中期规划，规划期从2014年到2020年。研究制定城市配送物流建设实施方案。

【扶持中小物流企业发展】 2013年，长春市物流产业发展办公室同长春物流协会共同组建长春物流协会中小物流企业互助合作社，并于6月8日成立物流企业互助基金使用监事会。到2013年12月末，合作社发展成员58家，合作社互助基金池基金突破1000万元，2013年贷款授信额度突破1亿元。2013年长春物流协会组织航天仓储、鑫源物流等20家物流企业成立长春市第一个物流企业运输联合体。同时，帮助长春市亚奇物流公司争取到交通运输部货运甩挂试点，获得国家交通运输部1000万元资金扶持。

（崔永哲）

综　述

【电子政务建设】 以长春信息港为核心平台和交换枢纽，建设覆盖各城区政府、开发区管委会、全市机关团体、企事业单位、社区的内外网平行的网络平台，累计部署并运维重要跨部门业务系统50个、市直机关网站77个、重点专题网站138个。全市市直51个部门和14个县(市)区、开发区建立政府网站，网站开通率达100%。统一部署了公务员驾驶舱系统、电子档案远程利用系统、社区信息化服务平台、移动政务平台、医疗救助平台等一批重点应用项目。整合公安、交通、工商、质监、计生、民政等12个部门的信息资源，构建全市统一的政务信息资源目录体系平台和交换体系平台，全年累计交换数据6亿多条。

【信息化和工业化融合】 首次开展长春市工业企业两化融合状况抽样调查，形成调查报告。落实工信部区域两化融合发展水平评估调查，动员百余户企业进入评估体系。开展以企业两化融合项目为主要内容的企业项目调研，对35家企业进行重点项目跟踪，对20余家中小企业进行两化融合项目辅导。13家企业得到2013年省两化融合专项资金重点扶持，筛选推荐的4家企业入选工信部电子商务集成创新试点工程。

【社会信息化建设】 出台长春市第一部信息化方面的政府规范性文件《长春市信息化促进办法》，于2013年6月20日开始实施。落实国家电子商务示范城市建设，推进净月区汽车电子及人参交易示范区、高新区电子商务综合服务及交易示范区2个示范区建设。人参交易平台已投入使用；电子商务综合服务及交易示范区开展人才培训和企业孵化服务，入驻及在孵企业50余家。落实《国务院关于促进信息消费扩大内需的若干意见》，开展集中调研，形成《长春市促进信息消费，推动信息产业发展和信息化建设实施方案》。在工业和信息化部启动的国家信息消费试点示范市(区、县)创建工作中，长春市净月区成为首批国家信息消费试点。

（刘　鑫）

长春市邮政局

【概况】 2013年，实现业务收入5.6亿元，完成计划的92.3%，增幅7.6%，实现收支差额3694万元。

【邮政经营工作】 2013年，开展“首季开门红”、“百亿攻坚”等竞赛活动，开发占地款、卖粮款、售楼款、彩屏pos机等项目，余额规模实现稳步增长。全年余额达到177.7亿元，新增余额17.40亿元，增幅10.86%。加大网点的升级改造、网点功能的完善、网点人员培训力度。全年新增保险6.5亿，增幅321.5%，全年金融实现收入3.12亿元，完成计划的97.14%，比2012年增幅13.1%。实现邮务类收入2.17亿元。函件业务强化数据库营销、强力发展小包、商函等业务，通过“一汽直销”项目、“阳光赠险调查函”项目、“书信大赛”、会展类、凭证单市场，启动各具特色的营销项目，实现邮务类收入2.17亿元。通过开展报刊收订、大力开发校园报刊、商务期刊、畅销报刊等项目，一次性大收订流转额9374万元，完成计划91.74%，增幅3.72%。集邮业务开展多种形式营销活动，拉动收入增长。其中“两节”营销活动累计形成业务收入1809万元，增幅125.6%。开发形象年册18800册，实现专业收入6951万元，占全省集邮收入的34.5%。电子商务业务突出抓短信业务、缴费业务和票务代理等叠加业务的发展，其中储蓄短信业务全年累计实现收入1715万元，增幅39.62%。分销业务以节日营销项目为切入点，实现业务收入593万元，完成计划的119%，增幅158%。代理速递物流业务通过强化窗口收寄、与速递联合开展协议大客户营销工作，全年实现结算收入1002万元。包裹业务累计完成收入976万元，增幅16.8%。校园包裹累计形成收入156万元，增幅7.14%。

【能力建设】 统筹规划网点布局，新开办邮政支局3处，装修改造网点8处，完善26处网点的业务功能，布放ATM机23台、CRS机24台，提升平台的服务能力。委代办、便民服务站、三农服务站、社会代办点快速铺开。全年建便民服务站2007处(含三农服务站)。其中,城市718处;农村1289处。交易率60.36%,实现代缴费7560万元。进一步加强村邮站建设,制作下发1282个村邮站标识牌,并在榆树举办挂牌仪式,通过在村邮站转投邮件,解决投递最后一公里的问题。加大网点业务叠加力度,全年有9处营业网点开通速递揽收系统,网点综合效能进一步增强。自小包业务开办以来,累计妥投近60万件,尤其"双11"期间,进口小包13万件,投递部门通过延时投递服务确保投递时限,做到"零"投诉。个性化投递网稳步发展,全年累计投送银企账单61770万件,妥投率100%。明晰营销体系架构,建立市局、专业局、县局三级体系架构,市局层面市场经营部作为体系建设归口部门,设立大客户服务中心,在6个专业、营业局设立客户服务中心,县局设立客服中心及专业公司。强化客户管理,实行等级化管理与差异化服务,大客户用邮实现增量。大客户数量722户,客户数量比2012年增长13.2%。强化营销队伍建设,全地区有营销人员443人。其中专职客户经理139个;兼职营销人员304个。

【经营管理工作】 压缩费用支出。通过流程优化、人员配置、盘活库存等工作,管理费用比2012年下降18%,业务代办和营销费用比2012年下降14%,车辆运行和维护费用比2012年下降12%,盘活资产实现220万元。全年完成审计项目190项,工程审减金额286万元。截至2013年末,全地区从业人员总数3139人,比2012年末减少25人。全年内部盘活144人,节约人工成本201.6万元。实行《专业产品审核办法》,将大屯邮政支局、东齿邮政支局投递区域划入投递局专业化管理。

【服务工作】 打造多功能综合服务平台。增强投递平台服务功能。16台机动车、15台电动三轮车、52台电动两轮车、6台摩托车,34台用于支撑投递管理系统上线的图形终端,55台手持智能终端的投入,实现电话预约、实时反馈、外部作业监控等功能,实现大户投递汽车化、农村投递摩托化及部分城市投递电动自行车化,提升投递服务能力。制作7000个金属信报箱,用于有用邮需求且无信报箱的用户,提高客户满意度。加强日常检查与不定期抽查。确立35个管理岗和102个监控岗位人员。提高网点窗口服务水平,客户满意度为88.28分。开展城市支局、城市投递部星级评定,以及委代办网点、农村支局达标创建活动。结合星级评定,对全区33处委代办网点进行全面规范整顿,提升窗口服务水平。

【企业文化建设】 2013年,长春市邮政局开展主题教育活动。开展以"冲刺6个亿,增收8千万,实现企业年度的目标,开展"我们怎么干""以自强不息的精神,凝聚发展正能量"为主题教育活动。开展"管理沟通""提高执行力""赢在卓越"等54期、3264人次参加的专项培训。

(江　琳)

中国联通长春分公司

【概况】 2013年,公司明确三大主营业务发展策略:3G业务量质并重,实现规模发展;宽带业务提升价值,实现跨越发展;2G业务营销转型,实现稳健发展。全年累计完成主营业务收入25亿元,完成收入预算的99.6%,比2012年增长9.9%;全年利润3.9亿元,利润增长35.54%。

【服务体系建设】 建立服务考核导向机制,建立服务监管长效机制。工信部申诉率比2012年下降19.01%,普通投诉率比2012年下降36.13%,重复投诉率定比6月下降27.63%,客户口碑影响力(微博正面宣传量减负面宣传量)定比6月增长81.77%。10010客服热线15秒接通率达85.4%,比2012年提升3.4个百分点。

【运营管理】 以移动网络提升和"智慧长春"建设为重点,优化以项目为载体的投资管理模式。2013年,投资占收比为24.82%,下降27.63个百分点,投资增收比为31.55%,提高21.19个百分点。农村宽带投资下降95%,城市宽带扩容投资下降59.7%。集团客户新增接入点单点投资从1.5万元下降到0.9万元,下降40%。宽带接入、大客户接入、室分项目全部通过系统决策,通过系统前评估并激活的投资额度为2.55亿元,占市公司全年新建项目总投资的55.6%。全面开展运行维护3A达标工作。移动网方面,开展网络质量提升,抓好基站维护基础管理、新建基站单站优化、历史遗留问题整治、室分代维管理等4个方面。固网方面,开展城市楼宇光纤化改造,城市住宅楼宇光纤覆盖率77%;商务楼宇光纤覆盖率100%。

(初继锋)

中国移动长春分公司

【概况】 2013年,完成运营收入36.28亿元,比2012年增长1.76%,实现净利润9.4亿元。公司荣获"中国移动二星级企业文化示范单位""最美移动人"等20余项集体和个人荣誉称号。

【网络建设】 落实"破冰行动"任务要求,累计新选站址1006个,新建2G基站114个,3G基站1001个,建成52个GPON综合业务区,建设总量为2009年~2012年的总和,历史遗留难点解决率75%。

【网络提升】 全年规划新建站址886个,占现有站址的36%;面向未来发展规划4G网络宏站1321个,室分305个。创新维护成本使用,完善人员梯队建设,开展网络质量提升专项行动。GSM语音质量优于4的比例由93.08%提升到96.2%,手机用户综合下载速率>60k占比由12.42%提升至36%,TD-S整网覆盖率从93.03%提升至98.01%,拓扑纤芯关联率由32.86%提升至94.15%,光缆敷设率由25.5%提升至91.1%。三网手机数据流量占比达到28∶12∶60,

网络经营能力显著提升。

【市场营销】 完善客户分级模型及离网预警机制，倾斜成本资源，丰富包保手段，存量用户保有率达77.85%。协同铁通发展有线宽带用户3.96万户。新增客户沉淀率55.4%，比2012年提升6.94个百分点，新增每用户平均收入由33.2元提升至36元，酬金比2012年下降49%，投入产出明显改善。通过定量签约、引商入店等方式，提升全渠道的终端销售能力，年度销售终端66.79万部，增幅162%，全省排名第一。创新“手机帮”应用服务平台。手机上网普及率达61.5%，省内排名第一；户均流量64.5M，全省排名第三；手机上网流量全省占比42.6%。拓展集客信息化市场，实现集团信息化收入1.24亿元，比2012年增长98%，区域内通信及信息化份额比2012年提升1.62%。强化无线城市平台建设和业务保障，打造预约挂号、实时路况等百万级精品应用，预约挂号注册54.5万人，实时交通路况注册20.6万人。

【管理提升】 严格执行《招投标法实施条例》，采购集中度为90%。建立《重大责任追究制度》，地区投诉总量较2012年同期下降13.5%。全年未发生重大责任性升级投诉事件；未发生安全生产责任事故。手机实名制工作全面实施。组织拓展训练、能力提升培训、考勤管理、执行力评估等活动。开展“最美移动人”评选宣传活动。

（刘学锴）

中国电信长春分公司

【概况】 2013年，公司移动出账用户813684万户，其中3G用户461143万户，移动用户市场份额达到9.73%。截至2013年末，累计实现主营收入107455万元，比2012年增长20.53%，收入市场份额为15.61%。

【网络建设】 2013年，公司完成无线网两期工程945个宏站的业务开通，80个室内分布系统以及14个热点WLAN建设；市区完成楼宇覆盖95781户，县域完成楼宇覆盖28575户；开通政企项目1596项；重点完成IPRAN、传输线路等投资建设。

【网络提升】 2013年，处理18793件网络类投诉。进行传输双路由改造，降低基站故障率，断站率指标为0.2%，掉线率由0.30%降至0.18%，掉话率由0.37%降至0.28%。实现网络的全面提升，特别是在城区、高速、高铁等重点区域得到大幅改善，达到用户感知和网络指标双提升。完善应急保障机制，完成长春汽博会、长春农博会、东北亚博览会等9次大型社会活动的网络支撑保障任务。

【市场营销】 2013年，公司市区政企客户部，落实按区域化分的网格化管理模式，实行团队长负责制，全业务比2012年增幅20.57%。其中，移动业务(一般指手机业务)比2012年增幅19.48%；固网(一般指宽带及固定电话业务）比2012年增幅22%。家庭客户部继续以区域划分进行网格化营销，FTTH（指光纤到户或称光纤到府）小区整体端口利用率由2012年的8%提升至29.5%，其中个别小区达69%，截至2013年末，共发展iTV用户12906户。校园营销中心进行绩效考核机制改革，校园渗透率由2012年的18.26%提升到2013年的20.69%。县域分公司实施重镇营销、乡镇包保、自营店建设“三步曲”营销模式转型战略。为电信用户推出“翼支付”业务，截至2013年末，有中石油、中石化指定39个网点开展翼支付卡加93#、97#汽油每升立减0.3元优惠加油业务；8月17日，长春市电信公司携手长春市公交集团共同打造的“公交翼支付”联名卡正式上线，截至2013年末，共开通线路165条；开通翼支付广达优惠洗车，翼支付观影、交电费、用餐等各项业务。截至2013年末，公司与中石油、中石化、广达名车、零距离旅馆、陆拾陆烘培坊、陆拾陆西餐厅、吉祥馄饨、古本良田等57家商家开展了合作。“农村吉林”作为中国电信推出的服务民生的重要电子信息化平台，网页上设立了乡镇景观、特色农副产品、招商信息等12个板块，农民通过3G智能手机即可在互联网上查询信息，发布信息。截至2013年末，已全部完成92个主要乡镇的推广及上线工作，并且全部乡镇均实现了平台录入及平台建设。5个县域分公司与当地合作渠道联合开展农村吉林现场推荐会50场。

【服务提升】 2013年，从严治理垃圾短信，重点加强群发短信的审核，短信、彩信平台监控以及问题投诉的监控处理。开展实施用户实名制工作，确保用户信息安全。完善电子渠道功能，规范市场营销、套餐资费及收费行为，实现资费透明化、显性化，提升客户感知。2013年全业务服务标准146项集团检查99%达标。宽带服务标准优于集团指标。宽带装维服务质量中宽带障碍满意率为98.25%，达到集团及省公司要求。申诉指标完成较好，均在指标范围内，工信(含管局)省工商消协定责越级投诉率<24人次/百万用户/季。VIP收入保有率全省排名第一，中高端收入保有率全省排名第三。

【安全管理提升】 制定安保、交通、网络、消防、资金、营业等10类42项安全制度、应急预案。其中，新制定制度预案7项；修改整理15项。建立网格化安全管理体系；开展安全生产系列宣传教育。采取“自查、抽查、检查、复查”相结合的方式，加强安全隐患排查，对重点场所开展“电源、线路、消防设施”等专项隐患排查工作。

【十年庆祝活动】 2013年5月16日，中国电信吉林公司、中国电信长春分公司成立十周年。省公司组织开展“十年·我们”征文活动，“十年·我们”趣味体育运动会，通过全省视频会议的形式，举行公司成立十周年庆祝大会。制作并下发《十年·我们》视频短片、《十年·我们》文集及《十年·我们》中国电信吉林公司成立十周年纪念画册。

（王丽梅）

综合经济管理

宏观调控

【概况】 2013年，全市地区生产总值5003.2亿元，比2012年增长8.3%，三次产业比重为6.6∶53.1∶40.3。全口径财政收入1077.6亿元，增长16.2%；地方财政收入381.8亿元，增长12%。全社会固定资产投资3408.4亿元，增长20%。规模以上工业总产值9213.4亿元，增长10.7%。

【重大发展战略】 编制《长春市生产力布局优化调整指导意见》和《实施细则》。从产业结构、空间布局、战略节点、社会公共资源、要素保障等5个层面对生产力布局进行优化调整。完成《长春市国民经济和社会发展第十二个五年规划》实施情况中期评估工作。研究起草《关于未来一个时期长春市经济社会发展的考虑》。

【结构转型升级】 加强与世界500强、商会、协会，大专院校、科研院所等的沟通，谋划亿元以上项目1120个。富士康新材料、高铁轮对等一批重点项目取得进展。完善固定资产投资和重大项目考核指标体系，落实重大项目领导包保责任制。组织32个项目集中审批，组织300余个项目集中开工，组织24个单位进行银企对接，落实融资意向64亿元。2013年，全市3000万元以上、亿以上和10亿元以上项目分别比2012年增加255个、575个和155个。开展省市对接活动，主动与国家发改委等部委衔接，在保障性安居工程、“三农”建设、重大基础设施、高新技术产业化等方面，争取到国家、省专项资金20亿元，在电子商务示范城市、光电创投基金方面得到国家政策和资金支持。

【服务业发展】 制定出台长春市《关于加快推进服务业转型升级的若干意见》和《实施细则》。以东北亚文化创意科技园、启明软件园等10个省级现代服务业集聚区为载体，抓好长春市商业综合体和五星级酒店的认定工作。以城市商业综合体、文化产业、商贸商务、现代物流等四类项目为重点，推进56个5亿元以上的服务业重大项目建设。环球贸易中心、明宇广场、冠城国际等重点项目有序推进。推动工业企业主辅分离。推动大成集团、长春电信等企业，逐步剥离运输仓储、研发设计、劳务用工等非主营业务。做好国家、省项目资金争取和市专项资金安排。全年争取国家、省级服务业发展专项资金7805万元，支持项目56个。安排下达市级服务业引导资金2566万元，支持项目28个。

【国家战略】 组织省级城镇化试点镇申报工作。莲花山生态旅游度假区、双阳区奢岭镇、绿园区合心镇、宽城区兰家镇、农安县合隆镇和九台市卡伦镇等6个镇入选全省示范镇建设试点。争取省专项

商务综合体认定会

资金6140万元，占全省的1/4。组织实施长吉图开发开放先导区建设方案。全年上报重点项目30个，为国家级兴隆综合保税区、空港经济区、东北亚总部经济园区、东北亚金融总部基地等重要节点平台争取资金支持，其中，兴隆综合保税区获得的长吉图1800万专项资金已到位。筹办信息经济促进净月创新型生态城市建设研讨会，开展与微软中国、软通动力、IBM等知名企业战略合作。会同韩国软件园在净月举办“韩吉产业合作创新高层论坛”，建立韩吉政府间交流平台。

【民生专项】 推进全民医保体系建设。职工医保、城镇居民医保、常住人口新农合参保率稳定在95%以上。巩固完善基本药物制度。100%公办基层医疗机构实施基本药物制度。推进公立医院改革。县级公立医院改革试点取得突出成效，双阳区医院等试点医院呈现出“三升三降”良好态势，5县(市、区)医院全部列入省级重点改革单位，完成市属公立医院改革前期准备工作。加快推进新农村建设。争取国家、省资金支持5.2亿元，全市农村危房改造500户。开展48家万家企业节能目标责任评价考核工作，对长春热电一厂等8户重点企业进行摸底登记，推进万家企业节能低碳行动。对182个新上固定资产投资项目进行节能评估和审查，落实节能审查意见后节约标准煤2.4万吨。做好项目申报管理工作，申报项目12个，争取国家、省专项资金4620万元。

【调控物价】 加强市场价格监测和运行分析，提升价格预警、预报和预测能力。共向国家、省采集报送价格监测数据14万笔，通过各类媒体发布粮油蔬菜等主副食品价格信息5万笔，上报地方价格动态信息330篇。对燃气、农产品、出租车等价格热点问题开展调研，形成各类报告27篇。征收价调基金388万元，使用329万元，发挥价调基金平抑市价作用。围绕涉农价费、涉企价费、节日价费，开展专项检查。查处价格违法案件19件，实施价格违法经济制裁金额253.8万元。其中，收缴价格违法金额68.8万元；为群众退还差价款185万元。解决群众反映集中价格问题3007件。合理调整天然气、水、电等资源类价格。落实国家、省、市关于经营服务性收费和行政事业性收费工作安排，涉及项目57个，减负额超过7000万元。

（宋翔宇）

统计工作

【统计服务】 开展民营经济劳动报酬统计监测。围绕民心工程、美丽长春满意度等社会关注热点问题开展民意调查，撰写社情民意调查报告。利用新兴媒体提供统计服务，长春统计信息网全面升级改版，设置统计信息、政策法规、新闻要览等10个栏目，发布各类统计信息100余条。建立健全《长春市统计信息网管理办法》，制定《加强统计为民服务的意见》，形成统计宣传、统计网站、统计微博、信息公开、统计咨询全方位统计为民服务新格局。统计局成立长春市统计志愿者服务队，为社会各界提供统计信息咨询服务300多人次。

【统计方法制度改革】 改进和完善全市综合工业增加值核算工作。做好“在地统计”口径上报的数据与原口径上报的数据进行全市范围内的对比分析，做好对本地区“在地统计”工作的规范监督、检查工作，及时协调解决“双轨”运行过程中出现的各种问题，完善“在地统计”实施细则。提高“在地统计”的数据质量。落实规上项目审批管理制度和数据质量分级责任制度，做好项目入库、跟踪调查、监测管理等各环节的工作。完善服务业统计的体制机制建设。通过建立服务业统计联席会议制度，加强服务业统计工作组织领导、增进部门间协调配合，解决服务业统计中重大问题提供制度保证。改进对服务业统计调查的审批和备案。

【统计课题与分析】 深入大企业、大项目、大卖场集中开展调研。加强对加快转变经济发展方式、新型城镇化、150个重大项目建设等重点领域的研究。向各级各部门整理提供统计数据1万余笔。报送统计信息300余篇、统计资料20期，被采用统计信息200余篇次，其中报市委、市政府信息办55篇，完成市、局级统计调研成果46篇。

【统计数据质量】 落实“一月一新增、一年一长成”、“不进库不出数”的要求，每月与工商、地税、国税、质监比对名录、分析数据，紧密结合第三次全国经济普查底册核查工作，对全市20多万单位主要属性指标和数据逐一进行核实和确认。做到应统尽统。2013年全市新增四上单位276户，截至年底全市共有3673户四上单位。落实国家统计制度方法的最新变化和对数据审核的最新要求，在统计年定报会、专业会、全市统计工作会上进行传达、培训和布置。加强对统计全过程的质量管理。规范区县数据审核工作流程，制定区县在地统计工作管理办法，在数据反馈平台上增加核算评估模块，量化评估依据。按月对专业数据质量进行评估，按季对区县统计报表质量进行评分和通报，并作为区县统计业务考核的重点内容，对异动数据认真组织核查，避免出现重大统计质量问题。

【普查及专项调查】 推进第三次全国经济普查工作。成立由市委常委、常务副市长肖万民为组长，市统计局、财政局、工信局等17个单位为成员的经济普查领导小组。统计局多次召开班子会议进行研讨。国务院经普办确定在长春市南关区进行第三次全国经济普查综合试点工作任务。长春市对试点工作高度重视，纳入重要议事日程。加强组织协调，统筹安排工作，完成国家综合试点任务。长春市统计局先后开展文化产业、节能减排、劳动力工资、粮食生产、农民收入等方面的20余项专项统计调查，完成国家、省局和市委、市政府布置的调查任务。

【机关建设】 组织全局职工参加净月徒步走活动，组队参加市直机关职工羽毛球赛，参加市直机关工委组织的市直机关职工乒乓球赛，组队参加省统计局组织的全省统计系统排球赛。2013年，局机关被评为省级文明单位、市"万洁"活动先进单位，民调中心获全市"工人先锋号"称号，综合处获"市直机关作风先进处室"称号，两名同志分获全市"三八红旗手"和"全市优秀共产党员"荣誉称号。组织干部竞争上岗、民主推荐工作。加强业务培训和竞赛。选派20名业务骨干参加各类培训。全市有2200余人参加统计从业资格考试和继续教育培训。统计局制定《2013年长春市统计局党风廉政建设工作要点》，把党风廉政建设及反腐败工作纳入全局工作的总体规划之中，2013年初市局局党组分别与局领导班子成员及各县（市）统计局、区分局局长签订2013年党风廉政建设责任书。局党组每季度召开一次专题会议，研究部署全系统纪检监察和反腐败工作。

（曹军飞）

国有资产监管

【概况】 截至2013年末，市国资委出资企业资产总额1326亿元，比2012年增长23%；所有者权益440亿元，比2012年增长15.7%；国有权益404亿元，比2012年增长14%；营业收入178亿元，比2012年增长11.7%；实现利润4.5亿元，比2012年增长25%。

【结构调整】 围绕主业和产业布局，国投公司组建国兴典当公司，筹备组建小贷公司，参股国家光电信息创业投资基金和中科光电（长春）股份有限公司，完成对新兴产业投资公司的增资，收购希迈气象科技公司股权。旭阳集团在佛山的新厂建设得到一汽—大众认可，进入奔驰、沃尔沃等高端汽车主机厂配套体系；自主研发的高铁座椅通过铁科院检测，获得国家三项专利；与国内模具行业龙头广东天倬模具公司成立合资公司，进入多工位级进模领域。建工集团完成机电设备、管道工程、装潢工程等专项资质升级。欧亚集团实现"2013年中国企业500强"位次前移。产权交易中心争取到一汽集团、省电力等企业的资产交易项目，吉林股权交易所开市运营，农村物权交易融资平台正在筹建，完成交易额31亿元，比2012年增长38%。

【要素保障】 13户出资企业实施投资项目43个，全年完成投资额75.6亿元，比2012年增长19.2%。轻轨集团地铁1、2号线建设稳步推进。公交集团开展"顾大局、保畅通、利民生"优质服务竞赛活动。水务集团各水厂改扩建、新建、续建工程均取得进展。长春燃气外环高压管网铺设26.5公里，高危管网优化改造230公里。天然气公司一汽输气站迁址新建一期工程完工，建成综合管理服务信息平台，实现输气数据实时采集与运行巡线实时监管。热力集团和供热集团新增供热面积425万平方米，室温合格率分别为99.8%和99.9%。润德集团公租房、回迁房和棚户区改造项目进展顺利，规划展览馆、博物馆等工程顺利推进。城开集团公租房项目竣工并交付使用，廉租房项目进入室内外装修阶段，串湖污水处理厂开工建设。

【管理提升】 与先进企业对标，强化增产节约、增收节支等措施，查出并整改5个方面793项管理方面存在的问题，修改、补充、完善762项制度，新增701项适应当前企业发展需要的新制度和新流程。

【监管措施】 加强国有产权管理，完成119户各级企业占有产权登记。强化业绩分类考核，落实资产经营目标责任，并严格兑现奖惩。加强出资企业领导人员队伍建设，对3户企业领导班子进行考核调整，选拔市直企业后备人才134人。构建国有资本经营预算体系，严格收益收缴，实现上缴2097.9万元，比2012年增长54%。

【国企改革遗留问题】 推进厂办大集体改革，为11户市本级厂办集体企业963名职工发放经济补偿金1104万元，为10户企业805名职工核定发放一次性社保补贴317万元。完成1101名退休教师2011年及2012年生活补贴发放工作，发放补贴3307.7万元。处理改制企业信访案件，接待职工群众来人访575批次1597人次。工业公司、商业公司、建设公司等单位通过采取法律诉讼、信访救助、政策调整、履行信访三级终结程序等方式推进原酿酒总厂、皮尔金顿、半导体厂、首钢柴油机厂等重大信访包保案件的解决。

（魏雪鹏）

工商行政管理

【概况】 截至2013年末，全市登记注册各类市场主体374004户，比2012年增长20.3%。其中，公有制企业10972户，占全市各类市场主体总数的2.9%，比2012年增长1.8%；私营企业85155户，占全市各类市场主体总数的22.8%，比2012年增长8.6%；外商投资企业2231户，占全市各类市场主体总数的0.6%，比2012年增长14.7%；个体工商户261029户，占全市各类市场主体总数的69.8%，比2012年增长24.9%；农民专业合作社14617户，占全市各类市场主体总数的3.9%，比2012年增长39.3%。全市各类市场主体注册资本金合计人民币5581亿元，比2012年增长16.4%。其中公有制企业注册资本金3347.6亿元，比2012年增长11.1%，占全市各类市场主体注册资本金总额的60%；私营企业注册资本金1800.8亿元，比2012年增长16.3%，占全市各类市场主体注册资本金总额的32.3%；个体工商户资金数额125.5亿元，比2012年增长41.5%，占全市各类市场主体注册资本金总额的2.2%；农民专业合作社出资总额307.1亿元，增长1.1倍，占全市各类市场主体注册资本金总额的5.5%。全市外商投资企业投资总额为266.5亿美元，比2012年增长90.6%；注册资本金为125.1亿美元，比2012年增长61.6%。全市从事第一产业的市场主体11686户，占全市市场主体总数的3.1%；从事第二产业的市场主体23032户，占全市市场主体总数的6.2%；从事第三产业的市场主体324669户，占全市市场主体总数的86.8%。

【服务经济发展】 制定《落实市委市政府〈关于突出发展民营经济的实施意见〉的具体措施》，进一步调整政策，强化服务，促进市场主体的发展。在全年新增72491户各类市场主体中，有近4万户享受到政策红利。私营企业新增16215户，占新增总量的22.4%，比2012年增长34.6%。编制《2012年度市场主体发展情况报告》。深化各项职能服务，开通网上流程，内资企业年检率和个体工商户验照率分别为83.2%和89.9%，网上年检率100%。服务各类市场主体223392户，集中年检验照195次；对未年检验照的45755户市场主体保留经营资格，不予吊销营业执照；为5.9万余户企业免收年检费300余万元。为3497户企业提供现场服务、延时服务、预约服务和跟踪服务。各单位驻区"服务发展办公室"和"项目联络员"为599户企业提供服务，通过"绿色通道"办理大项目登记101户。全系统196名干部参加全市"万户民企服务行动"，为企业实施"一对一"服务。组织召开银企对接会22场，利用动产抵押、股权出质、商标抵押"三大平台"，为中小企业融资193.3亿元。

【商标管理】 向各类经营主体发放商标注册指导"三书一函"40202份，新认定中国驰名商标5件、省著名商标39件、市著名商标66件、地理标志证明商标2件。中国驰名商标总数35件，省、市著名商标分别为257件和324件，地理标志6件。开展"一所多标"工程，全系统110个工商所指导注册商标126件。

【广告管理】 组织广告和涉农企业座谈、对接、签约活动36次，在全市126个乡镇共设立涉农户外广告牌507块，新指导设立263块，农企自行投资600多万元。全市发布公益广告21600条次。打击侵权假冒和"傍名牌"违法行为，查处商标侵权和"傍名牌"案件99件，对央视"焦点访谈"栏目曝光的仿冒"洽洽瓜子"、"营养快线"等违法行为进行重点查处。坚决治理虚假违法广告，监测媒体广告14.3万条次，总违法率降至5.1%；发布广告违法行政告诫7条，责令停止广告发布16条次，发布警示公告2期，公开曝光违法广告4条，立案查处广告违法案件15件。查处网络广告违法案件7件。查处房地产、医疗、电信、汽车销售等企业通过故意隐瞒真实信息或提供虚假信息误导消费的欺诈消费者案件121件，其中房地产企业欺诈消费者案件36件。

【食品流通监督管理】 启动"维护消费安全·建设幸福长春·工商在行动"活动。强化流通环节食品监管，新办食品流通许可证14371份、食品小作坊许可证1744份。推行重点食品计划性抽检、食用农产品季节性快检和经营者快速检测室实行自检为主要内容的"二加一"食品检测模式，全年抽样检测食品891个批次、成品粮油418个批次，快检食品2000个批次，检测不合格食品全部公示、下架并立案查处。开展豆制品、肉类食品、保健食品、进口食品等13次食品专项整治，查处违法经营案件312件，下架不符合安全标准的食品350公斤。妥善处置"美素丽儿奶粉"、"龙马牌脱氧剂"两次食品安全突发事件。实现食品安全监管责任"零事故"。

【网络交易监管】 建成开通长春市网络商品交易监管平台，开展"净网行动"处理网络侵权违法案件12件。加快网络经营主体备案工作，录入经营主体数据4898户，发放电子链接标识7户。导入企业数据91430条，个体数据229394条，初步建成网络监管数据库，实现与省局相关数据的互通互联。强化网络监管执法，案值49.9万元。受理并调解网络投诉10件。

【合同监管】 全面清理房地产中介合同格式条款，办理合同格式条款备案40户，查处合同违法案件45件。全年办理拍卖备案103次，现场监拍25场，标的额6.7亿元。设立合同帮农工作指导站238个，引导农业产业化龙头企业和专业大户参与土地托管，签订托管合同2.6万份，托管耕地3.6万多公顷，比2012年翻一番。指导签订农业订单合同14.7万份，履约率100%。

【市场规范管理】 开展市场监管示范创建活动，评选农资经营示范店128户，培育双阳农资经营示范街；培育省级食品安全示范店16家、市级示范店60家；向省局申报欧亚卖场为省级诚信示范市场。加强农资市场监管，检查各类农资经营户3432户次，立案查处农资违法案件403件，为农民挽回经济损失130万元。加大农资检测力度，抽样检测化肥300个批次，对检测不合格的101个批次全部按辖区落实市场清查责任，全部下架并立案查处。查处化肥标识不合格案件7件，对种子包装进行虚假表示、虚假宣传案件13件。加强人参等土特产销售市场监管，规范建立产品进销货台账、索证索票和销售可追溯制度。开展品牌汽车核审工作，为9批59家品牌汽车经营企业建立初审档案。

【打击传销和规范直销】 发放禁止传销规范直销宣传材料5.1万份，全市创建"无传销社区（村）"活动覆盖面100%，建立无传销社区（村）163个。查处传销违法案件8件，取缔传销窝点11处，驱散参与传销人员205人。全年接受直销企业信息报备96次780条，实施现场监督检查259场次；对直销企业实施提示、警示告诫3次，查处违规直销案件1件。

【反垄断与不正当竞争执法】 整治医药、建筑工程、商业服务等领域商业贿赂行为；查处供热、电力、通信、殡葬等行业欺诈消费者和滥收费行为；在查处物业公司和招标代理企业滥收费用方面取得突破；查处强制交易"第一案"，有效拓展执法领域。查处商品质量案件749件。加强非食品类商品质量监测工作，开展橱柜、地板、服装、床上用品、眼镜、珠宝等

15类25个品种616个批次商品质量监测，发布消费提示15期,200个批次不合格商品全部下架并立案查处。开展成品油质量监测工作，抽样检测汽、柴油176批次,157个批次不合格，全部责令停止销售并交由属地分局立案查处。重点开展流通领域儿童用品质量专项整治,责令23户违规经营者限期整改。制定案源管理、大要案挂牌督办等9项规章制度。全年网上办案率93.9%。举行听证会3次，受理行政复议申请4件。其中,1件不予受理;3件决定维持。市局本级应诉的5件行政诉讼案件,1件待审,4件胜诉。

【维护市场秩序】 划定698个巡查监管责任区，查办各类经济违法案件4479件,案值1.07亿元,收缴罚没款5180.4万元。开展参茸土特产品专项整治,查处违法案件3件。开展电子产品市场专项整治,严厉打击经销"三无"产品、假冒伪劣电子产品等违法行为。开展眼镜销售行业专项整治，对眼镜产品质量进行检验，检查是否有采取虚假或者其他不正当手段欺骗、误导消费者的行为。在市内41家大中型眼镜销售专柜和门店抽样检测84个批次眼镜及配件，对32个批次不合格商品下架停售并立案调查。开展流通领域"打假"专项行动,抽检手机、建材、蚕丝被、木地板、人造板、橱柜、眼镜等商品344个批次,112个批次不合格商品下架停售并查处，查处各类违法案件78件。

【消费者权益保护】 12315维权平台和消协受理咨询投诉3.1万件，为消费者挽回经济损失1906万元,针对消费热点发布消费警示17条、消费提示884条。在全市主要位置设置3000块12315提示牌,实行网格化管理。开展服务领域消费维权,检查经营主体7500户次,清理"预付费式消费卡"经营者53户,查处服务领域侵害消费者权益案件24件。开展"满意消费在长春景区"消费环境整治活动，对全市22个景区实行网格化监管，建立经营者自律制度和消费纠纷先行赔付制度，设置12315维权提示牌25块。落实社区社会工作者公益岗位312人，全部登记备案,投入工作。

【社会管理综合治理】 开展"扫黄打非"集中整治8次；查处非法销售卫星电视广播地面接收设施行为，收缴非法销售的卫星天线225套和大量配件；查处非法销售军服仿制品的行为；开展考试作弊器专项整治工作；开展H7N9禽流感防控工作；开展农博会和东北亚博览会现场执勤工作,受理群众咨询万次上,处理消费投诉140多件，清理无照摊贩100余户次。出台《关于加强市场主体监管工作意见》,加强"先照后证"登记后续监管工作。开展"大排查、大整改"、"打非治违"等专项行动35次,累计检查企业38743户次，对排查出的647户无照经营依法依规及时处理,发送行政许可《督办单》2603份,向相关部门抄告1604户次。查处取缔无证无照经营工作纳入全市社会管理综合治理考核指标，全年清理无照经营8390户,规范办照6528户,查办无照案件1798件。开展为期1个月的暑期黑网吧整治特别行动，检查已登记网吧807户，查处违法经营13户,取缔黑网吧3户。会同有关部门开展清理整顿人力资源市场秩序专项行动，清理取缔无证无照中介33户。参与150天市容环境综合治理,查处无照经营420户,规劝有照擅自出店经营185户，下达责令改正通知475份，规范无照变有照219户。对40993户市场主体在12小时内进行逐户电话回访，满意率99.8%，收集到意见建议71条，全部责成责任部门立即整改。组织开展11次局长接待日活动，累计受理来访71件,接待来访群众103人次。举行纪念反不正当竞争法颁布20周年和以"安全消费、幸福长春"为主题的"工商开放日"活动。对2012年"万人评议机关"活动中征求到的36条意见和建议全部研究解决。受理投诉举报、来信来访46件次,全部办结。

【队伍建设】 组织开展"志愿服务献爱心"活动,全系统组建25个党员志愿者大队、56个党员志愿者支队，招募党员志愿者895余名，开展献爱心主题实践活动。在慈善救助"双日捐"活动中全系统筹得善款37.7万元。开展"扶困助贫,结对帮扶"活动,包保17名困难户。开展登记、监管、知法、维权、法制5个岗位1700名干部进行资格证书认证考试,开展专业型、复合型人才培训,选拔出51人参加国家工商总局行政学院的培训学习,全系统20个代表队参加比武练兵知识竞赛。选拔处级干部47人、县(市)班子成员9人、基层科级干部98人。实施系统非领导职务晋升选拔工作，有396人晋升非领导职务。招录基层行政执法和综合管理岗位公务员55名。

（齐忠民）

物　价

【价格调控监管】 抓好以蔬菜为代表的"菜篮子"等重要生活必需品的价格调控监管，抓好5大节日市场以及价格异动较大的重点时期市场价格调控监管工作。2013年,全市居民消费价格总水平比2012年上涨3.0%，比全国平均水平高0.4个百分点,同全省平均水平持平,实现全年3.5%左右的调控目标。

【价格改革】 2013年,调整民用燃气价格以及车用天然气和非居民天然气价格。提出配套建立《煤气置换改造储备金管理制度》,推进天然气置换改造。调整完善供热价格政策,制定《关于规范长春市城区供热价格的有关规定》。针对完善供水体系和价格形成机制、促进水务行业可持续发展、全市经济和社会发展供水要素保障等重大问题进行研究,整体规划水资源价格改革问题，提出推进水资源价格改革意见。

【价格专项检查】 开展以稳定春耕期间农资价格、落实惠农政策、促进农业生产为重点的农资价格和涉农收费的专项检查,市区联动对21个农资经销点、31个农村中小学校、10个乡镇卫生院(所)进行重点检查。开展以小微企业减轻负担的行政事业性和经营服务性收费价格执行情况以及扶持(小微)企业发展的减免收费优惠政策落实情况为重点的专项检查。在元旦、春节、“五一”、国庆、中秋等重要节日期间，开展以稳定人民生活必需品价格为重点的节日期间市场价格专项检查，市区联动组成17个检查巡视组，对40个大型超市、31个农贸市场、24个大型商店以及铁路、公路、民航、重要旅游景点进行重点检查和市场不间断的巡查。查处价格违法案件48件,实施价格违法经济制裁金额536万元。其中，收缴价格违法金额350万元；为群众退还差价款186万元。

【办理群众诉求】 推进全市价格举报信息管理系统建设，完善全市价格举报办理联动机制，坚持发挥12358窗口纠纷协调处理、依法监管查处、政策宣传引导的职能作用。2013年，受理价格举报3375件（市长公开电话转办2754件，12358价格举报电话受理621件),比2012年减少37件,降幅1.08%,办结率100%，群众满意率、反馈率分别达96.86%和98.46%。

【清费治乱减负】 开展重点行业和部门的收费专项治理，落实国家相关减免行政事业性收费的政策措施。提出对新办投资额不超过10万元、雇员20人以下的万户微型企业3年内免交有关登记类、证照类和管理类的各项行政事业性收费的措施意见。编制长春市经营服务性收费目录,重点开展站前停车收费、学前教育收费、民办教育收费的专项治理工作,取消、减免34项行政事业性收费，年影响额6340.7万元。

【价格监测预警】 开展常规和节日期间价格监测工作,加强节日期间粮、肉、蛋、禽和蔬菜价格的价格监测工作。全年向国家和省采集报送价格监测数据148980笔,无漏报和错报。强化价格异常波动期间价格监测工作，加强对农贸市场、超市、生猪市场等重点巡查,完善价格异常波动的预警和应急机制。加大市场价格信息发布力度，全年通过主流媒体以及政府网站发布粮油蔬菜等主副食品价格信息48期49450笔。

【价调基金调控】 加强与代征部门和人民银行等有关部门的沟通协调，完成价格调节基金管理委员会成员更名、重新开设价格调节基金银行账户、明确回拨手续费标准等工作，确保价调基金征收工作的开展。全年征收价格调节基金2071万元，使用价格调节基金1454万元。

【价格社会监督】 完善价格监测信息发布制度，全年通过主流媒体发布价格监测信息和市场价格分析106次。开通消费者价格维权热线，集中宣传解读群众反映突出的物业、停车、驾驶员培训、视频、供暖、教育等涉民价费政策。整理归纳涉及民生的价格政策和维权知识,编制3万册《百姓消费价格指南》,向社会广泛发放。及时向社会通报群众投诉举报的价格热点问题，曝光价格违法损害群众利益的典型案例。

【成本调查监审】 进行国家安排的常规调查及直报调查，加强重要品种专项调查工作。开展生猪、蛋鸡、奶牛、水稻、玉米等品种的成本调查工作,完成《长春市区主要蔬菜生产成本收益情况调查》《长春市区农户存售粮情况调查》等12个调查报告,开展种植意向跟踪调查。先后对燃气公司、民办学校、出租车行业、新立城水库和石头口门水库等16个企业进行成本监审,出据结论报告15个,初步统计审核成本45亿元,核减成本1.4亿元。

【价格鉴证认证】 开展涉案价格认证工作，加强机动车价格认证鉴证规范的课题研究。2013年,完成各类涉案物品价格鉴定1692件,金额5491.27万元。其中,刑事案件1160件,金额4229.35万元;民事案件12件,金额518.91万元;车损案件520件,金额743万元。全市刑事案件和车损案件鉴定数量占涉案财物价格鉴定量的99%以上。

（杨　爽）

质量技术监督

【科技质监】 2013年,长春市质监系统设备更新投入1640万元。新增检定检测项目16个；争取国家级科研立项5项，完成国家级科研项目3项，申报省级科研项目9项,市级1项目;申报国家级技改项目4项；主持结题地方标准修订项目1个;获得国家专利2项。国家汽车零配件检测中心土建工程有序进行；国家工业锅炉安全与节能测评中心筹建工作正在协调运作；榆树白酒检测中心和吉林省金银宝石饰品质量监督检验中心得到批复,相关基础设施建设等正在筹备。国家汽车零部件产品质量监督检验中心与启明信息技术股份有限公司检测中心正式签订为期2年的合作协议；与长春旭阳工业(集团)股份有限公司的技术合作仍在推进中。农安县红石砬小米地理标志产品保护通过国家质检总局地理标志产品保护专家审查会的审查，获得批准。全年开展各类技术培训172次,累计2144人次参加,其中长春特种设备作业人员培训考试基地投入运行以来已培训1000人次。

【安全质监】 长春市应获食品生产许可证企业892户,已100%获证;将239户食品小作坊纳入新的监管办法监管范围,30户已发证,其余正在办理中。全年受理237户食品生产企业的换发证申请，办理委托加工备案115户企业。开展一系列食品质量安全专项整治和行动，如“食品生产环节安全大检查大排查”“质检利剑”“食品安全百日专项治理”“高危食品专项整治”等活动,累计出动执法人员995人次、车辆近428台次。抽取26类食品2900个批次进行质量安全检验,合格率94.3%。组织2116名执法人员对913户食品加工企业、30家获证的食品加工小作坊进行排查，对个别不履行质量安全主体责任的企业进行限期整改和约谈，查处违法违规加工食品案件178起,查处取缔“黑窝点”2户。开展创建食品安全城市、豆制品放心工程等活动。建立企业电子监管数据库,实现相关信息平台即时查询。分别在7月、8月开展食品安全应急演练。协调召开公、检、法和食安办参加的“关于农安部分生产的豆芽检出有毒有害物质”食品安全行政执法与刑事司法联席会。在吉林省阿满食品公司组织召开长春市食品生产企业建设道德讲堂动员大会。投入20万元，印发2000套《食品质量安全管理系列台账》、1000册《食品加工小作坊法规文件汇编》，举办食品生产加工小作坊监管工作学习培训班。开展全市特种设备大排查、大整改活动，截至2013年末，长春市质监局所属10个监管单位出动检查人员10440人次，检查特种设备企业4318户；检查设备28716台件。发现存在一般性隐患的有3910台件，整改2669台件；对存在安全隐患的企业下达《特种设备安全监察指令书》1053份。在九台市召开特种设备安全隐患专项治理活动推进会，对其他各类安全隐患问题正在依法按程序逐步解决当中。与长春鼎庆经贸有限责任公司开展液化石油气钢瓶泄漏及燃烧起火应急救援演练。联合华天大酒店和长春东日电梯公司在开展电梯应急救援演练。德惠“6·3”事件之后，市质量技术监督局及时向市政府和省质监局反应特种设备监管中的问题及建议和意见，向长春市政府提交“关于建立特种设备科学监管体系的调研报告”。

【惠民质监】 “3·15”国际消费者权益日前夕，与10余个省市新闻媒体开展为全市城乡居民免费检定“三表”活动。下发《长春市质监局2013年“3·15”国际消费者权益日免费检定居民在用“三表”及对居民在用“三表”进行监督抽查活动方案》，为居民在用“三表”免费检定，同时对部分居民在用“三表”进行监督抽查。免费检定和监督抽查活动实际检测“三表”835块。其中，水表205块，检定合格204块，合格率为99.5%；电能表512块，检定合格504块，合格率为98.4%，长春市燃气股份有限公司管理的燃气表106块，检定合格106块，合格率为100%；长春市天然气有限公司管理的燃气表12块，检定合格12块，合格率为100%。制定对长春地区17类80余种1684个企业生产的产品实施检查计划，截至2013年末，检查1521户企业生产的1497批次产品，合格1462批次，合格率97.66%。对长春地区生产经销的配装眼镜进行专项监督抽查，抽查60批次配装眼镜样品，对焦度偏差、装配质量及镜架质量等项目进行检验，合格35批次，合格率58%。开展农资、建材、室内装潢材料等专项打假行动。出动执法人员800余人次，出动执法车辆300余台次，查处各类案件426件，涉案金额712.46万元。

【服务质监】 研究制定《质监服务长吉图发展实施方案》征求意见稿，在与吉林、延边质监局沟通基础上，形成长春、吉林、延边三地“信息互通、机制共建、资源共享、优势互补、合作共赢”工作思路，并在5个方面、18项具体工作上达成合作共识。在长春市地铁1号线工程中，承验了50余台地铁专用起重机械；围绕长春市“两横三纵”建设项目中的桥梁6个重点力学种类(液压、压力、恒力、抗折、水泥)涉及30个建筑实验室、衡器桥梁专用轴重仪等项目，完成2080台件的检验检测。制定完善《长春市实施质量强市战略的意见》及相关文件，经长春市政府批准，质量强市工作全面启动，设立长春质量奖。推荐53个企业申报“2013年度吉林省名牌产品”，组织2010年度24家名牌企业开展复评申报工作，帮助77家企业修改完善申报材料231份。确定推荐大成集团、欧亚卖场等6户企业申报吉林省质量奖；推荐皓月、天景等25家公司申报吉林省名牌产品。推荐一汽轿车、大成集团等24家企业参加吉林省名牌产品复评。其中5家参评省质量奖和25家参评省名牌的企业已给予公示。完成省质监局交办的与90家企业对接工作，其中5亿元以上企业37家，亿元以上企业53家。组织12家企业的20个小组。将长春燃气等17小组和供电公司检修中心等2户企业推荐为国优、优秀企业。组织开展企业质量信用档案信息系统录入。组织企业400人次，参加3次质量管理培训、质量大讲堂等活动。特别是将高新区推荐为全国知名品牌创建示范区；双阳区和长影世纪城推荐为全省知名品牌创建示范区。指导长春市各示范区(县)建立标准体系，各示范区共实施国家、行业、地方、企业标准422项。确定3个项目申报国家级农业标准化示范区(示范县)。指导2个国家级第7批农业标准化示范区项目通过验收。组织5户企业申报2013年度省级服务标准化试点单位，其中2户企业被确定为试点单位。推荐申报2013年度地方标准项目43项，获批9个项目；完成95项企业产品标准的备案工作。完成48户企业160个产品执行标准登记；完成2013年度

长春市质量监督检验院职工探望长春市孤儿院孩子

97家复审实验室的督促工作,15家实验室的定期监督评审工作。组织推荐长春地区的6户企业申请参与技术标准提升工程示范单位。完成11户“标准化良好行为试点企业”阶段性申报、考核、评估、验收工作,其中长春市烽火技术有限公司被评为省AAAA级标准化良好行为试点企业。受理特种设备使用登记证申请1151件、6357台,办结特种设备使用登记证1029件、5233台。计量受理13件,办结10件,发放计量检定员证31个。

【和谐质监】 制定完善《市质监局岗位职责规范秩序手册》、厉行节约、规范公文、公车管理、改进作风等一系列有关规定要求文件,开展“四查”活动等。累计精简会议10个,精简文件28个;清理腾退办公用房346.2平方米。组织5名新任职的处级领导参加省市组织的廉政教育测试,“万人评议机关”中企业群众所反映的8个问题,解决7个问题,1个问题限期整改。在新闻媒体对执法和审批工作进行公开承诺。对53人机关干部进行公务卡的清理。处理举报案件6起,调查核实人员16人次。诫勉谈话3起,对责任人处理1起,责成基层单位处理1起。

(李铭伟)

安全生产监督管理

【概况】 2013年,发生工矿商贸和生产经营性道路交通事故362起,比2012年下降7.7%;死亡193人,比2012年下降6.3%;直接经济损失2797万元,比2012年增长3.7%。

【市安委办工作】 组织召开全市安全生产大会和5次市安委会全体会议,重新修订《长春市落实安全生产监督管理职责暂行规定》。在全市范围内开展安全生产隐患大检查、大整改、大演练、大培训和大建设“五大”活动。本次活动历时百天,18位市级领导带队督查,对包保的155户企事业单位,全部签字画押验收。各级、各部门成立督查组到一线检查12255次。成立专家组293组次,聘请专家846人次,检查企业123940户,排查一般隐患79284项、整改隐患63294项、整改率79.8%,投入隐患整改资金9.1亿元。组织演练35192户,各部门组织培训2.7万余人次,企业自行组织培训6.9万人次。建立安全隐患自查自报办法,为全市有固定场所的14.6万户企业设立“一企一表一台账”。对排查出来的385个重大隐患、118个重大危险源、176个涉及重点职业健康危害的企业建立信息台账,完成112个重大隐患整改任务。实行安全生产网格化监管模式,并作为《实施安全发展战略指导意见》重要内容,要求县(市)区、开发区为行政单元,以789个乡(镇)、街道、社区(村)为基本管理单位,设立安全监管专干公益岗位,变监管力量的“倒三角”为“正三角”,消除监管的死角和盲区。规范企业安全生产标准化评审工作,符合条件的8家安全评价机构被选为三级标准化评审单位。全市煤矿、非煤矿山、危险化学品等3个高危行业企业全部达到三级以上标准化水平,在建施工企业90%达到行业标准化,工贸企业、交通运输行业标准化企业正在申报中。

【安全生产监管工作】 煤矿方面,开展2次全市煤矿停产整顿工作,对全市20户煤矿企业做到真查、真停、真改。全市6户30万吨以上煤矿安全生产标准建设全部达到一级标准。单井年产量在15万吨,其他矿井仍处在停改整合阶段。通过督促煤矿企业学习贯彻《煤矿矿长保护矿工生命安全七条规定》、召开“安全、文明、绿色”矿山建设现场会、推进煤矿企业井下安全紧急避险系统建设、启动煤矿矿长约谈机制等措施,推进企业主体责任落实。非煤矿山方面,在全市推广双阳区嘉和采石场规范化管理模式;组织专家对长春市停产废弃多年的两座金矿尾矿库进行安全度认定;下发《全市金属非金属矿山整顿关闭工作方案》,关闭6户非煤矿山企业;开展石油天然气企业安全专项检查。全市非煤矿山行业连续两年保持“零事故、零死亡”。危险化学品和烟花爆竹方面,对全市1558个烟花爆竹零售网点全部进行网上公示,对3户违规储存烟花爆竹批发企业依法处罚,确保春节期间烟花爆竹经营企业无事故发生。开展危险化学品和烟花爆竹企业安全生产条件专项整顿,抽查企业65户,对发现的问题,由属地安监部门进行监督整改。职业卫生方面,加强木制家具制造、石材加工和加油(气)站等行业专项整治,对长春市176户重点职业病危害企业进行专项治理;推动职业病危害申报工作,全市申报企业2628户,比2012年增长46%;到基层义务培训讲解职业健康知识,举办培训班14期,培训企业负责人和职业卫生管理人员

长春市安委会领导带队检查春节安全生产工作

1600余人。

【安全生产宣传教育】 开展安全文化进机关、进企业、进学校、进社区、进乡村"五进"活动,通过"安全生产咨询日"、安全生产青年示范岗、安全文化征文等形式,推广科学发展、安全发展理念。通过长春日报专栏、长春电视台市民频道、96.8交通之声早晚黄金时段、《走进直播间》、手机短信温馨提醒、出租车LED顶灯滚动字幕等新闻媒体及现代宣传工具,宣传安全生产"五大"活动进展情况。召开新闻发布会、组织宣讲团、开展警示教育培训,面向基层企业单位广泛宣传讲解安全生产法律法规及相关文件精神。加强企业主要负责人、安全管理人员、特种作业人员"三项岗位人员"安全教育培训,培训企业主要负责人和安全管理人员7719人、特种作业人员3747人、班组长10089人、农民工32871人,不断提高企业安全管理水平和从业人员安全意识。

【安全应急管理】 办理415户危化企业和14个县(市、区、开发区)安全生产应急预案备案;组织煤矿、非煤矿山和危险化学品企业开展安全生产应急演练600余次;拟制《长春市安全生产重大危险源监督管理实施办法》和《长春市安全生产重大隐患排查治理实施办法》,加强和规范重大隐患和重大危险源监督管理工作;参与组织事故现场应急处置工作,完成"6·3"事故现场液氨危险源的转移、"11·28"中石化正阳街加油站油罐渗漏排查等处置工作,有效防范次生事故的发生。

【安全生产行政审批】 简政放权,将许可事项由原来的45项压缩至25项,即办件由原来的5项增加到10项,承诺件审批时限由15个工作日压缩至12个工作日,所有许可申请都在承诺时限内办结。窗口接件412件,办结354件,退办39件,不予受理4件,正在办理15件。注销许可22户。其中,危化20户;非煤2户。

【生产安全事故查处工作】 以市政府名义下发《长春市安全生产事故报告和调查处理暂行规定》,规范和完善事故调查处理工作。牵头调查"9·3"沈阳福瑞园林建筑施工事故、吉林大学"10·13"坍塌事故、"10·29"生产经营性道路交通事故;参与"2·3"较大供热事故、"5·30"中交隧道工程局高空坠落死亡事故、"6·13"中铁二十五局死亡事故调查组的调查工作。下达责令停止违法行为的现场处理措施共12件;下达责令限期改正文书8件;整改复查意见书6件,下达行政处罚决定27件,罚款174.9万元。受理和分访安全生产举报投诉135件次,其中属于安监系统职责范围内的举报投诉34件。

(韩 鹏)

财 政

【概况】 2013年,长春市全口径财政收入1077亿元,比2012年增长16.2%,占全省比重达到51.7%。地方级收入实现381亿元,比2012年增长12%。本级地方级收入228.1亿元,比2012年增长13%。全口径财政支出632.9亿元,比2012年增长13.9%。本级支出249.1亿元,比2012年增长12.6%。财政收入占全市生产总值的比重为21.3%,比2012年提高0.8%。

【组织收入】 加强财税协调,强化税收组织调度和征收考核。支持财源建设,实现税收收入的稳定增长。跟踪重点部门和大额非税收入完成情况,促进非税收入的及时均衡缴库。向上争取各类专项资金73亿元,争取相关政策支持,缓解财政收支矛盾。

【支持经济发展】 加快战略性新兴产业发展,拨付工业、服务业、科技、新兴产业、服务外包等专项资金,支持产业结构调整和经济转型。落实汽车销售优惠政策,支持自主创新和节能环保。搭建政府采购支持中小企业供应商融资平台。安排资金支持保护性耕作、农业科技创新、现代畜牧业发展,促进农业产业升级。实施农发项目,安排农村公路建设资金,支持新农村建设。利用国库间歇资金,支持开发区建设。安排耕地开垦费,购买耕地指标。清理行政事业性收费和政府性基金项目,通过免征、取消和降标等方式,减轻社会负担。

【保障支出】 参与幸福长春行动计划的编制工作。支持轻轨、地铁、两横三纵、保障房、暖房子等重点工程建设。拨付资金,支持公办幼儿园建设,落实中等职业教育免学费政策,为全市城乡低保及低保边缘家庭中小学生提供营养午餐。支持公安视频监控系统建设,提高城乡居民医保、基本公共卫生服务财政补贴和社会救助标准,支持高校毕业生创业就业。安排专项资金,支持"菜篮子"工程和初级农产品质量控制。安排水利基金,支持石头口门水库上游防汛路等水利工程建设。安排彩票公益金,支持福利事业和群众体育事业。处理国企改制遗留问题,支持文化体制改革和城乡公共文化服务体系建设,支持市直公立医院改革试点,建立城镇居民大病医疗保险制度,支持县级公立医院改革,建立村级卫生所基本药物制度。利用粮农直补资金担保,为农民提供贷款支持。对拖欠工程款、冬季供暖、德惠紧急借款等应急支出,给予较好保障。

【财政改革】 在市本级全面推行公务卡制度,409家预算单位办理公务卡9959张,推进各区国库集中支付改革。着手"三公经费"公开,完善社保基金预算和市级国有资本经营预算编制。扩大非税收入银行代收范围,完成土地出让收入缴库系统建设。完善政府采购目录和限额标准,推进标准产品网上电子交易,通过政府采购平台集中遴选医保高值耗材。开展采购业务标准化建设,规范采购执行。加强债务金融管理,起草《长春市政府性债务管理暂行办法》。开通会计网,推动实施事业单位会计准则、会计制度,启动行政事业单位财务内控规范体系建设,培训农村财会人员,启动全市珠心算未来三年发展规划,举办会计人员

长春市财政局领导班子考察重点项目

业务答疑会，完成各类会计培训和会计考试工作。开展公车治理，加强机关领导干部一般公务用车管理，启动公务用车货币化改革试点。实施以资抵债，提高公物仓资产的利用效益。

【监督管理】 开展会计核算、专项资金、市级收入检查。完善政府委派财务总监工作制度，加强对天网工程、轨道等重点项目和公交集团、农博园、水务集团等重点单位的监督。建立借款保证和责任追究制。开展财政专户理财，对社保资金专户存款办理定存，新增4个协定存款专户。出台市级财政专项资金、公租房、保障房实物配租与租赁补贴分配3个管理办法。对政府投资项目和财政专项资金实施网上巡查监管。实施原始票据验真制度。加强财政投资评审和土地收储相关审核，建立评审沟通联动机制。开展行政事业单位国有资产专项检查。加强内部审计，对财政业务实时、在线监控，建立内审季报制度。建立低收入居民家庭信息比对系统，对低保对象实行动态化管理。协调亚泰、欧亚国有股权划转事宜，为政府股权融资做好准备。及时偿还到期债务。制定《财政票据保管制度》，保障票据存放安全和及时提供。开展信托投资公司债权债务确认工作，组织清欠收贷。

【自身建设】 全年召开专题会议36次，完成调研课题26项，媒体宣传56篇（次）。设计廉政文化展示平台，开展主题征文活动。开展“学习型党组织”等一系列党群活动以及篮球比赛等文体活动。在人事管理上，举办处级干部及县区财政局长能力提升班，制定聘用人员薪酬管理办法。在财政文化建设上，举办“中国梦、财政梦、我的梦”主题演讲和唱局歌活动，通过财政文化大讲堂，培训法律知识和行为礼仪。修订工作规则，新增单项制度26个，绘制流程图105个，编印《行为礼仪规范手册》。在财政科研上，改版《长春财经》，升级理论实践交流平台。在财政信息化上，启动预算执行动态监控系统和视频会议室建设。

（薄福元）

国 税

【国税收入】 2013年，全市国税收入完成701.72亿元（占全省税收收入1053.73亿元的66.6%），比2012年560.00亿元增收141.72亿元，增长25.3%。在5个计划单列市和10个副省级城市中，总量排在第8位，比2012年上升一个位次；增幅排在第1位；增收额排在第3位。在东北三省四市中，总量超过大连172.72亿元，超过沈阳174.90亿元，超过哈尔滨421.72亿元。全面落实税收优惠政策，出台支持民营经济和小微企业发展政策汇编，为服务业转型发展和金融总部核心区建设提供税收支持。全年税收支出总额107.78亿元。

【“营改增”试点工作】 制订工作方案及试点工作推进表。在市政府召开新闻发布会，为纳税人提供“营改增”问题的咨询和政策解读服务。分类免费培训纳税人6551户次，统一对税务登记、发票管理等涉及“营改增”试点的征管工作进行梳理。8月1日，开出全市第一张现代服务业增值税专用发票。9月1日，全市“营改增”纳税人顺利申报，标志着长春市“营改增”试点工作运行成功。截至2013年末，全市进入“营改增”试点的企业共计22808户，入库增值税4.46亿元。

【纳税服务】 继续办好纳税人学校，全年累计开课160次，培训24500余人次。扩展“同城通办”范围。纳税人可就近选择任意一个办税服务厅办理申报征收、报税认证、发票领购、税务咨询、违法违章简易处罚、代开普通发票、完税证明开具、纳税评估税款完税证明开具、稽查补税款完税证明开具等9项涉税事项。实行“一机双屏”办税，纳税人对窗口工作人员的办税依据、办税程序、办税效率等进行全程监督。开通“长春国税”官方微信平台。在办税服务厅配备WIFI，实现15个办税服务厅的网络全覆盖。构建涵盖门户网站、手机报、12366热线、纳税人学校、纳税服务QQ群、微信平台在内的纳税服务平台。开展“千名税官进企业”和“服务民营经济发展”活动。推行自助办税服务，在全市办税服务厅增配42台自助办税服务机，研究设立流动办税服务厅。开展业务培训和岗位技能竞赛。

【税收征管】 组织全系统各基层单位开展税收执法自查，在72个风险点发现了214个问题，并进行整改。开展税收执法督察。发现违规税收执法行为问题171个，纠正问题152个，提出督察建议17

条。开展成品油销售、服装类出口(退)免税企业专项检查，全年查补税款4.54亿元。强化国际税务管理。开展反避税调查，调查审计避税嫌疑企业11户，补税1.1亿元。加强出口货物退(免)税审核,加快出口退税进度。强化车辆购置税管理。推广"车辆购置税自助办税系统"。组建市局风险控制中心,制定风险管理制度,建立和健全风险监控岗责体系。建立大企业重大事项联系制度，跟踪服务和定期走访制度。在基层局建立权益保障平台。开展全系统信息安全巡查。开展打击虚开增值税专用发票工作。抽调业务骨干组成7个检查组，对疑点企业进行重点检查,检查企业301户,查处违法企业247户，查处非法发票9045份，涉及金额4.89亿元,查补税款合计1.06亿元。

【队伍建设】 在内部网站开辟"学习广场"专栏,举办各类税收业务培训班18期,培训干部2087人次。加大高层次人才培养力度。有198人次参加"三师"资格考试,通过119科次。有9人考取注册税务师资格,16人考取吉林财大MBA资格，有1人考取国家税务总局领军人才。在"全省国税系统百名业务骨干"选拔考试中,长春市国税系统有34名干部入选,5名干部进入前十名。设立道德讲堂,评选10名税务职业道德标兵,举行全市国税系统税务职业道德标兵先进事迹报告会。选送4人参加省局"国税大讲堂"活动。8月26日,省文明办主任谢文明到长春市国税局就全国文明单位届中复查工作开展调研，对创建工作给予高度评价。参与爱心救助活动。组织捐款42.13万元,救助20人,救助金额39.02万元。开展广泛的群众性文体活动。组建全系统业余篮球俱乐部联盟、羽毛球协会等群众性体育组织，开展业余篮球联赛和羽毛球排位赛,进行160余场比赛,参赛人数达700余人。

(王　贺)

地　税

【概况】 2013年,完成全口径地税收入328.5亿元，比2012年增加26.2亿元，增长8.7%。在挖潜增收方面,按照《2013年收入挖潜重点工作一览表》10类53项内容全面落实,实现挖潜增收27.2亿元，比2012年增加7.8亿元，增长40.2%。另外,代征"三金三费"21亿元,比2012年增长11.2%。

【税收征管工作】 开展重点税源分级分类管理、专业化管理、风险管理以及零散税源社会化管理试点，促进税源管理质量的提高;纳税评估成效明显,评估企业5257户,评估税款8.3亿元,评估贡献率2.7%;综合征管信息查询分析系统顺利上线;推进社会综合治税,采集第三方信息8.6万条，通过分析利用，挖潜增收14.07亿元;推进电子报缴税,企业网上申报率达到97.7%；清缴陈欠税款3.26亿元;完成"营改增"政策辅导、摸底调查、数据统计、户籍移交工作;强化涉外税收管理，查补商标权转让应纳营业税4300万元、外籍人员个人所得税850万元；对土地价值计入房产原值征收房产税情况进行检查，查补房产税4430万元;协调国税部门,加强对企业出口货物免抵退税清查,堵塞征管漏洞,查补城建税、教育费附加2730万元;加强企业所得税汇算清缴、核定征收和探索个人独资、合伙企业个人所得税汇算清缴工作,增加税款1.6亿元,增长16%;发票控管能力不断增强，采集发票信息32万条，鉴定问题发票2421份,查处发票违法案件1607起,罚款410万元。集中开展3次发票打假活动,缴销假发票1.6万份。有奖发票布放奖金提高到4200万元,奖金兑付率72%,"三业" 发票用量提高29%。

【依法治税】 制定税务行政处罚裁量权适用规则和裁量基准,对48项涉税违法行为逐项明确处罚标准；全面清理税收规范性文件,对废止的文件和条款,及时向社会公告。推进一级稽查进程,检查企业1158户,查补税款6.21亿元;加强执法内控,市局集中组织专项检查,查补税款6757万元；基层内审部门开展自查,查补税款1.6亿元；开展税收政策业务研讨，组织业务研讨53次，解决问题311个，通过征管互动平台处理业务请答1359个。

【税收服务】 落实"一提、一减、一免"等税收优惠政策，累计减让各税16亿元；出台《长春市地方税务局关于突出发展民营经济的实施意见》,印发18万册《服务民营经济办税指南》,建立民营经济纳税大户和重点税源企业局长包保制度和绿色通道办税制度;全系统18个办税服务厅全部达到规范化标准;全面推行"一窗通办",将170个办税事项前移到办税

长春市地税局召开专题民主生活会情况通报会

服务厅,实行限时即时办结,方便纳税人办税。

【干部队伍建设】 开展"执法不规范、服务不到位"专项整治活动，整改问题 88 个,完善制度办法 14 个;公开选拔 20 名处级领导干部、51 名基层科所长；制定《长春市地方税务局关于推进职业道德建设工作的实施意见》；全系统组织"大课堂"学习 374 期,12 人取得"三师"资格,在省局小企业会计准则模拟测试中,长春取得地区第一名;税收理论调研成果荣获国家奖项;基层单位全部获得市级精神文明建设先进单位以上称号,净月区局获得全国税务系统先进集体称号。

（张婷娟）

长春市审计局开展职工工间广播体操活动

审 计

【概况】 2013 年,长春市审计局通过对 86 个项目开展审计及审计调查,查出主要问题金额 179 亿元。其中,违规问题金额 46 亿元;管理不规范问题金额 133 亿元。上缴财政 2127 万元,向司法、纪检及有关部门移送案件线索及事件 8 起,通过固定资产投资审计，审减多结工程价款 8022 万元。

【审计监督情况】 主要对长春市财政预算编制、预算管理情况以及 9 个重点部门、2 个开发区预算执行及其他财政收支情况进行审计，查出主要问题金额 141 亿元。

【政府投资建设项目审计】 通过对市南北污水厂升级改造及污水处理厂污泥处置工程建设项目、市人民医院门诊住院综合楼建设项目、各城区及开发区廉租住房保障工程建设项目、各开发区部分市政、房建、道路、排水、绿化等工程项目进行审计，查出主要问题金额 26 亿元，审减多结工程价款 8022 万元。

【经济责任审计】 2013 年，组织对 14 位领导干部开展任期经济责任审计，并根据长春市委组织部的临时委托，对 17 位领导干部开展任前审计，查出领导干部应负直接责任的违规金额 1.5 亿元，应负主管责任的违规金额 8992 万元，应负领导责任的违规金额 937 万元。

【专项资金审计】 开展对长春市红十字会筹集长春地区四川芦山地震抗震救灾资金有关情况的跟踪审计，审计结果在《长春日报》、长春信息港上进行公告;组织对医保基金、残疾人保障资金进行审计和审计调查。对长春市宏观政策贯彻落实情况开展审计监督。组织两级审计机关对 2009 年至 2012 年 4 个年度长春地区中央代地方政府发行债券省级转贷资金管理和使用情况开展专项审计调查，还对 26 项政府性基金 2011 年至 2012 年征收、管理、使用情况进行审计,为市领导宏观决策提供参考依据。

【完成交办审计任务】 按照国务院的要求,根据国家审计署的紧急安排和部署,从局机关抽调 40 多人,从县(市)、区审计机关抽调 70 多人,共计 120 多名审计干部,组成 7 个审计组,对市辖两县(市)和 5 个区开展地方政府性债务审计。抽调审计人员配合国家审计署驻长春特派员办事处完成对财政存量资金的审计及黑龙江的交叉审计。

【审计服务】 2013 年,通过审计,向被审计单位提出审计建议 134 条，被采纳 35 条。向市领导上报审计要情、审计专报 11 篇,市领导批示 6 篇。向司法、纪检及有关部门移送案件线索及事件 8 起,涉及金额 7623 万元。如发现的用假房产证骗取拆迁补偿的违法案件线索，涉及金额 718 万元，该案件线索已移送检察机关,经济损失已全部追回,6 名责任人被提起公诉。

（杨冬玲）

商业　旅游业

商贸流通

【概况】 2013年,长春市消费品市场运行保持平稳,消费增速"稳中有进",社会消费品零售总额实现1970亿元,比2012年增长13.2%,增幅高于全国0.1个百分点、低于全省0.5个百分点。增速在15个副省级城市中居第10位,比2012年前进2位。

从城乡两个市场看。长春市城镇市场实现社会消费品零售额1860.7亿元,比2012年增长13.3%,占总额的94.4%;乡村市场实现社会消费品零售额109.3亿元,增长11.8%,占总额的5.6%。城乡增幅差距为1.5个百分点,比2012年同期缩小3.3个百分点,城乡消费增幅差距逐步缩小。从行业上看。批发、零售业实现零售额1779.2亿元,比2012年增长13.5%,其中批发业实现161.3亿元,增长10.7%;零售业实现1617.8亿元,增长13.8%,占总额的82.1%,对零售额增长的贡献率为85.2%,占据绝对主导地位。住宿、餐饮实现零售额190.9亿元,增长10.8%,比2012年同期回落6.2个百分点,其中住宿业实现零售额18.1亿元,增长4.7%;餐饮业实现零售额172.8亿元,增长11.4%。从主要商品类值看。9大类主要商品类值零售额增幅"七升二降",石油制品及服装鞋帽针纺织品类由正转负。2013年,限额以上企业商品销售类值中,9大类主要商品实现零售额698.2亿元,占限额以上批零企业零售额的86.3%,9大类商品零售额"七升二降",增长的有金银珠宝类(增长35.6%)、粮油食品饮料烟酒类(增长23.7%)、通讯器材类(增长22.1%)、家用电器和音像器材类(增长20.3%)、日用品类(增长11.9%)、文化办公用品类(增长5.5%)和汽车类(增长1.5%)等7类,7类商品实现零售额442.3亿元,占限额以上批零

2013年全国15个副省级城市社会零售额完成情况表

单位:亿元

城市	零售额	位次	比2012年增加(%)	位次
广　州	6882.85	1	15.2	1
深　圳	4433.59	2	10.6	14
武　汉	3878.60	3	13.0	12
成　都	3752.90	4	13.1	11
杭　州	3531.20	5	13.0	12
南　京	3506.00	6	13.8	4
沈　阳	3186.09	7	13.7	5
青　岛	2904.00	8	13.3	8
哈尔滨	2728.30	9	13.9	3
宁　波	2728.30	9	13.3	8
济　南	2633.90	11	13.4	7
西　安	2548.02	12	14.0	2
大　连	2526.50	13	13.6	6
长　春	1970.04	14	13.2	10
厦　门	974.97	15	10.5	15

企业零售额的 54.7%；下降的有服装鞋帽针纺织品类和石油制品类两类，分别下降 0.6%和 0.8%，两类商品实现零售额 255.9 亿元，占限额以上批零企业零售额的 31.6%。

社会消费品零售总额分行业构成

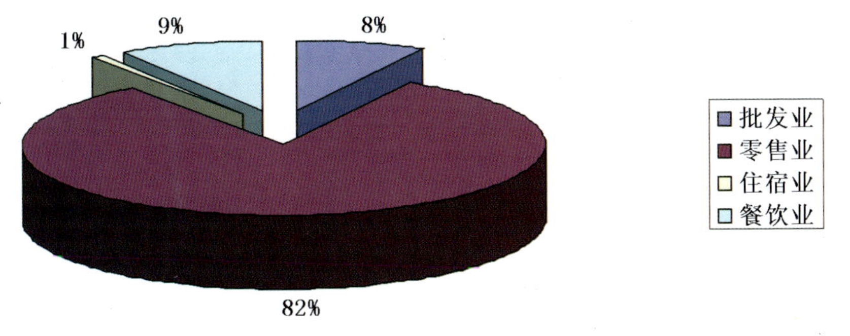

限额以上主要零售商品类值比重图

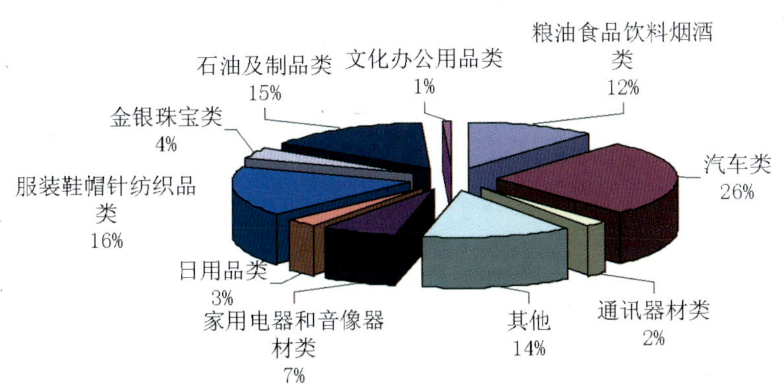

【扩大内需、促进消费】 围绕节庆、会展等重要节点，开展“千品进万家”、“第三届欧亚·新文化消夏购物节”等多种形式的商品促销、地产品促销活动，消费增长多点支撑格局逐步形成。仅春节黄金周期间，长春市 11 家百货商场、11 家超市及农贸市场、11 家餐饮住宿企业的销售统计显示，累计销售额为 8.19 亿元，比 2012 年增长 14%，累计客流量 595 万人次。

【市场体系建设】 继续推进“万村千乡市场工程”建设工作，建成 1 个物流配送中心和 2 个商贸中心。完成蔬菜中心批发市场交易大厅等 3 个农产品现代流通综合试点项目。“万村千乡市场工程”和农产品现代流通综合试点项目共获得国家扶持资金 2322 万元。再生资源体系建设顺利推进，新建再生资源回收亭 154 个。举办再生资源从业人员职业技能培训，全年培训 750 人。全年新增限额以上商贸企业 131 户。

【物流共同配送】 2013 年 3 月，商务部、财政部组织 52 个城市申报物流共同配送试点城市。长春市成为国家物流共同配送试点城市，获得 4000 万元扶持资金。为切实推动城市物流向标准化、信息化、共同化方向发展，编制《长春市城市物流体系建设规划》。长春市提出的实现“三降低三促进”物流配送发展目标，受到商务部的高度赞扬，应邀出席由副总理汪洋主持召开的 13 城市物流共同配送座谈会。

2013 年长春市限额以上主要类值零售增长对比情况表

单位：%

指标名称	2013 年			2012 年		
	增幅	贡献率	拉动率	增幅	贡献率	拉动率
限上社会消费品零售额	7.6	100	7.6	10.5	100	10.5
一、生活必需品	8.04	25.17	2.19	16.18	40.37	4.49
1、食品、饮料、烟酒类	23.7	26.36	2.29	24.7	20.48	2.28
2、服装、鞋帽、针纺织品类	-0.6	-1.19	-0.1	11.9	19.88	2.21
二、金银珠宝类	35.6	12.09	1.05	26	6.52	0.73
三、家居装潢类	22.88	27.20	2.37	3.60	3.81	0.42
1、家用电器和音像器材类	20.3	13.76	1.20	5.7	3.38	0.38
2、家具类	8.3	2.07	0.18	2.3	0.51	0.06
3、建筑及装潢材料类	43.3	11.37	0.99	-0.3	-0.08	-0.009
四、石油及制品类	-0.8	-1.37	-0.12	10.7	14.11	1.57
五、汽车类	1.5	4.68	0.41	3.1	7.96	0.88

【商贸服务业晋档升级】 推进社区商业网点规划和建设，提升社区商业服务水平。长春市朝阳区被评为全国社区商业示范区，成为全国首批 3 个示范区之一。

举办首届家政服务业“关爱杯”职业技能大赛,一批优秀家政企业脱颖而出,带动全市家政服务业提速升级。支持餐饮、百货店企业升档晋级,全市新增1家金鼎百货店和5家达标百货店,富贵大饭店等5户餐饮企业在中国品牌餐饮企业发展大会上被评为国家钻级酒家示范店。开展中介服务业高端人才培训活动,拓展中介主体的发展意识。加强电子商务发展。电子商务示范城市和示范基地建设得到有效推进,欧亚e购和长春购够乐成功入围100家国家电子商务示范企业行列。启明信息等16户电子商务企业入围吉林省电子商务示范企业,占全省示范企业户数的55%。

【商贸领域市场监测监管】 2013年,发布市场监测信息1460篇,被商务部采纳91篇。开展酒类市场集中整治活动,销毁假酒2312瓶,标值160万元。实施肉品安全问题“零容忍”行动,落实肉菜流通追溯体系项目建设,力争从源头上把好质量关。开展商贸企业安全领域大排查活动,组织县(市)区、开发区在全市1000余户大型商贸企业开展商务安全大排查,指导和督促存在安全隐患的企业落实整改措施,建立相关的安全生产制度,有效遏制安全事故的发生。加强对全市药品流通领域的规划与指导。加强商贸企业预付卡管理,有20户规模以上商贸企业进行登记备案。加强典当拍卖行业管理,受理14户公物拍卖企业资格年检,新设3户拍卖企业。举办长春市典当业务知识培训,全市典当企业增至85户。支持循环消费、绿色消费,全年受理符合国家补贴标准的老旧报废汽车839台,申领补贴资金1443.7万元。落实肉菜储备制度,春节期间,通过8家承储企业,向长春市各大市场、超市投放生猪1万头和土豆6600吨、白菜2400吨,保障节日市场供应稳定。

（赵兴华）

肉品管理

【肉品安全隐患排查】 2013年,长春市商务局下发《关于落实〈关于加强畜禽宰屠环节安全隐患排查工作的通知〉文件的通知》,确保广大市民肉食品安全,特别是保障在两节期间的肉食品质量,长春市肉管办对畜禽屠宰环节组织一次安全隐患大排查,做到屠宰中易发、多发的重点环节责任到人,严防死守,严防肉品质量安全事故的发生。从1月14日起至春节,由市肉管办组成多个检查组,分别下到各个县(市)区、开发区进行督促检查。对组织得力,行动迅速,畜禽屠宰管理规范的县区予与表扬;对存在问题严重,行动缓慢,文件精神落实不到位的县区进行通报;对因玩忽职守造成重大肉品安全事故的,要追究相关人员责任。通过隐患排查,杜绝不安全因素,保证市民用肉安全。

【规范屠宰企业标准化生产活动】 鉴于中储粮黑龙江林甸直属库、中石化大连油库、吉林宝源丰禽业有限公司等相继发生火灾事故,长春市商务局按照省商务系统安全工作要点和吉林省商务厅畜禽屠宰管理工作安排,下发《关于加强畜禽屠宰环节安全隐患排查工作的通知》《关于进一步加强畜禽屠宰厂监管,确保出厂肉品质量安全的通知》。自6月5日起至12月底,在长春市开展规范屠宰企业标准化生产专项活动。要求各县(市)、区、开发区肉管办对辖区屠宰企业要加大检查频次,每周不少于1次并做好检查记录。对检查过程中发现的问题要立即下达整改通知书,拒不改正的依法进行处理,坚决杜绝经检验不合格和未经检验肉品流入市场。严厉打击私屠滥宰等违法行为,对辖区内发现的私屠滥宰窝点,一律依法取缔,规范屠宰行为。

【肉品许可管理】 长春市各级肉品管理办公室依据《国家生猪管理条例》《吉林省畜禽屠宰管理条例》《长春市肉品管理条例》,为畜禽产品生产、经营和销售企业办理、审批《畜禽屠宰加工许可证》和《肉品经营许可证》。对申请许可的企业,严格按照《条例》要求进行材料审核和现场审验,办证不收取任何费用;实行12个工作日办结制度,为企业提供高效快捷服务;对有特殊情况的企业及时开通绿色通道,有必要时《许可证》立等可取;耐心指导企业标准化建设、规范化生产、品牌化经营。全办理畜禽屠宰和肉品经营许可证315个。

【肉品安全】 2013年,长春市商务局部署肉品安全日常检查工作,强化对投诉举报案件的处理,要求各县(市)区肉品管理办公室对辖区企业每周至少检查一次。同时,通过12345和12312等投诉热线,对肉品安全问题实施全民监督。做到发现一起,查处一起,确保案件查处率100%。对发现存在违法行为的,严格按照相关法律、法规依法惩处;对构成犯罪的,依法移交司法机关追究刑事责任。2013年,接到举报件31件,其中省定点办转件7件,12345转件10件,市食安办转件1件,接举报电话件13件,都及时办理并记录在案,答复办结率100%。

【畜禽屠宰企业监管】 开展畜禽屠宰企业的监管工作,搞好屠宰企业标准化建设,狠抓日常监管不放松,严厉打击屠宰注水肉行为,开展肉品安全专项整治活动。按照属地管理的原则,要求各县(市)区肉管办严把屠宰环节肉品质量关,全面落实肉品管理各项工作任务,保证上市肉品安全;远程电子监控,提升屠宰企业监管能力。通过视频监控等手段,严格屠宰企业管理,长春市商务局在县以上生猪屠宰企业华正、聚源、圣奥、佳龙、金锣、冠宇(双阳)等13个屠宰企业的关键部位安装电子监控设备,远程监控整个生产过程,保证24小时不间断监控,杜绝屠宰场“注水肉”等违法事件发生。

【肉品供应储备调控】 抓好市场监测。平时对生猪等肉品登市量、价格实行周监测,在重要节日和市场波动较大的特殊时期启动日监测,及时掌握市场供求动态,并针对供求数量、批零价格、变化趋势进行专题分析,通过长春市商务预报及媒体向社会发布。开展长春市级生猪活体储备。2013年春节期间,长春市自2月3日至24日向长春市各大市场、超市投放活体储备生猪1万头,补贴资金 100 万元。长春市生猪日均上市量为 3000 头左右，在重要节日等用肉高峰期需求量会大增，2013 年春节期间长春市生猪日上市量最高峰达 6211 头，毛猪平均价格为 15 元 / 公斤，白条肉价格为 21 元 / 公斤，市场零售平均价格为 28 元 / 公斤，储备肉的投放使长春肉品市场货丰价稳。协调省级储备肉在长春市场投放。2013 年春节和“十一”期间，省级储备肉分两期投放长春市场，每期投放 6000 头，补贴资金 120 万元，丰富长春肉品市场。建立肉品储备长效机制。长春市根据《国务院办公厅关于促进生猪生产平稳健康持续发展防止市场供应和价格大幅波动的通知》，开展生猪活体储备，形成长效管理机制，从 2007 年开始长春市级生猪储备已开展 6 年。保证特殊时期的市场供应，平抑物价，丰富节日市场。根据长春市猪肉市场供应和价格情况，长春市商务局进行监测和分析，提出相应的建议。长春市商务局会同市财政局、发改委等部门对长春市区及周边生猪养殖企业进行实地踏查，落实生猪活体储备，选择规模较大、管理规范的 8 家养殖企业作为承储企业，开展生猪活体储备，以应对可能出现的生猪货源短缺和价格异常波动，强化政府调控能力，保确长春市肉品市场运行平稳。

（夏艳新）

供销合作社

【概况】 2013 年，长春市供销社系统有 1 个地级供销合作社联合社、5 个县（市）区级供销合作社联合社和 86 个基层供销社、599 个产业活动单位，其中长春市供销合作社联合社（以下简称市供销社）有 7 户股权占 90%以上的绝对控股企业，主要分布在农业生产资料、棉麻土特产品、再生资源、干鲜果品、日用消费品、农副产品、烟花爆竹、商品批发（集贸）市场等经营领域。按照省供销社规定的统计方法，全市供销社系统全口径商品购进总额完成 37.4 亿元，比 2012 年增长 31.9%。农副产品购进总额实现 65148 万元，比 2012 年增长 34.2%。商品销售总额完成 41.47 亿元，比 2012 年增长 31.3%。消费品零售额实现 59991 万元，比 2012 年增长 34.7%。售给农民的农业生产资料实现 187653 万元，比 2012 年增长 18.5%。商品批发（集贸）市场交易总额实现 14.1 亿元，比 2012 年下降 13%。再生资源收购总额实现 9125 万元，比 2012 年增长 46.1%。连锁销售总额实现 67515 万元，比 2012 年增长 20.8%。盈亏相抵后利润总额实现 2323 万元，比 2012 年增长 61.43%。其中，市属企业实现 1632 万元；县属企业实现 691 万元。资产总额 69105 万元，比 2012 年增长 8.87%。所有者权益 24038 万元，比 2012 年增长 11.06%。有商品基地 30 个。其中，种植业 16 个，种植面积 1789.1 公顷；养殖业 14 个，联结农户 4070 户，帮助农民实现收入 31131 万元。有庄稼医院 62 个，试验示范田 0.27 公顷，进行测土配方施肥 6080 公顷。为农民提供技术培训、咨询服务 54021 人次；提供种子、种苗服务 1380 万元。

【“新网工程”建设】 市供销社以发展农资连锁店为突破口，以县域龙头企业、配送中心为依托，以基层供销社、专业合作社、村级综合服务社为载体，大力发展农村现代流通经营服务网络，加强与农村信用合作社的合作，采取担保贷款、“合作社 + 银行”和具保赊销的方式，把质优价廉的农资商品赊销给缺乏现金的农户；采取把连锁超市下移到村（屯）和送货到村屯、田间地头等服务措施，为农民从事农业生产提供便利条件。省委书记王儒林，省委常委、长春市委书记高广滨年初在农安县视察时，对农安县供销社在发展农村现代流通经营服务网络上的做法给予充分肯定。2013 年，九台市供销社对农资配送中心进行完善，新建 1 个复合肥生产企业，年生产能力为 3.2 万吨，全市供销社系统配送中心总数 12 个；发展连锁经营网点 130 个，总数 1231 个。

【农业社会化服务体系建设】 按照省供销社每个乡（镇）都要建一个基层供销社的要求，市供销社指导各县（市）、区供销社根据农业和农村经济发展的需要，以服务“三农”为宗旨，加强基层供销社建设。2013 年，全市供销社系统恢复和发展 2 个基层供销社，总数达 86 个，占长春市乡镇总数的 88.7%。协调商务局、就业局、财政局等有关部门，开展农村经纪人培训工作。2013 年，全市供销社系统新发展各类行业协会 20 个，总数达 200 个；新增会员 2544 人，总数达 11720 人。培训农产品经纪人 1020 人，其中有 1000 人获得了不同等级的资格证书；培训废旧物资挑选工 410 人，其中有 350 人获得不同等级的资格证书。全市供销社系统新发展农民专业合作社 17 个，总数达 90 个，入社农户总数 7284 户，成员出资总额 10040 万元，帮助农民实现收入 9239 万元。各县（市）、区供销社利用

卡伦供销社任家村综合服务站

基层供销社闲置的场地、院落,多方筹措资金,发展农产品市场。农安县供销社投资80万元在青山镇建设一处半封闭的综合集贸市场;双阳区供销社利用基层供销社回迁之机,在鹿乡镇组建一处鹿产品交易中心,全市供销社系统农产品批发(综合)市场总数22处。其中,市级8处;县级14处。各县(市)、区供销社充分调动社会各方面的力量,建设主体多元、功能完备、便民实用的农村社区综合服务中心,拓展服务领域,创新服务方式,提升为农服务水平,为农民提供经营性和公益性相结合的综合服务。全市供销社系统发展农村社区综合服务中心34个,总数214个。

【社有企业改革发展】 针对企业改制不够到位的实际情况,市供销社组织专人到每户企业,摸清企业剩余资产情况,将每处资产分别建立档案。在保持一定谨慎态度和搞好法律咨询的基础上,本着优势互补、互惠互利和一企一策的原则,进行资源整合、战略重组,盘活社有资产。2013年,市供销社重点推进长春果品中心批发市场有限公司债转股改革、市鸿兴再生资源开发有限公司和城区供销有限公司经营机制转换、市钢材中心批发市场发展战略调整工作。其中,果品公司的改革工作待审计和评估结果确认后,研究、拟定企业改制方案;鸿兴公司和城区公司采取包死基数、确保上缴的办法,实行5年承包经营责任制;鸿兴公司与大正集团合作开发钢材市场的协议已签订,大正集团先期划给鸿兴公司的2000万元资金到位,拟建的翰邦国际综合体项目正在全力推进中。

【化肥储备管理与供应】 市供销社组织全系统农资经营企业加强化肥储备和管理,做到货源充足、品种齐全、质量可靠。推行总经销、总代理等经营方式,指导企业开展延伸网点、预约送货、质量承诺等各项服务措施,坚持不提价、不抬价,做到不脱销、不断档。坚持十日调度制度,定期对化肥市场形势进行分析,及时上报,为领导掌握市场信息和科学决策提供依据。市供销社于5月份在市广播电视台对全市农资供应形势及供应工作情况进行直播,现场解答广大农民群众最关心和关注的热点问题,农民群众对此非常满意。2013农业年度,全市供销社系统供应化肥40.1万吨,比2012年略有增长,全年没有发生坑农害农事件。

【社有资产监督管理】 根据国家和有关部门关于加强国有控股企业管理的有关规定,市供销社将工作重心由管企业向管资产方向转变,强化社有资产出资人代表的职能作用,完善社有资产经营管理办法,下发《控股企业费用管理规定》,推行目标责任制管理。修改、完善《控股企业重大事项请示报告制度》,推进工作程序化、规范化、制度化建设。做好资产租赁收益和投资红利的收缴工作,代表市供销社行使出资人职能的兴合资产公司2013年实现资产收益101.5万元,资产收益率比2012年大幅提高。

【民生工作】 市供销社多次与有关部门进行沟通、协调,在市公用局、建委、热力公司、水务集团的支持下,解决困扰原市农业生产资料总公司绿园区春草路宿舍楼多年的采暖和供水问题,该楼居民对市供销社的工作给予充分肯定。协调财政局、人社局、医保中心等部门,采取有针对性的措施,2013年重点解决3000多名退休职工由1万元转为1.6万元的养老保险问题、850多名距法定退休5年内人员的养老保险及采暖补贴问题、10名老工伤人员的财政补贴问题、61名军转干部的定期补助问题、果品公司16名职工的改制遗留问题和60年代下放的农村职工刘仲德、王乐群的生活补贴问题,使职工群众的切身利益得到保障。

【基础管理】 完善各项财务管理制度,做好财务决算和预算工作,真实体现财务指标实现情况,并将财务指标进行分解,与各县(市)、区供销社和控股企业签订经营责任书12份,保证利润指标的如期完成。促使由单一商流统计向综合服务统计方向转变,采取集中装筐的办法,对全系统13个直报汇总单位、104个直报点的商品流通统计报表工作进行全面部署,做好经济运行分析,保证统计数据的科学性和有效性。依法、依规履行审计监督职责,围绕中心工作,对7户控股公司和所属基层企业开展财务收支、经济效益、法人离任和专项审计,维护了出资人的合法权益。制定部门年度绩效评估计划,把任务分解到处、到岗、到人,建立目标责任制考核评价体系,分别对机关、企业和县(市)、区供销社进行客观、公正、准确评价,调动全体人员工作的积极性。发挥长春供销合作网服务"三农"的作用,适时更新、调整网页栏目和内容,提高社务信息宣传报道的数量和质量,实现信息共享和网络化管理,提升供销社的社会形象和影响力。开展依法行政教育和"六五"普法活动,及时为企业提供政策、法律咨询与服务,并由法律顾问进行专题辅导讲座,使广大干部职工学法、知法、懂法、守法,确保供销社改革发展依法、依规进行。

(丁明粉)

粮食流通

【粮食收购】 粮食收购数量创历史新高。截至2013年9月末,全市各类社会用粮企业收购粮食792万吨,比2012年同期增加43万吨。粮油统计报送及时准确。通过对办证企业的规范化管理,规范统计工作,各社会用粮企业按时上报统计报表,及时调度全市粮食收购进度,确保上级主管部门和市领导了解掌握粮食收购情况。完成社会粮食供需平衡调查工作。为保证调查数据的准确性和连续性,调整农户粮情调查点,准确掌握城镇居民口粮(油)消费情况,搞准、搞实长春市全社会粮食供需数量,为国家宏观调控提供可靠依据。此外,粮食收购许可证审批发放工作有序进行,粮食估产及种粮成本分析按时完成,为让农民了解和掌握粮食购销市场形势变化情况,在长春电视台"希望田野"栏目对政策取向和价格进行3次宣传报道,解答农民提出的问题,收到良好效果。

【应急保障】 全面落实10天成品粮油

院院长到会，弘扬了中国民族传统文化艺术在东北地区的发展，促进了中国当代书法、绘画艺术的交流与发展，助推了全省文化产业的发展。

【第九届中国(长春)国际动漫艺术博览会】 由长春市人民政府、中共吉林省委宣传部、吉林省文化厅、ChinaJoy 组委会主办，中共长春市委宣传部、长春市文学艺术界联合会、长春市教育局、长春市会展业协会承办，中国南方航空股份有限公司吉林省分公司、中国电信吉林公司协办，由长春市艺联文化艺术发展有限责任公司具体执行，于 2013 年 6 月 10 日至 6 月 16 日在长春国际会展中心成功举办。本届展会有 220 家中外企业、机构参展参会参赛，中外客商达 2000 余人，有 52 万人次在展馆内参观购物，达成签约交易、意向合作项目 9 个，涉及金额近亿元，现场成交额 389 万元，总计 1.4 亿元。本届动漫博览会展览总面积 10 万平方米，展场占地面积 6 万平方米，设置 22 个名企特装展位，比上届增加 7 个；设置 200 个标准展位，增加 40 个，展区面积和展位数量都超过上届。作为展会重要活动之一的 2013ChinaJoy Cosplay 嘉年华“南航杯”东北赛区预选赛，有 400 支动漫团队、5000 余名 Cosplay 选手参加，参赛社团和演员创历届之最。本届动漫艺术博览会特点突出、主题鲜明，体现了较强的娱乐性、广泛的群众性，是一次集思想性、艺术性、娱乐性于一体的文化盛会。

【2013 第八次全国口腔种植学大会】 由中华口腔医学会口腔种植专业委员会主办，吉林大学口腔医学院、长春市会展业协会共同承办，长春海州展览服务有限公司具体执行的 2013 第八次全国口腔种植学大会于 2013 年 7 月 11 日至 13 日在长春国际会展中心落下帷幕。本届大会经中华口腔医学会口腔种植专业委员会第四届理理会第 5 次常务理事会讨论同意，以“我国口腔种植 30 年：成就与展望”为主题，就口腔种植相关的基础研究、种植外科、种植修复、技工工艺以及相关研究等各个方面进行交流。该会议是中华口腔医学会口腔种植专业委员会主办的两年一度的学术交流盛会，是中国最权威、规模最大的口腔种植学术会议。来自国内外业内人士 1800 人到会参加会议。会议期间举办 98 场学术交流会活动，有来自瑞典、美国等地以及国内口腔种植界知名专家的演讲报告，体现了口腔种植事业在国内的繁荣发展，互相交流，促进学科发展。50 家口腔种植器械材料企业，带来世界口腔种植材料的前沿信息，现场成交额 6300 余万元人民币。大会举办的口腔种植病例大赛，为大家提供一个学术和临床经验交流的平台。

【第十届中国（长春）国际汽车博览会】 由中国国际贸易促进委员会、中国汽车工程学会、中国汽车工业协会、吉林省人民政府、长春市人民政府共同主办，中国国际贸易促进委员会长春市委员会承办，由长春百瑞国际会展集团有限公司执行的第十届中国(长春)国际汽车博览会，于 7 月 12 日至 21 日在长春国际会展中心举行。本届展会以“车载梦想，成就未来”为主题，以“振兴汽车产业，打造国际汽车名城”为宗旨。展会总面积 19 万平米，吸引 127 家海内外汽车企业来长参展，参展品牌 146 个，参展汽车 1148 辆，其中进口及合资车 712 辆，自主品牌车 436 辆。本届汽博会，宾利、劳斯莱斯、保时捷、阿斯顿马丁、迈凯轮、凯佰赫、加长路虎，日系三大豪车阿库拉、英菲迪尼、雷克萨斯，德系的奔驰、宝马、奥迪等世界级主流豪车品牌同时亮相展会，概念车达 20 辆，首发车达 53 辆，新能源、新动力车达 20 多辆，新闻发布及各项活动达 70 场次。本届汽博会参展观众累计 69 万人次，销售各种车辆 17173 辆。其中，乘用车 16081 辆，占 93.6%；商用车 1092 辆，占 6.4%；现场提车 13674 辆，协议购车 3499 辆；长春地区购车约占 49%，外地区购车约占 51%，实现购车交易额 38 亿元。汽博会的举办，还有力地拉动了贸易、餐饮、旅游、广告、出租车等相关行业的快速发展。展会期间，销售各种车辆 17173 辆，实现购车交易额 38 亿元。

【中国儒学高峰论坛】 由中国孔庙保护协会、长春市文广新局、长春市孔子研究会共同主办，长春市文庙博物馆承办的“中国儒学高峰论坛”于 7 月 17 日至 20 日在长春中日友好会馆隆重举行。本届高峰论坛以“中国孔庙未来之梦”为主题，展示长春市繁荣发展、文明开放、安定和谐的良好形象，加强长春市文化软实力建设。来自协会会长单位、副会长单位、各会员单位的 40 多家与会人员和嘉宾 160 多人参加本届论坛，参会人员为历届最多，参会嘉宾层次为历届最高；会上通过中国孔庙保护协会规范性文件《关于孔庙遵循古建规制与释奠礼制的联合宣言》(简称《长春宣言》)；正式公开出版了《中国文庙(孔庙)未来之梦——中国孔庙保护协会第十六届年会文集》《中国长春文庙碑刻集萃》两部书籍，展示孔庙保护届一年来的学术成果和长春文庙改扩建建设成果；精心布置《中国孔庙文化活动摄影展》和《全国孔庙书画作品展》2 个展览，展示全国孔庙文化活动成果；组织“祭孔表演”和交响乐大合唱《孔子颂》专场演出，表达对先师孔子的崇敬之情。

【第十三届中国长春(净月区)国际雕塑作品邀请展】 由长春市人民政府主办，于 8 月 6 日至 9 月 16 日在长春净月高新技术产业开发区进行，为充分体现出净月区“生态核心区、中央休闲区、高端产业集聚区”的特征和净月区全力打造“中国生态硅谷”和“世界一流科技创新型生态城”的发展目标，本届雕塑邀请展将主题定为“运动·健康·生命”。自 2013 年 1 月，向全球 100 多个国家的雕塑家发出邀请，收到 102 个国家和地区 431 名雕塑家提交的初选作品 1560 件。其中国外投稿雕塑家 355 名，国内 76 名。按照“创新性、民族性、地域性”相结合的原则，经过国内外艺术家组成的评委会的缜密评审，甄选出 46 件优秀作品参展，于 8 月 6 日在长春净月爱克赛罗厂区开凿，参展作品多以金属、铸铜、石材等永久性材料为主。本届雕塑展无论在参展国家和作品数量上，还是作品艺术手法和创作观念上，都超越往届。

【第十二届中国长春国际农业·食品博览(交易)会】 由国家农业部、吉林省人民政府、长春市人民政府共同主办,长春净月经济开发区管委会承办的第十二届中国长春国际农业·食品博览(交易)会于8月16日至25日在长春农博园举行。本届展会以"科技与绿色、交流与发展、文化与经贸"为主题,以"构建展示贸易平台、推动经贸交流合作、促进生产方式转变、引领现代农业发展"为宗旨,提升展会的国际化、专业化、品牌化和市场化标准,把会展打造成有特色、高水平、国内一流、世界先进的国际农业盛会。本届展会总面积106万平方米。其中,展馆区27万平方米,展场区79万平方米。展会内容分为展示和活动两大类,23项内容。展会总计吸引68万人次参观,现场交易额突破3000万元。

【2013首届'幸福长春'婚庆博览会】 由长春电视台与杭州十九楼网络传媒有限公司合办由长春国际会展中心有限公司承办的"2013首届'幸福长春'婚庆博览会"于2013年8月17日至18日在长春国际会展中心举办。本届展会设置国际标准展位38个,外商展位4个,特装展位40个,参展企业108家,展示面积22000平方米,5000对新人参加活动,参展人数达2万人。行业内的领先企业和知名品牌参加展示,一批新的成长型企业也加盟展会,展示内容丰富,囊括行业内从婚礼前期准备项目到后期蜜月旅游活动。展会汇集长春市主流的媒体,电台、电视台、户外公交车广告、微博、微信、QQ聊天窗口、重要人气商圈以及长春19楼专题宣传推广,同时得到本省各大媒体的强力关注、支持及各层商业人士的关注。

【2013中国长春高新技术成果展】 9月6日至11日,由中共长春市委、长春市人民政府主办,长春市科技局、长春市会展业协会、长春市工商联共同承办主题为"科技创新助推民营经济发展"的高新技术成果展在长春国际会展中心7号馆举行。展会展览面积2000平方米。展会征集到长春市56家单位的142个重点项目参展,通过文字说明、图片展示、多媒体播放和实物演示等方式,向广大与会者进行展示,展览布局按照领域划分为三大特装区域,展品涉及先进装备制造业、光电信息、生物医药、新能源、新材料和节能环保等产业。展会期间召开长春重点科技成果推介会,对高校、院所和高新技术企业的47项重点科技成果集中发布。邀请国内知名金融机构、风投机构及中国500强企业、大型民营企业和战略投资者来长参展洽谈。累计接待参观、洽谈人数超过1万人次。在9月9日召开的科技成果推介会上,长春市10户民营企业与10家中科院系统科研单位签署合作协议,以长春大学光纤量子保密通信项目为代表的10多个项目与参展客商达成合作意向。

第十二届中国长春国际农业·食品博览(交易)会

【第九届中国吉林东北亚投资贸易博览会】 由国家商务部、国家发展和改革委员会、吉林省人民政府共同主办,吉林省博览事务局、吉林省商务厅、吉林省经合局、吉林省外办、吉林省发改委、吉林省贸促会、长春市人民政府共同承办的第八届中国吉林东北亚投资贸易博览会,于9月6日至11日在长春国际会展中心举行。本届博览会有国内外副部(省)级以上政要83位参会,并邀请到来自世界133个国家和地区的1万多名境外客商来长参加展会,国内外参会客商总数达10万人。设2600个国际标准展位,100%特装,有966户企业参展。其中,包括132户世界500强企业,160户国内500强和民营企业500强企业以及近400户国内外知名金融投资机构、采购商和商协会。展会对外商品贸易成交额8.41亿美元,国内贸易成交额22.49亿元人民币,签订投资合作合同项目330个。展会举办各类配套会议活动38项。

【2013(长春)长吉图区域中韩国际技术转移大会】 由东北亚投资贸易博览会执行委员会、韩国科技信息研究院、吉林省科学技术厅、长春市人民政府主办,国家科学技术部国际合作司、吉林省经济技术合作局支持,由长吉图科技合作组织、长春市科学技术局、长春市会展业协会共同承办,由长春市远诚技术成果转化有限责任公司执行的"2013(长春)长吉图区域中韩国际技术转移大会"于9月9日至12日在长春国际会展中心举办。展会以"搭建长吉图地区与韩国及多边科技交流合作平台,促进多边优势资源深入合作,为企业发展服务"为主题,以"互利互赢、共同发展"为宗旨,举办大会的同时,在长春市人民政府支持下,由

长春市科技局倡导、创建“长春国际技术转移战略联盟”。本次大会邀请韩国59人的企业代表团参会，韩国科技信息研究院、美国“国际华人科技企业协会”、美国华人全国委员会、北美洲中国学人交流中心、法国欧中联合商会、香港大时代金融集团有限公司等华裔国际技术转移机构专程派代表参会。会上，长春、吉林、延边各有5家企业与韩国以及加拿大等国科研机构和企业签署正式合作合同；长春、吉林、延边3地20个项目与韩方签署意向合作合同。

【第二届中国(长春)国际茶产业博览会】 由深圳市华巨臣实业有限公司、长春国际会展中心有限公司联合主办，长春国际会展中心有限公司承办的第二届中国(长春)国际茶产业博览会，已于9月19日至23日在长春国际会展中心举办。本届茶博会展示总面积12000平方米，标准展位580个，400多家茶企参展，囊括了6大茶系茶品，以及紫砂、陶瓷、红木、根雕等茶具工艺品，展会规模在第一届的基础上增长150%。展品内容涵盖传统六大茶系、花茶、保健茶、茶叶深加工产品、紫砂、陶瓷、红木家具、根雕、茶具工艺品等各个方面。现场专业买家及普通消费者人数2.5万人次，现场交易额逾500万元，订单额破亿元，近百家知名品牌茶企在长春市场拓展经销商、吸收加盟店及签订合作意向超260余家。国家高级工艺美术师朱斌、张耀君，工艺美术师吴潮龙等紫砂名家，皆到场联袂献展。来自长春茶艺学校、知名茶企在展会现场举办10场富有浓厚茶文化底蕴的茶艺表演。知名茶文化名人讲解茶的制作工艺及6大茶系制作的不同，各大产茶区各自独特的特点，紫砂大师朱斌为现场朋友作紫砂知识讲座，为大家现场品鉴、鉴定、解说名壶。品牌推介会、高端评鉴会等活动也同期举办。

【第十一届全国种子信息交流暨产品交易会】 第十一届全国种子信息交流暨产品交易会于2013年9月26日至27日，在长春农博园成功举办。本届展会由全国农业技术推广服务中心、中国种子协会主办，吉林省种子管理总站、长春农业博览园、凤凰创意会展服务有限公司承办，各省(区、市)种子管理站(局)、种子协(学)会提供支持，参展的近300家企业，在行业中影响力大，大多是中国种业骨干企业、信用评价3A级企业、大型种子及相关企业。展示的新产品新成果水平高，种子科研、生产、加工及检验检测、种子包衣等相关行业展示最新成果集体亮相，吸引力大。本次展会形成稳定且庞大的参展商和交易商群体，具有良好的信誉和口碑。本届展会设室内展区面积约2万平方米，特装展区167个，标准展位200多个。参展各类农作物新品种和各种新型种子机械、检验设备、种衣剂、防伪包装等新技术(设备)800多种（项），参展企业300多家、参会企业1000家以上，观展人数3万人次以上。

【首届中国(长春)国际节能环保产业展览会】 由长春市环保局主办，长春市国际商会、长春市环保产业协会共同承办，由吉林省大唐博亚会议展览有限公司执行的“首届中国(长春)国际节能环保产业展览会”于9月27日至29日在长春国际会展中心举办。展会以“绿色、自然、健康”为主题，以“倡导节能环保，打造美丽生活”为宗旨，推进长春市环境保护工作的开展，增强全民节能意识、环保意识、生态意识。本届环保展分节能环保技术设备工业展馆和节能环保生活展馆两大部分，设9大展区，展出50多类节能环保方面的展品，展出面积2万平方米。国内外参展企业500多家，几百种技术设备及环保产品参与展出，涉及到生产生活的方方面面。本次展览会还设立品牌展示区和成果展示区，这两个展区集中展示国内外知名品牌企业形象，以及省内各地市区环境保护成果及信息，省内各大专院所、科研机构最新的技术成果。展会促成合作意向40多起，在长投资合作意向5项，促进环保产品的销售额400多万元。

【第二届中国（长春）糖酒食品展览会】 2013年11月8日至10日，以“幸福长春、安全消费”为主题的第二届中国(长春）糖酒食品展览会在长春国际会展中心胜利闭幕。本届展会由长春市消费者协会、长春市个体劳动者私营企业协会、长春国际商会、长春饮品商会共同主办，由长春光复会展服务有限公司承办。本届展会展出白酒、黄酒、红酒、洋酒、啤酒、糖及糖制品、食品、饮料、食品添加剂及土特产等10大类，参展商品4000余种。展览面积6000平方米，折合标准展位300个，其中特装展位13个，参展经销商和企业200余家，省内占80%，省外占20%家。展会总成交额近5亿元。展会期间，参观人数近5万人次，其中专业观众占10%。长春市各地市县工商局、沈阳糖酒协会、长春农博会、哈尔滨酒类协会、东北亚艺术中心等知名商协会和企业到展场观摩学习。

【首届中国(长春)东北亚国际皮草展览会】 由中国国际贸易促进委员会、中国国际商会主办，吉林省东北亚总部经济促进会、中国贸促会长春市委员会、长春东北亚总部经济开发有限公司、长春吉森管理咨询服务有限公司共同承办的“首届中国(长春)东北亚国际皮草展览会”于2013年12月25日至2014年4月5日在中国长春—东北业国际皮草城举行。该展会旨在适应全省消费者高中档皮装(裘皮)服饰的需求，打造中国·长春东北亚国际皮草城在行业中的国家级、国际化、专业化、品牌化高精水准商平帽，使之健康有序地推进和构筑皮革制品完整产业链条尽快形成，为吉林长春乃至东北亚区域经贸合作与发展提供良好空间和商机。总展览面积为6.4万平方米，设裘皮、皮革系列制品、园区皮草城、皮革箱包系列和综合配套区域5个分区布局。

（宋　丹）

金融

综述

【货币信贷运行】 2013年,全市金融业实现增加值175.7亿元,比2012年增长13.7%,高于全市生产总值增幅4.7个百分点,占全市生产总值的比重为3.5%,占服务业比重为8.7%,分别比2012年提高0.1个和0.4个百分点。截至2013年末,长春市金融机构本外币各项存款余额7866.5亿元,比年初新增1218.6亿元,比2012年增长18.4%;本外币各项贷款余额6543.15亿元,比年初新增709.99亿元,增长12.3%。在15个副省级城市中,长春市存、贷款增速分别排在第1位和第5位。

【银行业】 截至2013年末,全市有银行机构32家。其中,注册地在长春地区的法人银行14家;省级分行18家,包括2家政策性银行、5大商业银行、7家全国性股份制商业银行、1家邮储银行、2家外资银行、1家城商行。长春地区银行业资产规模12922.51亿元,比2012年增长9.09%,占全省银行业资产规模(20501.1亿元)的63.03%,占比2012年同期下降1个百分点。长春地区银行业2013年全年实现利润174.37亿元,增长18.8%,占全省银行业总利润的70.7%。

【证券业】 长春市有综合类证券公司1户,经纪类证券公司1户,驻长证券公司营业部47家。有上市公司23户,2013年通过借壳方式新增1户上市公司,A股总股本163.17亿股,总市值1256.87亿元,分别占全省的61.31%和55.32%,全年通过上市首发、配股、增发等方式募集资金65.38亿元。

【保险业】 长春市有保险公司30家,其中,全国性保险公司1家(安华农业保险公司),地方性保险公司1家(鑫安汽车保险)。省级保险分公司28家,包括财产险公司12家,人身险公司15家,其中外资保险1家(安盟保险)。天安人寿保险股份有限公司长春分公司对外营业。全年实现保费收入110亿元,比2012年增长23%。其中财产险公司实现保费收入52亿元,增长32%;人身险公司实现保费收入58亿元,增长17%;赔付支出近40亿元。

【其他金融业】 期货、信托、股权投资、财务公司、汽车金融等其他金融机构119家,会计师事务所、律师事务所、资产评估、信用评级等各类与金融相关的配套服务机构200余家。

【企业上市及产权交易】 长春市上市企业23家,其中境内(A股)上市20家,境外(H股)上市3家。中通国脉拟向证监会上报审批材料,金冠电器正等待省证监局验收;长春燃气、富奥股份、吉电股份3户上市公司通过增发募集资金65.38亿元,比2012年增长65.48%。长春市贮备新三板企业数量44家,其中已与券商签约企业19家,拟于中介机构签约的25家,年内完成内部核准、具备申报证监会条件企业9家,已申报材料2户。产权交易实现稳步增长,全年实现产权交易业务109宗,成交额17.3亿元,通过股权质押协助企业融资149.4万元;23户企业提交挂牌申请,4家实现挂牌交易。

【小贷公司发展】 全年新增小额贷款公司44家,超过2012年全年开业家数18家。长春市区域内小额贷款公司累计122家,注册资本金44.99亿元,平均注册资本金为3680万元,发放贷款4754笔,61.23亿元,比2012年同期增长147.09%。支持个体工商户4161笔,累计放贷49.15亿元,支持小微企业593笔,累计放贷12.09亿元。

【资本要素市场建设】 重点对东师理想等4家拟上市企业进行跟踪服务;推进富奥汽车等3家企业上市筹备工作。其中,富奥汽车3月份借壳上市,中通国脉拟向证监会上报审批材料,金冠电器正等待省证监局验收。加大"新三板"上市推进工作。截至2013年底,长春市贮备新三板企业44家,其中已与券商签约企业19家,年内完成内部核准、具备申报条件企业9家,建立了由200家企业组成的重点上市企业库。开展吉林股权交易所的筹建与运营工作。组织召开5次拟挂牌企业与推荐机构对接会,23家企业提交挂牌申请,引进9家推荐机构,6家中介机构,40家合格投资人入驻。开业当日，吉交所实现4家企业挂牌交易，并获得省交行、吉林银行、兴业银行等10家银行400亿元的授信额度。推动“长春农村物权融资登记托管交易有限责任公司”于2013年9月成立，为活化农村物权进行有益尝试。

【融资平台建设】 立足全局推进政府平台建设工作，就全市政府综合性融资平台的建设提出总体建议，为推动长春市政府平台建设和提高发展水平建言献策，为银政合作提供对接服务。长城投、城开、润德3家政府平台计划全年融资162亿元，累计完成103.5亿元。在流动性趋紧，建设资金紧张的情况下，保证重大项目资金链不断，工程建设平稳有序推进。完成金融总部基地前期方案设计和总体规划，区域内重点商业综合体项目顺利推进。占地22.6万平方米的钜城商业中心项目启动建设，完成地下空间“银河一英里”初步规划设计，占地2万平方米25层的中国中小企业总部基础已完成7层建设，高速公路收费口如期顺利迁移，向南迁移950米的临时新的收费口主体建设已完成，并投入使用，为长春市四塔及金融项目落位开工创造了有利条件。金融办在深圳、香港等地推介金融总部基地，与深城投、中人寿、摩根大通等机构建立联系，并重点对汇丰银行等拟入驻机构提供跟踪服务。2013年，汇丰银行已确定在长春设立分支机构，2014年正式进驻长春市。

【金融发展环境】 为银企合作提供对接服务。金融办分别联合市科技局、吉林长春产权交易中心和市委宣传部，举办长春市民营经济与科技企业发展银企对接会和长春市文化企业融资对接会。有12户科技企业与银行达成意向融资总额4.12亿元，文化企业的融资意向正在收集汇总中。利用保险机构的投融资功能。引导保险公司与企业进行融资性交流，即将召开保险机构与企业对接洽谈会，打造支持小微企业金融服务新模式。开展防范打击金融诈骗工作。完善长春市金融安全应急预案，按月做好金融诈骗信息排查报送，研究制定《长春市防范和打击非法集资工作综合治理考评办法》和《长春市防范和打击非法集资工作综合治理考评细则》。开展“打击非法集资宣传月”活动，在文化广场向群众举办集中宣讲和现场解答，取得良好的舆论和宣传效果。组织各县（市）区、开发区及市属相关部门，开展涉嫌非法集资广告资讯信息排查清理活动。按照国家处非联要求和省办的部署，制定下发长春市开展涉嫌非法集资广告资讯信息清理排查活动方案，并对县市区及相关部门开展清查活动进行具体部署和要求。重点做好非法集资案件的应对处置工作，参与对吉林赛诺斯、黑龙江圣瑞、辽宁吉园、长春名人等非法集资案的善后处置工作，并协助抚顺、武汉等地金融办处理相关案件。

（张洪水）

中国人民银行长春中心支行

【各项存款】 2013年12月末，全市金融机构本外币各项存款余额7866.50亿元，其中人民币各项存款余额7808.31亿元。从存款结构看，本外币单位存款余额4112.88亿元，其中人民币单位存款余额4082.34亿元。本外币个人存款余额3233.25亿元，其中人民币个人存款余额3206.61亿元。

中国人民银行长春中心支行招开长春市银行业金融机构存取款业务管理工作会议

【各项贷款】 2013年12月末，全市金融机构本外币各项贷款余额6543.15亿元，其中人民币各项贷款余额6453.35亿元。从贷款期限上看，本外币短期贷款余额1794.71亿元，其中人民币短期贷款余额1760.11亿元。本外币中长期贷款余额4566.42亿元，其中人民币中长期贷款余额4541.16亿元。票据融资余额149.01亿元。

【信贷重点投向】 对企业生产经营支持力度加大。2013年，全市单位经营贷款新增219.8亿元，满足企业流动资金需求。发挥金融合力，支持经济发展。全市银团贷款新增191.6亿元，满足实体经济发展的金融需求。支持居民扩大消费。全市个人消费贷款新增213.9亿元。

【贷款利率】 2013年以来，受贷款利率管制全面放开等因素影响，长春市金融机构贷款利率震荡下行。金融机构全年贷款加权平均利率由2012年的7.28%下降至7.21%，降低0.43个百分点。地方法人金融机构积极适应利率市场化改革，自主定价和风险管理进一步增强。在国家允许的利率浮动范围内，金融机构根据自身情况调整存、贷款利率定价，体现出较大的差异化，市场竞争机制进一步体现。

【固定资产贷款】 长春市固定资产贷款

增长较为缓慢。2013 年末，全市固定资产贷款余额 2526 亿元，比 2012 年增长 1.7%，低于贷款平均增速。全年新增贷款 44 亿元，不到 2012 年同期增量的一半。据金融机构反映，固定资产贷款增长乏力的原因，一是部分项目受质量欠优、审批手续未完成或资本金不到位等因素影响，未形成有效信贷需求；二是一些优质企业对经济前景判断较为谨慎，扩大再生产的意愿不足，固定资产贷款需求有限；三是监管部门对政府投融资平台贷款严格限制。

【中小企业贷款风险】 中小企业贷款风险有加剧趋势。中小企业信用风险上升。据金融机构反应，受企业流动资金紧张影响，部分中小企业被迫以搭桥贷款偿还银行贷款利息，按期、足额偿还银行贷款的信用风险增大。企业担保质押物存在风险。中小企业贷款以房地产抵押为主，部分采取商品（粮食）质押。房地产抵押时有人为高估因素，一旦贷款出现风险会使金融机构遭受资产损失。而商品（粮食）质押在当前粮价较低的情况下，贷款人存在惜售心理，势必影响其银行还款。部分金融机构反应，在发放粮食质押贷款出现不良申请清理时，有借款人转移质押物的情况，这使法院裁决执行极为困难，也影响金融机构信贷资产回收。

（杨胜利）

中国工商银行吉林省分行营业部

【概况】 2013 年，中国工商银行股份有限公司吉林省分行营业部（以下简称工行吉林省分行营业部）本部 22 个部室，6 个附属单位，下辖 22 个一级支行，122 个营业网点，26 个离行式自助银行，在岗员工 4046 人。截至 2013 年末，全行实现净利润 19.7 亿元、经济增加值（EVA）11.4 亿元，比 2012 年分别增加 1.58 亿元和 1.03 亿元。

【各项存款】 2013 年末，全行本外币存款余额 1245.6 亿元，比年初增加 138.5 亿元，增幅 12.5%。从结构看，公司存款余额 255.8 亿元，比年初增加 48.3 亿元，机构存款余额 238.9 亿元，比年初增加 36.2 亿元，储蓄存款余额 671.6 亿元，比年初增加 57 亿元，同业存款 79.3 亿元，比年初减少 3.1 亿元。全部存款余额和增量在区域内四行（工商银行、建设银行、农业银行和中国银行）均列第一位，机构存款余额和增量在区域内四行排名第一。

【各项贷款】 2013 年末，全行本外币贷款余额 730.5 亿元，比年初增加 64.3 亿元，增幅 9.65%。从结构看，公司贷款余额 487.3 亿元，比年初增加 15.7 亿元，个人贷款余额 232.9 亿元，比年初增加 43 亿元，票据贴现余额 10.26 亿元，比年初增加 5.5 亿元。全部贷款余额和增量在区域内四行均列第一位，个人贷款余额和增量连续 4 年实现双第一。

【经营转型】 借助长春市经济调整转型的有利时机，工行吉林省分行营业部巧借总量扩张调整经营结构，经营效率明显提高。截至 2013 年末，人均和网均净利润分别达 48.6 万元和 1612 万元，分别增加 4.13 万元和 129.1 万元。存贷款均衡度分别达 45.4%和 54.3%，比 2012 年提高 18 和 50 个百分点，创近年来最好水平。成功完成 3 条省级供应链搭建工作，供应链融资累放额 171.5 亿元。

【支持地方经济】 围绕长春市经济发展战略，加大对重点建设项目投融资支持力度，截至 2013 年末，累计投放贷款 717 亿元，比 2012 年增加 159 亿元。持续加大对中小型企业服持力度，累计投放 285 亿元支持 297 户小微企业融资，帮助 11 户小微企业实现了经营生产规模提升。

【提升金融服务】 推进网点竞争力提升工程，通过渠道建设、网点运营体系建设、渠道效能考核评价和网点营销服务能力提升等 4 项重点工作全面提升服务水平。2013 年新建改造网点 22 个，新建、改扩建网点占比 39%，新增离行式自助银行 4 家，新增自动柜员机 171 台，日均单机业务量 316 笔，比 2012 年提高 136 笔，柜面业务可分流率 30.4%，下降 5.2 个百分点，网上银行、手机银行、自助渠道以及业务流程等服务体系逐步完善。完善客户投诉与服务等基础管理制度，网点软性服务水平大幅提高，客户满意度得到提升，4 家网点获得省级银行业协会服务 50 强称号。

【夯实管理基础】 将风险控制意识贯穿于经营活动的每一个环节，集约化管理成

第四届“工商银行杯”全国大学生银行产品创意设计大赛吉林赛区颁奖典礼

效进一步显现，投入产出和风险抵补能力显著增强。2013 年，稳步退出潜在风险贷款 15 亿元，清收处置不良贷款 1.99 亿元，清收账销案存资产 6319 万元，不良贷款率首次降至 1%以下，创造了不良贷款余额和占比持续 7 年实现双降的新纪录。延伸内控评价，扩大违规积分适用范围，做好重点关注人员排查，强化信贷、运营、内控、保卫等重点环节的非现场监测，全行总体风险暴露水平比 2012 年下降 39%，实现全年无案件和生产零事故。

（杨红宇）

中国农业银行吉林省分行营业部

【概况】 中国农业银行股份有限公司吉林省分行营业部前身是中国农业银行长春市分行，成立于 1979 年 7 月 1 日。2013 年，中国农业银行股份有限公司吉林省分行营业部（以下简称农行吉林省分行营业部）下辖 18 个一级支行，167 个分支机构，在岗员工 3999 人。截至 2013 年末，全行人民币各项存款余额 544.31 亿元，比年初增加 40.76 亿元；各项贷款余额 297.46 亿元，比年初增加 37.12 亿元；实现中间业务收入 2.16 亿元，比 2012 年增加 5625 万元；实现利润 8.73 亿元，增盈 2.83 亿元；实现经济增加值 2.15 亿元，增盈 7949 万元。

【"三农"服务】 截至 2013 年末，累计发放惠农卡 93 万张，发放农户小额贷款 67 亿元，覆盖全市所有乡镇。惠农卡已经成为广大农民日常生活的"必备卡"。重点支持"新农合"项目，推广"农行 + 合作社 + 农户"的服务方式，帮助政府解决农民就医身份识别难、农民缴费组织难、医疗补偿发放难，管理成本高的"三难一高"问题。同时将"新农保"代理项目作为战略性业务，不断扩大市场份额，实现代收养老金业务 5542 万元，代收保费 9774 万元。为破解农户贷款客户散、规模小、成本高的难题，2011 年，农行吉林省分行营业部在全国率先开发财政直补资金担保贷款业务，实现小农贷与大政策的对接。在贷款办理上，坚持"送贷下乡，办贷到户"，得到农民的好评与认可。3 年来累计投放贷款 5.44 亿元，覆盖 76 个乡镇，惠及 5 万多农户。达到政府满意、农民满意、农民受益的目的。为支持长春市畜牧业发展，成立畜牧业贷款中心，支持畜牧业龙头企业、牧业小区、养殖专业化合作社和养殖大户的生产经营，推进畜牧业发展园区化、规模化和标准化进程，累计发放畜牧业贷款 3.6 亿元。为构建全天候金融服务渠道，加快金穗"惠农通"工程建设，推进农村金融服务点建设，为广大农户提供足不出村、方便快捷的金融服务。2013 年，农行吉林省分行营业部在全市乡镇以下行政村设立金穗"惠农通"工程有效服务点 1417 个，累计办理金融服务业务 4.75 万笔、金额 1.29 亿元。

【支持实体经济发展】 围绕长春市政府"三化统筹"和"三动战略，围绕十二五规划确定的 5 大类、150 个重大项目做文章，全力支持长春实体经济发展。在重点项目上，结合产业结构调整，加大资金投入，截至 2013 年末，累计投放贷款 350 多亿元。重点支持大成集团、华能集团、轨道客车、大唐电力、长客股份、中化帝斯曼、长春高榕吉高股份等一批区域龙头企业。在基础设施建设上，对城市道路改造、商品房开发、公路改造、铁路建设、农网改造等项目累计投放基础设施项目贷款 120 多亿元。加大对居民家庭首次购买自住普通商品住房的贷款支持，实行信贷规模优先配置，放宽普通住房贷款和经济适用房贷款浮动利率下限，执行个人住房贷款最低首付款比例，降低承债人资金成本。对商业用房贷款采取最低利率上浮标准，满足个人商业用房贷款需求。为加强服务，该行 138 个营业网点开办个贷业务，占全辖营业网点的 83%，支持大中小楼盘 117 个，累计投放个人住房贷款 58.43 亿元。2013 年 3 月，长春市政府召开"突出发展民营经济工作会议"，制定出台《关于突出发展民营经济的实施意见》，把发展民营经济与推动长吉图战略、推进新型城镇化、壮大支柱产业结合起来。该行紧密结合市政府的战略部署，围绕民营企业和实体经济，探索民营企业特别是中小企业金融服务的新思路、新办法。推出小企业简式快速贷款、自助可循环贷款、供应链融资等系列产品，累计投放中小企业贷款 88.45 亿元。

【履行社会责任】 农行吉林省分行营业部作为长春金融服务的主要金融机构，始终为打造幸福长春尽力。该行在榆树市民泉村建立"金穗农民夜校"，在部分乡镇建立"农村书屋"，丰富当地农民的业余文化生活；与长春团市委共同推出农村青年信用示范户评选活动，建立"青年创业信贷绿色通道"、"青年创业信贷服务直通车"，为 1723 户农村青年信用示范户发放贷款 2230 万元；开展捐资助学活动，助学支教 40 人次，帮扶师生 50 余人。开展金融知识普及活动，开展普及活动 22 次，普及人数 4900 余人；参与抗灾救灾、扶贫济困等活动，支持社会公益事业发展。2013 年 6 月 3 日，吉林省德惠市米沙子镇宝源丰禽业有限公司发生特大火灾。该行立即成立援助小组，实行人道主义援助。开展一次"爱心捐款救助活动"和"爱心专项贷款帮扶行动"，并在米沙子支行开设 4 个窗口，做好赔偿款发放工作，发放金额 9000 多万元。对遇难者周某家属进行安抚工作，全程料理周某的后事，平复遇难家属的心情，为政府分忧；在"三农"贷款的定价上，主动承担平抑农村金融市场利率的社会责任，贷款利率上浮始终控制在 30%以内，年利率低于同业 5 个百分点，每年为农民节省利息支出 300 多万元。

【强化基础管理】 2013 年，农行省行营业部对基础管理常抓不懈。构建合规文化建设长效机制，形成人人讲合规，事事讲合规、处处讲合规的良好氛围；广泛开展"三化三铁"活动，完成"三大集中"运营体系建设项目推广工作，被总省行评为"三大集中"推广先进单位和"运营管理安全年活动"先进单位；全面推广实施 BoEing 系统，提高科技支撑能力；实施"三化三达标"建设，打造"平安农行"；明确贷后管理和风险防，全年实现无重大案件、无重大责任性事故、无违规无纪行为。

（曲洪生）

中国建设银行股份有限公司吉林省分行

【概况】 2013年，中国建设银行吉林省分行全辖机构总量311个，包括一级分行1个，二级分行8个，城区营业机构228个，县域营业机构82个；其中长春地区营业机构109个。全辖用工总量9333人，员工平均年龄40.63岁，大学本科以上学历4365人，占比47%。全口径存款余额1927.4亿元，新增179.7亿元，增长10.28%。其中，个人存款余额985.4亿元，企业存款余额853.8亿元，同业存款余额88.2亿元。各项贷款余额1184.5亿元，新增132.6亿元，增长12.6%。其中，对公贷款余额846.1亿元，个人贷款余额338.4亿元。不良贷款额5.37亿元，不良贷款率0.45%。资产质量保持省内同业最优水平。

【业务拓展】 公司机构业务为大行业、大系统客户提供多元化、网络化服务，重点为“一汽”集团及其供应链企业提供“汽贸融”、“E销通”、“E点通”和电子票据系统等综合服务；推出国库支付中心资产业务，深化与机构类客户合作关系。小企业业务围绕吉林省特色产业客户融资需求，自主研发“质保通”、“医贷通”、“政采融”、“善融贷”、“汽联融”、“新石贷”等契合市场需求、适销对路的小企业产品。个贷业务重点推广“商联融”、“保中保”、“保联融”、“地益融”等个人助业贷款、联贷联保系列产品；在涉农领域推出粮食直补贷款、个人支农贷款、土地承包经营权抵押贷款等多种融资产品。国际业务在做好传统结售汇、贸易融资等服务的基础上，创新推出“跨境盈”和“出口风参换币融资”等结构性外汇产品，满足客户规避汇率风险、降低财务成本的需求。投行业务力求为客户提供全面金融服务解决方案，汇聚多方资源，帮助企业解决资金需求，提供个性化新型财务顾问服务。电子银行跟进微信银行应用，依托“善融商务”和“悦生活”等建行独有电子商务平台提供金融服务，企业网银、个人网银和手机银行活跃客户快速增长，电子银行账务性交易量比70%。银行卡业务大力推行金融IC卡在公交、高校等领域的应用，累计发行金融IC卡160万张，同业市场份额第一；信用卡发卡增长38%、商户分期付款交易额增长91%、消费交易额增长56%。

【经营机制调整】 对长春城区直属94家支行实施差别化功能定位和分类管理，区分综合类、拓展类和功能类，给予不同的经营授权，实行差别化考核政策和资源配置。通过设立长春城区业务发展中心，集中指导推动长春城区拓展类、功能类支行经营发展和市场拓展，突出服务优势，提升服务能力。打造全流程、多功能、集约化的个人信贷业务处理平台。规范全省个贷中心标准化岗位设置，梳理优化个贷业务流程，深化个贷业务中后台集中处理。在长春城区设立12家个贷业务分中心，对辖内个贷项目进行集中受理、调查，强化专业专注经营。

【风险内控和基础管理】 落实建行总行风险体制改革要求，明确风险管理、授信审批和贷后管理等条线定位和职责，强化专业、专注、高效的贷后预警跟踪管理。实行不良资产处置省分行直营，全年处置不良贷款2.1亿元。有效发挥积分管理的警示教育作用，全年被积分员工3236人，被积分机构363个，积分17321分。狠抓问题整改，内外部审计监管检查发现问题整改率98%。强化案件防控，开展“抓基层、强管理、防案件”等专项治理和排查活动，持续开展“平安建行”创建活动，加强IT建设与运行管理，圆满完成建行总行“新一代”一期12个项目上线工作，全年无安全责任事故发生。

（邹　昕）

中国交通银行股份有限公司吉林省分行

【概况】 交通银行吉林省分行1989年7月对外营业，是吉林省内第一家股份制商业银行。2004年接收省内网点，行使省分行管理职能。2009年1月18日原交通银行长春分行更名为交通银行吉林省分行。在长春、吉林、延边、通化、辽源、四平、松原等市（州）设有机构网点68个，有员工1930人。其中，长春市网点29个，员工982人；吉林市网点23个，员工522人；延边州网点11个，员工308人；通化市网点2个，员工53人；辽源市网点1个，员工30人；四平市网点1个，员工35人；松原市网点1个，员工21人。省分行本部机关部门22个，其中托管部、业务中心为2013年设立。2013年面对复杂的经济金融形势和激烈的市场竞争，主要业务指标完成较好。截至

吉林站银政企座谈会

2013 年末，人民币各项存款余额 564.41 亿元，比年初增长 40.44 亿元；人民币贷款各项余额 381.72 亿元，比年初增 29.12 亿元。全年实现净中收 2.56 亿元，完成计划 121.52%，比 2012 年增长 6632 万元、增幅 34.89%，增长额创历史新高。按五级分类口径不良贷款余额 4.75 亿元，比年初增 2.59 亿；不良占比 1.23%，比年初提升 0.63 个百分点。全年实现经营利润突破 10 亿元大关达 10.35 亿元，比 2012 年增长 1.65 亿元；实现扣除预期损失后利润 9.52 亿元。

【市场营销】 大力稳存增存。对公方面，以一汽、各级财政类等大客户为重点支撑，通过信托贷款等创新业务模式稳存吸存，对公存款日均余额 331.82 亿元，比年初增长 30.6 亿元，增幅 10.16%；储蓄存款方面，以客户归属统计考核储蓄存款，开展重点营销活动，抓批量渠道引进客户，储蓄存款日均余额 208 亿元，比年初增长 26.33 亿元，增幅 14.49%。大力拓展中间收入。对公方面重点发展投行业务，实现投行业务中间收入 9753 万元，获总行劳动竞赛年度奋勇争先奖；加强交易资金托管业务发展力度，实现托管收入 1757 万元，托管净增规模 70 亿元；国际结算量实现 16.2 亿美元，比 2012 年增长 40%；跨境人民币业务获当地人行表彰。零售中收克服刷卡手续费率下调不利因素影响，加大营销、以量补价。夯实客户基础。一汽和长久物流两个汽车供应链系统新增链属客户 30 户，带动日均存款 4.2 亿元。加强平台建设，“工商 e 线通综合信息平台”上线，开展系统内首单中央财政非税收入收缴业务，为东北证券开立企业募集债监管专项账户，开立保险经纪公司保证金保管账户，举办“蕴通财富走进吉林”路演活动，延边分行外币出运成功实施，松原支行物业维修基金系统上线，社保 IC 卡营销签约企业客户 1016 户。推进“三位一体”渠道建设。启动社区银行选址，加快新型自助设备布放，电银条线全部指标超额完成年度计划。投放 iTM2 台、自助发卡机 1 台、新一代自助通 73 台、e 动终端 34 台。

【信贷支持】 信贷规模不断扩大。截至 2013 年末，本外币贷款余额 384.93 亿元，比年初增长 29.2 亿元。其中实质性贷款余额 379.01 亿元，比年初增长 33.67 亿元，比 2012 年多增 3.01 亿元。其中中长期贷款余额 278.43 亿元，比年初增长 23.38 亿元，增幅 9.17%，比 2012 年多增 20.32 亿元。加大对支柱产业、重点企业的信贷支持。加大对汽车、石油化工、食品加工等行业信贷支持力度。重点围绕一汽大众开展汽车供应链业务，授信余额达 21.68 亿元，比年初增长 6.8 亿元。截至 12 月末，石油化工行业贷款余额 19.71 亿元，比年初增加 1.25 亿元；食品行业贷款余额为 6.7 亿元，比年初增加 5.18 亿元。加大支持重点项目建设。全年新发放项目贷款 39.45 亿元，主要投向吉林省重点行业重点投资项目，包括石油化工、汽车制造、城市公共交通等基础建设和技改项目以及土地储备贷款，如长平高速扩建项目、长吉南北线项目、丰满水电站重建工程、高新北区北湖科技园园区建设等。加大对中小微企业信贷支持。创新担保方式，开办商标权质押、应收账款质押、存货质押等新型融资方式，简化贷款审批流程，加快业务处理效率。与省科技厅在年初签约后抓紧跟进，科技金融服务在省内形成较大影响。截至 12 月末，中小微企业贷款余额 142.83 亿元，比年初增长 25.34 亿元，增幅 21.57%。加大对“三农”发展的信贷支持。涉农贷款余额 34.42 亿元，比年初增长 4.39 亿元，增幅 14.63%。重点支持农业产业化龙头企业，主要涉及粮食加工、屠宰及肉类加工、植物油加工、饲料加工、林业、以及与农业相关的化肥农药等子行业。继续支持个人贷款。截至 2013 年末，个人贷款余额 95.57 亿元，比年初增加 18.19 亿元，增幅 23.5%，比 2012 年多增 3.59 亿元。在产品上仍以住房按揭贷款为主，年末余额 83.86 亿元，比年初增长 18.13 亿元，累计投放 26.98 亿元。

交通银行吉林省分行举行银企合作协议签约仪式

【风险管理】 加强风险管理体系建设。提升风险例会效能，抓住房地产、平台贷款、“两高一剩”、信托受益权创新业务等重点风险领域，开展排查和专项行动，一户一策加强不良贷款清收，全年不良贷款清收处置完成计划 107%，2013 年分行内控评价维持 B+ 且进步幅度系统内最大，年末列系统第 13 位，前进 8 位。

【品牌服务】 金融服务提升明显。2013 年，吉林省分行在中国银行业文明规范服务“百佳”示范单位评选活动中，分行营业部以良好的服务形象获得“百佳”网点“创建优秀奖”；一汽支行获评吉林省总工会“工人先锋号”称号。品牌形象更加突出。省分行获评2013年吉林省主流媒体《新文化报》第7届理财总评榜中荣获“年度最佳服务银行”和“年度最便捷电子银行”奖项，行长刘建军获得“金融行业最具影响力人物”称号；在《东亚经贸新闻》公布的2013吉林省金融行业服务白皮书暨金融服务行业神秘顾客调查中，吉林省分行荣获2013年度吉林省最佳信用卡银行奖；获评《城市晚报》2013年度吉林金融大典活动中“最佳财富管理银行”奖项，行长刘建军被评为“2013吉林金融年度人物”称号。省分行参加吉林人民广播电台2次政风行风热线节目，解答百姓关注的银行服务的热点问题。

【履行社会责任】 加强对重点项目、交通运输、水利工程、科教文卫等领域的支持力度，助推地方经济发展，开展公益活动，履行社会责任。2013年，吉林省分行参与吉林省内各类社会公益活动，普及金融知识、支持扶贫助残、开展爱心活动等方面工作，有效提升交行品牌美誉度和社会影响力。各营业网点向环卫工人献爱心。2013年冬季，吉林省分行为环卫工人服务，市内各营业网点发起“交行吉林省分行营业网点无偿向环卫工人提供热水，向全市辛苦清雪的2万多名环卫工人致敬！”行动，邀请环卫工人进来取暖休息。各网点的门口张贴“环卫工人辛苦了，欢迎入内取暖休息”的提示牌；临时将支行会议室作为环卫工人休息区，提供热水和食品，成立流动送水小组；走出网点为清雪的环卫工人和执勤的交警送上热乎乎的大枣水和保暖手套。为慈善活动提供金融服务。2013年，吉林省分行各党支部开展各项送温暖活动190次，资助人数235人次，资助款项累计金额70万元。2013年5月，吉林省分行德惠路支行为援建四川雅安慈善活动提供现场收款服务。5月26日，该支行工作人员牺牲休息时间赶赴吉林大学南岭校区文化活动中心，现场收取企业和社会爱心人士为援建四川雅安天全县第二完全小学捐赠的善款现金29万余元，累计收取募集善款300余万元。关爱员工，培养健康康理念和阳光心态。吉林省分行举办保健和心理咨询培训班437期，全行各级员工通过各种形式参加总分行培训，培训覆盖员工人员比率100%，累计培训4502人次，人均49.7学时。从年初开始，分行倡导“三走向”活动，即走向森林、走向马路、走向健身房，保障干部员工的身心健康。分行为本部全体员工办理徒步年卡，全年组织净月潭徒步20次，参加徒步人数约3000人次。通过开展徒步活动最大限度地舒缓干部员工心理压力，受到广大干部员工的普遍欢迎。以人为本，关爱员工，提升员工职业归属感。

（柳世炎）

吉林银行

【概况】 吉林银行股份有限公司（简称吉林银行）成立于2007年10月，2013年在吉林省内9个市州和大连、沈阳拥有11家分行，350多个营业网点。截至2013年末，吉林银行资产规模达2556.80亿元，是成立时的5.0倍；存款规模达1857.47亿元，是成立时的4.1倍；各项贷款余额1220.71亿元，是成立时的3.8倍；资本充足率10.96%，不良贷款率1.19%，拨备覆盖率281.39%。吉林银行资产规模和盈利能力已跻身全国城市商业银行前列，公司价值和品牌影响力大幅提升。2012年4月，吉林银行加入亚洲金融合作联盟，并被推选为亚洲金融合作联盟副主席单位；2013年7月，吉林银行在英国《银行家》杂志全球1000强银行排名中列第352位，中国地区银行第34位。

【打造社区银行品牌】 2013年，吉林银行继续以“长白山卡”为支撑品牌推出满足社区居民多方位需求的金融服务，在长春市的100个社区建立“社区金融服务站”，并在具备条件的社区安装了ATM等自助机具，为社区居民提供便利。截至2013年末，吉林银行发行长白山卡578.50万张，卡均存款余额3586元，卡中存款总金额207亿元，处于全国领先水平。在业务推广中，实施“一行一策”试点工作，拟定差别《个贷业务推广方案》，强化营销成效。以“及时雨”贷款等品牌产品引导个人金融需求。通过房产抵押、商户联保等方式，为社区居民、个体工商户等提供专项融资服务。拓展汽车消费贷款市场。结合标杆网点打造暨网点综合效能提升工程，吉林银行的综合服务水平得到提升和认可。2013年，有9家网点获被评为“吉林省银行业文明规范服务示范单位”称号。截至2013年末，全行社区居民贷款余额为55亿元，比年初增加22.5亿元，增长幅度69%。

【产品创新】 根据市场需要，吉林银行推出公务卡、信用卡，基金代销、新一代网上银行、贵金属交易系统等成功上线

吉林银行和平支行进社区下村屯开展反假币宣传活动

运行。为更好地服务于百姓生活，吉林银行不断开发居民代缴费业务，缴费品种逐年增加，业务范围不断扩大，缴费交易量快速攀升。2013年吉林银行正式推出手机银行业务，通过吉林银行手机银行客户端不但可以实现账户查询、转账汇款、缴费支付、理财投资等金融服务功能，还能通过手机号实时转账，并享受结算全免费等优惠服务。同时采用交易设备绑定、动态密码校验、登录密码保护、加密安全传输等多种防护措施，全面保障客户资金交易安全。为减少百姓缴费高峰期的排队办理时间，吉林银行在自助缴费渠道增加供热费、有线电视收视费和医保、社保等缴费项目，用户可以通过ATM、电话银行、网上银行、手机银行、电视银行等自助渠道办理缴费业务，解决业务高峰期缴费难的问题，真正体现吉林银行服务民生、方便用户的经营理念。吉林银行专门推出“吉E时贷”个贷业务申请网上受理功能，客户可通过吉林银行官方网站提交个贷申请，并能在线实时查询申请进度，享受更加方便快捷的贴心服务。吉林银行代缴费业务涵盖水费、电费、燃气费、供热费、电话费、有线电视收视费、医保费、社保费、物业费等20余种代缴费业务品种。缴费渠道有网点柜面和ATM、电话银行、网上银行、手机银行、电视银行等自助渠道。逐步实现对所有公共事业代缴费项目的全面覆盖。

【扶持地域项目发展】 制定城镇化建设、现代农业、特色产业等行业金融服务方案。借助科技平台优势，与省工商局合作搭建“工商E线通综合信息平台”。通过出资占股形式与一汽财务公司共同设立一汽汽车金融公司，成为全国第2家出资成立汽车金融公司的商业银行。参与大连商品交易所组建人参现货交易市场，推进“人参银行”建设，制定企业钱包运营方案。完成对公电费、水费统一归集平台开发与建设，成为省内唯一具有此功能并实现业务合作的银行。吉林银行持续扶持三农领域，重点支持产业龙头企业做强做大。在化肥生产流通环节，结合商商银模式，推广农资流通创新金融产品“惠农宝”，成功扶持吉林隆源集团、吉林云天化等企业发展成为东三省行业龙头企业，支持全省35%的春耕用肥资金需求，助推吉林省三农经济发展。

【打造小企业“信贷工厂”】 吉林银行在省内率先打造“小企业信贷工厂”业务模式，与政府共建金融服务平台，努力建设“民生金融”，在小微金融业务规模、客户数量、模式创新、社会关注度等多面一直处于吉林省银行同业龙头地位。截至2013年12月，吉林银行小微企业贷款余额424.71亿元，比年初增长64.49亿元，增速17.9%，高于吉林银行各项贷款平均增速5.76%，满足小微企业发展各个阶段的不同融资需求。小企业金融服务中心被工信部中企协评为“2013年中国中小企业创新服务先进机构”，“吉青时贷”产品被中银协评为“2013年服务小微企业二十佳金融产品”，“农村土地收益保证贷款”获得《银行家》杂志“十佳金融产品创新奖”，吉林银行创新民营经济金融服务模式，助力吉林省民营经济发展腾飞，荣获省直机关2013年上半年“建功十二五”突出业绩奖。

【助力民营企业发展】 吉林银行支持地方经济，特别是省内民营经济发展，致力于解决小微企业融资难问题。业务上，吉林银行由满足民营企业客户金融需求向帮助客户创造金融需求转变；由做民营企业贷款向做民营企业金融服务转变。推进小微企业信贷工厂发展模式，实行经营重心下移，满足小微企业资金“短、频、急”的需求，通过实施为民营企业量身定制的金融服务方案为民营企业提供一揽子金融服务；围绕汽车、石化、农业、医药等吉林省主导产业的上下游民营企业，重点对物流类、科技类和新兴产业、服务性民营企业等提供金融服务；围绕“民生金融”，搭建合作平台，深化与工信厅、人社厅等部门合作，为全民创业、家庭经济、成长型企业、下岗失业人员再就业等提供资金支持。

【成立长春分行】 2013年7月，吉林银行顺利取得银监会批准筹备长春分行，2013年12月16日，吉林银行长春分行正式成立。整合后的长春分行拥有13家一级支行、107个营业网点，是长春市区网点资源最丰富的金融机构。长春分行把民营企业和中小企业确定为自己的服务主体，在支持长春地方实体经济发展方面不断加大金融支持与资源投入力度。长春分行将在服务居民的基础上，不断推动零售业务战略转型，建立和完善覆盖低、中、高端的零售服务体系。

（王 飞）

教育

高等教育

【概况】 截至2013年末，长春市有高等院校43所。其中，教育部直属全国综合性重点大学2所，普通高等院校13所，专科5所，军事院校2所，警察院校1所，司法院校1所，成人院校3所，民办本科院校11所(含民办独立学院7所)，全日制民办专科院校3所，非全日制民办专科学校2所；有国家级重点学科43个，省级重点学科151个；国家级重点实验室21个，省部(委)级重点实验室316个；享受国家级政府特殊津贴1073人，享受省级政府特殊津贴1105人，享受市级政府特殊津贴28人；硕士学位授权点723个，博士学位授权点314个，博士后流动站72个。全市高校有专任教师26910人。其中，教员318人，助教3218人，讲师10019人，副教授8443人和教授4912人；有中国科学院院士18人，中国工程院院士8人；国家级学科带头人7人，省级学科带头人83人；国家级突出贡献的专家学者24人，省级突出贡献的专家学者283人，市级突出贡献的专家学者55人；全市在校学生444995人，其中专科生73104人，本科生324082人，硕士生38667人，博士生9142人；全年全市普通高校招收学生129523人，毕业生人数111616人。

【教学改革】 吉林大学探索和构建本科生“学术型”、“工程应用型”、“管理型”、“国际型”和“创业型”等5种类型拔尖创新人才培养体系。实施两学期制改革并完成2013版两学期制本科培养方案的制定；实施教育部“本科教学工程”，本科教学标志性成果居全国高校前列；加入中国高校“东西部课程联盟”，推进学校课程中心和高水平慕课平台建设；教学改革立项工作确立15项学院课程中心整体推进项目；完善以提高创新能力为目标的学术学位研究生培养模式改革；对化学学院等16个研究生培养单位进行改革试点；提高学术型博士学位申请者的学术成果要求。建立以提升职业能力为导向的专业学位研究生培养模式；建立72个研究生实践基地；9个教育部和吉林省专业学位综合改革试点专业顺利通过验收。

东北师范大学在“教师教育创新东北实验区”建设的基础上，学校继续加强教师教育协同创新，“师范大学—地方政府—中小学校”(U-G-S)办学模式进一步拓展深化；实施学科创新人才基地班计划，新建4个基地班，完善基地班相关培养方案及选拔、管理办法；完成学校1200名首届免费师范生到校攻读教育硕士各项教学工作；制定完善免费师范生教育硕士培养方案。

吉林农业大学推进“卓越人才”培养模式改革。在3个试点专业开设“英才班”；启动新一轮人才培养方案修订工作；改革思政、外语、体育等基础课程教学模式，推进课程考核方式改革；探索学业预警工作；修订本科生辅修管理办法；开展了优秀教学质量奖和教学管理奖评选活动。

长春中医药大学完成新一轮人才培养方案修订。加强“任继学”班和“卓越工程师”班的教育教学改革；完成专业认证自检自查工作，质量工程项目取得新突破。

吉林财经大学制定实施《吉林财经大学本科生社会调研立项管理办法》《吉林财经大学推进课程教学范式改革行动计划》等文件；组织校内外相关专家完成本科人才培养方案审核工作；组织首批课程教学范式改革立项工作。

【教学成果】 2013年，高校加强学科建设，提高学生创新能力和综合素质，教育成果颇丰，参与各类大赛取得优异成绩。吉林大学6个微课作品在首届全国高校微课教学比赛中获国家级奖项，孙正聿教授的《哲学的自我追问》荣获全国特别奖，全国仅有2门课程获此殊荣；新增国家精品视频公开课6门，累计上线门数居全国高校首位；11门课程入选教育部第二批国家级精品资源共享课立项项目；17门课程入选教育部第3批国家级精品资源共享课立项项目；19门课程被评为吉林省高等学校省级精品课程，省级精品课程累计达156门；14个教学团队被确立为吉林省优秀教学团队，省级优秀教学团队累计达80个；覆盖17个专业，受益本科生1400多人的“化学·生命科学专业实验教学示范中心”获准建设；开展大学生创新创业训练计划，全年评选立项 948 项；完成第七届校级教学成果奖评审工作，确定特等奖 22 项，一等奖 44 项，二等奖 55 项；66 项成果被推荐参加第七届吉林省普通高等学校教学成果奖的评选，57 项获吉林省高等教育教学成果奖；成立创新创业教育学院；与吉林省委宣传部启动共建新闻学院。

东北师范大学 5 门课程入选教师教育国家级精品资源共享课立项建设课程；3 个实验教学中心获批“国家级实验教学示范中心”；学生在国际大学生程序设计竞赛、全国舞蹈比赛等国内外竞赛和活动中，屡获佳绩，大学生男子篮球超级联赛再次荣获全国总冠军；毕业生就业率保持在 98%以上。

吉林农业大学新增国家级专业综合改革试点 2 个，校级优秀教学团队 7 个，省级优秀教学团队 2 个；省级精品课程 2 门；在全国多媒体课件大赛中获奖 4 项。申报各类教材立项，已确立农业部、教育部选题教材 21 部。获批本科教学建设项目 19 个，推进大学生科技创新，获批国家和省级创新创业训练项目 60 项，学校大学生科技创新基金立项 100 项。组织学生及学生团队参加各级各类学科竞赛、学术竞赛、科技竞赛，在大赛中获得国家级奖项 165 项、省级奖项 89 项，其中，国家级特等奖 3 项，国家金奖 1 项；学生以第一、第二作者参与发表论文 19 篇，其中，SCI2 篇，EI1 篇；申请专利 9 项。

长春中医药大学开展二级单位排课试点工作，建立长春中医药大学网络视频课程服务平台，开设通识课程 13 门、机考课程 9 门；选派 20 名 2012 级学生分赴福建中医药大学和安徽中医药大学交流学习；1 名教师获全国首届微课教学比赛优秀奖、3 名教师分获全国中医药院校教师教学基本功竞赛初中级基础组二等奖、高级基础组优秀奖和初中级临床组优秀奖；学校获得 2013 年国家级“大创计划”项目 60 项。

长春大学完成“大创项目”2012 年的结项及 2013 年立项工作。新立项省级项目 40 个，校级 181 个；开展省、校级教学成果奖评审和推荐工作，获省级一等奖 1 项、二等奖 3 项；撰写并上报学校 2012 年本科教学质量报告；开展强化教学过程管理和考核方式改革试点；在全国首届微课教学比赛吉林省赛区复赛中，该校教师获 4 个一等奖、2 个二等奖、2 个三等奖，3 人被推荐到国家参加决赛，获国家优秀奖；特殊教育工作不断提高，承担“省培”项目，培训特殊教育学校新教师 60 人；承担委托培训项目，培训山西省特殊教育中等专业学校推拿专业教师 57 人；接待韩国前总理李寿成夫妇、朝鲜保护残疾人联盟代表团、美国加州商会会长等 60 余个团组来校参观访问。

长春工程学院于 2013 获得教育批准，新增加信息与计算科学、地理信息科学、汽车服务工程、焊接技术与工程和公共艺术 5 个专业，该校本科专业总数增至 51 个，其中工学 31 个专业、管理学 6 个专业、理学 6 个专业、文学 1 个专业、艺术学 7 个专业；在 2013 年第三届全国大学生水利创新设计大赛中，由学校老师指导，学生设计的《虹吸混合式节水设备》和《智能节水冲厕系统控制仪》分别荣获本届大学生水利创新设计大赛二等奖。

长春师范大学新增设财务管理、书法学 2 个本科专业，工程测量技术 1 个专科专业，学前教育 1 个第二学士学位专业；完成本专科人才培养方案的修订工作；《小学科学教学设计》课程入选首批教师教育国家级精品资源共享课立项建设项目、《科学教育教学论》被教育部确立为第 3 批国家级精品资源共享课立项建设项目、《色彩》课程被确定为 2013 年度吉林省高等学校精品课程、两门课程分别获得高校公共艺术课优质课评选美术课类的一等奖和二等奖；《校地协同，构建实践取向的基础教育师资培养的理论研究与实践探索》项目入选教育部“创新教师培养模式”示范项目；“生物技术专业教学团队”被确定为 2013 年度吉林省高等学校优秀教学团队。

【研究生培养机制改革】 吉林大学继续实施“高水平研究生课程体系和研究生核心课程建设计划”和“研究生海外优质课程引进计划”等计划，完成课程课件 214 门，授课视频 36 部，出版教材 13 部；继续实施“高水平博士学位论文培育资助计划”、“吉林大学研究生创新研究计划”等研究生创新激励计划，研究生科研生力军的作用不断加强；举办第 27 届研究生“精英杯”学术成果大奖赛，评选出优秀成果 1496 项；举办第 6 届博士生学术论坛，评出优秀论文 325 篇；完成《吉林大学学科自评估分析报告》和《2012 年全国学科评估 - 吉林大学参评学科分析报告》，引入第三方评估，建立学位论文质量跟踪评估制度；完成“国家建设高水平大学”公派研究生计划，107 名博士研究生出国联合培养与攻读博士学位；实施“资助研究生赴国（境）外参加学术交流活动计划”，资助 166 人赴国（境）外联合培养、参加国际会议和短期访问；27 篇博士学位论文被评选为吉林省优秀博士学位论文，19 篇硕士学位论文被评选为吉林省优秀硕士学位论文。吉林农业大学全年招收各类研究生 1054 名；各类研究生在读期间发表文章 813 篇；评选表彰省级、校级优秀学位论文 52 篇；63 人荣获国家奖学金；加强研究生学术道德和科研诚信教育。长春师范大学 5 位老师被评为省属高等学校“学科领军教授”；2013 年录取硕士研究生 92 人；新批少数民族骨干计划招收 20 名学生；授予 98 名毕业生硕士学位；第一批国家特博项目 2 名博士生正式入学，开启研究生教育的新篇章。遴选 3 名博士生导师，补选 9 名硕士生导师，学校导师数增至 107 人。研究生创新项目立项 15 项，结项 13 项，投入资金 10 万元，研究生建模小组在第十届全国研究生数学建模竞赛中获得三等奖，实现历史性突破。

【人才队伍建设】 吉林大学新增中国工程院院士 1 人；新增哲学社会科学资深教授 2 人；入选国家“千人计划”专家 4 人；入选国家“万人计划”专家 1 人；2 人入选第 5 批“青年千人计划”项目；国家杰出青年基金获得者 1 人，“长江学者”特聘教授 1 人；入选“中青年科技创新领军人才”计划 3 人，入选人数居全国高校第 5 位；入选国家百千万人才工程 3 人；

入选教育部“新世纪优秀人才支持计划”14人;63名专家被教育部聘任为高校教学指导委员会委员或分教学指导委员会委员;引进“唐敖庆”特聘教授等各类人才42人;冯守华院士当选为第三届国际溶剂热与水热协会主席，张文显教授当选为中国法学会副会长，裘式纶教授受聘科技部第4届973计划重大科学前沿领域专家咨询组专家；新聘人员管理更加规范。长春理工大学1人获聘“长江学者”特聘教授;成功引进1名“千人计划”专家;7人当选教育部高等学校教学指导委员会委员;8人入选吉林省高校首批学科领军教授；接收博士毕业生31人、硕士毕业生19人;派出进修教师81人,其中赴国外研修访问40人。吉林农业大学有14人入选吉林省第4批拔尖创新人才工程,2人获得国家和省级留学人员项目资助；柔性引进高层次人才3人、公开招聘教师48人;聘任二、三级专业技术岗位人选16人;首次采用职称评聘投票系统,评聘高级67人,中级22人,同级改职4人。吉林建筑大学2013年有11人获评为正高级职称,其中2人认定为高层次人才,20人获评为副高级职称,15人获中级职称；组织推荐的正高二级岗位3人、三级岗位10人全部通过了省人社厅的审核批准；有117名教师获得高校教师资格;批准72名教师在职进修,10名教师攻读博士学历学位及进入博士后流动站,2名教师作为国内访问学者到北京大学和东北师范大学访学;完成83名按专业技术工资系列退休人员的岗位等级认定工作;70余名教师到国内外知名高校、科研院所等从事科学研究、学术交流;有4人受聘为吉林省政府决策咨询委员,4人获得吉林省首批“学科领军教授”;全年引进18名博士和20余名硕士,聘请5名国内著名专家担任名誉(客座)教授。

【国际交流与合作】 2013年,全市部分高校拓展开放办学模式，国际交流与合作范围日益广泛，与世界一流大学的合作取得新进展,学术影响不断扩大。在吉林大学的伙伴院校中，排名世界前100的达22所。学校分别与澳大利亚昆士兰大学和深圳市人民政府就在深圳共建合作办学机构达成协议；与俄罗斯托木斯克理工大学应用物理专业本科中外合作办学项目成功获批；与佐治亚理工学院等11所世界名校共建中外联合研究院或研究中心，启动了一批双学位项目或联合培养项目；参与境外学习和研修经历的学生总数1300多人,超过教师赴海外学术交流和研修的人数；成立北极研究所、国内高校首家公共外交学院等国际教育学院，为推进国际化进程构筑了平台；与美国新泽西州州立罗格斯大学共建的孔子学院获得先进孔子学院称号；通过与东北亚高校的深层学术研讨和人文交流，为区域和平与稳定做出积极贡献。

长春理工大学拓宽与美国、加拿大、俄罗斯等高校和研究院所的合作领域,加快推进国际合作办学项目；开辟新的合作空间,与英国斯旺西大学、加拿大里贾纳大学达成合作意向；利用长春中俄大学生交流基地、国家汉办孔子学院、国际纳米光子学与生物光子学联合研究中心等平台广泛开展交流合作；学校被确定为上合组织纳米技术方向中方牵头院校。

吉林农业大学首批7名全日制外国留学本科生顺利毕业；与5个国家和地区的8所高校建立长期稳定的学生交流项目;首次、首批学生赴台湾地区开展交流活动正式启动;全年共派遣12名学生赴外交流，中外合作办学项目进入实施阶段,4名赴意助教完成进修计划;聘请高水平外籍教师4人；援外培训工作受到国家商务部充分认可，学校连续3年获得“吉林省对外经济合作优秀企业”荣誉称号;国际及地区间交往活跃,接待9个国家、1个地区的15个团组，来访外宾41人次;团组出访成效明显,组织7个出访团组,对9个国家14所高校进行了友好访问。

长春中医药大学加强与国内外中医药行业的交流与合作，举办以国家973首席科学家高峰论坛为代表的高端学术报告会118场;吉林省中医药博物馆、校史馆顺利开馆；编印近4万名毕业生的校友录；全年派出4个团组共7人次出访交流、参加国际学术会议;接待来自日本、澳大利亚、韩国、瑞典、菲律宾、美国、台湾和香港等10多个国家和地区的来访团组53人次。

吉林建筑大学充分利用国家留学基金委资助出国留学、国家互换奖学金(中国与新加坡)、双语教师出国培训等项目,扩大国际间的师生交流和培养,2013年赴美国、澳大利亚、英国等国家和台湾地区进行交流学习及短期培训师生100余人次；与国外高校建立友好合作关系数额达31所。

长春师范大学派出11个出访团组；接待国外高校访问团组11个、台湾高校访问团组7个；与美国签订合作协议6份；西班牙拉斯帕尔马斯孔子学院顺利揭牌,选出院长1人、派出教师1人、培训教师2人、派出学生志愿者5人;与台湾的10余所高校组织2次大型交流会议,派出105名学生赴台交流学习,选派4名教师赴台访学；聘请外籍教师26人,涉及英、日、俄、法、西、韩等6语种。

长春大学对外合作办学卓有成效。制定关于教学质量规范、教师选聘办法、中外合作办学项目学生学籍管理办法等文件,加强和规范教学过程管理;全年长短期各类来华留学生195人；获得教育部中国政府奖学金接收院校资格、中国政府中东欧国家政府奖学金接收院校资格；获得教育部首批划拨的中国政府奖学金、中东欧国家政府奖学金、孔子学院奖学金、省政府奖学金的招生名额67人。

吉林工程技术师范学院深化与韩国世翰大学(原大佛大学)的交流与合作,完成与韩国世翰大学合作举办动画专业本科教育合作项目的申报工作并获教育部国际交流司批准；与台湾高校交流与合作不断扩展,有25名学生赴台湾勤益科技大学、亚洲大学、朝阳科技大学学习,涉及的专业12个;与美国西雅图城市大学和美国波士顿费舍尔学院签署了友好合作交流备忘录；开拓新的合作伙伴,与韩国国立釜庆大学、日本城西大学签署姊妹校协议。

吉林艺术学院出台《吉林艺术学院关于加强国际合作与交流工作的实施意

见》，为国际合作与交流提供政策支持；举办俄罗斯钢琴艺术大师班，标志着吉林艺术学院作为中俄高校艺术交流基地的正式启动；聘请英国胡弗汉顿大学、美国弗罗里达州立大学等国际著名专家学者来校讲学；确立对英国胡弗汉顿大学、格拉斯哥艺术学院、韩国数码艺术大学、台湾艺术大学等国际院校的交流合作关系；利用国家留学基金委“艺术类项目”和“地方合作项目”，选派6名教师赴美、英国的知名院校进修，推荐1名硕士应届毕业生赴美国攻读硕士学位，推荐3名本科应届毕业生赴俄罗斯攻读艺术硕士学位。

【科研工作】 2013年，随着经济减速趋势增大，国家科研投入资金有所减少，特别是企业的科技投入缩水较大。在这种情况下，吉林大学自然科学研究虽比年初预算减少1.3亿元，但仍立项近1800项，其中千万元级的重大项目6项，总经费达9.73亿元；全校SCI收录数全国排名第11位，前移了1位；申请的专利数首次过千，达到1116项；另外获中国专利奖优秀奖1项，发明创业奖1项；取得一些具有较大影响力的科技进展和成果，例如：任露泉院士团队的仿生耦合多功能表面构建原理与关键技术项目获得国家技术发明奖二等奖、邹广田院士承担的近9千万元的国家自然科学基金“新一代大型超高压产生装置”项目正式启动、“千人计划” 于晓方教授团队在世界上首次证明了人SAMHD1具有调控内源逆转录转座子活性的能力，成功揭示了SAMHD1蛋白在人体内的重要细胞学功能；任露泉、孙友宏等带领的团队承担的“国家潜在油气资源产学研用合作创新项目”国家油页岩原位开采先导试验工程顺利开工；“千人计划”黄大年教授、孙友宏教授等带领的团队自主研制的首台“地壳一号”万米钻机运达施工现场，并完成吊装，使中国成为世界上第3个拥有实施万米大陆科学钻探计划专用装备和相关技术的国家；李建桥教授科研团队进入月面巡视探测器移动系统研发工作，承担“嫦娥三号”探月“模拟月壤研制”等项目，作为教育部所属唯一高校为“玉兔号”探月作出贡献；人类疾病动物模型国家地方联合工程实验室获准建设；吉大主办的英文刊物《仿生工程学报》获得“中国科技期刊国际影响力提升计划”B类项目支持；哲学社会科学研究开创新局面；全年立项463项，经费总额首次突破7000万元；获立国家社科基金年度项目42项，立项数量位列全国高校第1位；11项成果获第六届高等学校人文社会科学研究优秀成果奖；3部书稿入选《国家哲学社会科学成果文库》，入选数量位列全国高校第2位；CSSCI收录的论文数量位列全国高校第6，作为学校核心办学指标，第1个达到并超过了学校制定的到“十二五”预期指标；由吉林大学作为主要协同单位的司法文明协同创新中心被认定为“2011计划”首批获得认定的全国14个协同创新中心之一。首个哲学社会科学英文刊物《AsianArchaeology》（亚洲考古）正式出版。在上海交通大学世界一流大学研究中心发布的“世界大学学术排名”中，吉林大学继续保持在300至400名之间，但排位在世界上已经比较接近前300名，国内排名稳居前10名。圆满完成“985工程”（2010～2013年）阶段建设任务，以优异成绩通过国家检查验收。完成对全校学科情况的调研，初步形成学科专业结构布局优化调整的方案。

东北师范大学科研工作重心转向研究重大问题，争取重大项目，产出重要成果。学校深入推进“十二五”科研分规划、哲学社会科学繁荣计划、文理科重大基础性研究和应用性研究“双十”项目培育计划，完善以质量为导向的科研评价制度；哲学社会科学全年获立国家社科基金年度项目、全国教育科学规划项目、教育部人文社科规划项目等近百项，获立国家社科基金重大项目和教育部重大攻关项目3项；自然科学论文质量稳步提升，在发表的562篇SCI论文中，超学科平均影响因子论文占54.4%，“表现不俗”论文213篇，占总数37.9%。1项成果获得2012年度国家自然科学奖二等奖；7项成果获第六届高等学校科学研究（人文社会科学）优秀成果奖。

长春理工大学新增2个国家级科技平台、3个省级科技平台。实现科研经费到款1.57亿元，新增各类科研项目276项，其中，国家“973”项目1项、军口“863”项目5项、国家自然科学基金项目16项、吉林省“双十工程”重大科技攻关项目1项。荣获省部级科技成果奖15项；申请国家专利204项，授权专利117项，比2012年增长24%；发表学术论文915篇，32%的论文被SCI、EI收录。长春理工大学科技园被批准为国家大学科技园。

吉林农业大学全年组织申报各级各类项目732项，获准资助科研项目336项，科研到位经费1.33亿元。其中，自然科学类278项，人文社科类52项；国家部委级70项，省市级230项，横向30项。首次承担国家重点基础研究发展计划（973）课题。

长春中医药大学科技创新能力不断提高。年度立项课题145项。其中王之虹教授任首席科学家的973项目“腧穴配伍方案的优选及效应机制研究”成功立项，是校科研史上的标志性成果，实现吉林省省属高校成为973项目牵头单位的历史性突破。新增国家科技支撑课题2项，国家自然科学基金项目7项，教育部项目3项，省科技发展计划项目37项，省社科规划基金项目3项。获批科技奖励42项。省科技进步一等奖1项、二等奖4项、三等奖6项，中华中医药学会科技进步二等奖1项，省科协自然科学学术成果一等奖2项、二等奖5项、三等奖6项，省中医药学会科技奖4项，其他奖励13项。科研平台建设实现跨越式发展。新增平台建设项目33项。新增省教育厅第3批高校新世纪人才4人，第2批春苗计划人才6人。企业技术委托项目13项，进行成果推介22项。4名教师被省工信厅评为校企合作先进个人。

吉林财经大学有6名教授入选吉林省高校首批“学科领军教授”，列吉林省省属高校第2位；项目奖励189项，论文奖励271项，著作奖励22项，获奖和批示奖励37项。完成各级各类项目立项142项，获得国家自然科学基金项目立项3项，教育部项目立项5项，吉林省科技厅立项10项，省社科项目各类立项

44项,省教育厅立项41项。2013年,宋冬林教授申报的《东北老工业基地资源型城市发展接续产业问题研究》喜获教育部第六届高等学校科学研究优秀成果奖;丁堡骏教授主持的国家社科基金项目"坚持马克思主义经济学主流地位问题研究"通过结项鉴定评审,鉴定等级为优秀;学校获第9届吉林省社科优秀成果奖19项,获吉林省新世纪人才5项,吉林省春苗人才4项;获吉林省自然科学学术成果奖6项,其中,二等奖2项,三等奖2项,优秀奖2项。著作资助出版申报工作于本学期期初启动,有22位老师申报。

吉林建筑大学取得科研立项96项、纵向合同84项,其中国家自然科学基金7项,实现了学校国家级科研项目立项上的历史性突破。与吉林省地方生产企业签订横向科学研究合同112项,合同金额3000万以上。获得吉林省科技进步二等奖2项、三等奖3项,长春市科技进步一等奖1项。

长春大学全年组织申报各级各类科研项目390项,成功立项206项,立项率52.8%。组织鉴定、验收各类项目87项,结项率90%以上。企事业委托项目32项,全校教师发表学术论文573篇,其中SCI检索论文13篇,EI检索论文65篇,CSSCI检索论文14篇,CPCI检索6篇,重要期刊论文28篇,核心期刊论文84篇,国外期刊论文51篇,全文转载2篇,其中1篇SCI检索论文他引次数超过20次,1篇论文入选中国精品科技期刊顶尖论文。出版著作11部,授权专利39项,其中授权发明专利7项。获各类科研成果奖励36项。

【学生工作】 长春理工大学开展思想动态调查10余次,组织"我的中国梦"等思想教育活动300余项,2万余人次参与。1名教师在吉林省首届创业指导课大赛中获得一等奖。举办校园招聘会416场,来校招聘企业807家,提供就业岗位2万余个。40名学生申领《自主创业证》,争取到创业带动就业专项资金200万元。在2013年全省高校毕业生就业工作评估检查中获得优秀。

吉林农业大学开展主题教育,坚持用"中国梦"引领学生理想,切实加强青年学生的思想政治教育。在十八大和十八届三中全会期间,在全校不同层次开展系列主题教育活动千余场。开展教育影片展播,传递青春正能量。推进毕业生教育,开展新生入学教育。与学生家长建立沟通桥梁,打造家校合作育人平台。加强制度建设,以"平安墙"工程为载体,提高学生日常管理和安全管理水平。提升综合服务能力,为学生解决实际困难。强化考风考纪建设,推进学风建设。加强班主任队伍建设,完善辅导员考核机制。推进资助工作,全年发放各类奖、贷、助、补、减合计金额2090万元。加强武装工作,巩固军民共建成果。

长春中医药大学完成各类奖助学金评定发放工作,全年发放各级、各类奖助学金966.97万元。发放国家助学贷款530.55余万元,催缴贷款毕业生本息550余万元,还款率99.8%,在省内高校贷后管理工作中名列前茅。为148名家庭经济困难新生开辟"绿色通道",为18名新疆籍少数民族学生发放困难补助1.32万元。

吉林财经大学落实上级武装部门征兵任务,完成2013年征兵宣传动员报名体检等工作;充分发挥E校园工作站的教育引导作用,开辟第二课堂育人工作;完善"助贷"工作体系,打造绿色"阳光工程";一如既往关注学生幸福体验,继续全面推进"心育"工程。

吉林建筑大学思想政治教育工作坚持经常。完善学生工作"二四六八"模式和"一三五七"框架,把经常性的思想政治教育与日常管理和服务保障工作相结合。发挥学校关工委的作用,聘请327名班导师参与学生管理和教育工作,塑造大学精神。校园文化贴近学生生活。举办社团文化节、迎新文艺晚会、"古典美"迎新音乐会等活动,营造校园文化氛围,获吉林省高校校园文化建设优秀成果一等奖和三等奖,其中1项参加全国高校校园文化优秀成果评选。获得长春市第七届大学生运动会检阅方队第一名、精神文明奖第一名、文艺表演奖第二名。学生科技活动成效显著。在国家级、省级大学生学术科技竞赛和科技创新活动中获奖246项,其中国家级一等奖28项、省级一等奖33项。

长春大学学生思想教育取得显著成果。涌现出长春市十佳大学生、学校"团风杯"十佳大学生一批优秀大学生。举办第5期青年马克思主义者培养工程培训班,举办12期"国风·团风"大学文化讲堂。在青年学生中开展学"团风"活动,"团风"志愿者协会被评为长春市标兵公益性学生组织。学生徐帅获得2013年度"中国大学生自强之星"荣誉称号。课外竞赛成果显著。获得吉林省大学生课外学术科技作品竞赛优秀组织单位奖,并取得特等奖2项,一等奖1项,二等奖2项,三等奖9项的优异成绩,总成绩列省内高校第2位。参加第十三届"挑战杯"全国大学生课外学术科技作品竞赛,获得全国高校优秀组织奖,参赛作品获得全国二等奖,创造学校在全国"挑战杯"课外学术科技作品竞赛中的历史最好成绩,社会类调查报告获得全国三等奖,填补了该校人文社科类作品在全国"挑战杯"竞赛中的空白。在第7届长春市大学生运动会中学生团体获乙组团体总分第一名。学生管理工作规范有序。通过完善学生管理的规章制度,加强对学生上课出勤及公寓秩序的检查监督,狠抓学风和考风,确保学生的安全稳定和学风改善。毕业生就业工作扎实开展。2013届毕业生就业率为92.15%。完成省教育厅就业工作评估,学校获全省高校就业管理工作先进集体。

长春师范大学开展大学生志愿支教西部的"西部计划",举行系列社会实践活动,32支团队的2000多名志愿者深入基层开展多种类型的志愿服务活动。多种途径发布招聘信息3420条,提供就业岗位万余个;建立用人单位信息库,派出10个市场小组赴北京等40多个省市地区开展调查,与30多家用人单位建立了新的合作关系,带回有效就业岗位千余个;打造4场大型综合招聘会,365家单位参会,提供岗位8500余个,举办173场专场招聘,提供岗位2830多个,组织参加校外招聘会9场,参会学生达4300人次,完成人社厅对"2012年全民创业发展专项资金”中期审核、“吉林省省级大学生创业园的年度考核”和省就业评估迎评工作。

【精神文明建设】 2013年，继续开展“高校文明杯”的评选活动。5月29日，对2012年“高校文明杯”竞赛活动暨长春市“十佳大学生”进行表彰。长春电视台连续两次播出“十佳大学生”颁奖典礼盛况，将大会的实况制成光碟，连同由市委常委、宣传部部长吴德金亲自作序、吉林大学出版社出版发行的《感动校园》一书一同发给学校。6月底，组织十佳大学生与十佳大学生思想政治教育工作者赴锦州开展“红色之旅”活动，暑期结束，学校开学之初市高校工委组织开展双“十佳”事迹报告团，组织双“十佳”所在学校举办事迹报告会，从中遴选优秀代表到各校举行巡回报告。9月26日、27日在经开体育场举办历史上参与高校最多，文明程度最高的长春市第七届大学生田径运动会，展示长春市大学生体育竞技水平，检验高校体育教育成果、大学生思想政治教育成果和高校精神文明建设成果。

（崔 静）

基础教育

【概况】 2013年，长春市有义务教育学校1617所，招生13.3万人，在校生59.99万人，教职工5.81万人，专任教师4.86万人。义务教育阶段在校生进城务工随迁子女4.4万人，农村留守儿童1.4万人，占义务教育阶段在校生的7.4%。其中，小学1349所，招生7万人，在校生40.2万人。独立小学有教职工3.36万人，其中专任教师2.9万人。独立小学校占地面积1802.1万平方米，校舍面积251.68万平方米。初中阶段学校有268所，在校生19.7万人，初中阶段学校教职工2.46万人，专任教师1.9万人，初中阶段毕业生升学率达88.2%。有体育专业职业初中学校3所，在校生352人，教职工80人。高中阶段学校169所，招生人数7.52万人，在校学生22.6万人，教职工2.04万人，其中专任教师1.51万人。

【合理配置教育资源】 为促进城乡均衡，编制农村义务教育学校布局专项规划。以市政府名义下发《关于严格执行〈长春市中心城区中小学布局专项规划（2007-2020）〉的通知》，确保教育用地不流失。完成《中小学专项规划实施评估报告》。为促进资源均衡，完善大学区管理机制，全市52个大学区内实现资源共享。实施了学区“新优质学校”、常规管理达标校及“三星”素质教育特色校的创建与评估，创建新优质学校40所，常规管理达标校、素质教育特色校计80所。为促进师资均衡，优化教师入口，通过特岗计划、公开招聘、免费师范生安置等渠道引进人才627人。开展大学区内教师异校交流，完成预定623人的交流目标。制定《长春市教育局人事管理办法》，深化职称改革工作，做好中小学教师的职称过渡、岗位竞聘和评审工作，首次指导民办学校参照公办中小学开展职称评聘。在农村，开展“外教送课下乡”活动，实现长春地区150所未开设英语外教课的中小学校全覆盖。为促进生源均衡，深化招生入学制度改革。全市有4281个公办优质空余学位、1357个民办初中学位实行电脑派位，5849个优质高中推荐生指标均衡分配到学校，所有中小学起始年级全部实行电脑均衡分班，推进教育起点公平。

【高中招生制度改革】 公办高中招生实行一次性下达计划，一次性填报志愿，一次性录取。为保障推荐生及自主招生测试公平公正，建立了家长告知制度与现场监督制度、学生当场确认制度与公示制度。继续对超大规模学校实施计划管理，对26所超规模学校核定并下达招生计划，计划数比2012年度减少7%，促进了学校办学条件与办学规模的逐步统一。

【基础教育质量提升工程】 加强制度建设，实施《关于做好质量提升工程建设年工作的意见》，制定《长春市基础教育质量标准和监测体系》，出台6项相关保障制度。制订《长春市普通高中教育质量综合评价方案》，推动高中教育质量不断攀升。加强载体建设，全市开展高效课堂现场会等5次主题活动推进工程进展。加强课题建设，与东北师范大学合作，确定21个专项课题，开展实践与行动研究。启动小班化教育改革实验，各城区开展小班化教育改革实验校69所，占城区学校总数26%。

【高中教育多样化发展工程】 出台《长春市普通高中多样化发展推进计划》，构建高中多样化发展新格局，有30所高中开展多样化发展的实践探索。养正高中普职对接改革实验取得初步成果，2013年第一届实验班90%的学生实现对口升学。开展“高阶思维教学”展示周活动，构建特色“高效课堂”教学模式。下发《长春市普通高中教学联盟建设实施方案》、建立城区10个强弱教学联盟，推动优质教育资源的共享、辐射和带动。鼓励有条件的优质高中适当引入国际优质课程，中外课程有机结合。开展学生国际交流，与多个国家城市开展学生交流、互访项目，促进教育国际化发展。

【关注特殊群体】 制定特殊教育第2个《三年规划》，完善特殊教育“1+X”办学格局；对城区适龄未入学特殊儿童开展送教上门服务试点；对自闭症、智障儿童少年开展教育康复。为农民工子女建立入学绿色通道，2013年受益农民工子女10931名。完善各种救助措施，扩大救助覆盖面和比例。制定长春市城乡低保及低保边缘家庭中小学生营养午餐补贴《实施意见》和《资金管理办法》，拨付补助资金1268万元，惠及贫困学生23290人。

【民族教育】 制定长春市民族教育发展三年规划，启动民族学校双语教育改革试验，组织长春市民族中小学“三语”基本功竞赛，开展少数民族教师专业培训。新疆班教学成果显著，高考升学率100%。

【学前教育】 为解决入园难问题，多渠道、多形式扩大学前教育资源，补助资金1.04亿元，完成城区15所公办幼儿园建设项目,增加幼教学位5000个。为解决入园贵问题,完成幼儿园收费备案工作。为解决幼教乱问题,拟定《长春市学前教育管理条例》和《长春市普惠性民办幼儿园认定及管理办法》,对43所民办幼儿园进行评估检查,清理整顿无证园近500所。

(王立岩)

技工教育

【概况】 2013年,长春市有技工学校15所。其中,技师学院3所,省部级技工学校5所,合格技工学校7所。按隶属关系分,中直企业办技工院校1所,省直企业办技工学校1所;市属技工学校6所;民办学校7所。按经费来源分,财政拨款1所,自收自支14所。在校学生13658人,其中城镇生3377人,农村生10281人,有高级技工班学生1610人。全市技工学校有教职员工1226人,教师912人,其中文化理论课教师636人(高级讲师200人,讲师436人);实习指导教师276人(高级实习指导教师33人),"一体化"教师350人。全市技工学校占地面积423113平方米,建筑面积290438平方米;实习实验设备6873件套;专业设置达64个,其中复合性专业12个。

【创新教学方式】 在技工教学中,不断改革传统的教学模式,在适应市场需要和充分考虑学生个性发展的基础上,探索建立模块式教学新模式,发挥技工教育办学形式灵活的作用。专业活,学校根据自己的特长建立一个职业群,每年围绕市场需求变化推出新专业,组成新模块。课程活,技工学校始终注重将新的课程充实到教学模块中,使学生所掌握的技能与社会需求相适应。一体化,组织重点技工院校开展"一体化教学"试点工作,深化人才培养模式和教学模式改革,创建与长春市经济社会发展相适应,与企业用工能力标准相适应的人才培养模式和教学模式。

【实训基地建设】 技工学校的教学模式是理论教学和实践教学相结合,其课时比例大体为1∶1,有的专业达4∶6,注重学生专业基本技能的训练和与生产实际的结合。加强校内基本功训练基地建设,充分利用与企业紧密协作的关系,在企业建立稳定的生产实习基地,实行前校后厂、产教一体化的教学模式,保证学生有足够时间进行实训,加快了由学生向技术工人角色的转变,使毕业生到企业能很快适应工作岗位的需要。

【学校专业建设】 全市各技工学校在市场竞争中,树立品牌意识,打造精品专业。建立以数控机械、机电一体化、汽车检测与维修、生物制药等专业为龙头的名牌专业,围绕长春市十大产业对专业技能型人才的需求,开发新的专业,努力构建专业品牌的课程体系框架,保证学校在市场中有核心竞争力,使技工教育跟着市场走,专业设置跟着需求变,为社会培养输送"产销"对路的学生,2013年安置毕业生6000余人,就业率达98%。

【师资队伍建设】 各技工学校结合本校的专业设置和教学情况,加大教师的培训力度,通过组织到上级大专院校进修,聘请专家系统讲课,到企业学习"四新知识"和现代企业管理知识。不断提高教师专业素质,培养和建立了省、市、校三级骨干教师队伍,"一体化"教师比例由20%提高到40%。

【助学资金管理】 加强对技工院校助学金、免学费补助资金管理工作,建立资金管理的月调度制度,时时掌握全市受助人数的变化情况,按学期检查资金管理工作,准确计算结余资金的数额,及时做好上报核销工作,严防虚报学生人数骗取国家助学金、免学费补助资金等问题的发生,在维护国家助学政策严肃性的同时,有效确保了财政资金安全。

(李　刚)

职业教育

【基础能力建设】 强化对建设项目的科学管理及有效监督,下发《长春职教园区建设管理办法》。职教园区工程于6月中旬分步启动项目建设,开工面积9.4万平方米。长职院、长职校、机械工业学校3所院校数字化校园项目完成硬件建设,农业学校数字化校园开始建设。完成长职院轨道交通类生产性实训基地建设,完善了高职动漫、旅游和中职汽车、焊接、建筑等重点专业实训中心,启动高职院校汽车、物流、玉米深加工等实训基地建设项目。职业院校实训设备总值增加1.6亿元,初步实现了教学、研发、生产、培训等功能于一体。

【专业技能大赛】 举办全市中等职业学校学生专业技能大赛,涵盖12个重点专业30多个项目;在吉林省中职23个项目比赛中,长春市在20个项目中获得一等奖。在全国职业院校学生专业技能大赛中,长春市中、高职所获奖牌占全省奖牌总数的70%,其中一等奖11个创历史最好成绩。参加全国职业院校信息化教学大赛,高职校20名教师代表吉林省参赛,获一等奖1个,二等奖5个,三等奖7个,总成绩在全国36个代表队中列第12名。

【中职内涵质量提升项目】 启动国家实施中职示范校建设项目。第1批立项的机械工业学校、长春职业技术学校完成全部建设任务并通过验收。稳步推进60个中、高职示范专业建设、200门精品课程开发和100个教科研课程研究。有60门精品课程、36个课题通过验收。

【改革试点项目】 完成试点项目《实施方案》7项配套政策的调研、起草和论证,已印发,以市政府名义出台的《关于推进职业教育校企合作的意见》完成论证、起草;启动高职院校"中德联合培养"等4个人才培养模式创新实验区建设;组织高职院校提前单独招生,两所试点院校20个专业完成自主招生1340人;在完善中、高职衔接、职普对接、高职四年制试点的基础上,启动高职预科班、现代学徒制等试点,机械工业学校与汽车高专联合开展"中、高职三二连读"试点,长春职业技术学院与长春大学、吉林工商学院实施了联合培养本科层次技术人才的试点项目；培育长职院与轨道交通集团、佳吉物流，汽车高专与一汽大众、丰田、机械工业学校与通用机械、德尔邦模具等一批校企合作品牌项目。

【提升社会服务能力】 依托长春数字化学习港搭建全民学习平台，为12000多市民建立了终身学习档案。对10万集视频资源、130万种电子图书共60T的资源进行了明晰分类。强化职业教育社会服务功能，校企合作成立省级工程研究中心，应用技术研究所4个，职业院校与企业合作开展应用技术研究30多项，为企业尤其是民营企业解决技术难题20多项。开展社会培训，全市职业院校全年完成社会培训10万人次，职业技能鉴定3万人次。

【民办教育】 修订完善民办教育未来发展五年规划，开展民办教育机构专项检查，对存在问题的83所学校下达整改意见，依法对部分不符合国家中等职业学校设置标准及办学条件满足不了开设专业的学校下达整改、注销意见。对全市1448所民办教育机构（包含民办幼儿园）进行了新版办学许可证换发工作。加强审批管理ISO9001:2008质量管理体系建设，压缩审批时限，核发《民办非学历学校办学许可证》项目由原来承诺的40天压缩至20天。2013年受理行政审批服务事项16件、非行政审批服务事项418项。

【教育督导】 全年在基层检查指导100余个工作日，完成县域义务教育初步均衡发展督导评估、年度中等职业教育督导评估、学前教育三年行动计划实施情况督导评估、中小学素质教育督导评估、“省对县级政府教育工作”综合督导评估等各项任务，使长春市义务教育、中职教育、学前教育在“布局、经费、队伍、质量、装备”等方面完成达标任务。长春市10个县（市）区全部通过均衡发展省级验收、两县区顺利通过中职省级评估验收。

（王立岩）

教育行政

【改善办学条件】 投入2.34亿元，建设实施60个中小学操场、消防设施和厕所的改造项目及15个食堂标准化改造项目，全市中小学校标准化水平得到提高。在城乡结合部规划建设三所九年一贯制学校，建筑总面积为3.89万平方米，资金总投入1.3亿元，改善城乡结合部及新区配套学校的办学条件。实施市直学校新建及大型维修项目。投入2000万元，实施长春一中食堂宿舍新建项目。投入5000万元，对希望高中、五中、七中、二实验中学等18所学校进行消防改造、“暖房子”、屋面防水等大型维修。启动九中新建项目的前期手续办理工作。

【教师整体素质提高工程】 在干部队伍建设上，制定校级干部和中层干部管理办法，完成校长培训2500人次。在教师队伍建设上，强化师德，完善《师德建设工作指导意见》，开展“长春市十佳教书育人”楷模和教书育人先进个人评选活动，开展“万名教师访万家、万名教师帮万生”活动，参与教师30310名，受访学生40万人次。开展师德标兵评选表彰和“阳光基金”助学活动，号召广大干部教师发扬“关爱学生、无私奉献”精神；强化师能，开展骨干教师、农村教师、幼儿教师等各类培训，参与教师23000人次。

【综合素质评价改革工程】 制定《长春市中小学学生综合素质评价实施方案》、《长春市初中生体育与健康评价改革实施方案》与《操作细则》，对学生进行综合素质的过程性评价。开展社会主义核心价值体系教育，通过课堂教学、社会实践、校园文化、学校管理将社会主义核心价值体系融入学校教育教学管理的全过程。成功组织了全市中小学生运动会、球类比赛、阳光体育“三操一舞”活动展示、“唱响中国梦”艺术展演等大型文体活动。关注广大青少年学生的心里健康教育，完成教师600人次，学生5000人次，家长600人次的心理健康教育培训任务。开通心理热线，全年接待咨询2000人次，参与德惠“6·3”特大火灾事故危机心理干预，为当地教师进行心理疏导。

【校园安全】 强化长效机制，以市政府名义出台《关于进一步加强全市学校(幼儿园)安全管理工作的意见》；完善《2013年长春市教育系统社会管理综合治理工作评比标准》和《2013年长春市“平安校园”创建评比标准》，为学校安全工作的长期推动提供制度保障。推进文化引领与课程实施，提升学校安全工作内涵。出版《长春市生命与安全》教材，免费发放56426名学生试用。强化隐患排查，将督查责任包保到各副局长和各处（室）；多次召开部署会和调度会，印发《长春市安全隐患大排查大整改自查及督查档案》7000余册，为学校隐患排查整改和督查组督查提供依据。通过学校自查发现安全隐患7725个，已整改3036个；通过督查发现安全隐患5536个，已经整改2139个。

【财务管理】 完成教育附加年度预算19.5亿元，并按计划积极协调资金落实，教育费附加年度预算资金已基本落实。加强财务监管，完成市直5位离任领导及全部直属单位的财务收支审计。提高城区中小学生均公用经费标准，每人每年上调200元，已将提高标准补助资金2915万元全部拨付给各城区及市直学校。落实2012—2013中职学生免学费后对学校公用经费补助资金480万元。制定偿还学校债务工作方案，建立“学校债务数据库”，按计划完成年度偿还债务1.7亿元。

（王立岩）

2013年在长高校概况一览表

学校名称	现职校级领导数					在校学生数					招生数					毕业生数					专业教师数					
	均龄	男	女	党员	其他	计	专科	本科	硕士	博士	计	专科	本科	硕士	博士	计	专科	本科	硕士	博士	计	教员	助教	讲师	副教授	教授
吉林大学	56.4	10	2	12	0	67045	1743	41281	16796	7225	18532	584	10314	6072	1562	17738	551	9491	6330	1366	6568	0	82	2206	2222	2058
东北师范大学	52	9	1	10	0	24583	0	14719	8657	1207	7130	0	3811	2915	404	6816	0	3564	2866	386	1621	0	47	615	524	435
长春理工大学	53	6	2	8	0	20547	0	15872	4279	396	5283	0	4075	1130	78	5956	0	4772	1135	49	1267	0	71	575	423	198
吉林农业大学	53.67	8	1	8	1	18056	0	15530	2281	245	4654	0	3792	803	59	4596	26	3807	726	37	1153	43	82	517	355	156
长春工业大学	52	7	0	7	0	18830	1709	15323	1798	0	5243	757	3851	635	0	5040	942	3551	547	0	1093	0	138	469	345	141
长春中医药大学	57	6	2	8	0	10590	659	8720	1144	67	2577	365	1789	405	18	2355	0	2028	307	20	585	3	88	222	174	98
吉林财经大学	56	7	2	9	0	13373	0	11719	1654	0	4576	0	2816	1760	0	3113	0	2643	470	0	706	0	34	256	296	120
吉林建筑大学	52	7	1	7	1	15586	549	14340	697	0	4086	114	3714	258	0	4339	605	3614	120	0	849	0	89	382	276	102
吉林华桥外国语学院	57	4	3	6	1	8580	0	8479	101	0	2393	0	2343	50	0	1829	0	1829	0	0	467	6	89	152	122	98
长春大学	51	8	1	9	0	15455	774	14681	0	0	3776	308	3468	0	0	3795	297	3498	0	0	903	0	12	474	315	102
长春工程学院	53.4	6	1	7	0	13632	1238	12351	43	0	4181	666	3515	0	0	3235	451	2784	0	0	769	0	59	316	297	97
长春师范大学	53	7	1	7	1	20203	4307	15665	229	2	5917	1588	4238	89	2	4963	1269	3634	60	0	1095	0	163	465	334	133
吉林工程技术师范学院	53	7	1	7	1	8476	841	7635	0	0	2412	401	2011		0	2366	463	1903		0	483	0	42	255	151	35
吉林艺术学院	55	7	0	7	0	7905	106	7089	710	0	2122	60	1800	262	0	1792	54	1591	147	0	441	1	94	143	150	53
吉林体育学院	57	4	2	6	0	6542	123	6211	208	0	1681	54	1541	86	0	1823	29	1721	73	0	414	0	170	99	111	34
吉林工商学院	57	6	1	6	1	13327	4305	9022	0	0	3825	1388	2437	0	0	3999	1735	2264	0	0	665	0	106	242	223	94
吉林警察学院	54	5	1	6	0	6546	2703	3843	0	0	1909	931	978	0	0	1701	918	783	0	0	245	9	79	89	49	19
吉林省教育学院	54	5	1	6	0	713	713	0	0	0	208	208	0	0	0	337	337	0	0	0	302	0	45	89	125	43
吉林动画学院	54	8	2	7	3	11399	0	11399	0	0	3212	0	3212	0	0	2109	0	2109	0	0	590	78	218	114	118	62
长春建筑学院	55	5	2	7	0	11236	0	11236	0	0	3700	0	3700	0	0	2286	0	2286	0	0	628	0	178	214	163	73
长春科技学院	64	5	1	5	1	11475	1405	10070	0	0	3516	591	2925	0	0	2516	488	2028	0	0	649	0	172	191	198	88
长春光华学院	54	8	1	8	1	10680	232	10448	0	0	2878	93	2785	0	0	2344	117	2227	0	0	533	0	79	218	127	109
东北师范大学人文学院	63.5	6	0	6	0	11428	0	11358	70	0	3001	0	3001	0	0	2583	0	2546	37	0	473	0	9	266	86	112
长春理工光电信息学院	45.5	5	1	5	0	9334	0	9334	0	0	2559	0	2559	0	0	1936	0	1936	0	0	449	0	62	192	144	51
长春工大人文信息学院	58	11	3	14	0	9707	269	9438	0	0	2603	0	2603	0	0	2168	118	2050	0	0	476	7	23	221	155	70
吉林财大信息经济学院	55	7	1	7	1	8059	0	8059	0	0	3000	0	3000	0	0	1861	0	1861	0	0	459	1	109	156	106	87
吉林建筑大学城建学院	51.3	5	2	7	0	9673	0	9673	0	0	2596	0	2596	0	0	1951	0	1951	0	0	469	6	127	141	138	57
长春大学旅游学院	50	4	3	7	0	9038	104	8934	0	0	2854	32	2822	0	0	1976	36	1940	0	0	182	0	84	55	24	19
长春金融高等专科学校	50.5	6	1	7	0	5069	5069	0	0	0	1611	1611	0	0	0	1845	1845	0	0	0	182	6	20	71	71	14
长春医学高等专科学校	57	3	2	5	0	6124	6124	0	0	0	2066	2066	0	0	0	1775	1775	0	0	0	387	11	106	144	97	29
吉林交通职业技术学院	57	6	0	6	0	7169	7169	0	0	0	2496	2496	0	0	0	2239	2239	0	0	0	392	0	140	94	130	28
长春汽车高等专科学校	49.3	3	0	3	0	8826	8826	0	0	0	3297	3297	0	0	0	2162	2162	0	0	0	279	40	59	67	98	15
长春职业技术学院	55	5	2	7	0	10255	10255	0	0	0	3952	3952	0	0	0	3356	3356	0	0	0	473	0	122	168	172	11
吉林司法警官职业学院	56	5	0	5	0	3149	3149	0	0	0	1125	1125	0	0	0	1125	1125	0	0	0	144	2	50	33	35	24
长春东方职业学院	63	3	4	6	1	533	533	0	0	0	121	121	0	0	0	404	404	0	0	0	109	20	9	18	34	28
吉林俄语专修学院	56	5	2	7	0	895	650	245	0	0	312	210	102	0	0	276	175	101	0	0	59	0	13	21	22	3
长春信息技术职业学院	53.2	5	0	5	0	3750	3750	0	0	0	1796	1796	0	0	0	106	106	0	0	0	133	4	68	25	22	14
吉林科技职业技术学院	50.2	9	1	8	2	5647	5647	0	0	0	2222	2222	0	0	0	620	620	0	0	0	185	81	75	19	8	2
松花江大学	43	1	4	3	1	1560	152	1408	0	0	101	43	58	0	0	185	62	123	0	0	33	0	5	25	3	0
总计	54.3	234	55	271	16	444995	73104	324082	38667	9142	129523	27079	85856	14465	2123	111616	22305	74635	12818	1858	26910	318	3218	10019	8443	4912

2013年在长高校教学、科研队伍情况一览表

学校名称	学科带头人		享受政府特殊津贴			突出贡献的专家学者			硕士学位	硕士生指	博士学位	博士生指	博士后	院士数		重点学科		重点实验室	
	国家级	省级	国家级	省级	市级	国家级	省级	市级	授权点	导教师	授权点	导教师	流动站	科学院	工程院	国家级	省级	国家级	省部委级
吉林大学	161	48	692	1098		13	57	30	299	4036	237	1474	41	18	6	36	46	11	157
东北师范大学	5	21	173	0	4	4	81	0	40	726	25	298	16	0	1	5	21	0	50
长春理工大学	1	15	42	0	8	0	32	5	83	702	25	105	6	0	0	1	12	1	11
吉林农业大学	0	0	49	0	4	2	25	0	78	433	21	60	7	0	1	1	8	0	11
长春工业大学	0	8	32	0	4	1	22	1	82	334	3	11	0	0	0	0	8	1	17
长春中医药大学	0	22	24	0	0	0	5	2	25	235	2	51	2	0	0	0	22	5	18
吉林财经大学	0	0	3	0	1	0	7	5	60	185	0	5	0	0	0	0	6	0	1
吉林建筑大学	1	3	4	4	0	1	5	2	12	154	0	0	0	0	0	0	3	1	16
吉林华桥外国语学院	0	0	4	0	0	0	3	0	1	24	0	0	0	0	0	0	2	2	5
长春大学	0	0	10	0	0	2	9	0	3	71	0	0	0	0	0	0	2	0	6
长春工程学院	0	3	12	0	1	0	3	0	2	0	0	0	0	0	0	0	3	0	7
长春师范大学	0	3	1	0	2	0	9	6	36	108	1	3	0	0	0	0	3	0	4
吉林工程技术师范学院	0	3	2	0	0	0	0	0	0	0	0	0	0	0	0	0	3	0	2
吉林艺术学院	0	0	4	0	0	0	7	0	0	0	0	0	0	0	0	0	4	0	1
吉林体育学院	0	1	3	1	0	1	0	0	2	41	0	2	0	0	0	0	1	0	4
吉林工商学院	0	2	2	2	0	0	3	1	0	0	0	0	0	0	0	0	2	0	1
吉林警察学院	0	0	0	0	0	0	0	0	0	0	0	0	0	0	0	0	2	0	0
吉林省教育学院	0	0	3	0	0	0	8	0	0	0	0	0	0	0	0	0	0	0	0
吉林动画学院	0	1	0	0	0	0	0	0	0	0	0	0	0	0	0	0	1	0	0
长春科技学院	0	0	4	0	0	0	4	0	0	0	0	0	0	0	0	0	0	0	0
长春建筑学院	0	1	0	0	0	0	0	0	0	16	0	1	0	0	0	0	0	0	2
东北师范大学人文学院	0	0	0	0	0	0	0	0	0	35	0	0	0	0	0	0	0	0	3
长春工大人文信息学院	0	0	2	0	0	0	0	0	0	0	0	0	0	0	0	0	0	0	0
吉林建筑大学城建学院	0	0	4	0	0	0	0	0	0	0	0	0	0	0	0	0	0	0	0
吉林财大信息经济学院	0	0	1	0	0	0	0	1	0	0	0	0	0	0	0	0	0	0	0
长春金融高等专科学校	0	0	0	0	0	0	1	0	0	2	0	0	0	0	0	0	0	0	0
长春医学高等专科学校	0	0	1	0	1	0	0	0	0	0	0	0	0	0	0	0	0	0	0
长春职业技术学院	0	0	0	0	3	0	1	2	0	0	0	0	0	0	0	0	0	0	0
吉林交通职业技术学院	0	0	1	0	0	0	1	0	0	0	0	1	0	0	0	0	2	0	0
共计	167	131	1073	1105	28	24	283	55	723	7102	314	2011	72	18	8	43	151	21	316

科　学

科学技术

【概况】 2013年,长春市列入国家和省级科技计划项目1190项,争取到国家、省科技经费支持3.4亿元,是地方财政科技投入的4.8倍。技术合同交易额25亿元,占全省75%。全市全年专利申请量6900件,比2012年增长14.7%,占全省65.7%,发明专利申请量占全部申请量的48.2%,高于全国平均水平20个百分点。新增国家级高新技术企业31户,总数172户,占全省57.9%。长春市被科技部评为国家科技进步考核先进市,被国家知识产权局批准为国家知识产权示范城市。8个县(市)区通过全国科技进步考核,朝阳区、宽城区、绿园区和九台市被评为国家科技进步考核先进县(市)区。长春高新技术产业开发区被批准为国家专利导航产业发展实验区,九台市被批准为国家知识产权试点城市,德惠市被批准为全国首批实施国家知识产权强县工程县(市)。长春迪瑞医疗科技股份有限公司荣获"国家知识产权战略实施工作先进集体"称号。长春市科技局被评为市直机关精神文明单位,长春科技网被评为长春市政府优秀网站。

【科技成果转化】 围绕产业链部署创新链,引导在长高校院所和企业围绕长春市支柱产业、优势产业和战略性新兴产业开展关键共性技术研究,突破关键技术300余项。支持"民用小卫星技术研发及产业化"等10个重大产业化项目,实施创业风险投资、科技型中小企业创新基金、重点新产品等科技发展计划,转化重点科技成果130余项。成立长春市产学研合作促进会,吸纳61家单位成为会员,建立和发展企业、高校、科研院所之间的合作关系,促进科技成果转化和产业化。发挥16个"四位一体"产业技术创新战略联盟作用,成立科技企业沙龙,引导在长高校院所围绕企业创新需求进行研发,促进高校院所科技成果与企业的合作对接。全市科技成果转化率29%。

【科技惠民与兴农】 实施社会发展科技计划项目。人用狂犬病疫苗、用于环境检测的全自动化学分析仪、组装式节能外墙外保温饰面板关键技术等已应用到群众生活中。加强现代农业发展科技支撑。支持农副产品精深加工重大关键技术和核心技术的转化应用,强化先进农业技术推广工作。培育吉农大23号水稻、吉大豆3号、吉甜瓜1号等18个新品种,推广新技术50项,辐射面积78.2万公顷,培训52.8万人次,农民增收1.98亿元,全市种植业新品种覆盖率98%以上。

【知识产权保护】 加大专利申请支持力度。实施专利扶持计划,设立国家知识产权局地方专利信息服务(长春)中心,提高专利信息化服务能力,促进专利申请量增长;开展知识产权执法维权"护航"专项行动。加大展会执法维权和日常专

长春市院企合作项目签约仪式暨重点科技成果推介会

利行政执法力度，设立并推进高新、净月维权工作站建设，打击假冒专利行为，营造知识产权保护氛围；开展“4·26”知识产权宣传周。展示专利技术、科技成果、高新技术产品1000余项，向全市公众发送宣传短信760万条，提高全社会知识产权意识；开展第7届中国专利周活动。围绕“专利导航产业发展，服务聚集企业创新”主题，开展专利技术展示交易、知识产权培训、知识产权服务企业对接、网上宣传、专利发明创造大赛等系列活动，受到企业普遍欢迎。

2013年长春市科技活动周暨“大学生·创业梦”主题活动启动仪式

【国际和地区间科技合作】 加强与高校院所的合作。长春市政府与中国科学院签订《共同推进长春高新技术产业开发区创新能力建设协议书》，共建长东北科技创新中心，引进中国科学院产业化项目落户长春，有10个项目签约。长春市政府与吉林大学签署政产学研科技合作协议，将共建吉林大学长春市技术转移中心；加强地区间的交流与合作。举办2013中国长春科技成果展示会，征集长春市56家单位的142个重点项目参展。参加北京科博会等各类展洽会，展示和推介在长高校院所、长春市企业重点科技成果。组团到成都、深圳、合肥、武汉等地洽谈招商，促进长春市企业与当地企业交流与合作；加强与俄罗斯、韩国等国家的交流与合作。成立长春国际技术转移战略联盟，60家国内外机构、9家企业参加联盟并签署合作协议。组成长春市科技代表团赴俄罗斯、白俄罗斯、乌克兰洽谈访问，达成6个合作意向，签署2项科技合作协议。长春中俄科技园与莫斯科大学组建中俄生物技术与生物工程中心，入园企业产值年增速20%。长春市科技局在对俄科技合作基地联盟第6次会议上作了交流。举办2013（长春）长吉图区域中韩国际技术转移大会，展出韩国、长春市、吉林市、延边州211个项目，长春市5个项目签定正式合作合同，8个项目签署合作意向。

【区域创新服务体系】 加强科技企业孵化平台建设。围绕长春市支柱产业和战略性新兴产业，引导自建或联建专业性孵化器、综合性孵化器，全市新增孵化面积超过50万平方米，新增国家级科技企业孵化器1家，国家级科技企业孵化器总数达8家。通过置换方式在净月高新区筹建长春科技企业孵化器工作开始启动；加强民营科技企业创新服务平台建设。设立民营科技企业孵化器建设与发展专项资金和科技基础条件平台专项资金，建立民营科技企业创新中心、中介服务、培训咨询等平台，为民营科技企业发展提供创新平台服务支持。成立吉林省科技小额贷款有限公司，着力解决民营科技企业融资难问题。组织民营科技企业参加北京科博会、长春市创博会等展会，为民营科技企业搭建对接平台。加大民营经济宣传力度，长春市科技局出资30万元宣传民营科技企业。设立长春市大学生创业资金，支持大学生（团队）创新创业；加强基础条件平台建设。继续完善科技文献共享平台、科技成果共享平台、大型科学仪器设备共享平台等6大平台，为推进技术创新和科技成果转化创造良好条件。

【科普工作】 开展以“科技创新·美好生活”为主题的长春市科技活动周活动。5月19日，2013年长春市科技活动周开幕式暨“大学生·创业梦”主题活动启动仪式在吉林大学南岭校区举行。会上正式启动“长春市大学生创新创业网络模拟实训基地”，邀请专家学者参加大学生创新创业高端论坛。活动周期间，开展科普展览、科普讲座、科普论坛等活动，广泛宣传科学知识，提高广大人民群众科学素养。参加全省科普先进工作者评选活动，推荐25人为全省科普先进工作者。长春出版社《青少年科学启智系列》（丛书）等2部作品获得科技部2013年全国优秀科普作品。

【国家创新型城市建设】 起草《长春市进一步推进科技创新、加快建设国家创新型城市的实施方案》，在创新投入、创新绩效、创新政策、创新人才、创新平台建设上加大工作力度，为长春市成为国家创新型示范城市创造条件。按照国家科技部统一部署，会同长春市统计局、环保局，进行国家创新型试点城市4个一级指标、18个二级指标统计工作，完成国家创新型城市发展情况调查和国家创新型试点城市12个定量指标、6个定性指标填报工作。

（王立章）

科学技术协会

【概况】 2013年，长春市科协所属县（市）区科协10个，市属学会、协会（研究会）、联合会61个，高等院校、科研院所和企业科协15个，农村专业技术协会956个,社区科普大学分校74所。

【基层科普行动计划】 继续开展“科普惠农兴村计划”和“社区科普益民计划”活动,把科普楼道、示范街道、社区等创建活动引向深入；推进“科普惠农服务站”试点创建工作;开展“长春市新农村百业科技带头人培训”活动,举办6期“保护地蔬菜种植技术”、“玉米超高产栽培技术”科技带头人培训班。通过全市74所社区科普大学,开展社区科普教育活动。开展社区科普讲座,增强社区居民卫生意识、健康意识和社会公德意识;开展科普知识问答、各类科技作品展。利用社区科普画廊、科普播放器等开展科普宣传活动。为社区居民赠送及发放科普图书1万余册。在二道区召开基层科普工作现场会。在“基层科普行动计划”创建活动中,长春市获得国家级“科普惠农兴村计划”先进农技协称号1户、农村科普示范基地称号2户、科普示范带头人称号2人，获国家级“社区科普益民计划”科普示范社区称号2个,获得中国科协、财政部“以奖代补”资金110万元;获得省级“科普惠农兴村计划”先进农技协称号5户、农村科普示范基地称号1户、科普示范带头人称号6人，被命名为吉林省科普示范社区8个，获得吉林省科协、省财政厅“以奖代补”资金17万元。继续与省科协联合开展“科普大讲堂”和“专家咨询服务”活动,为百姓提供科普咨询并针对农业种殖、养殖技术和健康生活等方面问题进行答疑。开展“科普进军营”活动,完善“舰载科普知识查询播放系统”,8月1日交付部队使用。针对性松原地区发生多次地震，印制防震减灾科普知识手册2万册。

【夏季农博会科普大集】 承办“科普知识竞赛”、“特色农产品展示”和“科普图书赠送”3项活动。“特色农产品展示”邀请来自德惠、榆树、九台等地的15个具有代表性的农技协参加展出，展品涉及种植、养殖、深加工等各个领域。累计接受咨询3000余人次,免费发放科普资料9000余册。“健康生活科普知识竞赛”和“农业科普知识竞赛”从基层做起,采取层层选拔的方式,扩大活动覆盖面,参与群众超过2000人，参与活动的农民、社区居民、比赛选手和现场观众获取大量实用科普信息。

【院士系列报告活动】 启动“科学技术与幸福长春”院士系列报告活动。5月至11月期间，分别邀请中科院姚建铨、冯守华和任露泉3位院士在长春工业大学、朝阳区政府、长春工程学院做3场院士报告。姚建铨院士的《智慧城市与物联网技术》阐述当今世界和中国城市化带来的问题及严峻的挑战,介绍“物联网”概念、“物联网”和“智慧城市”的发展前景以及物联网产业将产生的巨大经济效益,为科技研发人员树立信心;冯守华院士的《谈创新驱动发展战略》就实施创新驱动发展战略的目的、领域以及政策措施做详细深入的讲解，使与会者对其促进经济增长与社会发展、提高综合国力和竞争力的重大意义理解；任露泉院士的《仿生学的研究进展》借用日常生活中常见的仿生学应用，介绍国内外仿生学研究的最新进展。使听众更真切地了解到仿生学在军事、医学、生物、电子等高端技术领域的应用给人类发展带来的巨大贡献。院士系列报告活动通过透视现代科学技术发展的特点和现状，普及前沿科技知识，描绘重大科技创新的发展方向,揭示科技发展与“幸福生活”之间的紧密联系。

市科协举办“科学技术与幸福长春”院士系列报告活动

【科普大篷车进校园和科普竞赛】 在全市10个县(市)区27所学校开展科普大篷车进校园活动,走进农安、九台、榆树、德惠、朝阳、南关、绿园、宽城、双阳9个县(市)区和市属中小学27所学校,重点进入农村校园（尤其是环境艰苦的乡村学校)、城里务工子女居多的学校,观展受益人数近3万人。组织长春市中小学生参加第28届吉林省科技创新大赛,在参选的50个项目中，有61名学生分别获得高、初和小学组一、二、三等奖,获金牌34块,银牌25块,铜牌2块;组织全市2882名中小学生参加全国第18届“华罗庚金杯”少年数学邀请赛(长春赛区)初赛,在决赛中,评出小学中年级组、高年级组和初中一组、初中二组一、二、三等奖343人;5月11日，市科协与省青少年科技中心和市电教馆共同承办(由省科协、省教育厅共同主办)第13届中国青少年机器人竞赛吉林省赛区联赛,来自长春、吉林、延边的26支队伍262名选手参加竞赛。加强和完善青少年科技教育基础建设，培养青少年的科技创新能力,打造2~3个“科技示范学校”典型；组织实施英特尔求知计划项目,2013年全市培训700人；组织市第四届“童鑫杯”陆海空模型竞赛,丰富中小学生校园文化生活。

【“海智计划”活动】 6月召开的2013年吉林省“海外智力为国服务行动计划”现场会上，“长春海外学人创业园”获得2012年度吉林省科协系统外事先进单位，“长春海外学人创业园”主任刘长乐获得2012年度吉林省科协系统外事先进个人。11月，市科协与省科协联合启动了以“保护资源环境，建设美丽家园”为主题的《2013年吉林省暨长春市海峡两岸大学生科普创意设计作品巡回展》活动，由吉林动画学院设计学院承办，东北师范大学美术学院等18所大陆高校协办，台湾12所高校参与，活动为两岸青年学生科技文化交流起到推动作用，参展作品800余件。

【科普日系列活动】 开展以“保护生态环境，建设美丽长春”为主题的全国科普日暨长春市科普周活动。启动仪式及广场科普活动分“能源与环保”科学体验区、青少年科普活动区、“保护生态环境”有奖知识问答区、“社区居民科普创意作品”展示区、健康生活专家咨询区和“环保科普知识”展示区等6个特色活动区域，为市民们提供不同科普需求、丰富多彩的广场活动。科普周期间，市科协联合各区科协组织各类科普进社区、进万家活动，提升科普日、科普周活动的影响力。

【“博士专家走基层”活动】 按照制定的《关于在全市城乡继续深入开展“博士专家走基层”活动的通知》，博士百乡行活动走进20个乡镇，为农民传授实用农业新技术31项，受益群众2100人次。博士专家进社区8次，为社区居民讲授“食品安全”、“养生保健”等专题8个，有近千人次的居民受益。博士专家走访11家企业，为企业提出改进建议28条并被采纳。

【学会组织建设】 召开长春博联会二届四次理事会，成立食品安全专业委员会和文化艺术专业委员会，形成门类齐全学科交叉的组织网络。10月22日，市科协组织召开第2批非公企业科协组织成立大会，宣读市科协的批复意见，并为20家民营企业颁发“民营科技工作者之家”牌匾。

【发挥科技工作者之家职能作用】 对近年来长春市涌现出的优秀科技工作者和科普带头人典型事迹进行系列宣传。收集、整理农村科普带头人、社区科普带头人和优秀科技工作者事迹材料，以网站为载体，对池中田等20名科普带头人和优秀科技工作者，采取将材料汇总编辑印刷成册的形式进行宣传。开展科技工作者状况调查，设立农安县科协、长春理工大学、长春市农业科学院、长春市医药学会联合会4个科技工作者状况调查站点。

（王立伍）

防震减灾

【法制建设】 启动《长春市防震减灾条例》立法工作，起草完成《长春市防震减灾条例》（征求意见稿），并送相关部门征求意见。修改完善地震系统依法行政和行政执法配套制度，定期进行专业法律知识和综合法律知识培训，提高法律素养和依法行政能力。利用典型事例，加强法律、法规和规章的宣传力度，为推进防震减灾依法行政创造良好社会氛围。市地震局根据机构设置、职能调整和人员变动等实际情况，确定执法处室，配备执法人员，深化行政执法岗位责任制。按期对执法处室和执法人员工作考评。完善廉洁自律和监督制约机制，自觉接受社会监督。

【监测预报】 按照“覆盖充分、布局合理、手段先进、功能完善”的台站建设总体规划，启动建设“两建三改”项目，新增地壳运动观测、相对重力观测、强震动观测和地下水观测水段。“两建”即新建石头口门地震台、富峰山地震台，“三改”即升级改造双阳地震台、榆树地震台和地震速测速报中心3个台站（中心），投资总额8300万元，计划2015年竣工。截至2013年12月31日，“两建”项目已完成项目选址、可研报批、环评和场地围挡工作。“三改”项目已经完成主体施工和仪器设备订货。坚持地震台站（中心）24小时有人值守制度，全年接收、处置和报送震情信息407条，向市领导和相关部门报送震情简报12期。“10·31”松原震群型地震期间，坚持每日上报新发震情，每周会商震情趋势，3次向市领导做震情形势专题汇报。截至2013年12月31日，累计监测龙家堡矿震530次，最高震级2.0级，其中2013年214次。市地震局组织技术人员2次赴龙家堡矿区踏勘，掌握矿区地质情况，查清矿震活动规律，探析矿震分布特征，完成矿震危险评估，会同省内有关方面专家研判矿震发生机理，联合相关职能部门制定矿震防治措施并组织实施。

【震害防御】 2013年5月15日，长春市召开防震减灾工作会议。市抗震救灾指挥部各成员单位负责人和各县（市）区、开发区分管领导以及防震减灾主管部门负责人参加会议。副市长孙亚明出席会议并讲话。会议明确，当前和今后一个时期，长春市将以建设“幸福长春”为中心，着力打造一流地震工作体系，不断提高综合抗御地震能力。强化震情跟踪，切实提升地震监测预报预警能力；强化抗震设防，切实提升震害防御能力；强化防灾准备，切实提升地震应急救援能力；强化科技支撑，切实提升事业发展内生动力；强化科普宣传，切实提升公众震灾防备能力。到2015年，跻身副省级城市先进行列；到2020年，达到中等发达国家水平。会议要求，各县（市）区、开发区和有关部门要完善防震减灾体系，理清思路、细化措施、建立机制、构筑体系；要夯实防震基础，按照先急后缓、布局科学、覆盖充分的原则，完成长春市“十二五”防震减灾规划确定的重点项目建设；要提高建设工程的抗震能力，做到地下清楚、地上结实；要建立各类地震应急物资生产、储备、调拨和运输机制，提升救灾保障能力。会上，各县（市）区政府分管领导递交2013年防震减灾工作目标责任状。加强对年度新建工程地震安全性

召开全市防震减灾工作会议

势，起草印发抗震救灾指挥部一号、二号文件，分别对总指挥、副总指挥、指挥长、副指挥长和各分组组长职责进行再明确、再细化、再落实，基本做到震灾防备工作“横向到边，纵向到底”。2013年11月4日，农安县黄鱼圈乡黄鱼圈村一农房房盖疑似因地震塌落，致两死两伤。经市地震局、市建委专家组现场勘查，综合分析，初步认定：坍塌房屋本身为土坯墙体，整体性差。上覆盐碱土保温层及防水层过重，荷载过大。檩木年久腐朽，支撑力差。尽管外表上看无危房迹象，实为隐蔽性强、具有潜在危险的房屋，存在较大安全隐患；经走访现场村民调查取证，房屋坍塌时间约为凌晨3时20分左右。近期发生的松原5.5级破坏性地震及后续发生的几次强有感地震，诱发了房屋檩木及顶棚的坍塌。

评价工作，截至2013年12月31日，“三纵两横”快速路、长德展览馆、生命大厦、北郊污水处理厂等重大工程依法进行地震安全性评价。加强防震减灾知识培训工作。12月23日，长春市防震减灾专题培训在省委党校多媒体教学中心开班，吉林省地震局副局长包晓军出席并作动员讲话。培训为期2天。长春市委、市人大、市政协、市纪检委相关部门，市抗震救灾指挥部各成员单位，各县（市、区）科技局和经开、高新、净月、汽车、莲花山5个开发区地震工作主管部门100余人参加培训。培训期间，中国地震局工程力学研究所结构工程研究室主任、联合国灾害评估与协调队评估专家郭迅，吉林省首席地震分析预报专家李克，吉林省工程地震研究中心一级地震安评师李忠伟、长春市地震局局长祖国、副局长李恩泽等专家学者，分别结合各自工作实践就工程抗震减隔震技术、当前震情形势、地震原理与观测、地震安全性评价等内容进行解读。

【应急救援】 2013年10月31日，吉林省松原市前郭尔罗斯蒙古族自治县发生震群型地震。截至2013年12月31日，累计发震952次，最大震级5.8级，其中5级以上地震5次。分别为10月31日11时3分5.5级地震，11时10分5.0级地震，11月22日16时18分5.3级地震，11月23日6时4分5.8级地震和11月23日6时32分5.0级地震。震中距长春120公里，长春全境普遍有感，部分市民离楼避震。市委、市政府高度重视震情发展，要求采取切实措施做好防震减灾工作。市地震局立即启动应急预案，上报新发震情，研判余震趋势，提出合理建议，发布辟谣公告，维护社会稳定。2013年11月5日，省委常委、市委书记高广滨视察长春市地震速测速报中心，对抓好当前震灾防备工作作出重要指示。11月8日，市长姜治莹视察长春市抗震救灾指挥部（办公室），要求重视做好防震减灾工作。11月23日，省委常委、市委书记高广滨，市长姜治莹再赴长春市地震速测速报中心指导地震应急工作，并就防震减灾工作进行部署。11月23日下午，市抗震救灾指挥部召开第一次会议，市长姜治莹就进一步做好当期防震减灾各项工作发表重要讲话。11月26日，市政府召开建口抗震防震工作部署会议，市地震局祖国局长报告震情，邹德东副秘书长讲话，与会建口各部门、单位落实责任分工，会议要求所有在建工程一律停工。11月29日，市抗震救灾指挥部召开第二次工作会议，通报震情形

【社会动员】 围绕群众关注震情，利用重要时间节点，广泛动员各方力量，组织开展以“识别地震灾害风险，掌握防震减灾技能”为主题的防震减灾宣传周活动。市地震局领导做客长春电视台“民生直播间”，讲解并回复公众关心的话题，防震减灾科普宣传展板首次“走进”市委、政府、人大、政协四大班子办公楼。市地震监测台网所属3个台站全方位面向社会开放，市县联动同日同时举办街头宣传活动。累计投入100余万元，统一制作防震减灾科普展板1700块，印发科普光碟、科普图书等各类宣传资料50余万份。活动期间，各级媒体共跟踪报道长春市防震减灾宣传活动20余次，发表相关消息40余篇，中国地震局、省地震局官方网站以及吉林日报、长春日报、搜狐、百度等10余家主流媒体刊发或转载了活动盛况。前郭5.5级地震后，面对新一轮舆情需求，组织市抗震救灾指挥部54个成员单位和15个县（市）区、开发区地震工作主管部门开展防震减灾集中培训，邀请国内和省内知名专家学者重点讲授当前震情和工作任务、长春地震危险性、市县防震减灾工作职能定位与发展方向、地震与观测、工程抗震减隔震、地震安全性评价以及地震监测新技术等内容；加印防震减灾科普图书2万册、光

碟 2000 套，分送市人大、政协部分委员和相关单位；与市委宣传部联合下发《关于加强防震减灾宣传工作的通知》，对宣传工作进行部署；联合市委宣传部在《长春日报》《长春晚报》开设“地震知识讲堂”，连续刊载防震减灾科普知识。

（王春光）

社会科学

【科研学术】 2013 年，科研工作按照“紧密围绕中心、准确把握重点、致力成果转化”的思路，组织完成市级科研课题 7 项。分别是长春市产业体系低碳转型研究；长春市强农惠农政策制定和落实的方向与出路；幸福长春核心内涵及主观评价体系研究；如何推进长春特色城镇化建设；如何完善长春市社会保障体系研究；长春市社会风险评估机制探索；长春市进一步推进文化惠民工程对策与建议。与市委宣传部、市委党校共同召开“勿忘国耻、纪念‘九一八’事变”和“纪念毛泽东同志诞辰 120 周年”理论研讨会，还组织参与了“幸福长春建设”和“长春公共文化服务体系建设”等课题的调研工作。参与省社科联、社科院 2013 年学术年会的论文组织撰写和征集评奖工作，入选论文 6 篇，其中一等奖 1 篇，二等奖 2 篇，被收入省里的学术年会文集。

【社团管理】 2013 年，重新修订颁发长春市社科联所属社团的《管理办法》，长春市社会科学界联合会（科学院）所属社团的优秀率达 60%，标兵率为 20%。法学会、心语志愿者协会等 8 个社团被评为全国社科类先进社团。吸收长春国学研究会和茶文化学会等 3 个新的团体会员单位，壮大了长春市社科社团力量。

【科普工作】 2013 年的科普工作按照“面向基层群众、保持常年不断、打造科普品牌”的基本思路，做到重点突出、内容增加、范围扩大、面向大众，受到广大市民欢迎。结合社科知识普及、社会热点和长春市宣传思想工作重点，组织编写 5 本科普宣传手册（《幸福长春读本》《长春掌故》《文明城市与文明人手册》《物权法知识》和《婚姻法读本》），印刷 10 万多册，通过多种渠道在全市广为散发，读者反响良好。5 年来，科普宣传手册编发 30 余册，120 多万字，已经形成系列。有的被长春市中小学列为辅助教材，有的被机关、企业列为干部职工培训教材，有的被相关部门翻印转载。与长春人民广播电台合作开办“新闻时评”、“理财在线”等科普专题节目，请社科专家学者与听众互动，直接对话，就如何认识当前社会和经济发展形势进行讲解，就怎样理财、持家、投资给予引导，全年播出 120 期，赢得了听众好评，栏目收听率在长春广播电台中多次排名第一。组织社会工作者到社区、学校做专场、专题报告，8 月至 9 月，请吉林大学心理学教授和长春教育学院青少年教育专家在长春市长沈路学校就当前中学生心理健康问题开展生动的讲座，全校近 5 千名师生收听，反响热烈。购买价值 4000 余元钱的科普图书赠送给师生。与长春市文广新局联合在市少儿图书馆举办“少年阅读大讲堂”系列讲座活动，分设成长驿站、国学漫步、科普长廊、教育视角、文艺天地等几个板块，邀请知名专家学者就传统文化、青少年教育、科学常识、青少年心理等青少年在成长过程中渴望了解的知识和问题进行演讲、讨论，2013 年组织 12 期，受到市民和学生广泛好评。科普基地建设实现突破，2013 年在长春市建起 1 处省级社科普及基地——长春伪皇宫博物院；建起 2 处市级科普基地，长春市绿园区图书馆和南关区文化馆，并在 2013 年底前组织 4 场科普报告。这 3 个基地的建立为长春市社科普及的常规化、社会化和科学化提供了平台和阵地。

【刊物编辑】 2013 年，长春市社会科学界联合会（科学院）编辑出版《长春社科》会刊 6 期，80 万字，刊发理论解读、学术研究、调查报告、科普宣传等文章 180 多篇，交流到各大中城市，扩大长春市在全国的影响。社科院《要报》组织专稿、特稿，就长春市如何贯彻党的十八大精神、落实十二五规划、转变经济发展方式、三化统筹、加快幸福长春建设步伐的重点、热点、难点组织稿件，出谋划策。全年编发 12 期近 20 万字，为市领导提供决策参考，受到重视和肯定。与长春师范学院合作，完成《盛京时报·长春资料选编》最后 4 册的编辑出版，为历时 10 年的编辑工作划上圆满句号。《盛京时报·长春资料选编》共 13 册、500 万字，填补了长春地方史研究的空白，得到史学家的肯定。

【自身建设】 组织开展党的群众路线教育实践活动，做到学习结合实际，问题查摆准确，剖析严细深刻，整改切实可行，得到上级肯定。开展“三满意机关”和“学习型组织”建设活动，领导班子成员和处级干部廉洁自律以身作则，党员在各自的岗位上较好地发挥先锋模范作用，主动参加“双日捐”、“助残助学”、“代理妈妈”等各项公益活动，帮扶 6 户贫困户，捐款 3000 多元。2013 年 9 月份，长春市社科联被评为全国大中城市先进社科联，2 人被评为全国大中城市社科联的优秀工作者。

（刘　薇）

文化

文化产业

【概况】 2013年,长春市文化产业工作有明显上升势头,文化产业项目建设有序推进,文化企业健康发展。在全面调研走访市直相关部门、各县(市)区、开发区的工作部门,全面征求意见的基础上,初步形成以市级领导决策机制为主导,以市直各部门协作机制为纽带,以文化产业绩效考评机制为抓手的上、中、下三个层面相结合,多角度、全方位、快捷高效、科学合理的管理工作体制,切实提高了文化产业管理部门工作效率,为文化产业发展提供有力的机制保障。

【项目建设】 2013年,全市新建文化产业项目8个、续建项目12个,包装推进的重点文化产业项目24个,储备文化产业项目100多个,有东北亚文化创意科技园二期等5个投资超亿元的项目成功启动,整体发展趋势和建设规模明显强于往年。开工早,数量多,质量高,是文化产业项目建设的鲜明特色。在各级文化产业工作部门的积极培育和推动下,一批具有成长性的文化产业项目顺利推进。通过与省委宣传部和市财政局沟通协调,成功推介长春市具有发展前景的文化产业项目,争取到各相关部门的大力支持。全年长春市向省里申报文化产业专项资金的项目达到17个,报请省委省政府表彰的先进文化企业4家、先进个人4名,向国家申报文化产业专项资金支持项目3个。

【促进文化与科技融合】 按照党的十八大促进文化与科技融合的整体要求,起草长春市市文化与科技融合的具体工作方案,对文化与科技融合的基本原则、重点领域、保障措施、实施步骤等都做了相关规划。成立长春市文化与科技融合工程领导小组。由市委常委、宣传部部长吴德金担任组长,市政府副市长兼长春高新技术产业开发区管委会主任孙亚明、长春净月高新技术产业开发区管委会主任管树森任副组长,成员分别由市委宣传部、市科技局、市文化广电新闻出版局、高新开发区管委会、净月开发区管委会主要负责人担任;领导小组办公室设在市文化产业办和科技局,由市委宣传部常务副部长梁国超兼任办公室主任,负责统筹规划的制定和实施,组织、协调、推进文化科技重大项目建设,整合资源、形成合力。2013年11月,长春市申报第2批国家级文化与科技融合示范基地,通过国家的考核验收。

【文化企业与金融机构对接】 针对文化企业普遍存在的缺乏固定资产抵押物、产品收益情况难以评估、获得金融信贷支持困难等融资难题。长春市采取措施,通过广泛调研与沟通协商,2013年10月,市文化产业办与市政府金融办联合举办文化企业与金融机构对接会。有20余家文化企业、10余家银行、小贷公司参加。一些参会企业与金融机构达成合作意向,受到与会各方的一致好评。

【人才培训】 通过与满园通科技集团、华邦管理者聚会之家、光大银行长春营业部、吉和网等多家企业联动的办法,成功解决文化产业人才培训难的问题,落实培训场所、培训师资、培训组织等事项,坚持每月开展1次讲座、论坛或沙龙活动,分层次、分业态、分主题培训文化产业的管理人才、文化企业的创意人才、文化科技企业的专门人才和有望进入文化产业的实体经济企业的管理者。通过组织培训活动,解决文化产业从业人员的素质提升问题,为各业态之间、各企业之间搭建交流合作的平台,促进众多实体经济的经营者对文化产业产生兴趣。吸引一批资质优良的房地产业、餐饮业和工业加工业企业,积极寻求商机,进军文化产业领域。

【文化产业联合会】 2013年,长春市文化产业联合会会同南京、杭州、上海、台湾亚泰等创意产业协会,成立两岸创意产业协会联盟,增进互相交流与合作。联合会及其各协会不间断的开展各项活动,增强长春市文化产业的发展氛围,提高了长春市文化企业和文化产品的知名度,促进全市文化产业的发展。文化产业联合会主办的东北地区古玩大集和全国第八届红色收藏展,取得突出成绩。冬季农博会文化板块,成为冬季农博会一大亮点。让书法家、画家、艺术家、收藏家、鉴赏家等多种业态和农博会平台组合,活跃农博会的文化氛围，使艺术家们的作品得到充分展示和交流；联合会下设的品牌促进会组织品牌再造长春的研讨会和美术大师戈沙作品研讨会，编制戈沙画册，派专人到广东、深圳、上海等地推介戈沙作品；联合会下设的设计师协会，参加全国设计师行业艾特奖的评选活动，带领长春设计师南下到广东沿海一带考察交流，并把台湾、香港和深圳的设计师精英请到长春，组织论坛，交流互动，取长补短；摄影协会 2013 年多次组织会员分别到吉林、长白山、乌镇、云南等地拍摄采风，分别组织老艺术家摄影展、青年摄影家摄影展、红色主题摄影展等多次展览，在国内摄影界产生强烈反响；萨满协会、魔术协会和泰友曲艺社等，组织多场大型公益演出，受到社会普遍关注，长春各大主流媒体都进行重点报道。

（王　鹏）

2013 年长春市开工投资超亿元的文化产业项目汇总

序号	项目名称	总投资(亿元)	建设期限	建设内容	建设进度
1	东北亚文化创意科技园二期	13	3 年	规划建筑面积 25 万平方米。拟建设文化科技企业办公区，历史文化街区，文化艺术街区，大学生创业孵化区和才公寓等，完善建设十大服务平台及生活服务配套设施。	项目已完成规划、设计，项目宗地拆迁工作已完成。
2	东北亚动漫游戏产业基地	2.3	2 年	占地 3.6 万平方米，建筑面积 5.5 万平方米，规划建设动漫游戏公共技术服务平台大厦，科研办公楼，总部基地办公楼，创业企业办公楼，大学生创业园区。	项目主体已开工建设。
3	中国国际标识总部基地与东北亚旅游产业创意园	5.6	3 年	占地面积：7 万平方米；建筑面积：17.6 万平方米；其中中国标识大厦 1.6 万平方米、创意大厦 1.4 万平方米、体验场 2 万平方米、行政办公 4.6 万平方米。旅游品研发中心 8 万平方米，主要工艺及设备：标识生产线 5 条，旅游商品生产线 2 条。	项目已完成规划、设计，项目宗地拆迁工作已完成。
4	吉广创意文化研发总部基地项目	5.2	3 年	总占地面积 1.3 万平方米，总建筑面积 5.2 万平方米；主要内容为总部办公及文化创意产业交流中心。	项目主体建设已完成 70%，招商工作已经开始。
5	知合文化产业综合体项目	14	3 年	总占地面积 11 万平方米，总建筑面积 16 万平方米；主要内容为国际艺术中心、动漫主题乐园等。	项目已完成规划、设计，项目主体已开工建设。

文学艺术

【创作出版】 2013 年创作出版小说作品精选集《我们到底能做些什么》、诗集《怒放的石头》长篇小说《呼啸军魂》《寻找伊甸园》《左手爱》《舞动的青春》《惜梅》《赵明作品选》，散文集《上帝的蓖麻》《自然笔记》《长春的风花雪月》《遥远的合卜吐》《无尽夕阳红》《多年以后》《杏花红了》，以及传记作品《霓衣羽裳的浪漫》《为经邦济世经国济民而奋斗的人们》《为了公平正义比太阳还要有光辉》，儿童文学集《遥望梦里炊烟》《云的衣裳》《小麻雀的春天》等文学专著 36 部；发表中、短篇小说、诗歌、散文、报告文学、评论等各类文艺作品 1300 篇。其中短篇小说《僧舞》等 15 篇作品发表在《作家》上，短篇小说《喷泉》发表在《民族文学》(2013 年 3 期)，被《小说月报》(2013 年 5 期选载)。小小说《老连长》原发《小说月刊》被《微型小说选刊》2013 年 6 期选发。2013 年有多位作家作品被收入《2012 年吉林文学作品年选》。出版《意林》杂志 24 期、《春风文艺》杂志 6 期，《汉俳诗刊》3 期。2013 年，长春作家协会有 6 名会员成为中国作家协会会员。在中国美术家协会举办的第十六届大路画展中，长春市 15 件作品入选，2 件获银奖，1 件获铜奖。在中国画学会首届全国中国画学术展中，长春市 1 件作品获三等奖，1 件作品入展。

【迎新春王志君书法(篆刻)展】 本次展览由民进长春市委员会、长春书法家协会和白山印社联合主办。1 月 8 日，在长春市文津画廊开幕。民进省、市委领导和众多书法界人士参加开幕式。此次展出王志君近年创作的书法篆刻作品 108 件。这些作品体现了天真无邪的艺术气质和清雅淡远的文人情怀。

【“送文化下乡”活动】 2013年1月31日，市文联组织38名文学、书法、美术、摄影等门类的艺术家，到农安县农安镇铁西社区开展艺术家“情系乡村”送文化下乡活动，为农民兄弟送去文化食粮和节日祝福。在活动现场，书法家们热情洋溢、挥毫泼墨，现场书写春联和福字。书法家们为当地群众现场编纂、书写春联280幅。摄影家为农民朋友拍摄全家福及彩照，艺术家们还向任家村村民赠送精美的窗花以及近530余本《春风文艺》等各类杂志。活动结束后，艺术家们分别走访铁西社区5户四世同堂的居民家庭，为他们送去亲手书写的新春对联、福字和剪纸。文联坚持28年的“送文化下乡”活动，送去了党和政府对农民群众的亲切关怀，也体现了作家、艺术家关注人民、关注农村文化建设的情怀。书法家、美术家协会还开展了送书画进军营活动。

【吉林省书法家送春联下乡活动】 2月6日，由吉林省文联、长春市文联、长春经济技术开发区管委会、吉林省书法家协会、长春市书法家协会共同组织的“吉林省书法家送春联下乡活动”，在长春经开区兴隆山镇中山小学食堂内举行，10余位吉林省著名书法家现场挥毫泼墨，书写下一副副饱含美好寓意和新春祝愿的福字和春联，为当地村民送上新春的祝福。

【“民间藏·中国梦”2013吉林省第二届民间国宝评选活动】 自2013年5月6日开始，由长春市收藏家协会和中海地产联合举办的吉林省第二届民间国宝评选活动正式展开，此项活动得到长春市民的广泛关注，鉴宝现场火爆热烈。经过4场鉴宝活动，有30多件藏品入选吉林省第二届民间国宝评选决赛。5月24日，在决赛现场，经多位国家级专家现场鉴定，最终评选出吉林省第二届十大民间国宝。

【母亲节免费为千位母亲拍照公益活动】 2013年5月12日，在第100个母亲节到来之际，长春摄影家协会组织10名会员，来到长春市至爱老年医疗护理院，为护理院的100位母亲拍照。这里是拍摄的第一站，协会计划用1年的时间拍摄1000位60岁以上的母亲。记录下这些历经沧桑岁月的老人晚年的幸福时光。同时征集有爱心、技术过硬喜欢公益事业的摄影师，一同加入这一公益行列。举办尼康杯“金蛇舞春”年俗主题网络摄影比赛，山淼杯“女性风采”网络摄影比赛，新睿航(金百信)杯“人像——表情瞬间”网络摄影比赛，红牛杯摄影大赛，“阅读的魅力”主题摄影作品展，外国友人拍长春等多种摄影活动。

【刘彤宝书画展】 5月16日，由长春市文联、东北师范大学人文学院主办，长春商报社、长春市书法家协会协办的《再造新古典主义书法——东方文字图式绘画作品展》刘彤宝书画展，在东北师范大学开幕。展出刘彤宝书法作品100余幅、文字图式绘画的探索作品20幅。这些以新古典主义风格著称，同时探索当代东方图式绘画的书法作品，具有深厚传统文化学术基础，并借鉴西方绘画艺术形式，以古典文字演绎时代书法特征，体现中西方文化的完美融合。

【第二届中国（长春）当代名家书画展】 5月19日，由吉林省文化厅、中共长春市委宣传部、长春市贸促会共同主办，由长春市文学艺术界联合会、长春市国际商会、吉林省工商联书画研究会联合承办的第二届中国(长春)当代名家书画展在长春市东北亚艺术中心开幕。825幅来自国内各流派的书法及美术作品参展。中国美术家协会主席刘大为、副主席刘文西、北京大学中国画法研究院首任院长范曾、中国国家画院常务副院长卢禹舜等著名艺术大师的作品均出现在本次书画展上，使吉林省市民有机会“零距离”接触名家原作，充分享受艺术的无穷魅力。展会期间还有来自国内、省内著名艺术家现场激情创作环节，使观众分享艺术家们创作的精彩过程。

【2013东北四城市新生代书法作品联展】 6月18日，东北4城市新生代书法作品联展在长春国际会展中心乾元艺术中心开幕。这次展览，由长春、沈阳、哈尔滨、大连4市文联和书法家协会共同主办，长春市文联、长春书法家协会承办，展出4市新生代书法家创作的200余件书法作品。既有多年来在东北三省具有较大影响的中青年实力派书法家，也有近年来多次在全国各类书法大展中获奖的青年作者。展出的作品真、草、隶、篆、行诸体兼备，形式多样，是全面展示东北地区中青年书法创作实力的大型书法展览。

【第18届中韩美术书法交流展】 7月24日，第18届中韩美术书法交流展在长春国际会展中心乾元艺术中心开幕。本次展览由中国长春书画院、长春美术家协会、长春书法家协会及韩国蔚山广域市美术协会等共同主办。展出中国长春市和韩国蔚山广域市美术家、书法家的作品150件。其中，长春市的书画作品89件，蔚山市的美术书法作品61件。展出的韩国蔚山市艺术家作品有油画、韩国画、书法工艺画、文人画等；长春书画家的作品以中青年书画家创作的小幅书法和国画作品为主。

【“乾元杯”全国书法篆刻作品评选活动】 为继承和弘扬中国优秀传统书法艺术，鼓励当代书法作者，推动书法事业和谐发展，由中国书法家协会举办、吉林省书法家协会、长春书法家协会、长春经济技术开发区管理委员会、乾元酒店集团承办的“乾元杯”全国书法篆刻作品展于10月15日在会展中心大饭店举行。征集作品317件，评出优秀作品奖21件，吉林省有10件作品入选。

【黄胄作品欣赏暨杨秀坤画展】 11月9日，画展在长春世界雕塑公园艺术馆开展。杨秀坤是河北沧州人，长期生活在东北，是中国美术家协会会员、国家一级美术师、教授，北京大学黄胄美术基金会副秘书长，炎黄艺术馆艺术委员会委员。杨秀坤自幼喜欢绘画，上世纪70年代初拜著名画家黄胄先生为师学习中国画，成为黄胄先生的入室弟子。此次展览上，展出黄胄真迹《献瑞图》《双驴图》《行吟图》等4件作品，同时还重点展出杨秀坤近40年的代表作品82件，从不同角度描写东北人的生活面貌，这些作品生动逼真，是真实生活的写照。

【长春市文学艺术界联合会第七次代表大会】 5月23日，长春市文学艺术界联合会第七次代表大会在省宾馆开幕，省委常委、市委书记高广滨出席会议并讲话，市领导李树国、姜治莹、崔杰、郑文芝、袁玉树、杨子明、王振华、钱万成、孙超、吴德金、赵明，省文联主席毕政，省作协主席杨廷玉出席开幕式。会上，市文联党组书记、副主席张守智主持开幕式，并代表市文联第六届全委会作工作报告。在两天的会议中，修改了《长春市文学艺术界联合会章程》，选举产生市文联新一届领导机构，市委常委、宣传部长吴德金当选新一届长春市文联主席，张守智等12人当选为市文联副主席。

【文艺志愿服务活动】 为响应中国文联深入开展文艺志愿服务活动的倡议，在5月23日长春文联第六届代表大会上，由长春市知名艺术家向全市艺术家和文艺爱好者、文艺团体发出开展文艺志愿服务的倡议，成立长春文艺志愿服务团。团长由市文联退休老艺术家梁威担任，各艺术家协会主席任副团长，服务团设秘书长，具体负责文艺志愿服务活动的组织安排。在2个月时间里，长春文艺志愿服务团招募会员5000余人，团体会员20余个。长春文艺志愿服务团在市文联所属艺术家协会挑选了50名具有较高学术权威和奉献精神的知名艺术家组建讲师团，负责长春文艺志愿服务团的艺术培训工作。定期邀请全国知名艺术家参与到活动中来。

开展全市文艺万人公益培训活动。培训活动由文艺志愿服务讲师团的艺术家利用每周一至周五的上午在长春少儿图书馆、长春南关区文化馆等公共文化场所，面向全市文艺爱好者开展免费的公益培训讲座。培训包括摄影、收藏、音乐、书法、美术、文学、戏剧、电影电视、动漫、民间艺术等10个艺术门类。培训历时2个半月，累计培训文艺爱好者1万余人次。整个培训活动不设门槛，不收取任何费用，不需要提前报名。通过报纸、电台、电视台等市直媒体提前一天发布培训时间、地点、培训艺术家和培训内容等信息，以便广大文艺爱好者可以根据自身的喜好和需要参加培训。为提高培训活动质量，了解市民文艺需求，工作人员在每场培训结束后都会向参加培训的市民发放《长春市文艺万人公益培训活动征求意见表》，对市民提出的意见给予纠正，确保培训活动达到最佳效果。万人公益培训活动得到社会各界的广泛赞誉，许多市民慕名而至，很多社区艺术家、艺术QQ群、公园文艺团体集体报名。由于立意精准，社会反响良好。《人民日报》对本项活动给予宣传报道，《长春日报》利用两个整版的篇幅集中报道此项活动。

长春文艺志愿服务团开展菜单式的“按需培训”，即根据基层提出的培训需求，走进社区、学校、企事业单位、驻长部队等单位进行特定艺术门类的培训20多次。在长春市双阳区举办的“魅力双阳”书画作品展上，长春知名书画家的25幅作品与双阳区业余书画爱好者的115幅作品同场“竞技”，令当地书画爱好者受益良多。锦城街道新兴社区艺术团成立了长春文艺志愿服务团新兴社区艺术团服务队，主动加入到文艺志愿服务的队伍。根据基层群众文艺团体缺少专业指导教师的现状，为改变全市中青年艺术家队伍薄弱的局面，文艺志愿服务团开展文化艺术人才培训活动。该项活动对全市社区艺术团的艺术指导教师进行一遍轮训，完成500余人次的培训，并为全市输送一批有创作实力的书画后备人才。

长春市文学艺术界联合会第七次代表大会

【第九届中国(长春)国际动漫艺术博览会】 6月9日至16日，由长春市政府、吉林省委宣传部、吉林省文化厅、ChinaJoy组委会主办、中共长春市委宣传部、长春市文联承办的第九届中国(长春)国际动漫艺术博览会，在长春国际会展中心举办。本界博览会有220家中外企业、机构参展参会参赛，中外客商达2000余人。组织、实施2013Chinajoy Cosplay嘉年华“南航杯”东北赛区预选赛、动漫原创展示、动漫展览交易、动漫体验活动四大板块构成的20多项活动内容，有52万人次在展馆内参观购物。本届动博会达成签约交易、意向合作项目9个，涉及金额近1亿元，现场成交额389万元，总计1.4亿元。作为展会重要活动之一，有400支动漫团队、5000余名Cosplay选手参加2013Chinajoy Cosplay嘉年华“南航杯”东北赛区预选赛，参赛社团和演员创历届之最。经过预赛，有45个社团晋级决赛。通过3天的决赛，最后成功选拔出4支优秀团队代表东北赛区晋级7月份上海总决赛。在上海总决赛中，东北赛区选拔的4支优秀团队再次问鼎双冠王称号。漫言制造获得两项大奖，最佳视觉效果奖、CJ金奖，GDC动漫社团获得原创中国风奖，幻醒旅团获得最佳表演奖及个人表演奖。2013ChinaJoyCosplay嘉年华总决赛10项大奖，东北荣获5项。有1100名选手参加2013“中国电信天翼杯”金松鼠漫画征集大赛，其中36名选手获奖。还有500名选手参加了COSTAR中国角色扮演电视真人秀东北海选赛，有20名选手胜出。700名选手参加电子竞技大赛，105人获奖。64名选手参加“天下聚会”TVGame精英赛，有4名选手获奖。318名选手参加第四届桌游争霸赛，9名选手获奖。TopShow平面摄影展吸引了220幅作品参展。同时还举行了街舞大赛、“风雷杯”棋牌比赛、体感游戏大赛、“暖流谷”篮球比赛，漫画课堂绘画比赛、面部彩绘大赛、智力拼图大赛。

【第八届中国（长春）民间艺术博览会】 第八届中国（长春）民间艺术博览会，于8月3日至8日在长春国际会展中心举办。展会期间，总人流量120.6万人次，总成交额3608.9万元；日平均人流量24.12万人次，平均交易额721.78万元；展出20大类、22万种民间艺术品，是中国民间艺术及世界民间工艺的又一次大集合、大展示、大检阅。展会期间，评选优秀民间艺术作品奖200名，其中金奖50名，银奖70名，铜奖80名，其中包含中国民间文艺最高奖项“山花奖”10名。

【中国民间文艺“山花奖”颁奖晚会】 2013年12月11日，由中国文学艺术界联合会、中国民间文艺家协会、中共长春市委、市政府主办，长春市文学艺术界联合会承办的第十一届中国民间文艺“山花奖”颁奖晚会在吉林省东方大剧院举行。第十一届山花奖汇聚了中国民间文艺各种艺术门类的精华，颁奖晚会上对“民间文学作品、民间艺术表演、民俗影像作品、民间工艺美术作品、民间文艺学术著作”5大门类的138位杰出的民间艺术家进行表彰颁奖。颁奖晚会上颇具特色的民俗民间文艺节目，充分展示民俗民间文艺的蓬勃生命力。

第十一届中国民间文艺“山花奖”巡礼

民间工艺美术作品奖

作品名称	作者	地区
紫砂《吴经提梁》	冯群星、徐芳	江苏
石雕《风吹芦花鱼满篓》	林劭川	福建
砚雕《飞流直下三千尺》	俞青	安徽
紫砂《国色天香壶》	季益顺	江苏
石雕《人生三忆》	蔡云娣	江苏
汝瓷《如意尊》	朱钰峰	河南
雕刻《船鼓》	吴圣东	浙江
泥塑《出花园》	吴闻鑫、吴宏城	广东
木偶《布袋木偶》	庄宴红	福建
木偶《百福如意》	陈成科	浙江
风筝《五龙燕》	哈亦琦	北京市
骨雕《和谐之城》	张民辉	广东
刺绣《百鸟朝凤》	王素花	河南
陶艺《墙头》	高学花	北京市
核雕《二十四孝》	陆小琴	江苏

续表

作品名称	作者	地区
剪纸《天宫大战》	关云德	吉林
竹根雕《十八罗汉》	洪建华	安徽
剪工木艺《威震长白》	郭玉华	吉林
木雕《人间万象》	刘小平	浙江
寿山石《其乐融融》	郑幼林	福建
内画壶《红楼梦内画全集》	刘江华	北京市
传统技艺《苦乐清凉》	陈云华	四川
陶瓷《花语芬芳》	屠丽青	江西
唐卡《释迦摩尼》	陈玉秀	青海
桃核微雕《上河图》	韩志耀	辽宁
刺绣《原·衍生》	林霞	浙江
湘绣《八月》	周艳群	湖南
木雕《文物纹屏风》	王树元	天津市
寿山石雕《和谐(荷叶)文房四宝》	刘爱珠	福建
剪纸《窗花映彩塞上天》	郑飞雁	宁夏
木雕《骨木镶嵌万工床》	陈明伟	浙江
黑陶《蛋壳陶系列》	苏兆启、苏日华	山东
云锦《万里长城》	金文	江苏
木雕《赏乐》	吴尧辉	浙江
珀晶《大闹天宫》	张雅军	河北
真丝手工挂毯《北京千年风景图》	李玉坤丝毯研制组	江苏
陶塑《画坛之光》	王增丰	广东
陶瓷《飞舞的思绪》	岑艳	江西
陶瓷《志在书中》	陈明良	福建

民间学术著作奖

获奖作品	获奖作者	所属地区
《佛经故事与中国民间故事演变》	刘守华	湖北
《山海经学术史考论》	陈连山	北京市
《“蒙恰”古歌研究》	吴秋林、王金元等	贵州
《江南明清建筑木雕》	何晓道	浙江
《乌江流域民族民间美术》	余继平	重庆市
《中国泥人张彩塑艺术》	张　錩	北京市
《素壁清晖——临夏砖雕艺术研究》	牛　乐	甘肃
《香炉造物艺术研究 -- 战国至宋代的香炉》	于清华	江西
《明代岁时民俗文献研究》	张　勃	北京市
《浙江民间丧俗信仰研究》	陈华文、陈淑君	浙江
《为神性加注——唐宋叶法善崇拜的造成史》	吴　真	天津市
《演剧、仪式与信仰——民俗学视野下的例戏研究》	李跃忠	湖南
《清江流域土家族始祖信仰现代表述研究》	林继富	北京市
《刻道》	刘　锋、吴小花	贵州
《城中村的民俗记忆——广州珠村调查》	储冬爱	广东
《闯关东年画》	曹保明	吉林

【成立长春市舞蹈家协会】 2013年12月1日，长春市舞蹈家协会正式成立，并在长春市老干部大学召开第一次会员代表大会。会议选举产生长春市舞蹈家协会主席、副主席、秘书长人选。长春市舞蹈家协会的服务宗旨是坚持文艺为人民服务、为社会主义服务，落实长春市委“文化惠民、文化育民、文化富民”的精神，团结组织长春各民族舞蹈家，舞蹈文化工作者，广大舞蹈文化爱好者，发展和繁荣社会主义舞蹈事业，满足人民群众日益增长的精神文化需求，提高人民群众的思想道德素质和科学文化素质，更好的推动长春的社会主义经济建设、政治建设、文化建设和社会建设，充分发挥长春舞蹈家、舞蹈艺术工作者、舞蹈文化爱好者对社会的积极规范、健康向上的作用，为长春舞蹈文化产业的挖掘、探索、发展做出贡献。

【档案管理和信息报送工作】 市文联加大档案管理力度，做好重要档案的收集、整理、管理工作，使重要档案做到了及时收集、立卷、整理、归档，并及时向同级档案馆移交。2013年上半年，向市委信息处、市委宣传部等部门上报信息30余条，向《中国文联简报》上报长春市文艺界各项文艺活动、文艺资讯信息20余条，向各兄弟文联单位进行文艺信息交换1580多条。

【长春市文学艺术界联合会组织联络部荣获全国文联系统先进集体】 由于工作成绩突出，2013年6月，长春市文联组织联络部被中国人社部、中国文联评为全国文联系统先进集体。

（王德田）

群众文化

【概况】 2013年，长春市公共文化服务体系示范区创建工作取得阶段性成果。长春市群众艺术馆开展“银龙起舞关东年”系列活动、长春市2013年“百姓大舞台”主题文化活动、群众精品展演、长春市第二届群众文化团体艺术大赛、农民文化活动月等系列群众文化活动，全年组织活动3593场次。其中，演出291场次，培训辅导2524场次，展览778场次。各类公益培训辅导50多万人次，参与群众总数200万人次，推动了长春市公共文化服务体系示范区建设。

第二届群众文化团体艺术大赛决赛现场

【基础设施建设】 作为创建国家公共文化服务体系示范区必备条件之一的长春市群众艺术馆馆舍建设工程项目于2013年7月1日正式开工建设，2013年11月顺利完成主体封顶的建设任务。项目地址位于南关区，华新街与谊民路交会处（长春市市政府西南角）。项目总占地面积15009平方米，建筑面积25073平方米。项目总概算为2.2亿元。其中，建筑费用为1.6亿元；购地6000万元。项目实行代建。建成后的长春市群众艺术馆将是一个集辅导、培训、演出、展览、交流、休闲娱乐、健身、非遗传承、音乐欣赏及专业艺术生产等功能于一体的集成式、复合型、综合性群众文化活动基地。可日接待人数约1360人次，年接待人数50万人次。

【“百姓健康舞”普及培训活动】 百姓健康舞是中国舞蹈家协会针对广场舞蹈的活动现状，借鉴国际先进的舞蹈理念，创编完成的一套以普适性、示范性和生态健康性为特点的群众性舞蹈。自2013年4月起，长春市群众艺术馆、各区文化馆及相关单位面向全省、市地区及社区艺术团文艺骨干开展了两期“百姓健康舞”骨干培训班；以骨干培训班所培训的教师为主，在长春市文化广场、各城区社区艺术团活动基地、学校、部队、医院等地建立了51个辅导基地，并在各辅导基地进行普及性辅导。仅广场基地培训“百姓健康舞”达4个半月，培训4950人次。2013年9月7日，吉林省暨长春市百姓健康舞展演活动在长春市文化广场正式拉开帷幕。来自长春市24支展演队伍近2080名广场舞爱好者参加了表演。长春市群众艺术馆荣获吉林省长春市百姓健康舞普及推广展演活动优秀组织奖。

【群星奖】 群星奖是中华人民共和国文化部为繁荣群众文艺创作，促进社会文化事业的繁荣与发展而设立的全国社会文化艺术政府奖，从2004年开始，评奖纳入中国艺术节中，每3年举办一届。第十届中国艺术节“群星奖”戏剧类决赛于2013年10月19日至25日在山东省威海市举行，来自全国的120多个作品参加决赛。长春市群众艺术馆选送的戏剧小品《候车大厅》代表吉林省参赛，荣获第十届中国艺术节“群星奖”优秀演出奖。

【文化庙会】 2013年，文化庙会暨元宵节新秧歌大赛是在原有的秧歌大赛的基础上扩充而来，现场活动包括"非遗"项目展示、新秧歌大赛等众多内容。作为文化庙会的重头戏——秧歌大赛，首次将活动场地从户外移至室内，在长春市体育馆内举行。活动历时2个多月，覆盖长春市5个城区的100多个社区，有1750人参赛。经过5场各城区的选拔赛，从35支参赛队伍中评选出8支优秀秧歌队伍进入决赛。决赛当天，各参赛队情绪饱满，竞争激烈，评委进行现场打分、现场公布名次，并现场向获奖队伍颁奖。在秧歌大赛的同时，长春市群众艺术馆还组织了富有地域特色的《关云德满族剪纸》《于英刀刻画》《董丛仁草编》《东生泥人》等非遗项目传承人进行现场表演、现场剪福字、现场送剪纸活动，送出剪纸约2000余张，受到广大群众热烈欢迎。

【公益培训与辅导】 2013年，长春市群众艺术馆针对不同对象举办的文化馆（站）业务骨干培训班、社区文艺骨干培训班、文化大院业务骨干培训班、文化志愿者培训班，覆盖长春市的9个城区和5个外县（市）。全年开设15期培训班，受众人数69000人次。免费开放公益培训班，共开设9项课程，18个班次，培训学员600余人。根据学员的不同程度分设普及班和提高班，并在原来培训基础上选出优秀学员组建馆办艺术团。7月，开展长春市少儿暑假艺术夏令营公益培训班，开设4门课程，每周一、周四授课，夏令营为期1个月，培训学员1200人次。

【幸福社区系列活动】 2013年，长春市群众艺术馆在长春市各社区举办了第六届社区艺术节、"幸福长春·欢动一夏"社区文艺演出、"金婚、银婚"图片故事展等活动。第六届社区艺术节。2013年6月1日，长春市2013年"百姓大舞台"第六届社区艺术节暨第二届群众文化团体艺术大赛活动正式启动，活动历时3个月，举办90场次初赛选拔，8场次复赛，2场次决赛，得到社会各界的大力支持。活动覆盖9个城区，吸引近万名市民群众参与其中，累计10万余人次观看比赛。"幸福长春·欢动一夏"社区文艺演出。2013年8月至9月，长春市群众艺术馆与社会力量合作开展了"幸福长春·欢动一夏"社区文艺演出。在长春市内5个城区、4个开发区所属区域内街道、社区广场、小区广场组织开展30场文艺演出，社区居民积极参与，反响热烈。"金婚、银婚"图片故事展。2013年，长春市群众艺术馆与新文化报社共同举办"金婚、银婚"图片故事有奖征集活动，活动收到照片200余幅。来自15个家庭的40余幅照片通过新文化报和长春市群众艺术馆网站进行展示。通过认真评定，评出一、二、三等奖15名，优秀奖30名。

元宵节秧歌大赛的舞狮表演

【非物质文化遗产】 国务院决定从2006年起，每年6月的第2个星期六为全国的"文化遗产日"。为纪念第8个"文化遗产日"，做好非物质文化遗产的传承保护工作，长春市群众艺术馆组织了"关云德满族剪纸"进校园传习活动、"董丛仁草编"进社区授徒仪式等活动，有24家广播、电视、报纸和网络进行了报道。2013年6月4日，长春市省级非遗项目"关云德满族剪纸"传承人关云德在长春市剪纸特色学校二道区腰十小学与师生进行精彩的现场交流互动。关云德老师现场向同学们传习满族剪纸工艺，30多名剪纸爱好者兴致勃勃地学习了满族剪纸工艺技法。在现场，师生还共同创作了剪纸作品《我的梦》，关云德老师对师生作品作了点评，现场气氛热烈。2013年6月5日，长春市群众艺术馆、二道区文体局、清河街道办事处在南昌社区联合举办"董丛仁草编技艺"传承人董丛仁收徒仪式。现场有5位草编爱好者向董丛仁行拜师礼，正式成为董丛仁草编技艺的入门弟子。这5位徒弟中有在职教师、干部、在读大学生、退休职工等，他们都是多年热衷于草编艺术的爱好者。董丛仁老人还现场展示精彩的草编技艺，让前来参加活动的社区群众感受到草编技艺的魅力。

【馆办艺术团】 2013年，长春市群众艺术馆对艺术团辅导1700多课时，辅导人数达5万人次。开展社区艺术团公益培训15期，培训总人数11万人次，对3个农民工子弟校进行公益培训，培训总人数23040人次。组织部分艺术团在文化广场、社区、农村文化大院开展主题或专题文化活动，组织部分艺术团到文化广场、社区演出50余场次，组织艺术团到农村、敬老院演出20余场次，受到各界好评。2013年，长春市群众艺术馆社区艺术团在2012年基础上增加10个，并筹备完成5个大学生艺术团的建设工作。文艺骨干的队伍不断壮大，为志愿者协会成立做好前期人员储备。

【广场文化系列活动】 按照《长春市2013年"百姓大舞台"群众文化活动总

体方案》的整体部署和要求，长春市群众艺术馆举办了启动仪式文艺演出、第二十六届春芽少儿文艺演出、群众文化精品展演、“百姓健康舞”展演活动、东北亚艺术周等演出活动。全年承担演出活动百余场次，观众100余万。

【农民文化活动月】 按照中共长春市委宣传部《关于组织开展“长春市农民文化活动月”的通知》文件要求，长春市群众艺术馆认真落实，制定《长春市群众艺术馆农民文化活动月工作实施方案》，并根据方案的具体安排，开展长春市基层群众文化队伍培训、国家公共文化服务体系示范区农村文化建设成果展、长春市农民诗歌大赛等几项工作，受到群众的热烈欢迎。基层群众文化队伍培训。长春市基层群众文化队伍培训于8月13日至20日在农安、榆树开班，开设包括舞蹈、声乐理论及实践等课程，受到广大基层文艺骨干热烈欢迎。培训60课时，2620人次。国家公共文化服务体系示范区农村文化建设成果展。长春市群众艺术馆在德惠、榆树、双阳、九台、农安举办书画、美术作品展览。各县市展出书画美术作品1014幅。其中，书法作品338幅；绘画作品661幅；美术作品15件。近万名观众到现场参观展览。展后，各县市选送80件优秀作品参加市级展出。长春市农民诗歌大赛。长春市农民诗歌创作大赛初赛及作品征集活动得到市民群众积极参与，经过初赛评选出86件作品进入决赛，经专家评选，《长春我的梦想我的祝福》等49件作品获奖，2013年11月14日，在长春市群众艺术馆举办了颁奖仪式暨座谈会。

【展览展示】 2013年，长春市群众艺术馆举办长春市首届“黑土奇葩”特色画巡展、“群星璀璨”全国群众美术书法摄影长春赛区优秀作品巡展、长春市创建国家公共文化服务体系示范区系列成果展、农民文化月——优秀农民美术书法获奖作品展等主题展览380场次、参与群众3万多人次。“黑土奇葩”特色画巡展。长春市群众艺术馆于2012年10月25日至2013年1月18日举办长春市首届“黑土奇葩”特色画巡展。共征集包括那志强无笔水墨画、九台农民画、树叶画、董咏啸关东纸贴画、袁氏皮画、于英刀刻画、宏达葫芦画等作品80余幅。在长春市各区所辖社区以及文化馆、高校等7个展厅进行巡回展览，共计120场，参观群众5000余人次。巡展每到之处都引起了所在社区居民的浓厚兴趣。“群星璀璨”群众美术书法摄影作品巡展。2013年5月起，由长春市文化广电新闻出版局主办、长春市群众艺术馆承办、长春市各县(区)文化馆协办的“群星璀璨”全国群众美术书法摄影展长春赛区优秀作品巡展在长春市6个城区文化馆先后进行了近8个月的展出。本次展览展出的是2012“群星璀璨”全国群众美术书法摄影优秀作品展的获奖作品，其中摄影作品《文化大院里的笑声》等12幅作品获得国家级及省级大奖。

（李欲伟）

长春市朝鲜族群众艺术馆培训作品展演

【朝鲜族群众文化活动】 2013年，长春市朝鲜族群众艺术馆建设有了圆满结果，在原39中学旧址，与南关区文化馆合建近1万平米的场馆，其中市朝鲜族群众艺术馆面积占6500多平方米。6月破土动工，截至10月末，已经建设了地下主体工程，将在2014年10月全部工程竣工。艺术馆围绕“迎新年长春市朝鲜族团拜会”“正月十五朝鲜族老年民俗游戏比赛”“中朝文化交流巡回演出”“2013年文化庙会暨新秧歌大赛”“三八节朝鲜族妇女联欢会”“端午节民俗体育活动”“吉林省第六届少数民族传统体育运动会”“长春市朝鲜族中学第三届校园艺术节”“吉林省朝鲜族围棋协会成立20周年庆祝大会暨第十六届中国朝鲜族老年围棋赛”“吉林省暨长春市百姓健身舞展演”“吉林省第五届‘老年风采’大赛”“全国百姓健身舞系列节目——优秀作品展演”、下乡文艺演出、“2013年艺术馆群众文艺辅导代表作品展演” 等主要工作任务，开展丰富多彩的群众文化活动。全年完成全市规模的群众文化活动5次，参与人数3万多人次；辅导声乐、器乐、舞蹈等文艺节目100余个、辅导天数2000余天，辅导人数1万多人次，组织参加包括下乡演出在内的各种文艺演出30余次，创作文艺作品30余个，获省级、国家级奖近30个，开展国内外文化交流活动5次。2013年长春市朝鲜族群众艺术馆获得了省市级民族团结进步先进单位荣誉称号、长春市精神文明先进单位荣誉称号。

（赵香淑）

长春报业

【舆论引导】 2013年，长春日报社较好地发挥了主流媒体的舆论引导作用。全年有 100 件新闻作品在国家、省、市好新闻评选中获奖，其中 4 件作品获国家级奖项。围绕长春市中心工作，《长春日报》开设“党报记者走基层”“奋战 150 天”“记者观察”“推进大建设大改造”“推进依法行政建设法治政府”“突出发展民营经济”等专栏 20 余个，刊发专版 30 多块、稿件 1000 多篇，对全市重大项目、重点工程、民营经济发展、市容环境综合整治等工作做全方位报道。《长春晚报》“爱心城管”系列宣传报道，在社会上产生积极影响，引起省委常委、市委书记高广滨，市长姜治莹的关注并签批，受到市委常委、宣传部部长吴德金的表扬。

【特色专刊】 《长春日报》从 5 月 8 日起，与市委宣传部、市民生办联合推出报中刊—《幸福长春》，以每周 1 期 4 个版的频率，凝聚建设“幸福长春”的思想共识，再现全市共建幸福长春的决心与行动，捕捉人民群众共享发展成果的幸福感，营造了“幸福长春”建设的良好氛围。《幸福长春》周刊得到市委、市政府的大力支持，省委常委、市委书记高广滨，市长姜治莹分别在前两期的首页上，发表幸福感言。至 2013 年底，《幸福长春》周刊已连续刊出 30 期 120 个专版。《长春日报》创新典型宣传报道方式，开办人大和政协两个政治性专刊，突出党报权威性。截至年底，《人民选我当代表我当代表为人民》《政协提案追踪》两个专刊共刊发代表、委员专访 70 多篇。受到市人大、市政协相关领导充分肯定，取得良好社会效果。

【“两微”带动】 推进新媒体建设。日、晚两报通过发展官方微博、微信，吸引读者与报纸互动，进而推进媒体转型升级。《长春晚报》腾讯官方微博拥有粉丝 45 万，在吉林省媒体微博中名列第二。官方微信自 2013 年 3 月开始运营，拥有用户 1.5 万，省内影响力领先。《长春日报》腾讯官方微博和微信相继于 2013 年 8 月、9 月开通，微博的粉丝量以每天上百的数量增长。

【完善制度】 结合群众路线教育活动，报社全面推进建章立制工作。制定了《长春日报社制度汇编》，完成《长春日报社编务手册》等近 90 项规章制度的拟定和修订工作。

【文化建设】 重建了长春日报社书画院，成立长春日报美术协会、书法协会、摄影协会，“一院三会”得到广大职工的热烈响应。

（郭 春）

文化广电新闻出版

【概况】 2013 年，长春市获得国家公共文化服务体系示范区称号；全市有 8 处 18 项获评第 7 批全国重点文物保护单位；长春市获得全国文化志愿服务工作优秀单位称号；第四届长春图书博览会暨首届长春读书节荣获中国会展业年度大奖“2013 年度中国十大优秀特色展会”；大型少儿励志剧《大山里的红灯笼》在省委宣传部、省文化厅主办的“全省国有转企改制文艺院团重点剧目评选”活动中，荣获一等奖第一名，并被省委宣传部列为“吉林省 2013 年文艺精品工程”重点剧目和申报中宣部第 13 届精神文明建设“五个一工程”奖评选重点作品；长春市“扫黄打非”工作领导小组办公室被省“扫黄打非”工作领导小组评为先进集体，被团省委授予“青少年维权岗”先进集体称号；长春评剧院选送节目在“国粹传承”首届评剧(北京)电视邀请赛上荣获四项金奖；长春市免费开放经验在全省推广。全年系统本级印发《长春文广新信息》15 期，采用信息 248 条，约 20 万字，被市政府办公厅评为上报国办、省办信息先进单位。全年办复议案提案 34 件，被市政府评为提案承办先进单位。

【公共文化服务体系建设】 长春市顺利完成国家公共文化服务体系示范区的创建任务，综合评审在中部 11 个创建城市中名列第二，荣膺国家公共文化服务体系示范区称号，全市公共文化服务体系建设水平得到全面提升。加强制度设计工作，长春市的课题《长春市社会力量参与公共文化服务机制研究报告》以优异成绩通过国家评审。落实规划，对标达标，全面完成示范区创建任务。严格对照国家标准，认真落实创建规划，在国家验收组实地检查过程中，长春市 72 项指标全部达标，优秀率 95.8%，市、县(市、区)两级公共文化服务设施设置率和达标率 100%。制定出台 6 个规范性文件和一系列服务规范，探索鼓励和引导社会力量参与公共文化服务的新模式。率先在全国以市委、市政府的名义出台 28 条《关于引导和鼓励社会力量参与公共文化服

市领导检查文化市场安全生产情况

务的若干意见》。落实人才保障。为乡镇(街道)综合文化站和全市347个社区配齐文化专干，全市每个行政村都有一名享受财政补贴的文化辅导员。举办基层文化队伍、综合文化站长、社区文化工作者、文化志愿者培训班16期，培训人员2000余人次。长春市获得全国文化志愿服务工作优秀单位称号。

【幸福长春计划】 全市重点文化基础设施建设项目顺利实施，其中市博物馆主体工程基本结束、群众文化活动中心主体工程实现封顶、朝鲜族群众艺术馆地下主体工程全部结束，市图书馆改造任务如期完成。全市24个文图两馆全部达标，综合文化站、村(社区)文化活动室按计划完成建设任务，并按要求达到国家标准。市直公共文化场馆向市民实施免费开放。完成“送戏下乡”等公益演出活动109场、大型广场文化活动220场、公共图书馆讲座80场、主题展览20场、长春市艺术精品系列演出6场，举办第六届农民文化节、文化庙会、新秧歌大赛等文化活动，丰富和活跃群众文化生活。第四届长春图书博览会暨首届长春读书节成功举行，为低保户、贫困大学生等特殊群体发放850万元购书卡，落实市委、市政府文化惠民政策，并荣获中国会展业年度大奖“2013年度中国十大优秀特色展会”殊荣，推进“书香长春”全民阅读活动深入开展。“公益电影”放映工程按计划如期完成。艺术创作收获新成果，大型少儿励志剧《大山里的红灯笼》在省委宣传部、省文化厅主办的“全省国有转企改制文艺院团重点剧目评选”活动中荣获一等奖第一名；该剧已被省委宣传部列为“吉林省2013年文艺精品工程”重点剧目和申报中宣部第13届精神文明建设“五个一工程”奖评选重点作品。“戏剧星期六”以常态化的系列演出形式成为长春市品牌项目，其演出的《第十九个陌生人》《坏话一条街》《翠花，上酸菜》等节目让广大青年朋友近距离感受到长春戏剧艺术的青春气息，促进戏剧艺术的传播与发展。

【文化体制改革】 做好三局合并及文化市场综合执法支队整合挂牌的后续工作，强化队伍作风建设，实现各项工作的有机融合。深化长春演艺集团有限公司体制改革和内部机制建设，完善演艺集团内部架构。做好体制改革善后工作，解决历史遗留相关问题，市直文艺院团体制改革工作取得进展。深化行政审批改革，对行政审批程序、项目进行梳理，完成全局行政审批权限清理，并将审批权限统一划归至行政审批办公室，实现行政审批“一站式”服务。优化审批流程，梳理审批流程，减少审批要件，做到法律法规规定之外无要件；开展行政审批权限下放工作，形成局行政审批权限下放方案，下放总数29项。

【文化遗产保护】 实现长春市国家级保护单位“零”的突破，8处18项不可移动文物成为全国重点文物保护单位。依法开展文物保护修缮工作的审核、审批及文物行政执法督查。完成准国家级的文物保护单位“一院四部一衙”的规划和维修立项申请，开展城区馆藏文物保护情况调研。推进全市第一次可移动文物普查工作，已普查各类国有单位3000余家。成功举办中国孔庙保护协会第十六届年会。非物质文化遗产得到有效保护和利用，已挖掘《九台农民画》《满族神鼓制作》等23个非遗项目。

【文化市场监管】 建立文明服务工作目标责任制，实行首问(办)负责制，健全和完善行政审批监督追究问责机制，建设审批事项网上申报、网上审批系统，提高行政效能。设置长春市文化广电新闻出版局依法行政建设法治政府组织机构，成立“长春市文化广电新闻出版局重大案件审理委员会”，对文化市场综合行政执法行为进行指导、监督，依法行政工作落到实处。开展6次“扫黄打非”文化市场集中专项清理整顿行动，全面排查公共文化聚集场所存在的突出问题和安全隐患，市扫黄打非办公室被省“扫黄打非”工作领导小组评为先进集体，被团省委授予“青少年维权岗”先进集体称号。组织版权知识教育普及活动，举办企业版权知识培训会，公众版权保护意识明显增强，软件正版化工作取得阶段性成果。加强广播电影电视管理，做好重点部位和重点时段的安全防范，强化广播电视广告播放管理。长春市协众农村院线公司九台管理站、农安管理站两家单位被评为全省服务农村服务基层文化建设先进集体。

【安全生产管理】 建立健全三级安全生产管理长效模式，开展安全生产隐患大检查大整改活动，制发《全市文化广电新闻出版系统安全生产管理责任制》《全市文化广电新闻出版系统消防安全隐患集中排查整治行动工作方案》《全市文化广电新闻出版系统集中全面开展安全生产隐患大检查、大整改实施方案》等15个安全生产检查指导性文件，多次召开安全生产工作会议，严格落实领导干部安全生产“一岗双责”，开展全系统的安全生产隐患大排查。全系统行业成立25个安全生产隐患大检查大整改工作督查组，对全系统、全行业细致排查，确保实现全市文广新系统安全生产形势平稳好转。开展全市文广新系统安全生产知识培训暨消防应急演练活动，对局直属单位进行逐户排查，对发现的安全隐患采取坚决果断措施，有效防止重大安全事故发生，被市防火安全委员会评为“2012～2013年冬春百日会战先进单位”和“2013年长春市消防工作先进单位”。

(李　镇)

长春出版社

【概况】 2013年，长春出版社出版新书490种，一批优秀图书如期出版。如《重读先哲》《青少年科学启智系列》《中国古典名剧》《无障碍读经典》等，其中《沧桑河山》丛书被新闻出版广电总局列入2013年“向全国青少年推荐的百种优秀图书”；《利息理论的深度比较与中国应用》荣获第四届中华优秀出版物国家图书提名奖；《侯外庐全集》(21卷)被列入国家出版基金扶持项目(扶持资金230万元)，这是长春出版社成立25年来在这一领域的首次突破;《旗帜的力量》入选中宣部、新闻出版广电总局组织开展的第五届优秀通俗理论读物，全国10种，吉林省只此1种;《满族古老记忆的当代解读》荣获全国城市出版社优秀图书一等奖;11月份长春出版社被评为吉林省文化企业十强和吉林省文化体制改革先进单位。实现图书发行码洋2.63亿元,实洋回款全年突破1.2亿元,创长春出版社成立25年来的最高水平。

【图书政治安全】 2013年,长春出版社对图书的内容安全和生产安全高度重视,严把图书的政治关,决不让任何一本有问题的图书出版。策划《廉洁政治的理论与实践》《李大钊与马克思主义中国化研究》等图书。出版和再版一批有关党的建设理论及反映努力践行社会主义核心价值观的优秀模范人物先进事迹的图书。再版《郭明义故事》《沈浩故事》《杨善洲故事》《永远的雷锋》和《旗帜的力量》等。5月份《旗帜的力量》入选中宣部、新闻出版广电总局组织开展的第五届优秀通俗理论读物,吉林省只此1种。策划由张岂之先生主编的《侯外庐全集》共21卷,并正式进入到国家出版基金扶持项目中。侯外庐先生建立马克思主义的中国思想史研究范式，对建国以后中国历史、思想史研究产生重要的影响。该选题作为年度重点选题，被列入国家出版基金扶持项目(扶持资金230万元),这是长春出版社成立25年来在这一领域的首次突破。策划《中华文化元素丛书》50余种,该书从汉字、茶、节庆、宫殿、书画、武术、戏曲、青铜器等多个蕴含中华文化元素的诸事为描述对象，通过蕴藏中华元素的文化事象、文化符号,彰显可亲可敬的中国风格，奉献给异域受众,增进国际传播,推动中国文化“走出去”,再现中华文化经典魅力。

【发挥“千万元工程”的龙头和带动作用】 吉林省具有自主知识产权的长春版国标《语文》教材的修订改版及市场开发工作取得较好效果。长春出版社进行这套吉林省唯一具有自主知识产权国标教材的修订工作,对原有教材进行修订和完善,力争顺利通过二次审定。做好教材的发行及后继服务工作，确保教材在全省的市场占有率，使该教材的整体经营工作上新水平。同时《书法教材》等一批新的项目正在申报。继续培育和打造“无障碍阅读”这一全国知名品牌。长春出版社在全国出版界率先开创“无障碍阅读”的先河,形成独特的、具有“无障碍阅读”特点的品牌图书。在原有版本的基础之上,推出《四大名著无障碍阅读》网络版,《四大名著无障碍阅读》的大字版、精装版等在市场上仍然取得较好的经营业绩。年初北京会期间推出“无障碍阅读”系列产品的延伸产品——《无障碍读经典》共12本,在市场上取得较好的反响。原有品牌图书《名侦探柯南》《数学绘本》等图书在全国图书市场也取得较好经营业绩。

【推进网络出版和数字出版】 2013年,长春出版社在网络出版和数字出版方面加大力度,拓展新领域。以“68所名牌学校100分试卷网”的二期建设为主要工作目标,加强团队建设,丰富产品结构。形成以原搜狐吉林站为班底的市场化的技术及运营团队,突破技术瓶颈,在网络建站及软件设计方面具有一定竞争力,为扩大业务范围打下基础。产品方面,完成“68所名牌学校100分试卷网”二期的基础构架、会员中心、在线答疑、试卷下载、资源库等模块的开发工作,能够实现在线下载、在线测试诊断等功能,按时完成项目进度。另外,网络游戏“城市部落数字竞技娱乐项目”进入到宣传推广阶段。

(李春芳)

电影

【长影喜获第十五届华表奖3项大奖】 2013年12月26日,第十五届中国电影华表奖在北京举行颁奖典礼，长影凭借《辛亥革命》《索道医生》《马达加斯加3》在1000多部参评影片中脱颖而出,荣获优秀故事片、优秀农村题材故事片、优秀译制片等3项大奖，这是长影自文化体制改革以来在该奖项上获奖最多的一次，是长影继2012年连获中宣部五个一工程奖3项大奖之后，再次实现了“十二五”期间电影主业创作的崭新突破。

【《索道医生》获电影频道传媒大奖组委会奖】 2013年6月22日,由长影总导演雷献禾执导,郭中束编剧,取材于全国敬业奉献模范邓前堆的真实事迹拍摄的电影《索道医生》在第16届上海国际电影节获得了中国新片单元暨电影频道传媒大奖。

【影片获农村题材电影优秀故事片奖】 2013年10月26日,2013中国优秀农村题材电影表彰典礼在江苏兴化举行,长影集团出品的影片在本次颁奖礼上收获颇丰,共获得优秀故事片、最佳女配角、最佳男配角、优秀男主角、优秀新人、优秀编剧、最佳编剧、优秀导演等8项大奖。其中,《索道医生》《信义兄弟》《大太阳》等3部影片获优秀故事片奖。

【《铜雀台》导演赵林山获得“亚洲杰出导演”奖】 2013年3月3日,长影集团青年导演赵林山获得美华艺术协会颁发的“亚洲杰出导演”奖项。长影影片《铜雀台》在纽约大学、纽约电影学院、南加州大学等美国院校的展映及座谈会。导演赵林山与当地师生就中国电影的发展前景以及对世界电影的影响等课题进行了热烈互动。

【《索道医生》入选韩国“2013中国电影节”】 2013年6月16日由长影集团出品、创作拍摄的十八大重点献礼影片《索道医生》成功入选韩国“2013中国电影节”展映影片。本次电影节为期4天,11部优秀中国影片将陆续在电影节期间展映。《索道医生》此次走出国门,通过电影这种无国界的艺术形式，将中国云南傈僳族原生态的自然风光和民族语言,以及影片中所传达出的无私奉献、大爱无疆的高尚精神呈现到韩国观众面前。

【长影8部经典电影入选优秀影视片目录】 2013年,中宣部、教育部、共青团中央决定向全国青少年推荐100种优秀图书、100部优秀影视片。其中，由长春电影制片厂拍摄的的8部经典电影入选了100部优秀影视片目录，反映出长影作品历久弥新的影响力和感染力。其中《祖国的花朵》在目录中排第一位，该片也是新中国第一部正面反映校园生活的影片。此外，还包括爱国主义红色经典影片《董存瑞》《上甘岭》《红孩子》《英雄儿女》以及反映重大历史事件的《甲午风云》《开国大典》和感人至深的儿童电影《远山姐弟》。在这8部经典电影作品中，出品年代最早的是《祖国的花朵》，拍摄于1955年，最近的一部则是《远山姐弟》。这些作品都兼具思想性、艺术性和观赏性，既反映了现当代少年儿童积极向上的精神风貌，也反映了不同年代、不同历史人物的崇高爱国主义情怀。

【长影早期建筑被录入全国重点文物保护单位】 2013年，国家文物局公布第7批全国重点文物保护单位，有1943处不可移动文物名列其中，长春电影制片厂早期建筑（1939年）作为近现代重要史迹及代表性建筑，也进入全国重点文物保护单位（以下简称“国保单位”）之列。长影老厂区建筑前身为“满洲映画株式会社”，于1939年11月竣工，仿照德国“乌发”电影厂模式设计，是当时远东地区最大的电影制片厂。此次入选“国保单位”，意味着长影老厂区建筑的历史性、文化性受到国家充分肯定，对于加强老厂建筑保护、维护建筑安全起到了重要作用。

【长影集团成东博会文化展区耀眼“明星”】 2013年9月11日，第9届中国－东北亚博览会落幕，长影集团成为本届东博会文化产业展区里的耀眼“明星”。本届东博会，长影以图片、文字、视频、异形海报、经典人物再现等多种宣传方式，展示近年来在电影主业创作所取得的优异成绩，以及作为文化体制改革先进单位，在文化产业创新、发展方面的“先锋”和“示范”作用。集团以正在制作中的爱情喜剧《我的前任是极品》、3D动画《龙之谷》以及十八大献礼重点影片《索道医生》作为主打宣传项目。此外，集团还展示了以《辛亥革命》《铜雀台》为主的大制作影片，以《大太阳》《信义兄弟》《云上学堂》等为主的“小成本，精制作”的农村题材影片所取得的可喜成绩。在产业方面，长影世纪城2期“华夏翱翔”、长影SNOW项目、长影海南“环球100”以及长影电影院等4大产业项目成为宣传重点。

（赵　乐）

文物保护

【概况】 2013年5月3日，国务院印发《关于核定并公布第七批全国重点文物保护单位的通知》，长春市有8处18项文化遗产入选，实现了全国重点文物保护单位零的突破。3月至12月，配合长春市文物局完成部分国家、省、市级重点文物保护单位的保护规划编制及文物维修工程方案的论证工作。5月至6月，对长春市早期工商业旧址做了一次全面深入的实地调查。7月，对全市D级危房中文物保护单位安全隐患做全面排查。8月，根据《国务院关于开展第一次全国可移动文物普查的通知》精神，为期5年的第一次全国国有可移动文物普查正式启动，首先进行以县域为单元的国有文物收藏单位的摸底调查。9月至10月，完成长春市区三普登记不可移动文物的复查工作。4月至6月，长春市文物保护研究所联合双阳区文物管理所开展双阳区西偏脸地遗址抢救性考古发掘工作。学术研究方面，《中东铁路支线长春段调查报告》正式出版，该书收录大量珍贵的历史照片和图纸，配以详细的现场实地调查资料，集中体现中东铁路支线长春段调查的工作成果。

【长春市全国重点文物保护单位实现零的突破】 5月，国务院审批通过第七批全国重点文物保护单位，下发《关于核定并公布第七批全国重点文物保护单位的通知》，长春市有8处18项文化遗产入选第七批全国重点文物保护单位名录，涵盖了长春市从青铜时代至辽金、清末、伪满以及建国初期各个不同时期最有典型代表性的文化遗产，集中体现长春市文物遗存的精华，反映地方历史的发展脉络。其中包括五家子遗址（青铜时代），揽头窝堡遗址（金代），农安辽塔（辽代），吉长道尹公署旧址（清代），伪满皇宫及日伪军政机构旧址（包括伪满洲国皇宫旧址、伪满洲国国务院旧址、伪满洲国军事部旧址、伪满洲国司法部旧址、伪满洲国经济部旧址、伪满洲国交通部旧址、伪满洲国民生部旧址、伪满洲国外交部旧址、伪满洲国综合法衙旧址、日本关东军司令部旧址，日本关东宪兵队司令部旧址），伪满洲国中央银行旧址，长春电影制片厂早期建筑，长春第一汽车制造厂早期建筑。这次入选的8处18项不可移动文物为长春市首批全国重点文物单位，为了配合长春市“国保”实现零的突破，更好地介绍长春的历史文物，长春市政府举办“全国重点文物保护单位揭牌仪式暨国际博物馆之夜”及“年轻的城市、古老的土地—长春市历史文物图片巡展”活动。在社会各界取得的良好效果，对促进全市文化遗产保护知识普及、增强文化遗产保护意识起到积极作用。

【长春市早期工商业旧址调查】 为明确长春历史文化资源，2013年5月起，长春市文物保护研究所开展为期2个月的长春市早期工商业旧址调查，调查对象以建国前长春市的工商业建筑为主，通过此次实地调查，对102处早期工商业建筑进行摄影测绘登记，留存了大量关于长春市早期工商业建筑的第一手资料。

【长春市双阳区西偏脸地遗址考古发掘】 4月至6月，长春市文物保护研究所联合双阳区文物管理所开展双阳区西偏脸地遗址抢救性考古发掘工作。通过此次对西偏脸地遗址的科学考古发掘，明确长春地区辽金时期古代人类生活、生产信息，为研究长春市辽金时期文化提供重要的实物资料。

【第一次全国可移动文物普查工作正式启动】 根据《国家“十二五”时期文化改

革发展规划纲要》，国务院决定从2012年至2016年开展第一次全国可移动文物普查。此次普查分工作准备、普查实施和验收汇总3个阶段。经过前期的准备工作，长春市于2013年8月展开以县域为基本单元的普查工作，成立长春市第一次可移动文物普查领导小组及领导小组办公室。长春市普查办先后在8月和10月派出普查员参加了由吉林省文物局举办的第一次可移动文物普查业务骨干培训班，组织长春地区普查业务骨干培训。截至2013年末，长春市第一阶段的普查准备工作全部完成，完成国有文物收藏单位的普查登记，下一步将逐步展开文物认定工作。

【长春市区三普登记不可移动文物复查】 长春市在第3次全国文物普查中登记不可移动文物369处，为核实已登记不可移动文物保护状况。2013年秋，长春市文物保护研究所开展针对长春市区内已登记不可移动文物复查工作，核实市区内已登记不可移动的数量和保护现状，该复查成果将成为制定相关保护规划和编辑《长春市文物志》的重要依据。

【“四有”建设】 长春市文物局继续完善长春市各级文物保护单位“四有建设”工作。继续建立健全各级文物保护单位电子档案，对伪满皇宫旧址、长春第一汽车制造厂早期建筑等10处全国重点文物保护单位及10余处省市级重点文物保护单位进行保护标志说明牌制作、安装、修复工作。

（崔殿尧）

图书馆

【概况】 2013年，长春市图书馆经费总投入4071万元，其中文献购置费1000万元。固定资产累计9030万元。文献入藏总量207251册（件），其中，中文图书162724册；报刊12166份；电子文献3万件；盲文图书538册；视听文献499件；地方文献303册（件）；其他1021册，截至2013年12月末，长春市图书馆总藏量2727618册（件）。接待到馆读者575059人次，办理读者证3073个，文献外借316224册次；解答咨询209687条；开展文献宣传活动32次，向读者推荐文献1012种、1600册（件）；举办各类读者活动137次，参与人数达138429人次。其中讲座、培训112次，24000人次；展览10次，54500人次；其他活动15次，56929人次。长春市图书馆“城市热读”公益讲座以“打造文化服务品牌，培育社会阅读风尚”为己任，继续推出“传统文化”“关东讲坛”“健康养生”“财经漫谈”“阅读论坛”“文艺赏析”“社会热点”“素质教育”“科普空间”“生活百科”等10个系列讲座栏目，馆内举办75场，馆外举办10场，受众2万余人次，媒体报道近700次，社会反响良好。2013年1月，长春市图书馆荣获长春市委宣传部授予的2012年度全市宣传思想文化工作标兵单位称号；3月，荣获长春市教科文卫体工会授予的“2012年度先进工会”称号；4月，荣获电子工业出版社授予的“最佳馆藏图书馆”称号。5月，荣获吉林省图书馆学会授予的“2009～2012年度先进单位”称号；12月，荣获长春市文化广电新闻出版局授予的“2013年度全市文化广电新闻出版系统政务信息工作先进单位称号”。

【配合国家公共文化服务体系示范区创建工作】 2013年，长春市图书馆积极准备迎检材料，抽调专门力量指导县区图书馆进行业务指导和技术服务。馆长谢群等3人作为示范区专项推进组主要成员参与验收工作，多次下基层进行督导、调研，对各县（市）区示范区创建工作及图书馆评估定级工作提出认定标准与建议。

【总馆馆舍改造工程】 经过2年时间，长春市图书馆总馆馆舍完成约2万平方米的装修改造工作，包括原主体楼的阅览区、开架书库、综合楼青少部、办公区域、部分管道、楼体、防水的外装设施改造及消防安防工程重新布线装修工作。通过装修改造，长春市图书馆总馆环境结构布局得到优化，形成大开间、多元化、多功能的服务格局，真正成为长春市民共同的大书房和城市的“第三空间”。

【分馆建设】 2013年，长春市图书馆完成示范点建设、文献配送、业务培训与辅导等项工作，新建市回族小学、希望高中等协作分馆10家。配送文献28次，其中图书111731册，期刊6311册。组织集中培训6次，参加培训人员860余人次。截至2013年末，长春市图书馆有分馆108家，初步建立起设施完善、体系合理、机制灵活、覆盖范围广泛的公共图书馆服务体系。

【“城市热读”举办国家级讲座】 8月，由文化部牵头组织的“大地情深——国家艺术院团（馆）志愿服务走基层活动”走进“城市热读”讲坛，在长春广电中心剧场为市民献上2场高品质的艺术赏析讲座。讲座聘请中央美术学院和中国美术馆的两位教授主讲，吸引长春市近千名艺术工作者、院校师生和爱好书画艺术的普通市民前往，社会反响良好。

【立法决策参考服务】 2013年，长春市图书馆开展立法决策信息服务，为长春市人大编辑《面向长春市未来五年立法规划——立法决策参考》和《面向长春市2013年立法计划项目“地名管理条例”专题》，为长春市立法决策发挥积极作用。

【“两会”信息服务】 2013年，在长春市十四届人大二次会议和长春市政协十二届二次会议（以下简称“两会”）期间，长春市图书馆为“两会”代表、委员参政议政提供高质量的文献信息咨询服务。主要包括编辑全国十城市人代会议议案目录（2011～2013）；选取经济转型等当前全市经济社会发展面临的热点难点和人民群众关注的焦点15个主题，编制长春市“两会”信息服务专刊《聚焦——2013年热点信息参考》；建设决策参考信息网站，以微网站的形式建立常态化的服务；在现场设立长春市图书馆“两会”服务处，提供全方位、专业化、现代化的随会

"爱读书 荐馆藏"——亲子阅读团荐购主题活动

服务。包括为代表委员起草和完善建议、提案提供深入、专业的课题咨询，触摸屏电子报刊阅览，免费办理长春市图书馆借阅证，热门书籍借阅、报刊阅览，图书馆海量数字资源自助检索，免费发放长春市数字图书馆阅读卡，赠阅长春市"两会"信息服务专刊，全部开放国研网数据库资源。在"两会"期间，长春市图书馆每天编辑一期《舆情动态》，为代表、委员及时传递民情民意。

【"书博会"系列文化活动】 在第四届中国(长春)图书博览会暨首届长春读书节上，长春市图书馆作为参展单位举办历届文津奖获奖图书展示、历届文津奖获奖图书展销、长春市图书馆数字阅读体验、"阅读时光"主题图片展、长春市图书馆特藏文库展示等活动。其中数字阅读体验区的海量数字资源随意阅读体验、数字图书阅读卡免费发放、实用的数字阅读知识讲座等活动成为会场的一大亮点。

【未成年人阅读系列活动】 长春市图书馆在世界读书日和"六一"儿童节期间分别举办"爱读书荐馆藏"——亲子阅读团荐购主题活动和"关爱农民工子女共享阳光阅读"图书荐购活动。在活动现场，读者根据自己的阅读需求从销售的书籍中进行选择，书籍由市图书馆购入，读者60日内返还图书馆，作为图书馆馆藏，供其他小读者共同分享。这种方式吸引众多小读者和家长参与，孩子们的自主选择，家长的亲子荐购，使活动充满温馨与关爱，一方面丰富馆藏，同时也弥补图书馆选书方式的不足，切实做到"为人找书"。

【服务宣传周活动】 2013年5月27日至6月2日，长春市图书馆以"书香中国——阅读引领未来"为主题，以推动全民阅读为主旨，以服务农民工读者和未成年读者为重点，在馆内外举办丰富多彩的图书馆服务宣传周系列活动。包括在长春市图书馆总馆和长春市内4个行政区分馆分别举办20场长春市社区文化工作者系列培训；在长春市朝阳区重庆街道北安社区农民工工地设立图书漂流站；在长春市莲花山旅游经济开发区泉眼镇泉眼村新设分馆并举行开馆仪式；举办"共享阳光阅读"农民工子女图书荐购活动；在四季青小学举办关爱农民工系列专场讲座——《中国家长应如何做好孩子教育》；举办面向未成年人及其家长的两场"城市热读"专题讲座——《阅读，使童心永远不老》与《儿童摄影技巧》；举办一系列文献展阅和推介活动。活动期间还举办两场用户信息素质培训系列讲座，引领市民走进数字阅读时代。

【"盛世圆梦·书海启航"有奖春联征集活动】 2013年，长春市"盛世圆梦·书海启航"第16届有奖春联征集活动，得到来自全国27个省(市)、自治区的238位春联爱好者的热情参与，有1068副春联作品参评。经过春联评审专家小组遴选，最后评选出一等奖3名，二等奖25名，三等奖72名。

【现代化系统平台建设】 2013年，长春市图书馆规划、设计了RFID智能化管理系统、手机图书馆及客户端服务系统、短信平台服务系统、电话语音服务系统、读者微信平台发布系统、自助复印打印系统、电子阅览室自助管理系统、高清智能多媒体发布系统、馆域固话虚拟网系统、多媒体导读系统、视听艺术中心服务系统等。系统平台以先进的设计理念、可扩展性的功能需求为基础，以便民、利民的发展模式为引导，可在改造后的信息服务中为市民提供更为现代化、智能化、便利化的全媒体服务体验。

【馆刊《品读》创刊】 7月，长春市图书馆创办以建设书香城市、推广全民阅读为宗旨的导读类内部刊物《品读》。刊物意为"品中晓，读中悦"，为双月刊。刊物主要包括焦点关注、市图讲座、八角荐书、特色馆藏、藏书阁、数字悦读、图林博览、图情速递、文化广角、阅读分享等栏目。因其兼具文化性、趣味性、参与性及高品质，社会反响良好。

（王英华）

卫　生

【概况】　截至 2013 年末，长春市有医疗卫生机构 4224 家，其中，医院 164 家，专业公共卫生机构 47 家，社区卫生服务中心(站)92 家，乡镇卫生院 135 家。卫生从业人员 60896 人。其中，卫生技术人员 43463 人，执业(助理)医师 18464 人，注册护士 16433 人。医疗卫生机构床位 44944 张，门诊病人人均医疗费用 218.9 元，住院病人人均医疗费用 10349.3 元。医疗卫生机构诊疗 31672278 人次，医疗卫生机构入院治疗 111.1 万人。每千人口床位 5.97 张，每千人口卫生技术人员 5.77 人，每千人口注册护士 2.18 人，每千人口执业(助理)医师 2.45 人。

【健康长春行动计划】　健康长春行动计划已实施 5 年。推进长春市的健康促进工作，实施从控制慢病危险因素到慢病早期发现，早期治疗和后期康复的慢病控制模式。由政府主导，各部门分工负责的促进全民健康做法得到了世界卫生组织的肯定。2013 年 6 月 9 日至 14 日，第八届全球健康促进大会在芬兰首都赫尔辛基召开。长春市的做法在发展中国家具有很好的示范作用，被世界卫生组织选取为全球范围内具有典型特色的城市应邀参加大会并作大会主题发言。长春市成为自 1986 年大会举办以来中国唯一的受邀请城市。

【基本药物制度】　完善基药网上采购工作，加强网上药品采购监管。规范基层医疗机构基本药物采购、使用、资金结算。编制预采购计划，实现药品带量采购，基层医疗机构药品供应更加及时和有计划性。2013 年，全市基层医疗机构统一平台采购药品 1.58 亿元，统一平台药品资金结算 1.2 亿元。加强药品采购网络监管培训，为全市 182 家政府办基层医疗机构统一配发基本药物电子扫码设备，为实现基本药物全程监管提供物质保障，实现基本药物从出厂、销售、到患者使用的全程无缝隙质量监控。

【公立医院改革】　推进县级公立医院改革试点，双阳区医院改革试点的主要内容是全面推行药品零差率销售，建立以岗位工作数量、服务质量、病人满意度为主要考核内容的政府补偿和绩效分配机制，以及卫生行政部门对医院、医院对职工的双绩效考核机制。药品销售实行总额包干、超支不补、结余留用、提前支付的新农合支付方式改革和实施转诊率控制、结余分成的分级诊疗管理改革。农安县医院的改革以建立“五项机制”为主要内容，实行全部药品零差率销售；政府对医院药品零差率销售减少的收入给予补偿，纳入财政预算，按月拨付；实行新农合基金总额预算包干，结余部分可用于绩效工资补偿，超支部分自行承担；实行“先诊疗、后结算”管理，患者住院只交自付部分费用、不需交押金就可住院治疗。

长春市实施市级公立医院改革

县级公立医院改革试点，取得较好效果。2013年，农安县医院门诊人次比2012年增长3.2%；医疗收入比2012年增长26.13%；床位使用率上升9.8%。双阳区医院门诊人次比2012年上升28.39%；医疗收入比2012年增长41.7%；门诊次均费用147.73元，比2012年降低8.76%；出院患者平均住院日从7.9日下降到6.3日。5个县级医院的改造升级已经全部完成，九台市医院是全省建设标准和设施水平最高的县级医院。县级医院作为区域医疗中心的作用和能力越来越强。农民就医70%是在县以下医院完成的。

启动市级公立医院改革试点。一次性启动市二院、肝胆医院、中医院、传染病医院、人民医院等五家医院的公立医院改革。通过公立医院改革，强化这5家医院作为全市医疗体系重要骨架的地位、保证可持续发展。在全国率先探索以切断"以药养医"为突破口的公立医院改革模式。强化政府对公立医院投入机制的建立。5家医院实施"药品零差率"后，使群众的受益面更广，特别是象慢性肝炎这样的"消耗性疾病"费用得到明显的控制。改革运行以来，效果初步显现，5家医院门诊量16.58万人次，比2012年上升37%；次均门诊费223.64元，下降16%；住院人次上升10%，患者平均住院费用下降18%。

【卫生应急】 在"6·3"事件中，急救人员在极短时间内布置到位。紧急指定定点医疗机构、组建医疗专家组。急救人员现场冒着生命危险，承担伤员转运和遗体的转运工作，彰显了卫生应急队伍的救死扶伤精神。医疗机构精心治疗，370名医护人员参与抢救，累计专家会诊392人次，实施手术15台次。市、区两级疾控中心对火灾现场进行卫生处理，实现灾后无大疫的目标。

【传染病防控】 完善传染病三级控制网。农安县在鼠疫防治和氟中毒防控成果不断巩固，在全省评比排名第一。宽城区加强传染病防治能力建设，在全市首创医用垃圾统一管理模式，受到卫生部的肯定。计划免疫工作不断加强，全市完成标准化计划免疫门诊的建设任务。长春市如期实现消灭脊灰和麻疹的目标，全年无疫情发生。结核病防治工作取得新成绩，巩固和加强以市传染病医院为中心，各社区卫生服务机构为网络的防控体系。市传染病医院重症中心已完成建设，并投入使用。免疫规划疫苗接种率达95%以上。疑似异常反应的监测网络报告覆盖率100%。规范处置率100%、48小时内报告率98.16%、48小时内调查率100%、个案完整率100%。完成脊灰强化免疫活动。两轮服苗报告接种率均为97%以上。符合治疗标准的艾滋病感染者和病人接受规范抗病毒治疗比例达90%以上；政府将艾滋病的专项投入纳入政府经费预算，确保工作经费足额到位；重点加强流动人口和重点公共场所服务人员艾滋病防治知识的宣传教育，知晓率达90%以上；全市二级以上医疗机构建立艾滋病检测筛查实验室覆盖率96.88%。涂阳肺结核报告发病率比2012年下降30%，涂阳肺结核密切接触者筛查率95%，结核病人系统管理率95%以上。构建专科医院与结防机构耐药结核病防治服务模式，市结防所已开展药敏试验和痰培养工作；县级结防机构均具备开展痰培养能力。以县为单位，精神疾病防治网络覆盖率100%，网络录入重性精神患者22746人，录入率3‰。开展人间布病流行病学调查4188人，血清学检查1374人。职业人群布病防治和防护知识知晓率达90%以上。

【妇幼保健】 2013年，全市活产数54455人。全市已初步建立起"产科门诊—妇幼保健机构—基层医疗保健机构"孕产妇信息共享机制；朝阳区连续4年无孕产妇死亡发生；南关区对高危孕妇跟踪紧密，切实保障母婴安全；助产、计生技术服务机构专项整治力度大，标准严。对各县(市)区、开发区初审合格的助产、计生技术服务机构进行逐一复核，覆盖率100%。二道区、净月区、莲花山区、榆树市整合优势资源，将技术力量薄弱的机构关停。吉大一院二部、中日联谊医院和部分市直单位结合通报内容，整改不足，重新申报。全市达标合格的助产机构53家，计划生育技术服务机构107家，母婴保健技术服务水平得到提高。实施贫困危重孕产妇进行医疗救助，救助额度500元~2000元，救助贫困对象628人，救助资金近26万元。落实农村孕产妇住院补助政策，提高孕产妇住院分娩率。实行在结算医疗机构"一站式"办公，简化相关手续，对工作流程实行阳光管理，做好项目公示。全年累计补助农村孕产妇28006人，补助资金840.18万元，补助率102%，全市孕产妇住院分娩率99.99%。多措并举，剖宫产率平稳下降。将降低剖宫产率纳入各县(市)区、开发区全年卫生工作绩效考核指标体系，并与各卫生行政部门签订目标责任书；通过孕产妇死亡评审会，妇幼卫生培训

长春市参加全球第八届健康大会并作主题发言

等时机，反复强调降低剖宫产对降低孕产妇死亡重要意义;督导考核中,侧重对医务人员剖宫产指征把握的考试考核。朝阳区、双阳区、榆树市力度较大,剖宫产率下降明显。市产院严格奖惩机制,对超标科室科主任实行经济处罚甚至免职处理,收到较好效果。强化培训,提高助产人员技术水平。对全市144名各助产机构医生、助产士、新生儿科医生进行“正常产异常情况处置、新生儿窒息复苏”等内容培训;组织各县(市)区、开发区妇幼保健机构主管院(所)长、妇保科长、项目管理人员等30余人,对孕产妇死亡评审材料收集、整理和报告形成等内容进行培训，提高基层医务人员的理论水平和急诊急救能力。全市农村贫困妇女“两癌”宫颈检查13372人,乳腺检查13441人,超额完成任务1921人。中央补助地方项目农村妇女“两癌”检查项目地区由原有3个扩展为6个，全市农村妇女宫颈癌检查22999人。儿童死亡率下降。指定各基层医疗保健机构对居住地7岁以下儿童建册建档,跟踪服务,实行“首诊负责、一管到底”,对迁出、流动人口中的儿童必须完善交接手续,确保全覆盖服务。全市7岁以下儿童保健覆盖人数384437人,覆盖率91.39%。

【优生优育】 免费婚检创新服务模式,加大宣传力度,争取政府支持,与妇联、民政、计生等部门沟通协作,为婚检对象提供登记、婚检“一站式”便捷服务。2013年对20682名婚检对象进行婚检，超额完成省卫计委11948任务数,二道区、榆树市婚检率超过40%。全市新生儿苯丙酮尿症、新生儿甲低筛查63752人,比2012年增加12.4%，新生儿听力筛查45492人，筛查率83.54%，远超省级50%指标。孕期艾滋病、梅毒快速检测逐步推广。组织69家社区卫生服务中心、134家乡镇卫生院检验人员开展艾滋病快速检测培训，推动全市基层医疗保健机构孕期艾滋病快速检测点的建立。对预防艾滋病、梅毒和乙肝母婴传播项目,孕产期保健,新生儿的管理及干预措施等内容开展专题培训。为检查出的阳性产妇及所生婴儿进行母婴阻断,为1名艾滋病感染孕妇和3名艾滋病感染孕产妇所生婴儿进行了阻断用药。全年制作艾滋病、梅毒和乙肝预防保健工作宣传折页4种各5000张，宣传单2种各2000张,下发到各助产机构、社区卫生服务机构、乡镇防保站和村所等,对就诊孕产妇免费发放。绿园区艾滋病免费咨询4771人,HIV免费检测4252人,梅毒免费检测4232人，乙肝免费检测4261人,艾滋病孕期检测率86.19%。全市乙肝免疫球蛋白使用3250余支。

【社区卫生】 全市有标准化社区卫生服务机构69个。其中,城区社区卫生服务中心53个、外县(市)区社区卫生服务中心16个。国家级示范社区卫生服务中心5个，省级示范社区卫生服务中心26个。开展培训,提升社区卫生服务能力。完成全市全科医生、注册护士、防保人员及其他卫生人员695人的理论培训。每人进行80学时的实践技能培训。组织2次全市居民健康档案(电子档案)和老年人健康管理培训,规范工作标准,明确工作流程,提高基层工作人员的业务水平。开展社区卫生服务机构医务人员进修需求调研。选派业务骨干到市级医疗机构进修学习，提供灵活的进修周期以及学习方式，以达到学习工作两不耽误的格局。长春市36家“健康小屋”运行平稳。累计为16.4万名居民进行免费检测,接受健康咨询311515人，为208452名居民进行免费健康指导，建立并更新居民健康档案20513份。全面完善电子信息系统，确保信息数据达到国家标准。对11类43项基本公共卫生服务项目进行了补充、完善。社区卫生软件系统全面加强了市、区、中心三级信息统计分析管理平台,通过对健康档案、慢病管理、孕产妇管理、儿童管理、老年人管理等数据的分析,掌握全市公卫服务情况。并借助此平台的统计功能来考核社区卫生工作,实时掌握信息的录入率和准确率，确保录入数据真实可靠。

【基本公共卫生服务均等化】 全市城乡居民规范化健康档案建档人数653.1万人，规范化电子健康档案建档率61.42%。规范管理高血压患者221658人、糖尿病患者61977人、重性精神病患者22408人。完成60岁以上老年人健康管理65.2万人，老年人健康管理率77.9%。孕产妇健康管理51552人,管理率94.67%;7岁以下儿童健康管理人数384437万人,系统管理率91.39%。卫生监督协管服务、中医药服务基本实现全覆盖。在2013年的国家基本公共卫生服务考核中综合分数全国第3名，现场考核打分全国第1名。

【健康教育】 推进控烟工作，牵头拟定

新购置的特种急救车

《长春市控制二手烟草烟雾危害管理办法政府规章》。借助"婚博会",宣传无烟婚礼。全市有10%的酒店举办100%的无烟婚礼,50%酒店开展90%的无烟婚礼,控烟效果显著。组织省肿瘤医院、省抗癌协会等14家单位进社区、进学校、进企业,围绕乳腺癌、宫颈癌等方面内容,开展一系列大型健康宣传活动,增强广大老百姓尤其是妇女、吸烟等重点人群的健康意识和自我防护能力。利用"肿瘤防治宣传周""无烟日""六一"国际儿童节等节假日和卫生日,开展形式多样的健康教育宣传活动。制作、展出健康知识宣传板60余块,发放控烟知识宣传画、宣传单和小册子等2万份,营造全面控烟的良好氛围。美国埃莫瑞大学专家、美国疾控中心专家、国家项目组专家3次来长检查工作,对长春市的控烟工作给予充分肯定。

长春市已初步构建一个立体的多维的健康教育渠道,以社区为平台,开展一对一义诊咨询、培训讲座、发放传播材料,让百姓通过最便捷的方式了解健康知识;利用行业单位,开展健康教育知识进公园、进广场、进单位、进农村;利用媒体,报纸、广播、电视、网络,微博、微信处处可见健康知识。比如"健康生活方式倡导大型活动""5·31世界无烟日宣传""高血压主题宣传活动"。抓住重点人群,实现健康行为干预。编制《健康谈话》,分为公务员健康专刊,发放给长春市的公务员,女性健康专刊,发放给长春市企事业单位职工,社区居民健康专刊,发放给社区居民,医务工作者健康专刊、教师健康专刊、大学生健康专刊,分人群重点发放。在细分重点人群的基础上同时细分疾病,通过宣传册的方式进行重点疾病宣传《人感染H7N9禽流感防控指导手册》《我要告诉你因为我爱你》控烟手册、《国家基本公共卫生项目宣传》手册、《科学用盐指导》《无烟婚礼系列宣传手册》,同时通过宣传展板的方式开展主阵地的巡展宣传。

【医疗质量】 开展医疗安全年活动。各医疗机构加强管理,推进手术分级管理工作,加强病例质量监管,开展护士岗位技术练兵和技术比武活动,通过护理技能大赛等系列活动的开展,把优质护理服务示范工程提高一个层次。加强医疗监督执法工作,强化医疗纠纷和医疗事故的处理,全年无重大和有社会影响的医疗事故发生。吉大一院、省医院、百合口腔等医院的一批学科又被卫生部确定为国家重点学科,长春市总体医疗水平进一步提高。无偿献血工作和血液安全得到加强,全年采血量36.2吨,保证临床用血安全。急救中心完成新址搬迁,完成重大医疗救助任务,全年有效出车8.9万次。

【卫生监督】 会同公安、食药、计生委等部门开展整顿医疗秩序打击非法行医专项行动。重点对药店"坐堂医"、民营综合医院、妇产科医院、女子医院、医疗美容医院超范围执业、聘用非卫生技术人员等突出问题进行重点监督检查。对医疗事故单位的责任追究。对医学会鉴定为医疗事故的医疗机构及医务人员给予处罚。开展集中空调使用单位摸底调查工作,全市有108家集中空调使用单位,单位底数清楚,安装时间清楚。探索新扩公共场所监管模式,开展公共场所量化分级管理。全市评出住宿、洗浴、游泳等公共场所A级单位30家。完成国家饮用水监督监测工作。对市政供水、居民小区二次供水、末梢水以及餐饮单位、超市等食品加工用水进行现场监督监测和实验室检测,抽检结果通过长春日报、新文化报等媒体向社会公布,发布监督监测信息3次。适时发布预警信息。分别在重要节日、中高考和春、秋气候变化易发生水污染时节通过媒体发布饮用水安全预警6次。加强医疗美容机构应用放射诊疗技术、乡镇卫生院放射卫生、职业健康体检机构的监督管理,有针对性进行专项整顿和规范化管理。开展全覆盖的监督检查。

【村卫生室建设】 完成一村一个公立所的认定,全市认定1670个。完成公立所设施标准化配置,实施每年不少于40个学时的乡村医生培训,开展乡村医生承担基本公共卫生服务均等化试点。按照不低于80平方米的标准,完成221所标准化村卫生室的建设,50所村卫生室实施基本药物制度。

【卫生基础建设】 市直卫生三项基本建设得到国家、省和市政府的资金支持。中心医院正在进行室内装修,市中医院已主体封顶,儿童医院项目前期审批手续办理完毕,着手施工。市急救中心完成异地搬迁。奥地利政府贷款600万欧元医疗设备陆续投入使用,2000万美元外国政府贷款得到国家立项。社区卫生信息化升级改造工程全面完成,市直8家单位医院管理信息化一期工程投入使用,医疗卫生信息化管理水平得到提高。

【卫生科教】 实施科技兴医和人才培养战略,各医疗卫生单位加大对科研支持和人才培养力度,加大对外交流与合作力度。市儿童医院、市传染病院、市心理医院等医疗机构加强对外技术交流,与美国、瑞典、荷兰、韩国以及香港的交流合作项目不断推进,取得显著成果,南关区与欧盟合作的社区精神卫生管理项目,心理医院与荷兰孤独症筛查项目都具有国际水平,吉林心脏病医院引进欧洲一线专家来院行医,使该院的心脏病诊疗能力达欧洲领先水平。组织多批专业技术人员到国外培训和考察。19项科研课题获得省级科研立项,肝胆医院获得市科技进步一等奖。医学高等专科学校发挥基层培训基地作用,承担全市基层卫生人员培训和考核工作。全年培训基层卫生技术人员790人,乡镇卫生院业务骨干263人,乡村医生1894人。

【中医中药】 巩固基层中医体系建设,社区中医服务深受群众欢迎,成为社区卫生服务的一张名片,得到国家中医药管理局的高度重视。全国中医药基层管理工作现场会在长春市召开,南关区鸿城社区卫生服务中心中医特色服务、生修堂中医院中医文化受到与会者广泛赞誉。农安、双阳中医院、市中医院全部纳入同级公立医院改革,长春市的做法受到国家中医药管理局局长王国强充分肯定。基层中医服务能力提升工程全面推进，中医预防保健与康复服务能力建设项目全面启动。落实中医药人才培养计划，一乡一个针灸师、一个中医师项目继续推进，70名优秀中医师接受师承。开展中医传统挖掘和继承工作，组织开展传统诊疗方法的挖掘工作，推进一技之长人员纳入乡村医生管理工作。10家中医院通过省级二级甲等中医医院评审验收，市中医院通过国家组织的三甲复审验收。2013年，争取到国家和省局中医服务项目10个，是最多的一年，获补助资金5000万元。

（姜德强）

全民健身日活动

体 育

【群众体育】 落实“健康长春——全民健身行动计划”，投入近400万元，科学布局城区健身设施，完成94套社区健身路径的安装，超额完成年初30套器材安装计划目标，实现社区健身路径全覆盖。推进“百镇千村”农民体育健身工程，使更多乡镇、村屯的居民享受健身带来的快乐，投入近500万元，为10个乡镇、100个行政村安装健身器材。开展健身器材进军营活动，为驻长部队配建3个体育广场健身器材，赠送足球、篮球、乒乓球、跳绳、毽球等5000余件体育用品。围绕学生、职工、农民、妇女、老年人、残疾人、少数民族等7大人群开展主题系列活动，开展了吉林省暨长春市“全民冰雪活动季”、中国体育彩票全国青少年学生冰雪冬令营、吉林省暨长春市“春节健身大拜年”、第四届长春外国友人运动会、吉林省“全民健身百日行”活动启动仪式暨端午龙舟邀请赛、无限极世界行走日、安利纽崔莱健康跑、中国长春净月潭国际友好城市半程马拉松邀请赛等贯穿全年重要节点的健身活动1000余项次，丰富市民体育生活。提高全民健身服务人员业务素质，组织各类业务培训10期，培训人数近800人；到城乡街道社区、乡镇村屯、机关企业和大型广场等地，为近1.5万人提供体质监测服务；完成国家体育总局交办的20～69岁人群体育健身活动和体质状况抽测工作任务。促进体育融入“城市网格化管理”，在城区划分108个体育网格，设立网格长，开展丰富多彩的社区体育活动；开发建设了长春市全民健身网站——108体育网格服务系统，满足市民科学健身需求。完成全国“十二五”公共体育设施建设培训会议接待工作。来自全国33个省、区、市的130余会议代表，参观考察长春市净月潭国家级全民健身户外基地、南湖公园国家级冬泳健身中心和榆树市文体中心、健身休闲广场等，对长春市城乡公共体育设施建设成果给予了高度评价。9月1日，在4年一届的全国群众体育先进单位和先进个人表彰大会上，长春市连续第6次被评为“全国群众体育先进单位”，13个先进单位、10名先进个人受到国家体育总局表彰，部分先进个人和先进代表受到总书记习近平的亲切接见。

长春市参加省乡村健身大擂台

【竞技体育】 召开长春市竞技体育工作会议，对新的4年周期竞技体育工作任务进行部署；制定实施《2012–2016年长春市竞技体育人才发展规划和布局》，强化训练基础工作，完善新周期竞技体育项目布局。统筹2014年第十七届省运

第四届外国友人运动会

会、2015年第八届全国城运会、2016年第十三届全国冬运会备战工作；参加省和国家各级体育赛事，通过实战，检验和锻炼竞技体育队伍。加强体育后备人才基地建设，在国家体育总局组织的评估检查中，长春市体育运动学校、长春市军体校、长春市青少年业余体校、长春市冰雪业余体校、长春市短道速滑学校（平泉小学）5个单位再次被评为国家高水平体育后备人才基地。协助省体育局参加第十二届全运会，长春市培养、输送的79名运动员代表省参加11个项目比赛，夺得金牌9枚、银牌5枚、铜牌8枚，总分470分（吉林省获13金、17银、17铜，977分），占金牌总数的69.2%，贡献率位居省内市州榜首。特别是长春亚泰俱乐部U18足球梯队代表省参赛，最终获得3枚铜牌，创造该项目吉林省历次参加全运会最好成绩。截至2013年末，长春市培养输送的运动员参加年度国际国内重要体育比赛31项次，夺得世界冠军8个，向国家队（集训队、青年队）输送运动员22人。长春市体育局被吉林省体育局授予“2012年度市州体育突出贡献奖”；长春市冰雪业余体校、长春市体育运动学校、长春市青少年业余体校、长春市业余军事体育学校4个单位被国家体育总局授予2009-2012全国群众体育（青少年体育）先进单位；有4人被授予先进个人；长春市冬季运动管理中心被授予全国体育系统先进集体。

【体育赛事】 承办2013年国际乒联世界巡回赛中国乒乓球公开赛，来自21个国家和地区的116名运动员参赛，一流的竞赛组织，优良的接待服务得到国际乒联、中国乒协和参赛运动员的一致好评，中国乒协赛后致函长春市政府表达谢意。完成瓦萨国际越野滑雪赛、国际雪联长距离积分赛、世界杯自由式滑雪等10项次国际国内赛事的承办工作。举办长春市中学生运动会等市级体育竞赛活动160余项次、各级体育活动800余项次。举办裁判员培训班8期，申报、审批国家级裁判员6人，一级裁判员24人，二级裁判员198人。

【体育产业】 推进体育产业发展，会同相关部门，完善了《长春市人民政府关于加快发展体育产业实施意见》。通过监管、培训方式，加强高危体育项目管理工作。举办游泳救生员培训班7期，培训千余人次，提高游泳救生员的职业素质。根据国家体育总局、国家统计局有关规定要求，确定长春市体育产业统计调查实施方案，启动体育及相关产业调查工作。长春市体育彩票销售额14.4亿元，占吉林省总销售额43%以上，创历史新高。

【设施建设】 配合高新区做好奥林匹克公园建设工作，体育场主体框架完成90%，正进行环梁施工；体育馆主体框架基本完成，环梁安装完毕；游泳馆主体框架完成80%，看台板已浇筑完成；全民健身中心基础处理方案已经确定。完成长春市体育运动学校、长春市军体中心射击射箭馆新址工程前期勘探、施工图设计等项基础工作，正在办理可研报告、立项批文、土地规划等相关手续。

（孙彩贤）

城乡人民生活

【概况】 2013年，长春市城市居民人均可支配收入达到26034元，比2012年增长13.3%，其中，工薪收入增长12.3%，经营净收入增长36.3%，财产性收入下降66.8%，转移性收入增长7.6%。城市居民人均消费性支出为21929元，比2012年增长28.8%。农民家庭人均纯收入为10060元，比2012年增长11%。农村居民人均生活消费支出6542元，比2012年增长11.7%。2013年末城乡居民储蓄存款余额3107.1亿元，比年初增长11.3%。

【城市消费水平】 2013年，城市居民人均消费支出26034元，比2012年增长13.3%。其中，食品消费6093元，增长15.1%；衣着消费2399元，增长9.9%;家庭设备用品及服务消费1218元，增长17.1%；医疗保健消费2095元，增长1.2%；交通和通讯消费3659元，增长77.6%;教育文化娱乐服务消费3095元，增长29.6%；居住消费2526元，增长22.5%。

【农村消费水平】 2013年，农村居民人均生活消费支出6542元，比2012年增长11.7%。其中，食品消费2309元，增长2.4%；衣着消费504元，增长7.7%；居住消费1099元，增长41.8%；家庭设备用品及服务消费246元，下降4.6%；交通通讯消费836元，增长27.2%；教育文化娱乐服务消费608元，增长14.5%；医疗保健消费714元，下降2.1%；其他商品和服务消费225元，增长21.6%。

【消费结构】 2013年，城市居民恩格尔系数为27.8%，下降1.8个百分点；农村居民恩格尔系数为35.2%，下降3.3个百分点。城市居民消费支出中，衣着消费比重为10.9%；家庭设备用品及服务消费比重为5.6%;医疗保健消费比重为9.6%；交通通讯消费比重为16.7%；娱乐教育文化服务消费比重为14.1%；居住消费比重为11.9%。农村居民人均生活消费支出中，衣着消费比重为7.7%；居住消费比重为16.8%；家庭设备用品及服务消费比重为3.8%；交通通讯消费比重为12.8%；娱乐教育文化服务消费比重为9.2%；医疗保健消费比重为10.9%；其他商品服务消费比重为3.4%。

【消费特点】 食品消费结构逐步优化。全年人均食品消费6093元，增长15.1%，占消费支出的27.8%。其中，粮油类增长20%，干鲜瓜果类增长5.8%，糕点、奶及奶制品增长18.6%，饮食服务增长10.8%，肉禽蛋水产品类增长16%，蔬菜类增长15.2%。服装消费从经济实惠型向个性化、品牌化、时装化转化。2013年，人均衣着支出2398.7元，比2012年增长9.9%，占消费支出的9.2%。住房质量进一步提高。2013年人均居住支出2526元，比2012年增长22.6%，占消费支出的9.7%。居住服务费171.9元，增长4.1%。居民家庭在教育文化娱乐方面的消费不断增多。教育文化娱乐人均支出3095元，比2012年增长29.6%。团体旅游人均支出628元，增长126%。医疗保健支出持续增长。医疗保健人均支出2094元，比2012年增长1.2%，占消费支出的8%。保健器具人均支出35.0元，药品费人均支出663.8元，滋补保健品人均支出124.7元。其他商品和服务支出快速增长。其他商品和服务人均支出845元，比2012年增长10.3%。

（曹军飞）

婚姻家庭

【概况】 长春市有婚姻登记处14个，其中城区6个、县（市）4个、开发区4个。2013年，全市办理结婚登记80581对，离婚登记28663对。

【结婚登记】 开展婚姻登记机关等级评定工作。对场地总面积符合3A标准的农安、双阳两家婚姻登记机关进行具体部署，要求其做好登记区的布局调整和设施添置改造工作，对照等级评定标准做好等级申报。截至2013年末，双阳区民政局婚姻登记处由于客观原因硬件未达标，农安县民政局婚姻登记处各项指标达到3A级婚姻登记机关标准，等待民政部专家组检查验收。有效应对特殊日期的结婚登记工作。2013年1月4日，长春市各婚姻登记机关办理结婚登记

4922对，再创全市结婚登记新高峰。

【离婚登记】 2013年，长春市各婚姻登记机关依法对离婚登记手续齐全，尤其是根据离婚协议书的内容，对当事人在子女抚养、财产及债务处理等事项明确的情况下，准予办理协议离婚登记。全年办理离婚登记28663对。

（郭大鹏）

2013长春市婚姻登记情况统计表

	结婚登记(对)	离婚登记(对)
总　计	80 581	28 663
朝阳区	7 687	2 114
宽城区	4 532	2 199
南关区	5 345	2 100
二道区	3 890	1 764
绿园区	5 012	2 011
双阳区	3 988	2 134
高新区	1 024	378
净月区	1 487	544
经开区	2 355	633
西新区	3 511	988
农安县	9 877	3 322
德惠市	10 176	3 285
九台市	8 239	3 091
榆树市	13 458	4 100

计划生育

【概况】 截至2013年末，全市总人口772.9万人，比2012年同期增加5.5万人，出生人口42565人，出生率5.51‰，自然增长率1.63‰，计划生育率95.78%，完成吉林省下达给长春市的人口计划指标。

【免费孕前优生健康检查】 2013年，市政府设专项经费250万元，将各县（市）区全部纳入国家免费孕前优生健康检查项目，并将免费服务范围由农村人口扩大到全市城镇人口（含流动人口），实现城乡全覆盖。2013年，全市为65481人进行免费孕前优生健康检查和优生指导。

【乙肝病毒母婴传播阻断】 在实施高标准的乙肝病毒母婴传播阻断项目基础上，2013年，免费开展为孕前乙肝五项异常的健康配偶注射乙肝疫苗的服务。聘请中国工程院院士、北京大学医学部教授庄辉为顾问，与吉林大学第一医院、长春市疾控中心等单位合作，在全国人口计生系统为首创。截至2013年末，全市乙肝孕妇入组938人，出生婴儿接受阻断630人，随访350人，341人成功阻断，阻断成功率为97.43%。

【创建幸福家庭活动】 长春市的创建幸福家庭活动得到国家、省人口计生委的高度重视。中国人口福利基金会《创建幸福家庭活动通讯》刊登长春市的活动报道。《人口与计划生育》杂志就“关注优生增进幸福感、聚焦优生检查全覆盖”问题，对长春市的人口计生工作进行专访和专题报道。在全国“5·15国际家庭日”纪念活动中，长春市人口计生委应邀做大会发言。《长春市幸福家庭发展之路》画册出版。目前，全市创建面达100%，65%的计生家庭基本实现幸福家庭标准。

【两项奖扶制度落实】 确保农村部分计划生育家庭奖励扶助、计划生育家庭特别扶助配套资金及时到位。全市纳入国家农村部分计划生育家庭的奖励扶助人数为32381人，长春市应匹配资金为115.12万元；纳入国家计划生育特别扶助的人数为8446人，长春市应匹配资金为92.4万元。截至2013年末，全部兑现完毕，兑现率100%。

【流动人口计划生育服务管理】 免费为流动人口中计划怀孕的已婚育龄夫妇进行孕前优生健康检查，同时对检查出乙肝阳性的夫妇免费进行乙肝母婴阻断治疗，使流动人口同户籍人口一样享有均等的宣传教育、生殖健康、避孕药具、生育关怀、维权服务等，基本公共服务均等化试点工作得到国家和省人口计生委的充分肯定。流动人口计划生育免费技术服务率、免费药具获得率、流动人口个案信息采集入库率，以及流动人口绩效考核等指标均在95%以上。

【依法行政工作】 印发《方便群众办证的八项规定》，简化办证手续，缩短办证时间。到基层对群众关心的社会抚养费征收和管理工作进行督导，对适用法律法规的正确性、执法程序的合法性、执法文书的规范性、使用票据的规范性、自由裁量权的适度使用以及所收费用是否及时上交规定账户等问题进行严格规范。局长接待日活动中，受理群众来访 3875 人（件）次，全部按时办理完毕、正常结案。

【人口信息化平台建设】 与省本级人口计生信息平台实时对接的信息平台应用率达 100%。探索建立人口信息共享平台，已完成公安、民政、教育、人社、卫生等 15 个相关部门人口信息的共享。与市妇幼保健所进行出生人口信息核对，进一步提高全员人口统计数据质量。投入 100 余万元实现和扩大村级信息化平台建设目标，全市 1517 个村，有 1290 个村达标，覆盖率为 85%。全员人口个案主要数据项完整率达 97.39%以上，逻辑关系准确率达 96.4%以上，出生人口录入率达 98%以上。

【计生网底建设】 下发《计生专干实用手册》，对全市计生专干分层次、分批培训，夯实网底建设。双阳区奢岭街幸福村计生主任张淑芹 2013 年被评为"最美在基层—中国人口十佳杰出人物"，《人民日报》刊发其事迹报道。

（王星予）

民族工作

【概括】 2013 年，长春市有 46 个少数民族，人口 27.6 万，占全市总人口的 3.6%。有满族、回族、朝鲜族、蒙古族、锡伯族 5 个世居民族。其中，满族 15.3 万人，占 55.4%；朝鲜族 5.3 万人，占 19.2%；回族 4.8 万人，占 17.4%；蒙古族 1.3 万人，占 4.7%；锡伯族 743 人，占 0.3%。有双阳区双营子回族乡、九台市胡家回族乡、九台市莽卡满族乡、榆树市延和朝鲜族乡 4 个民族乡。43 个少数民族聚居村和 258 个少数民族聚居社；少数民族干部 5303 人，占全市干部总数的 2.98%。少数民族社团 8 个；少数民族生产经营企业和个体工商户 1040 多家，其中少数民族生产生活特需商品定点生产企业 7 家；市级朝鲜族群众艺术馆 1 所；乡级少数民族文化站 4 所。民族中小学 19 所；民族医院 1 所，民族乡医院 4 所，少数民族民族聚居村合作医疗点 43 个。少数民族各级人大代表 33 人、政协委员 50 人。

【民族团结进步创建活动】 指导南关区清真寺社区举办以"促进民族团结，建设和谐社区"为主题的庆祝建党 92 周年暨社区少数民族艺术节文艺演出；通过长春日报、长春晚报和长春电视台等新闻媒体报道少数民族传统节庆活动；9 月份，在全市开展民族团结进步"宣传月"活动，指导各县（市）区通过板报、标语、文艺演出、知识竞赛等形式进行宣传。开展社区和国有企业民族工作调研。对南关区、朝阳区、德惠市和汽车产业开发区 4 个示范社区和试点社区进行政策指导和资金扶持，总结推广南关区清真寺社区探索民族工作进社区的工作经验。开展好少数民族传统文化节庆活动。5 月 25 日，在南关区天鹅湖宾馆举办"长春市锡伯族纪念西迁 249 周年活动"；8 月 8 日回族穆斯林开斋节，在长通路清真寺举办穆斯林庆祝开斋节文艺演出活动；9 月 28 日，在南岭体育场举办 500 人参加的第八届蒙古族那达慕大会活动。组织筹备和参加全省第六届少数民族传统体育运动会。8 月 15 日，组织 108 人的代表团参加在延吉市召开的吉林省第六届少数民族传统体育运动会，取得团体总分第二名的成绩。加强与民族宗教界代表人士联系。通过召开座谈会、征求意见等形式，广泛征求民族宗教界代表人士的意见建议。

【少数民族经济发展】 推进少数民族特色村寨建设。实地踏查民族乡村，组织少数民族特色村寨保护与发展以及少数民族发展资金申报工作，新申报九台市莽卡满族乡三道满族村等 6 个少数民族特色村寨，2 个获批，申请落实莲花山旅游度假区新光朝鲜族村特色村寨建设项目资金 80 万元。到 7 家少数民族特需商品定点生产企业调查研究，为长春皓月、成达等少数民族特需商品定点生产企业申请的 28 亿元贷款办理优惠贴息 8000 万元。对 2012 年项目扶持资金和少数民族生产生活补助费使用管理情况进行监督检查和审计，对 2013 年少数民族生产生活补助费进行分配和使用。

【维护少数民族合法权益】 加强日常检查，及时查处"清真食品不清真"问题；做好专项检查，节假日组织对清真食品市场进行重点检查，依法妥善处理 6 件清真食品问题。7 月，举办以清真食品常识和加强清真食品管理为主要内容的全市清真食品管理培训班 1 期。推进清真食品应用管理软件系统的开发建设。严格按照国家相关政策和民委工作流程做好民族成份变更工作，全年为 1200 多名群

长春市清真食品管理培训班在省民族干校举办

众变更民族成份进行审核备案。妥善处理民族方面的突发事件和投诉。全年回复投诉电话50多件,处理涉及清真食品问题的投诉6件。

【改善少数民族民生】 推进长通路清真寺全面修缮工程建设;推动市回族福利院续建基础工程建设及相关设备采购、岗位设置、管理制度建设、人员招聘,制定市回族福利院"三无"老人的接收条件和审批流程,通过摸底调查,掌握全市回族等少数民族"三无"老人的基本情况。开展"民族情"创业就业培训工作。印发《长春市"民族情"创业就业培训工程实施方案》,为县(市)区拨付培训经费23万元,培训少数民族群众1100人,安置各类就业岗位635个。开展为少数民族群众送温暖活动。走访慰问120户少数民族贫困户,发放慰问金,推进落实为信仰伊斯兰教的回族等10个少数民族发放牛羊肉补贴,申请提高补助标准和扩大范围。

(潘　爽)

宗教工作

【概况】 2013年,长春市有天主教、基督教、佛教、伊斯兰教、道教5种宗教,信教群众约37.55万人。全市有宗教教职人员620人,批准登记的宗教活动场所434处。全市重点宗教活动场所5处:东四道街天主教堂、西五马路基督教堂、长春般若寺、长春地藏寺、长通路清真寺。市宗教团体6个:市天主教爱国会、市天主教教务委员会、市基督教三自爱国运动委员会、市基督教协会、市佛教协会、市伊斯兰教协会。

【宗教事务管理】 开展以"学习贯彻党的十八大精神"为主题的宗教政策法规学习月活动,下发宗教政策法规必读书500余册;组织市伊斯兰教协会召开学习十八大精神座谈会;协助市天主教爱国会、市天主教教务委员会举办全市天主教教职人员及各场所负责人学习贯彻《条例》培训班1期;举办全市宗教界政策法规培训班1期。做好宗教教职人员认定备案工作,推动宗教工作基础信息数据库建设,完成全市批准登记的434个宗教活动场所、620名宗教教职人员的信息采集、审核和录入工作。开展对县(市)区宗教活动场所财务监督管理的检查指导工作,在规模较小的场所继续推进委托管理,将财务监督管理工作纳入创建"和谐寺观教堂"活动的考核体系中,使宗教活动场所财务管理工作逐步走上规范化轨道。新建扩建宗教活动场所的审核审批关。按照相关政策,妥善处理拆迁遗留问题4个,依法审批宗教活动场所1个。指导和协助各地和重点宗教活动场所做好大型宗教活动和节庆活动的组织安排工作,制定工作预案,到场所认真检查消防安全工作,邀请消防专业人员讲解安全防火知识及防火器材的使用方法,确保活动的安全有序。按照规定做好出国朝觐人员的报名、排队、审核和行前教育培训及病毒疫情防控工作。会同公安、统战等部门处理非法违法宗教活动13起。加强与县(市)区宗教部门和宗教团体的配合,处理涉及宗教活动场所拆迁引发的矛盾纠纷及宗教内部纠纷多起,处理市长公开电话70余次。

【重点、难点工作】 指导宗教团体加强对宗教教职人员进行爱国主义教育,特别是对加强基督教领域的抵御渗透工作;依法取缔非法传教培训班4处,收缴办学设施和宣传品。指导各县(市)区对全市基督教私设聚会点的基本情况进行调查,取缔基督教私设聚会点106处。市宗教事务局、市人力资源和社会保障局联合印发《关于做好全市宗教教职人员参加社会保险工作有关问题的通知》,明确规定参保范围、缴费标准及年龄等问题;在全市617名符合参加社会保险的宗教教职人员中,参加养老保险的349人,占宗教教职人员总数的57%;参加城镇医保和新农合医保的466人,占宗教教职人员总数的76%。召开全市宗教工作系统消防安全"百日会战"工作会议和全市宗教系统消防安全工作会议,与各县(市)区宗教工作部门签订消防安全责任书,在全市宗教活动场所开展消防安全隐患大检查、大整改活动,指导和督促市重点宗教场所整改存在的隐患。转发国家发改委《关于调整销售电价分类结构有关问题的通知》,协调供电公司解决南关慈航寺、净月北普陀寺按居民用电价格收取电费问题;协调市热力公司为净月北普陀寺解决供暖困难问题。

【引导工作】 开展和谐寺观教堂和平安宗教活动场所的创建活动。推进和谐寺观教堂创建载体工作,制定全市宗教界推动创建和谐寺观教堂活动的方案。协助市伊斯兰教协会举办清真寺管理工作会议。市宗教局与市社会管理综合治理委员会办公室、市公安局和市旅游局4个部门联合印发《关于深入开展平安宗教活动场所创建活动的实施方案》,开展平安宗教场所创建活动,确保宗教活动场所的安全。指导市基督教三自爱国运动委员会、市基督教协会举办以"教风"建设为主题的培训班2期;指导市伊斯兰教协会举办8期新卧尔兹巡回演讲活动,组织12名阿訇组成演讲团,分别到德惠、榆树、农安、双阳等县(市)区开展巡回演讲。指导市天主教、基督教"两会"和长通路清真寺管委会做好换届准备工作。指导长春市宗教界为四川雅安地震捐款祈福,天主教举办两台弥撒,佛教举行"地震消弥祈福雅安赈灾法会",伊斯兰教在主麻日为雅安人民祈福,全市宗教界捐款83.95万元;支持春城基督教堂养老院、东三基督教堂兴办养老事业;指导市伊斯兰教协会组织穆斯林公益慈善志愿者团队,到九台市胡家蜂蜜营清真寺,开展穆斯林斋月"尊老爱老"公益慈善活动。

(潘　爽)

民政工作

【社会救助保障】 2013年,全市筹集城乡低保资金7.67亿元,保障低保对象29.7万人。大幅提升低保、五保保障标准。城区城市低保标准由月人均375元提高到400元,农村低保标准由年人均

2100元提高到2500元。农村五保供养标准普遍提高500元。不断完善医疗救助制度。将符合救助条件的低保边缘对象、低收入家庭成员纳入医疗救助范畴，住院救助比例由60%调整至70%，年封顶线由1.1万元提高到1.2万元，实现医疗救助与医保、新农合和大病保险的有效衔接。城区“三无”、农村五保对象在定点医疗机构实现“先住院、后付费”。出台《长春市城乡居民最低生活保障办法》，居民家庭经济状况信息核对机制被民政部总结为“长春模式”，在全国推广。榆树市将医疗救助“一站式”服务延伸到乡镇医疗机构，农安县对所有保障对象进行全面审核清理，南关区对新增低保对象百分之百入户核查，做到应保尽保、应退尽退。开展慈善“双日捐”，策划组织慈善项目推介会和首届“长春慈善大集”，全市募集慈善资金4882万元，比2012年增长10%。支出使用善款3618.9万元，3万多名贫困群众受益。

【幸福社区建设】 累计投入资金3.7亿元用于社区基础设施建设，社区用房面积全部达500平方米以上，115个社区用房面积达1000平方米以上，占总数的32.8%，二道区率先实现社区用房千米全覆盖，南关区投入2.3亿元专门用于社区建设。以打造“15分钟便民服务圈”为核心，建成和完善一批社区医疗、文化娱乐、养老托幼和商业服务设施，围绕物业管理、小区环境整治、居家养老服务、青少年课后托管等群众急需的项目开展服务，社区服务功能不断完善。普遍建立社区自治组织体系，培育发展社区社会组织，全市社区社会组织达1800余个，社区自治功能得到发挥。宽城区引进专业家政服务公司，为社区居民提供六大类代办服务。朝阳区和汽开区举办了“社区文化节”和“社区艺术节”。依法开展第九次村委会换届选举，制定《提高社区工作人员相关待遇的意见》，基层组织和政权建设得到全面加强。制定出台《关于推进我市社会工作人才队伍建设的意见》，全市社区民办社工服务机构达191个。

【双拥优抚】 以全国双拥模范城创建为目标，开展“情系驻长官兵，关爱革命功臣”主题活动。各城区、开发区为部队赠送电脑850台，推广“军营数字化学习港”建设，协助完成第三届“航空开放日”活动。以长春市命名的海军“长春舰”正式列编海军战斗序列。全市重点优抚对象全员纳入城镇职工医疗保险，各区分别建立定点优抚医院，实现“一站式”医疗结算服务。将1～4级残疾军人纳入住房保障范围。出台《长春市军人子女入学补充规定》，优抚对象的服务保障质量得到提升。开展零散烈士纪念设施抢救保护工程，提前一年完成201座零散烈士墓迁移和9处纪念设施抢救保护工作。朝阳区和双阳区在迁移数量大、任务重的情况下，完成迁移任务。退役士兵得到妥善安置。对符合分配条件的退役士兵一次性分配工作岗位，179名退役士兵参加免费职业技能培训。双阳区、九台市一次性解决退役士兵安置的历史遗留问题。

【社会福利事业】 推进养老机构建设。扶持民办养老机构建设12个，新增养老床位1200张，千人拥有养老床位30张，跻身全国36个城市前列。第二福利院建设项目成功启动。社区老年人日间照料中心50%以上达到省级标准。制定出台《长春市居家养老服务券试行办法》，为城区1845名符合条件的老人，每人每月发放200元养老服务券。绿园区引进邦尼公司为社区居家老人开展专业化养老服务。落实老年人高龄津贴和助养经费制度，建成农村养老服务大院541个。在市社会福利院设立“长春市养老护理员指导培训中心”，市儿童福利院国家级“服务标准化试点”工作取得初步成果，市康宁医院新病房楼正式交付使用。市纸制品厂实现改制，多年历史遗留问题得以解决。福彩发行净增4.84亿元，比2012年增长49%，创下历史之最。

【防灾减灾救灾体系】 市、县两级通过租赁或新建的方式完成救灾物资储备库建设。市本级储备物资800万元，各县区储备物资分别为150万元以上。新建25处应急避难场所，总量共59处。市、区联动开展防灾减灾宣传周活动，广大市民的防灾减灾意识增强。全年争取、下拨救灾救济款物4200余万元，确保1.2万名受灾群众得到妥善安置。二道区应用自然灾害救助管理系统，榆树市、德惠市、农安县和朝阳区应对洪涝灾害，妥善安置受灾群众，完成抗洪救灾任务。南关区新春街道松竹梅社区、宽城区团山街道长山社区等8个社区被国家授予全国综合减灾示范社区称号。

【社会组织建设】 创新社会组织登记管理体制，对行业协会商会类、公益慈善类、科技类、城乡社区服务类等四大类社会组织试行直接登记，在国家和省有关政策未出台前，全市直接登记88家。开展政府购买社会组织服务试点。朝阳、绿园、宽城建立社会组织孵化基地，成立区、街、社区三级社会组织培育发展中心，建立社会组织扶持发展资金，出台社会组织扶持政策。全市社会组织数量达4940家，增长率达8%。进一步创新社会组织监管。完成54家社会组织等级评估，约谈告诫35家，依法撤销18家。

【社会事务服务】 印发《关于进一步加强殡葬祭祀活动管理的意见》，建立城区“禁烧”工作机制。对市殡仪馆停车场路面进行硬化，完成市殡仪馆正门和人文纪念馆建设工程。未成年人社会保护试点工作正式启动，《长春市困境未成年人社会保护工作实施方案》全面实施。开展五大救助行动，6555名生活无着人员得到无偿救助。《长春市地名管理条例》修订通过人大初审。继续推进门牌全覆盖工程和为“暖房子”工程居民楼补设楼门牌工作。长春市被评为“全省地名公共服务体系示范市”。

【安全管理工作】 各级民政部门对全市福利机构和民政基础设施进行安全隐患排查，投入资金近千万元，对发现的安全隐患进行全面整改。对安全管理重点单位，落实“一对一”包保责任制。建立健全各项安全制度，形成安全发展的长效机制。

（李冬岩）

社会保险

【社会保险工作】 截至2013年末，全市养老保险参保总量为400万人，其中，城镇企业职工基本养老保险新增参保11.96万人，参保总量达186.3万人；城乡居民养老保险参保总量达220万人。失业保险新增参保10.67万人，参保总量达81万人。两金征缴突破110亿元，城镇企业职工基本养老保险征缴基金100.06亿元；城乡居民养老保险征缴基金5.84亿元；征缴失业保险基金8.7亿元。通过部门联动，强化审计、年检，继续与省监察总队合作，对欠费30万元以上单位进行专项清缴，联合推进扩面执法力度。8月开始在全市范围内开展社会保险扩面征缴百日会战活动。解决特殊群体参保问题国企改革遗留问题的收尾工作，包括县（市）失业保险遗留问题、五七家属工参保遗留问题等。将进城居住、灵活就业的农民纳入城镇职工养老保险范畴。分解落实2013年城乡居民养老保险参保、扩面计划，与各区、县政府签订目标责任状。以市政府名义印发《关于进一步加强城乡居民社会养老保险工作有关问题的通知》，发动街道、社区、村集体以及相关职能部门的联动作用，推进参保缴费工作。配合城区解决被征地农民参保的遗留问题，做好被征地农民养老保险政策的新旧衔接与过渡。

【养老保险】 截至2013年末，全市享受养老保险待遇人员总量超过110万人，其中，为54.8万企业退休人员发放养老金108.9亿元，比2012年增长19%；为62万享受城乡居民养老待遇人员发放养老金4亿元。为7.1万失业人员发放失业金3.1亿元，比2012年增长63%。

【管理工作】 加大反欺诈工作力度。加快推进生存认证系统建设进程，加强与人社、公安等部门的沟通协调，建立业务联系和信息比对制度。推进业务规范和信息系统升级。强化信息系统支持，研究建设“城乡一体化、业务经办和行政管理全面融合”的新系统。在业务经办上进行全面梳理，简化和规范业务操作。下发统一业务管理、处理遗留问题的规定，确保发挥数据集中优势。做好退休人员托管服务工作。整合退休人员托管和社会化管理服务职能，实现托管和社会化管理服务集中经办。2013年，为托管人员代发各类补贴2.4亿元，为领取失业保险金人员缴纳基本医疗保险费2170万元，办理个体申报退休1.8人。退休人员档案全部建成电子档案，完成2012年业务档案的交接存档工作。截至2013年末，累计保管退休人员档案41万卷，库存业务档案24万卷，提供对外查询服务5.2万人次。

（白　宇）

老龄工作

【老龄宣传工作】 利用老龄工作会议，各种老年活动，以及“老年节”、“敬老月”等重要节点和契机，进行老龄工作的宣传，协调新闻媒体记者直接参加，跟踪报道，被报刊、电台、电视台采用的稿件30余篇。市老龄办编辑印发四期《长春老龄信息》，宣传老龄工作方针政策，交流工作经验，指导基层老龄工作。

【发放高龄老人津贴】 落实老年人高龄津贴和助养经费制度。为228名百岁以上老人发放高龄津贴82万元；为90周岁以上老人发放高龄津贴1610万元；为80周岁以上低保老人发放高龄津贴105万元。在“元旦”“春节”及“老年节”“敬老月”期间，分两批发放助养经费48万元，为1200名特困老年人进行助养，不断提升老年人的民生保障水平。

【农村居家养老服务大院建设】 2013年，分别在双阳区和九台市建设农村养老服务大院试点。在农村养老服务大院建设试点过程中，具体打造“三种模式”，即村屯连锁型、互助服务型、公办民营型；建立“四种机制”，即领导组织机制、多元投入机制、部门合力机制、考评激励机制；加强“五个建设”，即基础设施建设、基层组织建设、服务队伍建设、标准制度建设、服务功能建设；实现“六有目标”，即有固定的养老服务场所；有齐备的为老服务设施；有健全的组织管理机构；有统一的为老服务队伍；有确定的重点服务对象；有完善的服务功能。2013年，全市建设农村养老服务大院541个，进一步完善城乡养老服务体系建设。

【城乡基层老年协会建设】 制发《关于加强基层老年协会建设的意见》，在城乡社区建立和完善基层老年协会。老年协会参与养老大院的各项活动和管理，参与本村老年人赡养、土地、遗产纠纷等活动，支持老年人以适当方式参与经济发展和社会公益活动。全市建立健全城市社区老年协会345个，农村老年协会550个，使全市城区基层老年协会覆盖面达到90%以上。

【老年文化】 开展全市第22届老年书画展。老年书画由市老龄委与市老干部局主办，市老年书画研究会与市老干部活动中心承办，以贯彻党的十八大精神，喜迎国庆，欢度重阳主题，在7天的展览中展出作品457幅。其中，书法175幅；国画282幅。从摄影展作品中，选出60幅作品代表长春市老书画摄影爱好者，参加首届省“老年书画摄影大赛”。其中获得一等奖3名、二等奖7名、三等奖12名。开展激情广场舞大赛。在民营企业凯利集团的支持下，市老龄办会同吉林日报社在凯利广场开展激情广场舞大赛，全市有24支广场舞表演团队参与活动。评出3支最佳激情表演队、5支优秀激情表演队，8支活力表演队，进一步拓宽开展老年文化活动的新途径。

【“看长春、游乡村”活动】 2013年9月17日至18日，市老龄办组织600余名城乡老年人参加“欢度中秋看长春·喜迎国庆游乡村”活动，参加本次活动的老年人分城区和县（市）区2个组。城区老年人分别赴九台市、双阳区两地农村，在九台市参观新农村建设示范村—龙家镇袁家村、石头口门水库；到双阳区参观奢岭新建的大学城、鹿乡镇的月牙湖。农村老年人到伪满皇宫博物院，参加全市“珍爱和平、面向未来”的“九一八”纪念活动；到新建的自然生态景点北湖湿地公园休闲游览。

【落实新《老年法》】 2013年7月1日施行新修订的《中华人民共和国老年人权益保障法》，市老龄办印发《通知》进行全面部署。要求全市各部门进一步增强学习贯彻落实《老年法》工作。全市发放《老年法》宣传手册10万册，宣传条幅近百条，宣传板块200余块。以新《老年法》颁布实施为契机进行普法教育。各县（市）区司法局到基层社区和村，向干部、群众开展《老年法》知识专题辅导，同时组织司法干部深入社区和村为老年人现场解答法律问题。

【调研工作】 2013年8月14日至15日，国家老龄办调研组到长春市公交集团公司、长春市第二人民医院（长春市老年病医院）、长春公园等单位进行实地考查，在长春市召开涉老优待工作相关部门代表参加的座谈会。为应对人口老龄化战略研究要求，市老龄委开展调研工作，组织全市对二百余名百岁老人生平进行采录，配合长春电视台《活到100岁》栏目进行拍摄。对老年人生活基本状况抽样调查工作，长春地区调查绿园区、南关区、双阳区和九台市的24个城市社区和18个村的老年人家庭。本次调查由社区和村干部采取上门问卷调查的方式进行，所采集的数据翔实可靠，为了解长春地区的老年人生活状况和制定政策提供依据。

【敬老巡回报告团宣讲报告】 市老龄办组织由荣获国家“中华孝亲敬老楷模提名奖”的长春市绿园区至爱老年医疗护理院院长台丽伟；荣获“全省老模范人物”称号的长春公交集团电车公司54路车队税务员张洋；全省敬老模范人物的长春市南关区桃园街道文庙社区书记付亚杰三位敬老模范人物；荣获全国“敬老文明号”称号的长春市法律援助中心；荣获“敬老模范单位”的长春城市通卡公司两个敬老先进单位代表参加的敬老巡回报告团，在全市进行巡回宣讲报告。

【“敬老文明号”创建活动】 在全市各涉老部门、公共服务窗口行业、基层为老服务组织、企事业单位以及老年社会组织，开展“敬老文明号”创建活动。公共交通、医疗卫生等为老服务的窗口单位，要求有规范的为老服务制度和标准，有具体的为老服务内容和条款，有固定的为老服务窗口和场所，为广大老年人提供“优先、优惠、优质”服务。长春市法律援助中心等5个服务窗口单位被国家评为“全国敬老文明号”；市第二医院等17个单位被省评为“全省敬老文明号”。引领长春市“敬老文明号”创建活动的开展。在全省开展的“双百敬老模范”评选活动中，长春市二道区的雅森老年护理院等16个单位（集体）被评为全省敬老模范单位（集体）；长春市的刘艳华等17名同志被评为全省敬老模范人物。

【“敬老月活动”】 重阳节是全国法定的首个“老年节”，市老龄办、市体育局举办“长春市庆祝老年节暨老年体育健身活动展示大会”，来自全市各城区的秧歌、健身操、太极拳、养生武舞、空竹、拉丁舞等17支老年体育健身队伍，2000余位全市老年体育运动健身活动代表登台展演。重阳节当日，由市委宣传部、文明办、老龄委主办，长春广播电视台承办的“2013吉祥中国节·孝行天下”活动在长春解放大路小学体育馆内举行，活动现场准备100个盛水的洗脚盆，百家儿女帮父母洗脚表达孝心。南关区曙光街道青年志愿者协会、吉林艺术学院美育青年志愿者协会、吉林建工城建学院和合青年志愿者协会、长春慈善义工联盟等青年志愿开展助老志愿服务行动，走进社区、走入老人家中，为其送上祝福。长春慈善义工联盟与巴士公司星级联盟会一道在城西乡敬老院举办“九九重阳爱心敬老”活动。30多名慈善义工看望3000名福利服务中心和社区的孤寡老人。锦程街道新兴社区在10月10日和11日，开展“九九重阳关爱老年人—免费义诊送健康”活动。

（刘 博）

殡 葬

【清明节安全祭扫工作】 市民政局成立了清明节工作领导机构，采取局领导包保的形式，对各城区、开发区及殡葬服务单位进行全方位领导责任落实。市政府召开清明节工作会议，印发《长春市关于做好清明节期间文明祭扫和安全保障工作的通知》，开展清明“微思念”风筝寄语、音乐诗歌集体公祭、公益海葬、社区公祭等多项清明文化活动。多家媒体宣传报道全市清明工作，人民网通过微访谈、微直播等方式，全程参与长春市清明各项活动。

【“6·3”遇难人员遗体处理工作】 德惠“6·3”事故发生后，市民政局第一时间赴现场送去遗体装运袋、口罩、防护服等殡仪用品。协调全市各殡仪馆，按照“6·3”指挥部的要求，完成从遗体接运、清洗整容、保护存放、家属认领、告别火化、数据统计整理报送等殡仪处理全过程。截至2013年6月20日，完成“6·3”遇难人员遗体处理工作任务。

（何卫东）

农安县

【概况】 农安县位于吉林省中部，松辽平原腹地，东临德惠市，南接省城长春市，西以公主岭市和长岭县为邻，北与松原市接壤。幅员5400平方公里。其中，耕地面积35.6万公顷；林地面积6.4万公顷，草原面积3.5万公顷；水域面积2.2万公顷；全县辖22个乡镇，377个行政村。2013年，全县总人口1149481人，比2012年减少1.7%；农业人口918771人，比2012年减少1.3%。是全省幅员超过46.67万公顷的10个县份之一，耕地超过3.33万公顷的唯一县份，人口超过百万的3个县份之一。进入全国百强县行列，位居89位。被评为国家级卫生县城。在全省县域经济综合评比中，继续保持先进水平。

【国民经济】 全县地区生产总值352.6亿元，比2012年增长10.7%；全口径财政收入和地方级财政收入分别完成23.7亿元和13.4亿元，分别增长6.4%和8.1%，在全省位居第4和第6位；社会固定资产投资和工业固定资产投资分别达208亿元和140亿元，分别增长29.2%和20.7%；社会消费品零售总额完成104.9亿元，增长13.1%；城乡居民收入分别达18110元和10487元，分别增长1.1%和17.7%。

【招商引资和项目建设】 富士康项目成功签约并开工建设，旺旺乳制品项目提前完成基础设施建设；通用航空公司的农用机场项目和环宇汽车零部件二期项目签约，华润天然气、铁骑力士等项目超序时推进。全年引进内资37亿元、外资6750万美元，比2012年分别增长22.1%和20.5%，续建、新建项目179个。其中，亿元以上项目99个；10亿元以上项目8个。建成投产101个。规模以上工业企业突破100户，累计实现产值233.6亿元，增长19.9%。研究出台30条政策，扶持民营经济发展，实现主营业务收入1260亿元，长21.5%。

【开发区建设和集中区建设】 立足自然条件和发展基础，依托G12高速公路，投资4.5亿元加强园区基础设施建设，把农安镇、合隆镇、烧锅镇、开安镇、华家镇、哈拉海镇等3个省级和3个市级园区连接起来，承载能力明显增强。整合区域生产力布局和调整产业结构，实现双方产业对接、优势互补，长春市交通装备制造产业配套园区(烧锅工业区)与长春汽车经济技术开发区签订战略合作协议，成立汽开分区，农安工业集中区、合隆经济开发区晋升为省级强区，推进开安、华家和哈拉海工业园区建设。依托农安工业集中区，带动哈拉海市级工业区，建设全国知名的农畜产品加工园区，打造农安核心工业板块；依靠长春市区辐射，以合隆经济开发区为中心，带动开安、华家园区，引进市内外移物流企业，打造南部近郊工业板块，推进南部乡镇与省城经济一体化。强化特色园区规划建设，并已初具规模。依托风能、太阳能资源，规划建设伏龙泉新能源产业园；依托天然气资源，规划建设小城子天然气配套产业园；依托丰富的农副产品，利用城乡一体化发展契机，规划隆开(合隆—开安)小型加工业园区，发挥工业孵化功能。

【城市建设】 城市基础设施不断完善，新修8条、大修2条主要街路，改造19条巷道，铺设大理石人行道5000平方米、方砖3.4万平方米，新增集中供热面积150万平方米，铺装供水管网2.1万米，燃气管道4000米，日产2.4万吨净水厂扩建工程投入使用，启动长4900米污水截流干管工程，栽植花草树木175万株，播种草坪3.5公顷，新增绿地3.2公顷。南部新城建设稳定推进，共收储土地206公顷，开发建设165公顷，完成文化活动中心、客运站、三中等公益事业续建工程，修建滨河北路等4条主要街路，构建6纵5横道路网络，开发楼房27万平方米，打造12万平方米回迁安置房，启动投资7亿元二道河景观带工程。全县开发156万平方米，县城101万平方米，乡镇55万平方米。民生工程全面落实，实施暖房子改造76.7万平方米，农村危房改造968户，开展征地拆迁攻坚战，完成6个地块、73户拆迁工作，启动2.46万平方米棚户区改造、2.1万平方米城区D级危房改造、14.48万平方米回迁房建设和60套统建廉租住房建设，完成209套廉租住房分配和2100户租赁补贴户发放。合理规划布局，在6个地点安装压缩式垃圾中转站，基本实现主城区全覆盖；投入100多万元修建6个公厕，维修8座旱厕，水冲公厕实现全天候专人管理；投资400万元购买两台大型扫雪机，覆盖主街路80%。清除非法广告3.7万条，清理商店门前堆放4800余处，取缔占道经营1500余处，更换破损牌匾800余块。举办第十四届中国长春(农安)国际雕塑作品邀请展，提升农安城市整体形象。启动村镇规划编制和地形图测绘，年底前全部完成乡镇所在地规划编制，以合隆镇“城乡双向一体化”为试点，推进城镇化建设进程。

【民生工作】 富士康、旺旺等2家台湾最大的龙头企业在农安县得到快速推进；扶持民营经济发展，企业户数3600户，比2012年增长9.7%，累计实现总产值240亿元。建立3个大学生创业园和2个创业实训基地，扶持80名大学生实现创业，带动500人就业；转移农村劳动力35.4万人次，实现劳务收入47.3亿元；发放妇女创业小额贷款131笔、920万元；开展巾帼家政培训班15期，培训285人，全部上岗，平均月薪3500元以上。2013年，全县共有875969人参加新型农村合作医疗，参合率达99.99%。调整了患者医药费报销补偿比例，年度内报销封顶线提高到10万元；参合农民自付部分5000元以上，可享受大病二次商业保险报销，参合农民得到的实惠逐年提高。从2013年1月1日起，城镇职工和居民保险参保人员到长春定点医疗机构就医可免除转诊手续，直接持卡可以在长春地区内的任何一家定点医疗机构住院治疗，出院同时完成费用结算。自全面实行市级统筹以来，农安县医疗保障水平较2012年同期相比有大幅度提高，支付限额由原来的5万元提高到9万元，最高26万元。医疗保险覆盖面继续扩大，新增城镇居民医疗保险2854人，城镇职工医疗保险1160人。2家公立医院执行国家基本药物制度，实行全部药品零差率销售机制，取消药品15%的加成。29家乡镇卫生院全部实行基本药物制度，所有药品实行零差率销售，从吉林省医药采购服务平台采购。全年县财政拨付乡镇卫生院经费1.15亿元，为29家乡镇卫生院配备29台救护车和急救设备、7台X光机、5套检验设备，提高乡镇卫生院医疗诊治水平。继续实施特困群众医疗费用减免工作，在县医院、县中医院、宝华骨科医院建立惠民门诊和惠民病房，对城乡低保户、残疾人和特困群众实施七免十九减政策，共减免困难群众1243人，金额26.2万元。继续实施农村孕产妇住院分娩救助政策，救助农村住院分娩孕产妇6508人，救助资金195.24万元，农村贫困孕产妇救助率100%。完善社区卫生服务功能。实行网格化管理，组建家庭责任医生服务团队，开展上门签约式服务，辖区重点人群累计签约14020人。建立居民健康档案100多万份，建档率为85%。为辖区60岁以上老年人进行健康管理服务，辖区60岁以上老年人累计建档128721人，健康管理95089人，免费体检30206人；在家居住的重性精神疾病患者，对其进行随访评估、分类干预和健康体检。全县重性精神病患者管理3686人，规范管理3360人。建成示范级的预防接种门诊32个，全部实行村管乡级接种，实现预防接种信息化管理，建立预防接种门诊档案，通过市级预防接种门诊示范县的验收，被长春市推荐为省级预防接种门诊示范县。投入5.32亿元，对中小学公用经费、困难寄宿生生活补助、校舍安全给予保障；在南部新城人民路和德彪街交汇处新建占地面积46388平方米、建筑面积15231.57平方米的农安三中，校舍主体全部完工，交付使用；第二幼儿园占地面积20350平方米，建筑面积14270平方米，可容纳幼儿1080人在园生活学习。农安县第二幼儿园建成后，主要承载县城南部幼儿入园，将缓解公办园资源不足问题。接收特岗教师50人，缓解农村师资结构性矛盾；高考“无声入场”效果显著，高考600分以上105人；中考全县各科综合平均419.71分，居长春地区第二名；中小学起始年级全部实行电脑分班；小学入学率、巩固率、毕业合格率均100%；学前一年幼儿入园率98.53%，县、乡、村分别为98.85%、96.48%和94.9%；残疾儿童入学率达99.7%。强化卫生室、图书室、科学实验室装备，义务教育初步均衡县通过省级验收，被评为国家教育质量监测样板县；建设现代化的全县教育教学资源总平台，装备多媒体、数字化网校，校园信息化建设步伐明显加快。加强校车安全运行管理，建设完善校车GPS卫星定位系统，校车监控率100%；203辆标准制式校车分配在22个乡镇，解决近2万名中小学生及幼儿的上下学交通问题，校车覆盖率达90%。安排361名农民工随迁子女及640名农村“留守儿童”接受义务教育，建成“留守儿童之家”30所，覆盖全县22个乡镇。平安建设方面：截至2013年底，全县检查各类生产经营单位7222户次，排查出各类安全隐患7263项，整改6780项，整改隐患483项，在安全隐患大检查、大整改活动中，停产停业整改41户，组织各种演练2208次，累计投入整改资金3600万元。推进“天网工程”建设，现有社会监控点5673个，公共监控点43处，新增公共点126处，安装监控、抓拍一体化高清摄像头204个。以保护人民群众生命财产安全为重点，坚持“黑恶必除、命案必破”的严打方针，严厉打击各类刑事犯罪活动。以公共文化体系示范区建设为依托，加强文化基础设施建设。以县文化活动中心为龙头，乡镇综合文化站、村文化书屋、组文化大院为辐射的四级文化服务网络基本构成。按照国家的建站标准，农安县22个乡镇的文化站馆舍已经全部竣工。县城所在地的黄龙、古城、宝塔、德彪和铁西5个社区建设文化站。农家书屋在2012年实现10个社区和377个村全覆盖。每个书屋有图书2000册，光盘50种。欢乐庄稼院建设225个，2013年新建152个，377个村实现村村有欢乐庄稼院。黄龙戏送戏下乡100场，正在筹划重排大型古装黄龙戏《大漠钟声》。农安县艺术节黄龙府文化艺术节参与人数超过30万人次，参加演出人员在2000人以上。群众体育活动实现常态化。常规体育比赛以田径、篮球、乒乓球、全民健身接力、拔河、象棋、围棋、信鸽、钓鱼、中老年健身等十个项目为主,按照2013年民生工作规划中关于体育工作的安排,组织体育比赛90场次。农安县是省级自行车训练基地,在2013年吉林省青少年公路自行车锦标赛上,农安县运动员取得3金、3银、5铜的好成绩。在吉林省田径运动会上,农安县运动员摘得跳高和百米栏两个银牌,实现历史性突破。农村电影放映工程。全年完成农村电影放映6000场。实施广播电视"村村通"工程。推进20户以下自然村"村村通"工程。城乡低保标准分别提高到每月300元和每年2230元,发放低保资金6120万元;投入医疗救助资金1200万元,救助4100人;核对低保家庭5664户,确定低收入家庭63户。87.7万人参加新农合,实现全覆盖,报销限额提高到10万元。爱心超市运行顺利,救助城镇低保户9258户,消费金额165万元。积极开展"慈善助春耕""慈善助学""圆梦大学"等活动。实施"助残工程",免费为白内障患者手术630人,为200台残疾人代步车发放燃油补贴30万元,为90名考入大学的残疾人子女发放助学补贴27.5万元,为435户残疾人家庭发放阳光家园补贴26.1万元,解决残疾人就业170人。

【农业农村工作】 粮食生产再创新高。2013年春季,在玉米生长期,强化田间管理,实施赤眼蜂防螟、测土配方施肥、农田灭鼠等各项措施,其中,赤眼蜂防螟和测土配方施肥各实施34万公顷,实现全覆盖。2013年农安县粮食总产达45.3亿公斤,全年共推广高光效示范面积0.5万公顷、保护性耕作3.55万公顷、大垄双行4.5万公顷、深松整地2.55万公顷;落实粮油高产创建示范面积2万公顷。总计增产粮食5亿公斤以上。水利工程建设加速推进。累计投入3亿多元,全面推进各项水利工程建设。投资9600万元,完成松城灌区二级泵站改造任务,对灌区6.08千米总干渠进行了清淤砌衬。投资6000万元,推进太平池水库除险加固工程,完成水库溢洪道、大坝部分护坡、地基灌浆、防浪墙、坝顶路面等。落实玉米膜下滴灌工程,完成4000公顷2012年秋季工程的续建任务,基本完成3600公顷2013年的春季任务,完成投资5000万元。投资5166万元,新建农村饮水工程75处,解决15.9万人饮水安全问题。投资1800万元,完成二松坝顶路面工程,交付使用。完成农安镇两家子水源地治理收尾工作,投入3460万元。农业综合机械化水平不断提高。农安县农机固定资产达12亿元,农机总动力185万千瓦,拖拉机保有量9.2万台,农业综合机械化率87%,位居全省第一。造林绿化工作有序开展。以改善生态,为农牧业发展、城乡居民生产生活创造良好的生态环境为目标,开展植树造林、农防林更新改造、森林管护等工作。农安县完成造林面积791公顷,完成2600公顷森林病虫防治任务,确权林地19193公顷。2013年农安县更新改造总采伐量66400立方米。出台了《森林资源管护工作意见》,牧业经济持续发展。2013年全县畜禽饲养总量发展到2.3亿头只,肉类总产量达80万吨,在全省处于领先水平。主要做法:加强标准化牧业小区建设。继续对符合标准的新建肉鸡、肉兔小区给予奖补,每个小区奖补5万元,新发展牧业小区30个。扎实开展畜禽防疫工作。严格实行"六不漏,两保证"工作法,实现应免疫的动物、项目、动物抗体合格率100%。在防控H7N9禽流感时,对7000多万只鸡、鸭、鹅、鸽子进行免疫注射,实现零疫情的目标。新农村建设稳步实施。按照"千村示范、万村提升"的总体要求,全面启动第二批新农村建设工程,争取省级示范村38个,拉动地方投资1800万元,在省级示范村数量、专项补助资金额度、建设项目上是全省最多的。通过一年建设,以合隆镇陈家店村、农安镇铁西村为代表的省级示范村基础设施、公益事业明显改善。新增省市级农业产业化龙头企业2户,龙头企业总数达32户,龙头企业加工销售收入70亿元。

(苏　朋)

2013年农安县国民经济和社会发展主要指标完成情况

指标名称	单位	实际完成	比2012年±%
国内生产总值	亿元	352.6	10.1
第一产业增加值	亿元	93.0	3.5
第二产业增加值	亿元	107.8	13.6
第三产业增加值	亿元	151.8	11.4
全口径财政收入	亿元	23.7	6.4
财政支出	亿元	43.3	8.5
社会固定资产投资	亿元	208.0	29.2
工业固定资产投资	亿元	140	20.7
规模以上工业企业户数	户	89	6.0
规模以上工业总产值	亿元	233.6	19.9
民营经济主营业务收入	亿元	1260	21.5
社会消费品零售总额	亿元	104.9	13.1
城镇居民人均可支配收入	元	18110	1.1

续表

指标名称	单位	实际完成	比 2012 年 ± %
农民年均纯收入	元	10487	17.7
普通中学	所	54	0
普通小学	所	304	0.33
卫生机构	所	888	0.23
总人口	人	1149481	-1.7
农业人口	人	918771	-1.3

榆树市

【概况】 榆树市位于吉林省中北部,地处松辽平原腹地,处在世界黄金玉米带上,在长春、吉林、哈尔滨三市构成的三角区中心。幅员 4712.49 平方公里。耕地 374151 公顷;占幅员的 79.4%。其中,玉米 293961 公顷;水稻 71931 公顷;大豆 3853 公顷;薯类 8721 公顷。境内有松花江、卡岔河、拉林河三大水系,无崇山峻岭。辖 9 个乡、15 个镇、4 个街道,388 个村、12 个社区。有省级经济开发区、工业集中区各 1 个,长春五棵树经济开发区、吉林省榆树环城工业集中区。全市总户数 441107 户,总人口 1275964 人,其中农业户数 32810 户,农业人口 1070308 人。有满、朝鲜、回、蒙古、哈萨克、藏、苗、彝、壮、侗、瑶、土家、黎、佤、达斡尔、羌、锡伯、白、傣、傈僳 20 个少数民族。榆树市是全国重点商品粮基地县(市)之一,连续 9 年夺得全国粮食生产先进县(市)标兵。榆树市连续六年跻身全国最具投资潜力中小城市百强,被评为国家级现代农业示范区、国家级生态示范区、全国农产品加工创业基地、全国产业发展能力百强县市、中国 10 大最具幸福感城市(县级市),综合实力跨入全省第五名。

2013 年,地区生产总值达 367 亿元,全口径财政收入 13.89 亿元,比 2012 年增长 8.1%,本级财政收入 10.7 亿元,增长 6.8%全社会固定资产投资累计完成 189 亿元,增长 21.9%。城镇居民可支配收入、农民人均纯收入分别达到 10752 元、10854 元,分别增长 10.1%、17.2%。

【农业】 2013 年榆树粮食总产 43.25 亿公斤,比 2012 年增产 5.5%。水稻育苗面积 800 公顷,标准化育秧大棚 56200 栋,占育苗面积 91%。以农业科技示范园区为中心,市农业技术推广中心和乡镇"两站"35 个试验、示范基地为纽带,高光效栽培技术、保护性耕作和高产示范方为基地,开展粮田攻关。化验土样 6000 个,测土配方施肥 20 万亩,赤眼蜂防螟全覆盖。落实万亩高产示范方 50 个。推广玉米保护性耕作 70 万公顷,统防统治稻水象甲 2 万公顷、二化螟 1 万公顷、二代粘虫 0.47 万公顷。落实深松深翻 13.3 万公顷。抓好高光效技术示范,34 个专业技术团队举办巡回报告 1515 场,培训农民 3.2 万人次。集中连片落实 0.96 万公顷。投资 1.25 亿元,建设平安种业农业科技示范园,占地 6 公顷,建设种子研发、加工、仓储物流、种子商业、商业服务、农业办公 6 个区。配套建设田间园区 93.7 公顷,引进国内入区试验品种、通过审定品种、外地推广的品种,在田间对比展示。春季机械深松整地 16 万公顷,机械播种 24 万公顷,机械插秧 2.7 万公顷,机械植保 24 万亩,中央财政补贴资金 6500 万元,省级财政资金 400 万元。2013 年,全市新增各类机械 5000 台。购置 150 台玉米收割机,100 台水稻收割机。财政出资金 360 万元,购置 30 台 554 拖拉机,30 台免耕播种机、30 台深松追肥机,每个乡镇各一台,在 28 个乡镇建立试验、示范田和高产攻关田 1740 公顷。其中,试验、示范田 300 公顷;高产攻关田 1440 公顷。通过土地托管方式,保障 28 个乡镇玉米高光效机械播种。全市有农民合作社 2826 家,家庭农场 2172 家。探索土地托管联户经营、合作社统一经营、种粮大户经营、龙头企业直接经营、"龙头企业 + 合作社 + 农户"经营、家庭农场经营六种模式,规模经营 15.4 万公顷。农业基础设施建设上,整合农业项目资金 1.45 亿元,建设安装 12 个乡镇、街道 60 个村 481 套大型指针式节水喷灌设备,新增高标准农田面积 2 万公顷,新建移动式喷灌设施 670 台(套),新增高标准农田 0.67 万公顷,实现旱田水浇 2.67 万公顷。投资 390 万元新建农建沼气池 1000 个,落实到 10 个乡镇、10 个村,已建设完工。

【幸福榆树建设】 制定出台发展民营经济《实施意见》和《实施细则》,新创办民营企业 215 家,发展个体工商户 3633 户,吸纳带动就业 1.1 万人。创业培训社会青年、大学生、妇女、残疾人等 1510 名。发放小额贷款 4439 万元,扶持 1490 人创业,带动就业 3182 人。开发就业岗位 8015 个,职业技能培训 2158 人,下岗失业青年培训 1500 名,残疾人技能培训 2657 人次,城镇新增就业 7158 人,城镇失业人员再就业 2358 人,登记失业率控制在 3.45%以内。落实农机补贴 9600 万元,新增各类农机 5274 台,全程机械化作业面积 250 万亩。农村劳动力培训 25215 人,家政、草编等农村实用技术培训 2000 人。农村劳动力转移就业 50.41 万人,劳务经济收入 88 亿元。建设和改造棚膜蔬菜园区 30 个,新发展面积 466.67 公顷,认证"三品一标"品牌 5 个,完成全国绿色食品原料水稻标准化生产基地 0.81 万公顷,榆树大米地理标志商标产地 6 万公顷,三品产地监测 6.83 万公顷。城镇基本医疗保险参保 26.7 万人,城镇职工基本医疗保险参保 8.7 万人,城镇居民基本医疗保险参保 18 万人。新农合实现应保尽保。城镇职工基本养老保险参保 4.7 万人,城镇居民基本养老保险参保1.9万人，新农保参保5.4万人，142名被征地农民纳入养老体系。生育保险参保4.68万人，失业保险保险3.8万人，新增工伤保险2153人。慢性病门诊报销病种由30个增加到39个，城镇职工基本医疗保险单位缴存比例由6%调整到7%，最高待遇限额由6万元提高到9万元。新农合人均筹资标准由290元提高到350元，增加特殊门诊26种。增加重大疾病40种，报销比例提高到70%。妇女“两癌”、儿童“两病”报销比例提高到70%。为2.7万名离退休人员提高养老金标准，月人均增加167.02元。发放14.6万名新农保人员养老金1.1亿元，发放4287名城镇居民养老金559万元，发放3万名离退休城镇职工养老金5.2亿元，足额发放率100%，社会化发放率100%。补助2.9万名国企下岗职工1.7亿元，报销35.7万人次新农合资金2.8亿元，补发2.7万名离退休人员养老金456万元，为114名被征地农民发放养老金50万元。制定《榆树市城乡低保审批评议实施细则》，将城市低保月人均保障标准提高到270元，农村低保年保障标准提高到2750元，城市低保补差标准提高255元，农村低保补差1385元。为9.3万人发放低保金8970万元，城乡低保错保率下降到0.3%。分散供养五保对象年人均生活费提高到2000元，集中供养五保对象年人均生活费提高到3000元，1.3万人员纳入五保供养范围，全年为五保户发放生活费4600万元。投入医疗救助资金306.5万元，资助农村五保、优抚和低保对象4.3万人参合。为390名白内障患者免费手术、461名重症贫困精神病患者免费住院治疗，980名精神病者免费送药，78名免费康复训练。实施“金秋助学”“圆梦大学”行动，帮扶低保户、困难职工和困难农民工子女256名。开展“代理家长”“志愿服务”等主题帮扶救助活动，帮扶贫困儿童1000名，帮扶青少年300名。为300名孤儿发放生活费。落实计划生育奖扶政策，奖励10447个计划生育家庭。为1400名90周岁以上老人发放生活费180万元，为4214名农村退伍军人、参核参战人员发放生活费348万元。投入90万元救灾基金，储备各类防灾减灾物资。下拨临时救助1743万元，保障10万受灾群众生产生活。为203户贫困丧葬家庭发放殡葬惠民补贴10.15万元。

【林业】 农防林更新造林159.7公顷，281条林带，覆盖21个乡镇。开展“绿化美化村屯、创建绿色家园”行动，绿化美化村屯60个。“三北”五期造林134公顷，迹地更新造林27.7公顷。实行奖惩，保证造林绿化质量，造林成活率达95%，每公顷奖励200元，成活率100%，每公顷加奖100元。评为优秀绿化自然屯，奖励2000元，没按要求完成造林绿化任务，追查相关人员责任。实行造林保证金，每更新1公顷农防林，交造林保证金10万元，用于抠根、整地、购置苗木、栽植、管护、病虫害防治。采伐林木65765立方米，299.77公顷，313个小班。其中，采伐防护林30478立方米，94.21公顷，130个小班；采伐用材林32213立方米，172.07公顷，132个小班；采伐残次林3084立方米，33.49公顷，51个小班。加大宣传，召开会议、发放宣传单、出动宣传车、悬挂防火旗、开展宣传周及利用广播电视等新闻媒体。印制森林防火旗2000面，出动森林防火宣传车110台次，发放森林防火宣传单万份。实现连续34年无重大森林火灾的目标。健全机制。政府与林场、乡镇，林场与各营林段、护林员，乡镇与村委会及林权权利人之间层层签订森林防责任书，落实“七长”负责制、联防联保和行政领导包保等防火机制。对责任区严防死守，工作人员手机24小时开机，全天候保持通讯联络，确保信息畅通。投资50万元修建防火燎望塔1座，购置消防水车2辆，摩托车15台，森林防火旗2000面及水枪、水泵等专业工具，提供森林防火物质保障，提升森林防火能力。检疫苗木，防止外来病虫害侵入，治理病虫害严重林木371公顷。除治林木材积1800立方米。处理各类林业犯罪案30起，处理违法责任人30人。

【城乡建设】 扩大住房保障覆盖面积，发放廉租补贴700万元，覆盖低保、低收入家庭4000户。完成投资2亿元的“暖房子”三期工程，改造老旧楼房197栋，100万平方米，改造城乡危房1.5万户。完成二次供水工程西部新城区二次供水泵站建设，投入资金158万元铺设管网2000米，单户改造39栋旧楼供水系统。投资92万元改造二次供水并网改造管网2400米，新城区全部实现24小时供水。新建3处换热站，撤并供热单位12家、撤并小锅炉房18座，更新改造供热站17个，更换锅炉5台，改造供热管道35千米，市区95万平方米实现集中供热。整治老旧小区环境，铺设天然气管道8000米，37个小区，1万户用上清洁能源。绿化美化小区20个，对8000米供水管线进行防冻处理，更换300扇楼道窗户，维修楼顶、下水、外墙1000处。创新社区管理模式，实施社区建设工程。12个城市社区办公服务设施达500平方米以上，其中昌盛社区新建办公楼1000平方米以上，提高社区承载和服务能力。新建育民乡街道凯旋家园2栋，于家镇向阳街道粮库住宅楼5栋，面积36393平方米，改善村镇人居环境。

【招商引资】 全市实际利用内资34.78亿元，比2012年增长19.9%；实际利用外资6635万美元，比2012年增长20.6%。参加省内外各项招商引资和经贸洽谈活动。2013年，全市在建项目26个，其中新开工项目11个，扩、续建项目15个。项目总投资192.24亿元。新建项目11个，总投资56.17亿元。2013年，重点洽谈推进项目28个，总投资240.4亿元。1亿元以上项目27个，10亿元以上项目10个。

【两区建设】 长春五棵树开发区。完成生产总值128.7亿元，比2012年增长22.6%；工业增加值完成96.8亿元，比2012年增长31.1%；一般预算全口径完成1.8亿元，比2012年增长31.5%；固定资产投资完成107亿元，比2012年增长27.1%。用电量1.255亿千瓦时。基础设施完成1.2亿元，比2012年增长13%。创新招商思路，本着发展“大项目—产业链—产业集群—产业基地”的思路,组织专门队伍赴国内重点省市开展招商邀商,赴港澳台和国内各地招商18次。接待国内外客商考察团18个,邀请客140人次。实际利用内资70亿元,比2012年增长31%;实际利用外资1.3亿美元,比2012年增长35%。总投资105.7亿元续建项目11个:中粮生化能源(榆树)有限公司年产9万吨葡萄糖项目;泰国正大1亿只肉鸡产业化项目;华威药业GMP移地改造项目、无锡福克斯煤矿机械制造项目;吉林省金昇机械制造有限公司煤矿机械配套项目;中国建材集团北方水泥有限公司年产120万吨水泥项目;中化帝斯曼公司6APA升级改造项目;长春昌驰混凝土有限公司年产60万吨混凝土项目;吉林吉和迅生物技术有限公司年产8000吨兽用消毒剂;1000万羽快速诊断试剂;20套无害化处理设备加工项目;长春金银峰门业有限公司年产15万套保温车库门及配件、电子产品项目、长春隆榆生物科技有限公司年产1万吨羽毛蛋白粉和3万吨禽血蛋白项目。总投资3.6亿元,新开工项目3个:吉林省华民节能灯饰有限公司年产1万套LED灯杆造型景观灯、8000只太阳能灯、8000只LED路灯头项目;北京沃华盛节能技术公司与山东宝源生物工程有限公司投资建设的年产20万吨有机肥项目;榆树市金谷香酒厂项目。储备修正药业集团保健品公司与鼎源饮料公司合作生产保健饮品项目;大唐/杜邦玉米秸秆纤维素生产新型能源项目;凯撒集团皮具加工项目;上海香江实业新能源有限公司新能源开发利用项目;沈阳阜新10万吨花生深加工项目;开发区松花江旅游风景区合作开发项目;安徽芜湖海螺集团有限公司年产12万吨PVC型材料等重点项目41个。投资3400万元,升级改造江东污水处理厂。投资1500多万元,建设完成华威药业、华民灯具、恒丰钢构、金谷香酒厂、奇特有机肥等企业的道路和排水工程。完成江北污水(二期)环评以及园区、2个污水厂环境安全预案。

环城工业集中区。2013年完成固定资产投资55亿元。其中,工业投资完成44亿元;招商引资实现19.25亿元。大项目任务4个,在建设6个。地区生产总值完成126亿,比2012年增长29.5%。在建建项目6个,分别是华泽集团榆树钱酒业新基地建设项目;吉林省凯禹公司稻壳深加工项目;吉林省陆路雪食品有限公司续扩建项目;吉林金磊商砼项目;榆树通泰建筑材料有限公司PVC管材生产项目;吉林平安种业种子研究院项目和鑫华裕玉米收获机项目。重点推进项目8个泰国正大集团肉鸡屠宰加工及饲料加工项目;大连实德集团二期彩色PVC型材生产项目;华泽集团白酒基地项目;江苏洋河集团中高档白酒生产项目;四川醇窖酒业集团5000吨基酒基地项目;山东丽鹏股份公司瓶盖及包装物生产项目;吉林省箐安科技公司热计量表、IC卡水表、玻璃钢管道及散热器研发生产项目;国能生物发电项目。

【文教卫生】 投资155万元配套28个乡镇街道综合文化设施。开展“农民文化活动月”活动,免费开放乡镇综合文化站,送戏下乡65场。开展乡镇特色文化活动10次,首届社区文艺汇演、农民歌手大赛取得成功。举办机关篮球赛、乒乓球赛、全市老年人健身展示大会、中小学生体育运动会。25个单项体育协会常年开展体育活动,每个协会年开展活动10次以上。监管文化市场,处罚违规经营案例30起,召开文化市场安全工作会议三次,排查整治140家文化单位30处安全隐患。广播电视演播大厅设备安装调试完成,《视点》《大粮仓》等品牌电视栏目,了解群众,反映民生、民情。全年放映农村数字电影4656场,数字电影院开展公益放映20次。完善学校硬件设施,投资6350万元的新城区九年一贯制学校主体封闭,投资750万元的特殊教育学校、投资1800万元的五棵树高中建设完工。3所新建寄宿制学校、10所学校1.1万平方米食堂宿舍、80万平方米操场投入使用。规范,乱办班、乱补课行为,查处违规办班补课、非法招收住宿生案件5起,交流教师7名,1名领导干部被免职,8名教师受到行政记过处分,8名负连带责任领导受到行政警告处分。规范招生秩序,签订目标管理责任书,按志愿、成绩录取,推进高中生源均衡。降低录取分数线从30分到35分,保证农村生源稳定。严把学区、户籍、学籍关口,实行免试就近入学,有效控制初中、小学起始年级大班额问题,市区小学级招生比2012年减少800人。电脑派位、随机录取二实验中学526个空余学位,促进教育公平。建设新城区幼儿园,推进乡镇中心园建设,学前三年入园率51.8%,学前一年入园率97.6%。培训幼儿园管理人员及从业人员220人。为1027名家庭困难大学新生贷款606.9万元,326名贫困大学新生获得交通资助。落实扶困资金1567.58万元,资助贫困高中生8648人次,资助特困寄宿生2916名,资助贫困幼儿152名,资助低保家庭学生6338名。启动村卫生所建设和村所基药试点。在3个乡镇和108个新建村卫生所实施基本药物制度和新农合门诊统筹报销试点工作,巩固基本药物制度成果,实行药品零差价销售和乡村联办一体化管理。改善基层医疗条件。投资460万元新建4所乡镇卫生院。开展送医下乡活动,为农民义诊19次,捐赠药品价值12.7万元,开展中医养生讲座3次,发放健康知识宣传单5万份。实施国家重大公共卫生项目,全年筛查宫颈癌1.1万人,免费孕前优生检查6480对,免费体检育龄妇女2万人,为12.2万人免费接种免疫“五苗”,覆盖率90%。全年补助农村孕产妇5656人,农村孕产妇住院分娩率100%,补助资金169.7万元。开展幸福家庭创建活动,参加创建活动的计划生育家庭7万个,有5.6万个家庭实现创建目标。

【环境保护】 加快淘汰落后产能,协助榆树市锦丰实业东北有限公司、长春英驰锻造有限公司加快清洁生产。对中粮、吉粮、中化帝斯曼等重点减排企业实行跟踪监管,确保稳定污水排放变量。组织环保、工商、公安等部门开展联合执法行动3次,开展专项检查19次,突击检查6次,开展夜查23次,检查重点企业和业户35户,移交法院申请强制执行案件12家。执行《环境影响评价法》和“三同时”审批制度,加强与经济、发改、规划、工商等部门协调合作，突出环保把关职能。全年接待审批业户2710人(次)，完成年检业户700家，新批个体工商户131家，新批工业企业33家；推进公众参与审批机制，环评、“三同时”、验收执行率100%，优化产业结构，转变发展方式。严格排污申报，申报769家企业和个体工商户；开展收费稽查，查出欠缴排污费业户24家，补交排污费金额5万元，全年排污费征收金额550万元，积累污染治理资金。1月起，环境监察部门排查采暖锅炉421台(套)，限期治理不符合要求的锅炉。专项整治餐饮业户原煤散烧违法行为，检查348户餐饮户，没收4家使用散煤饭店燃用设施，限期治理5家。市区全年空气质量优良天数突破337天。开展饮用水源保护区专项检查，检查企业和个体工商户279家，重新建立水源地企业和个体工商户污染源档案。集中清理整治违法企业，拆除关闭14家威胁危害水源地的企业。保证水源地水质基本指标达标率100%。实施《榆树市城区声环境适用功能区划标准》，突击检查施工期12家建筑工地夜间产生的噪声3次，联合媒体进行曝光。专项整治理石切割、铝合金加工行业噪声扰民现象。推进“生态文明”建设步伐，成功创建省级生态村6个，长春市级生态村10个，榆树市级生态村24个。争取第三批农村环境连片整治示范项目9个，资金582万元，完成土建工程和车辆设备采购。为四海集团、安泰牧业、污水处理厂等企业争取专项资金，减轻企业资金压力。协调国家和省环保部门，为企业把握项目建设机遇，提供优质服务，全年进入绿色通道审批项目12个，审批时限比国家规定的时限缩短93%。为企业提供信息咨询、技术指导、研究治污措施，解决中粮生化能源(榆树)有限公司等6家重点企业技术难题。全年处理环境信访案件90件，实现处理率100%，结案率100%，满意率100%。全年无重大环境事故和群体越级上访案件。开展环境执法跟踪曝光、专题报道活动；编发环境信息9期，刊发环保新闻信息稿件39篇，发布环保新闻122篇；上传环保新闻图片73张；建成“环境教育基地”，为公众提供生动直观、特色鲜明、功能多样的环境宣传教育场所，搭建学习环保知识、掌握环保技能、开展环保实践平台，普及全民环境教育，提高公众环境意识，增强保护环境的积极性和自觉性。完成常规监测、环评监测、交通噪声监测，获大气监测数据27324个，获地表水数据43个，废水监测数据1143个，获噪声监测数据1327个，环评监测数据516个，验收监测数据198个；增添监测仪器，对市区空气自动监测站、松花江水质自动监测站实行规范化、制度化管理，保证运行。

(刘爱民)

2013年榆树市国民经济和社会发展主要指标完成情况

指标名称	单位	实际完成	比2012年±%
国内生产总值	万元	3670160	6
第一产业增加值	万元	1008673	3.9
第二产业增加值	万元	1007943	11.8
第三产业增加值	万元	1653544	3.9
工业总产值	万元	3315501	15.2
农业总产值	万元	1814947	7.2
全口径财政收入	万元	138952	8.1
本级财政收入	万元	17000	6.8
财政支出(一般性预算支出)	万元	455647	12.5
固定资产投资额	万元	1890000	21.9
社会商品零售额	万元	1063216	13.4
新增实际使用外资额	万美元	6613.3	20
个体私营企业	个	18536	
民营经济增加值	万元	2718360	3.5
非私营单位在岗职工人数	人	42405	
非私营单位在岗职工年人均工资	元	33728	6
城市居民人均可支配收入	元	10752	10.1
农民人均纯收入	元	10854	17.2
普通中学数	所	56	
普通小学数	所	320	
教育经费总额	万元	98410	0.2
科技支出	万元	1053	-4.2
医疗卫生支出	万元	49818	25
人口出生率	‰	5.3	-19.9
计划生育率	%	92.11	-9.7
城乡居民储蓄存款余额	万元	1280872	17.4

德惠市

【概况】 德惠市南与长春市接壤，北与松原市毗邻，距吉林市110公里，市区距长春龙嘉国际机场80公里。幅员3435平方公里，辖16个镇、4个街道，总人口100万人。其中农村人口75万人。有汉、满、蒙、回、朝鲜等15个民族。德惠市资源丰富，是东北最大轻体建材生产基地。耕地面积32.4万公顷，占幅员的62.3%，盛产玉米、大豆、水稻和瓜菜。是全国重点商品粮基地县之一，是著名的中国肉鸡之乡、肉牛之乡。形成以食品加工业、玉米加工业、环保建材业、生物制药业、现代包装业和冶金制造业为支柱的门类较齐全的工业体系，产品400多个品种，有40余种产品曾获得国家和省部级优质产品奖。

【国民经济】 全市地区生产总值实现359.7亿元，比2012年增长3.7%。一般预算全口径财政收入实现17.17亿元，比2012年下降3.3%，其中地方级财政收入实现12.04亿元，增长2.3%。固定资产投资实现175.2亿元，增长11.6%；社会消费品零售总额实现107.2亿元，增长13.2%；城镇居民人均可支配收入达20053.78元，增长18.3%；农村居民人均可支配收入达10962.09元，增长15.8%。

【招商引资】 围绕“五大支柱产业”，以“三区三园”为载体，开展“招商引资突破年”活动。全市引进项目242个，其中亿元以上项目32个。引进内资115亿元，实际利用外资8068万美元。全市新建、续建各类项目285个。其中，超3000万元项目213个；超亿元项目34个；超10亿元项目5个。

【园区建设】 德惠经济开发区新建、续建项目33个，总投资183亿元。重点推进泉德秸秆综合利用项目、山东德泰机械制造集团汽车锻造件项目、韩资高新产业园和中小企业孵化基地等项目。米沙子工业集中区吉林省弘扬木制品有限公司包装箱加工等5个新建项目开工建设，蓝天密封等12个续建项目具备投产条件，洽谈项目18个。大成(德惠)生化工业区重点推进年产20万吨70%赖氨酸硫酸盐项目。朱城子食品加工产业园长春汇商健康产业园和环保建材产业园基础设施规划完毕，引进项目11个，总投资54.9亿元。吉林达利公司功能性饮料及食品生产线项目建成投产。万宝化工产业园引进吉林珈士濠有限公司玄武岩纤维加工、吉林昆仑利用压缩天然气和吉林昆仑能源液化天然气项目，总投资14.2亿元。布海汽车配件产业园开始规划设计，一汽四环零部件项目二期开工建设。

【民营经济】 出台包含60条优惠政策的《关于突出发展民营经济的实施细则》。成立中小企业服务中心，开展了机关干部联系民营企业活动，与吉林省建行等金融部门共同召开银企对接会。九台农村商业银行与德惠市农村信用社并购重组，同步组建农村商业银行，于2013年12月正式挂牌运营。民营经济主营业务收入实现1108.5亿元，比2012年增长15.9%；实缴税金11.1亿元，增长11.8%；企业户数2083户，增长10.7%；从业人员24.6万人，增长7.6%。

【板块经济】 支撑县域经济发展的特色产业板块更加鲜明，初步形成以泉林、大成、达利、德大为代表的农产品加工业板块；以天林工贸、大华机械、东方机械为代表的汽车配件产业板块；以圣泉倍进、都邦药业、银河制药为代表的医药化工业板块；以长春建工、鑫雨水泥、昌驰混凝土为代表的建材业板块；以香江物流、海洋物流、德惠物流园区为代表的物流业板块，使德惠经济结构更加优化，逐步向有序集聚、科学集约的方向转变，形成了多轮驱动、各业竞相发展的良好格局。

【农村农业】 申报省级示范村项目31个，新建农村户用沼气池1900个。米沙子镇被确定为“全国发展改革试点镇”。推进粮油高产创建整体推进县项目，建设粮食高产示范片25个，高光效新型栽培技术示范面积1万公顷，玉米保护性耕作面积2.13万公顷，粮食总产量达22.95亿公斤。园艺特产业种植面积稳定在2.33万公顷，新建棚室蔬菜200公顷，落实烤烟400公顷。申报2个吉林省“特产之乡”。应对禽流感负面影响，出台扶持家禽产业稳定发展的意见，引导7家金融机构与21户牧业龙头企业进行对接，免收家禽养殖加工企业产品检验标识费260万元。新建、扩建养殖小区(场)40个。与中国优质农产品开发服务协会签订了合作协议，新增市级重点龙头企业10户，农产品加工业销售收入实现420亿元，比2012年增长16%。完成松沐灌区节水改造、现代农业建设项目和农村饮水安全年度工程。植树造林179公顷，绿化村屯50个。购置各类农机具3406台(套)，农机总动力106.8万千瓦，综合农机化水平达70.4%，完成6.67万公顷深松整地任务。继续推进农村土地承包经营权确权登记国家试点县工作。土地流转面积3.41万公顷。农民合作社发展到2160个，新增543个。

【城乡建设】 启动城市总体规划修编，将饮马河规划为“城中河”。东风路、光明街等10条市政道路竣工通车，总铺装面积14万平方米。为育才街、康平街等街路安装路灯，怀惠街以北老城区基本消灭“黑街路”。对保障小区、政务大厅等5条城市供水老旧管线进行维修改造。管道天然气铺设3千米，新安装9780户。住邦·万晟城市商务综合体、绿都大酒店主体基本完工，新东方购物中心开工建设，欧亚购物中心落户龙凤翔城。农村电网改造升级工程竣工投运，总投资2.4亿元。“暖房子”改造60万平方米，城乡楼房开发80万平方米。撤并供热企业6家，铺设供热管网22.7千米，陈旧管网改造21.5千米。改造农村危桥12座，建设城区公交站棚20个。更新更换出租车123台，实现三年完成出租车更新目标。

【民生事业】 实施《建设幸福德惠行动计划》，重点推进包括“引松入德”，新政务服务中心，德环路北段改建，棚户区农村危房改造、回迁房、廉租房建设，西部

2013 年德惠市东风路、光明街等 10 条市政道路竣工通车

新城高铁站前配套设施，德惠西公路综合客运站，哈大高铁施工便道改建、通屯道路，430 个弃管楼院纳入物业管理，东部新城文化广场，原第一小学和第三小学整合新建，饮马河城区段生态治理和城市防洪启动工程等“十件惠民实事”。其中，“引松入德”工程具备试水条件，新政务服务中心办公楼投入使用。在就业方面，开发就业岗位 7675 个，城镇新增就业 7149 人，下岗失业人员再就业 3037 人。劳务输出 37 万人次，劳务经济总收入 38 亿元。启动城镇职工大额补充保险和城镇居民大病保险，城镇基本医疗保险实现全覆盖。推进医疗保险市级统筹，实现定点医疗机构即时结算。提高分散供养和集中供养人员标准，全市所有公办福利中心增设生活设施。新建朱城子、米沙子中心幼儿园、第六小学新建教学楼投入使用。启动实施低保家庭中小学生营养餐补贴计划，惠及学生 2000 余名。调整城区初中学区，继续实行电脑派位阳光分班推进。医疗卫生体制改革，累计建立居民健康档案 64.5 万份，11 项公共卫生服务全面开展。中医药工作荣获“全国农村中医药工作先进单位”称号。文物工作取得历史性突破，境内的秦汉古长城遗址和边岗乡揽头窝堡遗址被确定为国家级文物保护单位，中东铁路附属建筑被确定为第 7 批省级文物保护单位。

（王忠祥）

2013 年德惠市国民经济和社会发展主要指标完成情况统计表

指标名称	单位	实际完成	比 2012 年 ± %
地区生产总值	亿元	359.7	3.7
一产增加值	亿元	68.1	1.6
二产增加值	亿元	147.8	8.4
三产增加值	亿元	143.8	持平
全口径财政收入	亿元	17.17	-3.3
其中：地方财政收入	亿元	12.04	2.3
固定资产投资	亿元	175.2	11.6
农业总产值	亿元	125.3	6.4
工业总产值	亿元	553.9	-2.0
其中：规模以上工业总产值	亿元	350.9	-6.4
城镇人均可支配收入	元	20053.78	18.3
农民人均纯收入	元	10962.09	15.8
社会消费品零售总额	亿元	107.2	13.2
民营经济主营业务收入	亿元	1108.5	15.9
引进内资	亿元	115	
引进外资	万美元	8068	

九台市

【概况】 九台市位于吉林省中部，东经 125° 24′ 50″ ~126° 29′ 50″，北纬 43° 50′ 30″ ~44° 31′ 30″，属长白山与松辽平原过渡地带，四季分明。东及东北与舒兰市和榆树市为界；南及东南同永吉县接壤；西与长春市为邻；西南同双阳毗连；北及西北均界德惠市。辖 12 个镇、2 个民族乡、4 个街道，总人口 828147 人。周边境线 381.5 公里，幅员

3375.27平方公里,地表结构为“三山一水六分田”。耕地面积185721公顷,耕地土质肥沃,是国家主要的商品粮生产基地,盛产玉米、水稻、大豆、高粱、谷子,以及油料、甜菜、瓜果、蔬菜等作物,是各种杂粮、杂豆的高产区域,苗木花卉远销全国各地,被称为“北方苗木花卉之乡”。林地面积56329公顷,森林覆盖率15.6%,林木蓄积量495万立方米。水域面积22726公顷,总储水量8亿立方米,“一江三河”(松花江、饮马河、雾开河、沐石河)流经域内,坐落在西营城街道和东湖镇之间的石头口门水库是长春市最重要的水源地。煤、沙、矿泉水、沸石、钠基膨润土等矿藏资源丰富,年产300万吨优质煤的龙家堡煤田和吉林省单机最大、投资规模最大的华能九台电厂是矿产龙头企业。九台市处于长春市和吉林市之间的交通走廊地带和长吉经济圈的核心位置,九台火车站西距长春市火车站50公里,东至吉林市火车站75公里。长春龙嘉国际机场坐落境内。长吉高速公路、长吉北线公路、长吉城际高速铁路、长图铁路纵贯境内。长吉城际高速铁路在九台西营城街道设立中间站。

【国民经济】 截至2013年末,九台市地区生产总值364.22亿元,比2012年增长9.3%。全口径财政收入23.84亿元,其中本级财政收入15.94亿元,分别增长2.3%和5.4%。规模以上工业总产值436.84亿元,增长22.83%。固定资产投资255.12亿元,增长41.74%,其中工业固定资产投资135.21亿元,增长30.64%。社会商品零售总额101.69亿元,增长13%。城镇居民可支配收入18078.92元,增长11%;农民人均纯收入10492.37元,增长18.1%。一产增加值39.31亿元,增长3.3%;二产增加值192.39亿元,增长12.7%;三产增加值132.53亿元,增长5.9%。

【项目建设】 全市新建续建3000万元以上项目164个,总投资548亿元,其中亿元以上项目92个,总投资509亿元。新华联奥特莱斯、长春欧亚集团、盛大超高压电缆、河北小洋人乳制品等17个亿元以上项目成功签约;金维小微企业创业园、内蒙古伊利冷饮等百余个大项目开工建设;长春东北金属交易中心一期全部完工,与福建莆田商会成功对接,200家业户陆续入住;银诺克药业、中誉齿轮、新华通制药设备等45个项目建成投产。工业经济发展水平位处于全省42个县(市)区领先地位。

【民营经济】 民营经济实现主营业收入1315.8亿元,完成年计划的105%,比2012年增长21.7%;民营企业总户数3983户,完成年计划的108%,增长19.6%,其中规上企业户数213户;个体工商户26579个,完成年计划的106%,增长18.3%;从业人员26.4万人,完成年计划的103%,增长10.7%。九台市获得吉林省乡镇企业“创业杯”竞赛先进县称号。

【新城建设】 7月2日,九台市召开空港经济开发区和西营城街道办事处的区街管理体制调整会议,设置11个内设机构,8个派驻机构。自空港经济开发区成立以来,完成土地征收累计2504.8公顷,土地报批251.7公顷。全年开工建设项目22个,其中续建项目6个,新建项目16个。续建项目。兴港大街具备通车条件;站北路,兴港大街至站前广场段2.1公里全线竣工,完成兴港大街以西段的管线铺设和路基工程;完成龙嘉湖拦河闸工程围堰、桩基等基础工程;完成龙嘉湖400万立方米土方清淤工作;万户新居一期工程,2013年底入住4347户、13000余人,万户新居二期工程73栋楼房主体封闭;新城客运枢纽站站前广场的通讯、排水、地面硬质铺装、灯光亮化、绿化等工程相继完工。新建项目。湖畔嘉园一期工程,可安置695户居民的20栋多层楼房完成主体冷封闭;展览馆办公部分投入使用;创新路、香山路和庐山路,完成部分路段建设及相关管线铺装;长石公路高速口至兴港大街段竣工通车;滨湖东街,进行便道施工;兴港大街下穿高铁桥,完成变线基础及框构桥预置施工;热源厂新安装1台40吨锅炉,满足万户新居入住居民供热需求;高铁广场完成绿化2.95公顷。全年,有60多家企业到空港新城实地考察洽谈,吉林省盈华融资租赁有限公司和海南国际旅游产业融资租赁股份有限公司成功注册落户;与北京新华联集团、长春大学、吉林艺术学院、长春金融高等专科学校、吉林广播电视大学、吉林省宇光能源股份有限公司、中日联谊医院、长春欧亚集团8家签订实质投资协议,签约总额154.7亿元。总投资70亿元的新华联奥特莱斯主题购物公园及普鲁斯小镇一期建设项目,启动奥特莱斯主体店基础建设;与吉林省河南商会豫商工业园和南京普天集团智慧科技产业区签定了框架协议。

卡伦新城。全年累计跟踪洽谈项目112个,签约落户任家村新农村、中城建高端商住、盛大超高压电缆、河北小洋人乳制品、欧亚商超等14个亿元以上项目,总投资83.4亿元,新开工建设项目18个,续建项目54个,新投产项目32个,盘活项目19个。山水大道一期工程完成65%,工业北区四期基础设施工程完成80%,纬八路、乙三街、卡伦湖大街、丙十二路道路工程竣工通车。工商学院新校区项目一期工程全部竣工,入驻师生9000人。小微创业园16栋创业厂房主体工程完工。中澳城一期工程全部完工,木材城、租赁城、石材城及钢材城与莆田商会成功对接,并由莆田商会招商管理。

【农业】 2013年,九台市农业总产值76.7亿元,比2012年增长10%。农民人均纯收入10660元,比2012年增长20%。粮食总产量实现10.83亿公斤,比2012年的9.025亿公斤增加1.81亿公斤,增幅20.06%,位居全省第一。产粮大县排名由2012年的第11位晋升到2013年的第10位。在备春耕生产中,克服低温、雨雪等不利因素,开展“两抗一保”工作,完成排涝面积1.39万公顷。重点推广玉米、水稻高光效6314公顷。新建10公顷以上的农业科技示范园区16个。落实高产万亩示范片21个。完成保护性耕作技术实施面积1.53万公顷,建设保护性耕作示范点40个,新增先进适用农机具207台套。完成玉米螟防治14

万公顷。完成全生境灭鼠4.67万公顷。建成高标准粮田4.98万公顷,建立粮食高产创建示范田9.68万公顷,建成万亩示范片84个、高产攻关田74个。新成立2个种子销售大厅、检测1120个样品,玉米合格率98.8%、水稻合格率93%,展示示范玉米新品种22个。九台市各类经济作物种植面积1.7万公顷,比2012年增加0.33万公顷,形成苗木花卉、粘甜玉米、水果蔬菜、绿色水稻、马铃薯等十大特色种植产业。蔬菜面积达到1.01万公顷,年产量68.97万吨,年产值14亿元。落实良种补贴2700万元、农作物促熟补贴374万元、育秧大棚补贴112.5万元,土壤有机质提升450万元、玉米螟防治365万元、测土配方施肥96万元、农田灭鼠80万元、高产创建336万元、农技推广100万元、阳光工程169万元、一事一议奖补1896万元、农产品补助加工项目200万元。各项惠农强农政策全部落实到位。在工商部门登记注册的家庭农场85家,经九台市农业局认定的家庭农场160家。8月,长春市政府农业规模经营暨家庭农场建设现场会在九台市召开。吉林日报、吉林电视台、长春电视台、长春民生网多家媒体报道九台家庭农场,成为长春市农委亮点工作。各类农民专业合作社发展到1941个(畜牧类583个、农业类842个、林业类160个、综合类356个)。土地规模经营面积达2万公顷,种植大户发展到1456户。九台市直补保放贷2.6亿元,比2012年增加9000万元,兴隆镇10个村、4680个受信户,累计贷款4680万元。完成各项存款310亿元,发放贷款185亿元,分别比2012年同期增长24%和22%。新建、续建农产品加工业龙头企业20个,完成投资33.81亿元。新增长春市级龙头企业8户。22家龙头企业加入省级龙头企业协会,其中5家加入全国农业产业化龙头企业协会。吉林天景食品等6家企业进入全省百强。疆宁肉业等9家企业晋升为长春市级龙头企业。完成投资10.51亿元的农副产品深加工项目建设。吉林省农产品质量安全宣传周实验室开放日在九台召开,省内10家主要新闻媒体进行采访报道,扩大九台现代农业美誉度、知名度。农产品质量检测中心投入使用,成为吉林省县级具有检测资质的第一家。完成测土配方施肥17万公顷。推广生态循环发展模式,新发展沼气池户450户。建设各类标准化规模养殖小区(场)20个。其中申报省级以奖代补政策的6个;菜篮子工程3个;奶牛规模养殖小区1个;生猪标准化小区5个。九台市在第12届农博会屡获大奖,长春吉隆粮业有限责任公司、吉林省金穗米业有限责任公司获地标性农产品称号;吉林田野泉酿造有限公司、长春市朱老六食品有限公司2家企业获长春名优特产品称号。农机装备能力持续增长,农机总动力83万千瓦;拖拉机保有量3万台;大中型拖拉机7809台;联合收割机达994台。农机化生产工作。完成机械整地15.4万公顷;机械播种16.8万公顷;机械收获10.49万公顷。耕、种、收综合机械化水平80.6%。新型农机合作组织规模壮大,农机户2.9万户,农机专业合作社316户,农机专业合作组织发展规模和服务农机化发展能力显著增强。对上争取项目及惠农资金,2013年,争取项目及惠农资金7923万元、其中,项目资金4623万元;惠农资金3300万元。应用推广保护性耕作技术,完成保护性耕作技术实施面积1.53万公顷,新增保护性耕作机械143台;建设保护性耕作示范点40个。开展全程农机化示范工程建设工作,2013年,争取国家资金1300万元;省级配套资金500万元,购置拖拉机95台,购置配套机具143台,购置收获机械118台,建设示范面积0.8万公顷。农机购置补贴政策落实。2013年,争取国家补贴资金2500万元,购置农业机械4000台套,培训各类人员2238人。年检审拖拉机3695台,新车落籍3255台。

【新农村建设】 2013年,九台市有30个村被列为全省第二批新农村建设“千村示范、万村提升”工程示范村。在新农村建设办公室建立“三农”综合信息服务平台,在龙嘉镇袁家村、龙家堡村建设2个政务信息服务站和2个商务信息服务站。实现农民网上办事、查阅信息、购买农资和农业技术咨询。开展农村环境卫生整治行动,九台市新修农村水泥路62公里,清理路边沟914公里,硬化路边沟5.1万米,清运垃圾39.1万立方米,建设垃圾堆放点(池或箱)7129个,建立垃圾填埋点223处,在屯外设置柴草堆放点1726处,柴草垛全部堆放于屯外。安装太阳能路灯196盏、电能路灯445盏,植树29.76万株,种植花草326万株,绿化19.2万平方米。新农村建设典型龙嘉镇红光村、卡伦湖镇任家村被列为长春市新农村建设标杆村。红光村总投资174万元,完成小区道路、管网、绿化、亮化等项目建设。其中,投资52万元,修建小区水泥路750米,路面宽5米,总计建设面积3750平方米;投资30万元,铺设小区下水管道300米;投资25万元,安装太阳能路灯37盏;投资33万元,完成老年公寓1400平方米的附属设施建设,建成房间39间,入住老人78人;投资34万元,建设老年协会活动室200平方米,门球场2个。任家村完成种植规划调整和基础配套设施建设,总投资377万元,用于发展订单农业、设施农业、高效农业、蔬菜采摘体验农业、经济作物农业,总销售收入100万元;新社区建设总投资1亿元,其中建新区征地93公顷,投资5000万元;规划设计、项目整体批复、基础设施工程建设投资5000万元。

【林业建设】 2013年,九台市收回被蚕食林地3733.33公顷,完成造林4000公顷,栽植苗木700万株,投入资金450万元。农防林更新造林86公顷,栽植苗木16万株;迹地更新造林140公顷,栽植苗木42万株;蚕食林地造林3773.33公顷,栽植苗木1200万株(“三北五期”造林666.67公顷,退耕还林配套造林1333.33公顷,宜林地造林1773.33公顷);绿化村屯30个,栽植各种苗木花卉1.5万株。开展农防林更新改造等工程造林和村屯绿化的补植工作,补植各类苗木0.8万株。5家林场采取灌木乔木混栽的办法,播种紫穗槐666.67公顷,巩固清耕还林成果。制定出台《2013~2020九台市林业产业发展规划》。发展山地苗圃近333.33公顷;重点开发林下种植、森林养殖、森林旅游、培育食用菌产业和林下产品开发五大林业产业，用于发展林下经济的林地总面积5000公顷，占九台市林地总面积的10%左右。加强示范基地建设。胡家林场和波泥河林场引进林冠下栽植红松和樟子松嫁接红松项目，发展90公顷；卢家林场和上河湾林场100公顷大苗基地和彩叶树基地项目粗具规模。狠抓病虫害防治工作。加强森林病虫害的测报和种苗产地检疫率、森林植物调运检疫工作，控制林病虫害发生。加强林业行政执法。对滥砍盗伐林木、滥捕滥杀野生动物、违法开山采石等违法行为进行坚决打击。出动警力300人次，出动车辆150辆次，清理木材经营加工企业42户，清理木材交易市场1个，清理宠物交易市场1个。加强管护，保护森林资源，受理各类涉林案件22起，查处22起，处理违法犯罪人员23人次，成功调解林权纠纷11起，受理咨询林业法律、法规、政策17人次，案件综合查处率为100%。狠抓森林防火工作。实现连续32年无重大森林火灾的目标。

【城乡建设与管理】 在城市总体规划指导下，九台市编制完成《九台市未建地块控制性详细规划》和《九台市住房建设专项规划》《九台市供水专项规划》，正在编制《九台市加油站加气站专项规划》《九台市供热专项规划》。2013年，九台市依法成立城乡规划委员会，召开第一次规委会，全市城乡规划审查和项目审批工作实现科学决策、民主决策，规范城市建设管理行为。九台市开工基础设施建设项目12个，总投资29776万元。重点实施3项道路工程项目，总投资14042万元。主要工程有：曙光大街改造工程，投资11379万元，道路长3946米，面积12.2万平方米，配套实施曙光大街供电(部分)、通讯线路入地等项目，道路工程在10月1日通车，铺设入地共用管道4500余米；长通路南段改造工程，投资588万元，改造道路582米，面积8600平方米，通车使用；巷路改造工程，投资2075万元，改造巷道及宅前路8.68万平方米。供水排水项目。总投资11117万元。其中，煤矿棚户区供水项目，投资9403万元，铺设供水管线21.5千米(其中至棚户区14千米)，已竣工使用；曙光大街供水改造项目，投资98万元，铺设管线818米，已完工使用；宇光能源外网配套项目，计划投资1616万元，铺设给水管线2330米、污水管线2440米，建永久泵站1座，已完成50%。

【环境综合治理】 对饮马河流域侵占河道、乱采砂石等违法行为进行治理。40家砂场51处采砂点全部停产，清理230艘船只、32套采砂设备，排除行洪隐患。通过各部门联合执法，关闭11家采石场，全市采石场减少到31家。对城市主要出入口及公路沿线有碍观瞻的非法公路标志和利用公路行道树悬挂的广告牌进行集中清理，拆除各类牌、匾、晃258块。对四家子占道修车进行清理整顿。清理城市占路建筑垃圾和残土260立方米。全面调整公交线路，将原有公交线路延伸11条，延伸24公里，新增公交线路1条，新增公交车辆10台，建设港湾式泊位16处。2013年，处理污水730万吨，处理污泥1680吨，化学含氧量减排量1560吨，氨氮减排量156吨。大中修道路2.2万平方米，路灯1780盏，清掏雨水井4800座，污水井2400座。维修楼房206栋，783处，群众满意率98%。对城区内牌匾进行统计、规划，九台大街、工农大街、新华大街、曙光大街和西环路广告牌匾统一规范设置，规范广告牌匾1233块。清理违规广告牌匾、小区墙体牌匾及刀匾1600余块，清理条幅812条、宣传旗640条、违章宣传车420辆次、小野广告近2000块。劝阻、清理露天烧烤行为1400余人次，收缴烧烤作业炉具16套，煤气罐35个，肉串炉27个，大排档全套物品4处，扼制了街路脏、乱等影响市容和通行的问题。城区220万平方米清扫面积实行全日制保洁，机械化清扫率达30%。城区生产生活垃圾日产日清，垃圾清运总量12.6万吨。垃圾无害化处理率100%。市区132座公厕实行划片管理。采取“清、涂、冲、堵、疏”等综合治理措施，清除野广告4万余条，市区公共部位无野广告留滞；在居民密集区内设立标准化广告栏，标本兼治，变堵为疏。2013年，新建旱厕4座，维修公厕35座，开通福星和南山水冲厕所2座；更换果皮箱300个、垃圾箱20个；对所有垃圾箱进行洗刷、清理和喷漆。强制拆除违章建筑7次，拆除违建房屋13处，制止非法抢栽抢种数十处；治理福星、福临小区违章浮棚32处，清理违章牌匾520块。

【环境保护】 全市有31个村实施农村环境连片治理示范项目，土建工程全部竣工。推进农业源减排。对全市65家规模化养殖场(小区)进行整治，完成基础设施建设和档案装订工作。通过“以奖促治”、科室包保、下达限期整改等有效手段对52家餐饮业集中治理，全部安装油烟净化器，下发补贴6.99万元。集中开展水源地、重金属、化工企业、液氨企业、放射源等环境风险隐患大排查大整改行动，排查企业170户，发现一般隐患26户，隐患整改完成22户，整改率85%，有2户企业停产，2户企业工程完工，未正式运行。下达限期治理通知书26份。开展环境安全应急演练和消防安全演练2次，提高环保干部的应急处置能力。对石头口门饮用水源地加强监管，坚绝杜绝出现新、改、扩建项目，确保饮用水水源地水质达标率100%。处理环境信访案件87件处理率100%，结案率100%，满意率98%以上。完成企事业单位和个体工商户的排污申报登记146余家，排污申报率99%，收缴排污费705万元。对74家违法排污企业下达责令改正，对32家企业进行处罚。依法合规收缴罚款54万元。

【民生工作】 征求社会各界及相关部门的意见和建议，制订《2013年建设幸福九台行动计划》，涵盖增收、保障、安居、环境、教育、医疗、文化、安全、便民、公平等10方面100项具体内容，总投资48亿元。其中，争取国家、省和长春市投入6亿元；本级当年投入6.2亿元，BT项目投入11.3亿元；单位、企业和个人自筹24.5亿元。全面完成百项计划。新开发城镇用工岗位8900个，完成目标的105%；城镇新增就业6500个，完成目标的 108%；大龄就业困难对象“4050”人员再就业 425 人，完成目标的 142%；创业促就业成功项目 230 个，完成目标的 153%，带动就业 2698 人；就业补贴发放 6440 人 1880 万元，发放率 100%；为 561 人发放小额担保贷款 3595 万元，完成目标的 120%，贷款发放量及贷款回收率继续保持在全省各县区前列。为工业、商业、交通等系统职工 12850 人发放失业金 8995 万元。大学生创业园有 22 户大学生创业孵化企业成功签约入园，带动 70 名大学生创业就业，提供就业岗位 300 个。加大安置工作力度，开展 2013 年度退役士兵接收和培训工作，举办大型专场招聘会，为退役士兵搭建就业平台。全口径劳务输出 30 万人次，其中农村劳动力输出 27 万人次，完成目标的 111%和 108%。被吉林省劳务经济工作领导小组办公室评为“2013 年度全省农村劳动力转移就业先进县”。下岗失业人员职业技能培训 5300 人，完成目标的 106%，就业率 82%；创业培训 510 人，完成目标的 102%，创业成功率 61%，农村劳动力引导性培训 21000 人，完成目标的 105%，职业技能培训 1880 人，完成目标的 125%，就业率 85%。全省“春风行动”启动仪式在九台市卡伦经济开发区举行，会上有 1345 人与企业达成意向性协议，有 432 人签订创业协议。在第四届创业就业博览会，上报创业项目 110 个，参展项目 22 个，提供创业项目信息千余个。2013 年，九台市新型农村养老保险累计参保人数为 350115 人；城镇居民社会养老保险累计参保人数为 3888 人。从业人员养老保险参保人数完成 42526 人，新增扩面参保人数 1575 人。养老保险费完成征缴额 21410 万元。失业保险费年征缴完成 1025 万元。养老金总支出 5.5 亿元。为工业系统 5260 人补发失业金 3643 万元。“新农保”参保 35 万人，“城居保”参保 3888 人。完成工业、商业、交通等系统职工失业金发放工作。城镇职工基本医疗保险参保 55709 人，完成目标的 111%；工伤保险参保 43332 人，完成目标的 131%；生育保险参保 40933 人，完成目标的 124%。财政全额拨款机关事业单位人员公务员补充医疗保险参保 24661 人；城镇居民医疗保险实现全覆盖，续保缴费率 90%；启动城镇居民大病医疗保险，首批推出儿童急性白血病、肺癌等 40 种多发、对家庭构成灾难负担的病种，平均补偿比例不低于 80%，年度最高支付限额 16 万元；对 10 种特殊疾病实行低自付治疗，减轻患者的经济负担。提高工伤职工伤残津贴、生活护理费、工亡人员供养亲属抚恤金和按月领取伤残补助金人员待遇标准。2013 年，发放城乡低保、医疗救助、临时救助、慈善救助等社会救助资金 13570 万元，比 2012 年增加 5407 万元，增长 39%。建立城乡低保标准和救助水平与城乡居民收入同步增长机制，全年 2 次为城乡低保提标，发放城乡低保金 11494.75 万元，比 2012 年增加 5375.75 万元，增长 87%。首次为城市低保户每户发放 500 元冬季取暖补助和 1000 元的节日生活补贴，为农村低保户每户发放 200 元的节日生活补贴。对因支出型贫困和突发事件出现的贫困，建立临时救助制度，全年为 257 人次发放应急救助资金 87.25 万元，比 2012 年增加 35.45 万元，增长 68.4%。开展应急临时救助工作，全市应急临时救助达 295 人次，发放临时救助资金 82 万元。九台市救助管理站通过民政部检查验收，成为全省县级唯一的三级救助管理站。继续落实城乡低保户殡葬基本费用减免政策，为 434 名城乡低保户、农村五保户、重点优抚对象免除殡葬费用 16.8 万元。医疗救助全面取消病种限制，全年发放医疗救助资金 1566 万元。及时足额落实城市“三无”人员和孤儿生活补助费，每人每月为 450 元和 700 元。全市双日捐募捐总额 466 万元，比 2012 年增加 142 万元，增长 26%。开展助耕、助学等慈善救助活动，全年支出慈善资金 344 万元，受助人员 3246 人次。建立五保供养对象生活与当地消费支出水平同步增长机制，农村福利服务中心床位 1404 张，集中供养老人 960 人，社会供养 60 人，床位利用率 72%。农村福利服务中心普遍建立“爱心护理间”，为每个福利中心配备价值 3 万元的医疗器械。对福利中心和社会养老机构老化的线路进行改造，统一安装监控设备，维修房舍和相关设施，为农村福利中心安全运转奠定基础。高标准建设和改造 4 处应急避难场所，建成救灾物资储备库并投入使用。储备 1000 套棉被，200 顶帐篷及粮食、食品等物资。探索公益性墓地和骨灰堂的建设试点工作，继续落实城乡低保户殡葬基本费用减免费政策，为 434 名城乡低保户、农村五保户、重点优抚对象免除费用 16.8 万元。为贫困学生捐款 7650 元，捐赠衣物 2 千余件，购买学习用品 3 千余件，解决部分贫困学生的学习和生活困难。九台市残联协调各方力量，为 700 名精神病人进行免费送医送药，对低视力家长培训 30 人，盲人定向行走完成 90 人，完成肢残儿童社区康复在训 90 名；贫困智残儿童康复在训 50 名；聋儿康复在训 10 名，聋儿家长培训 10 名；成人助听器验配 10 人，社区康复协调人员培训 106 人次，康复技术人员及残疾人家长培训班(互助关爱)30 期，完成残疾人其它相关辅助器具供应 260 件。全年完成白内障患者免费复明手术 390 例，完成各类精神病患者免费住院临床治疗 310 例。在爱耳日活动期间，为 20 名听力有障碍的青少年免费配发总价值 3 万元的助听器。2013 年，投资 8000 万元，改造暖房子 44.8 万平方米；投资 872 万元，完成 50 栋、建筑面积 25 万平方米的老楼地沟供热管网外移改造。廉租房和政府回迁楼项目。建设在 7 号地块，投资 1656 万元，建设廉租住房 1 栋 216 套 1.03 万平方米；投资 1.6 亿元，建设政府回迁楼 4 栋 634 套 5.7 万平方米。煤矿和林业棚户区改造项目。完成一期建筑面积 38.22 万平方米，4347 户的建设任务，完成回迁房 7 栋建筑面积 2.67 万平方米；二期工程 84 栋，建筑面积 33.37 万平方米，部分主体封闭；三期工程(塌陷棚户区)10.58 万平方米，高层部分正在进行桩基础施工。城市棚户区改造项目。师范北棚户区改造项目，规划用地面积 3.71 公顷，规划建筑面积 5.92 万平方米，计划投资 1.89 亿元；八小学棚户区(八小学东、八小学北、车辆厂)改造项目，规划用地面积 5.16 公顷，规划建筑面积 11.61 万平方米，计划投资 3.7 亿元。2013年,九台市有561722人参合,参合人数占常住农业人口的99.2%,比2012年增加1340人。筹集参合基金19660.3万元,扣除大病保险基金(2190.7万元)后年度可支配基金为17469.6万元。全年参合农民中有101424人次在各级定点医疗机构就诊并受益,支出参合基金17402.4万元,占年度可支配基金总额的99.6%,结余资金67.4万元。九台市卫生局负责承担尿毒症患者、艾滋病患者和无主患者3个特殊群体的医疗救治工作,为168名尿毒症患者做血液透析和腹膜透析。妇保所开展"两癌"筛查工作,筛查人数12330人。九台市的孕产妇、婴儿死亡率和剖宫产率明显下降。孕产妇死亡率为0;婴儿死亡率为6.09‰,略高于长春市要求的6‰;剖宫产率70.68%,比2012的80%下降了10个百分点;产前筛查率3.3%,比2012年的2.9%有所增加。启动县级公立医院改革,完成药品零差价资金测算,改革方案制定完成。为5086名新生儿进行疾病筛查;设立50万元培训资金,实施"白衣卫士成长工程"。为白内障患者完成免费复明手术120例;重性精神病患者免费住院治疗110名,"两免"救治率100%。教育项目建设总投入1.5亿元,校安工程及其附属工程建设完工。新建食堂、宿舍设备采购安装进展顺利,解决17000名学生的就餐和6900名学生的住宿问题。投资1100万元,全市中小学教育教学装备水平基本达到省标准。改善教学装备,双网入校园工程完工。九台市实验幼儿园正式开园,成为九台市龙头型省级标准的幼儿园;10所乡镇中心园和村小校带园新建、改建项目全面启动,优质学前教育资源逐步扩大。录用特岗教师、硕师计划、免费师范生176人;通过考试,选拔40名农村35岁以下优秀青年教师到城区中小学校任教,教师队伍在学历结构、职称结构、年龄结构以及市区骨干教师比例等方面更加科学合理。完成640余名退休教师职称工资的核算和补发工作;完成6400余名代课教师的身份确认和工资核算工作。举办"长春市基础教育质量提升工程系列活动暨九台市'实施教育教学规范化管理,打造高效课堂'现场会"。有10个教科研基地通过长春市验收。承担长春市《农村中小学教育质量提升策略与实践研究》课题,成为东北师大教育研究基地;基层学校和学科带头人承担并完成222个小课题的实验研究。印发《九台市义务教育控辍工作实施方案》,调研中小学生辍学情况,辍学学生返校1527人。小学适龄儿童入学率、普及率、巩固率均保持100%,初中巩固率97.9%。全市116辆校车运行平稳,实现"零"安全责任事故。全年发放义务教育段寄宿制学校困难学生资助、希望高中班"五免一补"优秀学生补助、普通高中学生补助金和职教学生国家助学金712万元,受助学生8140人。4月,通过吉林省义务教育初步均衡发展验收。与吉林师范大学和双阳幼师达成联合办学协议,解决九台市职教中心幼师教育资质和3+2大专教育升学问题。实现校企合作36家,全年完成各类培训9000人次;毕业生就业率100%,职业教育对口升学率100%。6月,通过吉林省职业教育督导检查,被评为优秀等级。举办"唱响中国梦"九台市第二届中小学艺术节系列活动,开展五大方面7个主题的系列活动,学校参与面100%,学生参与面75%以上。九台市被教育部确定为全国农村艺术教育实验县(区)。城乡新建群众健身活动场地16处;15处乡(镇)、社区健身器材发放到位;建设农村文化大院30个;完成新州社区文化阅览室、居民活动室和体育场地建设;开展以"欢乐家园幸福九台"为主题的大型文体活动52次,辅导活动50次,培训文体骨干500人。开展邻里情文艺汇演、送春联下乡、冰雪文化季系列活动、农民春晚、百姓春晚、新春文化进军营、健身舞健身操展示等特色文体活动29次。铺设"村村通"光缆750公里,实现农村数字有线电视网无盲点、全覆盖。强化对乡村旅游产业发展的扶持力度,举办惠民乐民特色节庆活动18次。村(社区)文化活动室的覆盖面80%以上。文化馆、图书馆、乡镇(街)文化站全部实施免费开放,图书馆节假日不休息,每周开馆56小时,文化馆、文化站每周开放42小时。开展以"书香九台"为主题的系列读书活动6次,"送书下乡"活动3次。发放图书1200余册次,流通图书11.5万余册次。推进群众性文体活动开展模式,全市各类文体团队38个,人数190人,文体志愿者1200人。加强食品、药品安全专项整治行动,保障城乡食品药品安全。4月中旬,组建九台市食品安全监督举报(快速检测)中心,建成7个城区快检室、15个乡(镇)办事处快检室,34名食品安全快检工作人员全部上岗,全市食品安全快检和举报工作全面启动。对全市635个检测场所进行检测,其中超市356个,集贸市场62个,早市1个,其他216个,采样3666个批次,合格率97.68%。开展校园及校园周边、肉及肉制品、水及水产品、粮食、食用油等16项专项整治行动,节假日、季节性食品专项整治9次。排查各类餐饮单位1426家,保健食品经营单位90家,化妆品经营单位37家,出动执法人员3156人次,执法车辆962车次,排查并及时整改安全隐患343个,对监管业户建立监管档案,监督检查率100%,检查食品生产经营企业49126户,对113家存在食品安全问题的单位进行了行政处罚,依法依规处理死猪369头,不合格肉116公斤。查办食品违法案件127件,依法查处涉肉案件10起,涉案动物产品120吨,没收销毁260公斤,查处假劣兽药案件19起,没收销毁假劣兽药2016盒,不合格饲料1500公斤。开展大排查、大整改、大演练活动,排查机关、企事业单位26643家次,排查隐患18276个,开展各类应急演练826次,参加演练41900多人次,整改18017个,整改率为98.58%;停产131家,取缔112家。提升事故防范和救援能力,投入1200万元,对唯一一家烟花爆竹批发企业进行升级改造,11月通过评审验收。修订完善《九台市安全生产事故灾难应急预案》、《九台市煤矿事故应急预案》等31个应急预案,设立救援组织,配备应急救援设备、设施和物资。九台应急储备中心正式运行,储备应急物资、设备、器材价值700多万元。九台市人民政府获长春市安全生产目标责任制考核一等奖。华能九台电厂2台机组脱硝设备安装完成,运行正常。第三批农村环境连片治理示范项目主体工程全部竣工,车辆和垃圾箱等设备采购招标合同签订完成。推进石场、沙场、退耕还林3项生态环境治理工程,露天采石场整合为31户,退耕还林0.2万公顷,打击非法采沙活动,推进饮马河采沙向松花江转移。新建、翻建旱厕8座、冲厕所2座,维修破损公厕30座。开展奋战150天城乡环境综合整治行动,城乡面貌焕然一新。投资3692万元,新增绿地16.34公顷。主要工程有:南山公园扩建项目。新增绿化面积5.4公顷,路面硬化8356平方米,扩建健身广场3个,栽植草坪4.5万平方米,栽植树木360株。民生健身公园项目。绿化面积6.3公顷,路面硬化5000平方米,建设停车场7000平方米,广场3500平方米,栽植草坪4.4万平方米。城市出城口、东西立交桥及街路绿化项目。绿化面积3.71公顷,栽植树木1400株。西外环路中间隔离带项目。绿化面积9350平方米,栽植红叶李等树木28.6万株。美化亮化项目。投资925万元,对火车站1622平方米进行暖房子美化改造,工程完工。在曙光大街、西外环路、党校北干渠等路段安装路灯514盏,全市路灯亮灯率98%。投资8700万元,实施省道长石公路长春空港经济开发区中央大街至前董家互通公路工程项目。工程按双向4车道一级公路标准设计,建设通车。投资760万元,实施长吉高速公路九台出口(前董家出口)改造项目,主体工程现完工并投入使用。投资3505万元,完成省道舒太线其塔木至干沟段路面改造工程。工程路线全长建造21.083公里,采用三级公路标准设计,通车。实施长吉北线与九开公路交汇处(四家子)安全改造工程。增设隔离带、隔离岛、波形护栏,进行路面拓宽,粉刷广告牌、立柱,增设路缘石、绿化等项目,安全通行能力增强。维修30处危险路段和涵洞。投资3645万元,新建乡村水泥路100公里。投资2800万元,九台市公路客运南站建设工程完工。建设等级为县级二级公路客运站,投入使用。投资1890万元,对龙蒋、龙双、九大、四舒、九开公路实施养护工程。对乡村公路存在较大安全隐患的7座危桥实施加固,完成乡村350公里水泥路灌缝。查处不按规定使用出租车计价器违规行为320起,暂扣非法营运黑出租车69台,查处客运车辆超员116起。长吉城际铁路九台南站站前广场工程建设完成。迁建建材市场工作已经完成。新建100公里乡村水泥路,曙光大街和长通路南段改造工程全线通车,改造道路4528米。在福星小区设立副食品平价超市。天然气储配站、汽车加气站合建站,主体工程完工,并投入使用。成立324个百姓说事点,建立人民调解组织391个,发展人民调解员3420名。全年调解矛盾纠纷5216件,调解成功率98%。开展法律援助工作,对弱势群体实施援助75件,接待法律咨询500人次。畅通群众诉求渠道,受理群众来信来访1082批(件)次21108人次;接听并受理各级市长公开电话诉求10335件。健全并完善重大行政决策听取意见制度、民调和听证制度,保证人民群众知情权和参与权。加强创新社会管理,完善社区服务功能,拓展社区服务领域。

【民主法制】 2013年,调解各类矛盾纠纷5816件,调解成功5735件,纠纷调解率100%,调解成功率98.6%。审核市政府各类文件15件,其中符合规范性文件要求的3件,审核修改《九台市城区门店牌匾设置规范》《九台市地名管理办法》等规范性文件,并报送长春市政府法制办备案。5月24日,九台市印发《关于开展规范性文件清理工作的通知》,全面清理一次规范性文件。召开联席会议2次,听取建议7条,化解行政争议。

(李海英)

2013年九台市国民经济和社会发展主要指标完成情况表

指标名称	单位	实际完成	比2012年±%
地区生产总值	万元	3642246	9.3
第一产业增加值	万元	393107	3.30
第二产业增加值	万元	1923879	12.70
第三产业增加值	万元	1325260	5.90
规模以上工业企业户数	户	205	5.67
固定资产投资额	万元	2551242	41.74
其中:工业投资	万元	1352115	30.64
社会消费品零售总额	万元	1016850	13.00
全口径财政收入	万元	238414	2.3
其中:地方本级收入	万元	159395	5.4
税收收入	万元	210560	3.4
一般预算财政支出	万元	436249	14.2
金融机构存款余额	万元	1565882	14.3
其中:居民储蓄存款	万元	1207469	59.0
金融机构贷款余额	万元	798799	19.6
城镇居民可支配收入	元	18078.92	11.0
农民人均纯收入	元	10492.37	18.1
电力消费量	万千瓦小时	95244	7.6

朝阳区

【概况】 朝阳区位于长春市区中南部，是长春市科技、文化、经济、教育、商贸中心城区。下设重庆、永昌、清和、红旗、桂林、湖西、南湖、前进、富锋9个街道，53个社区，2个镇，24个行政村，以及省级开发区——长春朝阳经济开发区。幅员237平方公里，人口743484人。

【国民经济】 全口径财政收入实现64.2亿元，比2012年增长9.5%，其中本级财政收入实现11.6亿元，按可比口径增长10.7%；固定资产投资实现226亿元，比2012年增长20.9%；规模以上工业产值实现137.65亿元，比2012年增长15.07%；农村经济总收入实现20.7亿元，比2012年增长15%，农民人均纯收入10578元，比2012年增长15%。

【项目建设】 招商引资和项目建设取得新进展。年初确定的100个重点项目全部开工，金谷国际等40个项目实现竣工。谋划亿元以上项目213个，整理楼宇资源33.8万平方米，包装推介地块85个。美国友升集团地下商业综合体等21个重点项目实现签约，签约金额398.6亿元。全年引进内资54.42亿元、外资9000万美元，比2012年均增长20%。

【现代服务业】 加快特色街路建设，同志街时尚文化休闲街区申报省级现代服务业集聚区；新民大街历史文化街区打造上升到市级层面，由市发改委牵头实施；组建建设街"城市宴会厅"企业联盟；西南湖大路融资一条街挂牌成立；红旗街影视文化街区、解放大路金融产业集聚区规划方案基本完成。为卓展等10户企业成功申请服务业发展专项资金1329万元。2013年，朝阳区被评为"全国社区商业服务体系建设示范区"。全区社会消费品零售总额完成560.7亿元，比2012年增长15%。

【开发区建设】 编制区域发展战略规划和"退二进三"(改善提升区域功能，减少第二产业，增加第三产业)推进计划，一期1.2平方公里"退二进三"启动区域争取到市棚改政策。完成了四期盛家村4.4平方公里土地征收任务，招商工作同步推进。组织成立汽车部件企业联盟，助力优势产业发展。投资8400万元，铺装道路16.2万平方米，绿化6万平方米。新增66千伏输变电项目获得省发改委立项。西开运街延长线列入市建设计划。苏宁电器长春地区总部及物流配送中心等40个项目全部开工。

【永春新区建设】 永春新区概念性规划获市规委会批准，产业规划说明编制完成。根据空间布局，重点打造面向东北亚的商务总部基地、国家级文化创意产业中心、新型大学科技园区和高品质城市宜居区。按照永春整体开发建设规划，配合市里完成方案制定、人员培训、调查摸底等各项征收前期准备工作。超前招商推介，与御河硅谷(上海)置业有限公司等15家企业签订合作意向书。

【观光农业】 乐山现代都市观光农业示范区发展环境得到改善。按照示范区发展规划，抓好基础设施配套建设和重点项目推进落实。投资9535万元的农村土地综合整治项目全面完成，顺利通过审计验收。打农用井255眼，电力架设102公里，新增农村道路134公里，建设温室大棚120栋。开展新农村建设和农村环境综合整治，清运垃圾7万立方米，整治边沟树台23万米，种植树木1.7万株，建设标准化农村生态厕所1500座，乡容村貌明显改观。千顷蔬菜基地三期115公顷续建项目通过省国土厅和财政厅评审。东北亚林权交易中心前期筹备工作基本完成，唐山豪门园林、北京恒坤建业高端生态养老等项目洽谈。

【民营经济】 制定落实扶持民营经济发展的各项政策，全力营造突出发展民营经济的浓厚氛围。组织三友部件、德泰饲料等50户企业申报国家、省、市各类专项资金、配套资金、补贴或贴息6000余万元。推荐长春市古鳄参茸有限公司等9户企业申请省、市著名商标。协调金融机构为6户企业提供贷款560万元。鼓励民间资本进入金融市场，累计开业小贷公司20家。加强中小企业孵化基地建设，区内4个省级孵化基地在孵小微企业300余户。全区新增民营经济主体4429个。

【城市生态景观建设】 全年投资770万元，绿化面积24621平方米。全区新增绿化面积2万平方米，绿化覆盖率44.2%。栽植乔木14596株、灌木131594丛、花卉7254株，铺设草坪13468平方米。完成空军航空大学长春飞行基础训练中

市领导到区重点企业调研

心、中科院长春应化所、东北师大青华校区等40个生态庭院建设任务。重点建设同光东社区(送变电住宅区)、湖东社区、二二八社区、西康西社区、抚松路社区欧风花园、天宝社区宿舍绿地。完成3座广场、1座立交桥、9处绿地的节点彩化,12处植物雕塑建设。2013年,朝阳区政府被市政府评为“十年绿化美化吉林大地”先进集体,前进大街南段绿地被市政府评为“绿化精品工程”。粉刷楼道88栋,100641平方米,总投资212.8万元。完成10条生态街路、20个生态社区、30个生态村屯、40个生态庭院绿化建设。

【市政基础设施建设】 大中修道路70条,小修道路187条,完成巷道维护9万平方米,铺设方砖7.5万平方米,翻建边界石2.8万米。以“现代化、商业化、亮化、绿化”为标准,对红旗街实施精品街路改造。进一步理顺征收工作机制,征收机构独立设置,多部门协同推进。完成桂林西康西社区、东朝阳胡同及朝阳公园富锦社区巷道铺装工程,并对东煤新村小区、二二八厂区进行精细化改造。完成文教小区、明德南胡同、清华路银行宿舍、隆礼路、崇智胡同、云鹤街6处弃管小区排水翻建,翻建排水管线550米,检查下水井60个。

【宜居城区打造】 解决了重庆、桂林、红旗商圈以及主要街路占道经营、乱堆乱放、乱扔乱倒等问题。投资490万元,建设市容环卫数字化管理平台,进一步提升精细化管理水平。加大拆违力度,拆除楼顶和地面违法建筑3万余平方米。加强环卫基础设施建设,硬垃圾场和卸雪场完成选址,新建移动站7处,新增机械化清扫车20台,机械化扫雪车65台。实施环卫运行新模式,规范垃圾收集管理,三环路内取消手推车,试行垃圾直运模式,实行商家垃圾桶装化收运。对135条街路实施机械化清扫,机械化清扫率由53%提高到60.4%。“暖房子”工程改造455栋、196万平方米。粉刷楼面5023平方米,总投资31.6万元。并网小锅炉10座,维修改造88座,保障百姓温暖过冬。投资2250万元,对二二八厂管区等5个“老旧散”小区实施综合整治。采取协作物业、自治物业、保障物业、产权物业、协议物业五种管理模式,逐步探索“老旧散”小区物业管理长效化机制。棚户区和旧城区改造完成房屋征收8.11万平方米,建设回迁房849套。1200套廉租房续建项目交付使用,启动600套按份共有产权廉租房建设。D级危房住户有序迁出,同步进行拆除工作。

【科技工作】 突出企业创新主体地位,为各类科技企业协调争取国家、省、市科技立项35项,资金4860万元。推荐省级科技创新企业1户,省级高层次创新创业人才2名。投入区级科技经费2700万元,扶持科技项目38项。实施“基层科普行动计划”,建设省级科普示范社区3个,推荐国家级科普带头人1人。开展科技周、“科技之冬”活动,举办科普大集、报告会等大型活动50场,参与群众达5万人次。投资197万元,建设完成区域宏观地震观测站和地震科普教育体验馆,被中国地震局评为“防震减灾科普教育基地”。开展防震减灾工作,全面加强应急演练,提高群众防震避险意识和自救能力。2013年,朝阳区顺利通过全国科技进步先进区考核和全国科普示范区复查,获得第六届“中国产学研合作促进奖”,成为吉林省首批“创新型试点区”。

【教育工作】 投入800万元进行校园文化建设,形成学生有特长、文化有特点、学校有特色的“一校一品”发展格局。10月,召开校园文化建设现场会,搭建交流学习平台,表彰5所先进校,13所特色校和38名校园文化建设先进个人。出台《朝阳区学区调整实施意见》,保证农民工子女就地就近入学。实行公办优质空余学位统一派送,对670个公办优质空余学位进行随机派位。实现师大附中明珠学校等12所民办学校30%学位公开派送,派送学生498人。实施中小学校起始年级电脑均衡分班,解决社会关注的学生择班问题,推进教育公平化。全年组织教师大型培训活动8次,组织全区1616名教师参加网上专业水平测试。加强骨干教师培养,31名省、市级骨干教师通过审核。面向社会公开招聘优秀大学毕业生70人,进一步优化教师队伍年龄结构。推荐重庆、永昌和前进3个街道办事处参加教育部“全国学习型社区”评选活动,有2个实验项目通过教育部项目组审批。全面完成第一个学前教育三年行动计划,建设公办幼儿园及村小幼儿班14个,增加普惠性学前教育学位1200个。投资6964万元,实施6项办学条件提升工程,城区半数学校操场实现塑胶化,农村学校全部取消煤炉取暖,实现统一供热。精心组织,实现平安高考、中考目标。建立和完善安全责任管理制度和各类应急预案,加强校园警务室建设,全区配备专业保安108人。投入110万元,实现全区各中小学校园监控全覆盖,更新和完善学校消防设施。

【健康朝阳】 投资500万元,对3个社区卫生服务中心和8个村卫生室实施标准化建设。全力加强医疗服务体系建设,以区内14家大型综合性医院为龙头,与区医院、各社区卫生服务中心、乡镇医院组成健康联盟,建立居民就医绿色通道、双向转诊、预约挂号、预约诊疗等多元化合作项目。投入20万元,组织健康联盟专家走进社区、村屯开展义诊和健康知识巡讲,开展义诊和咨询活动43次,专家培训讲座12次。组织全区各社区卫生服务中心与吉林省中研院签订中医对口支援协议,并实现对接。推进家庭医生网络化管理,与70658户居民签约服务,签约率占总户数的34%,比2012年增长36%。加强食品安全工作,查处违法违规案件1162件,通过“食品安全示范区”市级验收。做好食品安全专项整治工作,以强化执法检查为手段,推进食用油与废弃油脂、肉及肉制品、食品添加剂、小作坊等11项专项整治行动。开展“违禁超限”和“假冒伪劣”2大专项整治行动,严厉打击制售违禁食品等不法行为。举办以“社会共治,同心携手维护食品安全”为主题的“食品安全月”系列活动,举办食品安全知识专题讲座,免费向百姓发放食品安全科普手册。开展朝阳区健康教育宣传活动,与肿瘤医院、省中研院、红旗街道、南湖街道等单位进行不同形式的宣传，将健康知识真正的送到居民身边。围绕建设无烟城市、健康城市的总体目标和主要任务，开展控烟健康巡讲、“世界无烟日”等宣传活动。发放控烟宣传单500份、健康书籍100本、控烟手册200册。实施“优生优育促进工程”“关爱女孩行动”和“关爱失独家庭行动”，进一步提高优生水平，高度关注计生特殊家庭的生存发展需求。

【群众性文体事业】 朝阳区图书馆新址落成，启动“书香朝阳全民阅读”活动。建立朝阳区图书馆区机关分馆。区文化馆、街(镇)文化站、社区(村)文化活动室全部达到国家验收标准，并免费面向群众开放。成功举办第七届朝阳区文化艺术节和第三届长春(朝阳)农民节。群众文化工作取得历史性突破，舞蹈《喜悦》获得全国群众文化最高奖项“群星奖”优秀表演奖，区文化馆创作编排的戏剧小品《天使奇遇》在第九届东北三省戏剧小品大赛中荣获四项大奖。开展查处取缔无证无照专项行动，努力构建和谐有序的市场环境。重点对文化经营场所内的消防设施、器材和消防安全标志进行检查，定期组织检验、维修。共检查场所152家，发现存在的隐患全部当场整改完毕。对无文化经营许可证的KTV、台球厅及有演艺的酒吧等下达了文化行政整改通知书。公共文化服务体系示范区创建工作顺利通过国家评审。推进全民健身工程，维修健身路径、体育器材120套。全力打造“健康朝阳”特色品牌，举办踢键大赛、冰上趣味运动会、“欧亚卖场杯”健身操表演、百队门球挑战赛、“招商银行杯”百人象棋邀请赛、“万达广场杯”乒乓球争霸赛、朝阳区第二届职工篮球赛等多种多样体育活动。加强社会体育指导员队伍和体育骨干队伍建设，组织群众性体育活动100余场。

【幸福社区建设】 重点打造14个市级幸福示范社区、21个区级“十星级”社区和10个标准化社区。创新服务方式，探索建立“一刻钟社区服务圈”。加强社会工作人才队伍建设，开展社会工作者职业技能培训，有103名社区工作者取得全国社会工作师资格证书。开展志愿服务登记制度试点，促进志愿服务深入开展。2013年，朝阳区被评为全国“社会工作示范区”和“社会组织建设创新示范区”。

【民生工作】 结合朝阳区实际，以保障和改善民生为重点，确定100项幸福建设任务，设立100个“幸福评议点”，开展10个主题活动，创新推进10项重点工作。制定了《2013年建设幸福朝阳工作计划》优化服务环境，提高群众创富能力。通过政策扶持、发放贷款、提供咨询、开展培训，鼓励支持全区居民自主创业。开发城镇就业岗位14267个，安置城镇各类下岗失业人员13492人，城镇登记失业率控制在4%以内，保持零就业家庭动态为零。培训下岗失业人员2214人，农村劳动力技能培训1831人，引导培训500人。帮助71名下岗失业人员申请小额担保贷款568万元。组织大学生创业就业专场招聘会，达成就业意向2773人。完善救助体系，提高社会保障水平。为4524户、7362人城乡低保户发放低保金2212.97万元，发放“幸福惠民卡”累计资金153.3万元。实施“有一助一”助学工程，为50名家庭困难学生提供助学款49万元。通过慈善救助、医疗救助、应急救助、救灾救济等多种渠道，累计发放救助金799.4万元。为1004名90岁以上老人和31名散居孤儿发放津贴、基本生活费210万元。新增民办养老机构3家，新增床位200张。实施“农村百户困难户房屋修缮工程”，为130户农村贫困户提供房屋修缮资金46.4万元。完成救灾物资储备库和5处应急避难场所建设任务，投入资金117.22万元。全年为31名社会散居孤儿发放基本生活费21.98万元。开展重大节日集中走访慰问活动，为困难群众送去价值49万元的米、面、油。免费为382名残疾人办理第二代残疾人证，为30名贫困重度精神残疾人提供免费住院治疗。对774名享受低保、生活不能自理的重度残疾人，发放护理补贴23.22万元。为269名“三无一靠”成年重度残疾人发放补贴62.83万元。建立全市首家区级盲人图书馆——“朝阳区视障图书馆”。实施残疾人“阳光家园计划”，残疾人居家安养、社区日间照料和机构托养“三位一体”的残疾人托养服务体系初步建立，在全省起到示范带头作用，全省残疾人机构托养现场会在朝阳区召开。完善医疗条件，提高百姓健康状况。“爱心透析中心”为62名低保尿毒症患者免费透析，透析6379人次，减免费用113.96万元。面向全区贫困人口开展“八免七减”医疗救助，为13750人次接受医疗救助，减免费用58.65万元。为全区65600名高血压患者、27235名糖尿病患者建立健康档案，老年人体检达12300人次。免费孕前优生健康检查540对、乙肝阻断70对。吉林省“博爱送万家”救灾工作现场会、吉林省暨长春市红十字青少年应急救护培训基地揭牌仪式暨应急救护工作现场会在朝阳区成功举办。健全检测机制，保障群众食品安全。开展“幸福生活、健康随行”活动。建立食品安全快速检测机制，成立区食品安全快速检测中心、两个镇快速检测站和35个市场超市快速检测室检测食品近4000批次，不合格食品由工商部门配合食安办，责令立即下架并停止销售。坚持防治结合，提高辖区平安指数。完善社会治安防控体系，强化消防、生产、食品安全等隐患排查，提高安全防范能力，增强百姓的安全感。开展“区长、局长接待日”工作，接待上访群众529人次，区级领导接访39人次。召开各类信访联席会、协调会、调度会12次。开展生产安全大检查，加强危化企业职业申报工作，提高从业人员职业健康体检达标率。朝阳公安分局坚持24小时巡岗制度，交警大队开展交通秩序管理、整治车外抛物、打击出租车违法行为等专项行动。食品安全示范街、示范店建设和食品安全量化分级管理工作全面展开。统筹城乡发展，提高农村生产生活条件。投入110万元购置农机具，在乐山镇组建12个“农机互助组”，解决残疾人农业生产难题。推进农业科技示范园区建设，带动农民增收致富。组织农村实用科技培训18次，培训5000人。推进乐山镇农村土地整理项目，改造农村公路130公里，打农田机电井200眼。投资107万元，在富锋街道建设800平方米的应急物资储备库。创新街镇特色，提高居民满意度。各街道结合实际，开展各具特色的活动。重庆街道推进北安社区大物业管理模式；永昌街道组织招聘会，60 家用人单位提供就业岗位 160 个；清和街道发动社会各界开展帮扶行动，累计投入救助资金 51.6 万元，惠及居民 835 人；桂林街道实现社区与律师事务所的法律服务对接；前进街道投入 3520 元，为百名老人订阅老年报；南湖街道打造“一刻钟服务圈”；红旗街道“异客”港湾为 1600 名流动人口建立个人档案，落实帮扶责任；湖西街道组织秧歌队、太极拳队在辖区内开展健身活动，丰富群众业余生活。鼓励全民参与，提高文明和谐程度。在全区范围内开展幸福朝阳建设“金点子”征集活动，征集“金点子”1233 条。组织大学生志愿者骨干与社区对接，引导 5000 名大学生志愿者在社区开展经常性志愿服务。开展“道德讲堂”、“长江爱心基金”帮扶等活动。加大软环境建设力度，处理群众涉软投诉举报 12 件，查办乱收费案件 1 起。借助公共信息平台，发挥服务群众功能。整合 85181890 民生服务热线、服务市民 QQ、互联网民生宣传平台和区长公开电话，建立区、街（镇）和社区三级“政务微博”，进一步完善社会管理信息平台。全年为企业和群众提供咨询115530 次，提供社会服务 90477 次，受理市民投诉 19720 件，均做到件件有回复。严格执行《朝阳区网格员管理办法（试行）》，建立网格长日巡制度和网格员联席会议制度，切实发挥网格在市容管理、安全生产、综治等方面的基础作用。完成对网格内人口、单位、新经济组织、新社会组织、服务资源等基本信息采集，建立社会管理网格化资料信息库，为更好、更方便地为居民服务发挥作用。

【依法行政】 按时完成人大代表建议和政协提案办理工作，全年办理区人大代表建议 142 件、政协提案 217 件，办复率 100%，满意及基本满意率 98%以上。办理市人大代表建议 2 件。强化审计监督和行政监察，完成审计和审计调查 64 项，查处涉软案件 7 件，规范行政行为。坚持党政统筹、条块结合、上下联动，化解社会矛盾。受理群众来信来访 1080 件，排查信访隐患 489 批次、18740 人次，初访一次办结率 100%。投入 206 万元，对 30 起案件进行信访救助。加强社会治安综合治理，严厉打击刑事违法犯罪，实行 24 小时警务巡防，群众的安全感和满意度不断提升。全区各级人民调解组织成功调解民间纠纷 1324 件。区法律援助中心承办各类法律援助案件 131 件，解答法律咨询 563 人次。

（孙大勇　袁　源）

2013 年朝阳区国民经济和社会发展主要指标完成情况

指标名称	单位	实际完成	比 2012 年 ± %
国内生产总值	亿元	381.8	8.8%
第二产业增加值	亿元	106.8	17.8%
第三产业增加值	亿元	273	5.7%
规模以上工业产值	亿元	137.65	15.07%
全口径财政收入	亿元	64.2	9.5%
本级财政收入	亿元	11.6	10.7%
地方财政支出	亿元	26	15.5%
固定资产投资（含房地产）	亿元	226	20.9%
社会消费品零售额	亿元	550.2	14.5%
民营经济主营业务收入	亿元	1111.4	16.4%
农村经济总收入	亿元	20.7	15%
农民人均收入	元	10578	15%
个体私营企业	户	37240	11%
教育经费总额	万元	69999	-12.9%
科技三项经费	万元	2400	9.1%
卫生事业费	万元	16044	6.1%
人口出生率	‰	4.79‰	-1.05‰
政策生育率	%	99.0%	-0.3%

南关区

【概况】 南关区是长春市的中心城区，位于长春市市区东南部。辖区东起伊通河与二道区隔河相望，西至人民大街与朝阳区接壤，南起新立城镇、永春乡边界与长春净月潭旅游经济开发区、长春高新技术产业开发区为邻，北至新发路、上海路、光复路与宽城区相接。下辖自强、民康、新春、长通、全安、永吉、南岭、鸿城、明珠、富裕、曙光、桃源等 12 街道及幸福乡，7 个行政村，57 个社区，和省级开发区——长春市南部都市经济开发区。幅员 80 平方公里，总人口 47.8 万人。

【国民经济】 全年地区生产总值完成

253 亿元，比 2012 年增长 15%；全口径财政收入完成 47.2 亿元，增长 18%；全社会固定资产投资实现 160 亿元，增长 23.1%；招商引资完成内资 36 亿元，外资 6100 万美元。各项指标在经济下行压力较大的情况下，均顺利完成年初既定任务。传统服务业优化提升，国商百货、亚泰富苑等商贸业持续繁荣，全社会消费品零售总额预计可实现 117.1 亿元，增长 13.6%。现代服务业加快发展，48 栋重点商务楼宇，累计入驻企业近 2900 户，华贸国际、中东财富中心等税收超千万楼宇达 21 座。全区服务业增加值实现 232.8 亿元，增长 17%，占全区生产总值比重达到 92%，集聚优势更加凸显，初步形成符合城市中心区特点的现代产业体系。

【南部新城建设】 2013 年，南关区抓住东北亚金融总部基地落位南部新城的重大契机，协调市政府成立南部新城基础设施建设指挥部，有效破解一批影响新城建设的重大难题。抚长高速公路人民大街出口改移工程开工建设，临时收费口建成并投入使用，人民大街向南延长 12.68 公里，区域内资源优势得到有效发挥；220 千伏、66 千伏高压线改线工程进场施工，受其影响的 8 个重大项目得以启动建设；芳草街等 77 项核心路网建设纳入全市计划，17 条道路实现竣工通车，9.1 公里供水、通信管线配套跟进，基础设施建设进程明显加快；御湖公园、百花园等生态宜居工程相继开工；集中征拆剩余地上物 68.3 万平方米；实现挂牌出让土地 17 块、99.2 万平方米。

【民营经济发展】 年内，南关区民营企业已达 11380 户，个体工商户 18350 户，实现主营业务收入 625.4 亿元，区域民营经济整体实力和竞争力进一步增强。

【项目建设】 2013 年，南关区推行“领导包保”“绿色通道”等保障机制，实现开工亿元以上项目 63 个，实现投资 150 亿元，开工面积 360 万平方米，竣工面积 180 万平方米，形成商业商务面积 28 万平方米。绿地塔楼、冠城国际等 6 个大型商业综合体项目实现开工建设，东天街、宏达商贸城等老大难棚户区实现立项改造，与华美集团、华润集团顺利签约，远大购物、瑞凯国际等项目实现落位；全年累计实现签约项目 11 个，协议引进资金 134.3 亿元，项目储备呈现可持续的良好态势。

【社会管理】 全面升级社会服务管理信息平台，合理调整网格划分，运行机制更加完善，网格长队伍服务群众的能力明显提升，累计发现涉民问题 232462 件，妥善解决 229440 件，百姓对问题解决的满意率 98.7%。携手省建行联合开发“社区一卡通”，为居民提供缴费、购物、就医等多项便利服务。将 1700 名一线环卫工人全部纳入社会管理信息员队伍。区社会服务管理信息平台先后接待沈阳市和平区、北京市朝阳区等单位参观调研 20 余次；中央和省市媒体先后宣传报导南关区社会管理相关工作 402 次，在全省县市区居民安全感测评中，南关区名列全省第一。

【市容综合整治】 累计投入资金近 9000 万元，新植补植街路 66 条；新建大型绿地 23 块；新增街头小品和植物造景 24 个；彩化街路 20 条，新植补植乔灌木 177 万株，绿篱模纹 10 万株，花卉 85 万株，绿地 23 万平方米，新增绿化面积 13.68 公顷。打造自由大路体育主题游园等一批精品绿化景观；结合实施 149 万平方米的“暖房子”工程建设，完成了盛华小区、卫星花园等 5 个较大的“老旧散”居民区的立体化、区域性规划改造。加强市容市貌整治力度，露天烧烤、占道经营、渣土运输等城市顽疾得到有效遏制。扩大专业化保洁范围，71 条主次街路全部实施一日两次机械化保洁作业，机械化清扫率由 55%提高至 60%，重点对冬季城市管理中 12 个方面突出问题进行集中整治，全区冬季市容环境达到历史最好时期。

【城市建设】 旧城改造不断加快，顺利完成“三纵两横”快速路、地铁 1、2 号线、伊通河管网改造等 11 个市列重点工程所涉及的 6.4 万平方米房屋征收工作；按照省市出台的危房改造政策，累计完成 969 户、2423 名危房住户的转移安置工作。推动东大桥、异型钢管厂等 13 个地块和 54 块夹馅棚户区纳入市级棚改计划实施改造；协调市维管中心完成道路大中修 39 条，整治改造巷道 223 条，完善人行步道硬化铺装 5.2 万平方米，疏通改造各类管线 10 万米；完成 17 座小锅炉房维修改造，东大一区、园东小区等 4 处区域并网集中供热。

【环卫后勤保障建设】 建设 50 余个、近 9000 平方米的环卫工人住宿、用餐和临时休息点，为环卫工人免费供应午餐。新建环卫工人专属浴池，免费为一线职工开放使用，无偿提供洗浴用品和理发服务，使全区 1700 多名一线环卫工人工作条件得到根本性改善。

【社会保障】 全年开发就业岗位 15951 个，新增就业 13636 人，保持零就业家庭动态为零。城乡居民社会养老保险参保人数 9314 人，新增城镇职工扩面参保人数 14900 人，保险覆盖面不断扩大。为全区 6132 户城乡低保户累计发放低保金 4972 万元；投入近 600 万元，为低保户、低保边缘户、困难家庭提供慈善及应急救助。投资 1.4 亿元，完成 6 万平方米的廉租房二期工程建设任务，全面启动廉租房三期工程建设。“扶残助业工程”取得实效；在 40 个社区设立老人日间照料站；各项惠农政策全面落实。

【社区建设】 提升社区基础建设，年内投入资金 2.3 亿元，推动49 个社区用房达到千米标准，社区用房总面积由 2.3 万平方米增加到 8.7 万平方米；投入 700 余万元，全面更新各社区办公设备，将社区各项经费统一纳入区级财政列支、全额结算。充分挖掘社区服务资源，引导社会组织、志愿者参与公共服务，增强居民对社区的认同感。打造了桃源、和平、百屹等一批有特色、有品牌的示范社区。

【公共服务】 强化教育基础设施建设，区实验学校主体封顶，曙光小学顺利回迁，柳明、太平公办幼儿园投入使用，9所学校完成配套设施标准化改造；创新模式，推出大学区“1+1”优质托管带动项目，促进义务教育均衡发展。基层医改扎实推进；区中医院主体完工，完成幸福乡中心卫生院和八一村卫生所标准化建设；开展11类41项基本公共卫生服务项目，代表吉林省接受国家基本公共卫生服务项目组考核；计生优质服务覆盖率不断扩大，获得省委、省政府人口计生工作最高荣誉“综合奖”。推进公共文化服务体系建设，区文化馆开工建设，打造社区文化活动室14个，形成群众文体服务队伍161支，参与文体活动群众20万人；承办第十届全国武术之乡武术套路比赛，并获团体总分第一名；被评为全国全民健身先进区。推进科技成果转化，申报科技创新项目5项，完成专利申报291件，企业自主创新能力显著增强。强化工商管理服务和产品质量、食品药品监管，进一步规范生产和市场秩序。完成全国第三次经济普查试点工作。

【平安建设】 推进平安南关建设，承办全省推进基层平安建设现场会，“三化引领、创新机制、夯实基础、百姓评判”等工作经验得到推广。持续加大信访维稳力度，结合“百日攻坚战”活动，累计接访5968人次，解决信访案件119件。开展安全生产“大检查、大整改、大演练、大培训、大建设”专项行动，组建安全督查组752个，出动执法力量6435人次，累计检查企业15819户；累计投入6385万元，整改隐患7817项，全区安全生产形势始终保持稳定。被省委、省政府评为“全省社会管理综合治理先进区”；被中央综治委、人社部评为“全国社会管理综合治理先进集体”。

【依法行政】 自觉接受区人大的法律监督、工作监督和区政协的民主监督。组织办理区人大代表建议77件、区政协委员提案184件、市建议提案8件，办结率、满意率均为100%。“五五依法治区”和“六五普法”完成年度重点任务。政府信息公开不断深化，公开政务信息1518条。推行政府重大决策和规范性文件审议听证制度，促进依法科学民主决策。开展区长、局长接待日活动，累计接待群众1292人次，受理解决各类问题441件；区长公开电话受理群众投诉14087件，办结率100%、满意率95%。

（杨　斌）

2013年南关区国民经济和社会发展主要指标完成情况统计表

指标名称	单位	年实际完成	比2012年±%
地区生产总值	亿元	198.2	11.3
第一产业增加值	亿元	0.2	-0.7
第二产业增加值	亿元	24.6	25.5
第三产业增加值	亿元	173.4	9.4
单位面积产出	/km2	2.48	13
全口径财政收入	亿元	40	29
区本级收入	亿元	7.39	33
固定资产投资额	亿元	130	26.5
社会商品零售额	亿元	101.8	16.3
新增外商投资企业	个	4	-
新增实际使用外资	万美元	5066.8	-
个体私营企业	个	9100	14
民营经济增加值	亿元	150	29
农民人均纯收入	元	8250	10
普通中学数	个	8	-
普通小学数	个	27	-
各类医院	个	32	-
绿化覆盖率	%	41.53	0.62
人口出生率	‰	5.19	-
政策生育率	%	100	-

宽城区

【概况】 宽城区位于长春市区北部，东以102国道为界，与长春经济技术开发区、二道区为邻；西至长沈铁路、铁西街、西环城路，与绿园区、农安县搭界；南起小铁道街、光复路、上海路、新发路，与朝阳区、南关区相接；北与德惠市毗邻。幅员237.99平方公里，辖10个街道、1个镇，57个社区、20个村和长江路经济开发区、长春装备制造产业开发区。全区总人口45.2万人。

【国民经济】 2013年，全区地区生产总值实现218亿元，比2012年增长9%；全口径财政收入实现32.3亿元，增长3%；全社会固定资产投资实现226亿元，增长20.9%；实际利用内资52.6亿元、新增实际使用外资6677万美元，分别增长7.1%和20.1%。

【项目建设】 2013年，全区有各类重点项目137个，计划总投资1060亿元，全年开(复)工项目38个，实现投资324亿元，其中亿元以上项目35个。“宽城万达广场”商业项目建成对外营业；“中东广场”、“熙旺中心”等商业综合体项目相继开工；“金达洲汽贸”的3家4S店正式运营，9家4S店在建；中央直属储备糖库、肉库基本建成；“雨润食品全球采购中心”、新疆特色农产品物流园、中石油储备库、吉林省隆源农资物流园和长春轨道客车零配件产业园的建设抓紧进行；摆放区域内的23个房地产开发项目的建设在统筹推进。项目建设的如火如荼促进全区工业和服务业的稳定发展。2013年，全区有规模以上工业企业35户，实现产值32.4亿元比2012年增长10.85%；全区的工业投资完成81亿元，增长12.5%。2013年，全区服务业增加值实现158亿元，增长13.8%，对区域经济总量的贡献率为72%；全社会商品零售额实现217.1亿元，增长14.3%；全区限额以上财贸业企业达203户，限额以上社会商品零售额实现27.6亿元，增长15%。

【民营经济】 制定实施《宽城区突出发展民营经济的实施意见》共60条，制定宽城区未来五年民营经济发展的规划，并将发展民营经济的10大项58个小项的具体任务细化分解，落实到有关部门和单位；将省、市、区关于发展民营经济的促进政策汇编成册，印发给各街道、镇，各经济开发区和相关企业。组织区直机关和街道、镇领导干部开展包保服务民营企业活动，对民营企业开展如何创业和怎样培育人才的培训工作。通过组织“银企”对接，为26户企业贷款1.3亿元；帮助13户企业申请2013年长春市中小企业和民营经济专项发展资金，实现到位资金712万元；全年落实民营企业科技项目17个，支持的资金达320万元。全区有4户企业被评为“吉林省优秀民营企业”，有9户企业进入“长春市百强民营企业”行列，有2户企业被评为“长春市百户创新型中小企业”。2013年，全区民营经济主营业务收入完成730亿元，比2012年增长16.3%；实缴税金29.6亿元，增长12%；企业户数达10641户，增长10.4%；个体工商户达31735户，增长11.6%；从业人员达13.8万人，增长7.6%。

【农业和农村发展】 2013年，全区实现农业总产值6.55亿元，比2012年增长10%。农民年人均收入7315元，增长8%。蔬菜商品量达0.65亿公斤，肉类总产量达0.82万吨，蛋类总产量达0.52万吨，奶类总产量达1.04万吨。全年整修农村公路111公里，绿化农村公路15公里，投入资金3450万元。完成农村造林面积12.83公顷，栽植杨树、针叶树共41000株。依靠科技提高农民种植蔬菜的效益，全年引进新品种16个、引进新技术2项。坚持实施测土配方施肥、生物防螟、喷施叶面肥等农业先进实用技术，促进粮食增产，全区粮食作物总产量达39023吨，增加2112吨。切实抓好畜禽基础免疫工作，免疫率100%，落实农机购置对农民的补贴政策，全年申报补贴车辆及农业机械19台，农民享受补贴20.21万元。开展冬春农业技术培训工作，全年培训农业科技示范户45户、骨干专业农民430人、农业生产明白人4100人；围绕农民种菜效益的提高，全年培训农民5300人次。全年转移农村剩余劳动力9000余人。推进现代都市农业集聚区建设，吉林省荣发农业生态体验园建设项目的一期工程全面竣工。新农村建设取得新成果，兰家镇丛家村被确定为省级新农村建设示范村，兰家镇被确定为吉林省特色城镇化示范城镇。

【城区建设】 完成长春市道路建设和区内重点项目建设涉及地块的拆迁任务，征拆面积70万平方米。全年新建和维修道路35条，改造巷道196条。全年实施棚户区改造项目45个，规划总占地面积689.69公顷，规划建筑面积1250.42万平方米。推进历史街区改造，胜利大街的亮化工程全面竣工；南京大街沿线23栋历史建筑的复原修缮项目列入长春市政府的改造计划。加强生态宜居城区建设，全年投入3800万元，新植街路5条，新建绿地9块，彩化街路15条，绿化新建的小区6个；宽城区都市森林公园的二期建设扎实开展。全区新增绿化面积36.6万平方米，绿化覆盖率达38.5%。围绕城区内重点区域发展和小城镇建设，高标准编制长春热电一厂原址、长春机车厂原址、三四环路区域和兰家镇区等重点区域的概念性规划。

【市容环境综合整治】 全区拆除各类违章建筑800余处、28万平方米。对建筑面积70万平方米的146栋老旧楼体进行“暖房子”改造。完善市容环卫配套设施，购进环卫人力三轮车300台，全面启用48座移动式垃圾转运站，在主要街路、公交车站点和繁华商圈共增设果皮箱475个。组织开展对露天烧烤、占道经营、非法广告和渣土运输的集中整治。全年出动有关执法人员1600人次，联合执法35次，清理取缔占道烧烤169处，收缴烧烤器具1200余件，教育规劝1200人次。重点对站前商圈、光复路商圈和黑水路商圈等三大商圈的占道经营行为进行规范治理。共组织联合执法51次，纠正违章经营896处，收缴占道物1300余件，教育规劝1100余人次。通过发动各街道办事处加强清理、组织区专业清刷队日常清理的方式，全年在辖区26条主次街路清刷覆盖非法广告69600余处，收缴非法广告1600余份。全年检查施工工地及可能出土地块30余处，检查渣土运输车辆660余台次，查处违规运输车50余辆，教育有关人员1200余人次。集中开展春季、秋季市容环境综合整治行动，全区清运生活垃圾、建筑垃圾和路面渣土4万余吨；对人民大街、北京大街、胜利大街、新发路和上海路等主要街路上的交通隔离护栏全面清洗，对主要街路上的果皮箱集中清刷；投资286万元对区域内南北交通要道西道口进行综合

长春站北广场

治理,对道桥的桥体进行维护,并粉刷护坡6000平方米、打磨石墙2000平方米、铺设人行步道2000平方米,绿化1000平方米,使环境焕然一新。在冬季清雪中,区政府投入资金488万元购进装载机、洒布车和吹雪机等清雪机械21台,出动环卫工人263900人次,出动车辆5072台次,清运积雪32886车、493290立方米。

【民生工作】 全年开发就业岗位1.35万个,城镇新增就业1.23万人。安排困难群众过渡住房262套,为5188户家庭发放住房租赁补贴1007万元。关注流动人口子女的教育问题,使2831名流动人口中的子女进校学习。全年为6141户、10097人的城市低保对象发放低保金及节日补贴5129万元;为452户、837人的农村低保对象发放低保金及节日补贴209万元。全年为城镇重病住院治疗的困难居民实施救助16654人,救助金额703万元;为农村重病住院治疗的困难农民实施救助1251人,救助金额72万元。区财政列支应急救助资金150万元,用于帮助解决贫困家庭的燃眉之急,全年发放40.8万元,为240人实施应急救助。为1336名已婚待孕夫妇实施免费优生健康检查。为114名重度精神病患者免费治疗,为388名精神病患者免费送药;为残疾人提供各类康复服务4172人次,为重度残疾人免费配发各种辅助器具100件;全年开发残疾人个体就业岗位163个,新增残疾人就业190人,投入扶持资金30万元。在全区组织开展“走基层进万家,访民情送温暖”活动,对6329户城乡低保户、优抚对象及困难党员家庭走访慰问,为5066户家庭发放惠民购物补贴。在保障和改善民生,建设“幸福宽城”的实践中,全区涌现出一批服务百姓办实事,受到群众赞扬的先进典型,如被评为“2013长春年度人物”的“小巷总理”吴亚琴、“爱心城管”刘伟等。

【社会事业】 全区新建宽城区奋进学校、宽城区团山小学等5所中小学,改建、续建宽城区基隆学校、长春市第七十二中学北校、宽城区第二实验小学等15所中小学。吉林省特殊儿童随班就读现场会、长春市教育质量提升现场会分别在宽城区召开,宽城区中等职业教育工作成果接受吉林省教育厅的督导评估,被评为优秀等级。全区公开招聘20名医疗专业技术人员,对管理不够规范、服务未达标准的21家基层医疗机构进行整改,宽城区群英社区卫生服务中心达到国家级“示范中心”标准;宽城区创建国家级慢性非传染性综合防控示范区工作通过国家有关检查考核组的审核。在区域内的9个街道、镇建立综合文化站,在72个社区、村建立文化活动室;全区成立古筝、舞蹈、满族秧歌等50余支业余文化团体,参加群众近万人;举办宽城区元宵节秧歌大赛,区直机关迎新春文艺汇演,“书香宽城”全民阅读活动,宽城区心连心艺术团赴农村巡演等多次全区群众性文化活动;代表长春市顺利通过国家公共文化服务体系示范区创建工作的验收。着眼“10分钟惠民体育健身圈”建设,全年新增健身路径8条,安装器材72件;新增健身站5个。全年为社区居民开展体质监测6000余人。举办宽城区冰雪趣味运动会、宽城区中小学生运动会、宽城区职工(农民)拔河比赛,“千人共跳一支舞、万人共圆一个梦”宽城区健身展示大会,“放飞梦想,月圆中秋”宽城区第二届风筝艺术节等多次群众性体育竞赛活动。在吉林省青少年田径锦标赛上,宽城区代表队取得4枚金牌、6枚银牌、9枚铜牌的好成绩。全区申报国家、省、市科技计划12项,完成区科技扶持计划40项;完成民生科技项目14项,投入660万元;培育高新技术企业1户;全区的科技成果转化率100%。宽城区被评为全国“县(市)区科技进步考核”先进单位。全区新建6家民办养老院,全省规模最大的“祥祉园”养老机构在筹建中。

【创新社会治理】 区委、区政府召开有关会议,对全区社会治理工作的开展作出安排部署,并将27项具体工作任务以下发“分解表”的形式落实到相关单位、部门。全年采集、处理群众诉求信息1.7万件(次)。夯实社会管理基础,进一步加强社区建设,全区新建、改造社区用房41个。印发《关于培育和发展社会组织的实施意见》等6个文件;投入400万元建成宽城区社会组织孵化基地,有8家社会组织签约入驻。2013年,全区累计培育社会组织330个,从业人员近5000人,全年开展各项惠民服务活动1100多次。在全省率先启动政府购买社会组织服务试点的工作。按照“政府立项、政府采购、合同管理、评估兑现”的购买原则和坚持“全额购买、成本购买、补贴购买、部分购买”的购买方式,区政府向区域内有关社会组织购买团山街道长山花园社区“康乐之家养老服务中心”“蒲公英少年之家”“居民事务志愿管理服务站”项目,兴业街道的“家庭服务网络中心”项目,柳影街道的“农民工子女关怀”项目,区司法局的“社区法律援助”项目及宽城区“社会组织服务中心”项目等7个项目,由9家社会组织承担,总投入80万元。团山街道长山花园社区“康乐之家养老服务中心”全年为辖区853位老人提供送理发、送配餐、送医药、送家政等方面的服务,受益达57792人次;该社区的“蒲公英少年之家”全年为双职工家庭和困难家庭子女提供课后托管、作业辅导和爱好培养等方面的服务。累计服务18480人次。兴业街道的“家庭服务网络中心”全年为特殊困难群体入户代缴电话、水、电、燃气费等有关费用79人次2680万元;并对下岗失业人员进行职业技能培训14期,培训300人次,使286人实现再就业。区司法局围绕“社区法律援助”项目的实施,重点开展“法律惠民行动”,全区12家律师事务所与52个社区签订法律服务协议,建立社区法律服务工作站,全年组织律师进驻工作站198人次,开展法律讲座14次,为居民解答法律咨询730件;组织律师2次参与区政府重大项目建设有关问题的论证,受到好评。

【“平安宽城”建设】 印发《关于深化“平安宽城”建设的实施意见》,对工作安排部署。全区累计发放“平安宽城”建设主题宣传单27万张,入户宣传4万户,在区域内悬挂宣传版、宣传条幅1600余块(幅),在大型商场和重点街路广场的LED大屏幕宣传累计达1000小时,为全区3760栋居民楼安装社区“平安宽城”创建公示板。以抓好信访工作促进和谐稳定,全区全年受理群众来访案件210件552批次5439人次,解决案件165件。推进社会治安综合治理工作,充分发挥454个“百姓说事点”和243个各级人民调解组织服务群众,化解矛盾纠纷的作用,全年化解各类矛盾纠纷3901件,化解率99%;在全区累计安装视频监控探头10130个,2013年新安装5710个。全区治安案件、刑事案件比2012年分别下降47.3%和45.1%。围绕“平安宽城”建设,持续开展学法普法工作,2012至2013年度,全区举办大规模的法律咨询活动30余场次,解答群众的法律咨询4000余人次,直接受教育群众20余万人;对各级领导干部的法制讲座进行60余场,举办科级以上领导干部的法律知识考试2次,参考率达100%、及格率达100%;全区中小学配备专(兼)职法制副校长,配合指导各校对学生开展法制教育;拍摄宽城区“六五”普法中期纪实专题片,举办普法成果图片展,在全区巡回播放、展出;承办全国“深化‘法律六进’(进机关、进农村、进社区、进学校、进企业、进单位),推进依法治国法制宣传教育主题活动‘法律进机关’”专题会议,宽城区的《推进机关法治建设,促进宽城和谐发展》的经验在会上交流。在全区开展“妇女儿童法律维权服务直通车”活动,全年解答法律咨询近1000人次,调解矛盾纠纷270余件;对贫困妇女实施法律援助服务,援助案件40件,为她们挽回经济损失49万元。进一步加强安全生产工作,全年对6590户企业进行隐患排查,整改各种隐患6636处,安全生产形势持续稳定,宽城区被评为“吉林省安全生产工作先进集体”。在全区开展“清剿火患”专项行动,对各企事业单位进行火灾隐患排查12597家(次),全区火警火灾发生率与2012年相比下降52.1%。2013年,宽城区被评为长春市“平安县(市)区”。

（毛　彦　张士学）

【长江路经济开发区】 长春长江路经济开发区(以下简称长江路开发区)位于宽城区境内,辖有宽城区站前、南广、新发、东广、群英5个街道和兰家镇12个村,开发区划分为商贸服务园区、工业与物流园区等2个园区,总面积77.2平方公里,辖区内户籍人口22.8万人。2013年,长江路开发区本级(含兰家镇)实现地区生产总值76.42亿元,比2012年增长20.8%;实现规模以上工业总产值19.21亿元,比2012年增长22.22%;实现社会固定资产投资47.62亿元,比2012年增长20%;实现招商引资额15.8亿元,比2012年增长22%;实现一般预算全口径财政收入54865万元,比2012年增长20%。长江路开发区列入宽城区2013年发展计划的重点项目有12个,占全区计划的46.2%,其中“金达洲4S店”、“省隆源农资物流园二期”“省车桥汽车桥壳总成”“中石油储备库”这4个项目的建设加快推进,其他8个项目的建设取得阶段性成果。通过招商引资,全年新增加“新世纪钢结构”“长航液压”、“益和国际城”等15个项目。截至2013年末,长江路开发区有各类注册企业1289户,在开发区的北部新区有规模以上工业企业25户,其中世界500强、国内500强及中央直属的企业有7户,累计固定资产投资350亿元。在道路建设方面,2013年长江路开发区新建道路4条,总长度1450米,维护道路14583平方米,总投资2142万元。在居民回迁小区建设方面,位于北三环路与基隆路北延长线居民回迁小区项目建设的一期工程正式施工,进展顺利。在配套设施建设方面,完成兴工路南DN400管线1400米供水管网铺设,“新长江”66千伏变电站建设,“恒大城”66KV高压线路落地、“金达洲”66KV铁塔改造、“新农村”四期天燃气外网铺设、供热内网改造等项重点工程,使区域内的基础设施更加完善,促进了经济发展和民生的改善。重点完成“新疆特产”、“叶麦斯”“天鹿钢构”“希普水泥”“华裕包装”“立安工贸”和“热电一厂”(主场区)等7个项目42.44公顷建设所需的土地供地工作。为“省隆源农资物流园”、“希普水泥”等8个项目办理《建设用地批准书》。全年进行出让宗地成本清算8宗,出让总面积96.01万平方米,总成交价款117223.14万元,清算土地整理成本108503.73万元。全年为“锅炉仪表”“海尔一期”等15个项目出具规划条件;为“信山客车”“鑫隆燃气”等6个项目建设涉及的地块出具控规成果;协助“电器设备”、“新疆果品”和“益和国际城”等9户企业办理《建设用地规划许可证》,协助“隆源化肥”“华凯车桥”和“兆丰房地产”等6个项目办理《建设工程规划许可证》围绕项目建设,长江路开发区完成征地面积72万平方米。拆迁地上物面积55万平方米。在管控违章建筑工作中，全年拆除违建房屋、违建厂房等32处9300平方米；停建违建房屋、违建厂房5处1.11万平方米。

（田佳鑫）

【长春装备制造产业开发区】 长春装备制造产业开发区（以下简称装备制造产业开发区）位于宽城区境内。该开发区是于2012年7月经长春市人民政府批准设立的，并纳入市级开发区管理序列。装备产业开发区辖兰家镇的台家村、六马村、孟家村、姜家村等4个村，幅员26.9平方公里，其中规划建设用地面积17.9平方公里。辖区总人口7395人，其中农业人口6995人。装备产业开发区规划有轨道交通装备制造、智能装备制造、教育研发、配套商住和都市农业等5个功能区。轨道交通装备制造功能区，规划用地面积6.05平方公里。重点打造轨道交通机车车辆制造基地、轨道交通光机电与系统集成产业基地和轨道交通新材料与节能产业基地。智能装备制造功能区，规划用地面积1.21平方公里。重点打造智能仪器仪表与试验设备制造基地、高档数控机床生产基地和智能控制系统制造基地。教育研发功能区，规划用地面积1.7平方公里。主要建设的项目包括大学、职业技术学校、九年一贯制学校、人才交流中心、技术培训中心、高科技产业孵化基地和企业研发中心等。配套商住区，规划用地面积4.45平方公里，重点发展配套的生产型服务业和生活型服务业。都市农业区，规划用地面积9平方公里，主要发展设施农业，打造现代精致农庄，建设生态观光农业园、农业迪士尼乐园等。2013年，装备产业开发区完成全口径财政税收6651万元，完成年计划的100%；区级留用完成532万元，完成年计划的113%。规模以上工业总产值实现9660万元，完成年计划的100%；招商引资额完成4.09亿元，完成年计划的102%。装备产业开发区紧紧围绕"洽谈项目抓签约、落地项目抓开工、开工项目抓投产、投产项目抓达产"的目标，着力抓4个重点项目的建设，即"长客装备公司"整体搬迁项目，总占地面积125公顷，总建筑面积47万平方米，总投资25亿元。一期工程的车轴及轮对造修基地的建设并投产，推进二期工程的碳钢车造修基地和动车组检修基地的建设2013年，重点开展"基地"建设有关场地的平整工作，投资2000万。元轨道客车零配件产业园项目，占地面积41公顷，建筑面积30万平方米，总投资6亿元，主要建设18栋工业标准化厂房及生产型配套服务设施等。园区办公楼的主体封闭，部分厂房生产车间内的钢构、彩板、窗户安装结束，投资5000万元。"学府世家"项目，占地面积8.2公顷，建筑面积13.8万平方米，总投资1.8亿元。主要建设居民住宅及配套设施等。该项目的部分主体封闭，投资1亿元。"大学城"项目，主要涉及吉林建筑工程学院城建学院和长春理工大学光电信息学院这2个项目的建设。总占地面积113.2万平方米，总规划建筑面积59.4万平方米，总投资15.9亿元。2个项目建设的前期手续顺利办理，施工前的各项准备工作基本就绪。装备产业开发区储备投资1至5亿元的项目10个，储备投资10亿元以上的项目2个。装备产业开发区新建道路3条1.15公里，使区域内的道路总长度为21.15公里。投入1400万元完成机车大路沿线的绿化工程，新增绿化面积11万平方米。长春城郊吉祥66千伏输变电工程获得吉林省发改委的批准立项，工程建设前的各项准备工作在有序运行中。围绕项目建设的推进，装备产业开发区完成征地面积165公顷，拆迁地上物面积25.5万平方米；全面启动土地复垦工作，对"复垦"涉及的孟家村和姜家村有关区域的住户组织拆迁，并与农民签订拆迁协议160余户。全年拆除辖区内违章建筑24处，总面积8682平方米。

（王晓丽）

2013年宽城区国民经济和社会发展主要指标完成情况统计表

指标名称	单位	实际完成	比2012年±%
地区生产总值	亿元	218	9
第一产业增加值	亿元	1.8	3.9
第二产业增加值	亿元	65.8	13.9
第三产业增加值	亿元	150.4	7.2
规模以上工业总产值	亿元	32.4	10.85
全口径财政收入	亿元	32.3	3
其中：本级财政收入	亿元	8.6	7.5
财政支出	亿元	20.6	9.1
全社会固定资产投资	亿元	226	20.9
社会商品零售额	亿元	217.1	14.3
新增实际使用外资	万美元	6677	20.1
利用内资	亿元	52.6	7.1
农民年均纯收入	元	7315	8
绿化覆盖率	%	38.5	1.3

续表

指标名称	单位	实际完成	比 2012 年 ± %
普通中学	所	11	–
普通小学	所	27	–
教育经费总额	万元	48559	–2
科学技术支出	万元	2540	36
医疗卫生支出	万元	17908	44.7
人口出生率	‰	6.29	–27.3
计划生育率	%	99.79	–0.2

二道区

【概况】 二道区位于长春市区东部，东与吉林市永吉县万昌镇相连，南与经开南区、净月区接壤，西靠伊通河，北与宽城区、高新北区、经开北区、九台市东湖镇相邻。全区幅员 452 平方公里，含 2 个省级开发区（长春莲花山生态旅游度假区、长春国际物流经济开发区）。二道区直接管辖区域 102 平方公里，辖 1 个省级开发区——长春国际物流经济开发区，7 街、1 镇，35 个城市社区，8 个建制村，总人口 40 万。二道区交通便捷，区位优势突出，区内临河街、东盛（远达）大街、东环城路、洋浦大街贯穿南北，自由大路、吉林大路、机场快速路和东荣大路横贯东西，构成“四纵四横”的城区交通格局；正在建设的轻轨 4 号线、规划建设的地铁 2 号线、开通运营的长吉城际高铁穿区而过；哈大、长吉高速等交通干线与该区紧密相连。吉林省唯一的国家级陆路口岸——长春东站坐落在区内，是东北地区 3 个铁路货运口岸之一，是铁道部确定的大型集装箱办理站，是全国 53 个集装箱接站点之一，可以直接办理出口货物通关、转关手续，与大连、营口等海港口岸相通，与满洲里、绥芬河、丹东等边境口岸相衔接，承载国际货物和通港运输能力强。长春龙嘉国际机场紧邻辖区东部，是由机场进入长春市区的首先区域和必经之地。二道区水源、电力、热力能源供应充足，路网、电网、信息通讯网络和金融网络等基础配套设施齐备，服务功能齐全。

【国民经济】 全年地区生产总值完成 138.7 亿元，比 2012 年增长 12.4%；固定资产投资完成 149 亿元，比 2012 年增长 21.2%；社会消费品零售总额完成 173 亿元，比 2012 年增长 18%；引进内资 40.42 亿元、实际利用外资 6 494 万美元；全口径财政收入完成 33.8 亿元，按可比口径增长 15.8%；本级财政收入完成 7.7 亿元，比 2012 年增长 13.6%。地区生产总值、社会消费品零售总额、本级财政收入等主要经济指标增速均位居全市各城区前列。

【项目建设】 全年谋划实施项目 104 个，浙江商务广场，吉林森工总部等 69 个重点项目实现开工；凯利商贸中心、长春总部经济园、上东国际、力旺商务中心等 50 多万平方米的总部经济项目完成主体建设。凯利（长春）国际工业品交易中心、东北亚艺术中心成功纳入省级现代服务业集聚区。

【民营经济】 出台《关于突出发展民营经济的实施意见》（长二发〔2013〕10 号）、《关于突出发展民营经济的优惠政策》（长二发〔2013〕11 号），为全区民营经济发展提供政策保障。设立亿元扶持民营经济发展专项资金、筹建二道区中小企业服务中心、建立民营企业融资担保平台、成立二道区民营企业家俱乐部、建立二道区民营企业数据库、开展“百千万”民营经济实体大走访活动，为民营企业提供优质、便捷的服务，促进民营企业发展。全区民营企业 7377 户，其中新增注册企业近 600 户。拥有省级中小企业孵化基地 3 户，2013 年新增 1 户。新培育科技创新型“小巨人”企业 3 户。

【长春国际物流经济开发区】 长春国际物流经济开发区建设纳入长吉图开发开放战略重点任务分工体系。全年固定资产投资完成 31.09 亿元，为计划的

改造后的劳动公园

100.3%，规上工业企业产值完成27000万元，为计划的100.4%，规上工业企业利润完成1255万元，为计划的113.4%，民营收入完成196亿元，为计划的102%，全口径财政收入完成4.53亿元，比2012年增长29.2%，本级财政收入完成7 942万元，比2012年增长30.8%。新上9个项目，总投资69.5亿元，完成续建项目5个，总投资46.7亿元。

【城建工作】 现代物流中心区覆盖6平方公里的9条道路及3座桥梁等基础设施主线贯通。完成河东路、安乐路等24条翻建改造任务。改造巷道202条。启动英俊污水处理厂建设。保障"两横三纵"、机场快速路等市重点工程建设。旧城改造步伐不断加快。全年开发、改造商业及棚户区项目36个，新建住宅小区建筑面积190万平方米。推进"暖房子"改造工程，惠及居民1.3万户；完成万兴花园、吉祥苑、通安小区等6个"老旧散"小区环境改造。完成洁白楼道209栋。完成占地12万平方米的劳动公园"中式古典园林"风格改造。占地32平方米的八里堡湿地公园对公众开放；占地50万平方米的英俊生态休闲公园和占地15万平方米的雾开河公园开工建设；完成40余处五色草新植，全年新增绿化面积18万平方米。开展市容环境综合整治行动，拆除违章建筑3.2平方米。完成吉林大路、临河街等精品街路提升改造。按照全域城市化管理标准，对三、四环之间等区域实行机械化清扫。英俊镇被评为省级卫生乡镇。

【社会民生】 完成十大类116项民生实事。劳动公园及"老旧散"小区改造、残疾人康复就业服务中心、全民健身中心、千米社区、农居新居建设等一大批民生实事得到有效落实，做到财力向民生集中，政策向民生倾斜，服务向民生覆盖。突出抓好创业就业，打造新开社区、英俊社区、丰泰社区等6个标准化就业服务社区。建成吉盛伟邦、长春师范大学等3个省、市级大学生创业园，推荐创业成功项目50个。举办高校毕业生、农民工就业等招聘会56场。全年开发就业岗位14437个，城镇新增就业13043人，失业人员再就业9318人。社会保障水平不断提高。长春百万平方米保障房一期主体竣工。启动英俊镇社会福利中心和应急救灾储备库建设。创新养老服务模式，打造16个省级社区老年日间照料中心。城镇居民医疗保险续保率达90%以上，城镇职工养老保险新增4276人，失地农民养老保险参保5000人。妥善处理劳动争议案件256件，清欠农民工工资699万元。农民人均纯收入比2012年增长12%。教科文卫事业协调发展。推进教育改革创新，在11所学校试点"小班化"教学，全市"新优质学校典型引路及小班化教学现场会"在二道区召开。启动第二轮修志工作。二道区被评为"全国县级防震减灾工作先进单位"。医疗卫生综合服务能力进一步提升。基层医疗机构基本药物制度覆盖率100%，新农合全口径参合率99.8%。二道区被确定为全省基本公共卫生服务项目示范城区，全省现场会在二道区召开。农村卫生室全部实现标准化建设，在全省率先实现全部公建公营。完成二道区文化宫、图书馆新馆建设并对公众开放。公共文化服务体系示范区创建公众通过国家验收，第五届东北亚国际书画摄影展在东北亚艺术中心举办。幸福社区建设全面加强，按照"十委引领，千米覆盖"的要求，推进社区基础设施建设，全区35个城市社区，8个农村社区全部达到"千米社区"标准，在全市率先实现"千米社区全覆盖"，全区29个社区达到"三化七有"幸福社区创建标准。深化"幸福家庭"创建活动，幸福家庭典型社区有6个。八里堡社区卫生服务中心被评为全国优秀示范社区卫生服务中心，典型经验在全国推广。亚泰社区被评为"国家地震安全示范社区"。丰泰社区被评为"国家科普示范社区"。推动社区管理创新，社会保持和谐稳定。创新社区矫正工作机制，加强对特殊人群管理，全区在册社区服刑人员无一再犯罪，全省社区矫正中心建设现场会在二道区召开。加大矛盾化解力度，畅通信访渠道，开展力度下访、约访和"区长接待日"活动，二道区被市政府评为"全国两会信访维稳先进单位"。完善突发事件应急处理机制，切实加强社会治安综合治理，严厉打击各类违法犯罪活动，全区社会治安持续稳定。

（徐志田　杨　枫）

2013年二道区国民经济和社会发展主要指标完成情况

指标名称	单位	实际完成	比2012年±%
国内生产总值	亿元	138.7	12.4
第二产业增加值	亿元	48.3	16.1
第三产业增加值	亿元	90.2	10.5
全口径财政收入	亿元	33.8	15.8
本级财政收入	亿元	7.7	13.6
固定资产投资	亿元	149	21.2
工业固定资产投资	亿元	16	-
社会消费品零售额	亿元	173	18
实际引进内资	亿元	40.4235	17
实际使用外资额	万美元	6494	20

续表

指标名称	单位	实际完成	比 2012 年 ± %
个体工商户	户	17910	–
私营企业	户	6484	–
普通中心	所	7	–12.5
小学	所	17	–
教育经费总额	万元	5139.9	8.3
科技三项经费	万元	3628	–
卫生事业费	万元	10204	20%
人口出生率	%	0.421	–0.98
计划生育率	%	100	–
建成区绿化覆盖率	%	39.1	0.1

绿园区

【概况】 绿园区位于长春市区西部，东连朝阳、宽城两区，南接长春汽车经济技术开发区，西邻公主岭市，北依农安县。下辖春城、普阳、正阳、青年路、铁西、同心、林园 7 个街道办事处，54 个居民社区；3 个镇，24 个行政村；4 个开发区（长春轨道交通装备产业开发区、长春绿园西新工业集中区、长春西部新城开发区、长春皓月清真产业园区）。全区幅员 216 平方公里，总人口 60 万人。

【国民经济】 2013 年，绿园区地区生产总值完成 201.3 亿元，比 2012 年增长 10.1%。规模以上工业总产值完成 268.4 亿元，增长 16.6%。第三产业增加值完成 64.1 亿元，增长 10.4%。农业总产值完成 3.9 亿元，增长 3.7%。全口径财政收入完成 44 亿元，增长 21.9%。本级财政收入 6.6 亿元，增长 2.5%。

【招商引资和项目建设】 2013 年，引进亿元以上项目 50 个，引进内资 105 亿元，利用外资 6606 万美元，比 2012 年分别增长 13%和 18%。开工项目 85 个，亿元以上项目 57 个。安德工贸、一汽格瑞特等 45 个“轨道客车和汽车产业”配套项目开工建设。海吉星农产品物流中心一期、车家国际汽车贸易园、立天唐人城市商业综合体、西客站站前绿地 CBD 一期、浩隆五星级酒店等一批服务业重大项目有序推进。天悦公馆、香港城等地产项目开工，全年房地产开工面积 400 万平方米。绿园经济开发区供热工程投入使用，理顺皓月清真产业园区管理体制和工作运行机制，设立土地储备中心和一级国库，皓月大路等主干路网建设工程启动征地拆迁。

【三次产业发展】 全面落实工业、服务业“双拉动”战略，“轨道客车和汽车产业”配套项目、农产品加工和现代服务业呈现良好发展态势。绿园区区属规模以上工业企业达 40 户，区属规模以上工业总产值完成 268.4 亿元，比 2012 年增长 16.6%。服务业呈现快速发展势头，绿地集团、华润集团、永泰地产等企业纷纷签约进驻，以行走机械、农产品为核心的区域物流中心正在形成，特色文化产业不断提升，服务业增加值完成 64.1 亿元，比 2012 年增长 10.4%。现代农业稳步发展，新增保护地蔬菜 330 公顷、农民专业合作社 9 个，绿园区被命名为长春市现代都市农业示范区。

【城乡建设】 全年大、中修街路 53 条，改造巷道 200 条。投资 1.66 亿元，完成新竹花园等 6 个老旧散小区和星宇南园等 160 栋“暖房子”改造工程；城区新增绿地 30.5 公顷，第 11 次蝉联长春市绿化综合评比第一名；完成了 207 栋“洁白楼道”改造任务。实施市容环境综合整治行动，城市形象明显改善。征地拆迁工作保证“两横三纵”等重点工程和重大项目建设。开展拆除违法建筑攻坚行动，拆除违法建筑 1695 处、24.8 万平方米。投入

长春西站

1675万元，修建农村道路9条、14.5公里，绿化5个村、屯，植树造林36.7公顷。合心生态卫星城镇进入吉林省首批城镇化建设示范镇行列，完成核心区基础设施、环境景观、库区河道治理等工程施工图设计。

【幸福绿园建设】 100项幸福绿园行动计划全面完成，万嘉9年义务教育学校、绿园区卫生大厦、林园社区卫生服务中心、跃进村保障性住房、绿园区图书馆、文化馆、贫困残疾人住房改造等一批关系群众切身利益的民生项目相继建成投入使用。投资260万元，并网改造28个小锅炉房。妥善解决2个居民小区二次供水问题。建立社会组织孵化基地，吸引10家社会组织入驻，长春市基层社会组织建设现场会在绿园区召开。开展幸福社区创建工作，15个社区达到长春市幸福社区标准。新建长春市城区首家创业模拟实训基地和家政实训基地，开发城镇就业岗位1.7万个，新增城镇就业1.4万人。城乡低保和救助体系不断完善，全年发放低保金2669万元、救助金32.9万元。社会化养老服务能力不断提高，新增养老床位100张。低生育水平持续稳定，符合政策生育率99.87%。公共文化服务体系示范区通过国家验收，国家文明城顺利通过复检，绿园区再次荣获全国科技进步先进区。

【民主法制建设】 自觉接受绿园区人大及其常委会的法律监督、工作监督和绿园区政协的民主监督。办理人大代表议案、建议79件，政协委员提案32件，满意率100%。开展“六五”普法和“五五”依法治区活动，法治绿园建设稳步推进。畅通区长接待日、民情恳谈、公开电话等民意征集渠道，切实解决群众利益诉求，投入4000万元妥善化解了一批信访积案。投入1600万元，启动社会综合服务管理平台建设，安装社会治安监控探头11452个，社会治安状况进一步好转。建立三级联动预警应急处置体系，应急反应能力全面提升。开展安全生产大排查、大整改、大演练和“回头看”活动，排查整改安全隐患2.4万个，安全生产形势保持稳定。扎实开展“机关作风集中整顿”和“服务企业、破解难题、助推发展”活动，规范政务公开，持续开展反腐倡廉建设，加强行政监察和审计监督，政府系统廉政建设、效能建设和政行风建设取得新成效。“双拥共建”活动收效明显，国防教育和国防后备力量建设不断加强，第3次经济普查工作全面启动，老龄、价格监督、食品安全、机关服务和公共机构节能、妇女儿童、电子政务、民族宗教、侨务外事、地方志、红十字会等工作取得新进展。

（景年国）

2013年绿园区国民经济和社会发展主要指标完成情况统计表

指标名称	单位	实际完成	比2012年±%
地区生产总值	亿元	201.3	10.1
第三产业增加值	亿元	64.1	10.4
农业总产值	亿元	3.9	3.7
规模以上工业总产值	亿元	268.4	16.6
全口径财政收入	亿元	44	21.9
本级财政收入	亿元	6.6	2.5
固定资产投资额	亿元	223.5	21.5
工业固定资产投资额	亿元	163.3	46.8
社会消费品零售额	亿元	91.3	14.2
利用内资	亿元	42.97	27
新增实际使用外资额	万美元	6606	18
普通中学数	所	8	0
普通小学数	所	27	0
各类医院数	所	16	-5.9
教育经费总额	万元	34506	-15.7
科技三项经费	万元	1000	0
卫生事业费	万元	12455	15
绿化覆盖率	%	44.4	3.3
人口出生率	‰	3.03	-1.05
计划生育率	%	99.87	0.06

双阳区

【概况】 双阳区位于吉林省中部、长春市区东南部，幅员1677.42平方公里，占长春市区的46.8%。全区辖4个街道、3个镇、1个乡，总人口37.9万人，占长春市区总人口的13.7%。有满族、回族、朝鲜族、蒙古族等20个少数民族。有民族乡1个，民族村17个。双阳是长春市幅员最广、人口密度最小、生态环境最佳、自然资源最丰富、发展空间和发展潜力最大的新城区，也是国家命名的“中国梅花鹿之乡”和国家级生态示范区。双阳距市中心区37公里，北部区域进入主城区控制线以内。全区路网建设快速发展，有长清、双蒋两条公路连接长春市主城区，龙双公路连通龙嘉国际机场，长双烟铁路纵贯双阳南北，是连接沈吉铁路和京哈铁路的重要干线。发现各类矿藏34种，矿床、矿点143处，有开采价值的矿产19种，其中石灰石、油气、煤炭、矿泉水、膨润土等资源储量大、品质高，开采利用前景广阔。全区森林覆盖率为24.7%，是国家级生态示范区。

【国民经济】 2013年，地区生产总值完成189.8亿元，增长9.6%；固定资产投资完成168.3亿元，增长26.4%；全口径和本级财政收入分别实现15亿元、4.5亿元，分别增长15.2%和11.2%。工业经济运行平稳，国药一心制药、吉通机械等新兴企业发展壮大，带动工业经济整体提质增效。新增规上工业企业5户，规上工业产值实现170亿元，全口径工业总产值实现237.4亿元，分别增长14.9%、13.4%。全面落实各项扶持政策，民营经济发展环境更加优化。民营企业和个体工商户分别增加539户和2225户，比2012年增长20%和12%。民营经济实现增加值155亿元，比2012年增长14%。农村经济全面发展，粮食产量实现5.75亿公斤。投资2.1亿元，实施奢岭土地综合整治、太平贺家水库除险加固等农田水利工程，农业抗风险能力不断增强。以国信乡村都市、浩鑫农牧循环经济等重大项目为龙头，整体推进“四型”农业发展，农业园区、牧业小区分别达到38个、95个。9项重点水利工程完成年度建设任务。造林2000公顷。旅游产业多点提升、整体推进，双阳被确定为全省乡村旅游示范区和旅游经济县域突破示范县。农副特产交易大市场主体封闭，双阳综合物流园区开工建设，现代服务业发展活力日益显现。服务业增加值完成81.9亿元，比2012年增长12.6%。社会消费品零售总额实现51亿元，增长14.3%。

【项目建设】 全年开工项目198个，其中，超亿元23个、超10亿元6个。吉通机械完成10栋厂房及宿舍楼等附属设施建设；引进外资企业3户，机加中心、铝铸生产线建成投产；吉林动画学院场地平整等前期工作扎实推进，国信乡村都市回迁楼竣工入住，温泉酒店开工建设；浩鑫农牧循环经济项目完成3万平方米牛舍、100栋日光温室建设，进入试运营阶段；东南热电厂手续办理、场地平整等前期工作基本完毕；扎实东鳌鹿产品、禾和休闲产业园、缘山湖等项目。正威汽车零部件等项目达成投资意向，奢岭文化创意产业园等项目签约落地，德国工业园建设资金基本落实。全年引进项目89个，到位内资100.2亿元、外资8200万美元。

【城乡建设】 投资1.6亿元，改建扩建山河路、甲一路等9条市政道路，嵩山路南段、区医院路网等7条新建道路完成基础工程，改造供水、供气、供热管网22公里，城市综合承载能力进一步增强。九开公路双阳段完成路基建设，双朝公路改建工程竣工通车，改造农村公路50公里。对南出口、岭下商圈和春阳、宏苑等老旧散小区实施改造，加大城区环卫保洁力度，市容环境更加整洁有序。绿化美化滨河路、泰富嘉园等街路小区7万平方米，石溪河城区段实现截流蓄水，城市品位形象不断提升。小城镇“五个一”工程扎实推进，鹿乡、齐家、双营等城镇形象明显改观，奢岭被评为吉林省特色城镇化示范镇。完成双营鲁家等16个省级示范村建设，实施道路、排水、休闲广场等9大类18项重点工程，农村生产生活条件持续改善。

【民生工作】 落实幸福双阳行动计划109项实事。城镇居民人均可支配收入、农民人均纯收入分别达到20757元、10534元，增幅均高于全区生产总值增幅，发展成果更多地为人民群众所共享。新开发就业岗位8070个，安置就业人员

中国梅花鹿之乡——双阳北广场

7200人，城镇登记失业率控制在4%以内。提高城乡低保、农村五保和千户特困户救助补助标准，困难弱势群体基本生活得到有效保障。改造暖房子45万平方米、农村危房660户，470套廉租房投入使用。投资2.3亿元，实施了校舍新建改造等24项重点工程，160中学教学楼等13项工程投入使用。引进推广科技成果3项。区文化馆、图书馆晋升为国家二级馆，“五家子遗址”被核定为国家级文物保护单位，公共文化服务体系示范区创建通过国家验收。中医院实施基本药物制度，门诊楼新建工程开工建设。开展免费孕前优生健康检查，出生人口素质不断提高。信访工作坚持领导包片、包案、包线和日值班、日调度、日通报制度，切实加大疑难信访案件化解力度，信访形势总体稳定。开展安全隐患大排查、大整改、大演练行动，全方位、全领域强化安全监管，全区未发生重大安全生产事故。“平安双阳”建设经验在全省推广，群众安全感测评名列全市第一。民兵兵役工作全面加强。

【依法行政】 政府工作自觉接受区人大的法律监督、工作监督和区政协的民主监督，办理人大议案、建议和政协提案190件，办复率100%。“六五”普法、“五五”依法治区工作扎实推进，依法行政水平不断提高。办理市民投诉，公开电话办结率99.2%。太平、鹿乡等乡镇镇区控制性详细规划编制完成，村屯规划和旅游、交通、城市防洪等专项规划编制工作快速推进。鼓励各战线争先进、出典型、打品牌，双阳区被农业部确定为农村信息化“三电合一”项目试验区，软环境建设在省市综合评议中位居前列，双阳梅花鹿被评为全国最具影响力农产品区域公用品牌。

（刘忠庆）

2013年双阳区国民经济和社会发展主要指标完成情况统计表

指标名称	单位	实际完成	比2012年±%
地区生产总值	亿元	189.8	9.6
第一产业增加值	亿元	19.0	3.4
第二产业增加值	亿元	93.2	13.6
第三产业增加值	亿元	77.8	6.4
全口径工业总产值	亿元	237.4	13.4
规上工业产值	亿元	170	14.9
农业总产值	亿元	31.3	5.5
全口径财政收入	亿元	15	15.2
本级财政收入	亿元	4.5	11.2
固定资产投资	亿元	168.3	26.4
社会消费品零售额	亿元	51.0	14.3
实际使用外资	万美元	8200	20.6
实际利用内资	亿元	100.2	25.3
城镇居民人均可支配收入	元	20757	18.3
农民人均纯收入	元	10534	15.8
普通中学	所	26	–
普通小学	所	111	–
各类医院	所	18	–
教育经费总额	亿元	3.23	–25.7
科学技术支出	万元	114.3	–54.3
医疗卫生经费	亿元	2.1	–35
城区绿化覆盖率	%	40	–
人口自然增长率	‰	1.28	–

2013 年全国三八红旗手

崔满华 吉林大学第二医院院长助理、妇产科主任

陈　洁 吉林省人民检察院公诉三处处长

郭　丽 长春理工大学妇委会主任

2013 年全国五一劳动奖章

周世君 一汽解放汽车有限公司变速箱分公司工人

李凤军 东北工业集团有限公司总经理助理

孙亚刚 吉林省荣发集团有限公司研发部部长

孙　辉(女) 长春市第八中学教师

李立夫 伪满皇宫博物院研究员

高海燕(女) 长春市第一〇三中学校教师

万　宇(女) 吉林省孤儿职业学校校长

钟绍春 东北师范大学软件学院教授

程　颖(女) 吉林省肿瘤医院主任医师

朱　杰 长春市十一高中教师

于惠舫(女) 长春欧亚集团股份有限公司副总经理

唐忠民 吉林省农村信用社联合社党委书记、理事长

2013 年国家有突出贡献中青年专家

张瑞林 1963 年出生,吉林体育学院院长、教授,博士生导师。国家级教学名师、国务院政府特殊津贴专家、全国模范教师并被授予全国教育系统劳动模范称号、全国高等学校优秀青年体育教师,霍英东青年教师奖获得者、国家级教学成果二等奖主持人、国家级精品课程主持人与主讲人、国家级精品教材主编、教育部新世纪优秀人才,省级教学团队负责人、省级重点学科带头人,兼任科技部“国家体育用品工程技术研究中心”主任、首席专家,教育部全国高等学校体育教学指导委员会委员、技术学科组副组长,教育部直属综合性大学体育协会主席,中国地方工科院校体育协会主席,中共德州市委市政府特邀咨询专家等。授聘国内多所高校客座教授和研究生导师。研究方向为体育管理学、体育人因工程(科学学位)、社会体育指导(专业学位)。

鲍永利(女) 1967 年 12 月出生。东北师范大学生命科学学院遗传与细胞研究所教授,博士生导师。多年来一直从事免疫学、细胞工程及细胞生物学的教学及科研工作。2003 年以来主持和参加科研项目 30 余项;发表论文 40 余篇;获得吉林省科技成果 8 项,教育部科技成果 3 项;获得吉林省科技进步二等奖 1 项,三等奖 2 项,长春市科技进步三等奖 1 项;申请发明专利 10 项。2004 年获吉林省首批人才基金资助,2005 年被评为“吉林省首批拔尖创新人才”并获得“吉林省杰出青年基金”资助,2006 年被评为“吉林省第九批有突出贡献的中青年专业技术人才”和“长春市优秀人才”,2007 获得“吉林省第九届青年科技奖”。2010 年被评为“长春市百名优秀科技工作者”,并获得“国务院特殊津贴”,2012 年 1 月被评为“吉林省优秀科技特派员”。

边少锋 1963 年出生,吉林省辽源人,作物栽培与耕作学专家。吉林省农业科学院农业环境与资源研究中心副主任,研究员,院学术委员会委员。分别担任中国农学会农业气象分会理事、中国作物学会栽培专业委员会委员、吉林省耕作学会理事长、吉林省农业工程学会常务理事兼副秘书长、吉林省农机学会常务理事、吉林省农业现代化研究会理事、吉林省土壤学会理事、《玉米科学》编委会委员、省科技厅农业专家顾问组成员、吉林大学兼职硕士生导师。

宋长春 1968 年出生,博士,大气科学博士后,中国科学院东北地理与农业研究所研究员,博士研究生导师,国家杰出青年科学基金获得者,时任中国科学院湿地生态与环境重点实验室副主任,三江沼泽湿地生态系统国家野外科学观测研究站站长，东北湿地生态系统观测研究网络负责人，中国生态学学会湿地生态专业委员会副主任，吉林省创新拔尖人才、省有突出贡献的中青年专家。发表学术论文近200篇，其中SCI论文40余篇。研究方向为湿地生态系统碳、氮循环与全球变化，湿地生态系统服务功能，退化湿地生态系统恢复。

刘冰冰（女） 1967年出生，吉林大学超硬材料国家重点实验室副主任。2009年入选教育部"长江学者"特聘教授，是2010年国家杰出青年基金获得者、吉林省第十一批有突出贡献的中青年专业技术人才政府特殊津贴获得者，2011年荣获中国青年女科学家奖。主要从事高压物理和碳纳米材料的交叉研究，在C60准一维纳米材料、金属富勒烯、碳纳米管等纳米材料的制备及其高压下研究方面做出系统创新性工作。主持973项目、瑞典基金会中亚合作等项目，在Adv.Mater.、Appl.Phys.Lett.等刊物上发表SCI论文60余篇，论文引用200多次。

孙洪波 1969年生，吉林大学电子科学与工程学院院长、博士兼集成光电子国家重点实验室主任。他是超精细激光加工领域研究世界知名的科学家之一，是该领域代表性符号"纳米牛"的作者，在国际一流杂志发表论文200余篇，被引用5000余次，作国际特邀报告100余次。长江学者特聘教授、国家杰出青年基金获得者、由于其微纳激光制造领域的开创性工作，得到日本科学技术事业振兴事业团的21世纪先驱研究计划项目（相当于中国的国家杰出青年计划）的资助，建立专门进行微纳激光制造的孙实验室；曾获得日本光科学与技术财团的显著贡献奖；2006年，他以吉林大学教授的身份获日本文部大臣表彰－青年科学家奖。他的主要研究方向是超精细激光加工，探索微纳光子、光电子技术尤其是飞秒激光微纳制备技术在三维光子集成、纳米机械与纳米力学、微纳米光机电系统、微电材料器件的制备与系统检测等领域的应用；使用飞秒（10～15秒）超短激光脉冲，以单光子灵敏度在单分子尺度研究光与物质相互作用动力学，以及半导体和聚合物光电、微纳结构与器件的超快动力学。

田毅鹏 1963年1月出生，吉林大学哲学社会学院副院长，教授，博士生导师研究方向是发展社会学、城市社会学、中国社会思想史等，多项研究成果获省部级人文社会科学成果一等奖，曾被评为"宝钢优秀教师"、教育部新世纪优秀人才、吉林省有突出贡献中青年专家。2011年，被聘为吉林大学匡亚明特聘教授。2013年，入选国家百千万人才工程国家级人选，并被授予"国家有突出贡献中青年专家"荣誉称号。主要研究方向为发展社会学、城市社会学、中国社会思想史等，试图对中国社会由"传统"到"现代"的转变给出具有解释力的阐释和解说。致力于地方性社会变迁研究，结合对东北地域社会的研究，对单位制度尤其是典型单位制度有较为系统的研究成果。自2000年以来，结合对东北老工业基地"典型单位制度"的研究，开始系统展开关于单位制度起源和形成的学术研究，已形成单位制度研究的观点和体系。承担国家社会科学基金重大项目"当代中国单位制度形成与变迁研究"课题研究。

2013年吉林省三八红旗手标兵

吴亚琴 长春市宽城区团山街道长山社区党委书记
刘　敏 吉林省公安厅科技处处长

2013年吉林省三八红旗手

王志敏 吉林省育婴职业培训学校校长
张桂红 长春市新春街道和平社区书记
韩　霜 长春市宽城区人民法院妇女儿童维权法庭负责人
李东辉 长春市绿园区人民法院民二庭庭长
陈玉珍 长春市光复路文化用品个体摊床床主
赵　芳 榆树市第一实验幼儿园园长
刘　平 农安县妇联主席
王　萍 九台市波泥河林场场长兼党支部书记
常秀文 吉林省常铸路桥工程有限公司总经理
李艳华 长春市双阳区妇联主席
王文利 长春国际会展中心有限公司总经理
张桂芝 长春市高新区三佳社区党总支副书记
邹明华 长春净月潭旅游发展集团有限公司工会副主席
李慧欣 长春汽车产业开发区人民法院刑事审判庭庭长
刘奉勤 长春市妇联宣传部部长
李晓玲 长春市财政局副局长
丁　宁 长春日报报业集团副总编
凌　瑶 空军航空大学飞行基础训练基地人文社会科学系人文科学教研室讲师
蔡守琴 吉林省大自然花鸟鱼商城总经理
姜秀娥 中科院长春应化所电分析化学国家重点实验室研究员
宋宝珍 省委党校（省行政学院）后勤处处长
陈　洁 省检察院公诉三处处长
刘　红 吉林大学妇委会副主任
陈　宇 吉林大学中日联谊医院教授主任医师
杨善玲 东北师范大学妇委会主任
郭　丽 长春理工大学妇委会主任
张蕴娣 长春工程学院妇委会主任
武秀丽 长春工业大学妇委会主任
孙艳玲 吉林电子信息职业技术学院妇委会主任

"感动吉林"2013年度十大人物

万　恩 吉林省心理教育协会秘书长　万恩5年从未领过工

资，又自掏腰包20余万元支持心理健康援助工作。多次亲临救援现场，利用心理援助技术成功解救多名轻生者。组建心理健康援助中心和“汇恩”公益心理咨询热线，义务帮助弱势群体，进行心理援助。

高宝华 农安县宝华骨科医院院长 高宝华患有严重糖尿病，不顾病体，为给他人治病，经常忘记按时注射胰岛素、吃饭；他是院长，却没有休息与节假日，每天坐诊，平均一天在无影灯下完成3、4台手术；10年间，为3000多名特困肢残患者免费手术，为万余名贫困患者减免费用……他常说，救一个残疾人就等于救了一家，医院少赚几千元钱，但可以改变一个残疾人的一生。

张广娟（女） 长春市民 59岁，在遭遇丈夫去世的打击后，1995年她又下岗了，为了供养两个女儿，她当过保姆、也干过环卫工人。1999年开始，她开始捡废品。每天，她都要无数次弯下腰，捡起别人丢弃的废品，但她却从未花过一分卖废品的钱。14年来，无论是捐给灾区，还是路边行乞的人，她都毫不犹豫。2012年，她还通过长春市慈善会给自闭症儿童捐款。14年，3.9万元捡废品的钱，全都捐给了需要帮助的人。

王 爽（女） 吉林省德通实业有限公司总经理 王爽从2006年开始，作出了常人不敢想之举，为贫困残疾人赠房。从每年的两套，到每年赠出10套，受益人群也从单一的贫困残疾人扩大到所有贫困家庭。截至到2013年，该公司已捐出33套房，年底还将捐出5套。她说，业做大了，做好了，理应承担社会责任。

2013年吉林省第十二批有突出贡献中青年专业技术人才

（按姓氏笔画排序）

丁 宁 长春大学
丁立新 长春市十一高中
万家余 军事医学科学院军事兽医研究所
于正林 长春翔翼科技有限公司
于亚南 吉林人民广播电台
马庆锋 吉林省长春市朝阳区人民医院
马廷芳 长春市第八十七中学
马红霞 吉林农业大学
马新彦 吉林大学
仇 健 吉林大药房药业股份有限公司
尹 华 吉林日报社
尹维杰 吉林省国土资源勘测规划研究院
牛 利 中国科学院长春应用化学研究所
王 剑 吉林大学
王 哲 长春工业大学
王 梅 吉林省粮食经济研究所
王 铮 吉林省基础地理信息中心
王 颖 长春大学
王 鹏 中国科学院长春应用化学研究所
王大为 吉林农业大学
王世超 吉林省邮电工程股份有限公司
王永胜 吉林省地质调查院
王延杰 中科院长春光机所
王启万 长春气象仪器研究所
王宏红 吉视传媒股份有限公司
王志春 中国科学院东北地理与农业生态研
王英明 吉林省畜牧总站
王隶书 吉林省中医药科学院
王帮阁 吉林大学附属中学
王 健 长春中医药大学
王新龙 东北师范大学
王德辉 吉林大学
邓 健 吉林财经大学
丛德毓 长春中医药大学
付文智 吉林大学
付学奇 吉林大学
冯 彦 吉林日报社
冯 家 吉林省参茸办公室
冯庆辉 中国人民解放军208医院461临床部
冯锡仲 吉林省粮油卫生检验监测站
史 洪 吉林省直文化系统幼儿园
田兴志 中科院长春光机所
任玉珊 长春工程学院
任劲松 中国科学院长春应用化学研究所
伊秀丽 吉林日报社
关春立 吉林省通化钢铁集团股份有限公司
刘 军 吉林省化学中毒医疗救治基地
刘 闯 省科技厅培训(创新平台)中心
刘 革 吉林省水产技术推广总站
刘 琦 吉林工程技术师范学院
刘 锐 吉林交通职业技术学院
刘文广 吉林省经济管理干部学院
刘四新 吉林大学
刘术侠 东北师范大学
刘国学 长春市农业技术推广站
刘金国 中科院长春光机所
刘晓东 东北师范大学
刘桂华 吉林省疾病预防控制中心
刘海峰 一汽铸造有限公司
华颜涛 吉林省电子信息产品监督检验研究
吕 靖 长春市第一〇三中学校小学部

孙　弘　吉林亚泰富苑购物中心有限公司
孙长彬　长春市林业科学研究院
孙宏晨　吉林大学
孙秀刚　吉林省建筑科学研究设计院
孙佳宾　吉林艺术学院
孙福申　吉林省交通科学研究所
安明友　吉林财经大学
庄谦宇　吉林电视台
朱永福　吉林大学
汤　勇　吉林省人民医院
牟冬梅　吉林大学
牟建新　长春吉大特塑工程研究有限公司
许志林　吉林省畜牧兽医科学研究院
邢少辰　吉林省农业科学院
那　辉　吉林大学
邬志辉　东北师范大学
齐文彪　吉林省水利水电勘测设计研究院
严庆光　长春万春科技有限公司
佟首峰　长春理工大学
初　颖　长春市朝阳区明德小学校
吴金辉　吉林大学
宋大千　吉林大学
宋文新　中共吉林省委党校
宋宝玉　吉林省水利水电勘测设计研究院
张　龙　长春工业大学
张　松　吉林财经大学
张川洲　吉林省质量监督检验院
张广翔　吉林大学
张红岩　吉林省中医药科学院
张国梁　吉林省农业科学院
张茂君　吉林省农业科学院
张洪波　长春市第二实验中学
张晓晖　长春金融高等专科学校
张喜林　吉林省电力有限公司长春供电公司
张嘉保　吉林大学
李　月　吉林大学
李　冰　中国科学院长春分院
李　倩　吉林省社会科学院历史研究所
李　添　吉林省社会科学院
李　斌　吉林亚泰(集团)股份有限公司
李　靖　一汽模具制造有限公司
李万良　吉林省农业科学院
李月安　吉林省林业厅宣传中心
李玉堂　吉林省林业调查规划院
李吉宝　吉林省通用机械有限责任公司
李　丽　长春师范学院
李建华　吉林大学
李洪茂　吉林省地质调查院
李晓慧　吉林省畜牧兽医科学研究院
李雪灵　吉林大学
杨　光　吉林省高等级公路建设局
杨　勇　长春理工大学
杨小牛　中国科学院长春应用化学研究所
杨丹燕　长春轨道客车股份有限公司
杨文涛　长影集团
杨怀江　中科院长春光机所
杨清海　吉林亚泰水泥有限公司
沈　燕　伪满皇宫博物院
沈柏竹　吉林省气象科学研究所
沙晓红　长春市朝阳区安达小学
肖　敏　长春市第一实验小学
苏　颖　长春中医药大学
邱小明　吉林大学
邵志豪　东北师范大学附属中学
邵彦敏　吉林大学
邹亚平　中国银行吉林省分行法律合规部
陆海英　长春轨道客车股份有限公司
陈士刚　吉林省林业科学研究院
陈红兵　吉林省国土资源信息中心
陈明辉　吉林省环境科学研究院
陈金锁　长春市第一中学
单玄龙　吉林大学
周凤伟　吉林人民广播电台
周剑惠　吉林省疾病预防控制中心
周显顺　显顺琵琶学校
庞英智　吉林省经济管理干部学院
弥　宏　吉林省中医药科学院
林　森　吉林省教育学院
林玉梅　吉林省林业科学研究院
侯立刚　吉林省农业科学院
柏维春　东北师范大学
段清明　吉林大学
祖岫杰　吉林省水产科学研究院
胡雪峰　吉林省交通规划设计院
贺　来　吉林大学
赵　毅　吉林大学
项　颗　吉林省中医药科学院
徐　莉　吉林农机技术推广总站
徐熙平　长春理工大学
敖玉辉　长春工业大学
栾　哲　吉林日报社
殷金龙　吉林紫鑫药物研究有限公司
班秀丽　吉林省种子管理总站
秦伟平　吉林大学

耿洪彬　中共吉林省委党校
袁　雷　吉林大学体育学院
袁长吉　吉林大学
贾　波　长春轨道客车股份有限公司
贾洪飞　吉林大学
郭中校　吉林省农业科学院
郭立泉　吉林工商学院
崔　哲　吉林人民政府机关第一幼儿园
隋秀梅　长春职业技术学院
隋剑英　省发改委经济研究所
麻宝斌　吉林大学
黄　玮　中科院长春光机所
焦连庆　吉林省中医药科学院
葛铁军　省体育局田径自行车运动管理中心
谢佳贵　吉林省农业科学院
韩冬阳　吉林亚泰房地产开发有限公司
韩兴伟　中国科学院国家天文台长春人造卫星观测站
韩庚军　吉林省美术馆
鲁海威　吉林省电力有限公司
翟怀宇　吉林亚泰(集团)股份有限公司
裴咏杰　吉林省戏曲剧院
谭　梅　吉林省经济管理干部学院
赫　坚　长春师范学院
滕建州　东北师范大学
潘书洋　吉林省食品药品检验所
鞠松柏　吉林省水产科学研究院
魏存弟　吉林大学
魏景艳　吉林大学

2013 年长春市五一劳动奖章

冯　斌　一汽解放汽车有限公司卡车厂
樊　宇　一汽——大众轿车一厂焊装车间
孙书慧　长春轨道客车股份有限公司高速动车组制造中心
牟广茂　长春轨道客车装备有限公司
薛　飞　东北工业集团有限公司
郭长海　长春供电公司变电运维工区
韩长龙　国电龙华长春热电一厂
刘相锐　大唐长春第二热电有限责任公司潘英伟长春电力建设公司中泰电力设备制造有限公司
张建新　长春电力集团有限公司
朱立波　吉林省电力有限公司检修公司
郑立新　长春高中压阀门有限责任公司
韦华南　长春黄金研究院
赵间峰　吉林省机电研究设计院
费德发　大唐热力有限责任公司
王辅仁　长春城市开发(集团)有限公司
崔民河　广泽农牧科技有限公司
辛宏志　长春燃气股份有限公司
杨忠实　长春市热力(集团)有限责任公司
张成国　吉林省有色金属地质勘查局六０六队
谢亚东　长春水务(集团)有限责任公司抢修大队
赵国伟　长春市轨道交通集团有限公司工程部
施庆君　长春市轨道交通集团有限公司
徐宝军　长春邮区中心局
陶　冶　长春建工集团有限公司吉洋工程公司
丁丽娜　长春市高等级公路建设办公室
吕兴彦　长春欧亚集团欧亚商都
于凤芝　长春欧亚新发商厦柳影路超市有限公司站前店
张广新　长春市长瑞汽车冲压件有限公司技术部
王颖瑞　中国农业银行吉林省分行长春欧亚支行
万贵培　长春旭阳富维江森汽车座椅骨架有限责任公司工具车间
郭　毅　长春旭阳工业(集团)股份有限公司行政管理部
周靖凯　长春达顺科技发展有限公司技术部
张立和　长春吉阳工业集团有限公司技术部
张　虹　长春市增运商贸有限公司
高　颖　长春市西装有限责任公司缝纫车间
殷艳玲　吉林大学第二医院护理部
宋凤云　吉林工商学院
李世杰　吉林体育学院
邱智东　长春中医药大学药学院朱森林吉林省教育学院
李婧伟　吉林省第二实验学校
王　颖　长春市第二十九中学
袁　影　长春市儿童医院
宗　果　长春市口腔医院
邢秋芬　吉林心脑血管病专科医院
梁海伟　长春市第一实验银河小学
王福安　长春万达国际电影城有限公司
张　勇　长春市体育彩票管理中心
高文波　榆树市公安局交通警察大队
杜　宏　榆树市出租车管理办公室
范文军　榆树市农电有限公司城北供电所
孟　莹　榆树市中医院
王晓明　榆树市广播电视台新闻中心
苑晓雨　先锋乡第一机砖厂
尚华飞　长春市力飞实业有限责任公司
张靖坤　吉林省农安县育新小学
刘宇顺　长春市大龙种子有限责任公司
赵树立　农安县房地产产权管理所
王雪峰　农安县公安局德彪派出所
张晶华　吉林晶辉农业生产资料有限公司
郭延良　德惠市实验中学

黄晓瑞　德惠市农村公路建设管理办公室
赵广新　长春大合生物技术开发有限公司
龙太平　德惠市建设派出所
张奕军　九台市公安局刑警大队
张永昌　九台市城市管理行政执法局
崔洪璞　九台市人民医院
田家宝　九台市实验高中
祁振龙　吉林省龙嘉堡矿业有限责任公司
于方明　吉林省天庭物业管理有限公司
黄公民　长春市朝阳区总工会
于秀华　长春市朝阳区民生服务中心
张明国　天津矢崎汽车配件有限公司长春分公司
陈　阳　长春市朝阳区卫生局卫生监督所
张玉英　长春市朝阳区富锦路小学
何　丰　长春市南关区疾病防治控制中心
陈　月　长春文庙小学
郝国军　长春市南关区环境卫生管理处新春大队
薛伯玲　长春市南关区园林管理处
邢喜平　长春市红藤葡萄发展有限公司
王　彪　长春市二道区财政局
宋晓波　长春烧伤医院
李永盛　长春国际物流经济开发区土地收购储备中心
殷　恒　长春市东吉化工厂
王琳妹　长春市一零八学校
夏志国　光复路新新文化用品批发部
杨海涛　长春市上台实业(集团)有限公司
杨立娟　长春市宽城区疾病预防控制中心
刁晓光　长春市第四十八中学
邹国义　长春市铭隆物业管理有限公司
战晓辉　长春市绿园区环境卫生运输管理处
蒋胜辉　长春市公安局绿园分局西安广场派出所
蔡　影　长春市绿园区总工会
关博中　长春市公安局绿园巡警大队
王河涛　中机农业发展投资有限公司
杨　军　长春市双阳区八面石煤矿集团有限责任公司
贾云杰　长春市第一五一中学
刘作臣　中国农业银行长春双阳支行
刘　彬　长春市双阳区医院
陈　贺　长春奥托立夫汽车安全系统有限公司
郭景保　长春经开区环卫处垃圾转运站
翁祖盛　福耀集团长春有限公司
赵子丹　锦湖轮胎(长春)有限公司
任成立　长春高新物业服务有限公司
张　健　长春海德世汽车拉索有限公司
张光燕　长春旭阳佛吉亚毯业有限公司
赵德新　长春市净月高新区市政环卫基地
卢　丹　长春市繁荣冲压有限公司
赵亚娇　长春汽车经济技术开发区一汽改制企业工会联合会
王丽娟　长春市妇女联合会
康　晶　长春市国土资源局
董屹清　长春市宽城区国家税务局
张嵛翔　长春市财政局
齐剑虹　长春市市容环境卫生管理局
孟宪敏　长春市卫生局
杨皎洁　长春市市直机关事务管理局
杜战友　长春市公安局南关区分局
李　燃　长春市公安局反恐怖支队
王　岩　长春市公安局宽城区分局巡警中队
李全东　长春市个体劳动者私营企业工会联合会
孙长江　长春市永强混凝土外加剂科技有限公司
张书宁　长春市朝阳区坤易日用品服务中心
王明山　长春莲花山生态旅游度假区
卢华芬　长春市宽城区地方税务局
杨勇萍　长春高榕生物科技有限公司
刘丹丹　长春金马特种车有限公司
颜　圻　长春市十七中学
张勤勇　长春市住房保障和房地产管理局
许　中　长春市国家安全局

2013 长春十大年度人物

王立新（女）　二道区环境卫生保洁管理处八里堡中队中队长，普通的环卫保洁工人。她17岁就拿起扫把，一干就是30年。30年来，她时刻以一名优秀共产党员的标准严格要求自己，她忠于职守、爱岗敬业，在困难面前身先士卒，迎难而上，处处起到模范带头作用，深受上级领导和中队职工的好评。在王立新的带领下，她和队员们心齐得就像一家人。很多人在她的关心帮助下更加积极主动、尽职尽责地工作。由于王立新业务精通，工作熟练，有在多个中队任职工作的经历，经常带领队员支援重点路段，所以大家都亲切地称她为“游击队长”。她真正实践“干一行，爱一行；干一行，就要干好一行”的信念。2013年冬季，长春下了几场大雪，每次清雪时，她都身先士卒，总能看见她弯腰清除道路积雪的身影，出色地完成了清雪任务。在冬季市容环境整治战役中，她和队员们起早贪黑，勇挑重担，默默奉献，为市民创造了干净整洁的生活环境。

孙爱东　吉林省东北亚文化创意科技园有限公司董事长。吉林省杰出企业家、教育家，文化产业和民办高等教育代表人物。2010年，他在自己创办的长春建筑学院高新校区的基础上，再投资金完成基础设施的改造升级，吉林省文化产业和民营经济发展的新“名片”——吉林省东北亚文化创意科技园就此诞生。短短4年，园区发展成省内规模最大、集聚企业数量最多，产业层次和知名度最高的文化产业集聚区，获批为吉林省惟一的“国家级文化产业园区”，成为迄今全国15所国家级园区中唯一的民营园区。2013年，他出资搭建了园区大学生产业孵化、公共信息、成果展示交易等多个服务平台，引进搭建国家专利技术展示交易中心、国家动漫游戏公共技术服务平台等，构建了能够支持区域文化产业集约化发展的公共服务体系。截至2013年年底，园区已经为3260多名年轻人提供创业、就业和实现梦想的平台。孙爱东先后荣获“2011振兴吉林文化产业十大创业人物”、“2012长春市文化产业优秀企业家”和“2013吉林省文化产业先进个人”等荣誉。

许成林　朝阳区公安分局义和路派出所民警。在义和路北社区，无论在街头巷尾、水电维修现场、孤寡老人床前还是突发现场，都能找到他的身影。辖区的大爷大妈都亲切地叫他“大林子”，街里街坊在路上看到他，都会喊他一声，与他聊上几句。辖区群众遇到险事难事，第一个想到的就是他。他扎根社区民警岗位一干就是8年，凭着对辖区百姓无限的爱和诚挚感情为百姓排忧解难，为辖区平安无私奉献。巡逻中，他根据辖区小商贩、小饭馆、小地摊多，经商人员、务工人员、流动人员多的“三小”和“三种人”多的特点，针对管区的实际情况，白天走访信息采集，晚上加班录入，把加强实有人口管理作为夯实基础工作的根本，实现租赁房屋登记率、暂住人口登记率、居住证办证率、《租赁房屋治安责任书》签订率均达100%。2013年，他共抓获各类违法犯罪嫌疑人11人，破获各类刑事案件30余起。许成林在日记中写过这样一句话：“绝不让向我求助的群众失望。”这句话伴随着他走过了一个又一个春夏秋冬，这句话也已经不仅仅是一份普通的承诺，更多的是体现了许成林作为一名老民警对百姓无私的爱。

李万君　长春轨道客车股份有限公司转向架制造中心焊接车间工人，高级技师、首席操作师。2008年被授予“全国技术能手”称号，2010年获得中华技能大奖，2011年荣获全国五一劳动奖章。在23年的长期工作中，他勤于钻研，勇于创新，练就了过硬的焊接本领。他同时拥有碳钢、不锈钢焊接等6项国际焊工(技师)资格证书。2005年，李万君根据异种金属材料焊接特性发明的“新型焊钳”，已经获得国家专利并被推广使用。2007年，作为全国铁路第6次大提速主力车型，法国的时速250公里动车组在长客股份公司试制生产。由于转向架环口要承载重达50吨的车体重量，因此成为高速动车制造的关键部位，其焊接成型要求极高。试制初期，因焊接段数多，焊接接头极易出现不熔合等严重质量问题，一时成为制约转向架生产的瓶颈。关键时刻，李万军凭着一股子钻劲，终于摸索出了“环口焊接七步操作法”，成型好，质量高，成功突破了批量生产的关键。这项令法国专家十分惊讶的“绝活”，已经被纳入到生产工艺当中。2007年以来，他先后被中国北车授予“中国北车金蓝领”、“中国北车拔尖技术能手”称，2008年，获得人力资源和社会保障部颁发的“全国技术能手”荣誉称号，2009年，被中华全国铁路总工会授予“火车头奖章”。如今，李万君依旧工作在一线，用自己扎实的技术服务于社会，贡献自己的力量。

李万升　长春市鼎庆(集团)经贸有限责任公司董事长兼党支部书记。长春市液化气行业商会会长，吉林省河南商会会长。成功缘于执著，创业铸造人生。长春人提起李万升，从借来的70元到创造上亿元创富神话，他是创业榜样。提起他的人文精神和奉献精神，无论是从汶川地震、玉树地震、吉林抗洪、雅安地震、吉林血荒，都能看见他的身影。在2013年雅安抗震救灾中，他带领的农民工志愿者队伍表现突出，被称为“最美农民工志愿者”，被中央电视台等媒体报道。他是千万个农民工中的佼佼者，他在创业和拼搏中演绎着自己精彩的人生，让人生价值在创业中体现；在回报和奉献社会尽一名企业家的责任，是共产党员的典范。他每年都抽出时间定期走访慰问所资助的贫困家庭和贫困学生，先后义务赡养资助了100多位孤寡老人，扶助了10名老兵。包保了40多个贫困户，资助贫困生600人次，为绿园区300名贫困老人缴纳了医疗保险。解决了400余人就业问题。2013年，在大力发展民营经济过程中，他积极招商引资，跑项目，促投资，推动民营经济的发展。

刘　伟　长春市宽城区市容环卫局干部。他1991年12月入伍，2000年11月连职干部转业。在部队服役期间，多次受到部队嘉奖，荣立个人三等功。从部队转业到长春市宽城区市容环卫局12年来，由于工作中踏实肯干，任劳任怨，先后被评为优秀共产党员、优秀党务工作者、先进工作者标兵、市容环境卫生城管执法先进工作者、吉林省模范军转干部、长春市劳动模范。2013年，在全国城管执法遭遇尴尬局面时，他大胆创新、采用温情执法和人性化执法相结合，帮助“瓜子老太”韩秀芝老人设立固定经营摊位，解决生活实际困难的事情，《长春晚报》率先进行了连续报道，随后得到了中央电视台、省市电视台、新浪、腾讯等各大网站和《人民日报》《工人日报》等各大报纸的报道和转载，同时也获得了长春市市委书记高广滨的高度评价，并作出重要批示：这个典型总结得很好，城管要体现人性化管理，城管人员要赢得市民信赖，希望市委宣传部、市城市管理行政执法局认真推广宽城区“爱心城管”经验，在听民声、解民忧、为人民服务方面不懈努力，把长春城管队伍打造成一张精美的名片，弘扬建设幸福长春的正能量。

吴亚琴(女)　宽城区长山社区居委会主任。18年如一日，扎根社区、服务居民的感人事迹得到各级组织的充分认可。她先后被最高人民法院、司法部评为模范人民调解员，被中国社会工作协会城区工作委员会评为“中国小巷总理”之星；荣获全省优秀共产党员，三八红旗手；长春市特级劳动模范等多项荣誉称号。她怀揣着“改变社区的落后面貌，让居民过上好日子”的梦想，带领6500多居民，硬是把一个散乱、落后的社区打造成全区乃至全市、全省社区工作的一面旗帜。她奏响的“第一曲”是创业歌。几年来，在社区帮助下，100多人当上了小老板，先后有439人重新上岗，宽城区失业最多的社区实现了零失业。

"第二曲"是老来乐。长山社区孤寡老人多,吴亚琴把老人的生活放在心上,让他们幸福地生活在社区大家庭里。"第三曲"是孤儿欢。孤儿刘小泽无依无靠,吴亚琴不仅为他办了低保,还帮他在区检察院认了"代理妈妈"。"第四曲"是贫无忧。2007年以来,吴亚琴不仅多次出面帮农民工讨要工资,还为20多户特困家庭解决了子女上大学费用问题,为50多人次解决了助学金申请问题,为1000多户居民办理了医疗保险。如今,长山社区成为"零上访、零犯罪、零家庭暴力、零事故、零治安案件、零矛盾升级、零吸毒"的平安社区。

董印安 莲花山生态旅游度假区泉眼镇岗子村党支部书记。他从2011年12月起任岗子村党支部书记。克己奉公,甘于奉献,始终把"勤勤恳恳工作,清清白白做人,规规矩矩做事,亲民爱民为民"作为自己为人处世的信条。他带领村委会成员,紧紧围绕全村中心工作,狠抓队伍自身建设,不断提高团队的战斗力和工作效能,出色地完成了上级下达的各项任务。2013年,在他的努力下,岗子村在党建、民生、综合整治、环境治理等项都取得了明显成绩。百姓拥护他,爱戴他,正向群众编给他的顺口溜一样:"董印安、董印安,他是咱岗子村好领班"。陈义、杨文林、杨淑珍是岗子村的特困户,仅靠低保维持生活,他看在眼里,急在心上。2013年年底,他与村组干部为特困户送去大米、白面等年货,临走时自己掏出600元钱,分别送给三个特困户,"这是我的一点儿心意,请你们收下"。2011年7月,杨文林、杨淑珍、陈义因动迁没有住处,董印安马上亲自给他们安排临时住处,购买生活用品,承担租房费用。多年来,董印安历任多项职务,调解民事纠纷数十起,处理违纪人员11人,打击处理违章建房5人。他先后荣获长春市综治先进工作者、长春市劳动模范等荣誉称号。

谭富贵 青年路街道教师社区关工委副主任。他和老伴年过七旬,却退而不休,经营"老两口修鞋屋"。他们靠修鞋挣钱供素不相识的孩子读书,一供就是10年,不为回报,只为给孩子一个充满希望的未来。10年前,培培小学毕业离开爷爷奶奶,只身从山东乘火车来到长春找父母。一天,母亲带她来小屋修鞋,谈起没钱上学的事,培培抱着母亲的腿就哭,央求着要上学读书。谭富贵老两口平日就喜欢爱学习的孩子,见了这样的场景,心软了,答应资助培培上学。从此,老两口跑前跑后帮孩子办理入学手续、落户口,还帮一家人办理低保。还有一个上小学的男孩叫张恩豪,是一个聋哑儿童,这个孩子很可怜,虽然自身学习有障碍,但他很努力。看到这种情形,经谭老多方协调,在2009年的助残日前夕,谭老联系社区志愿者宿鹏出资为张恩豪购买了一台学习机。去年年底,经谭老多方奔走,在社区的帮助下又为这一家人申请了低保,经过政府部门的调查讨论,最后通过了申请。看到孩子的学业总算可以维持了。谭老和老伴的脸上露出了幸福的微笑。10年来捐助过多少钱?谭富贵老两口不愿算这笔账。

滕艳凤(女) 榆树市泗河镇双榆村六组农民。41岁的女人,从小父母离婚,跟着母亲照顾4个未婚舅舅的生活。这些年,老人们相继患上脑血栓、白内障、心脏病,每天大把大把地吃药。为了照顾这些大病亲人,她放弃婚姻,20年未嫁。一个人种了20亩地。她说,未来不管是暗淡还是坎坷,只要老人们一切都好,比什么都强。这个人就是榆树市泗河镇双榆村六组的滕艳凤。每天早晨,她要把药一份份分好,挨个人送到手里,给他们一杯水,看着吃掉,再干活。二舅患脑血栓,三舅患胃溃疡,母亲患心脏病,老舅有白内障、脑血栓后遗症。"只有我一个人能干重活。"滕艳凤说。去年秋天,她一个人割地、收拾苞米,干了整整21天。"产量不高,一场风灾,减产25%。"20亩地苞米,4个病人,这21天是咋过来的?滕艳凤笑了:"熬过来,挺过来的。"每天早晨两点摸黑起床,做好饭,烧好水,把老人叫起来,分好药,然后盯着他们吃完。接着就要到地里干活。中午回来,继续照顾他们吃饭,再去干活。一天下来,家里、地里她要来回跑几趟。晚上安顿好老人,4个人换下来的衣服堆了一大盆,她坐在厨房不停地洗,"累得直哭"。

(张晓光)

中共长春市委员会

书　　记　高广滨
副 书 记　姜治莹　郑文芝
常　　委　袁玉树　肖万民　杨子明　吴　兰(3月免)　王振华　钱万成　孙国武　孙　超　史继山　吴德金　张晶莹(3月任)　赵　明　侯建民
秘 书 长　赵　明
副秘书长　张家祥　郝肖峰　姜保忠

办公厅
　主　　任　郝肖峰
　副 主 任　孙　宁　王继荣(女)　李　宏　林继东

组织部
　部　　长　杨子明
　副 部 长　张毅强　韩　栗(兼)　邱志方　孟宪新　张宝琦(兼)　雷　萦　时万忠(4月任)

宣传部
　部　　长　吴德金
　副 部 长　梁国超　张鸣雨　王　弋　于迅来

统战部
　部　　长　刘德生
　副 部 长　李　瑛(女)　薛文革(兼)　张守刚

政法委员会
　书　　记　王振华
　副 书 记　孙　飞　刘际阳　姜晓东(8月任)

市委老干部局
　副 局 长　宫立武(3月任)　曹晓辉(女,兼)　魏立斌

市委、市政府政策研究室
　主　　任　姜保忠
　副 主 任　邱志华(女)　周　毅(8月任)

市档案局(馆)
　局(馆)长　梁　伟
　副局(馆)长　赵　欣　韩　东　王海清
　党组书记　梁　伟

市委党史研究室
　主　　任　张宝琦(1月免,兼)　雷　萦(1月任)
　副 主 任　孙玉志　王立祥

市委党校(行政学院)
　常务副校(院)长　林　姗(女)
　副校(院)长　吴彦杰　宫立武(3月免)　田长海　邵静野

市保密局
　主任(局长)　刘　徽
　副主任(副局长)　田　成

长春日报社
　社　　长　张世杰(1月免)　刘　宏(1月任)
　副 社 长　尚洪波　温祝明(女)
　副总编辑　王艳春　丁　宁(女)
　党委书记　张世杰(1月免)　刘　宏(1月任)
　纪委书记　何　文

长春出版社
　社　　长　杨德宏
　副 社 长　郑晓辉　庄宝仁

长春社科联
　院　　长　姜殿军
　副 主 席　李树敏　常　新
　党组书记　姜殿军

中共长春市直属机关工作委员会
　书　　记　赵　明
　常务副书记　张知众
　副 书 记　战国立　张佐斌
　纪工委书记　文智杰

机构编制委员会办公室

主　　任　韩　栗
副 主 任　孟凡友　杨敬东

长春市人民代表大会常务委员会

主　　任　李树国
副 主 任　龙　华(女)　王　宁　闻　弘　陈克信
　　　　　杜　剑
秘 书 长　吴　强
副秘书长　孙　宁(兼)　崔迎和
办公厅
　主　　任　孙　宁
　副 主 任　刘希海　吴丽娟(女,8月任)
　　　　　　赵笠村　徐高峰
内务司法委员会
　主任委员　张智勤
　副主任委员　孙雁力
财政经济委员会
　主任委员　王大伟
　副主任委员　刘玉铧(女)
农村与农业委员会
　主任委员　李怀生
　副主任委员　鞠国彬
城乡建设环境保护委员会
　主任委员　盖国庆
　副主任委员　王小英(女)
教育科学文化卫生委员会
　主任委员　刘　君
民族侨务外事委员会
　主任委员　李学军
　副主任委员　吴　忠
人事代表选举委员会
　主任委员　陈亚群
　副主任委员　崔洪泉
法制委员会
　主任委员　隋光伟
　副主任委员　乔大勇
研究室
　主　　任　宫国英
　副 主 任　张吉川(女,8月任)
机关党委
　书　　记　闻　弘(4月免)　吴　强(4月任,兼)
　副 书 记　吴丽娟(女,8月免)
　　　　　　关立辉(8月任)
法制工作委员会
　主任委员　隋光伟
　副主任委员　乔大勇
预算工作委员会
　主　　任　王大伟
　副 主 任　栾晓虹(女)

长春市人民政府

市　　长　姜治莹
副 市 长　肖万民　吴　兰(女,3月免)
　　　　　张晶莹(女,3月任)　陈　巳　孙亚明　桂广礼
　　　　　李　祥　白绪贵(10月任)
秘 书 长　贺兴国
副秘书长　杨云超(兼)
　　　　　张发文(兼)　王建华(3月免)
　　　　　卢福建　于　晶(女)　汪家伟(1月任)
　　　　　张忠耀　王慧力　邹德东　赵　显　周继峰
　　　　　鲍文明(8月免)　逄吉春　谭景坤(8月任)
办公厅
　主　　任　赵　显
　副 主 任　张海治　王首先　周俊峰　王　飞
　党组书记　贺兴国
　党组副书记　赵　显
市政府参务室
　主　　任　张海治
市政府督查室
　主　　任　李北牧(3月免)
市政府民生工作办公室
　主　　任　赵首沣
地方志编委会
　主　　任　姜治莹(兼)
　副 主 任　张晶莹(女)　韩忠宝　王　磊　杨松望
　党组书记　韩忠宝
法制办公室
　主　　任　刘凤桂
　副 主 任　贾　伟　刘铁良
　党组书记　刘凤桂
老龄工作委员会
　主　　任　桂广礼(兼)
　副 主 任　周继峰(兼)　张毅强(兼)　张宝琦(兼)
　　　　　　徐连东(兼)
　办公室主任　徐连东(兼)
发展和改革委员会
　主　　任　吕　凝
　副 主 任　付　臣　王希田(8月免)
　　　　　　宋长者　刘　铭(10月任)　王　雷

单　纯　张　成(8月任)
党组书记　吕　凝

价格监督检查局
局　　长　王俊德

工业和信息化局
局　　长　郝晶祥
副 局 长　刘海军　崔忠诚　杨连仲　车仁义　马长山
戴　君　蒋旭桐　孙长进　李子臣
党组书记　郝晶祥

科学技术局
局　　长　孙国庆
副 局 长　薛春志　尹伟光(8月免)　孟繁军
党组书记　孙国庆

商务局
局　　长　吴相道
副 局 长　李宪忠　任宏雷　刘　铭(10月免)
党组书记　吴相道

贸促会
会　　长　宋丽华(女)
副 会 长　林　野　温淞文　周建波

城乡建设委员会
主　　任　朱永坚
副 主 任　李　健　俞　生　佟玉堂　李国恒
党委书记　朱永坚
党委副书记　刘彦伟
纪委书记　刘彦伟

市政公用局
局　　长　刘东伟
副 局 长　于建新　任晓强　董　军(10月任)
党委书记　刘东伟
党委副书记　冯贵仁(11月免)
纪委书记　冯贵仁(11月免)

行政执法局
局　　长　韩志斌
副 局 长　李凤坤　任建军
党组书记　韩志斌

统计局
局　　长　张　威
副 局 长　刘　刚　姜　波(女)　谭　英(女)
李亚芹(女)
党组书记　张　威

安全生产监督管理局
局　　长　张意海
副 局 长　祝云河　都效军　刘胜军　王世忠(8月任)
党组书记　张意海

食品药品监督管理局
局　　长　唐若迪
副 局 长　李云义　邱清扬(女)　张文革　丁甫久
党委书记　唐若迪
党委副书记　李振琨
纪委书记　李振琨

交通运输局
局　　长　程　宇
副 局 长　邵永全　张玉新　王　伟　傅凤潮(兼)
党委书记　程　宇
党委副书记　王国君
纪委书记　王国君

环境保护局
局　　长　于　春
副 局 长　叶春民　王晓东　叶蓬欣
党委书记　于　春
党委副书记　凌正凯
纪委书记　凌正凯

气象局
局　　长　孙　力
副 局 长　尹文斌　杨志东
纪检组长　裴福军
党组书记　孙　力

房地产管理局
局　　长　刘大平
副 局 长　陈济生　黄立新　徐源江(10月免)　仇风江
李长城
党委书记　刘大平
党委副书记　高雪峰(3月任)
纪委书记　高雪峰(3月任)

规划局
局　　长　曲国辉
副 局 长　韩守庆　杨少清　赵家辉
党委书记　曲国辉
党委副书记　陈亦鸣(8月任)
纪委书记　陈亦鸣(8月任)

城市雕塑规划管理办公室
主　　任　曾宪智(8月任)
副 主 任　林　巍

国土资源局
局　　长　李成员
副 局 长　李东坡　林　松　丁万钧
党委书记　李成员(1月任)
党委副书记　李贵文
纪委书记　李贵文

农业委员会
主　　任　王立学
副 主 任　杨立华　孙长占　郭晋巍　李　欣
党委书记　王立学

党委副书记、纪委书记　王桂范(女,8月任)

水利局

局　　长　冯善国(10月免)　马国成(10月任)

副 局 长　刘国君　田志坤　赵宇琦

党委书记　冯善国(8月免)　马国成(8月任)

党委副书记　李中华(女)

纪委书记　李中华(女)

林业局

局　　长　孙向武

副 局 长　王万成　林崇学

党组书记　孙向武

粮食局

局　　长　鲍文明(10月任)

副 局 长　李北牧(3月任)　王丽娜(女)

党组书记　鲍文明(8月任)

财政局

局　　长　胡延生

副 局 长　高　山(1月任)　李晓玲(女)　刘显军
姜兴春(1月任)　刘向国

党委书记　胡延生

党委副书记　孙晓梅(女)

纪委书记　孙晓梅(女)

国有资产监督管理委员会

主　　任　董俊杰

副 主 任　林立志　贾贵春　黄永超
欧阳丽宇(女,3月任)

党委书记　董俊杰

工商行政管理局

局　　长　谢志敏

副 局 长　郑广慧　胡书鹏　姜　辉

党委书记　谢志敏

党委副书记　祁丽梅(女)

纪委书记　祁丽梅(女)

审计局

局　　长　李志刚

副 局 长　吴焕军　贾士武　孔维进　赵力彦(女)
孙忠林

党组书记　李志刚

国家税务局

局　　长　杜　锋

副 局 长　钱立仁　王铁勇　徐　伟　齐志宏

局党组书记　杜　锋

局党组副书记　钱立仁

纪检组长　潘　晶

地方税务局

局　　长　于海军

副 局 长　裴德民　杨中凤　金光日　文　明
王明明　司立新　李晓黎(女)　李桂林

党组书记　于海军

文化广电新闻出版局

局　　长　崔永泉

副 局 长　于显民　张清秀(女)
王柏秋(女,8月免)
曲　笑　刘红宇

党委书记　崔永泉

党委副书记　于伟民(4月免)
王柏秋(女,8月任)

纪委书记　于伟民(4月免)
王柏秋(女,8月任)

教育局

局　　长　马　军

副 局 长　周国韬　张茂金(4月任)　安　军　崔国涛

党委书记　马　军

党委副书记　李　敏(女)

纪检委书记　李　敏(女)

卫生局

局　　长　齐国华

副 局 长　郗书元　赵福玉　陈明强　罗　昕

党委书记　齐国华

党委副书记　杜金华(女)

纪委书记　杜金华(女)

人口和计划生育委员会

主　　任　马　平

副 主 任　刘国瑞　温贵君　宋学兵(女,4月任)

党组书记　马　平

体育局

局　　长　刘海玉

副 局 长　赵晓路

党委书记　张政明

党委副书记　李志坚

纪委书记　李志坚

人力资源和社会保障局

局　　长　张宝琦

副 局 长　崔英林　曲玉业　焦　瑯(女)
张宝山　孙晓伟

党委书记　张宝琦

党委副书记　杨承军

纪委书记　杨承军

社会保险局

局　　长　张发文

副 局 长　杨丽华(女)　刚占彭　朱凤海　林鹏飞

党组书记　张发文

纪检组长　崔　伟

民族事务委员会(宗教事务局)

主任(局长) 尹维生
副主任(副局长) 咸荣日 杨 军(女)
党组书记 赵国民

民政局
局 长 徐连东
副局长 郑秀梅(女) 许 军 李 明 周玉国
党委书记 徐连东
党委副书记 刘 彦
纪委书记 刘 彦

公安局
局 长 李 祥
副局长 唐庆华 于 英(女) 董世年 梁向东 关连平 张玉龙
政治部主任 公 平
党委书记 李 祥
党委副书记 唐庆华
纪委书记 姜宏亮

司法局
局 长 张洪彬
副局长 王承伟 何凤举 李长春 李小华
党委书记 张洪彬
党委副书记 尹晓民
纪委书记 尹晓民
政治部主任 鲍龙乡

国家安全局
局 长 曲庆江

市委、市政府信访局
局 长 张家祥
副局长 李伟强 马延政 许晓东
党组书记 张家祥

质量技术监督局
局 长 沙宪卿
副局长 孔令起(锻炼)
党委书记 沙宪卿
党委副书记 孙合民
纪委书记 孙合民

人防办公室
主 任 曾庆彬
副主任 刘寿松 贾东来 张文华
党组书记 曾庆彬

地震局
局 长 曾庆彬(12月免) 祖 国(12月任)
副局长 李恩泽
党组书记 曾庆彬(12月免) 祖 国(12月任)

外事(侨务)办公室
主 任 王 宇
副主任 富志刚 薄中堂 徐怀武
党组书记 王 宇

园林绿化局
局 长 周亚昆
副局长 李晓晶(女) 徐 林
党委书记 周亚昆
党委副书记 杨士平(8月任)
纪委书记 杨士平(8月任)

机关事务管理局
局 长 武 凌
副局长 石铁钢 李绍明 隋广权 邴晓君
党委书记 李志刚
党委副书记 刘彦惠
纪委书记 刘彦惠

伊通河管理委员会
主 任 娄长兴
副主任 张效佐 王成田
党委书记 娄长兴

长春高新技术产业开发区管委会
主 任 孙亚明
副主任 孙 莉(女) 刘成福 石 威 张少军
党工委书记、纪工委书记 杨俊良
党工委副书记 唐继东

经济技术开发区管理委员会
主 任 王庭凯
副主任 赵 旭 孙洪健 王志良 王大鹏 吕 东
党工委副书记 王庭凯(兼)

长春兴隆综合保税区管委会
副主任 曹 臣 华景斌

净月经济开发区管理委员会
主 任 管树森
副主任 鞠 峻 杨文俊 朱光明 李东光
党工委书记、纪工委书记 刘金生
党工委副书记 刘英华(女)

汽车产业开发区管理委员会
主 任 李长明
副主任 曹 伟 魏朝明 丁文涛 孙弘颜
党工委书记 孙国武
党工委副书记 张世杰(1月任)
纪工委书记 张世杰(1月任)

长江路经济开发区管理委员会
主 任 梁振亚 孙彦鹏
副主任 刘成斌 高仲明(兼)
党工委书记 孙彦鹏

莲花山度假区管委会

主　　任　杨云超

副 主 任　戚　勇　郝忠奇

党工委书记　杜　福

牧业管理局

局　　长　宋荫卓

副 局 长　富志坚　孙晓晖

畜牧产品加工办公室主任　宋荫卓

畜牧产品加工办公室副主任　孙国海

党组书记　宋荫卓

供销合作社联合社

主　　任　张　伟

副 主 任　刘金岩

党委书记　张　伟

旅游局

局　　长　邵大明

副 局 长　秦　岩　张占铎(8月任)

党组书记　邵大明

接待办

主　　任　宋长生

商业国有资产经营公司

总 经 理　辛延明

副总经理　杨录奇

党委书记　辛延明

中国人民政治协商会议长春市委员会

主　　席　崔　杰

党组副书记　管树森　张晓华　孙丰月　张红星　侯治富
刘德生　贾丽娜(女)　崔国光　李维斗

秘 书 长　唐晓明

副秘书长　李洪禹　黄　强(兼)　蔡延斌(兼)　于桂兰(女)
高丽筠(8月任)

办公厅

主　　任　蔡延斌

副 主 任　马　达

提案委员会

主　　任　樊玉桂(女)

副 主 任　(按姓氏笔划排列)
王立学(兼)　王首先(兼)　王继荣(女,兼)
冯正玉(兼)　张凤瑛(女,兼)　许文才
李　瑛(女,兼)　陈敏雄(兼)

文化教育卫生体育委员会

主　　任　赵　蕾(女)

副 主 任　(按姓氏笔划排列)
王　弋(女,兼)　杨启新　汪鹏辉(兼)
侯冠森(兼)　姚国华(兼)　赵　继(兼)
郭　巍(兼)　郭敬萍(女,兼)

经济科技委员会

主　　任　赵　明(女)

副 主 任　(按姓氏笔画为序)
王希庆(兼)　吕冬雷(女)　闫　玉(女,兼)
李北伟(兼)　杨青山(兼)　龚雅军(兼)
薛春志(兼)

港澳台侨和外事委员会

主　　任　张东威

副 主 任　(按姓氏笔画为序)
王力量(兼)　张亚萍(女,兼)　邵大明(兼)
陈　密(兼)　唐锡根(兼)　谭国荣(兼)
薄中棠(兼)　刘俊清(8月任)

文史资料委员会

主　　任　邢　文

副 主 任　(按姓氏笔画为序)
王明时(兼)　李公君(兼)
孟祥光(女,兼)　胡　光(兼)
赵继敏(女,兼)　高　峰　景喜猷(兼)

社会法制民族宗教委员会

主　　任　姜保国

副 主 任　(按姓氏笔画为序)
付　诚(兼)　孙　飞(兼)　孙　捷(兼)
杨丽华(女,兼)　杨盛林(女)
郑秀梅(女,兼)　赵国民(兼)　韩志斌(兼)

人口资源环境委员会

主　　任　沈启天

副 主 任　(按姓氏笔画为序)
王德利(兼)　孙伟凡(兼)　张越杰(兼)
李　英(女)　李诚固(兼)　金兆怀(兼)
韩星焕(兼)

研究室

主　　任　黄　强(兼)

机关党委

书　　记　唐晓明(兼)

副 书 记　张鸿飞(8月任)

中国共产党长春市纪律检查委员会

书　　记　史继山

副 书 记　李家祺　李　刚　胡书君

常　　委　雷　萦(兼)　姜元生　徐玉林　邢铁溢
　　　　　郑玉辉　付印红
秘 书 长　郑玉辉
办公厅主任　吴海涛
纪检监察综合室主任　鞠　崑(女)
调查研究室主任　杨明志
宣传教育室主任
政策法规室主任(惩治和预防腐败体系工作办公室、申诉复查工作办公室)　裴庆镇
党风廉政建设室主任　史延文
纠正部门和行业不正之风办公室(长春市政府纠正行业不正之风办公室)　李向阳
治理和改善经济发展软环境办公室(长春市整治和建设经济发展软环境领导小组办公室)主任
执法监察室主任　王德政
信访室(长春市行政监察举报中心)主任　卢　飞
案件监督管理室主任　赵旭明
纪检监察一室主任　韩　军
纪检监察二室主任　王　滔
纪检监察三室主任
案件审理室主任　赵旭明
干部管理室主任　苏　荆
绩效管理监察室主任
机关党委书记　郑玉辉
长春市监察局
　局　　长　李家祺
　副 局 长　姜元生　徐玉林
中共长春市纪委、长春市监察局直属纪工委、监察分局
　第一纪工委书记、监察分局局长　孙德伟
　第二纪工委书记、监察分局局长　赵英军
　第三纪工委书记、监察分局局长　刘大革
　第四纪工委书记、监察分局局长　尹奎来
　第六纪工委书记、监察分局局长　朱志勇
　第七纪工委书记、监察分局局长　陈敬民
　第八纪工委书记、监察分局局长　常永宽
　第九纪工委书记、监察分局局长　李露丹
　第十一纪工委书记、监察分局局长　杜云山
　第十二纪工委书记、监察分局局长

民主党派

中国国民党革命委员会长春市委员会
　主任委员　杜　剑
　副主任委员　王英梅
中国民主同盟长春市委员会
　主任委员　孙丰月
　副主任委员　穆金辉　李德山　欧阳继红(女,满族)
　　　　　　　图力古尔(蒙古族)　胡岳岷　冯银江
　　　　　　　董　龙
　秘 书 长　徐继承
中国民主建国会长春市委员会
　主任委员　陈　巳
　副主任委员　丁绍伦(女)　张少杰(兼)　胡　伟(兼)
　　　　　　　孙忠林(兼)　陈桂芬(女,兼)　布和(兼)
　秘 书 长　葛建民
中国民主促进会长春市委员会
　主 任 委 员　杜　婕
　副主任委员　林　宇　周国韬　窦　森　董玉琦(兼)
　　　　　　　禹　平(女)
　秘 书 长　黄金和
中国农工民主党长春市委员会
　主 任 委 员　侯治富(满)
　副主任委员　张慧虹(女)　李守春　苗里宁
　　　　　　　赵宏岩(女)　张金权　阴春霞(女)
　秘 书 长　张文彬
九三学社长春市委员会
　主 任 委 员　张红星
　副主任委员　王　进　陈济生　王丽颖(女)　李　铭
　　　　　　　王秋丽(女)　张文祥
　秘 书 长　顾红艳(女)

人民团体

市总工会
　主　　席　袁玉树
　副 主 席　董珊梅(女)　朱　琪　崔维国
　党组书记　袁玉树
　党组副书记　董珊梅(女)
中国共产主义青年团长春市委员会
　书　　记　赵心锐
　副 书 记　姜晓东(8月免)
市妇女联合会
　主　　席　李炜姝(女)
　副 主 席　欧路娜(女)　杜　影(女)
　党组书记　李炜姝(女)
市工商业联合会
　主　　席　李维斗
　副 主 席　薛文革　高学文　张光锐　高　岩
　党组书记　薛文革
市社会科学界联合会
　主　　席　吴德金(11月任,兼)

常务副主席　张守智
副 主 席　姜殿军　李树敏　常　新　孙学亮(11月免)
党组书记　姜殿军

市文学艺术界联合会
主　　席　吴德金
常务副主席　张守智
副 主 席　吴　强(兼,5月免)　龙　华(女,兼,5月免)
张鸣雨(兼)　崔永泉(兼)　刘　宏(兼)
杨云超(兼)　王长元　景喜猷　曲　笑(兼)
韩志晨(兼)　孙佳宾(兼)　王建国(兼)
金仁顺(兼)
党组书记　张守智
秘 书 长　孙中亮

市科学技术协会
主　　席　魏长平
党组书记　张金超
副 主 席　刘晓明　蔡卓研

市归国华侨联合会
主　　席　张越杰(兼)
副 主 席　陈　坚
于洪升(兼)　陈　密(兼)　马晓燕(兼)
朱丽伟(兼)　冷雪洁(兼)　王　滨(兼)
王　昆(兼)　程　彧(兼)　林　路(兼)
刘天星(兼)

市台湾同胞联谊会
会　　长　孔令智
副 会 长　吴　音(女)　徐正考　路景权　胡　明
吴晓东　李思维　郭敬萍(女)　陈明强
张　伟　张玉军　刘晓娟(女)　修　远

市红十字会
名誉会长　高广滨　崔　杰　郑文芝(女)
会　　长　吴　兰(女)
常务副会长　王大雷
副 会 长　卢福建　张知众　马　军　齐国华
胡延生　吴　强　崔永泉　公　平

市残疾人联合会
理 事 长　甘　琳(女)
副理事长　王贵君　王爱国
党组书记　甘　琳(女)

地方军事

长春警备区
司 令 员　齐安平
政治委员　孙　超
参 谋 长　郭华山
政治部主任　马德国
后勤部部长　徐荣海

武警长春市支队
支 队 长　田　政
第一政治委员　李　祥(兼)
政治委员　周　波(3月免)　曹经纬(3月任)
副支队长　孔德胜(3月免)　王崇伟　马东辉(3月任)
副政治委员　郭洪石

市公安消防支队
支 队 长　王喜春(8月免)　李德生(12月任)
政治委员　赵子魁

政　法

中级人民法院
院　　长　张德友
副 院 长　冯猷强(10月免)　肖德馗(8月任)　刘德孝
金运珍(女)　孙苏平(女,2月任)
蔡文凤(女,2月免)
党组书记　张德友
党组副书记　冯猷强(8月免)　肖德馗(8月任)
纪检组长　裴　莹
审委会专职委员　宋惠生　许　光(女)　刘大伟
胡俊生(3月任)

人民检察院
检 察 长　张海胜
副检察长　肖春光　马占山　王　禹　赵　军
党组书记　张海胜
党组副书记　肖春光
纪检组长　李　驳
政治部主任　高林树
反贪污贿赂局局长　李晓明
反渎职侵权局局长　聂施恒
检察委员会专职委员　王洪波(3月免)
王孟达(3月免)
杨玉兰(女,3月任)
张希武(8月任)

双重领导局级单位

中国人民银行长春中心支行
行　　长　张启阳
副 行 长　付　裕　董龙训　宋金山　王春生
于桂琴(女)
党委书记　张启阳

纪委书记　张树义

中国工商银行吉林省分行营业部

总 经 理　张晓辛(4月免)　赵桂德(4月任)

副总经理　杨勇革　林　红(女)　张　斌(女,2月免)　许家业　刘兆生(3月任)　窦洪涛　李延茁(8月免)　马晓艳(女,10月任)

党委书记　张晓辛(4月免)　赵桂德(4月任)

党委副书记　杨勇革

纪委书记　许家业

中国建设银行股份有限公司吉林省分行

行　　长　张　勤(9月免)　杨铁军(9月任)

党委书记　张　勤(9月免)　杨铁军(9月任)

副 行 长　郭元析　姚殿英　吕春光　奚丽娟(女)　具京子(女)　尹　君(1月任)　刘　伟

党委副书记　郭元析

纪委书记　奚丽娟

中国农业银行吉林省分行营业部

总 经 理　李忠民(10月任)

副总经理　李忠民(1月任,主持工作)　付荣欣(1月任)　张　峰(7月任)　杨建国(1月任)　周　静(1月任)　许　波(1月任)

党委书记　李忠民(10月免)

纪委书记　付荣欣(1月任)

中国交通银行股份有限公司吉林省分行

行　　长　刘建军

副 行 长　原国宏　花保民　付兆华　刘清军

党委书记　刘建军

党委副书记　原国宏

纪委书记　花保民

吉林银行

董 事 长　唐国兴

行　　长　刘鸿魁

监 事 长　朱克民

副 行 长　程松彬　王安华　郜　戈　胡　斌　池圣圭

纪委书记　王　宏

长春海关

关　　长　薛颖超

副 关 长　于　明　胡　薇(女)　孙玉宁　刘琦瑾

党组书记　薛颖超

缉私局局长　刘琦瑾

纪检组长　刘吉林

市烟草专卖局

局　　长　于显峰(3月任)

副 局 长　张建华　张　波　车大光(3月任)　刘　炜　陈　红(女,3月任)

党组书记　于显峰(3月任)

长春供电公司

总 经 理　辛国良

副总经理　李国辉(4月任)　冷传东　张殿华　张树东　刘洪涛　陈学宇

党委书记　李国辉(4月任)

党委副书记　辛国良

纪检委书记　罗学明

邮政局

局　　长　王立斌

副 局 长　李宏伟　李远飞　季亚男(女)　张斌杰(女)

党委书记　王立斌

中国联合网络通信有限公司长春市分公司

总 经 理　郭　彤

副总经理　张宏光　闫明柱　张　珂　宋秋梅　王立新　王　为

党委书记　郭　彤

中国移动通信集团吉林有限公司长春分公司

总 经 理　王和俊

副总经理　金　巍　马晓东　蒋文杰　黄　昊　王春亭

党组书记　金　巍

区县(市)

【朝阳区】

中共朝阳区委

书　　记　钱万成

副 书 记　祝永安　丛中梅(女,3月任)

区委常委　钱万成　祝永安　丛中梅(女,3月任)　宋　驰　毕洪鹰　黄德军(3月任)　薛春生　陈　杰　谭景凤　王本飚(3月任)　牟大鹏(3月任)

区人大常委会

主　　任　王庭福(11月免)　钱万成(11月任)

副 主 任　王长林　葛建雄(11月免)　葛丽萍(女)　韩希光　石新民(11月任)

区人民政府

区　　长　祝永安

副 区 长　宋　驰　黄德军(3月免)　孙东林(3月免)　丁　佳(女)　陈德智　孙景龙(2月任)　牟大鹏(3月任)

区政协

主　　席　李　军

副 主 席　孙　义　朱春花(女,11月免)　曹望庆(11月任)　李维华

区纪律检查委员会

书　　记　谭景凤(女)

区法院

院　　长　李细凡

区检察院

检察长　徐安怀

朝阳经济开发区管委会

党工委书记兼主任　宋春生

副区级领导　王文洲(6月任)

【南关区】

中共南关区委

书　　记　王铁茗

副书记　杨大勇　王　森(11月免)

常　　委　王铁茗　杨大勇　王　森(11月免)　鲁　月(女)　赵明瑞　许　迪　方述华　李　蕊　岳春胜

区人大常委会

主　　任　范传真(11月免)　王　森(11月任)

副主任　孙　宏　柳国栋　马跃峡　李玉林

区人民政府

区　　长　杨大勇

副区长　赵明瑞　姜显续　袁继业　陈桂林(3月免)　刘　佳　张学玉(2月任)

区政协

主　　席　华　岳

副主席　郭成尧　刘润滨　任　伟

区纪律检查委员会

书　　记　鲁　月

区法院

院　　长　赵洪田

区检察院

检察长　张颖彧

长春南部都市经济开发区

党工委书记管委会主任　卢明刚(8月任)

副区级领导干部　平玉玺

【宽城区】

中共宽城区委

书　　记　张宝祥(3月免)　李忠斌(3月任)

副书记　周　贺(5月免)　左　毅(5月任)　殷淑琴(女)

常　　委　张宝祥(3月免)　李忠斌(3月任)　周　贺(5月免)　左　毅(5月任)　殷淑琴(女)　明　翔　徐忠有　杜　志(5月免)　徐伟民　靳　明　庞运东(5月任)

区人大常委会

主　　任　梁振亚

副主任　牛连春　田　武　贝世琴(女)　万家坤

区人民政府

区　　长　周　贺(4月免)　左　毅(4月任)

副区长　左　毅(4月免)　李维彬　邹　娜(女)　所擎柱　赵庆利

区政协

主　　席　严　涛

副主席　金　华(女,朝鲜族)　齐树森　王晓君(女)

区纪律检查委员会

书　　记　徐伟民

区法院

院　　长　齐兆云(女)

区检察院

检察长　李崇峰

长春宽城经济开发区

主　　任　孙彦鹏

副主任　刘成斌

党工委书记　孙彦鹏　务　宏

【二道区】

中共二道区委

书　　记　王庭凯(7月免)　黄宪昱(7月任)

副书记　王　吉(8月任)　吕　鑫(3月免)　刘任远(3月任)

常　　委　黄宪昱(7月任)　王　吉(8月任)　吕　鑫(3月免)　刘任远(3月任)　孙慧颖(11月免)　庞国忠(8月任)　孙爱华　卢天恒　陈国彦　姚晓东

区人大常委会

主　　任　邵玉春(女,11月免)　孙慧颖(11月任)

副主任　刘　琦(女)　赵金龙　辛　华(11月任)　蔡　鸿(11月任)

区人民政府

区　　长　王　吉(8月任)

副区长　庞国忠(8月任)　李永利　刘　嫱　刘占方

区政协

主　　席　曾昭伟

副主席　李　韧(女)　王　杨(女)　王怀忠

区纪律检查委员会

书　　记　孙慧颖(11月免)

区法院

院　　长　胡俊生(3月免)　尹彦久(3月任)

区检察院

检察长　姜博仁

副区级领导干部　魏东岩

【绿园区】

中共绿园区委

书　　记　陈克信(7月免)　孙英利(7月任)

副书记　程　宇(8月任)　王丽秀(女)
常　委　陈克信(7月免)　孙英利　程　宇(8月任)
王丽秀(女)　马国成(8月免)
王希田(8月任)　陈志勇　曲春雨
高庆福(8月免)　李　瑞(女)
刘修军(5月免)　林晓平(5月任)

区人大常委会
主　任　胡云河
副主任　李长信　王桂波(女)　付彩霞(女)
杜玉凤(女)

区人民政府
区　长　孙英利(7月免)　程　宇(8月任)
副区长　马国成(7月免)　王希田(8月任)
杜　剑(1月免)　高庆福(8月任)
高丽丽(女)　刘绍峰　宋今东(8月任)
李继平(女,4月任)

区政协
主　席　李淑侠(女)
副主席　王雅华(女)　刘永久　马　学

区纪律检查委员会
书　记　陈志勇

区法院
院　长　林晓光

区检察院
检察长　刘志民

副区级领导干部　杨宝昌　侯　伟

【双阳区】

中共双阳区委
书　记　王明德
副书记　贾丽娜(女,4月免)　张立新(6月免)
唐铁生(5月任)　朴连玉(8月任)
常　委　王明德　贾丽娜(女,4月免)
张立新(6月免)　唐铁生(5月任)
朴连玉(8月任)　刘任远(3月免)
何学勇　王大军　王天行　王　辅(8月任)
姜义书(5月免)　陈建新(5月任)
韩玉明(8月任)　李铁刚(8月任)

区人大常委会
主　任　赵　英
副主任　徐云丽(女)　丰建春　杨　辉
索若达

区人民政府
区　长　贾丽娜(女)　唐铁生(4月任)
副区长　刘任远(3月免)　王　辅　张艳秋(女)
许占有　王醒时

区政协
主　席　沈洪斌
副主席　兰凤霞(女)　李成兴

区纪律检查委员会
书　记　何学勇

区法院
院　长　李新生

区检察院
院　长　杨玉兰(女,3月免)　孙冠夫(3月任)

副区级领导干部　谭大东　李洪波

【农安县】

中共农安县委
书　记　李忠斌(3月免)　周　贺(3月任)
副书记　王海英　蔡　光
常　委　韩明玉　滕广涛　张　波　朱　俊　高秀忠
徐志成　赵　欣(女)　刘生贵　赵建国

县人大常委会
主　任　王　伟
副主任　王永林　钟云琴(女)　张淑梅(女)　宗喜洪

县人民政府
县　长　王海英
副县长　韩明玉　高秀忠　贾树飞　徐　宁(女)
于德彬　李凤良　王庆民(8月任)

县政协
主　席　张广君
副主席　赵贵君　王德友

县纪律检查委员会
书　记　朱　俊

县法院
院　长　尹彦久(3月免)　田　良(3月任)

县检察院
检察长　邢立明

副县级领导干部　张凯楠

副县级干部　陈　志　董玉成

【榆树市】

中共榆树市委
书　记　李国强(3月免)　冯善国(7月任)
副书记　李洪亮　谭景坤(8月免)
常　委　李国强(3月免)　李洪亮　谭景坤(8月免)
高中会　孙中兴(11月免)　常　健
程鹏彦(5月免)　王海瑛(女)　卢　健
李灿明　林小明　刘继华(5月任)

市人大常委会
主　任　董书勤(女,11月免)　孙中兴(11月任)
副主任　李荣武　郭景君　韩　利(8月免)　王百陆
李长寿(11月任)

市人民政府
　　市　　长　李洪亮
　　副 市 长　高中会　孙中兴(11月免)　王是非
　　　　　　　王立春(女)　马　光　赵国军
市政协
　　主　　席　张树国
　　副 主 席　张　媛(女)　王伟成　邱立东
市纪律检查委员会
　　书　　记　卢　健
市法院
　　院　　长　潘长文
市检察院
　　检 察 长　卢　炬
副县级干部　徐　阁　范剑波　高洪洲

【德惠市】
中共德惠市委
　　书　　记　张德祥(9月免)　马延峰(7月任)
　　副 书 记　刘长春(9月免)　林英昌
　　常　　委　张德祥(9月免)　刘长春(9月免)　林英昌
　　　　　　　赫　哲　赵文波　王　涛　杨树峰　王克瑜
　　　　　　　刘　宏　张胜利　王　莹(女)
市人大常委会
　　主　　任　李志斌
　　副 主 任　贲云峰　韩国明　张国东
市政府
　　市　　长　刘长春(9月免)
　　副 市 长　赫　哲　王　涛　南振波　白松巍
　　　　　　　宋云官　王华安(8月免)　夏明君(7月任)
　　　　　　　鄂秀丽　王　涵(8月任)　张小宁
市政协
　　主　　席　于树军
　　副 主 席　禹希军　李岱林　王志华
市纪律检查委员会
　　书　　记　赵文波
市法院
　　院　　长　李海峰
市检察院
　　检 察 长　李忆农
副市级领导干部　王成波
副市级干部　张国占

【九台市】
中共九台市委
　　书　　记　何泉秀
　　副 书 记　史长友　陈亦鸣(11月免)
　　常　　委　何泉秀　史长友　王树民　宋　超
　　　　　　　于海山　王大宏　李国辉　孔庆丰
　　　　　　　杨丽敏(女,蒙古族)　祁桂东
市人大常委会
　　主　　任　林荣效
　　副 主 任　曹　义　李元君　安秀芝(女)　张　进
市人民政府
　　市　　长　史长友
　　副 市 长　宋　超　于海山　逯占元　肖志华
　　　　　　　李树国　鲁晓光(女)　应华君(挂职锻炼)
　　副市领导　杨宝玉
市政协
　　主　　席　关　星
　　副 主 席　李德军　王德远
市纪律检查委员会
　　书　　记　王树民
市法院
　　院　　长　徐建侠
市检察院
　　检 察 长　焦成千

2013年长春市国民经济和社会发展统计公报

长春市统计局

全市人民在市委、市政府的正确领导下，深入学习实践科学发展观，认真贯彻落实各项宏观调控政策，积极应对复杂多变的国际国内经济环境，扎实推进各项工作，国民经济实现平稳较快增长，各项社会事业全面进步，民生状况不断改善，为全面建成小康社会奠定了良好基础。

一、综合

初步核算，全年实现地区生产总值5003.2亿元，按不变价格计算，比2012年增长8.3%。其中，第一产业增加值332.0亿元，比2012年增长3.5%；第二产业增加值2658.7亿元，增长9.4%；第三产业增加值2012.5亿元，增长7.8%。三次产业结构为6.7：53.1：40.2。对经济增长的贡献率分别为2.7%、59.5%和37.8%。人均生产总值达到66286元（按户籍年平均人口数计算），比2012年增长8.3%，折合10872美元。

地区生产总值（亿元、当年价）

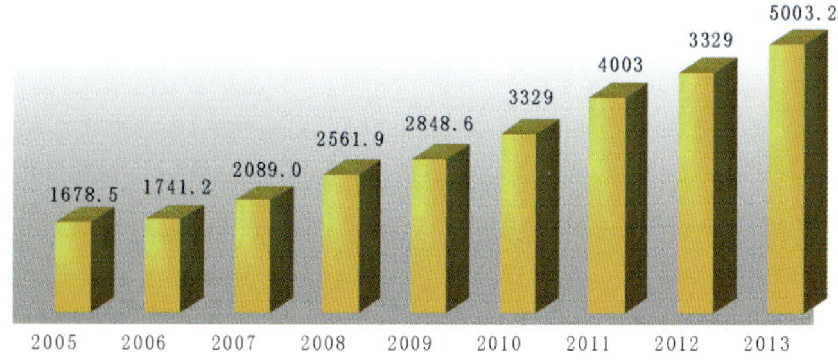

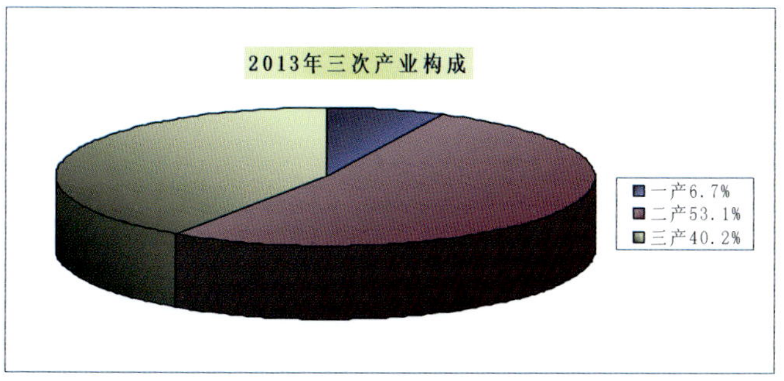

全市一般预算全口径财政收入1077.6亿元，增长16.2%。全市地方财政收入381.8亿元，增长12.0%，其中，税收收入309.2亿元，增长11.7%。地方财政支出633.0亿元，增长13.9%，其中，教育支出96.2亿元，下降6.4%；社会保障和就业支出72.0亿元，增长16.8%；医疗卫生支出46.2亿元，增长15.3%；交通运输支出17.3亿元，增长21.2%。全口径财政收入占GDP的比重为21.5%，比上年提高0.7个百分点。

全年居民消费价格总指数为103.0%，增幅比2012年扩大

居民消费价格指数

单位：%

指　标	2012年	2013年
居民消费价格总指数	102.3	103.0
服务项目价格指数	101.3	102.8
消费品价格指数	102.7	103.0
食　品	105.4	104.0
烟　酒	101.4	100.3
衣　着	101.1	104.9
家庭设备用品及维修服务	101.2	100.7
医疗保健和个人用品	101.0	100.9
交通和通讯	99.6	99.0
娱乐教育文化用品及服务	101.6	103.7
居　住	100.9	103.8
商品零售价格指数	101.8	101.3

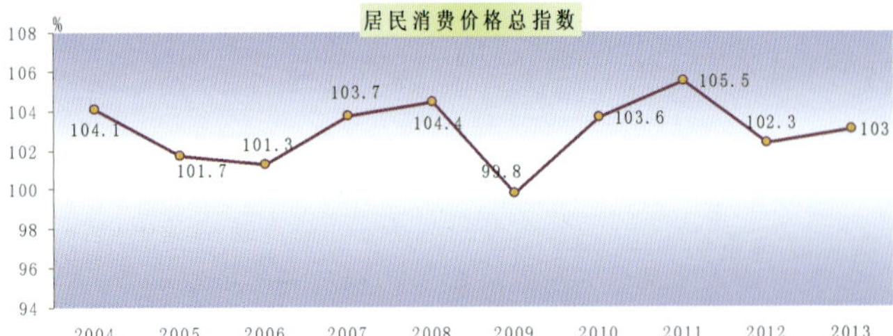

0.7个百分点，分八大类看，衣着、娱乐教育文化用品及服务、居住价格比2012年有所上涨，食品、烟酒、家庭设备用品及维修服务、医疗保健和个人用品、交通和通讯价格有所下降。

工业品出厂价格上涨0.4%，其中：生产资料价格上涨0.8%，生活资料价格上涨0.1%。工业生产者购进价格上涨0.2%。

全市从业人员总数已达到439.9万人，增长13.9%。其中，城镇单位从业人员126.2万人，从事个体劳动的有48.2万人。2013年城镇非私营单位就业人员平均工资51564元，比2012年增长11.4%。

二、农业

全年完成农林牧渔业总产值602.7亿元，比2012年增长4.9%。其中，种植业产值307.2亿元，增长6.9%；林业产值2.3亿元，下降40%；牧业产值272.3亿元，增长3.1%；渔业产值5.2亿元，增长16.98%；农林牧渔服务业产值15.7亿元，增长3.5%。

全年农作物总播种面积134.0万公顷，比2012年减少0.3%。粮食总产量达到984.4万吨，比2012年增加73.2万吨。其中，玉米产量791.6万吨，增长6.4 %；水稻产量152.9万吨，增加20.3%。猪出栏614.8万头，增长2.0%；牛出栏125.2万头，增长2.5%；羊出栏36.3万只，增长2.8%；家禽出栏2.5亿只，减少3.8%。肉蛋牛奶产量分别达到116.4万吨、31.5万吨和6.6万吨，分别下降1.8%、7.1%和2.9%。

主要农副产品产量

指标	单位	2013年	比2012年增长%
粮食总产量	万吨	984.4	8.0
蔬菜总产量	万吨	267.0	5.0
肉类总产量	万吨	116.4	-1.8
禽蛋总产量	万吨	31.5	-7.1
牛奶总产量	万吨	6.6	-2.9
出栏生猪	万头	614.8	2.0
出栏家禽	亿只	2.5	-3.8

全年农业机械总动力为555万千瓦，比2012年增长8%。

全市蔬菜耕地面积为74300公顷、蔬菜总产值63.96亿元，分别比上年增长2.8%和6.9%。全市有效使用绿色食品标志产品83个，有机食品35个，无公害农产品304个，认定无公害农产品基地88个，面积56.9万亩。

全年落实国家粮食直补、农资综合直补、农机购置补贴和重大技术补贴资金共25.8亿元。全市高标准建设省级新农村示范村167个，落实新农村建设项目5大类167项，获得省新农村建设项目补助资金2899万元；重点打造了合隆镇陈家店村、卡伦镇任家村、龙嘉镇红光村、合心镇新农家村4个新农村建设标杆村和一批样板村群。

全市农产品加工业规上企业产值实现1570亿元，比2012年增长15.4%。新开工建设3000万元以上项目105个，完成投资293亿元，增长11%。省级以上和市级龙头企业数量分别发展到89户和177户。

三、工业　建筑业

全年完成规模以上工业增加值2103.3亿元，比2012年增长10.2%。规模以上工业企业万元增加值综合能源消耗降低率为8.6%。

全年完成规模以上工业总产值9213.4亿元，比2012年增长10.7%。汽车制造业累计完成产值5492.6亿元，增长11.4%，占规模以上工业总产值的59.6%；农副食品加工业完成产值1399.6亿元，增长10.7%，占规模以上工业总产值的15.2%；生物与医药工业完成产值114.1亿元，增长17.8%，占1.2%；光电子信息工业完成产值112.2亿元，增长8%，占1.2%；建材工业完成产值642.5亿元，增长13.4%，占7%；能源工业完成产值533.2亿元，增长0.9%，占5.8%；装备制造业完成产值514.1亿元，增长8.7%，占5.6%。51户重点工业企业完成工业总产值8263.5亿元，占规模以上工业总产值的比重达89.7%。

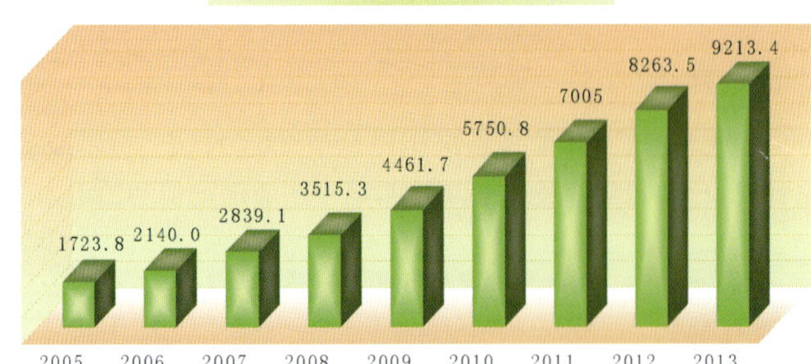

2013年主要工业产品产量

产品	单位	产量	比2012年增减%
汽车	万辆	224.7	20.3
#轿车	万辆	162.9	12
#公路客车	万辆	4.6	-17.3
#载货汽车	万辆	17.9	13.7
铁路客车	辆	2418	-4.2
变压器	万千伏安	348.4	-36.4
子午线轮胎	万条	349.4	-9.9
电子元件	万只	148487.2	-12
中小型拖拉机	台	2810	46.4
工业自动调节仪表与控制系统	台	40841	10.3
金属切削机床	台	70	-73.7
发电量	亿千瓦时	244.4	-7.8
水泥	万吨	2134.5	26.8

续表

产品	单位	产量	比2012年增减%
原煤	万吨	428.4	-26.5
焦炭	万吨	42.4	-18.9
钢材	万吨	50.3	-7.5
卷烟	万支	1779400	-4.3
啤酒	万吨	34.3	4.8
中成药	吨	3168.4	-24.5
饲料	万吨	366.7	0.2
精炼食用植物油	万吨	11	-40.8
软饮料	万吨	86.1	36
农用塑料薄膜	吨	20599	12.8
服装	万件	739.1	0

全年实现主营业务收入9279.2亿元，比2012年增长6.8%；利税总额1301.2亿元，增长18.8%；盈亏相抵后实现利润总额728.4亿元，增长 16.5%。

全年建筑业完成增加值436.5亿元，比2012年增长6%。资质以上建筑业完成总产值1022.2亿元，比2012年增长9.7%。实现工程结算收入986亿元，增长13.5%。

四、固定资产投资

全年完成全社会固定资产投资总额3408.4亿元，比2012年增长20%。其中：房地产开发投资613.6亿元，下降5.6%。新增固定资产2572.3亿元。固定资产交付使用率为77.4%，比2012年提高2个百分点。房屋面积竣工率为26.6%，比2012年下降1.9个百分点。

从各产业完成投资情况看，第一产业投资38.3亿元，增长18.5%；第二产业投资1580.5亿元，增长20%；第三产业投资1705.7亿元，增长19.9%。从投资主体看，国有经济投资981.7亿元，增长36.4%；非国有经济投资2342.8亿元，增长14.2%，占全社会固定资产投资的比重为70.5%。全市工业投资1550亿元，增长19%，对全社会投资增长的贡献率达67.9%。民间投资2238.3亿元，增长18.1%。

全市商品房施工面积5638.1万平方米，比2012年增长10%。商品房竣工面积1008.1万平方米，增长10.3%。商品房销售面积847.1万平方米，下降6.7%。商品房销售额510.4亿元，增长1.5%。空置面积 497.4万平方米，增长55.3%。

2013年，二手房成交5.1万套，成交面积461.9万平方米，比2012年增长38.5%；其中:二手住房成交4.9万套，成交面积404.8万平方米，增长57.4%。

五、国内贸易

全年实现社会消费品零售总额1970.0亿元，比2012年增长13.2%。分行业看，批发零售贸易业零售额1779.2亿元，增长13.5%。其中，限额以上批发零售贸易业零售额827.4亿元，增长8.2%；限额以下批发零售贸易业零售额951.8亿元，增长17.5%。住宿和餐饮业零售额190.9亿元，增长10.8%。其中，限额以上住宿餐饮业零售额25.8亿元，下降6.7%；限额以下住宿餐饮业零售额165.1亿元，增长13.9%。

2013年社会消费品零售额及其增速

单位：亿元

指 标	2013年	比2012年增长%
社会消费品零售总额	1970.0	13.2
按行业分：		
批发、零售贸易业	1779.2	13.5
其中：限额以上批发零售贸易业	827.4	8.2
住宿、餐饮业	190.9	10.8

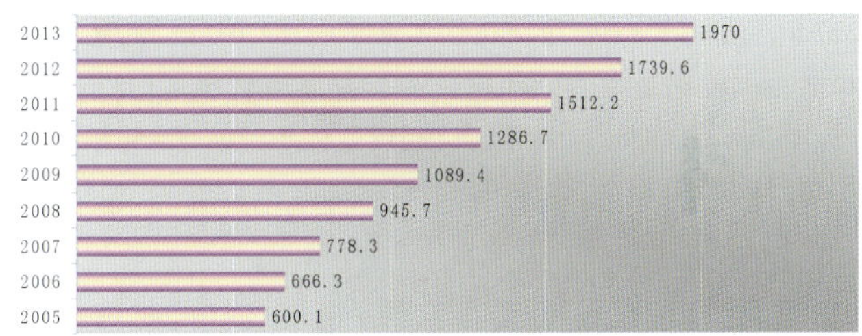

2013年，长春市限额以上批发和零售企业汽车类零售额214.8亿元，增长1.5%；粮油、食品、饮料、烟酒类零售额98.9亿元，增长23.3%；服装鞋帽针纺织品类零售额142.9亿元，下降0.2%；金银珠宝类零售额32.0亿元，增长35%；家用电器和音像器材类零售额58.1亿元，增长20.0%；石油及制品零售额119.2亿元，下降0.8%。

六、对外经济 旅游 会展

全年实现进出口总额204亿美元，比2012年增长3.7%。其中，进口171.1亿美元，增长2.0%；出口32.9亿美元，增长13.4%。在出口企业中：一般贸易企业出口25.9亿美元，增长27.0%；加工贸易企业出口6.9亿美元，下降18.9%。

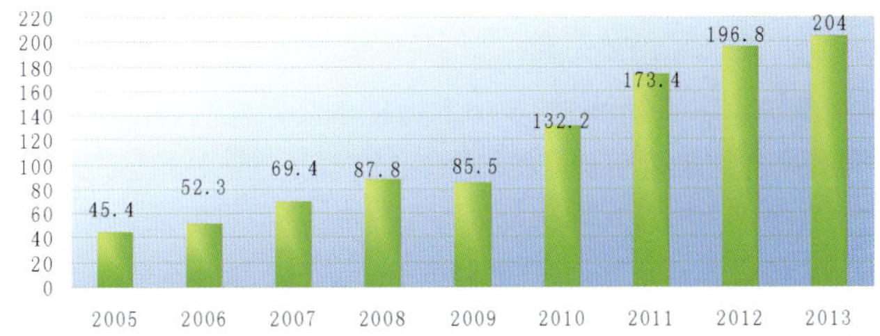

全年新批外资项目（企业）35个，全年实际利用外资44.4亿美元，比2012年增长20.6%。其中，直接利用外资9.4亿美元，增长10.4%。

全年来长旅游人数达到4229.5万人次，比2012年增长15.7%。其中，接待入境游客37.8万人次，比2012年增长6.1%；接待国内旅游者4191.7万人次，增长15.8%。全年旅游总收入

685.8亿元，增长25.1%。旅游外汇收入24305.9万美元，增长8.6%。

全市举办各类会展活动286项，展会直接收入36亿元，带动其他相关产业收入378亿元，分别比2012年增长20%和21%。

七、交通邮电业

全年公路货物周转量346.9亿吨公里，增长11%；旅客周转量为53.5亿人公里，增长5.1%。民航完成货邮吞吐量6.8万吨，增长2.8%；完成旅客吞吐量673.3万人，增长15.7%。2013年末全市民用汽车保有量101.9万辆，增长16.2%。其中，私人汽车保有量83.8万辆，增长18.6%。

2013年完成邮电业务总量74.6亿元，增长2.8%。其中，邮政业务总量5.1亿元，增长13%；电信业务总量69.5亿元，增长2.1%。全年特快专递完成73万件，下降15%；邮政储蓄平均余额227.8亿元，增长12%。全市市话年末达到152.1万户，下降2.5%；农话年末达到25.6万户，下降5.3%。移动电话年末达1126.1万户，增长0.7%。互联网用户已达617.2万户，下降3.6 %，其中宽带用户101.2万户，增长10%。

八、金融 证券 保险

截至2013年末，全市拥有银行 30家，保险公司28家，本地和异地驻长证券公司28家。

金融机构本外币各项存款余额 7866.5亿元，比年初增长18.3 %。其中，单位存款余额4112.9亿元，增长21.1%；储蓄存款余额3132.5亿元，增长12.2%。全市金融机构本外币各项贷款余额6543.2亿元，比年初增长12.2%。

2013 年金融机构本外币存贷款及其增长速度

单位：亿元

指　　标	2013 年	比年初增长%
各项存款余额	7866.5	18.3
其中：单位存款	4112.88	21.1
储蓄存款	3132.54	12.2
其中：人民币	3107.2	12.2
各项贷款余额	6543.15	12.2
其中：短期贷款	1794.7	22.0
中长期贷款	4566.42	9.6

全市证券公司28家，其中本地证券公司2家，异地证券公司26家，拥有股票交易网点53个。A股上市企业 18家。股民账户数达到133.5万户，比2012年增长2.6%。全市有价证券成交总额5113.5亿元，比2012年增长53.5%。其中，股票交易成交额3527.0亿元，增长44.4%；国债成交额1430.5亿元，增长93.2%；基金成交额44.5亿元，增长15.8%。

全市拥有保险公司28家，全年保费收入106.6亿元，比2012年增长19.1%。其中，财产险保费收入48.6亿元，增长24.8%；人身险保费收入58.0亿元，增长14.7%。全年赔付总金额44.8亿元，增长41.5%。其中，财产险赔付金额28.0亿元，增长38.3%；人身险赔付金额16.8亿元，增长47.4%。

九、城建

2013年末，全市完成道路新建和扩建长度159.23公里，全市道路总面积6759.96万平方米，道路长度3009.47公里，人均道路面积18.73平方米。

2013年，全市水厂日综合生产能力为117万立方米/日，城区使用自来水人数达423万人。全市人工煤气和天然气供气总量分别达到13073和36296万立方米；液化石油气供气总量3万吨。城区使用煤气、天然气、石油液化气户数127万户。城区集中供热面积达到15831万平方米。

到2013年末，全市公园绿地面积达到10468公顷，建成区绿化覆盖面积达到10901公顷，建成区绿化覆盖率41.5%。

十、科技 质量技术监督 教育

全年专利申请量由上年的6165件增加到7106件，增长15.3%。全年通过鉴定、验收和认定的科技成果209项，获得市以上科技进步奖励成果238项。其中:获国家级奖励3项，省级奖励187项。

2013年末，在全市各级各类科技人员中，“两院”院士32人。全市拥有独立科学研究与技术开发机构91个。其中，自然科学和技术领域研究与开发机构59个，社会科学与人文领域研究与开发机14个，科技信息与文献领域机构3个。全市民营科技企业技术合同成交额达26.03亿元，累计技术合同成交额245.72亿元。市科技管理部门共投入科技经费8083万元。全市新认定高新技术企业31户。

全市有法定产品质量检验机构6个，法定计量技术机构6个。全年共定期监督检验产品1497批次。受理委托检验17638批次。国家和省的监督抽查产品质量平均合格率分别达到90.1%和89.54%。

2013年，长春市各级各类教育学校（园）2575所，其中，在长普通高校37所，成人高校8所，中等职业学校104所，普通高中68所，普通初中264所，职业初中3所，小学1345所，特殊教育10所，工读学校1所，幼儿园735所。

全市各级各类学校（园）招生人数43.5万人，其中，在读研究生1.6万人，普通本专科11.3万人，成人本专科4.8万人，中等职业学校1.8万人，普通高中招生4.6万人，初中阶段招生6.3万人，小学招生6.5万人，特殊教育学校招生170人，入园儿童6.6万人。

全市各级各类学校在校（园）人数145.1万人，其中在读研究生4.9万人，普通本专科在校生40.2万人，成人本专科生10万人，中等职业学校在校生6.2万人，普通高中在校生14万人，初中阶段在校生18.6万人，小学在校生39.5万人，特殊教育在校生0.11万人，在园儿童11.6万人。

全市各类教育学校专任教师9.8万人。其中，普通高等学校专任教师2.6万人，成人高校专任教师0.12万人，中等职业学校专任教师0.56万人，普通高中专任教师0.95万人，初中阶段专任教师2万人，小学专任教师2.8万人，特殊教育学校专任教师330人，幼儿园专任教师0.81万人，小学适龄儿童入学率达99.98%。

十一、文化 卫生 体育

2013年全市共有文化(文物)事业机构228家,其中艺术表演团体3家,艺术表演场馆6家,公共图书馆12家,艺术馆、文化馆12家,文化站161家,文化艺术科技、科研机构2家,文物保护研究机构1家,文物保护管理机构4家,其他文化事业4家,其他文化企业1家,博物馆7家,文化市场管理机构14家。公共图书馆总藏量474万册,其中少儿图书馆藏量81万册。

全市共有国家综合档案馆11个,馆藏档案139万卷、114万件,开放档案16万卷、7万件。

2013年,全市有各类文化经营场所1160家,其中互联网上网服务营业场所705家(连锁67家),文化娱乐场所247家,演出场所26家,音像制品经营场所181家,古玩(美术品)经营店1家。其中市区(含开发区)文化经营场所710家,其中互联网上网服务营业场所413家(连锁67家),文化娱乐场所158家,演出场所14家(其中市直6家),古玩(美术品)经营店1家。

长影集团全年共生产故事片17部,科教片12部。

2013年,全市有广播电台 5座,节目10套,中波发射台和转播台2座,转播台7座,广播人口覆盖率为100%;电视台5座,节目9套,电视人口覆盖率为100%。

2013年末,全市卫生医疗机构 4224个,增长3.28%。其中,医院、卫生院299 所,下降0.99%,拥有医疗床位4.49万张,比2012年增长6.15%。卫生技术人员为4.35万人,比2012年增长1.4 %。每千人拥有执业医师和执业助理医师2.45人。

2013年末,市辖区建成社区卫生服务中心53家,城区人口覆盖率达到95%,377.4万农民参加了新型合作医疗,常住人口参合率达到99.7%,共筹集资金13.2亿元,已有132.8万参合农民受益,支付补偿金12.9亿元,占筹资总额的97.7%。

全年成功承办了国际乒联世界巡回赛中国乒乓球公开赛、瓦萨国际越野滑雪赛、世界杯自由式滑雪赛等国际国内大型体育赛事10项次。举办了市青少年短道、速滑、篮球等省市各级各类体育赛事200项次。长春市代表团参加了十二届全国冬季运动会3大项9分项91小项角逐,夺得金牌29枚、银牌16枚、铜牌20枚、金牌总数列全国第二的优异成绩,继续保持了我市冬季项目全国前列位置。

以“健康长春——体育伴随你我他”为主题,开展全民健身活动1300项次,公布了《长春市民体质状况报告》。投入资金900万元,为城区安装94套健身路径,为10个乡镇、100个行政村安装健身器材。全年体育彩票销售14.4亿元,占全省销售比例的43.5%。

十二、环境保护

2013年末,全市烟尘控制区面积327.71平方公里,环境噪声达标区面积236.46平方公里,区域环境噪声平均值控制在55.2分贝,道路交通噪声平均值控制在68.9分贝,噪声达标区覆盖率78%以上,达到全国文明城市A类标准。

全市开展生态示范区试点面积1.9万平方公里,达到幅员的91.4%,国家级生态示范区建成率达100%。

全年城区空气污染指数(API)为90;空气环境质量优良级天数231天,占总天数的63.3%,其中,优级天数24天,占6.6%;良级天数207天,占56.7%;空气首要污染物总悬浮颗粒物(PM10)年日均值每立方米129微克,比2012年上升42微克;二氧化硫年日均值每立方米44微克,比2012年下降14微克;二氧化氮年日均值每立方米44微克,与2012年持平;饮用水源水质达标率100%。

十三、人口 人民生活 社会保障

2013年末,全市户籍总人口为752.7万人。其中,市区人口363.8万人,四县(市)人口388.9万人。全市人口出生率为9.17‰。

2013年,城市居民人均可支配收入达到26034 元,比2012年增长 13.3%;人均消费性支出21929元,增长28.8%。农村居民人均纯收入10060元,增长11%。

2013年底,全市城镇企业职工基本养老保险参保人数达到188.3万人,比2012年增长4.8%。其中,在职职工133.5万人,增长5.9%;城镇失业保险参保人数达到90万人,增长3.4%。全年征缴养老保险基金100.1亿元,增长12.7%;征缴失业保险基金10.8亿元。全年共为54.8万名离退休人员发放养老金108.9亿元,增长19%;为7.1万名失业人员发放失业金3.1亿元。

2013年城镇医疗保险参保人数达到245.8万人,工伤和生育保险参保人数分别达到118.4万人和112.6万人。

全年共开发就业岗位14.9万个,实现城镇新增就业13.1万人,安置下岗失业人员实现在就业6.1万人,其中大龄就业困难对象再就业1.4万人。全市就业困难群体从事公益性岗位人员稳定在2.2万人以上,当年扶持151户零就业家庭实现就业。创建充分就业社区280个。累计实现农村劳动力转移就业119.9万人次。到年底,城镇登记失业率为3.63%。

截至2013年末,全市城市居民共有7.59万户、13.78万人享受最低生活保障;农村居民共有10.57万户、15.65万人享受最低生活保障。累计全年发放城乡低保资金 6.82亿元。

全市建设保障性住房2407套、建筑面积13.78万平方米、总投资额62108万元。其中,建设廉租住房607套、建筑面积2.78万平方米、投资额12108万元;建设公共租赁住房1800套、建筑面积11万平方米、投资额50000万元。

全市在民政部门注册养老服务机构共有286家,总床位数24198张。其中,国家办养老机构6家,社会力量投资兴办的养老机构182家。农村社会福利服务中心98所。全年销售社会福利彩票14.82亿元。募集善款4882万元,总支出慈善募捐款3236万元,受助群众达3万人次。

注:1.本公报各项统计数据为初步统计数。

2.本公报行业数据系有关部门(行业)提供。

3.本公报长春市生产总值、各产业增加值绝对数按现价计算,增长速度按可比价格计算。

(长春市统计局 齐激)

2013年主流媒体看长春

媒体	报道题目
人民日报	长春扶持大学生创业(2013年1月11日)
	长春:不让权利运行"跑偏"(2013年1月15日)
	中国北车双跨越(国企新亮点)(2013年1月30日)
	农民合作社 期待迈过三道坎(2013年1月30日)
	住在十里八屯,也能居家养老(2013年2月6日)
	这个法官爱劝和(2013年3月2日)
	社区权利如何用得敞亮(2013年3月5日)
	低地板有轨电车(小海豚)下线(2013年5月11日)
	共青团员十七大代表祝溪白:脚踏实地逐梦(2013年6月16日)
	不收红包腰杆硬(2013年7月9日)
	长春农博会无开闭幕式(2013年8月16日)
	群众需求就是第一命令(2013年10月8日)
	吉林农安县内外合力锻造村支书"铁军"(2013年10月22日)
	长春市十委社区"妇女之家"创新服务赢民心 有你有晴天(2013年10月27日)
	纳污河变身风光带(2013年11月2日)
	"我们有一个好带头人"(2013年12月2日)
新华社	雪野绽放(2013年1月3日)
	长春今年将新建十个大学生创业园(2013年1月17日)
	吉林:"理论大篷车"开进村屯晒场(2013年1月17日)
	长春力挺战略性新兴产业 300万以下可享无抵押信贷(2013年1月21日)
	"读书小状元"(2013年2月25日)
	吉林松花江上26小时的生死救援(2013年3月5日)
	长春城管"徇私情"助"瓜子老太"摆摊(2013年8月3日)
	美丽"花海"昆虫乐园(2013年8月11日)
	长春桃园路:昔日"窑子铺",今日"桃花源"(2013年9月9日)
	长春"微循杯"公交将面世(2013年9月22日)
	"屁股坐到百姓那一边"才能得民心(2013年10月16日)
	绿水浸淫长春秀 长春建设绿水森林城市纪事(2013年10月19日)
	长春打造"幸福城市",群众满意为标准(2013年11月13日)
中央电视台	新春走基层·在岗位上 吉林长春(2013年2月24日)
	王大雷:用声音传递正能量(2013年3月1日)
	长春遭遇暴雪 警民合作疏交通(2013年3月2日)
	多部门联动 确保市民正常出行(2013年3月2日)
	吉林长春出台大病保险办法破解看病贵难题(2013年3月11日)
	老人摔倒之后(2013年4月9日)
	走基层 工人伟大 劳动光荣(2013年4月29日)
	长春建立大病医保基金降低患者自付费比例(2013年7月26日)
	白血病患儿一疗程治疗仅需自付100元(2013年7月26日)
	温情执法:瓜子老太有了固定摊位(2013年8月7日)
	群体性食物中毒事件应急演练(2013年9月27日)
	"汽车城"转型"转"出了什么(2013年11月2日)
	长春兴隆综合保税区通过验收(2013年11月4日)
	一张照片温暖一座城市 长春:请环卫工人进屋喝杯水(2013年11月21日)
	吉林长春:150碗米线 一座城的爱心(2013年12月18日)

续表

媒体	报道题目
光明日报	吉林基层宣讲以乡音传党音(2013 年 1 月 15 日)
	长春再扩政府助保范围(2013 年 2 月 25 日)
	长春市政府近年投入大量资金进行文化硬件建设(2013 年 3 月 29 日)
	长春文庙清明祭先哲思圣贤(2013 年 4 月 5 日)
	“让街道团组织发挥大作用”(2013 年 6 月 16 日)
	好人好事幸福一座城市(2013 年 9 月 6 日)
	长春:与群众唠实嗑、问实事(2013 年 9 月 26 日)
	音乐带给长春幸福(2013 年 10 月 25 日)
	长春:文化带来幸福感(2013 年 10 月 28 日)
经济日报	长春:市场倒逼污染防控体系建立(2013 年 1 月 15 日)
	秸秆变白糖(2013 年 2 月 19 日)
	九台墒情(2013 年 4 月 27 日)
	长春:居民楼道亮起来(2013 年 4 月 28 日)
	领跑世界 争创一流(2013 年 6 月 15 日)
	青春在基层闪光(2013 年 6 月 16 日)
	微软中国与长春战略合作(2013 年 7 月 1 日)
	当好农民的“调解专家”(2013 年 7 月 8 日)
	新家开启新生活(2013 年 9 月 13 日)
	长春创新驱动激活经济全盘棋(2013 年 10 月 12 日)
	长春重点解决“不落实”顽症(2013 年 10 月 15 日)
	长春打造“绿色宜居森林城”(2013 年 11 月 30 日)
中央人民广播电台	科学储粮 吉林榆树打造无形良田(2013 年 1 月 18 日)
	长春下水道里看民生(2013 年 3 月 25 日)
	长春市民不冷漠 老人摔倒众人帮(2013 年 4 月 8 日)
	别人过节他上岗 长春一协警分享他的快乐与幸福(2013 年 5 月 1 日)
	吉林农安最美基层干部翟树全(2013 年 7 月 9 日)
	最美基层干部 -- 扎根环卫事业的夏志国(2013 年 10 月 13 日)
	长春供热实施信用评价 对企业百姓有权说“不”(2013 年 10 月 25 日)
	吉林长春社区调查(2013 年 11 月 13 日)
	长春绘就“管网地下地图”保民生(2013 年 11 月 27 日)
	中国新境界:长春的“草根宣讲团”(2013 年 12 月 4 日)
中国新闻社	2013 年长春市工业总产值有望超过一万亿元(2013 年 1 月 30 日)
	十八大精神基层宣讲员:把党的政策融入百姓生活(2013 年 2 月 18 日)
	第 12 届长春农博会将有五大创新(2013 年 5 月 10 日)
	中国首列 100%低地板现代有轨电车长春下线(2013 年 5 月 13 日)
	20 万人涌入长春“创博会”寻创业商机(2013 年 5 月 18 日)
	2013 年上半年吉林长春市引进内资项目 382 项(2013 年 7 月 30 日)
	长春民博会闭幕 120 万人次花 3600 万“淘宝”(2013 年 8 月 13 日)
	长春国际农博会闭幕 签约 235 亿元(2013 年 8 月 25 日)
	全球 300 位华商精英长春寻“融智、融资、融合”(2013 年 9 月 4 日)
	长春加快推进城乡危房和各类棚户区改造(2013 年 9 月 6 日)
	长春市荣膺“政务环境最受关注城市”(2013 年 11 月 8 日)
	长春建幸福城市“群众点菜、政府下厨”(2013 年 11 月 21 日)

续表

媒体	报道题目
CHINA DAILY	‘Vasa’cross-country race windfall for Changchun(2013 年 1 月 1 日)
	Jilin gears up for another great year(2013 年 1 月 24 日)
	Civil servantinspired by Greekcomposer(2013 年 5 月 14 日)
	Private sector fueling new breakthroughs(2013 年 5 月 22 日)
	Jilin ramps up investment in its creative enterprises(2013 年 6 月 7 日)
	Expo strengthens ties in Northeast Asia(2013 年 6 月 28 日)
	Russian trade boost from China-Northeast Asia Expo(2013 年 9 月 5 日)
	CNEA Expo has big part in natl strategy(2013 年 9 月 5 日)
	Changjitu zone powered by NE Asian trade(2013 年 9 月 25 日)
	Expo building bridges to NE Asia(2013 年 11 月 21 日)
文汇报	长春年内建十园 扶持大学生创业(2013 年 1 月 19 日)
	卓越文化里成长 民族工业的脊梁(2013 年 2 月 1 日)
	长春:建 30 个创业园 帮扶万名大学生(2013 年 2 月 24 日)
	北车雄霸全球轨道交通装备(2013 年 7 月 18 日)
	长客创造 享誉全球——家中国企业的成长(2013 年 10 月 15 日)
	长春将建十大公园 改造旧城增加绿地(2013 年 11 月 14 日)
	长春 5 亿元助理民企发展(2013 年 11 月 14 日)
	听民声为民生 幸福城市看长春(2013 年 11 月 16 日)
大公报	国际越野滑雪节长春开幕(2013 年 1 月 4 日)
	长春汽车区发展四重奏二——造汽车人的幸福家园(2013 年 3 月 7 日)
	长春高新区向现代化科技新城迈进(2013 年 3 月 15 日)
	长春高新区在京签下大单——邦将投资 80 亿元在北区建设科技产业园(2013 年 3 月 15 日)
	中韩长春洽谈技术转移项目合作(2013 年 9 月 18 日)
	长春汽车区发展四重奏一——造世界级汽车产业基地(2013 年 9 月 18 日)
	开展群众路线教育 践行为民服务宗旨(2013 年 9 月 22 日)
	打造幸福长春 建设绿色宜居森林城(2013 年 11 月 15 日)
香港商报	转型长春引爆多线钱景(2013 年 1 月 11 日)
	高广滨:推工业与服务业深度融合(2013 年 1 月 22 日)
	长春市已呈率先发展格局(2013 年 3 月 14 日)
	长春今年 5 亿财政助民企(2013 年 4 月 2 日)
	民资主导长春版金融街(2013 年 7 月 1 日)
	长春兴隆保税区将开闸(2013 年 8 月 30 日)
	极致化创新时代的先行者——自长春高新区的极致化创新报告之一(2013 年 9 月 3 日)
凤凰卫视	万名滑雪爱好者齐聚长春参加瓦萨滑雪节(2013 年 1 月 2 日)
	中国首列 100%低地板现代有轨电车长春下线(2013 年 5 月 13 日)
	中国研发“全国产化”新型动车组长春下线(2013 年 6 月 10 日)
	长春国际车展交易额 38 亿元创纪录豪车遇冷(2013 年 7 月 22 日)
农民日报	“学了新技术每垧多打千斤粮”(2013 年 1 月 16 日)
	长春“菜篮子”量足菜丰(2013 年 1 月 28 日)
	黑土地上的“大家闺秀”(2013 年 7 月 6 日)
	长春市启动名优特农产品评选活动(2013 年 7 月 31 日)
	长春农博会签约意向金额 235 亿元(2013 年 8 月 29 日)
	“第一生产力”助建“第一粮仓”(2013 年 10 月 30 日)

续表

媒体	报道题目
工人日报	阵地、队伍、载体、资金、机制五位一体 长春职工文化建设舞出新格局(2013 年 1 月 14 日)
	长春 38 户困难劳模喜获廉租房(2013 年 1 月 21 日)
	长客股份"工艺工序负责制"推动实现成果转化(2013 年 2 月 19 日)
	为建设幸福长春助力(2013 年 6 月 25 日)
	"步行 10 分钟可到用工岗位不挑不拣 3 天上岗"(2013 年 7 月 4 日)
	局长接待群众,市长接待局长(2013 年 9 月 7 日)
中国青年报	国内首列 100%低地板现代有轨电车下线(2013 年 5 月 11 日)
	"高铁博士":辛苦并快乐着(2013 年 5 月 25 日)
	享受助人的快乐(2013 年 6 月 14 日)
	长春:"三同"模式助新生代农民工融入城市(2013 年 10 月 16 日)
中国妇女报	长春东站十委社区居委会主任李岩:勤走百家门 勤问百家事(2013 年 7 月 18 日)
	吉林长春市妇联 有的放矢加强各项建设(2013 年 8 月 8 日)
	"失独家庭"亟须帮扶过"坎"(2013 年 8 月 20 日)
	吉林榆树为农村妇女致富添门路(2013 年 10 月 9 日)
	一个妇女儿童的幸福之家(2013 年 10 月 26 日)
科技日报	我稀土异戊橡胶轮胎应用取得突破(2013 年 4 月 18 日)
	长春成为亚洲最大疫苗生产基地(2013 年 6 月 5 日)
	第十四届国际电分析化学会议长春举办(2013 年 9 月 9 日)
	长春高新区获批"国家专利导航产业发展实验区"(2013 年 9 月 30 日)
	我国核纯钍制备方面取得重要进展(2013 年 10 月 21 日)
	第四届国际先进生物材料研讨会召开(2013 年 10 月 21 日)
	长春应化所科技论文产出位居全国研究机构前列(2013 年 11 月 11 日)
中国科学报	科技部发展计划司领导调研长春光机所(2013 年 6 月 11 日)
	中国长春国际汽车博览会成交量创新高(2013 年 7 月 24 日)
	一场光学的饕餮盛宴(2013 年 8 月 27 日)
	打造国家重大创新基地(2013 年 9 月 3 日)
中国经济时报	长春突出发展民营经济调查报告·创业文化篇——长春迈入思想春天 长春突出发展民营经济调查报告·企业集群篇——长春显现民营产业航母雏形 长春突出发展民营经济调查报告·政策惠企篇——长春民营经济进入加速发展期 (2013 年 12 月 17 日)
	长春:用幸福衡量发展 用民生倒逼转型(2013 年 1 月 23 日)
	"双拉动"携"三同步"(2013 年 1 月 28 日)
	振兴东北行·聚焦长客股份自主创新发展路径系列报道六篇(2013 年 2 月 25 日)
	振兴东北行·聚焦一汽 - 大众高速发展路径系列报道六篇(2013 年 5 月 8 日)
	长春创博会搭建创业就业平台(2013 年 5 月 23 日)
	圆车城人国际汽车名城之梦 -- 长春国际汽车博览会成长回眸与展望(2013 年 7 月 12 日)
中国经济导报	以党的十八大精神为统领加快推进幸福宽城建设(2013 年 3 月 5 日)
	长春市:以五大工程助推长吉图(2013 年 3 月 5 日)

2013年长春市人大常委通过的地方性法规目录

一、制定：

1.《长春市公园条例》

2013年6月28日长春市第十四届人民代表大会常务委员会第四次会议通过

2.《长春市城市建设档案管理条例》

2013年10月30日长春市第十四届人民代表大会常务委员会第六次会议通过

3.《长春市人民代表大会专门委员会议事规则》

2013年11月18日长春市第十四届人民代表大会常务委员会第七次会议通过

4.《长春市人民代表大会常务委员会主任会议议事规则》

2013年11月18日长春市第十四届人民代表大会常务委员会第七次会议通过

二、修订：

1.《长春市无规定动物疫病区建设管理条例》

2013年8月28日长春市第十四届人民代表大会常务委员会第五次会议修订通过

2.《长春市人民代表大会常务委员会人事任免条例》

2013年8月28日长春市第十四届人民代表大会常务委员会第五次会议修订通过

3.《长春汽车经济技术开发区条例》

2013年10月30日长春市第十四届人民代表大会常务委员会第六次会议修订通过

4.《长春市人民代表大会常务委员会议事规则》

2013年11月18日长春市第十四届人民代表大会常务委员会第七次会议修订通过

5.《长春市人民代表大会议事规则》

2013年12月21日长春市第十四届人民代表大会第二次会议修订通过

2013年长春市人民政府通过的政府规章目录

1.《长春市生活居住建筑日照管理暂行办法》（2013年4月19日，市政府〔2013〕44号令公布）

2.《长春市数字长春地理空间框架建设与使用管理办法》（2013年12月11日，市政府〔2013〕45号令公布）

3.《长春市房地产开发企业信用评价暂行办法》（2013年12月11日，市政府〔2013〕46号令公布）

4.《长春市机动三轮车管理办法》（2013年12月11日，市政府〔2013〕47号令公布）

5.《长春市防止烟草烟雾危害办法》（2013年12月11日，市政府〔2013〕48号令公布）

6.《长春市火车站地区管理规定》（2013年12月11日，市政府〔2013〕49号令公布）

7.《长春市汽车租赁管理办法》（2013年12月26日，市政府〔2013〕50号令公布）

8.《长春市城乡居民最低生活保障办法》（2013年12月26日，市政府〔2013〕51号令公布）

9.《长春市城市桥梁管理办法》（2013年12月26日，市政府〔2013〕52号令公布）

主 题 索 引

说 明

1.本索引采取主题抽取法，以主题词首字按拼音顺序排列为序，首字相同，以第二个字按拼音顺序排列为序，以此类推。

2.索引的主题词后面的数字表示内容所在页码，数字后面的英文字母(a、b、c)表示该页自左至右的栏别，无英文字母的表示当页各栏都有该主题词。

3.主题词按汉语拼音排列顺序排列。

D

E

F

J

K

L

M

N

P

T

W

Y

Z